新编21世纪思想政治教育专业系列教材

总主编　张耀灿

中国共产党思想政治教育重要文献导读

王树荫　主编

中国人民大学出版社
·北京·

新编21世纪思想政治教育专业系列教材

内容简介

中国共产党在百年思想政治教育历程中，出台了大量有思想深度、理论高度和实践价值的重要文件，中国共产党领导集体发表了一系列思想政治教育论著，留下了许多弥足珍贵、留存史册的思想政治教育文献。中国共产党思想政治教育重要文献是中国共产党思想政治教育理论的经典之作，对党的思想政治教育实践进程发挥了重要指导作用。本书坚持党史与思政相结合、理论与实际相结合、全面与重点相结合、创新与适用相结合的编写原则，从分析写作背景、概括基本思想、阐释重要意义、启发学习思考四个方面展开。本书系国家社会科学基金重大项目“中国共产党思想政治教育百年历程与经验研究”的阶段性成果，是一部供马克思主义理论专业、思想政治教育专业本科生、研究生学习使用的教材，也可供思想政治教育工作者学习参考。

作者简介

王树荫 北京师范大学马克思主义学院二级教授、博士生导师，国务院学位委员会马克思主义理论学科评议组成员、国家教材委员会专家委员会委员、中华人民共和国国史学会高等学校教学与研究专业委员会会长、全国高校马克思主义理论学科研究会副会长、北京市思想道德与法治课程理事会理事长、北京市中共党史学会副会长；《马克思主义研究》、《教学与研究》、《思想理论教育导刊》、《马克思主义理论学科研究》和中国人民大学复印报刊资料《思想政治教育》等编委，《甘肃社会科学》学术咨询专家，《思想教育研究》编委会副主任；主持国家社会科学基金重大项目、教育部马克思主义理论研究和建设工程重大项目等省部级以上项目10多项；出版《中国共产党思想政治教育史》《中国共产党思想政治教育史纲：1919–1949》《新中国思想政治教育史纲（1949–2009）》等专著、教材30部（套），发表学术论文200多篇；享受国务院政府特殊津贴，北京市教学名师、首批北京市思想政治理论课特级教授，获北京市第十一届哲学社会科学优秀成果奖一等奖（合作）、第十二届哲学社会科学优秀成果奖二等奖、第十三届哲学社会科学优秀成果奖一等奖（合作），第六届高等学校科学研究优秀成果奖三等奖、第七届高等学校科学研究优秀成果奖一等奖（合作），2017年北京市高等教育教学成果奖一等奖，2018年高等教育国家级教学成果奖二等奖。

总序

"新编21世纪思想政治教育专业系列教材"出版了，它是高等教育质量工程的产物。高等教育质量工程是新世纪高等教育发展的生命工程。我国要在新时代建设学习型社会，跻身创新型国家行列，在实现全面小康的基础上，进而基本实现社会主义现代化，并朝着中华民族伟大复兴的目标迈进，作为基础和支撑、作为培育各领域专门人才的摇篮的高等教育便一定要注重质量。高等教育注重质量，就要坚持以本科为本，如果没有本科教育的质量保障，便不可能为社会主义现代化事业提供合格的人才，也不可能为研究生教育提供优质的生源。目前，全国高校设思想政治教育本科专业的有200多所，由于该专业的重要性及特殊性，又由于它是文科专业中招生人数最多的专业之一，注重和提高思想政治教育专业建设质量便有着特殊的意义。

本系列教材的组织编写和出版发行，其背景和意义是多方面的。除了是响应教育部提出和推动的高等教育质量工程的实际行动外，还应当从以下几个方面来认识：一是2005年底，国务院学位委员会、教育部发文增设了马克思主义理论一级学科，思想政治教育学科调整为它的一个二级学科，从此，思想政治教育学科定位更加明确、更加科学。在此背景下，如何更好地坚持以马克思主义为指导，特别是加强习近平新时代中国特色社会主义思想的指导，以伟大建党精神和社会主义核心价值观引领教材建设，进一步搞好思想政治教育学科建设？二是中等学校政治课改革力度加大，全国的初中"道德与法治"课、高中"思想政治"课均在实施新的课程标准，中等职业学校也在实施新的德育课教学大纲，而为中等学校政治课培养、培训师资的高校思想政治教育专业的教改(包括教材改革)却相对滞后。如何改变这一状况，开展新一轮的课程改革、教材改革，以便更好地为中等学校政治课提供理论支撑、人才支撑？三是本系列教材各位主编所在的高校专业点是国家重点马克思主义学院和一流学科或省(市)重点学科，基本上都有马克思主义理论一级学科博士点和博士后科研流动站。有的高校思想政治教育专业是教育部、财政部批准的特色专业建设点。这些博士点、重点马克思主义学院、一流学科以及特色专业，如何在学科专业建设上发挥带头、示范作用？教材建设无疑是重要方面，它是体现质量和特色的必要条件与基础。质量和特色就是生命。

本书在编写中，加强从整体上学习、研究、把握马克思主义理论的科学体系，并运用其研究成果来指导思想政治教育学科建设；坚持以人为本，以学生的成人成才发展为本，为中国特色社会主义事业培育高素质的思想政治教育专门人才服务；从抓好思想政治教育专业主干课程的教材建设做起，逐步拓展、深化，努力探索马克思主义理论体系、思想政治教育理论体系转化为课程体系、教材体系的规律；探索研究性学习的教材特点，关注思想政治教育实践的时代课题，吸取思想政治教育学科理论发展的新成果，在教材内容、编写体例、呈现方式上改革创新；打通思想政治教育专业师范性与非师范性的界限，增强教材的专业适应性。

为了体现上述指导思想，本系列教材纳入编写出版计划、分批逐步推出的有：从整体上学习、研究马克思主义的课程教材，思想政治教育学科课程教材，相关学科课程教材，以及培养应用能力的课程教材等。

本系列教材是在2009年起陆续出版的“21世纪思想政治教育专业系列教材”的基础上，吸纳学科发展的最新成果，吸收更多具有长期教学经验、丰富研究成果的专家担纲，重新修订升级换版而成的新的系列教材。教材建设是一个与时俱进的长期的过程，相信“新编21世纪思想政治教育专业系列教材”的面世，一定能够为推进这一过程做出宝贵的贡献，为今后深化改革、发展完善思想政治教育专业教材体系积累经验。在本系列教材即将陆续推出、接受教学实践检验之时，写了上面一些话共勉之，是为序。

张耀灿

2021年12月

目录

绪　论 …… 001
《我的马克思主义观》导读 …… 005
《再论问题与主义》导读 …… 012
《谈政治》导读 …… 019
《中国共产党第一个纲领》和《中国共产党第一个决议》导读 …… 026
《中国共产党第二次全国代表大会宣言》导读 …… 032
《中国社会各阶级的分析》导读 …… 039
《湖南农民运动考察报告》导读 …… 045
《军队的性质和组织》《国民革命军及军事政治工作》导读 …… 051
《军队中政治工作的方法》导读 …… 057
《中国共产党红军第四军第九次代表大会决议案》导读 …… 063
《反对本本主义》导读 …… 071
《实践论》导读 …… 078
《矛盾论》导读 …… 084
《抗战军队的政治工作》导读 …… 090
《青年运动的方向》导读 …… 095
《论共产党员的修养》导读 …… 104
《改造我们的学习》导读 …… 110
《中共中央宣传部关于党的宣传鼓动工作提纲》导读 …… 117
《中共中央关于延安在职干部学习的决定》导读 …… 126
《中共中央关于延安干部学校的决定》导读 …… 134
《在延安文艺座谈会上的讲话》导读 …… 142
《关于军队政治工作问题》导读 …… 149

《为人民服务》导读 …… 157
《关于若干历史问题的决议》导读 …… 162
《论党》导读 …… 167
《唯心历史观的破产》导读 …… 175
《党在宣传战线上的任务》导读 …… 182
《中国人民解放军政治工作条例（草案）》导读 …… 190
《关于知识分子问题的报告》导读 …… 197
《论十大关系》导读 …… 205
《关于正确处理人民内部矛盾的问题》导读 …… 210
《读苏联〈政治经济学教科书〉的谈话（节选）》导读 …… 220
《解放思想，实事求是，团结一致向前看》导读 …… 227
《坚持四项基本原则》导读 …… 234
《关于建国以来党的若干历史问题的决议》导读 …… 240
《关于思想政治工作问题》导读 …… 246
《国营企业职工思想政治工作纲要（试行）》导读 …… 253
《党在组织战线和思想战线上的迫切任务》导读 …… 259
《一靠理想二靠纪律才能团结起来》导读 …… 265
《关于新时期军队政治工作的决定》导读 …… 271
《关于职工思想政治工作的若干问题》导读 …… 279
《在武昌、深圳、珠海、上海等地的谈话要点》导读 …… 288
《爱国主义教育实施纲要》导读 …… 295
《中共中央关于加强社会主义精神文明建设若干重要问题的决议》导读 …… 301
《中共中央关于加强和改进思想政治工作的若干意见》导读 …… 307
《在中央思想政治工作会议上的讲话》导读 …… 313
《科学对待马克思主义》导读 …… 318
《公民道德建设实施纲要》导读 …… 324
《中共中央、国务院关于进一步加强和改进未成年人思想道德建设的若干意见》导读 …… 330
《中共中央、国务院关于进一步加强和改进大学生思想政治教育的意见》导读 …… 339
《党的先进性建设是关系马克思主义政党生存发展的根本性问题》导读 …… 348
《牢固树立社会主义荣辱观》导读 …… 355
《努力把贯彻落实科学发展观提高到新水平》导读 …… 359
《实现中华民族伟大复兴是中华民族近代以来最伟大的梦想》导读 …… 365
《把宣传思想工作做得更好》导读 …… 373
《青年要自觉践行社会主义核心价值观》导读 …… 382
《切实加强和改进新形势下我军政治工作》导读 …… 390
《坚持和巩固党对意识形态工作的领导》导读 …… 398
《不忘初心，继续前进》导读 …… 403

《弘扬伟大长征精神，走好今天的长征路》导读 …… 412
《坚持依法治国和以德治国相结合》导读 …… 417
《决胜全面建成小康社会 夺取新时代中国特色社会主义伟大胜利：
在中国共产党第十九次全国代表大会上的报告》导读 …… 424
《在纪念马克思诞辰 200 周年大会上的讲话》导读 …… 431
《新时代公民道德建设实施纲要》导读 …… 437
《新时代爱国主义教育实施纲要》导读 …… 444

后 记 …… 453

绪　论

总结中国共产党思想政治教育百年历程与经验，创新中国特色社会主义新时代思想政治教育，推进思想政治教育和中国共产党思想政治教育史学科建设，研读中国共产党思想政治教育重要文献，是思想政治教育理论研究者和实际工作者应该努力做好的一件有价值的事情。

一、学习中国共产党思想政治教育重要文献的意义

在中国共产党领导中国人民进行新民主主义革命、社会主义革命和建设、改革开放和中国特色社会主义建设的历程中，思想政治教育始终是党的优良传统和政治优势。中国革命、建设和改革事业的伟大成就，中华民族从站起来、富起来到强起来，思想政治教育在围绕中心、服务大局和人的解放与发展进程中发挥了生命线作用。

历史是人类最好的老师。毛泽东、邓小平、习近平等一再强调学习经典、学习文献、学习历史的重要性和必要性。2019 年 1 月 2 日，习近平在致中国社会科学院中国历史研究院成立的贺信中说："历史研究是一切社会科学的基础。"① 2020 年 1 月 8 日，习近平在"不忘初心、牢记使命"主题教育总结大会上发表讲话，要求"学习党史、新中国史、改革开放史、社会主义发展史"②。

中国共产党思想政治教育史，是党史、新中国史、改革开放史的重要组成部分，马克思主义、科学社会主义是思想政治教育永恒的教育内容。中国共产党在百年思想政治教育历程中，制定了大量富有思想深度、理论高度和实践价值的重要文件，中国共产党领导人发表了一系列思想政治教育论著，留下了许多弥足珍贵、存留史册的思想政治教育文献，中国共产党思想政治教育理论从萌芽、形成走向成熟，并不断创新发展。

中国共产党思想政治教育重要文献是中国共产党思想政治教育史的重要内容，是中国共产党思想政治教育理论的经典之作。研读中国共产党思想政治教育重要文献，是学习党史、新中国史、改革开放史的题中之义，是研究中国共产党思想政治教育史和中国共产党思想政治教育理论的必由路径，也是推进中国共产党思想政治教育史学科建设的

---

① 习近平致信祝贺中国社会科学院中国历史研究院成立强调　总结历史经验揭示历史规律把握历史趋势　加快构建中国特色历史学学科体系学术体系话语体系. 人民日报，2019-01-04.

② 习近平. 习近平谈治国理政：第 3 卷. 北京：外文出版社，2020：540.

基础性工作。

二、中国共产党思想政治教育重要文献的选定标准

中国共产党思想政治教育史是中国共产党历史的重要分支，中国共产党思想政治教育重要文献是中国共产党历史文献的重要组成部分。中国共产党历史文献内容丰富、浩如烟海，公开出版的最基本的重要文献如《建党以来重要文献选编》（26 册）、《建国以来重要文献选编》（20 册）、十一届三中全会以来和十二大至十九大以来重要文献选编（24 册）等，毛泽东、刘少奇、周恩来、邓小平、江泽民、胡锦涛、习近平等领导人的著作也是数量众多、精彩纷呈。

中国共产党思想政治教育重要文献，是中共中央文件和中国共产党领导人著作中与思想政治教育紧密相关，具有公开性、经典性、理论性、实践性特征的重要之作。公开性是指收入本书的是已经公开出版的文献，而不是内部文件、新闻报道的内容；经典性是指在大量的思想政治教育文献中，具有重要历史价值的经典之作；理论性是指思想深刻、理论性强的文献，在思想政治教育理论形成、发展中留下重要印记的作品；实践性是指紧密结合思想政治教育实际，对思想政治教育进程发挥重大指导作用的文献。

中国共产党成立于 1921 年，但马克思主义在中国的传播、思想政治教育的萌芽，可以追溯至 1919 年的五四运动。中国共产党思想政治教育经历了萌芽、开创、成熟、发展的历程。中国共产党成立与中国共产党思想政治教育，是一个互为因果的关系。没有五四运动以来马克思主义传播成为新文化运动的主流，马克思主义没有和中国工人运动相结合，就不可能产生中国共产党；中国共产党成立以前，有全国性组织的、完整意义上的思想政治教育只能处于萌芽阶段。

本书重要文献的首篇确定为李大钊 1919 年的《我的马克思主义观》，这是历史与逻辑双重标准的不二选择。百年沧桑巨变，革命、建设和改革事业日新月异，思想政治教育实践助力无穷，思想政治教育重要文献、经典著作不胜枚举。限于篇幅，本书一共选择了 65 篇重要文献。历史研究需要划分时段，编写著作总有结束、结尾。本书最后一篇重要文献为 2019 年的《新时代爱国主义教育实施纲要》，2020 年以后的重要文献，只能等待修订、再版时予以续篇。

三、《中国共产党思想政治教育重要文献导读》的编写原则

坚持党史与思想政治教育相结合。中国共产党思想政治教育史既是中共党史的分支，也是思想政治教育的分支，体现两个二级学科的基本性质，也具有历史学科和理论学科的双重属性。我们编撰的是一部中国共产党思想政治教育重要文献的历史著作，注意到中国马克思主义重要文献、中国共产党重要文献和中国共产党思想政治教育重要文献的区别与联系，坚持以马克思主义为指导，以党的历史发展为背景，以党的思想政治教育

为重点，准确处理好两者的关系。

坚持全面与重点相结合。力求覆盖全面、突出重点，重要文献分布在新民主主义革命时期、社会主义革命和建设时期、改革开放新时期、中国特色社会主义新时代等各个阶段，涵盖中国共产党思想政治理论萌芽、形成、成熟、发展和不断创新的发展进程，体现毛泽东、邓小平、江泽民、胡锦涛、习近平等党的领导人的重要贡献；侧重介绍能够体现思想政治教育理论形成、成熟、发展的代表作，突出中国共产党和党的思想政治教育创始人、领袖人物，兼顾党的其他领导人，以中国共产党思想政治教育历史为基础，重点放在中国特色社会主义新时代，力求完整准确地展现中国共产党百年思想政治教育的思想历程、理论内涵及其发展脉络。

坚持理论与实际相结合。中国共产党的一百年，是马克思主义与中国实际日益结合的一百年。马克思主义及其中国化的理论成果——毛泽东思想、中国特色社会主义理论体系，是思想政治教育的指导思想和教育内容。重要文献既有思想政治教育理论性强的代表作，也包括马克思主义中国化的经典文献；思想政治教育重要文献来源于思想政治教育实践，又对思想政治教育实践发挥指导作用；导读编写既注重概括基本理论、中心思想、核心观点，也紧密结合新时代思想政治教育实践，注意解决学生思想认识问题。

坚持创新与适用相结合。本书尽力反映中国共产党历史、思想政治教育和中国共产党思想政治教育史学科建设的最新成果，在文献导读、观点评述、联系实际等方面有所创新，做到既新颖又实用，符合学生的学习特点和需要，给学生提供学术界最新观点和材料。限于教材篇幅，重要文献原文不再编入，着重进行导读，同时注明文献详细出处，学生可以方便地查找、阅读。

四、《中国共产党思想政治教育重要文献导读》的内容安排

分析写作背景。熟悉、理解文本，需要了解文本的来龙去脉。思想、理论、文献的产生，总会有历史原因、思想渊源、实践基础，这是绝对的。但文本、文献产生的背景，也有一个相对性问题。历史背景有远因和近因，实践和理论在不断发展，思想渊源和实践基础也处在变化之中；革命、建设和改革事业和党的路线方针政策的大背景，思想政治教育事件、文本的小背景，直接原因和间接原因都得重视。厘清这些关系，才能更好地理解和掌握文献。

概括基本思想。如何掌握一篇思想政治教育重要文献的基本思想？除熟悉文献产生的历史背景之外，要坚持马克思主义立场观点方法，运用思想政治教育基本原理，对文献的中心思想、核心观点和框架结构予以全面、整体、准确的理解和把握。导读概括重要文献基本思想的原则和内容，既从中国共产党思想政治教育理论视角，也有马克思主义中国化创新成果，更在两者结合上梳理总结，体现了思想政治教育指导思想和教育内容的高度统一。

阐释重要意义。重要文献之所以能够成为经典留存史册，在于其具有深邃的理论蕴涵、发挥了历史作用并仍然具有当代意义。导读在梳理重要文献的形成背景和基本内容

的基础上，着重阐述该文献在马克思主义思想政治教育思想、中国共产党思想政治教育理论发展史中的地位和贡献，在为中国革命、建设和改革事业和人的解放与发展实践中发挥的生命线作用，以及对新时代思想政治教育实践创新所具有的指导意义。

启发学习思考。读原著、学原文、悟原理，是学习马克思主义经典著作的科学方法。每篇导读之后附上若干学习思考题，以检测和评估学生学习效果，启发学生进一步思考。思考题大致分为两类：一类是基础性问题，侧重考查学生对重要文献的形成背景、主要观点、基本思想、重要意义的理解和掌握；另一类是历史重点、理论难点、实践热点、学术焦点问题，提供给学生深入思考和研究，有的可以作为学位论文选题。

研读中国共产党思想政治教育重要文献，浮光掠影不行，蜻蜓点水也不行。要坚持以马克思主义认识论为指导，专心致志地读、原原本本地读、反反复复地读，以读原著学原文悟原理为重点，将导读作为入门参考书和辅助读物，在文献、理论、历史与现实的交互、融通中把握文献精髓，提升理论素养、学习能力和思想境界。这是我们编写《中国共产党思想政治教育重要文献导读》的初衷和目的。

《我的马克思主义观》导读

《我的马克思主义观》是李大钊为纪念马克思诞辰101周年（1919年5月5日）而撰写的文章，旨在向国人系统地介绍马克思主义学说，澄清思想界对马克思主义学说的各种误读，为处于思想迷惘中的人们指明方向。它是我国第一篇比较系统完整地介绍马克思主义学说的文献，对党的思想政治教育工作的发端具有重要而深远的指导意义。

原文见《建党以来重要文献选编（1921—1949）》第一册，中央文献出版社2011年版，第393～430页。

一、写作背景

1. 在形形色色的社会主义流派中辨明正确方向的时代诉求

辛亥革命推翻了封建君主专制制度，建立了中国历史上第一个资产阶级共和国。但民国初年以来，军阀政客在帝国主义的支持下操纵国会，破坏约法，甚而复辟帝制，国内政局呈现出列强角逐、军阀混战、民主政治名存实亡的纷乱局面。国际上，第一次世界大战因西方列强争夺殖民地利益而展开，战争席卷欧、亚、非三大洲，战火波及地区生灵涂炭。战后召开的巴黎和会又是一场列强分赃会议，血淋淋地宰割了作为战胜国的中国。国际国内局势的变动使一直倾心于欧风美雨的中国知识分子对资产阶级民主主义方案产生了怀疑。

十月革命开辟了人类历史的新纪元，诞生了马克思主义指导下的第一个社会主义国家。十月革命后，李大钊敏锐地指出“俄罗斯之文明，诚足以当媒介东西之任”[①]，“Bolshevism这个字，虽为俄人所创造，但是他的精神，可是二十世纪全世界人类人人心中共同觉悟的精神”[②]，“试看将来的环球，必是赤旗的世界”[③]。中国在巴黎和会上的外交失败引发的五四运动彰显了中国社会中所蕴藏的强大力量，社会主义由此成为不可遏止的时代洪流。瞿秋白说，“所以学生运动倏然一变而倾向于社会主义”[④]。但潮流所

---

① 李大钊. 李大钊全集：第2卷. 北京：人民出版社，2013：311.
② 同①368.
③ 同①367.
④ 中国社科院近代史研究所. 五四运动文选. 北京：生活·读书·新知三联书店，1959：429.

至，不免泥沙俱下，无政府主义、基尔特社会主义、工读主义、新村主义等思想也均以社会主义自居。“社会主义流派，社会主义意义都是纷乱，不十分清晰的。正如久壅的水闸，一旦开放，旁流杂出，虽是喷沫鸣溅，究不曾自定出流的方向。”①

2. 各国学者对马克思主义学说研究成果的理论滋养

李大钊于 1914 年 1 月到 1916 年 5 月间留学日本。在留学日本前、留学日本期间，李大钊都曾与日本知名学者有过直接或间接的接触。如北洋法政学堂的教师、日本著名民本主义思想家吉野作造和早稻田大学主讲教师、日本著名社会主义者安部矶雄、幸德秋水、片山潜等。在《我的马克思主义观》一文中，李大钊更是大幅引用日本著名社会主义者河上肇介绍马克思、恩格斯著作的文章。李大钊对马克思主义研究的关注具有世界视野。他在《我的马克思主义观》一文中明确指出：“自一九一八年马克思诞生百年纪念以来，各国学者研究他的兴味复活，批评介绍他的很多。”② 李大钊是《新青年》六卷五号的主编，仅以六卷五号为例，就可以看到除了日本学者外，李大钊至少曾经关注过德国、俄国和英国学者对马克思及其学说的研究。《新青年》六卷五号发表的顾兆熊的《马克思学说》，思想资源主要来自德国学者的研究；起明翻译的《俄国革命之哲学的基础（下）》，是一篇英国学者撰写的文章；黄凌霜撰写的《马克思学说的批评》，思想资源主要源自伯恩斯坦和克鲁泡特金。除日本外，各国学者对马克思主义的研究也为李大钊马克思主义观的生成提供了理论滋养。

3. 抓住契机推动国内思想界关注和研究马克思主义的现实需要

十月革命以后，李大钊以其高度的政治敏感性断言：“二十世纪初叶以后之文明，必将起绝大之变动，其萌芽即茁发于今日俄国革命血潮之中。”③ 但就国内思想界而言，受北洋政府舆论导向的影响，马克思主义并没有引起国人的足够关注，相反，怀疑否定之声不绝，“一时汦棼之象，颇足致觇国者之悲观。吾邦人士，亦多窃窃焉为之抱杞［杞］忧者”④。人们对马克思主义知之甚少，其间还夹杂着误解和曲解。李大钊指出：“‘马克思主义’既然随着这世界的大变动，惹动了世人的注意，自然也招了很多的误解。”但我们对于“马克思主义”的研究，还是“极其贫弱”的⑤。

1919 年 5 月 5 日是马克思诞辰 101 周年，李大钊欲借此机会推动对马克思主义的研究和宣传。1919 年 5 月，在李大钊的帮助下，《晨报》副刊开辟了“马克思研究”专栏。原定于该月出版的由李大钊主编的《新青年》也拟出版“马克思研究号”，将搜集的关于马克思主义学说的“零碎的资料，稍加整理”，“把他转介绍于读者，使这为世界改造原

---

① 中国社科院近代史研究所．五四运动文选．北京：生活·读书·新知三联书店，1959：429.

② 中共中央文献研究室，中央档案馆．建党以来重要文献选编（1921—1949）：第 1 册．北京：中央文献出版社，2011：393.

③④ 李大钊．李大钊全集：第 2 卷．北京：人民出版社，2013：329.

⑤ 同②.

动的学说，在我们的思辨中，有点正确的解释”①。

二、基本思想

1. 第一次比较系统地论述了马克思主义学说的基本体系及主要思想

在20世纪的最初十年，受十月革命的影响，马克思主义在世界的影响力日益扩大，但人们对马克思主义的误解也相应增加。为澄清思想的迷雾，李大钊在《我的马克思主义观》一文中对马克思主义学说的理论体系及其内在逻辑关系做出了今天看来依然是总体上正确的概括。

关于马克思主义的理论体系，李大钊认为：“马氏社会主义的理论，可大别为三部：一为关于过去的理论，就是他的历史论，也称社会组织进化论；二为关于现在的理论，就是他的经济论，也称资本主义的经济论；三为关于将来的理论，就是他的政策论，也称社会主义运动论，就是社会民主主义。”② 我们党对马克思主义理论包括马克思主义哲学、马克思主义政治经济学和科学社会主义等三个组成部分的认识即发端于此。

马克思主义理论体系的三个主要组成部分之间存在着内在的逻辑关系。一方面，李大钊确认了唯物史观在马克思主义理论体系中的基础性地位。他指出，马克思主义学说“离了他的特有的史观，去考他的社会主义，简直的是不可能。因为他根据他的史观，确定社会组织是由如何的根本原因变化而来的，然后根据这个确定的原理，以观察现在的经济状态，就把资本主义的经济组织，为分析的、解剖的研究，预言现在资本主义的组织不久必移入社会主义的组织，是必然的命运”③。另一方面，对于作为马克思主义与各种形形色色社会主义思想之间的重要区别的阶级斗争，李大钊认为“阶级竞争说恰如一条金线，把这三大原理从根本上联络起来”④。李大钊发现，在马克思主义理论中，“他的唯物史观说：‘既往的历史都是阶级竞争的历史。’他的‘资本论’也是首尾一贯的根据那‘在今日社会组织下的资本阶级与工人阶级，被放在不得不仇视、不得不冲突的关系上’的思想立论。关于实际运动的手段，他也是主张除了诉于最后的阶级竞争，没有第二个再好的方法”⑤。那么，唯物史观和阶级斗争二者之间的关系应该如何厘清呢？这是使马克思主义颇受时人质疑的一个纠结之点。对此，李大钊认为二者其实并不矛盾，他认为阶级竞争是坚持唯物史观的一个必然结果，“与其说他的阶级竞争说是他的唯物史观的要素，不如说是对于过去历史的一个应用”⑥。

李大钊在明晰了马克思主义理论的三大组成部分及其内在逻辑关系之后，进而具体

① 中共中央文献研究室，中央档案馆．建党以来重要文献选编（1921—1949）：第1册．北京：中央文献出版社，2011：394.

② 同①396-397.

③④⑤ 同①397.

⑥ 同①408.

分析了马克思主义“唯物史观”“阶级竞争说”“经济论”的主要观点。对于“唯物史观”，李大钊借用“经济的构造”（经济基础）和“精神上的构造”（上层建筑）、“生产力”和“社会组织”（李大钊特别指出也就是社会关系，相近于我们今天所说的生产关系）等概念，阐述了历史唯物主义的基本公式，即生产力决定生产关系，经济基础决定上层建筑。对于政治经济学，李大钊超越近代中国具体历史环境的限制，依凭自身的专业修养，阐明了马克思主义政治经济学的重要历史地位，并具体介绍了马克思主义的“劳动价值论”“平均利润率论”“资本说”“余工余值说”“资本集中说”等理论；对于阶级斗争学说，李大钊超越对唯物史观做“定命说”解释的误区，认为“社会主义的实现，离开人民本身，是万万作不到的，这是马克思主义一个绝大的功绩。无论赞否马氏别的学说的人，对于此点，都该首肯”①。

以马克思主义理论教育党员和人民群众，是中国共产党思想政治教育的基本内涵。李大钊的《我的马克思主义观》一文，第一次尝试对马克思主义理论体系的基本结构、主要思想等做比较系统的阐释，初步完成了以中文的表达形式对马克思主义理论做出总体正确的提炼和概括，这是对党的思想政治教育内容的初步揭示，为此后党的思想政治教育的发端发展准备了前提条件。科学理论对于思想政治教育的重要意义，李大钊是有充分认识的。李大钊指出：“拿这社会主义有必然性的说，坚人对于社会主义的信仰，信他必然发生，于宣传社会主义上，的确有如耶教福音经典的效力。”②

2. 初步阐述了历史唯物主义的基本观点，为思想政治教育确立正确历史观

李大钊在《我的马克思主义观》中初步阐述了马克思主义关于生产力和生产关系、经济基础和上层建筑之间关系的基本观点。他在转引介绍《哲学的贫困》《共产党宣言》《〈政治经济学批判〉序言》等经典著作的部分篇章后，认为马克思主义的唯物史观有两大要点：其一，“人类社会的生产关系的总和”是一个社会的“经济的构造”或“基础构造”，“社会上政治的、法制的、伦理的、哲学的”等构成社会的“精神的构造”或“表面构造”。而这二者之间，前者支配着后者，“凡是精神上的构造，都是随着经济的构造变化而变化”。其二，“社会组织即社会关系，也是与布帛菽粟一样，是人类依生产力产出的产物”，“生产力一有变动，社会组织必须随着他变动”。除非旧的社会组织已完全不能容纳生产力的发展，旧的组织是不会被打破的，新的社会组织也是不能产生的，“恰如孵卵的情形一样，人为的助长，打破卵壳的行动，是万万无效的，是万万不可能的”③。

李大钊借助他对唯物史观的认知，反复强调“基础构造”“生产力”对人类意识的决定性作用，他说：“表面构造常视基础构造为转移，而基础构造的变动，乃以其内部促他自己进化的最高动因，就是生产力，为主动，属于人类意识的东西，丝毫不能加他以影响，他却可以决定人类的精神、意识、主义、思想，使他们必须适应他的形程。”④ 尽管

---

① 中共中央文献研究室，中央档案馆．建党以来重要文献选编（1921—1949）：第1册．北京：中央文献出版社，2011：410.

② 同①411.

③ 同①405-406.

④ 同①405.

李大钊在此处的表述多少有点矫枉过正，但他揭示了人的思想的形成和发展是有其不以人的意志为转移的客观基础的。马克思指出："物质生活的生产方式制约着整个社会生活、政治生活和精神生活的过程。不是人们的意识决定人们的存在，相反，是人们的社会存在决定人们的意识。"① 这就意味着思想政治教育必须遵循历史唯物主义基本原则，即认识一种思想的存在和发展变化，必须到社会生活中去寻找根源，而要提高人的思想，完成思想政治教育的目的，也必须基于人们的实际生活来进行。

3. 初步运用唯物辩证法的基本观点，为思想政治教育提供方法论指导

李大钊在《我的马克思主义观》中强调了马克思主义唯物论，但他并没有陷入机械的唯物主义，或陷入"定命的彩色"，他辩证地阐释了法律、伦理等"表面构造"对"经济构造"的影响，也解释了当时颇"受人非难"的唯物论与阶级斗争之间的关系。关于"法律"等表面构造的作用，李大钊认为，"法律等，不是绝对的不能加些影响于各个的经济现象"，"有时可以抑制各个的经济现象"，因此，"我们可以拿团体行动、法律、财产法三个连续的法制，补足阶级竞争的法则"，虽然"不能拿他们推翻马氏唯物史观的全体"②。关于阶级社会是否存在"伦理的观念"的问题。不同于许多人认为的马克思学说"全把伦理的观念抹煞一切"，李大钊认为"在这经济构造建立于阶级对立的时期，这互助的理想，伦理的观念，也未曾有过一日消灭，不过因他常为经济构造所毁灭，终致不能实现。这是马氏学说中所含的真理"③。同时，马克思主义学说虽然不否认阶级社会中也存在伦理的观念，但"认定单是全体分子最普通的伦理特质的平均所反映的道德态度，不能加影响于那经济上利害相同自觉的团体行动"④。李大钊强调，在阶级社会向社会主义社会过渡的时代，"伦理的感化，人道的运动，应该倍加努力，以图划除人类在前史中所受的恶习染，所养的恶性质，不可单靠物质的变更"，"这是马氏学说应加救正的地方"⑤。关于唯物论与阶级斗争的关系，李大钊认为二者之间并没有矛盾。虽然"历史的唯物论者以经济行程的进路为必然的、不能免的"，但是社会主义的实现，却不能"什么提议也没有，什么活动也没有"，正如马克思、恩格斯在《共产党宣言》中呼吁全世界的无产者联合起来一样，"社会主义的实现，离开人民本身，是万万作不到的，这是马克思主义一个绝大的功绩"⑥。

三、重要意义

在《我的马克思主义观》中，李大钊虽然没有直接阐述马克思主义辩证法的基本范畴和规律，但他实际上已经在运用对立统一规律对经济基础与上层建筑、生产力的决定

① 马克思，恩格斯．马克思恩格斯选集：第2卷．3版．北京：人民出版社，2012：8.

② 中共中央文献研究室，中央档案馆．建党以来重要文献选编（1921—1949）：第1册．北京：中央文献出版社，2011：412-413.

③④⑤ 同②413.

⑥ 同②410.

作用和人民群众的推动作用展开分析，运用事物的永恒发展规律对时代和学说的关系进行分析，这为我们认识思想的形成和发展、解决思想认识上的问题、开展思想政治工作提供了范例和方法论指导。遵循这一指导，一切从实际出发的方法、矛盾分析法、群众路线的方法、具体问题具体分析的方法等唯物辩证的思维方法成为思想政治教育的思想方法、工作方法和研究方法。

1. 为党的思想政治教育的发端奠定了理论基础

党的思想政治教育的内容之一就是要用马克思列宁主义、毛泽东思想、中国特色社会主义理论体系教育人们。因此，完整正确地阐释马克思主义是党的思想政治教育的基本前提。《我的马克思主义观》的发表为党的思想政治教育的开端奠定了坚实的理论基础。其一，开创性地为党的思想政治教育准备了总体正确的内容体系。在《我的马克思主义观》一文发表之前，并非没有介绍马克思及其学说的文章。1899 年，《万国公报》刊载了英国传教士李提摩太节译的《大同学》一文，这是马克思的名字第一次出现在中文报刊上。1902 年，梁启超对马克思做了简要介绍，他是第一个在文章中介绍马克思的中国人。1903 年，马君武在文章中介绍了唯物史观。1905 年，朱执信比较详细地介绍了马克思、恩格斯的生平，并介绍了《共产党宣言》和《资本论》中剩余价值理论的观点。这些著作往往流于碎片，有些是片面甚至是错误的，导致当时马克思主义并没有发挥其思想引领作用。在《我的马克思主义观》一文发表之前，虽然通过《法俄革命之比较观》《Bolshevism 的胜利》，李大钊也盛赞俄国十月革命和马克思主义学说，但由于缺乏系统的理论阐释，许多人对马克思主义的理解也还是停留于一知半解的状态。党的思想政治教育的确立及其功能发挥有赖于对马克思主义的正确系统的阐释，《我的马克思主义观》对此做出了开拓性的贡献。其二，使党的思想政治教育有了科学的理论指导。党的思想政治教育以马克思主义学说为其基本内容，同时也必须以马克思主义为指导才能获得发展，收获实效。《我的马克思主义观》关于马克思主义唯物辩证的历史观和方法论的阐释、关于资本主义经济规律的揭示、关于人类社会发展前途的分析，是正确认识党的思想政治教育的地位和作用、过程和规律、目标和任务、原则和方法等不可或缺的理论武器。

2. 为党的思想政治教育的发端形成了干部队伍

《我的马克思主义观》的发表标志着李大钊由一个民主主义者转变为马克思主义者，它也成为当时进步知识分子学习马克思主义的最好教材。一批青年知识分子在李大钊及其思想的影响下，开始走上马克思主义的道路。1919 年 9 月，《我的马克思主义观（上）》在《新青年》第六卷第五号发表。9 月 21 日，李大钊赴天津觉悟社发表讲演并与觉悟社社员座谈。李大钊勉励觉悟社社员好好阅读发表在《新青年》《少年中国》上关于马克思主义学说的文章。据觉悟社社员刘清扬回忆，李大钊的讲话对觉悟社后来的发展起了重要作用。1920 年 3 月，在李大钊的组织下，马克思学说研究会在北大秘密成立，邓中夏、罗章龙、高君宇、何孟雄、黄日葵、刘仁静等是其最初会员。马克思学说研究会是北京共产主义小组的前身，许多会员成为北京党组织的最早党员，是党的思想政治教育工作在建党初期得以顺利开展的重要干部来源。

3. 为党的思想政治教育的有效开展积累基本经验

与五四时期一些人“尽先输入名词，而并不介绍这名词的涵义”①，高谈阔论却与中国实际相隔阂的风气迥然不同，李大钊在《我的马克思主义观》开篇就表达了审慎的研究态度。他说：“拼上半生的工夫来研究马克思，也不过仅能就他已刊的著书中，把他反复陈述的主张得个要领，究不能算是完全了解‘马克思主义’的。”② 这种严谨的研究态度与马克思在撰写《资本论》之前穷尽阅读所有研究资料有异曲同工之妙。正是基于这种研究态度，李大钊有可能超越同时代的人，全面揭示马克思主义学说的构成及其内在关系，并且初步提出了马克思主义中国化的问题，认为“不可拿这一个时代一种环境造成的学说，去解释一切历史，或者就那样整个拿来，应用于我们生存的社会”③。正是李大钊对马克思主义学说全面科学的认识和阐释，才使人们获得一种综合的武器，对社会发展的规律、对当下社会的问题、对未来的发展方向等困扰人们的问题做出了指导性的回答。马克思主义在五四运动后得以获得更广泛的传播，赢得更多知识分子的信仰，并且可以在与反马克思主义者的论战中脱颖而出，都奠基于其理论的科学性和周延性。正如日本学者石川祯浩所分析的，“马克思主义将其综合体系的特点发挥到了极致。在这个意思上，马克思主义对于能理解他的人来说意味着得到了‘全能的智慧’，而对于信奉它的人来讲，则等于找到了‘根本性的指针’”④。当今中国的时代条件和社会环境早已发生了翻天覆地的变化。新时代思想政治教育所面临的问题是李大钊当年所难以想象的，但李大钊在马克思主义研究中的审慎态度，对马克思主义进行整体性认知的高度自觉，以及在发展中认识马克思主义的动态眼光，仍然应该成为我们运用马克思主义理论进行思想政治教育必须坚持的基本原则和态度。

四、学习与思考

1.《我的马克思主义观》对马克思主义学说的基本构成及其关系做了怎样的概括？

2.《我的马克思主义观》对中国共产党思想政治教育的发端有什么重要意义？

3.《我的马克思主义观》为思想政治教育提供了哪些方法论指导？

---

① 鲁迅．鲁迅全集：第4卷．北京：人民文学出版社，2005：88.

② 中共中央文献研究室，中央档案馆．建党以来重要文献选编（1921—1949）：第1册．北京：中央文献出版社，2011：393.

③ 同②414.

④ 石川祯浩．中国共产党成立史．北京：中国社会科学出版社，2006：2.

《再论问题与主义》导读

《再论问题与主义》是李大钊于 1919 年 8 月为驳斥胡适的《多研究些问题、少谈些“主义”!》而作。文章最初发表在 1919 年 8 月 17 日的《每周评论》第 35 号上，题目是胡适所加。胡适还在原文之后附上了一篇附记，内容是：“我要做的《再论问题与主义》，现在有守常先生抢去做了，我只好等到将来做《三论问题与主义》吧。”胡适与李大钊等人关于“问题与主义”的一系列商榷文章，构成了五四运动后马克思主义者与非马克思主义者之间的第一场著名论战，即问题与主义之争。《再论问题与主义》一文的发表，说明李大钊对马克思主义的唯物史观和阶级斗争等学说已经有了比较科学的认知，而且已经能够运用马克思主义的基本原理来驳斥一些非马克思主义的观点，是党的思想政治教育正式开端前的一篇经典之作。

原文见《建党以来重要文献选编（1921—1949）》第一册，中央文献出版社 2011 年版，第 431～437 页。

一、写作背景

1. 澄清五四思想界主义并立的思想迷雾

辛亥革命推翻了封建君主专制制度，但它也有明显的局限。为了传播民主与科学，新文化运动以《新青年》和北京大学为主阵地，以改造中国传统思想与文化为主要内容蓬勃发展。新思想的输入营造了五四极其活跃但良莠杂陈的思想空间。正如邓颖超后来回忆说：“那时的思想，受到长期禁锢，像小脚女人把脚裹住；放开以后，不知怎么走路，有倒的，有歪的，也有跌跤的。那时是百家争鸣，各种思潮都有。”[①] 受十月革命和五四运动的影响，社会主义成为浩浩荡荡的社会思潮，但裹挟其间的社会主义思想可谓流派林立、杂然纷呈。对于这些形形色色的“社会主义”，即便是进步的年轻知识分子，很多也都处于一知半解的状态。邓颖超曾说：“我们受十月革命的影响，当时也只听说苏联是没有阶级、没有人剥削人的社会。我们很向往这种光明的社会，同情广大劳苦大众，厌恶中国社会的黑暗。我们平常交谈的范围很广，无政府主义、基尔特社

① 中国社会科学院近代史研究所．五四运动回忆录（续）．北京：中国社会科学出版社，1979：10.

会主义都接触到了，但对这些我们都没有明确的认识，也不了解什么是马克思主义。”①在此鱼龙混杂之际，马克思主义者必须勇敢发声，以正确的理论引领青年知识分子。

2. 科学完整认识马克思主义的阶段成果

李大钊在《再论问题与主义》一文中以马克思主义的立场、观点和方法回击改良主义的主张，它的成文离不开李大钊对马克思主义学说相对科学完整的认识。学界一般认为，《我的马克思主义观》是我国第一篇比较系统完整地介绍马克思主义学说的论文，但关于《我的马克思主义观》和《再论问题与主义》的写作时间孰先孰后问题，是存在争议的。一种观点认为《我的马克思主义观》是李大钊为纪念马克思诞辰101周年而写（马克思诞生于1818年5月5日），由李大钊主编的《新青年》（六卷五号），如不拖期其正常出版时间也应在1919年5月，因此，《我的马克思主义观》应写于1919年5月之前，是早于《再论问题与主义》的。另一种观点则认为《我的马克思主义观》完成的时间应在1919年的8月下旬或9月初，应该是晚于《再论问题与主义》的。但认真比对两篇文章，不难发现两篇文章关于经济基础与上层建筑的关系、唯物史观与阶级斗争的关系的论说是完全一致的。因此无论李大钊在写《再论问题与主义》时，《我的马克思主义观》是否已经落笔成文，都不能否认李大钊此时对马克思主义学说已经成竹在胸，也正是以此为思想基础写就《再论问题与主义》。

3. 批驳胡适等反马克思主义的应对之作

1919年6月11日，陈独秀因散发《北京市民宣言》被北洋政府逮捕。陈独秀被捕后，《每周评论》自25期起由胡适接办。胡适改变了《每周评论》的政治方向，开始大量刊载杜威的讲演录和反马克思主义的文章。与此同时，由于北洋政府加紧了对“过激派”的迫害，李大钊被迫于7月避走故里。避险期间，李大钊收到7月20日出版的第31号《每周评论》，这一期刊载了胡适的《多研究些问题、少谈些“主义”!》。关于这篇文章的写作原因，胡适曾这样解释：“一九一九年六月中，独秀被捕，我接办《每周评论》。方才有不能不谈政治的感觉。那时正当安福部极盛的时代，上海的分赃和会还不曾散伙。然而国内的‘新’分子闭口不谈具体的政治问题，却高谈什么无政府主义与马克思主义。我看不过了，忍不住了，——因为我是一个实验主义的信徒，——于是发愤要想谈政治。我在《每周评论》第三十一号里提出我的政论的导言，叫做《多研究些问题、少谈些“主义”!》。”② 李大钊认为这是一个必须澄清的根本性问题。因此，他在客居昌黎五峰山期间撰写了《再论问题与主义》，发表在《每周评论》第35号上，对胡适的观点进行了辩驳。

---

① 中国社会科学院现代史研究室，中国革命博物馆党史研究室．一大前后：中国共产党第一次代表大会前后资料选编（二）．北京：人民出版社，1980：232-233．

② 胡适．我的自述．努力周报，1922（7）．

二、基本思想

1. 辩证看待“根本解决”与人的主体活动之间的关系

胡适的思想深受杜威实验主义哲学的影响，正如他自己所标榜的：“我是一个实验主义的信徒。”在《多研究些问题、少谈些“主义”!》发表前3个月，胡适发表了哲学著作《实验主义》，浓墨重彩地介绍了美国的实用主义哲学，尤其是他的老师杜威的实验主义哲学思想。1919年4月，杜威来华在中国掀起了一场杜威热。《多研究些问题、少谈些“主义”!》正是写于杜威来华期间。“杜威并不讲求那些将会是绝对‘真的’判断，也不把这种判断的矛盾对立面斥之为绝对‘假的’。依他的意见，有一个叫‘探究’的过程，这是有机体同它的环境之间的互相调节的一种。”① 受杜威思想的影响，胡适的思想中也有强烈的相对主义色彩，他认为：“人在这环境之中，时时刻刻免不了有困难发生。因为要解决这种困难，就引起了思想的捉摸与觉悟。”② 正由于胡适主张人的思想是在应对环境中产生的，因此，他反对“高谈这种主义如何新奇，那种主义如何奥妙”，更反对所谓的“根本解决”，他说：“‘主义’的大危险，就是能使人心满意足，自以为寻着包医百病的‘根本解决’，从此用不着费心力去研究这个那个具体问题的解决法了。”③

针对胡适的观点，李大钊运用马克思主义唯物史观驳斥胡适的相对论，指出社会的发展是有规律可循的，社会问题确有根本性与非根本性之别。他指出：“依马克思的唯物史观，社会上法律、政治、伦理等精神的构造，都是表面的构造。他的下面，有经济的构造作他们一切的基础。经济组织一有变动，他们都跟着变动。”④ 但这绝不意味着“天天只是在群众里传布那集产制必然的降临的福音，结果除去等着集产制必然的成熟以外，一点的预备也没有作，这实在是现在各国社会党遭了很大危机的主要原因”⑤。李大钊认为：按照马克思主义的观点，“遇着时机，因着情形，或须取一个根本解决的方法，而在根本解决以前，还须有相当的准备活动才是”⑥。李大钊这里所谓的“准备活动”，指的是“阶级竞争说”，指的是“工人联合的实际运动”。因此，李大钊辩证地处理了社会发展的客观规律和人民群众的主观能动性之间的关系，既不否认遵循客观规律、实现“根本解决”的可能性，又特别强调了宣传、动员、联合工人的极端重要性，实际上是强调党的思想政治教育在实现党的理想和事业中的重要地位。

---

① 罗素. 西方哲学史：下. 北京：商务印书馆，2011：382.
② 胡适. 杜威哲学//胡适. 胡适全集：第8卷. 合肥：安徽教育出版社，2003：430.
③ 胡适. 多研究些问题、少谈些“主义”!. 每周评论：第31号，1919-07-20.
④ 中共中央文献研究室，中央档案馆. 建党以来重要文献选编（1921—1949）：第1册. 北京：中央文献出版社，2011：436.
⑤ 同④436-437.
⑥ 同④437.

2. 强调宣传“主义”的重要性，初步揭示了思想政治教育的“灌输”本质

胡适从其相对主义的哲学观点出发，反对“主义”的宣传，指责“现在舆论界大危险，就是偏向报纸上的学说，不去实地考察中国今日的社会需要究竟是什么东西”。胡适认为：“第一，空谈好听的‘主义’，是极容易的事，是阿猫阿狗都能做的事，是鹦鹉和留声机都能做的事。第二，空谈外来进口的‘主义’，是没有什么用处的。一切主义都是某时某地有心人，对于那时那地的社会需要的救济方法。我们不去实地研究我们现在的社会需要，单会高谈某某主义。好比医生单记得许多汤头歌诀，不去研究病人的症候，如何能有用呢？第三，偏向纸上的‘主义’，是很危险的。这种口头禅是很容易被无耻政客利用来做种种害人的事。”胡适总结说：“我现在奉劝新舆论界的同志道：请你们多提出一些问题，少谈一些纸上的主义。”[①]

面对胡适的这些论点，李大钊依然坚持要高举主义的大旗，给予有力的驳斥。其理由如下。第一，“主义的危险，只怕不是主义的本身带来的，是空谈他的人给他的”。李大钊认为，即便是欧文、傅立叶等空想社会主义者，只要将其付诸实践，即便“因为离开了多数人民去传播他们的理想，就像在那没有深厚土壤的地方撒布种子的一样，归于失败了”，但“社会主义的精神，永远存留在国民生命之中”。因此，“不论高揭什么主义，只要你肯竭力向实际运动的方面去作，都是对的，都是有效果的”[②]。第二，“主义的本性，原有适应实际的可能性”。李大钊认为，从精神实质上看，主义无论在哪一个国家都大致相同，但是“把这个理想适用到实际的政治上去，那就因时、因所、因事的性质情形，有些不同”。因此，在资本主义国家，可以用社会主义做工具去打倒资本主义，而在中国，可以以它作工具，“去驱除这一班不劳而生的官僚强盗”[③]。所以，并非进口的主义没有用，关键是是否将其应用于实际。第三，不能因为有“假冒牌号的危险”，就停止主义的宣传。李大钊援引孙中山的言论，指出：“新开荒的时候，有些杂草毒草，夹杂在善良的谷物花草里长出，也是当然应有的现象。”因此，面对假冒牌号的人，我们“愈发应该一面宣传我们的主义，一面就种种问题研究实用的方法，好去本着主义作实际的运动，免得阿猫、阿狗、鹦鹉、留声机来混我们骗大家”[④]。

除上述理由外，促使李大钊排除各种障碍和困难也要宣传主义的更主要的原因是中国社会的现状。多数民众未觉悟的状态使李大钊认为必须由外向内“灌输”思想。

李大钊认为“主义”与“问题”有着十分密切的关系，要解决一个问题，就必须用主义来启发民众，使民众觉悟到问题，然后才能共同解决问题。他明确指出：“一个社会问题的解决，必须靠着社会上多数人共同的运动。那么我们要想解决一个问题，应该设法使他成了社会上多数人共同的问题。要想使一个社会问题，成了社会上多数人共同的问题，应该使这社会上可以共同解决这个那个社会问题的多数人，先有一个

---

① 胡适．多研究些问题、少谈些“主义”!．每周评论：第31号，1919-07-20.

② 中共中央文献研究室，中央档案馆．建党以来重要文献选编（1921—1949）：第1册．北京：中央文献出版社，2011：432-433.

③ 同②433.

④ 同②434.

共同趋向的理想、主义，作他们实验自己生活上满意不满意的尺度（即是一种工具）。那共同感觉生活上不满意的事实，才能一个一个的成了社会问题，才有解决的希望。”然而，中国的社会恰恰却是“你尽管研究你的社会问题，社会上多数人，却一点不生关系”① 的，“在这种浅薄无知的社会里，发言论事，简直的是万难，东也不是，西也不是”。因此，李大钊认为：“我们惟有一面认定我们的主义，用他作材料，作工具，以为实际的运动；一面宣传我们的主义，使社会上多数人都能用他作材料、作工具，以解决具体的社会问题。那些猫、狗、鹦鹉、留声机，尽管任他们在旁边乱响，过激主义哪，洪水猛兽哪，邪说异端哪，尽管任他们乱给我们作头衔，哪有闲工夫去理他！”②

李大钊强调“主义”宣传的重要性实际上揭示了思想政治教育的理论依据，即主流意识形态的主导和灌输。由于无产阶级意识形态不可能在工人群众中自发地产生，党的思想政治教育的使命就是将科学的世界观和社会主义意识形态的内容由外而内地向群众“灌输”，使其内化为群众自己的观念并进一步外化为具体的行动。李大钊此时实际上已经明确了思想政治教育“灌输论”基本含义，为党的思想政治教育正式开端奠定了思想基础。

3. 坚持“主义”与实际相结合，坚持思想政治教育的基本原则

把马克思主义与各国的具体实际相结合，是中国共产党思想政治教育的基本原则之一。李大钊在《再论问题与主义》一文中，既极力强调“主义”宣传的重要性和必要性，也强调“主义”的宣传研究必须与实际相结合。

在谈到“问题与主义”的密切联系时，李大钊主张高扬主义，但强调要“竭力向实际运动的方向努力去做”，这样，即便是一些空想的主义，“只要能寻一个地方去实验，不把他作了纸上的空谈，也能发生些工具的效用，也会在人类社会中有相当的价值”。因此，他主张“一个社会主义者，为使他的主义在世界上发生一些影响，必须要研究怎么可以把他的理想尽量应用于环绕着他的实境”。他甚至坦诚地向胡适承认，“我们最近发表的言论，偏于纸上空谈的多，涉及实际问题的少，以后誓向实际的方面去作”③。

在谈到“假冒牌号的危险”时，李大钊认为将主义付诸实践，是揭穿假冒者面具的最有效的方法。因此马克思主义者一面要继续宣传主义，一面应该“就种种问题研究实用的方法，好去本着主义作实际的运动，免得阿猫、阿狗、鹦鹉、留声机来混我们骗大家”④。

在谈到“所谓过激主义”时，李大钊认为那些给人扣所谓“过激”帽子的人，“哪里知道 Bolshevism 是什么东西？这个名辞怎么解释？”⑤ 但面对这样“浅薄无知”的社会，马克思主义者必须以大无畏的精神，一方面要自己认定主义，用它来改造社会；另一方

① 中共中央文献研究室，中央档案馆. 建党以来重要文献选编（1921—1949）：第 1 册. 北京：中央文献出版社，2011：431.

② 同①435-436.

③ 同①432-433.

④ 同①434.

⑤ 同①435.

面还要积极宣传主义，让更多的人认识这个主义，并学会用它来改造社会。

在谈到“根本解决”的问题时，李大钊认为“根本解决”绝不意味着“使人闲却了现在不去努力”，而是必须努力在根本解决以前，“有相当的准备活动”，否则所谓的“根本解决”可能“永远不能实现，就能实现，也不知迟了多少时期”①。

正是由于李大钊自始至终不曾割裂“主义”与“问题”，使理论密切联系实际，所以，胡适在其后续的商榷文章中，不得不对原有的论调有所调整，将原来的“多研究些问题，少谈些‘主义’”调整为“多研究些具体的问题，少谈些抽象的主义”②。

三、重要意义

1. 为党的思想政治教育理论的确立积累成功的实践经验

李大钊在《再论问题与主义》一文中，虽然没有直接提出思想政治教育的概念，但在主义并立、非马克思主义者发起责难的背景下发表这篇文章，显然是早期马克思主义者对大众进行思想政治教育的一次现实实践。这场论争展现了马克思主义认识世界、改造世界的真理性能力，使越来越多的知识分子转变为具有初步共产主义觉悟的知识分子。李大钊在文章中所揭示的研究和宣传主义的重要性、在中国的现实社会条件下毫不动摇地宣传主义的必要性、理论与实际相结合来研究与宣传主义的原则方法，为此后马克思主义思想政治教育理论的确立积累了宝贵的实践经验。

2. 成功扩大了马克思主义学说的社会影响力

《再论问题与主义》的发表在当时引起了广泛的社会关注。胡适于 1919 年 7 月 20 日在《每周评论》发表《多研究些问题、少谈些“主义”!》之后，率先引起了当时也谈“社会主义”的研究系蓝公武的不满。蓝公武以“知非”为笔名发表《问题与主义》一文，批判胡适因噎废食，认为研究和宣传主义是解决问题的第一步。随后李大钊的《再论问题与主义》发表在《每周评论》上与胡适商榷，胡适同样以《每周评论》为阵地连续发表《三论问题与主义》《四论问题与主义》予以回应。《每周评论》在第 37 号以后被查封，这场论争在形式上宣告结束，但此后胡适和李大钊分别在《新青年》上发表的《新思潮的意义》和《由经济上解释中国近代思想变动的原因》，可以看作这场论战的继续。李大钊和胡适等人在知名刊物上的持续论战引起了广大知识分子的关注，当时许多人都在通信或文章中对“主义”和“问题”之争表达了自己的想法，如《少年中国》《新潮》《新江西》《新群》等刊物都曾发表文章参与这一讨论。对于这场论战的影响，《中国共产党的七十年》这样评价：“问题与主义的论争在当时引起相当强烈

---

① 中共中央文献研究室，中央档案馆. 建党以来重要文献选编（1921—1949）：第 1 册. 北京：中央文献出版社，2011：436.

② 胡适. 三论问题与主义. 每周评论：第 36 号，1919-08-24.

的反响。在各地方出版的刊物上，有不少开始接受马克思主义思想的青年撰文支持李大钊的观点。”① 在根据其生前口述整理而成的《胡绳论“从五四运动到中华人民共和国成立”》一书中，胡绳认为这是一场朋友式的商榷，难说一定是谁占了上风，但马克思主义确实借助这一论战扩大了自己的影响力。

3. 思想政治教育应坚持马克思主义的“灌输论”

《再论问题与主义》的发表距今已过百年，中国共产党领导中国人民取得了革命、建设和改革事业的伟大胜利，党的思想政治工作在教育环境、教育对象、教育内容、教育方法、教育载体等各个方面都发生了翻天覆地的变化。但是，李大钊在《再论问题与主义》中初步表达的马克思主义灌输理论是不会改变的。古往今来，任何一个社会都要自觉地对社会成员进行主导意识形态的教育，也就是实行“灌输”。一个丧失“灌输”主流意识形态的自觉和能力的社会，必定会陷入思想的混乱。思想多元化的时代特点、自我选择性增强的教育对象特点、自媒体发达的媒介特点，都不能成为拒绝研究和宣传主旋律、否定“灌输”意义的理由。现代社会的思想政治教育需要与时俱进的是具体方式方法，而非否定“坚持主流意识形态的主导和灌输”的本质特征。

四、学习与思考

1.《再论问题与主义》为什么强调要高扬“主义”？这对新时代思想政治教育有什么启示？

2.《再论问题与主义》认为应该如何正确处理“主义”与“问题”的关系？

3.《再论问题与主义》反映了思想政治教育应该坚持什么样的基本原则？

① 中共中央党史研究室．中国共产党的七十年．北京：中共党史出版社，1991：16.

《谈政治》导读

《谈政治》是陈独秀为反对无政府主义和国家社会主义修正思想，明确主张用阶级斗争的手段建立无产阶级专政国家而作。文章最初发表在 1920 年 9 月 1 日出版的《新青年》第八卷第一号上。它的发表标志着陈独秀由一个激进的民主主义者转变为马克思主义者，也标志着《新青年》杂志由不谈政治、专事思想文化改造的刊物转变为上海共产主义小组的机关刊物。它是我国马克思主义早期传播史上的一篇经典。

原文见《建党以来重要文献选编（1921—1949）》第一册，中央文献出版社 2011 年版，第 464～474 页。

一、写作背景

1. 反对无政府主义等错误思想影响的需要

在新文化运动的推动下，五四时期的思想界极其活跃。在各种各样的思想中，杂糅了互助思想、工读思想、新村思想等中国式的无政府主义，在许多先进分子中有不同程度的影响。1918 年夏，刚刚从湖南一师毕业的毛泽东曾经和蔡和森在岳麓书院的半学斋实践自己的工读生活理想，一面自学，从事社会改造问题的讨论与探索，一面坚持亲身参与劳动，每天赤脚草鞋，拾柴挑水，用蚕豆拌和大米煮着吃。1919 年春夏间，毛泽东自北京回湖南，又再次提起建立新村的构想，并著有《学生之工作》一文，作为实现这一构想的计划书。1919 年 10 月，邓中夏、张国焘等在北京组织了学生公寓式的新生活团体——“曦园”，倡导互助、学习、共同生活、亲身劳动。1919 年 11 月，由无政府主义组织少年中国学会倡办的“北京工读互助团”得到了李大钊、陈独秀等的支持。1920 年初在恽代英的积极筹划下，湖北的利群书社成立，这同样是一个试验半工半读生活的基地。无政府主义为什么会在年轻知识分子中有着如此广泛的影响？李达曾回忆说：“无政府主义在中国传播又早，宣传的主张又好听，‘各取所需’这个口号很迷惑人，所以一般青年人相信这个的就多。”① 但在半殖民地半封建社会要用和平的手段培育“各尽所能，

① 中共中央党史研究室，中央档案馆．中国共产党第一次全国代表大会档案文献选编．北京：中共党史出版社，2015：113.

按需分配”的新社会的“胎儿”，是不可能实现的空想。经历了现实政治斗争洗礼的陈独秀敏锐意识到无政府主义等改良思潮的空想性，借助《谈政治》一文公开表明自己的政治立场，也借此给思想界以正确的引导。

2. 逐步确立的马克思主义信仰的滋养

新文化运动之初，陈独秀倾心于资产阶级民主主义，向往法国式的资产阶级民主共和国模式。他说：“世界而无法兰西，今日之黑暗不识仍居何等。”[①] 他与胡适一起主张不谈政治，想“从教育思想文化等非政治的因子上建设政治基础”[②]，认为“伦理的觉悟，为吾人最后觉悟之最后觉悟”[③]。他曾经认为中国不适合实行社会主义，更遑论马克思主义，认为“社会主义，理想甚高，学派亦甚复杂。惟是说之兴，中国似可缓于欧洲。因产业未兴，兼并未盛行也”[④]。十月革命爆发后，李大钊迅速成长为马克思主义者，相对而言，陈独秀的转变要略晚一些。在十月革命后相当长的一段时间内，陈独秀的思想在资产阶级民主主义、无政府主义和马克思主义之间摇摆不定。1919 年 12 月 1 日，陈独秀在《新青年》七卷一号上发表《本志宣言》，明确表示对资产阶级民主主义的失望，指出：“我们相信世界上的军国主义和金力主义，已经造了无穷罪恶，现在是应该抛弃的了。”但对于未来的社会是什么样的，陈独秀只能含糊其词地表示：“我们理想的新时代新社会，是诚实的，进步的，积极的，自由的，平等的，创造的，美的，善的，和平的，相爱互助的，劳动而愉快的，全社会幸福的。”[⑤] 1920 年上半年，陈独秀开始认真研究马克思主义的学说，是陈独秀从思想上接受马克思主义的突飞猛进的阶段。从陈独秀发表在 1920 年 5 月出版的《新青年》“劳动节纪念号”中的多篇文章来看，他已经开始运用马克思主义的剩余价值学说分析中国劳工的生活状态。这一时期陈独秀还与李达、李汉俊、陈望道等在上海组织了马克思主义研究会。由此可见，这一时期陈独秀已经抛弃了资产阶级民主主义和各种改良主义思想，开始确立马克思主义信仰，这是《谈政治》一文的思想基础。

3. 筹建中国共产党早期组织的实践思考

1919 年初开始的北京政府与南方军政府之间的南北和谈以及国际上的巴黎和会打破了陈独秀对旧式军阀政客和资产阶级政权的迷梦，开始确立人民革命的信念。1919 年 5 月 4 日，陈独秀发表《两个和会都无用》一文，失望地指出：“上海的和会，两方都重在党派的权利，什么裁兵废督，不过说说好听做做面子，实际上他们那里办得了。巴黎的和会，各国都重在本国的权利，什么公理，什么永久和平，什么威尔逊总统十四条宣言，

---

① 陈独秀．法兰西人与近代文明．新青年，1915，1（1）：3.
② 胡适．陈独秀与文学革命//胡适．容忍与自由：胡适作品．郑州：河南文艺出版社，2016：45.
③ 陈独秀．吾人最后之觉悟．青年杂志，1916，1（6）：4.
④ 记者．通信：答褚葆衡．新青年，1917，2（5）：5.
⑤ 本志宣言．新青年，1919，7（1）：2.

都成了一文不值的空话。……这两个分赃会议，与世界永久和平，人类真正幸福，隔得不止十万八千里。”失望之余，陈独秀将救国的希望转向了“人民”，他认为“非全世界的人民都站起来直接解决不可”[①]。1920年4月，维经斯基在李大钊的介绍下到达上海考察中国革命情况，向进步分子介绍了俄国十月革命以及苏维埃俄国的情况，带来了共产国际出版的刊物以及各种介绍马克思主义的书刊，并与进步知识分子商讨建党的问题。1920年8月下旬，在陈独秀的主持下，在断绝与无政府主义者合作的前提下，上海成立了中国第一个共产党的早期组织。筹建中国共产党早期组织加速了陈独秀对无产阶级政党、无产阶级革命、无产阶级专政等诸多问题的思考，为《谈政治》一文的发表奠定了坚实的实践基础。

二、基本思想

1. 批判无政府主义者对一切强权的简单否定，肯定建设无产阶级国家、政治、法律的积极意义

针对无政府主义者“从根本上绝对主张人类不应该有一切政治的组织，他们不但反对君主的贵族的政治和争权夺利的政治，就是民主的政治也要反对”[②]的“不谈政治”的主张，陈独秀认为这是“因噎废食的办法，实在是笼统的、武断的，决不是科学的”[③]。他主张：

第一，应该废弃的是剥削者的强权，而非一切强权。陈独秀认为，“强权、国家、政治、法律是一件东西底四个名目”[④]，是不可分离的，但它们其实只具有工具意义，“只能做工具，不能做主义”[⑤]。人们之所以反对强权，觉得强权可恶，“是因为有人拿他来拥护强者、无道者，压迫弱者与正义”，强权可恶的是“他的用法，并不是他本身”[⑥]。因此，对于“现存的资产阶级（即掠夺阶级）的国家、政治、法律”不应该予以承认，但却“不必从根本上废弃国家、政治、法律这个工具”[⑦]。

第二，建设无产阶级的国家为“现代社会第一需要”[⑧]。其一，无产阶级政权是无产阶级借以推翻资产阶级压迫统治的工具。陈独秀认为居人口少数的资产阶级利用的国家、政治、法律等机关，压迫占人口多数的勤苦的劳动阶级，“是世界各国里最不平最痛苦的事”。但要扫除这种痛苦，“只有被压迫的生产的劳动阶级自己造成新的强力，自己站在国家地位，利用政治、法律等机关，把那压迫的资产阶级完全征服，然后才可望将财产私有、工银劳动等制度废去，将过于不平等的经济状况除去”。如果劳动阶级自

① 陈独秀．两个和会都无用．每周评论：第20号，1919-05-04．

② 中共中央文献研究室，中央档案馆．建党以来重要文献选编（1921—1949）：第1册．北京：中央文献出版社，2011：465．

③ 同②467．

④ 同②．

⑤ 同②474．

⑥ 同②467．

⑦⑧ 同②474．

己不想建立属于自己的国家、政治、法律，“天天空想自由组织的社会出现”，那么，“再过一万年，那被压迫的劳动阶级也没有翻身的机会”①。其二，无产阶级政权是无产阶级借以维持自身政权稳固的工具。陈独秀认为，无产阶级在取得政权以后，为了维护政权的稳固，防止资产阶级的复辟，就必须“利用政治的强权，防止他们的阴谋活动；利用法律的强权，防止他们的懒惰、掠夺，矫正他们的习惯、思想”。无产阶级若在刚取得政权后便主张反对强权，不要政治、法律，提倡所谓彻底的自由社会，“便不啻对资产阶级下了一道大赦底恩诏，因为他们随时得着自由，随时就要恢复原有的势力地位”②。其三，无产阶级专政是借以维持社会正常秩序的工具。陈独秀认为“制度变了，制度所造成的人类专己自私的野心，一时断然不易消灭”，因此，需要国家政权的力量对人们的这类行为加以规范。比如，“从前受惯了经济的刺激（Economic Stimulus）才去劳动的工人，现在解除了刺激，又加上从前疲劳底反动，一定会懒惰下来。如此一时社会的工作效率必然锐减。少数人懒惰而衣食，已经酿成社会上的不平等，若由少数增至多数，这社会底生活资料如何维持呢?”这种情况下，“倘然没有法律制裁这种倾向，专制的帝王、贵族就会发生在自由组织的社会里”。若要避免，就“免不了利用政治的法律的强权了”③。

总之，不同于无政府主义者出于“进化”或“博爱”等理由反对国家，并进而反对由国家而派生的政治与法律的主张④，陈独秀在《谈政治》一文中以科学和务实的态度充分肯定了无产阶级专政的必要性。

2. 批判主张议会斗争的修正主义思想，肯定无产阶级革命的必要性

以国家社会主义为代表的修正主义者虽然不反对国家、政治、法律，但“不取革命的手段改造这工具，仍旧利用旧的工具来建设新的事业”，也就是“不主张直接行动，不主张革那资产阶级据以造作罪恶的国家、政治、法律底命”，“仍主张议会主义，取竞争选举的手段，加入（就是投降）资产阶级据以作恶的政府、国会，想利用资产阶级据以作恶的政治、法律，来施行社会主义的政策”。针对这种主张，陈独秀认为这是“与虎谋皮，为虎所噬，还要来替虎噬人的方法”⑤，应当引以为戒。基于马克思主义的观点和方法，陈独秀入木三分地批判国家社会主义：

第一，国家社会主义将给劳动阶级造成更大的压迫。陈独秀认为所谓国家社会主义，“其实并不要求社会的民主主义，也不要求产业的民主化，只主张把生产工具集中在现存的国家——现存的资产阶级底军阀官僚盘踞为恶的国家——手里”。在这样的国家社会主义里，“劳动阶级底奴隶状态不但不减轻而且更要加重”，因为“资产阶级底军阀官僚从前只有政治的权力，现在又假国家社会主义的名义，把经济的权力集中在自己手里，这

① 中共中央文献研究室，中央档案馆．建党以来重要文献选编（1921—1949）：第1册．北京：中央文献出版社，2011：468.

② 同①469.

③ 同①470.

④ 通信：国家、政治、法律（郑宗贤给陈独秀的通信）．新青年，1920，8（3）：1-3.

⑤ 同①471-472.

种专横而且腐败的阶级，权力加多，罪恶便自然加甚了”①。

第二，国家社会主义看不到资产阶级民主的虚伪本质，背离了马克思主义。陈独秀直接引用马克思《共产党宣言》的内容，批判了国家社会主义者抹煞了“民主”的阶级性，在所谓“不属于何种阶级”的“德谟克拉西”的外衣下否定无产阶级革命和专政的必要性，明确表示：“我敢说：若不经过阶级战争，若不经过劳动阶级占领权力阶级地位底时代，德谟克拉西必然永远是资产阶级底专有物，也就是资产阶级永远把持政权抵制劳动阶级底利器。”② 陈独秀认为，否定无产阶级革命和无产阶级专政，正是德国社会民主党堕落的原因。

尽管国家社会主义的修正主义在议会政治并不令人满意的半殖民地半封建中国的影响不及无政府主义那么明显，陈独秀也认为“中国此时还够不上说真有这派人”③，但他还是基于马克思主义的基本原理对修正主义进行了预防式的批判。这使得党的思想政治教育工作在酝酿期内即与第二国际修正主义思想划清了界限。

三、重要意义

1. 为党的思想政治教育序幕的揭开提供了理论支持

思想政治教育是一定社会的阶级或集团为实现自身政治目的而进行的教育实践活动。它伴随阶级和国家的产生而存在，同时也服务于特定的阶级和国家，具有鲜明的政治性。中国共产党思想政治教育同样具有这一本质特征，无产阶级国家政权是其核心问题，政治性是其显著特征。受五四时期波诡云谲的政治环境的影响，不少知识分子以“不谈政治”为荣，包括集结在《新青年》周围的知识分子，陈独秀因此慨叹“本志社员中有多数人向来主张绝口不谈政治，我偶然发点关于政治的议论，他们都不以为然”④。同时，现实政治的败坏也使得否定一切强权的无政府主义思想在中国有着比较广泛的影响。陈独秀也曾感叹：“我敢说虚无思想，是中国多年的病根，是现实思想界的危机。”⑤ 如果不澄清这些错误思想的影响，中国共产党的思想政治教育就不可能广泛开展，甚至其存在的价值都会受到质疑。陈独秀发表《谈政治》一文，旗帜鲜明地表明“人类不能够脱离政治”⑥ 的态度，并且论证无产阶级性质的强权和无产阶级革命的必要性，为党的思想政治教育的确立做了理论准备。

---

① 中共中央文献研究室，中央档案馆．建党以来重要文献选编（1921—1949）：第1册．北京：中央文献出版社，2011：472.

② 同①473.

③ 同①471.

④ 同①464.

⑤ 陈独秀．随感录：虚无主义//陈独秀．陈独秀文集：第2卷．北京：人民出版社，2013：43.

⑥ 同①473.

2. 为中国共产党的成立奠定了正确的思想基础

《谈政治》一文发表后，对消减无政府主义思潮的影响、纯洁党的早期组织都起了积极的作用。早在1919年5月，无政府主义者黄凌霜就曾发表《马克思学说批评》，反对无产阶级专政，但当时没有引起讨论。陈独秀的《谈政治》一文是具有初步马克思主义信仰的知识分子对无政府主义主张的直接驳斥。文章发表后，便有一位署名为郑宗贤的无政府主义者写信与陈独秀商讨，陈独秀予以回信答复，并将两人的书信讨论刊登在1920年11月1日出版的《新青年》第八卷第三号上，由此也揭开了近代中国具有初步马克思主义信仰的知识分子与反马克思主义者之间的第三次大论战，即关于无政府主义的论战。1921年1月，南下广州的陈独秀在广州公立法政学校做题为《社会主义批评》的演讲，继续发挥《谈政治》一文的精神主旨，批评无政府主义所谓的“绝对自由”以及对政治法律的否定。此次演讲引来无政府主义者区声白与陈独秀之间的六次书信问答，将关于无政府主义的讨论推向高潮，也引起李达、李大钊、蔡和森等具有初步马克思主义信仰的知识分子的关注与参与。此次讨论使许多进步青年摆脱了无政府主义的影响，并净化了中国共产党的早期组织。在北京的共产主义小组，黄凌霜等五人“由于过分激烈的言论，他们使自己和整个组织脱离了”[①]，最后退出了北京共产主义小组。1920年10月，广东最初组织所谓共产党时，“与其称作共产党，不如称作无政府主义的共产党。党执行委员的九个委员当中，七个是无政府主义者”[②]。陈独秀到广州后，与无政府主义者展开了激烈的争论，并于1921年春组织了拒绝无政府主义者加入的广州共产主义小组。可以说，正是陈独秀等具有初步共产主义信仰的知识分子的积极宣传教育活动，消减了错误思潮的影响，一定程度上为中国共产党的成立奠定了思想基础。

3. 强调保持开展思想政治教育的自信和自觉

五四时期，许多人一度耻谈政治，正如王光祈所自白的：“我现刻鄙视政治，凡有朋友谈到‘政治’二字，我就联想到‘少数人的最大幸福’，‘供野心家的利用’，‘世界扰乱的原因’，‘万恶之源’。”[③] 陈独秀在《谈政治》一文中以宣言书的形式标明自己要谈政治，主张无产阶级专政，赞成采用革命的手段，其立场鲜明，语气果决，感情强烈。在中国共产党思想政治教育走过近百年历程后的今天重读此文，仍不能不有所省思：其一，应有开展思想政治教育的高度自信。在思想政治教育鲜明的“政治”色彩前自信不足，是今天不少思想政治教育工作者或多或少存在的问题。事实上，谈政治本身不是问题，重要的是要弄清楚谈的是什么样的政治。陈独秀指出：“一方面固然不以绝口不谈政治为

---

① 中共中央党史研究室，中央档案馆．中国共产党第一次全国代表大会档案文献选编．北京：中共党史出版社，2015：12.

② 同①15.

③ 王光祈．王光祈致君左//张允侯，殷叙彝，洪清祥，等．五四时期的社团（一）．北京：生活·读书·新知三联书店，1979：293.

然，一方面也不愿意和一班拿行政或做官弄钱当作政治的先生们谈政治。”[1] 以最大多数人的利益为出发点和目标的政治宣传和教育，理应理直气壮。其二，应有开展思想政治教育的高度自觉。如果无产阶级不主动运用国家的力量进行马克思主义意识形态的灌输和教育，自有各种非马克思主义思潮来占领意识形态的阵地，颠覆无产阶级政权和政党的领导。诚如陈独秀所言：“资产阶级所恐怖的，不是自由社会的学说，是阶级战争的学说；资产阶级所欢迎的，不是劳动阶级要国家政权法律，是劳动阶级不要国家政权法律。”“各国共和革命后，民主派若失了充分压服旧党底强力，马上便有复辟底运动。”[2] 在意识形态斗争形势依然严峻的今天，思想政治教育应有充分的自信和自觉，主动维护无产阶级政党和政权的领导地位，承担起思想政治教育的责任和使命。

四、学习与思考

1.《谈政治》是如何驳斥无政府主义思想的？

2.《谈政治》是如何驳斥国家社会主义的修正主义思想的？

3.《谈政治》对中国共产党思想政治教育的开端有何助益？

---

① 中共中央文献研究室，中央档案馆．建党以来重要文献选编（1921—1949）：第1册．北京：中央文献出版社，2011：464．

② 同①468-469．

《中国共产党第一个纲领》和《中国共产党第一个决议》导读

《中国共产党第一个纲领》（简称《纲领》）和《中国共产党第一个决议》（简称《决议》）是 1921 年 7 月党的一大通过的两份指导性文件。这两份文件初步确立了中国共产党领导中国革命必须遵循的基本纲领和原则，指明了中国共产党最初的工作计划。两份文件的颁布也确立了中国共产党思想政治教育的基本原则，标志着中国共产党思想政治教育的正式开端。目前尚未发现两份文件的中文稿，仅可见俄文和英文译稿。本文所用为中共驻共产国际代表团档案的俄文译稿。

原文见《建党以来重要文献选编（1921—1949）》第一册，中央文献出版社 2011 年版，第 1～6 页。

一、写作背景

1. 近代中国救亡图存的时代诉求

近代以来，古老的中华文明在西方的坚船利炮面前日益沉沦，救亡图存成为近代中国的时代主题。“洪秀全、康有为、严复和孙中山，代表了在中国共产党出世以前向西方寻找真理的一派人物。”① 但是先进中国人学习西方的尝试一次一次地以失败而告终，历史呼唤新的救国方案。十月革命给中国送来了马克思列宁主义。新生的苏维埃俄国以不同于西方国家的平等态度对待中国，带给先进中国人观察国家前途和命运的全新的世界观和方法论。觉悟起来的先进分子终于找到一条不同于以往的道路来挽救民族危亡，“走俄国人的路——这就是结论”②。《纲领》和《决议》就是在这样的时代背景下，在中国先进分子组织中国人自己的无产阶级政党的过程中产生的。

2. 马克思主义广泛传播的中国化成果

十月革命后，中国先进分子掀起了研究和传播马克思主义的热潮。近代中国对马克思

---

① 毛泽东. 毛泽东选集：第 4 卷. 2 版. 北京：人民出版社，1991：1469.
② 同①1471.

主义真正意义上的传播肇始于1918年11月李大钊发表《庶民的胜利》《Bolshevism的胜利》。此后，越来越多具有初步共产主义觉悟的知识分子开始译介、诠释马克思主义学说。到1921年党的一大召开前，一些马克思、恩格斯的经典著作被先进分子译介到中国，如《共产党宣言》《社会主义从空想到科学的发展》等；各国学者研究马克思主义的著作也被转译到中国，如德国学者米里·伊·马尔西所著的《马格斯资本论入门》，日本学者河上肇所著的《近世经济思想史论》，德国学者柯祖基所著的《马克思经济学说》《阶级争斗》，英国学者克卡朴所著的《社会主义史》，荷兰学者郭泰所著的《唯物史观解说》等。此外，先进分子主动阐释马克思主义学说的文章在国内也产生了广泛的影响，如李大钊的《我的马克思主义观》，陈独秀的《谈政治》《社会主义批评》，李达的《讨论社会主义并质梁任公》《马克思派社会主义》等。尽管这些理论成果不可避免地带有时代的局限性，但马克思列宁主义已经为越来越多的先进分子所认识和接受。难能可贵的是先进分子在研究传播马克思主义的过程中明辨了方向，坚定地选择了科学社会主义。陈独秀明确声明对马克思主义的修正思想“是我大不赞成的”①。毛泽东对各种社会思潮做了比较，认为只有“激烈方法的共产主义”才能救中国②。李达回忆说：“一大的时候，我们就只知道无产阶级革命和无产阶级专政，路是肯定的。”③ 中国先进分子坚持了无产阶级革命和无产阶级专政这一科学社会主义的基本原则，为《纲领》和《决议》的诞生提供了正确的理论导向。

3. 马克思主义与中国工人运动相结合的纲领性文献

在党的一大召开前，上海、北京、武汉、长沙、济南、广州等地以及旅日、旅法留学生中都成立了中国共产党的早期组织。这些早期组织以深入工人中去开展宣传和组织工作为己任，它们的活动主要包括：其一，出版专门供工人阅读的马克思主义的启蒙刊物，如《劳动音》《劳动界》《劳动与妇女》《济南劳动周刊》等；其二，创办各种形式的劳动补习学校，如北京长辛店劳动补习学校、上海小沙渡劳动补习学校等；其三，积极领导组织工会，如上海共产党早期组织领导的第一个工会——上海机器工会，以及北京、武汉、长沙、广州、济南等地的工会组织。中国共产党早期组织的这些宣传组织活动推动了马克思主义与中国工人运动的相结合，促进了中国工人阶级的觉悟，为成立中国工人阶级的政党——中国共产党、发表《纲领》和《决议》准备了阶级条件。

二、基本思想

1. 规定了党和党的思想政治教育的奋斗目标

《纲领》明确规定中国共产党的奋斗目标是以革命的手段通过无产阶级专政消灭资本

① 中共中央文献研究室，中央档案馆．建党以来重要文献选编（1921—1949）：第1册．北京：中央文献出版社，2011：471.

② 同①512.

③ 中共中央党史研究室，中央档案馆．中国共产党第一次全国代表大会档案文献选编．北京：中共党史出版社，2015：114.

私有制，并最终消灭阶级，实现社会主义和共产主义。《纲领》规定，“革命军队必须与无产阶级一起推翻资本家阶级的政权”，“承认无产阶级专政，直到阶级斗争结束，即直到消灭社会的阶级区分”，“消灭资本家私有制，没收机器、土地、厂房和半成品等生产资料，归社会公有”，“党的根本政治目的是实行社会革命”①。《纲领》的这一规定表明，中国共产党的根本目标是实现社会主义和共产主义，中国共产党赞成以革命的手段实现推翻资产阶级的统治并建立无产阶级专政。这一结论将中国共产党同其他形形色色的改良主义政党明确区别开来。在中共一大期间，这一目标曾经引起代表们的激烈争论。李汉俊等主张“无需建立真正无产阶级政党，反对专政”，认为“就是在资产阶级民主范围内，亦可以公开的组织和教育无产阶级的”②。这一观点遭到大部分代表的反对，大会最终通过了党的共同的奋斗目标，即为无产阶级专政而斗争，实现社会主义和共产主义。这一目标的确立同时也为党的思想政治教育规定了根本的奋斗目标，无论宣传研究或组织民众运动都必须以这一目标为导向开展思想政治教育活动。

2. 规定了思想政治教育的党性原则和阶级属性

《纲领》规定“本党定名为‘中国共产党’”，这实际上就规定了中国共产党的阶级性质，即中国共产党是中国工人阶级的先锋队。早在1847年，马克思、恩格斯就在“社会主义”与“共产主义”两个名称之间选择了“共产主义”，并将党的纲领性文件定名为《共产党宣言》。在那个时候，社会主义意味着资产阶级的运动，共产主义则意味着工人运动。中国共产党不仅将自己的名称定为“共产党”，而且为确保党的阶级性，明确规定党员“在加入我们队伍之前，必须与企图反对本党纲领的党派和集团断绝一切联系”③，“党应警惕，不要使工会成为其他党派的傀儡”④，“任何出版物，无论是中央的或地方的，均不得刊登违背党的原则、政策和决议的文章”⑤，“在争取言论、出版、集会自由的斗争中，我们应始终站在完全独立的场上，只维护无产阶级的利益，不同其他党派建立任何关系”⑥。党性原则是中国共产党维护无产阶级利益的根本原则，也是党的思想政治教育工作的基本原则，思想政治教育的目标、任务和内容必须服从并服务于这一基本原则。

3. 规定了党的思想政治教育的首要任务

党的一大在讨论实际工作时，把组织和发动工人运动作为党的首要任务。《决议》对组织和发动工人运动做了具体规定：（1）成立工人组织。《决议》规定“本党的基本任务是成立产业工会。凡有一个以上产业部门的地方，均应组织工会；在没有大工业而只有

---

① 中共中央文献研究室，中央档案馆．建党以来重要文献选编（1921—1949）：第1册．北京：中央文献出版社，2011：1.

② 中共中央党史研究室，中央档案馆．中国共产党第一次全国代表大会档案文献选编．北京：中共党史出版社，2015：124.

③ 同①1-2.

④ 同①4.

⑤ 同①5.

⑥ 同①6.

一两个工厂的地方，可成立比较适于当地条件的工厂工会”。党在产业工会中的任务是“灌输阶级斗争的精神”[①]。（2）组织舆论宣传。《决议》规定“每个地方组织均有权出版地方的通报、日报、周刊、传单和通告”[②]。任何出版物均不得违背党的原则和政策。（3）创办工人学校。《决议》规定“一切产业部门均应成立这种学校”。工人学校的任务是“提高工人的觉悟，使他们认识到成立工会的必要”，其前途是“逐渐变成工人政党的中心机构”[③]。（4）成立工会组织的研究机构。《决议》规定“这种机构应由各个产业部门的领导人、有觉悟的工人和党员组成”；其工作主要包括研究“工人运动史，组织工厂工人的方法，卡尔·马克思的经济学说，各国工人运动的现状”，并且“应特别注意中国本国的工人运动的问题”；其主要目的“是教育工人，使他们在实践中去实现共产党的思想”[④]。《决议》关于党的具体工作的安排，表明中国共产党自成立起就高度重视思想政治教育工作，重视在工人群体中进行由外而内的无产阶级意识的灌输，并从教育的对象、组织、途径等方面为思想政治教育规定了首要任务。

4. 规定了党的思想政治教育的组织原则

《纲领》对党的组织建设做了初步规定。关于党员的资格，《纲领》规定：“凡承认本党纲领和政策，并愿成为忠实党员的人，经党员一人介绍，不分性别、国籍，均可接收为党员，成为我们的同志。”[⑤] 关于接收新党员的手续，《纲领》规定：“候补党员必须接受其所在地的委员会的考查，考查期限至少为两个月。考查期满后，经多数党员同意，始得被接收入党。”[⑥]《纲领》特别重视从组织制度上保障党的宣传工作，提出“凡是党员不超过十人的地方委员会，应设书记一人；超过十人的应设财务委员、组织委员和宣传委员各一人”[⑦]。《纲领》关于党员的接收条件的规定，避免了各种所谓“社会主义”分子进入党的组织，确保党组织的纯粹性，为有效开展思想政治教育提供了良好的组织基础。同时，《纲领》明文规定设置宣传委员，为有效开展思想政治教育准备了先锋骨干力量。纯洁而有战斗力的党组织保证了思想政治教育功能的发挥和目标的实现。

三、重要意义

1. 为党的思想政治教育建章立制

《纲领》和《决议》首次以党的纲领和决议的形式对党的思想政治教育的性质、任

---

① 中共中央文献研究室，中央档案馆. 建党以来重要文献选编（1921—1949）：第1册. 北京：中央文献出版社，2011：4.

② 同①4-5.

③ 同①5.

④ 同①5-6.

⑤ 同①1.

⑥⑦ 同①2.

务、目标、组织原则等做出初步规定。不同于历史上阶级社会中灌输少数人意志的政治教化，中国共产党思想政治教育是在中国共产党领导下维护工人阶级的利益，以提高工人阶级的觉悟并组织发动工人运动为首要任务，以消灭资产阶级私有制、实现社会主义和共产主义为目标的新型思想政治教育。尽管受到时代和认识的局限，年轻的中国共产党对中国革命当时阶段的任务、目标和步骤还不能提出明确的主张，但不可否认的是，《纲领》和《决议》正式揭开了党的思想政治教育的帷幕，为党的思想政治教育指明了正确的总体方向，其具体规定将随革命进程的展开不断得以完善。

2. 推动党的思想政治教育的初期实践

随着《纲领》和《决议》的通过，党的思想政治教育工作围绕政治宣传和劳动运动展开，推动了党的思想政治教育的初期实践。到中共二大召开前，党的思想政治教育工作主要包括：（1）成立工人组织。1921 年 8 月，党在上海迅速成立中国劳动组合书记部，随后又在北京、武汉、长沙、广州、济南等地设立分部，作为党领导工人运动、吸收和培养工人运动骨干力量的机关。（2）印行发放各种宣传品。如华盛顿太平洋会议期间，为揭露帝国主义会议不会有助于弱小民族利益而印行论文、传单、小册子等；配合机器工会、印刷工会等工人集会，印发传单；配合香港海员罢工、浦东纺纱工人第一次罢工等发布传单。（3）召开各种纪念会。如全国共产党组织所在地都召开马克思纪念会、卡尔·李卜克内西纪念会等。（4）出版期刊图书。出版马克思列宁主义经典著作七种，共产主义运动书籍八种，发行《劳动周刊》《工人周刊》等刊物。（5）设立工人学校及俱乐部。如长辛店铁路工人学校及俱乐部、天津工人补习学校、粤汉铁路工人俱乐部及学校等。党的思想政治教育初期实践扩大了党在工人群众中的影响力，进一步传播了党的信仰和目标，扩大了党的组织力量。

3. 高度重视思想政治教育的地位和作用

中国共产党从成立起，就高度重视思想政治教育工作。除了《纲领》和《决议》外，1921 年 11 月颁布的《中国共产党中央局通告：关于建立与发展党团工会组织及宣传工作等》和 1922 年 6 月 30 日《中共中央执行委员会书记陈独秀给共产国际的报告》中都专门提及党的政治宣传工作。前者明确要求“中央局宣传部在明年七月以前，必须出书（关于纯粹的共产主义者）二十种以上”①，后者则专辟章节介绍党的政治宣传工作的现状及未来计划。中国共产党自建党之初就表现出来的对思想政治教育的高度重视，是对思想政治教育在方向引领、动力激发、团结民众完成党的目标和任务等方面重要性的自觉认知。习近平强调：“意识形态工作是党的一项极端重要的工作”②，能否做好党的思想政治教育工作，关系到党和国家的前途和命运。在中国特色社会主义新时代，社会主要矛

---

① 中共中央文献研究室，中央档案馆. 建党以来重要文献选编（1921—1949）：第 1 册. 北京：中央文献出版社，2011：47.

② 习近平. 胸怀大局把握大势着眼大事 努力把宣传思想工作做得更好. 人民日报，2013-08-21.

盾呈现出新的特点，改革开放进入攻坚克难阶段，社会主义现代化建设日新月异，应该继承和发扬高度重视思想政治教育的优良传统。

四、学习与思考

1.《中国共产党第一个纲领》和《中国共产党第一个决议》在哪些方面为党的思想政治教育建章立制?

2. 如何理解《中国共产党第一个纲领》和《中国共产党第一个决议》规定的思想政治教育的首要任务?

3.《中国共产党第一个纲领》和《中国共产党第一个决议》对新时代思想政治教育有何启示?

《中国共产党第二次全国代表大会宣言》导读

《中国共产党第二次全国代表大会宣言》（简称《宣言》）是1922年7月下旬在上海召开的中国共产党第二次全国代表大会上通过的文件。除了《宣言》以外，中共二大还通过了《关于“世界大势与中国共产党”的议决案》《关于“国际帝国主义与中国和中国共产党”的决议案》《关于“民主的联合战线”的议决案》《中国共产党加入第三国际决议案》《关于议会行动的决案》《关于“工会运动与共产党”的议决案》《关于少年运动问题的决议案》《关于妇女运动的决议案》《关于共产党的组织章程决议案》等九个决议案以及《中国共产党章程》。九个决议案是对二大《宣言》的进一步展开和丰富。《宣言》与九个决议案初步阐明了中国新民主主义革命的性质、对象、动力、前途等基本问题，也对党的思想政治教育工作做了具体的部署，是建党初期指导中国新民主主义革命和思想政治教育工作的经典文献。

原文见《建党以来重要文献选编（1921—1949）》第一册，中央文献出版社2011年版，第120～135页。

一、写作背景

1. 在列强角逐、军阀混战的国内外局势中明确立场

党的一大以后，国际国内环境发生了明显的变化，1921年11月到1922年2月召开的华盛顿会议，旨在建构欧战后西方列强在远东地区的权力格局。会议通过的《九国间关于中国事件应适用各原则及政策之条约》（《九国公约》）名义上声称要尊重中国的独立和领土完整，实际上是将美国主导的“门户开放”政策条约化，限制了日本独占中国的野心，拆散英日同盟，形成美英主导下列强共同统治中国的格局。国际格局的变化牵动中国国内军阀割据的格局，导致军阀混战加剧。控制中央政府的奉系军阀吴佩孚意图“武力统一”。“恰好华盛顿会议关于山东问题的争执，正在吃紧的当中，梁士诒想取得日本的金钱，电令中国代表退让，为国人所愤怒，于是吴氏捉住这个大题目，于（1922年。——引者注）一月五日通电反对梁氏。”① 吴佩孚倒梁，实则欲驱逐支持梁士诒的奉

① 李剑农. 中国近百年政治史：下. 郑州：中州古籍出版社，2016：510.

系军阀。1922年4月，双方投入20多万兵力的第一次直奉战争拉开帷幕。与此同时，许多地方军阀为防止被大军阀吞并，要求“自治”或“联省自治”。赞同“联省自治”的广东军阀陈炯明反对孙中山的北伐主张，不惜围攻广州总统府驱逐孙中山。胡适等一批改良主义者对吴佩孚抱有幻想，提出组建“好人政府”的主张，一时也颇有赞同者。时局浑浊混乱，亟待中国共产党明确自己的态度与主张。

2. 列宁关于民族和殖民地问题的理论指导

列宁的民族和殖民地问题理论是东方落后民族与被压迫国家进行革命的指导性纲领，是对马克思主义“世界革命”理论的开创性发展，开辟了马克思主义发展的新境界。1922年1月21日至2月2日召开的远东各国共产党及民族革命团体第一次代表大会，是为对抗华盛顿会议、以列宁的民族和殖民地革命理论指导远东各国的革命发展而在莫斯科召开的。这是中国共产党出席的第一次国际会议，张国焘作为中国代表团团长率领约三十人的中国代表团出席会议。远东会议谴责了华盛顿会议对远东人民的压榨，号召远东各国人民对帝国主义和封建军阀宣战，提出“我们要对英美日法和其他的世界强盗们宣布一个‘死生以之’的战争，我们要对剥削中国的中国军阀宣战”，“我们要向诡诈式的美国帝国主义和贪婪的英国投机家宣战”①。远东会议精神对二大纲领的制定有较大的影响，“对于帮助中国共产党人认清中国国情和制定中国民主革命纲领，起到了很大的作用”②。李达曾回忆道：“一九二二年三月，第三国际拍来一份英文电报，主张中国应干国民革命，当时我们不懂国民革命是什么。同年夏季，张国焘和十多位青年团员从莫斯科回到了上海，带来了国际的指示，也带回许多文件。国际的指示主张中国应当实行国民革命，反对帝国主义和封建军阀，建立民主国家。于是党就在七月间召开了第二次代表大会。”③

3. 领导中国工人运动积累的实践经验

党的一大以后，集中精力组织工人运动成为刚刚成立的中国共产党人的中心工作。对工人进行系统的宣传、组织工人补习学校、组建工会、领导工人进行革命斗争等成为各地共产党组织的具体行动。据毛泽东回忆，“到一九二二年五月，湖南省委——我当时是书记——已经在矿工、铁路工人、市政职工、印刷工人和政府造币厂工人中组织了二十多个工会。”④ 1921年8月正式成立的中国劳动组合书记部是中共中央直接领导下指导工人运动的总机关，总部设在上海，在北京、汉口、广州等地设有分部。党的二大以前，在书记部的支持下，上海发生了长达三个星期有九千工人参加的上海英美烟草公司工人罢工，罢工最终使工人工资提高了10%。上海总部还积极推动机器工会、纺

---

① 中共中央党史研究室，中央档案馆．中国共产党第二次全国代表大会档案文献选编．北京：中共党史出版社，2015：120-121.

② 中共中央党史研究室．中国共产党历史：第1卷．上册．北京：中共党史出版社，2002：98.

③ 同①145.

④ 同①142.

织工会和印刷工会的改组，促成了天津工人夜校、唐山铁路工人俱乐部和唐山工人图书馆的建立。香港海员大罢工期间，中国劳动组合书记部号召全国工人给予支援。广州成立了香港罢工后援会，做返穗工人的后盾。上海、湖北、河南等地以及京奉、京汉、陇海、京绥等铁路工人，也纷纷成立香港海员罢工后援会。在实际领导各种工人斗争的过程中，中国共产党渐渐意识到中国国情的特殊性，意识到"我们前面的敌人是很多的，国际帝国主义和本国军阀也是我们的敌人"①。党的二大召开前颁布的《中国共产党对于时局的主张》已经明确表明，"中国共产党的方法，是要邀请国民党等革命的民主派及革命的社会主义各团体开一个联席会议"，"因为这种联合战争，是解放我们中国人受列强和军阀两重压迫的战争，是中国目前必要的不可免的战争"②。这就为中国共产党接受列宁的民族和殖民地问题理论以及共产国际的指导，确立党的二大纲领和决议奠定了良好的实践基础。

二、基本思想

1. 明确新民主主义革命时期党的思想政治教育的根本任务

《宣言》在分析近代以来帝国主义是如何实现对中国的宰制的基础上，分析了中国一切内乱的真正基础："帝国主义的列强既然在中国政治经济上具有支配的实力，因此中国一切重要的政治经济，没有不是受他们操纵的；又因现尚停留在半原始的家庭农业和手工业的经济基础上面，工业资本主义化的时期还是很远，所以在政治方面还是处于军阀官僚的封建制度把持之下。"③ 这就突破了时人将封建压迫与民族压迫相割裂，对各种军阀抱有不同程度幻想的认识局限，明确指出了当时中国一切动乱的根源在于帝国主义和封建军阀。《宣言》在重申党的一大提出的最高纲领，即"组织无产阶级，用阶级斗争的手段，建立劳农专政的政治，铲除私有财产制度，渐次达到一个共产主义的社会"的基础上，进一步提出党在新民主主义革命阶段的奋斗纲领，即最低纲领，也就是："一、消除内乱，打倒军阀，建设国内和平；二，推翻国际帝国主义的压迫，达到中华民族完全独立；三，统一中国本部（东三省在内）为真正民主共和国"④。这一反帝反封建的革命纲领是在列宁关于民族和殖民地问题理论的指导下，在对近代中国国情正确分析的基础上提出的，是党在新民主主义革命阶段的行动指南和根本任务，也是党在新民主主义革命时期思想政治教育的指导性纲领和根本性内容。

---

① 中共中央党史研究室，中央档案馆. 中国共产党第二次全国代表大会档案文献选编. 北京：中共党史出版社，2015：47.

② 同①66-67.

③ 中共中央文献研究室，中央档案馆. 建党以来重要文献选编（1921—1949）：第1册. 北京：中央文献出版社，2011：128.

④ 同③133.

2. 强调工人、农民在新民主主义革命中的特殊重要性

《宣言》首先强调了工人的“革命领袖军”作用。《宣言》指出，香港海员罢工和其他各地工人的罢工运动已经证明“工人们的伟大势力”，“而且工人们处在中外资本家的极端压迫之下，革命运动是会发展无已的。发展无已的结果，将会变成推倒在中国的世界资本帝国主义的革命领袖军”[①]。《宣言》同时强调农民“乃是革命运动中的最大要素”。因为帝国主义和封建军阀同样是农民陷入贫苦的根源，“农民因为土地缺乏，人口稠密，天灾流行，战争和土匪的扰乱，军阀的额外征税和剥削，外国商品的压迫，生活程度的增高等原因，以致日趋穷困和痛苦”。所以，农民如果想摆脱贫困和痛苦，也就势必要加入革命的洪流。“而且那大量的贫苦农民能和工人握手革命，那时可以保证中国革命的成功。”[②]

党的二大在通过的《关于“工会运动与共产党”的议决案》中强调，党必须在工会中进行思想政治教育，指出“工会自身一定要是一个很好的学校，他应当花许多时候努力去教育工会会员，用工会运动的实际经验做课程，为的是要发展工人们的阶级自觉”[③]，工人们应该在工会里“接受‘怎样用社会主义和共产主义精神去奋斗’的教育”[④]。党的二大在通过的《中国共产党加入第三国际决议案》中则强调了在农民中进行思想政治教育的意义，指出“系统的合理的宣传，在乡村是必要的，工人阶级，若是至少得不到乡村劳动者（农业的雇工和极贫的农人）一部分赞助或至少不能使一部分落后乡村在政治上守中立，他是不能胜利的”。因此，共产党“应当使共产主义的工人常常与乡村相交接；假若拒绝这种工作，或委托这种工作于可疑的半改良派之手，那就等于抛弃无产阶级革命”[⑤]。

党的二大不仅指明了工人农民运动的重要性，而且也明确指出了党在工人农民中开展思想政治教育的方向和目的，使他们既接受民主统一战线，又不至于丧失自身的独立性。在党的二大通过的《关于“民主的联合战线”的议决案》中，中国共产党强调“我们共产党应该出来联合全国革新党派，组织民主的联合战线”，“我们应该号召全国工人农人在本党旗帜之下去加入此种战争”，“同时又须告诉他们：无产阶级加入此种战争，不是为了民主派的利益，做他们的牺牲，乃是为了无产阶级自己眼前所必须的自由而加入此种战争，所以无产阶级在战争中不可忘了自己阶级的独立组织”[⑥]。

3. 明确思想政治教育的两大基本原则

党的二大通过的《关于共产党的组织章程决议案》规定党的一切工作必须遵循两个

---

① 中共中央文献研究室，中央档案馆. 建党以来重要文献选编（1921—1949）：第1册. 北京：中央文献出版社，2011：132.

② 同①131.

③ 同①153.

④ 同①154.

⑤ 同①142-143.

⑥ 同①139-140.

重大的原则："（一）党的一切运动都必须深入到广大的群众里面去。（二）党的内部必须有适应于革命的组织与训练。"[①] 这也就规定了党的思想政治教育的两大基本原则。

第一，思想政治教育必须深入群众。党的二大通过的《中国共产党加入第三国际决议案》中规定：党的机关报"不要空空洞洞说成'无产阶级专政'为一种流行的烂熟的公式，应当用实际的宣传方法，把每日的生活事实系统的清解于我们报纸上面，使一切工人，一切农人，都觉得有无产阶级专政出现之必要"[②]。《关于议会行动的决议案》也规定："本党议员必须常常保持与群众的直接接触，每年必须到选举他的区域往返几次，召集选民开种种会议，演说政治、经济、国际等情形及访察群众的新要求。他们在议会中的演说稿，必须用一切工人、农人、妇孺都能懂解、能动听的文字常常汇印成小册子，散布于城市与乡村。"[③] 将党的纲领、路线、方针、政策转化为群众自觉的意识和行动，这是党的思想政治教育的根本目的，也是开展思想政治教育必须遵循的基本原则。

第二，党的思想政治教育必须严格遵守党的意志和纪律。党的二大通过的《中国共产党章程》规定："区或地方执行委员会及各组均须执行及宣传中央执行委员会所定政策，不得自定政策。"[④]《中国共产党加入第三国际决议案》也规定："一切定期的或其他的报纸与出版物，须完全服从党的中央委员会，无论他是合法的或违法的，决不许出版机关任意自主，以致引出违反本党的政策。"[⑤] 思想政治教育只有严格遵守党的组织纪律，才能确保其自身功能的实现，也是思想政治教育发展的基本保障。

三、重要意义

1. 为党在新民主主义革命时期的思想政治教育指明方向

《宣言》在分析国际帝国主义和中国半殖民地半封建国情的基础上，第一次指明了中国革命的性质、动力、对象、目标等根本问题，从而也为新民主主义革命时期党的思想政治教育指明了方向。新民主主义革命时期的思想政治教育以反对帝国主义和封建主义为主要任务，以工人、农民以及日趋无产阶级化的手工业者、小店主、小雇主等为主要对象，积极宣传并努力建立民主革命统一战线，同时时刻保持无产阶级自身的独立性，以建立民主共和国为主要目标。党的一大确立了最高纲领，从而使党的思想政治教育有了明确的"主义"；党的二大及其相关决议在重申一大纲领的基础上，确立了基于近代中国基本国情的当前阶段的纲领及具体指导原则，从而使党的思想政治教育有了明确的"政策"。正如蔡和森所言："到第二次大会时党已有政策，开始作政治的宣传，从前完全

---

① 中共中央文献研究室，中央档案馆. 建党以来重要文献选编（1921—1949）：第1册. 北京：中央文献出版社，2011：162.

② 同①141-142.

③ 同①149.

④ 同①167.

⑤ 同①142.

是鼓吹主义，这时是政治的主张了。”[①] 应该说，到了党的二大，党的思想政治教育因其目标的具体化而更具有号召力和战斗力。

2. 推动以反帝反封建为目标的思想政治教育深入开展

党的二大以后，思想政治教育有了明确的政治策略，推动了以反帝反封建为目标的思想政治教育实践的收入展开，在实践上大大扩展了党的社会影响力。主要表现为：第一，公开发行党的机关刊物《向导》周报。1922 年 9 月发行的《向导》周报在其发刊词中明确指明：“现在的中国，军阀的内乱固然是和平统一与自由之最大障碍，而国际帝国主义的外患，在政治在经济上，更是钳制我们中华民族不能自由发展的恶魔。”[②]《向导》周报最大发行量达到 4 000 份，对思想界产生了很大的影响。蔡和森曾评价说：当时一般人“对帝国主义完全认不清，尤其认不清帝国主义与中国的关系，且否认帝国主义与军阀的关系。自我党政治报出版后，很引起一般人的注意”。对于工人运动而言，“以前工人运动的口号是打倒资本家”，“此报发出后，才把同志们的地方观念打破，非党观念改变过来，所以《向导》是统一我党的思想工具”[③]。第二，宣传组织推动第一次工人运动高潮。在党的积极宣传组织推动下，继香港海员大罢工后，相继发生了安源路矿工人大罢工、开滦煤矿工人大罢工等 100 多次工人运动，参加罢工的工人总数在 30 万人以上，极大地扩大了党在工人群众中的政治影响力。第三，为第一次国共合作奠定基础。党的二大虽没有正式确立与国民党的合作，但已表达了合作的意愿，提出“先行邀请国民党及社会主义青年团在适宜地点开一代表会议，互商如何加邀其他各革新团体，及如何进行”[④]。党的二大后，在党的组织宣传推动下工人运动蓬勃发展，也使孙中山看到了中国共产党的强大力量，为第一次国共合作奠定了基础。

3. 坚持和发扬思想政治教育理论联系实际的优良传统

《宣言》提出了党在新民主主义革命阶段的基本纲领，是马克思主义基本原理中国化的光辉篇章，也开创了党的思想政治教育理论与实际相结合的优良传统。《宣言》及相关决议要求党的思想政治教育必须为基于中国实际的反帝反封建的革命纲领服务，也就是要求党的思想政治教育必须理论联系实际，坚持以实事求是的原则来确定思想政治教育的内容、方法和途径。时代在变迁，党的思想政治教育的优良传统依然闪耀其时代光芒。中国特色社会主义进入新时代，新的历史方位要求新时代思想政治教育必须既坚持马克思主义基本原理，又鼓励与时俱进的内涵和方法创新，高质量完成新时代赋予党的思想政治教育的新使命与新任务。

---

① 中共中央党史研究室，中央档案馆. 中国共产党第二次全国代表大会档案文献选编. 北京：中共党史出版社，2015：132.

② 本报宣言. 向导，1922 (1)：1.

③ 同①133.

④ 中共中央文献研究室，中央档案馆. 建党以来重要文献选编（1921—1949）：第 1 册. 北京：中央文献出版社，2011：140.

四、学习与思考

1.《中国共产党第二次全国代表大会宣言》对党的思想政治教育提出了哪些新要求？

2. 如何理解《中国共产党第二次全国代表大会宣言》强调在农民中开展思想政治教育的重要意义？

3.《中国共产党第二次全国代表大会宣言》对新时代思想政治教育工作有何启示？

《中国社会各阶级的分析》导读

在大革命高潮到来前夕，毛泽东为反对当时党内存在的“左”倾机会主义和右倾机会主义错误倾向而作《中国社会各阶级的分析》。该文最初刊登在中国国民革命军第二军司令部 1925 年 12 月出版的《革命》半月刊第 4 期上，文章公开发表前后，毛泽东以该文为教材，在广州第五、六期农民运动讲习所进行过讲授。毛泽东充分借鉴了马克思主义经典作家的阶级分析方法，结合中国革命的具体实践，对当时中国复杂的社会状况进行深入解剖，分析了各阶级的经济地位和阶级属性，对中国革命的基本问题——领导权、动力、对象、前途等做出了科学的回答，进而判定社会各阶级对即将到来的中国革命风暴的态度，解决了中国革命一系列重大理论问题，对推进中国革命进程有着重要的指导意义，也为有针对性地开展思想政治教育工作提供了方法论指导。

原文见《毛泽东选集》第一卷，人民出版社 1991 年版，第 3～11 页。

一、写作背景

1. 澄清党内错误倾向的迫切需要

1925 年，国共两党合作推动的反帝反封建革命运动正在蓬勃发展，并逐渐形成了大革命高潮。由于孙中山的去世，国民革命形势变得复杂起来，国民党新、老右派集团反对中国共产党领导工农群众进行阶级斗争，并在统一战线中排挤和打击共产党。在中共党内也出现了一些模糊认识和错误倾向。第一种倾向以陈独秀为代表，只注意同国民党合作，认为农民“落后、保守”，难以参加革命，在政治上对国民党右派采取妥协退让的政策；第二种倾向以张国焘为代表，只注意工人运动，否认农民在革命中的重要作用，认为农民没有革命要求。这两种错误倾向都感觉自己力量不足，而不知道到何处去寻找力量、到何处去取得广大的同盟军。毛泽东出身于农民家庭，对农民阶级的了解比较深刻，认为占中国人口大多数的农民蕴藏着巨大的力量。他在《新时代》创刊号和《向导》上发表文章，提出对中国革命的基本看法：国民革命的历史使命是“打倒军阀并打倒和军阀狼狈为奸的外国帝国主义”，只有“建立严密的联合阵线，这个革命才可以成功”①。从五四时期倡导

① 毛泽东. 北京政变与商人. 向导，1923-07-01.

民众大联合，到这时主张建立联合阵线，毛泽东的思路是连贯的。《中国社会各阶级的分析》澄清了党内错误倾向，也为巩固发展国共两党的革命统一战线提供了现实依据。

2. 马克思主义经典作家的理论影响

马克思、恩格斯认为，阶层起源于劳动分工和私有制，广泛存在于古今中外的各个阶级社会之中，并随着历史的发展而消失。阶层在本质上是一种以经济关系和交换关系为基础，受政治权力和社会地位等因素影响的社会集体的统称。“社会阶级在任何时候都是生产关系和交换关系的产物，一句话，都是自己时代的经济关系的产物。”① 阶层不平等是阶级社会的常态，只有消灭阶级和阶层，才是实现阶层平等的唯一选择，而消灭阶级和阶层需要依靠无产阶级革命来实现。毛泽东在20世纪20年代初认真阅读了《阶级斗争》《共产党宣言》《国家与革命》等著作，为其汲取马克思主义经典作家的社会阶层思想，并在中国传统文化和中国特殊语境下的创造性转化提供了理论来源。中国传统文化中内蕴的民本思想和“均贫富、等贵贱”思想，也为毛泽东的观点奠定了基调。毛泽东认为，中国社会自古就存在社会阶层的等级差别，社会各阶层为实现“均贫富、等贵贱”的政治目标而进行的阶级斗争是中国历史的主线，“阶级斗争”和“农民动力”思想成为毛泽东的核心话语。

3. 农民运动的开展提供了实践经验

第一次国共合作形成后，国民党内部在“是否革命”的问题上逐渐出现分化。1924年1月至12月，毛泽东在国民党内工作了近一年时间，使他更全面地了解到国民党内的基本情况，更真切地把握到国民党内部的思想动向。1925年2月，毛泽东回到韶山。毛泽东一边搞农村调查和农民运动，一边研究实际的农村阶级斗争，在韶山建立中共韶山支部，组织农民协会，开办农民夜校，播下革命种子。毛泽东创办了20多所农民夜校，教农民识字、学珠算，并向农民进行马克思主义的启蒙教育，启发农民的阶级觉悟，为争取自己的利益而斗争。此次回乡，毛泽东更加清晰地看到了蕴藏在农民中的伟大力量。1936年毛泽东同斯诺谈话时，回忆当年湖南农民的情况说道：“以前我没有充分认识到农民中间的阶级斗争的程度，但是在［一九二五年］‘五卅’惨案以后，以及在继之而起的政治活动的巨浪中，湖南农民变得非常富有战斗性。”②

二、基本思想

1. 阐述中国革命的首要问题

分清敌友对中国革命生死攸关。毛泽东在《中国社会各阶级的分析》一文中开门见

---

① 马克思，恩格斯．马克思恩格斯文集：第9卷．北京：人民出版社，2009：387.

② 斯诺．西行漫记．北京：生活·读书·新知三联书店，1979：135.

山发问："谁是我们的敌人？谁是我们的朋友？这个问题是革命的首要问题。"① 用设问句式尖锐而鲜明地提出了问题，接着从革命的历史经验和革命党所肩负的历史使命两个方面，阐明分清敌我友是关系到革命成败的头等重要问题，揭示了分清敌我友是我党制定总路线的出发点，并指出要分辨真正的敌友就必须运用阶级分析的方法对中国社会各阶级进行科学的分析。毛泽东指出："中国过去一切革命斗争成效甚少，其基本原因就是因为不能团结真正的朋友，以攻击真正的敌人。"② 因此，革命的前提是要分辨真正的朋友和敌人，以得出正确的结论。就不可不将中国社会各阶级的经济及其对于革命的态度，做一个大概的分析，因为在阶级社会里，经济地位决定政治态度，不同阶级处于不同的经济地位，就有不同的经济利益，为了维护本阶级的利益，他们对革命就有不同的政治态度。只有用经济地位来考察各阶级的政治态度，才不会被暂时的表象所迷惑。

2. 厘清各阶级的基本属性

毛泽东在《中国社会各阶级的分析》中，从各个阶级的经济状况出发，深刻分析了各个阶级的基本属性，并以此作为团结朋友和攻击敌人的依据。

地主阶级和买办阶级是中国革命的敌人，是极端的反革命派，是中国革命的对象。他们"完全是国际资产阶级的附庸，其生存和发展，是附属于帝国主义的。这些阶级代表中国最落后的和最反动的生产关系，阻碍中国生产力的发展"③。其政治代表是国家主义派④和国民党右派。地主阶级是用封建制度剥削和压迫农民的阶级，是帝国主义统治中国的社会基础，买办阶级是直接为帝国主义国家的资本家服务并为他们所豢养的阶级。他们代表中国最落后、最反动的生产关系，阻碍生产力的发展，他们和中国革命的目的完全不同。

中产阶级主要是指民族资产阶级，这个阶级代表中国城乡资本主义的生产关系。他们的阶级立场决定了他们对于中国革命的态度是矛盾的，"在受外资打击、军阀压迫感觉痛苦时，需要革命，赞成反帝国主义反军阀的革命运动；但是当着革命在国内有本国无产阶级的勇猛参加，在国外有国际无产阶级的积极援助，对于其欲达到大资产阶级地位的阶级的发展感觉到威胁时，他们又怀疑革命"⑤。他们的政治主张是为实现民族资产阶级一个阶级统治的国家，但"中国的中产阶级，以其本阶级为主体的'独立'革命思想，仅仅是一个幻想"⑥。民族资产阶级既有革命性又有软弱性、妥协性。一方面，他们受帝国主义和封建主义的压迫和束缚，赞成反帝反军阀的革命运动，可以成为革命的力量之一；另一方面，他们经济上与帝国主义、封建主义又有联系，在革命到来时，他们会发生分化，左翼会跑到革命一边，右翼会跑到反革命一边。毛泽东对民族资产阶级两面性的分析，为党对民族资产阶级采取又联合又斗争的策略奠定了理论基础。

---

①② 毛泽东．毛泽东选集：第1卷．2版．北京：人民出版社，1991：3.

③ 同①3-4.

④ 国家主义派指中国青年党，当时以其外围组织"中国国家主义青年团"的名义公开进行活动。组织这个政团的是一些反动政客，他们投靠帝国主义和当权的反动派，把反对中国共产党和苏联当作职业。

⑤ 同①4.

⑥ 同①5.

小资产阶级主要是指农村的自耕农、手工业主、小知识分子和小商人。小资产阶级内的各阶层虽然同处在小资产阶级经济地位，但有三个不同的部分。第一部分是有余钱剩米的，经济地位和中产阶级颇接近，故对于中产阶级的宣传颇相信，对于革命取怀疑的态度。第二部分是在经济上大体上可以自给的，基本能够维持之前的生活状况，但是由于帝国主义、军阀、封建地主、买办大资产阶级的压迫和剥削，他们对于反帝国主义反军阀的运动，仅怀疑其未必成功，但是也并不反对革命，处于中立的态度。第三部分是生活呈下降趋势的，负债渐多，渐次过着凄凉的日子，这种人在精神上有很大的痛苦。小资产阶级是革命的同盟军，“对于革命的态度，在平时各不相同；但到战时，即到革命潮流高涨、可以看得见胜利的曙光时，不但小资产阶级的左派参加革命，中派亦可参加革命，即右派分子受了无产阶级和小资产阶级左派的革命大潮所裹挟，也只得附和着革命”①。

半无产阶级包括绝大部分半自耕农、贫农、小手工业者、店员和小贩等。毛泽东指出，绝大部分半自耕农和贫农是农村中一个数量极大的群众，“所谓农民问题，主要就是他们的问题”②。半自耕农和贫农虽同属半无产阶级，但其经济状况仍有上、中、下三个区别。毛泽东根据其不同的经济地位，指出半自耕农的革命性优于自耕农而不及贫农；贫农是农村中的佃农，受地主的剥削，其经济地位又分为两部分。在对待革命的态度上，半无产阶级都是易于接受革命宣传的，但革命的坚定性会随着经济地位的不同而有所变化。半无产阶级是中国革命的最可靠的同盟军。

无产阶级是中国新的生产力的代表者，是中国革命的领导力量。“他们所以能如此，第一个原因是集中。无论哪种人都不如他们的集中。第二个原因是经济地位低下。”③ 毛泽东对无产阶级的经济地位、政治地位及其在革命运动中的实际表现做了具体分析，指出：“工业无产阶级人数虽不多，却是中国新的生产力的代表者，是近代中国最进步的阶级，做了革命运动的领导力量。”④ 他们“失了生产手段，剩下两手，绝了发财的望，又受着帝国主义、军阀、资产阶级的极残酷的待遇”⑤，所以特别具有革命精神。他们是近代最进步的阶级，他们最有远见，大公无私，富于组织性和纪律性。游民无产者是指失地的农民、失业的工人等。他们在各地都有秘密组织，如闽粤的“三合会”、湘鄂黔蜀的“哥老会”、皖豫鲁等省的“大刀会”、直隶及东三省的“在理会”、上海等处的“青帮”，都曾经是他们的政治和经济斗争的互助团体⑥。在革命阵营和革命态度上，“这一批人很能勇敢奋斗，但有破坏性，如引导得法，可以变成一种革命力量”⑦。

3. 明确各阶级在革命中的地位

毛泽东通过对中国各个阶级的分析，从经济地位深入剖析了各个阶级的革命态度，

---

①② 毛泽东．毛泽东选集：第1卷．2版．北京：人民出版社，1991：6.
③④⑤ 同①8.
⑥ 同①8-9.
⑦ 同①9.

进而确立了团结朋友、争取同盟以反对敌人的基本依据。毛泽东指出，“一切勾结帝国主义的军阀、官僚、买办阶级、大地主阶级以及附属于他们的一部分反动知识界”，都是革命的对象，是革命的敌人。工业无产阶级受帝国主义、封建军阀、资产阶级的残酷的剥削和压迫，所以在革命中比任何阶级更坚决、更彻底，是我们革命的领导力量。一切半无产阶级、小资产阶级由于受到帝国主义、军阀、封建地主、买办大资产阶级的剥削和压迫，具有革命的愿望，是我们最接近的朋友，需要团结争取。动摇不定的中产阶级，“其右翼可能是我们的敌人，其左翼可能是我们的朋友——但我们要时常提防他们，不要让他们扰乱了我们的阵线”①。这些表述是毛泽东在对中国社会各阶级逐一做了分析之后得到的一个总体性认识，闪现着新民主主义革命基本思想的光辉。

三、重要意义

1. 初步提出新民主主义革命的基本思想

毛泽东把马克思列宁主义基本原理同中国革命的具体实践初步结合起来，从中国的历史和现实状况出发，实事求是地分析了中国社会各阶级的地位、相互关系以及对待革命的态度，特别是创造性地分析了资产阶级的特殊性，科学地指出半殖民地半封建中国的资产阶级分为买办资产阶级和民族资产阶级两部分，初步提出了无产阶级领导的、以工农联盟为基础的、反对帝国主义和封建主义的新民主主义革命理论，明确了依靠谁、团结谁和打击谁这个革命的首要问题，解决了当时迫切需要解决的无产阶级领导权问题和同盟军问题。“中国过去一切革命斗争成效甚少，其基本原因就是因为不能团结真正的朋友，以攻击真正的敌人。”② 毛泽东所提出的新民主主义革命的基本思想，有力地批驳了国民党新右派集团的反动谬论，批判了党内“左”倾、右倾错误思想，丰富了马克思主义关于阶级和阶级斗争理论宝库，从思想上、理论上武装了全党，推动了中国革命继续向前发展，为后来中国共产党探索新民主主义革命道路做出了奠基性贡献。

2. 为有针对性地开展思想政治教育提供基本遵循

把握基本立场、观点与方法，有针对性地开展思想政治教育，是毛泽东思想政治教育理论的基本点。思想政治教育的对象是人，人是社会关系的总和，其政治、经济地位是有差别的，人的思想与经历及环境是各有特点的，要发挥思想政治工作的威力，必须有针对性地解决每个人和每个群体的思想问题。毛泽东应用马克思主义的阶级分析方法，对中国社会各阶级的经济地位和政治态度做了具体分析，使思想政治教育工作对象清晰、目标明确、有的放矢。毛泽东在《中国社会各阶级的分析》一文中将当时中国社会的阶

---

① 毛泽东．毛泽东选集：第1卷．2版．北京：人民出版社，1991：9.
② 同①3.

级划分为地主阶级和买办阶级、中产阶级、小资产阶级、半无产阶级、无产阶级以及游民无产者等，而且对小资产阶级、半无产阶级做了阶层划分。毛泽东的论述，对了解中国国情具有重要的启发作用，是一部难得的国情教育教材，也为思想政治教育提供了理论依据。

3. 阶级阶层分析法在新时代具有重要意义

毛泽东的阶级分析思想对正确分析和认识新时代我国社会各阶级阶层结构发生的新变化，具有重要的现实指导意义。改革开放以来，中国社会阶级阶层结构发生了深刻变化，工人阶级和农民阶级都越来越阶层化，呈现出多层次结构，并且在工人阶级和农民阶级之外，出现了一些新的社会阶层。党的十八大以来，中国特色社会主义进入新时代，社会主要矛盾从人民日益增长的物质文化需要同落后的社会生产之间的矛盾转化为人民日益增长的美好生活需要和不平衡不充分的发展之间的矛盾。如何认识中国特色社会主义初级阶段的阶级阶层状况？如何有针对性地开展新时代思想政治教育工作？毛泽东的《中国社会各阶级的分析》为我们提供了马克思主义的方法论指导，使我们能够清醒地认识并妥善地处理社会主义现代化建设新时期的大量人民内部矛盾，以调动一切积极因素，把中国特色社会主义现代化事业不断推向前进。

四、学习与思考

1. 《中国社会各阶级的分析》的核心观点与主要内容是什么？

2. “谁是我们的敌人？谁是我们的朋友？这个问题是革命的首要问题。”谈谈对这个判断的理解。

3. 试述《中国社会各阶级的分析》的思想政治教育方法论意义。

《湖南农民运动考察报告》导读

毛泽东为了答复当时党内外对于农民革命斗争的责难，于1927年1月4日至2月5日考察了湖南湘潭、湘乡、衡山、醴陵、长沙等五个县的农民运动后写成《湖南农民运动考察报告》（简称《报告》）。毛泽东在《报告》中重点论述了“农民问题的严重性”“组织起来”“打倒土豪劣绅，一切权力归农会”“‘糟得很’和‘好得很’”“所谓‘过分’的问题”“所谓‘痞子运动’”“革命先锋”等问题，并列举了农民在农民协会领导之下做的十四件大事。《报告》充分估计了农民在中国革命中的伟大作用，明确指出了在农村建立革命政权和农民武装的必要性，科学分析了农民的各个阶层，着重宣传了放手发动群众、组织群众、依靠群众的革命思想。

原文见《毛泽东选集》第一卷，人民出版社1991年版，第12～44页。

一、写作背景

1. 支持轰轰烈烈的农民革命运动

随着北伐军的胜利进军，在中国共产党的领导下，农民运动得到大规模发展。至1926年6月，农民协会已遍及粤、湘、鄂等17个省，全国有200多个县成立了县农民协会组织，入会会员达915万多。湘、鄂、赣三省更是出现了农村大革命的高潮。湖南农村掀起了一场迅猛异常的革命大风暴，攻击的矛头直指土豪劣绅、贪官污吏，旁及各种宗法的思想和制度。许多地区的地主政权、地主武装被打得落花流水。在急速发展的湖南农民运动中，乡村原有的社会矛盾不断地被揭示，广大民众的斗争激情一再被点燃，这使得“铲除土豪劣绅”的运动迅速扩大，各地土豪劣绅、不法地主、贪官污吏和旧恶势力的利益受到严重冲击，引发了深刻的农村社会大变革。在那些打倒了地主政权的地方，农民协会便成为乡村唯一的权力机关。凡有农协的地方，农民对土豪劣绅、不法地主展开了减租、减息的经济斗争。湖南有些县成立县务会议，出席这些会议的有农协和工会的代表，群众团体实际上已参与政权的工作。

2. 批驳反对农民运动的奇谈怪论

面对急风暴雨般迅猛兴起的农民运动，同地主豪绅有千丝万缕联系的国民党右派蠢蠢欲动，包括北伐军中的一些军官坐不住了，国民革命军内部产生了日益浓厚的反农运情绪。他们大造反对农民运动的舆论，整个社会被搞得沸沸扬扬。“农民在乡里造反，搅动了绅士们的酣梦。乡里消息传到城里来，城里的绅士立刻大哗。”[①] 他们攻击农民运动“破坏了社会秩序”，是“痞子运动”，是“扰乱了北伐后方”。一些中间派分子也开始动摇起来，说农民运动已经“越轨”了，应该加以限制，防人利用。土豪劣绅恶意诋毁农运并作势反扑，联合阵线内部潜伏的危机越来越表面化了。面对反动派的种种责难，毛泽东提出了指导农民运动的十点意见，认为在农村尚未建立联合战线之前的革命暴动时期，农民一切向封建地主阶级的行动都是对的，过分一点也是对的，不过正不能矫枉。毛泽东还鲜明地提出：“农民问题只是一个贫农问题，而贫农的问题有二个，即资本问题与土地问题。这两个都已经不是宣传的问题而是要立即实行的问题了。”[②]

3. 纠正党内的右倾错误思想

农民运动的蓬勃发展，还遭到中国共产党右倾错误的怀疑和责难。他们被国民党右派的反动所吓倒，不敢支持已经起来和正在起来的伟大的农民革命斗争。1926 年 12 月 13 日，中共中央政治局在汉口召开了特别会议。会议根据陈独秀的政治报告做出决议案，指出了国民革命所面临的各种危险，错误地指出：“各种危险倾向中最主要的严重的倾向是一方面民众运动勃起之日渐向‘左’，一方面军事政权对于民众运动之勃起而恐怖而日渐向右。这种‘左’右倾倘继续发展下去而距离日远，会至破裂联合战线，而危及整个的国民革命运动。”[③] 会议规定当时党的主要策略是：限制工农运动发展，反对“耕地农有”，以换取蒋介石由右向左；同时扶持汪精卫取得国民党中央、国民政府和民众运动的领导地位，用以制约蒋介石的军事势力。事实上，蒋介石的军事势力和他的日益向右并不是这种策略所能限制得了的。推行的实际结果，只是单方面地限制工农运动的发展，牺牲工农群众的利益。在会上，陈独秀还说湖南工农运动“过火”“幼稚”“动摇北伐军心”“妨碍统一战线”等[④]。这种情况下，农民运动不但面临着被扼杀的危险，而且农运的领导者——共产党也面临着巨大的生存危机。1927 年 2 月 16 日，毛泽东就考察湖南农民运动的情况写报告给中共中央，指出：“在各县乡下所见所闻与在汉口在长沙所见所闻几乎全不同，始发见从前我们对农运政策上处置上几个颇大的错误点。”党对农运的政策，应注意以“农运好得很”的事实，纠正政府、国民党、社会各界一致的“农运糟得很”的议论；以“贫农乃革命先锋”的事实，纠正各界一致的“痞子运动”的议论；以从来并没有什么联合战线存在的事实，纠正农协破坏了联合战线的议论[⑤]。

---

① 毛泽东．毛泽东选集：第 1 卷．2 版．北京：人民出版社，1991：15.

② 金冲及．毛泽东传（1893—1949）：上．北京：中央文献出版社，1996：132.

③ 中央档案馆．中共中央文件选集：第 2 册．北京：中共中央党校出版社，1989：569.

④ 同②127.

⑤ 中共中央文献研究室．毛泽东年谱（1893—1949）（修订本）：上卷．北京：中央文献出版社，2002：179.

二、基本思想

1. 高度评价农民在中国革命中的伟大作用

毛泽东在《报告》中讴歌了农民的革命先锋精神和首创精神，热烈赞颂大革命中的农民群众推翻乡村封建统治势力的革命行动和历史功绩，尖锐地批评党内外责难农民运动的各种谬论，阐明农民斗争同中国革命成败的密切关系。毛泽东从中国民主革命伟大历史使命的角度评价了农民运动，指出："目前农民运动的兴起是一个极大的问题。很短的时间内，将有几万万农民从中国中部、南部和北部各省起来，其势如暴风骤雨，迅猛异常，无论什么大的力量都将压抑不住。他们将冲决一切束缚他们的罗网，朝着解放的路上迅跑。一切帝国主义、军阀、贪官污吏、土豪劣绅，都将被他们葬入坟墓。一切革命的党派、革命的同志，都将在他们面前受他们的检验而决定弃取。"孙中山先生致力国民革命四十年，所要做而没有做到的事，农民在几个月内做到了。这是四十年乃至几千年未曾成就过的奇勋。鉴于此，他要求"所有各种反对农民运动的议论，都必须迅速矫正。革命当局对农民运动的各种错误处置，必须迅速变更"①。

2. 提出农民运动必须坚持依靠贫农、团结中农

毛泽东正确分析了农民各个阶层的政治态度，充分肯定了贫农在革命中的伟大作用。"农民成就了多年未曾成就的革命事业，农民做了国民革命的重要工作。但是这种革命大业，革命重要工作，是不是农民全体做的呢？不是的。农民中有富农、中农、贫农三种。三种状况不同，对于革命的观感也各别。"② 毛泽东指出，富农的态度始终是消极的；中农的态度是游移的，但革命形势高涨时，他们也可参加革命，对他们应该争取和团结；"乡村中一向苦战奋斗的主要力量是贫农"③，"没有贫农，便没有革命。若否认他们，便是否认革命。若打击他们，便是打击革命"④。要坚定地站在他们一边，热情地支持他们的革命行动。对农民运动的态度，应成为区别革命与反革命的试金石，也是区分党内马克思主义与机会主义的分水岭。通过以上分析，不但明确了谁是革命的朋友、谁是革命的敌人，为确定各阶级在革命统一占线中的地位以及对革命的态度提供了依据，也为开展有针对性的政治宣传奠定了基础。

3. 用事实驳斥错误论断和错误言论

毛泽东在《报告》中用大量事实驳斥了"糟得很"的错误论断和所谓"过分"、所谓

---

① 毛泽东. 毛泽东选集：第1卷. 2版. 北京：人民出版社，1991：12.
② 同①18-19.
③ 同①20.
④ 同①21.

“痞子运动”等错误言论。针对“糟得很”的错误论断，毛泽东指出：农民运动“是广大的农民群众起来完成他们的历史使命，乃是乡村的民主势力起来打翻乡村的封建势力。宗法封建性的土豪劣绅，不法地主阶级，是几千年专制政治的基础，帝国主义、军阀、贪官污吏的墙脚。打翻这个封建势力，乃是国民革命的真正目标”①。这是好得很。完全没有什么“糟”，完全不是什么“糟得很”。针对所谓“过分”的错误言论，毛泽东指出：所谓农民的“过分”行为“都是土豪劣绅、不法地主自己逼出来的”，“凡是反抗最力、乱子闹得最大的地方，都是土豪劣绅、不法地主为恶最甚的地方”②。毛泽东进一步指出：“农村革命是农民阶级推翻封建地主阶级的权力的革命。农民若不用极大的力量，决不能推翻几千年根深蒂固的地主权力。农村中须有一个大的革命热潮，才能鼓动成千成万的群众，形成一个大的力量”。“每个农村都必须造成一个短时期的恐怖现象，非如此决不能镇压农村反革命派的活动，决不能打倒绅权。矫枉必须过正，不过正不能矫枉。”因此，农民所谓“过分”的举动，“都是农民在乡村中由大的革命热潮鼓动出来的力量所造成的”③。针对所谓“痞子运动”“惰农运动”的反革命言论，毛泽东通过归纳农会做的诸如将农民组织在农会里、政治上打击地主、经济上打击地主、推翻土豪劣绅的封建统治、推翻地主武装，建立农民武装、推翻县官老爷衙门差役的政权、推翻祠堂族长的族权和城隍土地菩萨的神权以至丈夫的男权、普及政治宣传、农民诸禁、清匪、废苛捐、文化运动、合作社运动、修道路，修塘坝等十四件大事，指出“农民所做的事很多”，根本不是“痞子运动”“惰农运动”。

4. 初步阐述农民武装斗争和建立革命政权的必要性

毛泽东指出：“革命不是请客吃饭，不是做文章，不是绘画绣花，不能那样雅致，那样从容不迫，文质彬彬，那样温良恭俭让。革命是暴动，是一个阶级推翻一个阶级的暴烈的行动。”④ 暴力革命必须有革命武装，农民的武装势力“是使一切土豪劣绅看了打颤的一种新起的武装力量”。一切革命的根本问题是国家政权问题，湖南农民运动中也逐渐建立了民主政权。毛泽东指出：“农民有了组织之后，第一个行动，便是从政治上把地主阶级特别是土豪劣绅的威风打下去，即是从农村的社会地位上把地主权力打下去，把农民权力长上来。这是一个极严重极紧要的斗争。”⑤ “这个斗争不胜利，一切减租减息，要求土地及其他生产手段等等的经济斗争，决无胜利之可能。”⑥ 农民“在乡农民协会（农民协会的最下级）称王，乡农民协会在他们手里弄成很凶的东西了。他们举起他们那粗黑的手，加在绅士们头上了”⑦，一切地方上的事都推到农民协会去办，“在农民已经起来的县，无论什么人去，都是廉洁政府”，“在农民势力极盛的县，农民协会说话是‘飞灵的’”⑧。因此，农民通过武装斗争建立民主革命政权非常必要。

---

① 毛泽东．毛泽东选集：第1卷．2版．北京：人民出版社，1991：15.
②③④ 同①17.
⑤⑥ 同①23.
⑦ 同①18.
⑧ 同①29.

5. 强调“普及政治宣传”和教育农民的重要性

毛泽东强调普及政治宣传的重要性，赞扬共产党领导下的农会所做的政治教育的效果和速度。毛泽东热情洋溢地指出：“打倒帝国主义，打倒军阀，打倒贪官污吏，打倒土豪劣绅，这几个政治口号，真是不翼而飞，飞到无数乡村的青年壮年老头子小孩子妇女们的面前，一直钻进他们的脑子里去，又从他们的脑子里流到了他们的嘴上。”[①]“很简单的一些标语、图画和讲演，使得农民如同每个都进过一下子政治学校一样，收效非常之广而速。”[②]“开一万个法政学校，能不能在这样短时间内普及政治教育于穷乡僻壤的男女老少，像现在农会所做的政治教育一样呢？我想不能吧。”[③] 毛泽东大力赞扬农民运动普及政治宣传的作用，认为农民运动“好得很”，绝不是“糟得很”。毛泽东还论述了农民阶级应该接受文化教育及其重要意义。他指出，中国历来只是地主有文化，农民没有文化。地主势力一倒，农民的文化运动便开始了。湖南农民运动在文化上也是翻天覆地的变化，从无法读书到可以读私塾、读农民学校。农民运动发展的结果，农民的文化程度迅速地提高了，农民运动对农民接受文化教育发挥了积极的推动作用。

三、重要意义

1. 用马克思主义的方法研究农民运动，能动性地分析中国农村现实

《报告》以马克思主义的方法对中国农村生活进行了剖析并对其能动性进行了分析，体现了马克思主义与中国实际的初步结合，是毛泽东思想发展史上的重要里程碑，毛泽东思想萌芽的标志性成果之一。毛泽东依据自己的观察，对农民的革命态度进行了具体分析，强调农民的力量主要体现在推翻农村社会的封建统治，建构新的社会基础、社会秩序，指出这种力量来自农民的组织、农民的武装、农民的权力，来自针对农民的政治动员、文化教育。《报告》对农村阶级的分析，深刻论证了贫苦农民的经济地位决定了他们反帝反封建的革命性，是正确剖析当时以至整个新民主主义时期农民阶级及其相互关系的典范；提出了关于新民主主义革命的一系列基本思想，为党制定农村阶级路线和政策提出了理论依据，丰富和发展了马克思主义关于农民问题的理论，为后来中国共产党提出工农联盟理论和走向农村包围城市、武装夺取政权的正确道路奠定了很好的认识基础。

2. 明确农民革命的内容和重点，推动农村革命运动进一步发展

毛泽东通过大量的实地考察与对农民运动的研究，阐述了自己对农民运动的认识和

---

① 毛泽东．毛泽东选集：第1卷．2版．北京：人民出版社，1991：34.
② 同①35.
③ 同①.

看法，断言“农民成就了多年未曾成就的革命事业，农民做了国民革命的重要工作”①，澄清了关于农民运动的不实之词，对农民运动革命性、正义性给予正确评价，充分肯定了农民所做的十四件大事，涉及农村的政治建设、经济建设、文化建设和社会建设等方方面面，明确了农民革命的内容和重点，彰显了农民在国民革命中的重要作用。毛泽东期待通过农民革命改造农村权力框架，实现农村制度变革，改良农村社会风气，提升农民文化素养，促进农村政治、经济、文化、社会的发展。《报告》是无产阶级及其政党领导农民革命斗争的纲领性文献，在历史的紧要关头，为革命运动指明了方向，推动农村革命运动的继续发展。

3. 对农民运动有重大宣传效果，在国内外产生广泛影响

1927年3月，《报告》先后在中共湖南省委机关刊物《战士》周报、中共中央机关刊物《向导》周报、汉口《民国日报》的“中央副刊”、《湖南民报》刊发，引起广泛关注。4月，汉口长江书店以《湖南农民革命（一）》为书名出版单行本，瞿秋白在为该书所作的序言中说：“中国的革命者个个都应当读一读毛泽东这本书。”② 共产国际执委会最权威的机关杂志《共产国际》以很快的速度，在5月27日第95期上以俄文版转载了《向导》上刊载的此篇报告，译文以“湖南的农民运动（报告）”为题。当时共产国际执委会主席布哈林评价《报告》“文字精练，耐人寻味”。俄文版《共产国际》发表后仅半个月，英文版的《共产国际》也于6月12日刊载了这一报告，并在扉页上加了一段俄文版上没有的说明：“在迄今为止的介绍中国农村状况的英文出版物中，这篇报告最为清晰。”日本学者曾于1979年在日本《历史学研究》第402期上著文介绍了毛泽东这篇文章的译本：“有理由认为，共产国际对这篇《报告》的关心是不寻常的，曾给予它极高的评价。”

四、学习与思考

1. 试述《湖南农民运动考察报告》的核心思想与重要启示。

2. 结合“没有调查，没有发言权”，谈谈《湖南农民运动考察报告》在调查方法和写作上有哪些独到之处。

3.《湖南农民运动考察报告》体现了哪些农民运动“普及政治宣传”的思想？这些思想的现实意义是什么？

---

① 毛泽东．毛泽东选集：第1卷．2版．北京：人民出版社，1991：18-19.

② 施金炎．毛泽东著作版本述录与考订．海口：海南国际新闻出版中心，1995：44.

《军队的性质和组织》《国民革命军及军事政治工作》导读

1925 年 6 月 2 日，周恩来在第一次东征军回师途中，给黄埔军校学生做了《军队中的政治工作》（《军队的性质和组织》是讲演的节选）的演讲。1926 年 7 月，他又在国民革命军总政治部举办的战时政治训练班上做了《国民革命军及军事政治工作》的讲话。这两篇重要文献从阶级视角厘清了军队的性质、来源和组织，指出了在军队中做政治工作的极端重要性，总结了在军队政治工作的方法，为创建一支真正的革命武装奠定了坚实的思想基础和提供了优良的方法指导，这是中国共产党在领导军队政治工作方面所做的最早的尝试，对中国共产党创建和发展人民军队具有重大意义。

原文见《建党以来重要文献选编（1921—1949）》第二、三册，中央文献出版社 2011 年版，第 368～375 页、344～347 页。

一、写作背景

1. 旅欧期间对中国军阀统治现状和苏联革命成功的深刻思考

1920 年，周恩来从上海赴欧洲求学，旅欧生涯自此开始。在旅欧期间，周恩来不仅学习文化知识，而且思想转变也十分明显。1921 年，周恩来在张申府、刘清扬的介绍下加入中国共产党，成为旅欧共产主义青年团的一名成员，结识了赵世炎、邓小平等好友。在法国期间，周恩来积极阅读马克思主义著作，参加旅欧共产主义青年团活动，在党刊《赤光》上发表了大量文章，如《军阀统治下的中国》《北洋军阀的内哄》等，指出军阀统治下的中国是无法真正摆脱帝国主义压迫的，中国人民必定还是生活在水深火热之中。1922 年，周恩来在《评胡适的努力》一文中进一步指出，要推翻军阀政府的统治必须要进行一场“真正革命”，这场革命“非要有极坚强极有组织的革命军不可。没有革命军，军阀是打不倒的”[①]。此外，俄国革命的成功对周恩来具有重大影响。他对俄国革命的原因及为什么取得成功，进行了深入研究，从中得出苏联建军思想中最主要的内容是坚持

① 周恩来. 评胡适的“努力”. 少年，1922 (6).

共产党的领导，把党对武装力量的领导作为军队建设的基本政治原则。在这两方面的影响下，周恩来意识到中国要想彻底取得革命的胜利，摆脱军阀统治的现状，就必须建立真正的革命军队，将军队的政治工作作为创建新型军队的根本和灵魂，军队政治工作思想由此萌芽了。

2. 黄埔军校政治部制度的建立和完善提供了实践经验

1924 年 1 月，中国国民党第一次全国代表大会召开，标志着国共两党实现合作和各革命阶级统一战线建立，国民革命运动由此逐步兴起。根据中国国民党第一次全国代表会议决议，决定建立陆军军官学校，即黄埔军校，以苏联经验为主，在军校中设立苏联模式的党代表制度和政治部制度。1924 年 11 月，周恩来被任命为黄埔军校政治部主任。在此之前，政治部第一主任是戴季陶、副主任张申府，但两人都很快离去。第二任是代主任邵元冲。邵元冲于 1924 年 11 月随孙中山北上，周恩来接任，开始了革命军队灵魂的工作——政治工作。在周恩来接任之前，黄埔军校虽有政治部，但并无具体组织，也并未真正发挥作用。周恩来上任之后，将政治部扩大，分设指导、编纂、秘书三股，成为真正的政治工作机关①。为了对学员和官长进行政治教育，他制定了“政治课程训练计划”“政治训练教授调查表”，对士兵颁布“革命格言”，进行“日课问答”。同时，还创建了中共黄埔党组织和青年团的组织，发动党团员和进步青年开展工作。在周恩来的主持下，军校的政治工作相当活跃，革命性、战斗性很强，有力激发了师生的革命热情。周恩来在黄埔军校开创了革命军队的政治工作，使军校真正成为革命的军校，军校采用军事与政治并重、理论与实践结合的教学方针，为中国革命培养了大批军事政治人才。

3. 创建革命军队政治工作的必然要求

中国共产党领导的第一支革命武装是“建国陆海军大元帅府铁甲车队”，这支军队就是由周恩来亲手创建的。铁甲车队的重要职位都由共产党员担任，共产党员徐成章、廖乾吾、周士第分别担任中队长、党代表和副队长，其队员绝大部分是由中共广东区委从青年工人、农民中挑选出来的，队内所有人员的调配都由中共广东区委决定，一切工作和活动均直接请示区委负责人陈延年和周恩来。铁甲车队建立了党小组领导全队的工作，纪律严明，官兵平等，武器精良，有着很强的战斗力。1925 年 11 月，在铁甲车队的基础上，中国共产党扩大组建了一支正规军，即国民革命军第四军独立团，全团约两千多人，叶挺为团长。进行政治训练是铁甲车队与旧军队的主要区别。铁甲车队的政治训练主要由政治教官曹汝谦负责，每天上两小时政治课，主要讲授三民主义、社会发展史、工农运动情况、当前国内外形势等等，晚上进行小组讨论。后来廖乾五、徐成章、周士第、赵自选也承担了讲课任务。他们主要是解释国内外革命斗争形势，分析帝国主义、国内军阀压迫剥削中国人民的罪恶，资本家、封建地主阶级压迫

① 中共中央文献研究室．周恩来年谱（1898—1949）（修订本）．北京：中央文献出版社，1998：58.

剥削工人农民的事实，以及解决当时队内发生的问题。铁甲车队进行政治教育，是中国共产党人在军队中的新创造，为中国共产党独立领导军队，在军队中建立军事政治工作制度，彻底实现革命的胜利提供了有益经验。

二、基本思想

1. 明晰革命军队的根本性质

周恩来在《军队的组织和性质》一文中，从阶级角度阐明了军队的根本性质。从渔猎社会、封建社会、资本主义社会到半殖民地半封建社会，阶级的产生都与生产密切相关。渔猎社会由于生活方式简单，强者“仗他的威力抢有较弱者生产的一部分，弱者受他的支配”①。于是强者成为酋长，生产者成为被压迫阶级，这就是阶级产生的原因。在封建社会，天子、诸侯由于占据土地，农民通过租赁的方式耕种土地，造成了阶级的产生。在资本主义社会，“资产阶级尽量地掠夺剩余、压迫农工”②，造成了资产阶级压迫无产阶级的社会。在半殖民地半封建社会，“凡在军阀与帝国主义者的势力之下的民众，无论工农商学，都成了被压迫者”③。由此可以得出关于阶级的两个定义：“第一，社会上的阶级不是生产的阶级，便是掠夺生产的阶级；不是压迫的统治阶级，便是被压迫、被统治的阶级。第二，凡是压迫别人的阶级，至少于他们的本身都是很有利的。”④ 从阶级的两个定义来看，“军队的本身，不是生产的群众，而又不是掠夺别人生产成为自己所有，如酋长掠夺农奴，天子、诸侯掠夺臣民，地主、资本家掠夺农工一样”⑤。同时，“兵士的生活比农工的生活更坏”，“赶不上被压迫的农工群众生活”⑥。因此，可以得出结论：军队是工具，不是一个阶级。统治阶级可以利用军队统治和压迫被统治阶级，为自己的利益服务。同样，被压迫阶级觉醒之后也可以组织武力推翻压迫者的势力。

2. 阐明军队组织的巨大意义

回溯中国历史上的军队，从封建时期的征兵制和募兵制，到近代以来中国军阀武装的兴起，都与经济社会变动具有密切联系。封建社会的征兵制和募兵制都是依附农业社会而存在的，因此王侯将相必须设法保持农业社会才能维护自己的统治基础。近代以来，随着工业革命的兴起，农业社会走向崩溃，民众运动与军阀武装在社会动荡不安的背景中产生，国民革命军也应运而生。从历史发展的逻辑来看，军队作为一种工具，“压迫阶级可利用，被压迫阶级也可以利用拿来造成他本身的武力，达到世界革

---

①②③④ 中共中央文献研究室，中央档案馆. 建党以来重要文献选编（1921—1949）：第2册. 北京：中央文献出版社，2011：369.

⑤⑥ 同①370.

命的成功”①。在此意义上，可以得出军队的两个新意义：一是既可以为压迫阶级利用，同时被压迫阶级也可以联合起来，组成武装力量，实现自身的解放，诸如西方的无产阶级革命和东方的国民革命共同构成世界意义上的解放运动，世界革命的成功，将会改变世界格局，促进世界和平稳定，军队将会成为保护劳苦大众自身权益的强大力量，这从军队组织的视角而言，无疑具有全新的意义。从上述分析来看，军队组织的重大意义不仅在于被压迫阶级可以凭借自己的武装力量实现自身独立解放，更重要的意义在于军队组织能够推动世界意义上的革命发展，为全世界、全人类的和平稳定发挥其应有的作用，做出其应有的贡献。

3. 明确政治工作的主要目的

在军队中做政治工作的主要目的，就是要将军队聚集于革命的旗帜之下，成为革命的先驱。军队中政治工作的重要性在于“使军阀军队渐渐觉悟，革命军队确实具有革命观念”②。政治教育使国民革命军肩负起反对帝国主义的使命，使广大的群众明白帝国主义的罪恶，达到推翻帝国主义的目的。军队中政治工作的范围首先要党化，“要使官佐士兵及一切群众晓得党的理论、主义、政策。因为革命军是党的军队，革命军的行动要依着党的政策的缘故”③。其次，要引导士兵认清自身所处的经济社会环境，使其知晓“士兵都是由于社会上经济不安的里面崩溃出来的”④。最后，要使官兵群众明晰“革命都是由于政治上经济上不安的环境里发生出来的”⑤，所以，在经济社会不安的状况中进行革命，“一定要遵照党的政策，打倒帝国主义”⑥。对于革命军人本身，特别是军队中的政治工作人员，应该要“以身作则，严守纪律，常常表示勇敢的态度，比士兵更要勤苦；对于民众、士兵、伤兵、俘虏，各种宣传都要用最经济的时间，做相当的教育及训练”⑦。军队中政治工作的设计，不仅要有正确的工作目的，也要有正确的工作方法，“对于官长官佐要巩固其革命观念，对于士兵要使之有革命常识”⑧。要而言之，军队的政治工作，要根据对象的不同明确工作的重点，善于运用各种方式做好军队思想政治工作。

三、重要意义

1. 厘清了军队的性质，强调了军队政治工作的重要作用

《军队的性质和组织》从阶级视角厘清了军队是一种工具，而不是一个阶级。通过对历史经验的分析和总结，从理论层面批驳了军队是一个阶级的错误理念，明确指出军队

---

① 中共中央文献研究室，中央档案馆．建党以来重要文献选编（1921—1949）：第2册．北京：中央文献出版社，2011：372.

② 中共中央文献研究室，中央档案馆．建党以来重要文献选编（1921—1949）：第3册．北京：中央文献出版社，2011：345.

③ 同②345-346.

④⑤⑥⑦⑧ 同②346.

既可以为统治阶级利用维护自身的统治利益，也可以成为被压迫阶级实现自身独立解放的有力武器，这为劳苦大众注入了强大精神动力，为创建人民军队和革命军队提供了理论支撑。从民族和国家的视角来说，军队组织理论的提出，不仅为人民军队的创建和发展提供了理论指导，更有助于激发和引导全世界被压迫人民的力量，为实现各个民族自身的独立解放不懈奋斗，赋予军队组织全新意义。在军队具体的组织方式上，通过回溯历史上军队的集成方式，从中凝练出军队的组成方式应当根据时代变迁的特点具体分析，而不是照搬他国或传统军队组织模式，无疑为中国共产党创建人民军队提供了宝贵的思想资源和理论支持，具有十分重要的理论价值。

《国民革命军及军事政治工作》突出强调了军事政治工作在军队中的重要指导作用。军队的政治工作是确保军队永葆革命本色的重要法宝，是中国革命取得最终胜利强大思想武器。要使军队成为革命的中坚力量，就必须在进行军事训练的过程中始终坚持政治教育，使民众认识到中国目前所面临的危难境地，外国侵略者是如何侵略、压迫中国民众的。要使民众真正意识到国强则民兴，国衰则民亡，这样才能使军队成为革命的主力军。在军队中推行政治工作这一重要思想，不仅解决了军队性质的问题，保证军队坚持正确的革命方向，同时为中国共产党创建人民军队奠定了优良的传统，也是人民军队政治建军的理论来源。

2. 坚定了革命军队的意志，推动革命走向最终胜利

《军队的性质和组织》与《国民革命军及军事政治工作》这两篇文献产生于中国内忧外患、民族矛盾日益加深、军阀混战不休的历史背景中，军队作为民族独立和人民解放的坚实力量，必须加强教育和引导，确保其成为革命的强大的动力，而不是阻力。周恩来的这两篇文献，集中强调了军队的性质和在军队中做政治工作的重要性，对当时的国民革命军建设具有重大意义。通过这两篇文献中展现出来的核心思想，可以看出在当时战火扰攘的时代中，对军队的性质和存在的意义加以辨析，能够为军队建设提供指导思想，坚定革命军队的革命意志，将革命军队有力地整合在一起，对革命胜利起着重要的推动作用。从长远历史来看，中国共产党创建人民军队，领导革命走向胜利的历史进程，也正是对周恩来所提出的军队组织和军事政治工作思想的具体实践，具有十分深远和重大的历史意义。总之，这两篇历史文献不仅对当时的革命胜利起着重要的推动作用，对中国共产党创立人民军队更有着基础性和方向性的指导作用。

3. 为中国共产党政治建军原则的确立提供了思想来源

周恩来在这两篇文献中提出的军队组织方式和在军队中推行政治工作的思想，为中国共产党政治建军的原则提供了思想来源。中国共产党从创建人民军队之时起，就吸取了国民党的教训，始终把政治工作放在首位，确立了政治建军的原则。人民军队经过长期发展，特别是中国特色社会主义进入新时代以后，要建设一支听党指挥、能打胜仗、作风优良的新型人民军队，把人民解放军全面建设成为世界一流军队，就必须把政治工

作贯穿于军队建设的各环节、各领域、各方面，始终把政治建军摆在首位。政治建军的核心要义，就是确保党对军队的绝对领导。党对军队的绝对领导，是我们党根据革命的需要确立的建军根本原则，确保了我军在政治上的优势。我们党通过政治建军，坚持党对军队的绝对领导，彻底根治了“兵为将有”“兵随将走”的乱象。可以说，中国历史上的任何一支军队，都没有像我军这样高度团结统一。由此可以看出，明确军队的性质和组织方式，坚持政治建军的首要原则，对推动人民军队全面走向世界一流具有十分重要的现实意义。

四、学习与思考

1. 如何理解“军队是工具，不是一个阶级”这一观点？
2. 军队政治工作的核心要义是什么？
3. 军队政治工作在中国共产党创立和建设人民军队过程中的重要作用是什么？

《军队中政治工作的方法》导读

《军队中政治工作的方法》一文发表于1926年9月15日，是恽代英在担任黄埔军校政治总教官期间，针对加强和改进大革命时期军队思想政治工作面临的一系列问题而创作的重要理论文章之一。文章从军队政治工作的目的、军队政治工作的主要内容和军队政治工作的方法三个方面进行了阐述，其中军队政治工作的方法为其核心内容。全文贯穿马克思主义的立场、观点、方法，是党的早期领导人中专门论及军队政治工作方法的不可多得的文章，是中国共产党思想政治教育的重要文献。

原文见《恽代英全集》第八卷，人民出版社2014年版，第156～166页。

一、写作背景

1. 中国共产党领导人民军队思想政治工作的客观需要

1924年至1927年的大革命时期，中国共产党没有自己独立的革命武装。从严格意义上说，中国共产党从事军事活动是从黄埔军校开始的。这是一所国共合作创办的学校，于1924年5月开学。孙中山自任军校总理，任命蒋介石为校长，廖仲恺为党代表。在第一次国共合作时期，中国共产党十分重视黄埔军校的工作，先后派周恩来、恽代英、聂荣臻等出任教官。

1924年11月，周恩来任黄埔军校政治部主任。政治部负责全校的思想政治教育工作，政治部主任实际上是党代表的参谋长。在周恩来之前，该校曾有两任政治部主任，他们分别是国民党员戴季陶和邵元冲。周恩来就任后，健全了政治工作制度和建立了日常工作秩序，重新制订思想政治教育计划，并在军校建立了中共特别支部，提出了军队政治工作的方针、方法和目的，在中国军事史上开创了革命军队的思想政治教育工作，为建立一支为人民服务的军队做出了卓越贡献①。

恽代英任黄埔军校政治总教官后，继承和发展了周恩来的军事政治思想。当时，蒋介石在黄埔军校加紧培植个人势力，妄图将军校变成他个人篡夺革命统一战线领导权的工具。在革命的危急关头，恽代英先后撰写了《本党重要宣言训令之研究》《国民革命》

---

① 李良明. 恽代英思想研究. 北京：人民出版社，2011：303-304.

《政治学概论》《政治讲义大纲》《党纪与军纪》等教材、论文，并发表了一系列重要讲话，其中就包括《军队中政治工作的方法》一文。他就革命军队的建设问题做了全面的论述，使中国共产党领导的军队思想政治教育工作更臻完善。因此，毛泽东曾评价说："那时军队设立了党代表和政治部，这种制度是中国历史上没有的，靠了这种制度使军队一新其面目。一九二七年以后的红军以至今日的八路军，是继承了这种制度而加以发展的。"[①] 这一论断清楚表明，恽代英是中国共产党领导的人民军队思想政治教育工作的重要开创者和奠基人之一。

2. 马克思主义在中国早期传播的重要影响

五四运动以后，在俄国十月革命影响下，中国很快出现研究、宣传马克思主义的热潮。其间，恽代英为传播马克思主义做了不少工作。1920 年秋，他受《新青年》杂志社委托翻译考茨基的《阶级争斗》一书。同年 10 月，他翻译恩格斯的《家庭、私有制和国家的起源》中的一部分，在《东方杂志》上发表。他撰写大量文章宣传马克思主义，如在《少年中国》《中国青年》《新建设》等多种刊物上发表几十篇传播马克思主义的文章。由他发起的进步组织、团体及创办的进步刊物杂志成为传播马克思主义的重要阵地。尤其是 1920 年初创办的利群书社对马克思主义的传播发挥了重要作用。这些工作促进马克思主义在武汉及长江中游广大地区广泛传播并成为新思潮的主流，为在黑暗中寻求真理的进步青年探明了前进方向。

恽代英积极地学习和宣传马克思主义，撰写大量文章和通讯。其中最具代表性的是 1922 年发表的《为少年中国学会同人进一解》，文章号召依靠人民群众的力量，用革命暴力的方法来改造社会、实现社会主义。同时，他在川南师范学校成立马克思主义研究会，组建进步青年团体"学行励进会"，在成都高等师范学校主持"马克思诞辰纪念会"，组织进步学生学习《共产党宣言》等著作。

在大革命时期，恽代英更加关注对马克思主义的宣传，用马克思主义加强对广大青年学生、革命士兵和群众的思想政治教育，撰写文章对各种诽谤和攻击马克思主义的错误言论展开猛烈批判，揭露批判国家主义派和国民党新老右派，主要是批判戴季陶主义对马克思主义阶级斗争理论和无产阶级专政国家学说的诽谤和攻击，捍卫马克思主义[②]。

对恽代英理论思想影响最大的是列宁。列宁作为一个伟大的革命家、宣传家，曾深刻指出，实际的宣传鼓动工作始终应放在第一位，没有革命的理论，就不会有革命的运动。可见，列宁认为宣传思想工作是首要工作，在革命运动过程中，及时将革命理论宣传给广大群众，让他们理解并接受，对于革命的成功至关重要。恽代英深受列宁这一观点的影响，充分意识到宣传思想工作的重要性，他在《列宁与中国革命》一文中写道："从列宁所说的与列宁所做的都告诉了我们，我们若是有了一个有主义有纪律的党，我们若是用这个党去宣传与组织工人农人兵士革命的团结，我们可以成功革命。"[③] 恽代英的

① 毛泽东. 毛泽东选集：第 2 卷. 2 版. 北京：人民出版社，1991：380.
② 对中国共产党理论的历史贡献：纪念恽代英同志诞辰 120 周年. 人民日报，2015-08-04.
③ 恽代英. 恽代英全集：第 6 卷. 北京：人民出版社，2014：102.

这些基本认识极大地促成了其本人政治、军事、教育等思想的最终形成。

3. 恽代英自身丰富的军队宣传教育和政治工作实践经验

恽代英从投身革命那天起到大革命时期，都在从事宣传教育和军队政治工作。恽代英1921年加入中国共产党，是中国共产党早期领导集体的重要成员之一，是早期马克思主义大众化的积极践行者。国民党一大后，他任上海执行部宣传部秘书，1926年1月在国民党二大上当选为中央执行委员。为了加强对黄埔军校的领导，受中央委派担任军校政治总教官，兼任军校中共党团书记，1927年1月到武汉主持中央军事政治学校武汉分校的工作。丰富的军队宣传教育和政治工作的实践成为恽代英《军队中政治工作的方法》一文形成的重要实践基础。

恽代英在长期革命斗争中坚持理论与实践相结合。五四运动后，恽代英对各种新思想广泛研究，经过反复研究和实践检验后，才决定取舍。这种研究精神今天仍值得我们借鉴。他当时诚然不懂得"真理的标准只能是社会的实践。实践的观点是辩证唯物论的认识论之第一的和基本的观点"①，但是，他的实际活动却体现了这一根本原则。他特别强调对社会进行考察，并身体力行。通过创书店、建工厂、主办平民教育社和在乡村办学校等，广泛和社会接触，与工人、农民交朋友。在他的组织倡导下，武汉的互助社、健学会、诚社等进步团体的先进青年联合起来，创建利群书社，创办利群织布厂、浚新小学。这些都成为宣传革命思想、传播马克思主义、组织群众的有效形式。他还利用学校课堂直接向学生传播马克思主义。他在川南师范学校、成都高等师范学校、上海大学等学校工作期间，不仅经常在课堂上深入浅出地向学生讲授唯物史观、阶级斗争学说、科学社会主义理论等马克思主义的基本原理，而且还在课堂内外组织学生展开热烈讨论，组织学生演讲团走出学校，扩大宣传马克思主义的范围，促进马克思主义在工农群众中的传播②。恽代英正是从广泛的社会实践中，抛弃了各种错误思想，树立了对马克思主义的坚定信仰。这些经历成为其撰写《军队中政治工作的方法》的重要实践基础。

二、基本思想

1. 军队政治工作的目的与内容

恽代英认为，革命军队要靠政治工作来灌输党的思想，传播革命思想。政治工作者要通过说服教育引导士兵走上革命之路。他指出："我们的兵士自然大多数是被饥寒已经逼上革命之路的，可是他们旧社会的思想习惯已经沾染得很深，他的满脑子还装着许多反革命的旧观念；我们要根本铲除了这些旧观念，才能使他们站稳革命的立足点，由不自觉的革

---

① 毛泽东. 毛泽东选集：第1卷. 2版. 北京：人民出版社，1991：284.

② 对中国共产党理论的历史贡献：纪念恽代英同志诞辰120周年. 人民日报，2015-08-04.

命以至于自觉的很稳定的努力革命。”① 恽代英强调，“必须使一切士兵对于三民主义，有很正确的认识，非此不能保证我们的军队永远站在革命的战线上，为本党的主义奋斗到底”②。只有这样，我们的军队才能称得上是人民的军队，才能鼓舞国民革命军的士气，提高军队的战斗力；才能越战越勇，越战越强。实现这一目的的步骤是：“第一步使武力与人民结合，第二步使武力成为人民之武力。”③ 我们就是要通过政治工作，引导军队从第一步走向第二步。我们的军队名称是国民革命军，但实际上现今还不能够做人民的军队，不过只是与人民结合武力而已。“现在的工作便是要用好的方法，努力使他做成人民的军队。”④

2. 正确认识军队政治工作的地位和作用

政治工作是为了将进步的政治思想灌输于军队，实现党对军队的领导，保证军队的性质和宗旨，巩固和提高军队的战斗力，更好地履行军队根本职责。国民革命军作为一支军队，必须把日常的军事训练作为基本内容。如果把政治工作当作唯一的重要工作，而忽视军事工作的重要性，不仅不能起到提高军队战斗力的作用，反而会影响军队的建设而削弱军队战斗力。因此，恽代英指出要正确认识军队政治工作的地位和作用，“不要夸大了政治工作的地位”，“如果军队中只要注意政治工作，不必要问什么教练风纪，那不是将军队变成了法政学校了么?”“自然政治工作是重要，但是绝对不是唯一的重要。”政治工作人员“不应该太看重了自己的工作”，“一定要尊重人家的工作”，“政治工作要与其他的工作有很好的联系，方能使人了解这班政治工作人员是帮助他们的，不是害他们的，政治工作做好了，其他的工作都可以得些好处，这样才可以使人家亦看重政治工作，至少他们亦不会有意与政治工作人员为难了”⑤。

3. 政工人员要善于和军事干部合作

恽代英认为，从事军队思想政治工作的人，要“认清军队的官长是怎样的人”，要善于同官长相处，不要轻易以为“官长不看重政治工作，便说他们是反革命的”，如果先入为主，“心里存着这个观念，做工作就困难了”。他特别指出，做政治工作的人，无论在什么地方都不能把傲慢的态度摆起来，过分地藐视军官，使人家一见到他们便讨厌，不愿他们去做政治工作。“这是不能证明军官不要政治工作的，不过只能证明军官不要有你这种态度的人去做政治工作罢了”。因此，“切不可轻易的说这个反革命，那个反革命，因为这样使人家怕得无法，他们怎样还要你在他们的军队中做工作?”只要善于和军事干部合作，使他们不至于恐慌起来，他们是不会有意干涉政治宣传、农工运动，使自己得罪国民党与国民政府的⑥。

---

① 恽代英．恽代英全集：第8卷．北京：人民出版社，2014：157.
② 同①159.
③④ 同①156.
⑤ 同①161.
⑥ 同①161-162.

4. 政治工作要谨慎应付环境

恽代英指出，在军队中做政治工作，自然一定会有许多困难的，最要紧的是我们要学会应付任何环境。为此，有时甚至要“牺牲一部分工作来与军官谋相当的妥协”，这是难免的。其目的是“要千方百计将党的正确主张传达到兵士方面去”。即使是官长只允许我们每星期向士兵宣讲一点钟，只要力求这一点钟讲演的材料很好，充分利用这一点钟，就“一定可以得着很大的效果”。所以，无论什么地方，不会没有机会去做政治工作，只怕我们不去找机会，或者不满意这个机会而不去做。恽代英特别强调说，即使有满意的地方，军长、师长很欢迎我们去做政治工作，“我们还是要小心谨慎，不好有点大意的”。“所以我们无论在顺境或逆境中间，都要能小心谨慎应付一切”。我们做一切事情，要先估量我们的力量如何，自己没有力量即使应该做的事情也不可随便去做，更不能不问自己的力量，乱管闲事，随口批评人家，这是很不对的①。

5. 要讲究政治工作的实际效果

恽代英指出，军队中的宣传方法与材料，切不可拿来与农工运动相提并论。“我们在军队中做工作，是在于设法使军队进步，不是在破坏军队，这一点一定是要彻底明了的。”他批评有些做政治工作的人，看见士兵不满意军官，便故意向士兵讨好，过分强调士兵要争取个人利益，挑拨官兵感情。恽代英说：“这是很危险的。”“做政治工作的人员要负这种责任，军队发生纠纷时你要设法去解决，要使军队的精神团结得更坚固，决不可以不负责任的去煽动兵士。”那么，怎样教育士兵走上革命道路呢？恽代英认为，士兵的前身是农工，革命成功，士兵仍要归农工，所以只要将农工穷苦情况说给他们听，将如何改良农工生活的策略解释清楚，就一定能增加士兵的觉悟程度与革命精神，坚定士兵对于革命的信仰……使士兵完全站在农工方面，认清为农工利益奋斗便是为自己的利益奋斗，这比专教他们在军队中争自己的利益，要好得多。同时，要向士兵灌输革命的基本知识，如革命是怎样一回事？中国现在的情形怎样？世界现在的情形怎样？何谓帝国主义？何以会发生帝国主义？怎样才可以打倒帝国主义？这都是士兵必须要知道的②。

三、重要意义

1. 对改进党的军队思想政治工作做出了重要贡献

在《军队中政治工作的方法》一文中，恽代英将马克思主义理论充分融入军队思想

① 恽代英. 恽代英全集：第8卷. 北京：人民出版社，2014：163-164.
② 同①164-165.

政治教育工作，同时注重军队思想政治教育的方式方法，为中国共产党军队政治工作理论的创新发展奠定了坚实基础。与此同时，其思想理论是从中国的实际出发的，其生命力穿透时空。在黄埔军校工作期间，他要求每个学员区队中“每队加设一指导员”，“代替政治部做工作”，“于必要时可代替区队长”。这些思想，为后来中国共产党确立“党指挥枪”“支部建在连上”等建军原则积累了经验。文中所体现的军事训练与思想政治教育并重思想，体现了思想政治教育“有位”，要求思想政治教育得“有为”。思想政治教育是中国共产党的传家宝，要不断加强思想政治教育理论创新。

2. 从思想、理论、组织上为创立人民军队的政治工作积极准备

第一次国内革命战争时期，我党在国民革命军中的政治工作是我军政治工作的前身，为我军政治工作的创立做了准备。恽代英等我党早期领导人分别在黄埔军校等处担任党代表或政治部主任、政治总教官，把军队政治工作开展了起来。党在国民革命军中开展的政治工作，不仅有效地保证了当时东征和北伐战争的胜利，显示了强大的威力，而且摸索和积累了军队政治工作的经验，培养锻炼了一批善于进行军队政治工作的骨干，从思想、理论、组织上为创立人民军队的政治工作做了准备。在党直接掌握的一部分军队中开展的卓有成效的政治工作，发展了军队中的进步力量，也为党在大革命失败后发动革命武装起义、创建人民军队播下了革命的种子。

《军队中政治工作的方法》一文，闪耀着马克思主义的理论光辉，不仅对当时黄埔军校政治工作制度的创立、对培养一支为工农利益奋斗的军队发挥了重要作用，而且也为中国共产党在大革命失败后独立领导军事斗争、开创人民军队的思想政治工作做了准备，具有重要的历史作用。

四、学习与思考

1. 恽代英军队思想政治工作理论包括哪些主要内容？
2. 恽代英军队政治工作方法对现代思想政治教育方法论有哪些重要启示？
3. 结合自身实际，谈一谈你学习《军队中政治工作的方法》的体会。

《中国共产党红军第四军第九次代表大会决议案》导读

1929年12月，为了克服种种非无产阶级思想，从政治上、思想上巩固党和军队的建设，毛泽东根据《中共中央给红军第四军前委的指示信》（中央“九月来信”）的精神和红四军的实际情况，在福建上杭古田村主持召开红军第四军第九次代表大会。这次大会通过了毛泽东起草的《中国共产党红军第四军第九次代表大会决议案》（《古田会议决议》，简称《决议》）。《决议》围绕纠正党内错误思想、党内教育、红军的宣传工作和士兵的政治训练等方面，指出要加强党和军队的思想建设，树立无产阶级思想，克服和纠正非无产阶级思想。《决议》肃清了旧式军队的影响，解决了特殊环境中如何把党建成马克思列宁主义的无产阶级政党和如何把红军建成服从于无产阶级政党领导的、服务于人民斗争和根据地建设的人民军队的重大问题，标志着中国共产党思想政治教育理论的形成。

原文见《建党以来重要文献选编（1921—1949）》第六册，中央文献出版社2011年版，第726～761页。

一、写作背景

1. 建设无产阶级革命政党和人民军队的客观需要

近代中国是一个半殖民地半封建的农业大国，“是一个小资产阶级成分极其广大的国家”①，农民占人口总数的80%以上，工人人数很少。就党内情况来看，据统计，到1927年4月，全党共有党员57 967人，其中党员成分，“工人占50.8%，农民占18.7%，知识分子占19.1%，军人占3.1%，中小商人占0.5%，其他成分占7.8%”②。这是中国历史上工人出身的党员占比例最大的时期。1928年6月，全党党员发展到130 194人，其中工人成分的党员占10.9%，农民成分的占76.6%；1929年工人成分的党员下降到7%。在革命重心从城市转移到农村的过程中，党员成分和红军的来源发生了重大变化，

① 毛泽东．毛泽东选集：第3卷．2版．北京：人民出版社，1991：833．

② 中共中央组织部，中共中央党史研究室，中央档案馆．中国共产党组织史资料：第1卷．北京：中共党史出版社，2000：11．

无产阶级与农民、小资产阶级思想的矛盾成为党内的最主要的矛盾。早在井冈山革命根据地初创时，毛泽东就指出，“边界各县的党，几乎完全是农民成分的党”①，“若不给以无产阶级的思想领导，其趋向是会要错误的”②。

近代中国自给自足的自然经济基础被破坏，但封建剥削不但依旧保持着，而且还同买办资本和高利贷资本的剥削结合在一起，在中国社会经济生活中占据着主导地位。传统自然经济开始解体，城乡商品经济逐步发展，使民族资本主义比之前有了较快的发展。但在外国资本主义、本国官僚资本势力和封建势力夹缝中产生和发展的民族资本主义，始终没有成为中国社会经济的主要形式。中国的现代工业发展远远落后于真正意义上的资本主义国家。“微弱的资本主义经济和严重的半封建经济同时存在”③ 是近代中国的一个非常突出的特征。1920 年，全国的工业总产值为 159.28 亿元，其中近代工业产值只有 9.88 亿元，仅占工业总产值的 6.2%。而产业工人人数仅 200 万人左右，在全国人口中所占比例不到 1%。中国半殖民地半封建的特殊国情决定了中国无产阶级具有极其顽强的意志力和坚定的革命性，然而，现代工业无产阶级人数不多，很多还是破产的农民，使他们不免拖着农民阶级、小资产阶级等非无产阶级思想的尾巴，更容易受到各种非无产阶级思想的影响。因此，如何建设巩固的布尔什维克政党和人民军队成为当时中国共产党所面临的一个非常重要且亟待解决的问题。

2. 克服党内错误倾向、实现思想统一的必要举措

1929 年初，红四军离开井冈山，向赣南、闽西进军。由于部队不断发展壮大，沿途农民和不少俘虏加入红军，1929 年 5 月，全军八千余人，其中党员 1 329 人，农民、小资产阶级出身的占 70%以上；战斗频繁，干部和政工人员伤亡较大，补充的新干部没有得到很好的培养；而连续不断的战斗使军事指挥员的权力无形扩大，民主意识逐渐淡化；再加上长期处于高度分散的农村游击战争环境，学习、宣传和教育工作有所放松等，红四军及其党内暴露出许多问题，发生了原则争论。一些干部认为，宣传和组织群众、建立根据地不是军队的任务。也有的干部认为党领导军队限制了指挥员的积极性，不愿意受党的约束，表现出严重的单纯军事观点。还有的干部表现出严重的军阀主义。为了解决这些问题，6 月下旬，在福建龙岩召开红四军第七次党代会，会上发生了严重争论，毛泽东的正确主张未被多数人接受，他失去了领导权，后去闽西养病并指导地方工作。问题没有解决，红四军内部思想更加混乱。9 月下旬，红四军第八次党代会在上杭召开，相关问题仍未达成统一认识。在这种情况下，如果不能实现党和红军思想的统一，党和红军就不能完成无产阶级政党和人民军队的政治使命。

3. 中央“九月来信”精神的贯彻和体现

红四军第七次党代会后，前委书记陈毅到上海向李立三、周恩来等中央领导人汇报

①② 毛泽东．毛泽东选集：第 1 卷．2 版．北京：人民出版社，1991：77.

③ 同①188.

红四军两年来的斗争情况和存在的问题。9 月 28 日，陈毅按周恩来多次谈话和政治局会议的精神，起草了一封给红四军前委的书面指示信。此信经周恩来审定后定名为《中共中央给红军第四军前委的指示信》，即中央"九月来信"。中央"九月来信"肯定了毛泽东的"工农武装割据"、"思想建党"和建设人民军队的一系列正确思想和路线，明确阐述了党对红军的领导、军内实行民主制度、红军的任务、政治工作和纠正党内错误思想等问题，指出："先有农村红军，后有城市政权，这是中国革命的特征，这是中国经济基础的产物。"①"红军的来源只有收纳广大的破产农民，此种农民固然有极浓厚的非无产阶级意识表现，但只有加强无产阶级意识的领导，才可以使之减少农民意识，决不是幻想目前红军可以吸收广大工人成份来改变红军倾向的。"② 来信强调要加强无产阶级的思想领导和党内教育工作。认为"红军中右倾思想如取消观念、分家观念、离队观念与缩小团体倾向，极端民主化，红军脱离生产即不能存在等观念，都非常错误，皆原于同志理论水平低，党的教育缺乏。这些观念不肃清，于红军前途有极大危险，前委应坚决以斗争的态度来肃清之"③。来信对红军的任务做了明确规定，即："一、发动群众斗争，实行土地革命，建立苏维埃政权；二、实行游击战争，武装农民，并扩大本身组织；三、扩大游击区域及政治影响于全国。"④ 中央"九月来信"为统一红四军党内思想、古田会议的召开和《决议》的形成创造了前提。

二、基本思想

1929 年 11 月下旬，毛泽东回到前委，深入调查研究，具体分析党内存在的问题的表现、危害、根源和解决的办法。12 月 28 日至 29 日，红四军第九次党代会在上杭县古田村召开，会议通过了毛泽东起草的《中国共产党红军第四军第九次代表大会决议案》。《决议》共分为八个部分：一是关于纠正党的错误思想，二是党的组织问题，三是党内教育问题，四是红军宣传工作问题，五是士兵政治训练问题，六是废止肉刑问题，七是优待伤兵问题，八是红军军事系统与政治系统关系问题。《决议》针对红四军中存在的单纯军事观点、极端民主化、非组织观点、绝对平均主义、主观主义、个人主义、盲动主义残余等问题，强调着重从思想上、政治上加强党和军队的建设，用马克思主义克服各种非无产阶级思想，围绕党的思想政治教育工作的地位作用、目标任务、原则方法、队伍建设和组织领导等方面提出了一系列观点和措施。

1. 关于思想政治教育的地位和作用

《决议》从当时党和红军中存在的主要矛盾，即无产阶级思想与各种非无产阶级思

① 周恩来. 周恩来选集：上卷. 北京：人民出版社，1980：32.
② 同①37.
③ 同①41.
④ 同①33.

想的矛盾入手，从人民军队的性质与任务和建设无产阶级政党的角度出发，强调要把思想建设放在党的建设的首位，着重从思想上建党，突出思想政治教育的重要地位和作用。《决议》从实际出发，深刻批判了各种错误思想，并指出这些错误思想倾向的根源“自然是由于党的组织基础的最大部分是由农民和其他小资产阶级出身的成分所构成的”①，同时，“党的领导机关对于这些不正确的思想缺乏一致的坚决的斗争，缺乏对党员作正确路线的教育，也是使这些不正确思想存在和发展的重要原因”②。这种危害在于损伤甚至完全破坏党的组织，削弱以至完全毁灭党的战斗力，“对于执行党的正确路线，妨碍极大”③。要克服这些错误思想，保证党对红军的领导，就必须加强思想政治教育。《决议》提出教育问题是“红军党内最迫切的问题”，“为了红军的健全与扩大，为了斗争任务之能够负荷，都要从党内教育做起”④。宣传工作是“红军第一个重大工作”⑤，忽视这一工作“就是放弃了红军的主要任务，实际上就等于帮助统治阶级削弱红军的势力”⑥。只有以思想政治教育为主，积极开展思想斗争，把这些错误的思想加以彻底的肃清，才能巩固无产阶级政党的统一，保证党的各项工作顺利开展。

2. 关于思想政治教育的目标和任务

《决议》强调着重从思想上、政治上加强党和军队的建设，用无产阶级思想克服各种非无产阶级思想，指出“有计划地进行党内教育”“提高党内政治水平”⑦ 是党的重大任务之一。红军决不是单纯地为了打仗而打仗，它是“为了宣传群众、组织群众、武装群众，并帮助群众建设革命政权才去打仗的”⑧。因此，除了打仗消灭敌人军事力量之外，红军还要“负担宣传群众、组织群众、武装群众、帮助群众建立革命政权以至于建立共产党的组织等项重大的任务”，“离了对群众的宣传、组织、武装和建设革命政权等项目标，就是失去了打仗的意义，也就是失去了红军存在的意义”⑨，明确了思想政治教育的目标。《决议》从思想政治教育的不同对象出发，对党员、士兵、群众和新兵、俘虏兵等具体确定思想政治教育的不同任务，如党内教育包括群众工作的策略和技术、游击区域社会经济的调查研究、马克思列宁主义的研究等十方面的内容（材料）。而士兵政治训练则安排了 19 项内容（材料），如目前政治分析及红军之任务与计划、土地革命各方面、武装组织及其战术、三条纪律建设的理由等。

3. 关于思想政治教育的原则和方法

第一，理论联系实际。《决议》既强调学习马克思主义理论，又强调了解中国革命实际，运用马克思主义理论解决实际问题。一方面，要加强马克思列宁主义研究，要“教

---

①②③ 中共中央文献研究室，中央档案馆．建党以来重要文献选编（1921—1949）：第 6 册．北京：中央文献出版社，2011：726.

④ 同①741.

⑤⑥ 同①743.

⑦ 同①741.

⑧⑨ 同①727.

育党员用马克思列宁主义的方法去作政治形势的分析和阶级势力的估量”；另一方面，要注重调查研究，“由此来决定斗争的策略和工作的方法，使同志们知道离开了实际情况的调查，就要堕入空想和盲动的深坑”①。

第二，政治工作与军事工作相结合。针对当时党的机关很少注意军事工作的讨论，使党与军事分离，有党不能领导军事的危险，《决议》强调了党对军事工作的领导，指出：“党对于军事工作要有积极的注意和讨论。一切工作在党的讨论和决议之后，再经过群众去执行。”② 在革命战争时期，打仗是党的中心任务。思想政治教育必须始终围绕党的中心工作来开展。

第三，解决思想问题与解决实际问题相结合。针对当时红军中部分成员出现的消极怠工和离队思想，《决议》指出，其原因除个人主观因素外，还有红军物质生活过差、长期斗争使人感到疲劳等。因此，“要设法改善红军的物质生活，利用一切可能时机休息整理，以改善物质条件”③。同时，要改良待遇，废止辱骂，优待伤病兵，恢复每月发鞋袜费的制度等。

第四，身教与言教相结合。注重言行一致，强调以身作则。思想政治教育不能仅靠开会、壁报、传单等宣传工作，更要重视党员和红军干部战士的示范作用。身教重于言教，红军遵守纪律对群众的直接教育意义极大。《决议》特别要求红军遵守纪律，“上门板、捆禾草等项是从行动中扩大红军影响、增加群众对红军信仰的良好方法，应当好好地去执行”④。红军的一言一行对敌方俘虏和伤兵也是极大的教育，“优待敌方俘虏兵，是对敌军宣传的极有效方法”⑤。对于抓获的敌方俘虏，要给以优待，不准进行任何言语或行动上的侮辱。对于敌方伤兵，要给以和红军同样的治疗，医治后送回敌军。这就彻底戳穿了敌军散布的各种谣言，瓦解敌军，团结群众，使广大人民群众看到了红军和白军的区别，开始真心实意地把红军当作自己的子弟兵。思想政治工作者个人所体现出的良好的思想道德品质对群众的教育意义也是巨大的。

第五，思想政治教育与制度建设相结合。纠正错误的思想意识，既要靠思想政治教育，也要靠制度保障。《决议》提出要编制红军法规，加强规章制度建设。要明确规定红军的任务，军事工作系统和政治工作系统的关系，红军和人民群众的关系，士兵会的权能及其同军事政治机关的关系。对于盲动主义，不仅要从理论上加以肃清，也要从制度上、政策上加以纠正。

第六，思想政治教育方法要灵活多样。《决议》列举了多种思想政治教育方法，如党内方法为党报、政治简报、训练班、个别谈话、批评、政治讨论会等 18 种，士兵政治训练方法为上政治课、早晚点名说话、集合讲话、个别谈话、游艺、改良待遇等。对各种方法还提出了具体要求，如强调部队政治训练要废止注入式，采取启发式、由近及远、由浅入深等通俗易懂的方式。党和红军的宣传工作只有针对实际问题，采用与群众生活密切相关、群众喜闻乐见的形式，才能对群众具有吸引力和影响力。

---

① 中共中央文献研究室，中央档案馆．建党以来重要文献选编（1921—1949）：第 6 册．北京：中央文献出版社，2011：732.

② 同①729.

③ 同①734.

④⑤ 同①748.

4. 关于思想政治教育的组织与领导

针对红四军党的组织松懈、党员质量差等问题，《决议》指出必须加强党的领导，健全党在红军中的各级组织，“务使党的组织确实能担负党的政治任务”[①]。清洗党员队伍，严格入党条件，严格执行纪律。规定了今后党员的发展路线“以战斗兵为主要对象”[②]，并明确了以后新分子入党的条件是：“（1）政治观念没有错误的（包括阶级觉悟）；（2）忠实；（3）有牺牲精神，能积极工作；（4）没有发洋财观念；（5）不吃鸦片、不赌博。”[③]只有以上五个条件都具备才能介绍入党。并且要经过必须具备的介绍手续，支委还要派人与将入党的人谈话，考察是否具备入党条件。同时，对已经入党但不符合条件，又“屡戒不改的，不论干部及非干部，一律清洗出党”[④]。《决议》明确规定了各级党部都要起到教育党员的作用，要有计划地开展讨论会、举办训练班等，严格党的纪律，防止松懈敷衍。思想政治教育工作队伍的素质高低，影响思想政治教育目标的实现程度。《决议》要求加强对宣传工作者的教育，“政治部应经常地作出训练宣传队的计划，规定训练的材料、方法、时间、教授人等，积极地改进宣传员的质量”[⑤]。为健全军队政治工作领导体制，《决议》明确规定了红军军事机关与政治机关的关系：“红军的军事机关与政治机关，在前委指导之下，平行地执行工作”；“凡有全军意义的事项，如发布政纲等，军事政治两机关会衔发布”；“凡没有建立政权机关的地方，红军政治部即代替地方政权机关，至地方政权机关建设时为止”[⑥]，为加强党的领导提供了有力保障。

三、重要意义

1.《决议》确立了中国共产党的建党建军纲领

建设一个巩固的无产阶级政党，是革命事业取得成功的有力保证和先决条件。毛泽东指出：“既要革命，就要有一个革命党，没有一个按照马克思列宁主义的革命理论和革命风格建立起来的革命党，就不可能领导工人阶级和广大人民群众战胜帝国主义及其走狗。”[⑦] 中国是一个半殖民地半封建社会，反革命势力极其强大，单单依靠一个阶级的力量不可能完成反帝反封建的任务，这是被以往的斗争所证明过了的，因此，在农村建立根据地，依靠广大农民和小资产阶级是革命胜利的保证。中国这种特殊的国情使党的建设的任务更加艰巨。怎样在非工人阶级成分为主的条件下建立一个坚定的但同时又具有

---

① 中共中央文献研究室，中央档案馆．建党以来重要文献选编（1921—1949）：第6册．北京：中央文献出版社，2011：735.

② 同①736.

③④ 同①737.

⑤ 同①747.

⑥ 同①759-760.

⑦ 毛泽东．毛泽东选集：第4卷．2版．北京：人民出版社，1991：1357.

广泛群众性的无产阶级政党是当时党的建设所要解决的重要问题。《决议》总结了红四军两年多来建党建军的基本经验，针对中国特殊的社会历史条件，一方面创造性地解决了在农村游击战争环境下党如何保持无产阶级政党性质的问题，将思想建设放在党的建设的首位，用马克思列宁主义理论教育党员，找到了一条符合中国国情的建设无产阶级政党并保持其先进性的途径；另一方面创造性地解决了在以农民为主要成分的红军队伍中如何保持人民军队的性质问题，确立了坚持从思想上政治上建设军队，坚持党对军队绝对领导的根本原则，丰富和发展了马克思列宁主义的建党建军学说。《决议》通过不久即得到中央的肯定，并向其他各地红军和根据地多次做了介绍，产生了深远的历史影响。《决议》不但在红四军实行了，后来各部分红军也先后照此执行。"中国人民军队中的党的工作和政治工作，以后有广大的发展和创造，现在的面貌和过去大不相同了，但是基本的路线还是继承了这个决议的路线。"①

2.《决议》奠定了党和军队思想政治教育的理论基础

古田会议的召开和《决议》的制定，使红四军中的非无产阶级思想得到清算，使井冈山斗争以来的历史经验得到系统的总结。"从古田会议到现在，我军的政治工作有很大的发展，但是它的根本原则，它的基础，还是古田会议奠定的。"② 在中国共产党历史上，《决议》第一次比较系统地阐述了中国共产党思想政治教育的地位作用、目标任务、原则方法、组织领导以及队伍建设等，规定了一系列制度，使思想政治教育逐步走向制度化、规范化，成为党的思想政治教育理论形成的标志，是指导党和军队思想政治教育的纲领性文献。

3.《决议》推动党的思想政治教育工作不断深入

古田会议之后，红四军各级党组织和政治机关的负责人深入所在部队，组织干部学习和领会《决议》精神，然后由干部逐条向战士讲解，全军上下形成学习和贯彻《决议》的热潮。从前委到各支部都对照《决议》检查所存在的问题，纠正不良习气和做法，尤其把改进部队的管理教育、纠正军阀主义残余当作重点来抓，收到明显成效。各地红军以《决议》精神为指导，推广红四军的经验，并结合本地区实际开展思想政治教育，使各种非无产阶级思想得到有效遏制，党员、干部、士兵的思想政治觉悟进一步提高，部队战斗力大大增强。为了进一步加强和做好党的思想政治教育工作，中共中央、中央军委总政治部和红军各部先后制定了一系列政治工作相关条例。《决议》精神的学习和贯彻，提高了党员和干部的思想政治水平，加强了党内、军内和军民之间的团结。"革命的政治工作是革命军队的生命线。实行革命的政治工作，保证了我军始终是党的绝对领导下的革命军队，为我军战胜强大敌人和艰难险阻提供了不竭力量，使我军始终保持了人

---

① 毛泽东. 毛泽东选集：第1卷. 2版. 北京：人民出版社，1991：85.
② 叶剑英. 在全军政治工作会议上的讲话. 人民日报，1978-06-05.

民军队的本色和作风。”①

四、学习与思考

1. 为什么说《中国共产党红军第四军第九次代表大会决议案》是中国共产党思想政治教育理论形成的标志？

2.《中国共产党红军第四军第九次代表大会决议案》对新时代全面从严治党有哪些启示？

3. 如何理解思想政治工作中解决思想问题与解决实际问题相结合的基本原则？

① 发挥政治工作对强军兴军的生命线作用 为实现党在新形势下的强军目标而奋斗. 人民日报，2014-11-02.

《反对本本主义》导读

毛泽东根据多年从事调查研究实践活动的总结，在 1930 年 5 月写成了《反对本本主义》（原名《调查工作》）一文，从认识论高度第一次鲜明地提出“没有调查，没有发言权”“中国革命斗争的胜利要靠中国同志了解中国情况”等著名论断，对党内一些人“唯上”“唯书”的“唯心精神”进行了分析和批判，实际上提出了党的实事求是、一切从实际出发、理论联系实际的思想路线。“毛泽东同志把辩证唯物主义和历史唯物主义运用于无产阶级政党的全部工作，在中国革命的长期艰苦斗争中形成了具有中国共产党人特色的这些立场、观点和方法，丰富和发展了马克思列宁主义。”[①]《反对本本主义》在党的思想政治教育历史上，也具有重要的理论价值和实践意义，为思想政治教育的顺利开展，提供了指导思想和科学方法。

原文见《毛泽东选集》第一卷，人民出版社 1991 年版，第 109～118 页。

一、写作背景

1. 共产国际指导的严重失误使中国革命遭受沉重打击，认清中国国情成为亟待解决的重大问题

1927 年大革命失败后，共产国际不顾中国革命的实际情况，把所谓的科学理论强加于中国的革命实践，一连串的错误指导，使中国革命遭受巨大损失。1927 年 7 月 28 日，斯大林在《真理报》上发表了《时事问题简评》，文中专门写了“关于中国”，认为大革命失败后，中国革命已经进入“第三阶段”，无产阶级的同盟者只剩下农民和城市贫民。共产国际派驻中国的代表罗明纳兹更是提出“广州时期是四个阶级联合，武汉时期是三个阶级联合，南昌起义时只有工农，是两个阶级，中间不经任何停留，不经任何阶段，一直发展下去，就是社会主义革命”[②]，形成了“无间断的革命”的错误理论，认为中国革命就是“不断革命”的过程。共产国际和斯大林都认为中国革命已进入更高的革命阶段，对中国革命形势与革命任务的错误估计，也使中国共产党党内思想更加混乱。1928

① 关于建国以来党的若干历史问题的决议. 人民日报，1981-07-01.

② 周恩来. 周恩来选集：上卷. 北京：人民出版社，1980：160.

年，共产国际和斯大林提出了“第三时期”的理论，认为1928年以后就是世界社会主义革命的第三时期，大规模的阶级斗争即将展开，殖民地反帝国主义的大革命将要开始，要求各国无产阶级和广大人民向资产阶级发动全面进攻，以取得无产阶级的最后胜利，这一理论成为共产国际指导世界革命的新的理论依据。1929年2月到10月，共产国际连续向中国共产党发出三次指示信，要求中国共产党坚持以城市为中心，即刻开展武装暴动，特别是在10月26日《共产国际执委给中共中央关于国民党改组派和中央任务问题的信》中断言，“中国进到了深刻的全国危机的时期”，“现在已经可以并且应当准备群众，去实行革命的推翻地主资产阶级联盟的政权，而建立苏维埃形式的工农独裁，积极的开展着并且日益扩大着阶级斗争的革命方式（群众的政治罢工，革命的示威运动，游击战争等等）”①。1930年1月11日，中共中央政治局通过决议，认为“目前全国的情形，正如国际来信所指出确已进到深刻的全国危机的时期”，提出“必须如国际所指示，在现在就准备群众，去实现这一任务，并积极的开展和扩大阶级斗争的革命方式”②。共产国际和苏联脱离中国革命实际，把“三阶段”理论和“第三时期”理论强加于中国革命，使“本本主义”错误在中国共产党党内蔓延开来，也使中国革命遭受了沉重打击。毛泽东在文中强调“中国革命斗争的胜利要靠中国同志了解中国情况”③，反映出根据中国情况坚持独立自主领导中国革命的信心。

2. 党内“左”倾错误思想占统治地位，使中国革命更加艰难，必须克服党内严重的教条主义倾向

大革命失败后，在共产国际“左”倾理论的指导下，中国共产党党内“左”倾情绪迅速滋长，把马克思主义教条化，把共产国际决议和苏联经验神圣化的错误倾向愈演愈烈。这一时期中国共产党党内领导人的“本本主义”作风，使中国革命危机重重。以瞿秋白“左”倾盲动错误、李立三“左”倾冒险错误和王明“左”倾教条主义错误为代表，这三次“左”倾错误一次比一次严重，给中国革命造成了巨大的损失，而究其本质，都是脱离中国具体国情、“唯书”、“唯苏”的“本本主义”的反映。1961年3月，毛泽东在为三南会议印发这篇文章而写的一个批语中强调：“这是一篇老文章，是为了反对当时红军中的教条主义思想而写的。”④ 两天后，他在南三区会议上的讲话中指出，“这篇文章是经过一番大斗争以后写出来的，是在红四军党的第九次代表大会以后，一九三〇年写的”⑤，“总结了那个时期的经验”⑥。当时党内一部分党员干部对中国国情缺乏了解，开口闭口“拿本本来”，不了解中国国情而滋生主观主义，对革命斗争的形势做出错误的判断和决策，严重损害了中国革命的顺利进行。“许多巡视员，许多游击队的领导者，许多新接任的工作干

① 中共中央文献研究室，中央档案馆．建党以来重要文献选编（1921—1949）：第7册．北京：中央文献出版社，2011：24，26．

② 中共中央党史研究室．中国共产党的七十年．北京：中共党史出版社，1991：91．

③ 毛泽东．毛泽东选集：第1卷．2版．北京：人民出版社，1991：115．

④ 中共中央文献研究室．毛泽东年谱（1949—1976）：第4卷．北京：中央文献出版社，2013：553．

⑤ 毛泽东．毛泽东文集：第8卷．北京：人民出版社，1999：252-253．

⑥ 同⑤257．

部，喜欢一到就宣布政见，看到一点表面、一个枝节，就指手画脚地说这也不对，那也错误。”[①] 为了避免各类“左”倾、右倾错误的发生，为了团结更多的党员同志认清中国国情，拥护正确的路线和革命道路，加强调查研究就成为了党和红军的当务之急。

3. 注重理论联系实际是毛泽东参与实践活动的鲜明特征，为写作本文奠定了坚实基础

毛泽东从青年时代起就高度重视调查研究，既读“有字之书”，又读“无字之书”。无字之书，就是社会实践，以达到“周知社会”。为了拓宽视野，增长见识，早在湖南第一师范读书期间，他就经常邀请同学一起进行社会考察、调查，了解中国具体国情。1917 年的暑假，毛泽东曾邀同学一起外出“游学”，历时一个多月，游历了长沙、宁乡、安化、益阳、沅江五个县。后又和蔡和森沿着洞庭湖南岸和东岸，经湘阴、岳阳、平江、浏阳等地，游历了半个多月，写下了大量笔记。他注重调查研究的作风由此养成。毛泽东为了探索适合中国国情的革命道路，深入调查中国的工人运动、农民运动和社会阶级关系，写下了《湖南农民运动考察报告》《中国社会各阶级的分析》等经典文献；在极其困难的条件下，对湘赣边界各县进行了广泛的调查研究，撰写《红色政权为什么能够存在?》，提出了“工农武装割据”的光辉思想；在实际调查红四军中存在的种种问题后起草《古田会议决议》，提出要加强思想政治建设，用无产阶级思想进行党的建设和军队建设，确立了人民军队建设的基本原则；1930 年，毛泽东又深入寻乌，写下了《寻乌调查》，对中国共产党形成正确的土地革命路线，起到了重要的作用。这些调查活动既给毛泽东了解中国革命的实际、制定正确的政策提供了依据，也给《反对本本主义》的完成提供了有利的条件。正是这些调查活动经验的积累，使毛泽东能够从实际出发，自觉把马克思主义基本原理和中国革命具体实际相结合，将调查研究思想逐步形成理论体系，并最终形成了《反对本本主义》。

二、基本思想

1. 夯实思想政治教育的哲学基础

《反对本本主义》是一部关于马克思主义的辩证唯物主义认识论的重要哲学著作。它阐述了认识论的两个方面的问题，使党的思想政治教育奠定在辩证唯物主义认识论的基础之上。第一，实践是认识的来源。文中阐述了认识论的一个根本问题即认识的来源。毛泽东指出，“没有调查，没有发言权”[②]，“一切结论产生于调查情况的末尾，而不是在它的先头”[③]。这就是说认识来源于实践。“共产党的正确而不动摇的斗争策略，决不是少

---

① 毛泽东. 毛泽东选集：第 1 卷. 2 版. 北京：人民出版社，1991：110.
② 同①109.
③ 同①.

数人坐在房子里能够产生的，它是要在群众的斗争过程中才能产生的，这就是说要在实际经验中才能产生。”① 第二，实践是检验真理的标准。毛泽东实际上讲明了实践是检验真理的标准这一问题，他指出：“我们说马克思主义是对的，决不是因为马克思这个人是什么‘先哲’，而是因为他的理论，在我们的实践中，在我们的斗争中，证明了是对的。”②

2. 提出思想政治教育的思想路线

《反对本本主义》在中国共产党的历史上第一次明确提出了思想路线的问题。毛泽东对党的思想路线的内容做了初步阐明，提出了“共产党人从斗争中创造新局面的思想路线”③ 的论断。不仅明确提出“思想路线”这个重要概念，同时也包含了实事求是的思想。毛泽东指出：“马克思主义的‘本本’是要学习的，但是必须同我国的实际情况相结合。我们需要‘本本’，但是一定要纠正脱离实际情况的本本主义。”④ 第一，不唯上。毛泽东指出：“我们说上级领导机关的指示是正确的，决不单是因为它出于‘上级领导机关’，而是因为它的内容是适合于斗争中客观和主观情势的，是斗争所需要的。”⑤ 不看实际情况，一味盲目执行，单纯建立在“上级”观念上的形式主义的态度是不对的。第二，不唯书。毛泽东强调，不要“以为上了书的就是对的”，开口闭口“拿本本来”是错误的。“我们的斗争需要马克思主义，我们欢迎这个理论，丝毫不存在什么‘先哲’一类的形式的甚至神秘的念头在里面。”⑥ 第三，只唯实。毛泽东强调党要制定正确的斗争策略，需要“时时了解社会情况，时时进行实际调查”⑦，“离开实际调查就要产生唯心的阶级估量和唯心的工作指导，那末，它的结果，不是机会主义，便是盲动主义”⑧。《反对本本主义》已经有了党的思想路线的内涵，在思想政治教育中，坚持实事求是、一切从实际出发、理论联系实际的思想路线，有助于增强思想政治教育的活力。

3. 阐述思想政治教育的科学方法

第一，调查研究方法。解决思想问题需要了解思想实际，了解思想实际需要进行调查研究。深入实际，调查研究，是思想政治教育的重要方法。毛泽东在《反对本本主义》中指出：调查就像“十月怀胎”，解决问题就像“一朝分娩”。“迈开你的两脚，到你的工作范围的各部分各地方去走走，学个孔夫子的‘每事问’，任凭什么才力小也能解决问题，因为你未出门时脑子是空的，归来时脑子已经不是空的了，已经载来了解决问题的各种必要材料，问题就是这样子解决了。”⑨ 调查就是解决问题。毛泽东详细说明了调查

① 毛泽东．毛泽东选集：第1卷．2版．北京：人民出版社，1991：115.
② 同①111.
③ 同①116.
④ 同①111-112.
⑤⑥ 同①111.
⑦ 同①.
⑧ 同①112.
⑨ 同①110.

的技术：一是要开调查会做讨论式的调查；二是参加调查会的人员要深切明了社会经济状况；三是参加调查会的人数多少要依调查人的情况决定；四是要定调查纲目，要有大纲和细目；五是各级领导要亲身从事调查，不能单靠书面报告；六是要深入调查一个地方、一个问题；七是调查要自己当主席，做记录。

第二，阶级分析方法。用马克思主义的阶级理论、观点，观察和分析各种社会现象，有助于准确把握思想政治教育的对象和内容，科学地制定思想政治教育的策略。毛泽东在《反对本本主义》中指出了社会经济调查的方法和目的："我们调查工作的主要方法是解剖各种社会阶级，我们的终极目的是要明了各种阶级的相互关系，得到正确的阶级估量，然后定出我们正确的斗争策略，确定哪些阶级是革命斗争的主力，哪些阶级是我们应当争取的同盟者，哪些阶级是要打倒的。"[①] 只有明确了革命的对象和动力，制定了正确的斗争策略，思想政治教育才能做到有的放矢。

三、重要意义

1. 《反对本本主义》是马克思主义在中国革命实际中的具体运用和精髓体现，为思想政治教育提供了理论指导

马克思主义是建立在实践基础上的科学，不是凌驾于教科书之上的经验与教条，具有最高的实践性和科学性。恩格斯在总结马克思与他数十年革命实践经验的基础上，指出"马克思的整个世界观不是教义，而是方法。它提供的不是现成的教条，而是进一步研究的出发点和供这种研究使用的方法"[②]。马克思主义是指导人们的行动和实践的科学理论，是指导人们改造客观世界和主观世界的思想武器。马克思主义不是一成不变、僵死的教条，而要在实践中不断发展和创新。马克思主义发展史以大量事实证明，只有在与时俱进的发展之中，马克思主义才能得到真正的坚持，马克思主义的科学性才能得以体现。

马克思主义深刻揭示了人类社会发展的一般规律，是认识世界和改造世界的科学的世界观和方法论。毛泽东曾指出："谢谢马克思、恩格斯、列宁和斯大林，他们给了我们以武器。这武器不是机关枪，而是马克思列宁主义。"[③] 既要运用马克思主义这个"本本"，又要同各国革命实际相结合，才能焕发它的生命力和价值。毛泽东一方面注重对马克思主义理论的学习，另一方面，倡导开展充分的调查研究，了解和掌握中国的具体国情，解决中国革命的实际问题。周恩来曾指出《反对本本主义》"讲的是世界观，也是方法论"[④]。《反对本本主义》是对党内教条主义错误的批判，是中国革命经验教训的深刻总结，同时也反映了马克思主义的基本精神，是对马克思主义理论实践性和科学性的坚持

---

① 毛泽东. 毛泽东选集：第1卷. 2版. 北京：人民出版社，1991：113-114.
② 马克思，恩格斯. 马克思恩格斯文集：第10卷. 北京：人民出版社，2009：691.
③ 毛泽东. 毛泽东选集：第4卷. 2版. 北京：人民出版社，1991：1469.
④ 周恩来. 周恩来选集：下卷. 北京：人民出版社，1984：313.

和弘扬，为思想政治教育指导思想注入了新的能量。

2. 《反对本本主义》孕育着毛泽东思想活的灵魂三个基本方面的雏形，为思想政治教育提供方法论借鉴

《反对本本主义》内在地包含了“实事求是、群众路线、独立自主”的基本观点，阐明了马克思主义者对待马克思主义应有的态度。为推动马克思主义中国化发展奠定了坚实基础，同时也为如何开展思想政治教育提供了方法论借鉴。

以毛泽东为代表的中国共产党人，在领导新民主主义革命的过程中，创造性地运用和发展了辩证唯物主义和历史唯物主义的基本观点，将其运用在领导方法和工作方法上。在《反对本本主义》一文中，毛泽东旗帜鲜明地提出“没有调查，没有发言权”的著名论断。毛泽东提出必须反对本本主义，反对保守思想，并把当时党和红军中存在的一些带原则性的问题，提高到了思想路线的高度，指出只有理论与实际相结合，才能制定出正确的路线、方针、政策。坚持理论联系实际，必须反对教条主义。“教条主义这个东西，只有原理原则，没有具体政策，是不能解决问题的，而没有调查研究，是不能产生正确的具体政策的。”① 这体现了实事求是，一切从实际出发，理论联系实际的基本思想。

马克思、恩格斯第一次科学地论述了人民群众在社会历史发展中的作用。人民群众创造历史，人民群众才是历史的主角，这是历史唯物主义的基本观点。毛泽东坚持和发展了历史唯物主义的基本观点，提出调查就是要解决问题，要到群众中去做调查研究，共产党的正确的斗争策略，是在群众的斗争过程中才能产生的。一些党员干部纯主观地瞎说胡说，一定会失掉群众，一定解决不了问题。“为什么党的路线总是不能深入群众，就是这种形式主义在那里作怪。”② 调查研究，绝不是为了调查而调查，而是为了了解中国社会的实际情况，了解人民群众的真实需求，制定出符合实际、符合人民利益的正确政策，以保证党的事业胜利前进，蕴含着一切为了人民群众的思想。

在《反对本本主义》一文中，毛泽东以巨大的政治勇气第一次明确提出“中国革命的胜利要靠中国的同志了解中国的情况”，要改变“我们党有一个时期依靠共产国际为我们写决议，作指示，写纲领”③ 的状况，中国共产党就必须将马克思主义同中国具体实际相结合，坚持在马克思主义的指导下，根据中国革命的实际情况，独立自主地制定党的路线、方针、政策，夺取中国革命的胜利。

在实际工作中，坚持一切从实际出发，理论联系实际，坚持群众路线，独立自主，是每一个思想政治工作者必须坚持的原则和方法。只有抛弃本本主义和经验主义，科学地对待马克思主义，才能掌握马克思主义的正确的立场、观点和方法，才能推进党和国家的事业不断前进。

---

① 毛泽东．毛泽东文集：第8卷．北京：人民出版社，1999：262.

② 毛泽东．毛泽东选集：第1卷．2版．北京：人民出版社，1991：111.

③ 同①259.

3. 《反对本本主义》清除教条主义和经验主义错误，为思想政治教育顺利进行扫清障碍

教条主义和经验主义的错误指导，给中国革命事业带来了沉重打击。如何领导中国革命走向胜利，是中国共产党人必须回答的关键性问题。要想肃清错误思想，统一思想认识，就只能从根源着手，从思想路线的高度来解决问题。半殖民半封建社会的根本特质决定了中国革命形势是极其复杂的，中国的社会性质、主要矛盾以及中国社会各阶级的关系、中国革命的同盟者、对象和阶段等问题，既不同于马克思、恩格斯所分析的资本主义已有相当发展的西方国家，也不同于俄国革命。任何从"本本"出发，一成不变地照搬照抄只会给中国革命带来损失。《反对本本主义》针对当时党内和红军中盛行的把马克思主义教条化、把共产国际决议和苏联革命经验神圣化的倾向，大力倡导调查研究，自己了解中国的情况，既是来自对中国革命斗争经验的总结，也是中国共产党人走出"本本"的羁绊，探索适合中国具体实际的新式革命道路，独立自主地领导中国革命的开始。

4. 《反对本本主义》对加强和改进新时代思想政治教育具有重要的现实指导意义

在推进中国特色社会主义事业的过程中，仍有一些人把马克思主义经典作家和领导人在特定条件下做出的个别论断神圣化，轻视当代马克思主义中国化的理论创新成果；一些人把西方的意识形态、政治制度、发展模式普世化，认为只有西方的制度才是放之四海而皆准的法宝，而我国的意识形态、政治体制却存在着这样那样的弊病，因而必须按照西方的政党制度实行多党制，用西方式的宪政民主制度代替中国共产党领导下人民民主制度；一些人迷信国学万能，把中国传统文化中的内容说成是最适合当代中国的理论。因此，破除形形色色的新教条主义、新主观主义，继续推进马克思主义中国化，加强和改进新时代思想政治教育，必须坚持《反对本本主义》中提出的一切从中国实际出发、从当代中国实际出发，用马克思主义中国化的最新理论成果指导新的实践。

四、学习与思考

1. 什么是本本主义？本本主义的实质是什么？
2. "没有调查，没有发言权"蕴含着哪些哲学道理？
3. 如何认识《反对本本主义》的理论价值和当代意义？

《实践论》导读

《实践论》是毛泽东在延安的抗日军事政治大学讲授哲学时的讲义的一部分，副标题是“论认识和实践的关系——知和行的关系”，表明文章的核心观点就是阐述认识与实践的关系即知和行的关系问题。毛泽东在《实践论》一文中系统地阐述了马克思主义认识论的主要内容、本质特征和重要意义，重点剖析了曾经导致中国革命失败的党内主观主义者的认识论根源，论证了党的理论和实践相统一的思想路线，为全党端正思想路线、群众路线、工作作风和工作方法提供了理论依据，同时奠定了思想政治教育理论的哲学基础。

原文见《毛泽东选集》第一卷，人民出版社 1991 年版，第 282～298 页。

一、写作背景

1. 从思想根源上揭露教条主义和经验主义错误的迫切需要

毛泽东在撰写《实践论》时，中国共产党已成立 16 年，全面抗战刚刚开始，在第二次国内革命战争时期，中国共产党内存在两种错误倾向：一种是教条主义倾向，另一种是经验主义倾向。特别是以王明为代表的教条主义者，拒绝用马克思主义的普遍真理去研究中国革命的实际问题，不调查研究，不从实际出发，否认中国革命的规律应由中国共产党人从中国革命的具体实践中去认识、去发现，一切从“本本”出发，照抄照搬外国经验，完全听从共产国际的指挥。与此同时，党内也有一部分经验主义者，他们拘泥于自己的片面经验，轻视革命理论对实践的指导作用，看不清革命的方向，工作辛苦却又很盲目，很容易被披着马克思主义外衣的教条主义所迷惑。无论是教条主义还是经验主义，其错误都在于主观和客观相分离、认识和实践相脱节的主观主义，给中国革命造成了极大的损失，特别是以王明为代表的“左”倾教条主义错误，使中国革命遭受重大损失，根据地丧失殆尽，红军主力被迫长征。1935 年 1 月召开的遵义会议，确立了毛泽东正确路线在红军和党中央的领导地位，清算了王明在军事指挥上的错误领导。同年 12 月召开的瓦窑堡会议，系统批判了王明在政治上的错误领导。1937 年 7 月 7 日，抗日战争全面爆发，党的任务更为艰巨，面临着在统一战线中掌握领导权、彻底打败日本帝国主义和与顽固派做斗争等问题。毛泽东认为对以王明为代表的“左”倾机会主义错误，仅仅从政治上、组织上、军事上进行批判，而不从思想根源上进行清算，党就不能达到思想上的高度团结和统一，也无法避免重蹈覆辙。

2. 马克思主义哲学、中国革命实践和传统文化的有机融合

《实践论》在继承马克思主义唯物辩证法的同时，实现了其中国化的发展。延安时期，毛泽东大量研读马恩经典与哲学著作，并曾做出“一切大的政治错误没有不是离开辩证唯物论的”[①] 的读书批注，深入思考运用马克思主义哲学解决中国革命实际问题。可见，《实践论》是带着中国革命实际问题研究马克思主义理论的心得。《实践论》根植于20世纪二三十年代中国兴起的学习宣传马克思主义运动。当时公开或秘密地翻译出版了大量的马克思、恩格斯哲学著作，并陆续出版苏联哲学教科书的中文译本。马克思主义哲学的深入传播，为毛泽东较为系统地研究马克思主义哲学提供了良好的氛围，促进了对中国革命经验的哲学反思。《实践论》也是对中国哲学中“知行合一”观点的继承与发扬。毛泽东以马克思主义哲学的立场对知与行及其关系做出阐释，力图实现知与行的历史的具体的统一。在《实践论》中还有许多中国传统文化的列举和解读，是马克思主义哲学与中国传统文化融合的创新尝试。

3. 毛泽东长期从事理论研究特别是研究哲学的理论成果

毛泽东一直以来都重视从哲学上总结中国革命的历史经验。1930 年，毛泽东为了反对教条主义，专门写了《反对本本主义》一文。长征到达陕北后，毛泽东发愤读书，钻研哲学。他除了认真研读当时能收集到的马克思列宁主义哲学著作外，还仔细阅读了苏联和中国的哲学工作者写的哲学书籍，开始系统地从哲学高度总结历史经验，运用马克思主义哲学的立场、观点和方法来分析中国社会的矛盾，批判“左”的政治路线和军事路线。在写作《实践论》之前，毛泽东写的《论反对日本帝国主义的策略》《中国革命战争的战略问题》《中国共产党在抗日时期的任务》等著作，具有鲜明的哲学色彩。其中，《中国革命战争的战略问题》尤为突出，融军事理论和哲学思想为一体，已经具有“实践论”的雏形。在解决了组织路线和政治路线问题后，毛泽东下决心要找出导致革命遭受挫折的根本原因，《实践论》正是这种反思和总结的成果，也可以说，《实践论》是毛泽东对其以往哲学思想的总结和升华。

二、基本思想

1. 实践是认识的来源与认识发展的动力，思想政治教育工作者必须树立实践的观点

首先，人的思想认识是在社会实践的基础上产生、发展和变化的。毛泽东运用马克

---

① 中共中央文献研究室. 毛泽东哲学批注集. 北京：中央文献出版社，1988：311-312.

思主义的唯物主义的基本观点，分析了认识活动如何依赖于实践，揭示了实践是认识的源泉，实践决定了认识的产生和发展，指出："人类社会的生产活动，是一步又一步地由低级向高级发展，因此，人们的认识，不论对于自然界方面，对于社会方面，也都是一步又一步地由低级向高级发展，即由浅入深，由片面到更多的方面。"① 因而，人们的思想认识是以社会实践为基础的，在实践中获得思想认知，并在实践中展现思想行为；实践在发展，思想政治教育只有立足不断发展的实践，才能不断提高人们的思想认识。其次，在实践中从根本上解决思想认识问题。人的正确认识来源于实践，思想政治教育工作者必须树立实践的观点，深入调查研究，掌握第一手资料，制定出思想政治教育正确的理论、原则、方针和方法。要立足实践必须首先理清何为实践这一前提，否则实践会成为泛化概念，毛泽东对此做出简明界定，即人的社会实践，不限于生产活动一种形式，还有多种其他形式，阶级斗争、政治生活、科学和艺术的活动，总之社会实际生活的一切领域都是社会的人所参加的。因而思想政治教育应关注人最基本的实践活动即生产活动，区分不同阶级或阶层的利益诉求，注重科学艺术对人的思想认识的潜移默化影响，分析思想认识背后的实践动因，在具体实践形式中彻底解决思想认识问题。任何脱离受教育者的具体实践形式去孤立地、静止地解决思想认识问题的做法，都是违反辩证唯物主义认识论的。最后，要依据社会实践的变化推动思想政治教育的创新发展。"社会实践中的发生、发展和消灭的过程是无穷的，人的认识的发生、发展和消灭的过程也是无穷的。根据于一定的思想、理论、计划、方案以从事于变革客观现实的实践，一次又一次地向前，人们对于客观现实的认识也就一次又一次地深化。"② 因而，思想政治教育的各组成部分都应在实践的不断变革中、在不断深化认识中实现创新发展，提出新的任务与使命，更新方法与形式，在实践与认识的统一中推进。

2. 实践是检验真理的标准，揭示了检验思想政治教育的理论、原则和方法是否正确的标准也是实践

思想政治教育必须在实践中不断修正、发展和完善自身理论。毛泽东强调理论必须回到实践中去，这是检验理论是否具有客观真理性和发展理论的过程，也是理论认识过程的继续。思想政治教育理论的形成与发展来源于实践，从实践始，还须再回到实践，应用理论于实践，只有这样才能根据实际效果不断修正、完善。当然，对于实践是检验认识的真理性的唯一标准这个问题，必须辩证地来理解，因为实践标准既是绝对的，又是相对的。其绝对性表现在它是检验认识是否正确的唯一标准，此外再没有其他的标准。其相对性表现在随着实践本身的发展，此时此地被实践检验过的正确认识，彼时彼地就可能是不正确的；同时，在一定的历史阶段，实践也是有局限性的。如果否认实践标准的绝对性，就势必导致唯心论和不可知论；如果否认实践标准的相对性，就可能把前人的认识绝对化和片面化。因而，在实践中检验和发展思想政治教育理论要

---

① 毛泽东．毛泽东选集：第1卷．2版．北京：人民出版社，1991：283．

② 同①295-296．

坚持辩证的科学态度。

3. 感性认识和理性认识是人类认识的两种基本形式，思想政治教育应推动感性认识向理性认识升华

毛泽东运用马克思主义理论分析了认识活动的发展过程，揭示了认识究竟怎样在实践中产生而又反作用于实践，指明感性认识是认识发展的第一个阶段，是开始接触外界事物，属于感觉阶段；理性认识是认识活动发展的第二个阶段，是综合感觉的材料加以整理和改造，属于概念、判断和推理的阶段。理性认识依赖于感性认识，否则理性的东西就成了无源之水，这是认识论的唯物论；感性认识有待于发展到理性认识，这就是认识论的辩证法。感性认识只有发展到理性认识才能获得对事物全面、正确和本质的认识，因而实现感性认识向理性认识的升华，是人类认识活动的内在要求，需要加强思想政治教育，引导人们在积极投身于社会实践中，以正确的世界观和方法论作指导，抵御各种错误思想的干扰，透过事物的现象，由表及里地抓住事物的本质，由局部或者暂时利益的直接感知，升华为对长远利益和本质规律的理性认识，形成成熟的政治认知。

4. 改造客观世界和改造主观世界是辩证的统一，揭示了思想政治教育的重要任务与方法原则

一方面，毛泽东在系统论述认识和实践关系的基础上，阐明改造客观世界和改造主观世界是辩证的统一，并提出改造客观世界的同时改造主观世界的任务，从而达到肃清教条主义和经验主义等错误思想、提高全党马克思列宁主义认识水平之目的，揭示了思想政治教育改造人的主观世界的重要意义。改造世界是用马克思列宁主义武装起来的无产阶级及其政党的历史使命，改造世界的具体任务包括改造客观世界，也包括改造自己的主现世界。其中，改造客观世界包括改造自然界、社会及阻碍社会进步和人类发展一切反动势力，改造主观世界则包括改造自己的认识能力、改造主观世界同客观世界的关系。另一方面，改造客观世界与改造主观世界是统一的，思想政治教育应在二者的辩证统一中实现改造主观世界的任务，而不应忽视客观世界孤立改造主观世界。为了更好地改造客观世界，必须改造主观世界，而主观世界的改造也不可能是孤立进行的，必须在改造客观世界的过程中实现。

三、重要意义

1. 《实践论》丰富和发展了马克思主义的认识论，为思想政治教育理论的成熟奠定了哲学基础

一方面，实现了马克思主义哲学的中国化发展。辩证唯物主义认识论的基本原理是

由马克思和恩格斯确立、列宁发展的，《实践论》是在继承的基础上对其进行了发展。《实践论》从现实出发，对社会实践进行分类，提出物质的生产活动是最基本的实践活动；详细阐述感性认识和理性认识的区别与联系，提出两个飞跃的原理；强调主观和客观、理论和实践、知和行的具体的历史的统一的结论等，都使列宁提出的唯物主义认识路线更加具体化理论化。《实践论》系统地阐述了辩证唯物主义认识论的一系列基本思想和观点，克服了教条主义、经验主义的危害，适应了推进马克思主义中国化的理论创新与革命实践需要，是马克思主义与中国革命实际相结合的产物，大大提高了全党的马克思主义理论水平，为实现全党在马克思列宁主义、毛泽东思想基础上的统一奠定了理论基础。另一方面，实现了中国传统知行观的现代化。《实践论》所阐述的主要思想内容即认识和实践的关系的思想，科学地解决了几千年来中国哲学史上争论不休的知行关系问题，不仅在具体观点上既肯定经验对认识的意义，又反对认识过程中的经验论错误，而且从思维上立足实践，形成“改造世界”的实践辩证法，而抛弃从理论把握实践的思辨理路。《实践论》既是“认识论的唯物论”，主张实践是认识的基础；又是“认识论的辩证法”，强调实践的能动作用，从而创立了辩证唯物论的知行统一观。

2. 《实践论》增强了全党识别真假马克思主义的能力，提升了把马克思主义基本原理与中国实际相结合的本领

《实践论》问世后，在抗日根据地陆续传开，使得延安党的干部经受思想洗礼，很大程度上提高了全党的思想理论水平，不仅知道“左”倾、右倾机会主义是错误的，而且认识到错在哪里和为什么是错误的，从而增强了识别真假马克思主义的能力，增强了把马克思主义基本原理与中国实际相结合的本领。《实践论》从思想上清算了教条主义和经验主义，特别是教条主义的错误，深刻地揭露和批判了“左”倾、右倾机会主义的认识论根源。用马克思主义的认识论武装中国共产党，教育全党树立马克思列宁主义必须同中国具体实际相结合的观点，为延安整风运动做了理论准备。经过延安整风运动的洗礼，全党高举马克思主义哲学大旗，坚持唯物主义，反对唯心主义；坚持辩证法，反对形而上学；坚持马克思主义中国化，反对主观主义特别是教条主义，思想统一，步调一致，这就为抗日战争乃至整个新民主主义革命的胜利，提供了锐利的思想武器。

3. 《实践论》所揭示的马克思主义认识论的基本原理，为思想政治教育的实施与发展提供了方法论指导

《实践论》所阐述的认识论为思想政治教育改造人的世界观指出了正确的方向，对于人们正确地认识世界和改造世界以及思想政治教育有针对性地开展具有方法论意义。思想政治教育必须以正确的理论作指导，重视马克思主义的理论教育。肯定实践是认识的来源，并不排斥人们学习接受间接知识。强调实践是认识来源而轻视接受间接知识的必要性是错误的；相反，只看到接受间接知识的必要性，从根本上放弃实践是一切知识的源泉的思想，那就离开了唯物主义认识路线。人的思想认识来源于实践。中国已进入新

的历史方位，时代背景、社会主要矛盾、时空方位的变迁，必然带来人们思想观念和价值诉求的变化，思想政治教育应在推进新的实践中创新发展。同时，新时代中国特色社会主义实践是一种强大的教育力量，思想政治教育要完成时代赋予的使命和社会功能，应当着眼于新的实践和新的发展，以新的思想认识推动实践，又以新的实践深化思想认识，实现新时代思想政治教育理论创新和实践创新良性互动。

四、学习与思考

1. 人的认识发展的辩证过程具体包括哪些内容？

2. 结合《实践论》中所揭示的认识与实践的关系，思考如何在思想政治教育中避免主观与客观相脱节，做到实事求是。

3. 为什么说改造客观世界和改造主观世界是辩证的统一？

《矛盾论》导读

《矛盾论》写于1937年8月，与《实践论》同为毛泽东在延安抗日军事政治大学讲授哲学时的讲义的一部分。《矛盾论》和《实践论》一样，都是为了克服当时党内存在的严重的主观主义特别是教条主义而写的。《矛盾论》继承和发展了马克思列宁主义的辩证法思想，围绕矛盾的普遍性和特殊性的辩证关系这个精髓，系统、完整地论述了对立统一规律这一辩证法的实质和核心，深刻地批判了教条主义的主观性、片面性和表面性的形而上学路线，继承、捍卫和发展了马克思主义的唯物辩证法，为党的思想政治教育奠定了世界观和方法论基础。

原文见《毛泽东选集》第一卷，人民出版社1991年版，第299～340页。

一、写作背景

1.《矛盾论》是运用辩证唯物主义观察和处理中国复杂矛盾的客观需要

在半殖民地半封建社会的中国，政治经济发展极不平衡，矛盾复杂、尖锐、激烈，既有帝国主义和中华民族、封建主义和人民大众的矛盾，又有敌人营垒内部和革命统一战线内部的诸多矛盾。这些矛盾极具复杂性和特殊性，要求中国共产党人善于把马克思列宁主义的一般原理同中国革命的具体实践结合起来，独立自主地、创造性地解决中国革命的具体问题。但这个任务的实现，经历了一个艰难曲折的过程。从1921年党的创立到1931年，中国共产党曾经犯过错误。这些错误的一个共同特点，就是不懂得运用辩证唯物主义的世界观和方法论去正确地观察和处理中国革命中的各种复杂的矛盾，不懂得中国社会矛盾的特殊性、中国革命的特殊性、中国革命战争的特殊性，给中国革命事业造成了极大的损失。遵义会议后，以毛泽东为代表的正确思想逐步取得了主导地位。但是，以王明为代表的"左"倾教条主义在党内仍然有一定的影响力，错误思想路线没有被彻底清算。红军长征到达延安后，毛泽东进行了大量的理论研究工作，包括撰写《实践论》《矛盾论》，从哲学上总结建党以来中国革命正反两方面的经验教训，指导全党克服教条主义的思想束缚，确定辩证唯物主义的思想路线，使全党在马克思列宁主义的基础上团结起来，领导全国人民夺取抗日战争和中国革命的伟大胜利。

2.《矛盾论》是马克思主义哲学、中国革命实践和传统文化的有机融合

首先，马克思主义哲学在中国的传播走向深入。第一次国内革命失败以后，在国统区的共产党员和进步理论工作者、文化工作者，公开或秘密翻译出版了大量的马克思主义哲学著作和一批苏联30年代的哲学教科书，产生了一些有影响力的介绍论述文章与研究著作，与中国共产党创立初的传播相比，这个时期马克思主义传播的重点突出了唯物辩证法，为马克思主义哲学在中国的发展提供了丰富思想资料。正是在这种文化氛围下，毛泽东有可能对马克思主义哲学进行较为系统和深入的思考。其次，《矛盾论》根植于中国社会特点与中国革命实际经验。旧中国社会矛盾深重，内部矛盾与外部矛盾、阶级矛盾与民族矛盾交织在一起，表现出复杂性、尖锐性和曲折性。要领导中国革命取得胜利，必须正确认识和解决中国社会矛盾，然而在认识的过程中中国共产党经历了挫折。《矛盾论》是中国现实社会矛盾运动的理论形态，以矛盾的普遍性与特殊性关系为主线展开论述，运用马克思列宁主义理论正确分析和总结革命过程中的种种矛盾。最后，《矛盾论》是马克思主义哲学与中国传统文化的融合。《矛盾论》批判地总结了中国古代朴素辩证法思想精华，吸收了相反相成、物极必反等对立统一思想，把矛盾的同一性和斗争性与中国哲学相反相成思想有机结合，提出相反即斗争性，而相成则是同一性，实现了马克思主义哲学的中国化阐释，体现了对两者的继承与发展。

3.《矛盾论》是在《实践论》基础上进一步根治党内教条主义的理论成果

在第二次国内革命战争时期，以王明为代表的“左”倾教条主义者打着马克思列宁主义的旗号，冒充马克思主义唯物论和辩证法。他们看轻实践，无视中国革命的具体实践；根本否认中国革命发展规律的特殊性，只知生吞活剥马克思主义书籍中的只言片语，把马克思列宁主义教条化，把共产国际决议和苏联经验神圣化，“唯书”“唯上”不“唯实”。王明“左”倾路线在党内统治的时间最长，影响极深，给中国革命造成了极大危害。在教条主义盛行的同时，党内也存在着危害革命的经验主义错误倾向。经验主义和教条主义虽然形式不同，但实质是一样的，都否认和违背马克思列宁主义普遍原理同中国革命具体实践相结合的原则。因此，如何从哲学上、从世界观的高度概括总结马克思列宁主义普遍原理同中国革命具体实践相结合的经验，彻底批判和粉碎教条主义与经验主义的错误，加强党的思想建设，便成为摆在全党面前的一项重大任务。1937年7月，日本帝国主义全面侵华战争爆发，使中国社会的主要矛盾发生了根本性变化，中日民族矛盾上升为主要矛盾，国内阶级矛盾下降为次要矛盾。如何应用唯物辩证法观察和分析这种新形势，制定正确的政策和策略，同时向全党阐明新形势和新矛盾的变化，同样成为全党面临的一项紧迫任务。

二、基本思想

1. 对立统一规律是宇宙的根本规律

《矛盾论》着重阐发了对立统一规律是辩证法的实质和核心这一重要思想，指出了对立统一规律在唯物辩证法中的重要地位，“事物的矛盾法则，即对立统一的法则，是唯物辩证法的最根本的法则”①，形成了比较完整的关于矛盾学说的科学体系。毛泽东指出，形而上学认为一切事物的形态和种类都是永远彼此孤立的、互不联系的；一切事物的形态和种类也是永远不变的，如果说有变化，也只是数量的增减和场所的变更。形而上学不能全面客观地观察事物，因此，它不能解释事物的质的多样性，不能解释一种质变为他种质的现象。与形而上学的宇宙观相反，唯物辩证法的宇宙观主张从联系的发展的全面的观点看世界。毛泽东还在分析唯物辩证法和形而上学的对立中，强调事物发展的根本原因在于事物的内部矛盾，认为外因是变化的条件，内因是变化的根据，外因通过内因起作用。思想政治教育是一种促使人的思想转化的外因，必须通过思想政治教育的对象自身起作用，应该把思想政治教育工作者的要求转化为被教育者的内心需求，不可强加于人，更不能越俎代庖。

2. 矛盾问题的精髓即矛盾的普遍性和特殊性原理

《矛盾论》论述了矛盾的普遍性和特殊性的关系，认为矛盾的普遍性或绝对性问题有两方面的含义：其一，矛盾存在于一切事物的发展过程中。没有什么事物是不包含矛盾的，没有矛盾就没有世界。一切事物中包含的矛盾方面的相依赖和相互斗争，决定一切事物的生命，推动一切事物的发展。矛盾是简单运动形式的基础，更是复杂运动形式的基础。无论是简单的运动形式，还是复杂的运动形式，无论是客观现象，还是思想现象，矛盾都是普遍地存在的。其二，每一事物的发展过程中存在着自始至终的矛盾运动，矛盾是普遍的、绝对的，存在于事物发展的一切过程中，又贯穿于一切过程的始终。矛盾普遍性原理要求思想政治教育者正视矛盾、敢于揭露矛盾，开展耐心细致的思想政治教育，达到解决思想问题的目的。

矛盾的特殊性是指具体事物的矛盾及每一个矛盾的各个方面都有其特点（横向），主要与次要就是相对的特殊性；各个具体事物的矛盾及每一个矛盾的各方面在发展的不同阶段也各有特点（纵向）。毛泽东认为，把握矛盾的特殊性具有重要的实践意义。首先，分析矛盾的特殊性是正确认识事物的基础，只有分析矛盾的特殊性，才能把不同的事物区分开来，正确地认识事物；其次，分析矛盾的特殊性是科学分类的根据，任何科学都有自己的研究对象；最后，分析矛盾的特殊性是正确解决矛盾的关键，不同的矛盾只能

---

① 毛泽东. 毛泽东选集：第1卷. 2版. 北京：人民出版社，1991：299.

用不同的方法来解决，只有具体分析矛盾的特殊性，才能找到正确解决某一特殊矛盾的特殊方法，从而取得成功。毛泽东还提出要从三种不同情况去分析矛盾的特殊性，即各种物质运动形式的矛盾特殊性、每一物质运动形式发展中的不同过程的矛盾及其各个方面都有其特殊性、每一个发展过程的各个阶段的矛盾特殊性。认识矛盾的特殊性，是人们认识事物的基础。思想政治教育在解决矛盾的实践中要注意矛盾的特殊性，做到具体问题具体分析，采用不同的方式方法解决不同的矛盾，不可一刀切。

3. 主要矛盾和矛盾的主要方面的理论

毛泽东指出，在复杂事物的发展过程中，有许多的矛盾存在，其中必有一种是主要的矛盾，它的存在和发展规定或影响着其他矛盾的存在和发展。因此，研究任何过程，如果是存在两个以上矛盾的复杂过程的话，就要用全力去找出它的主要矛盾。捉住了这个主要矛盾，一切问题就迎刃而解了。这就是研究任何实际问题或理论问题都应该采用的抓主要矛盾的方法。毛泽东说："万千的学问家和实行家，不懂得这种方法，结果如堕烟海，找不到中心，也就找不到解决矛盾的方法。"① 这是对历史经验的深刻总结。同时，无论什么矛盾，矛盾的诸方面，其发展是不平衡的。有时候似乎势均力敌，然而这只是暂时的和相对的情形，基本的形态则是不平衡。矛盾着的两方面中，必有一方面是主要的，其他方面是次要的。其主要的方面，即所谓矛盾起主导作用的方面。事物的性质主要是由取得支配地位的矛盾的主要方面所规定的。毛泽东指出：平衡和不平衡这个矛盾的两个侧面，不平衡是绝对的，平衡是相对的。"世界上没有绝对地平衡发展的东西，我们必须反对平衡论，或均衡论。"② 因此，在思想政治教育的实际工作中，不能单打一，要学会弹钢琴，注意解决看起来似乎并不重要的问题，做到重点之中有两点。

4. 矛盾的同一性和斗争性及对抗原理

毛泽东指出，矛盾还具有同一性和斗争性，这是矛盾的两种本质属性，矛盾双方既相互排斥又相互依存，共同存在于统一体中，它们相互联结，不可分割，并在一定条件下可以相互转化。同一性和斗争性是相对和绝对的关系。同一性是同过程的量变，是有条件的、暂时的、相对的，而斗争性同过程的显著变动相联系，是无条件的、绝对的。有条件的相对的同一性和无条件的绝对的斗争性相结合，构成了一切事物的矛盾运动。同一性和斗争性还是相反相成的。"相反"就是说两个矛盾方面互相排斥，或互相斗争；"相成"就是说在一定条件之下两个矛盾方面互相联结起来，获得了同一性。而斗争性即寓于同一性之中，没有斗争性就没有同一性。毛泽东在《矛盾论》中还进一步阐述了对抗在矛盾中的地位。毛泽东认为，矛盾有对抗性和非对抗性两种形式，二者在一定条件下可以相互转化。因为有些矛盾具有公开的对抗性，有些矛盾则不是这样。根据事物的

---

① 毛泽东. 毛泽东选集：第1卷. 2版. 北京：人民出版社，1991：322.
② 同①326.

具体发展，有些矛盾是由原来非对抗性的，而发展成为对抗性的；也有些矛盾则由原来是对抗性的，而发展成为非对抗性的。矛盾的性质不同则解决矛盾的方法也必须随之改变。阐明矛盾的同一性和斗争性及对抗原理，对思想政治教育具有重要的方法论意义，要求思想政治教育在分析、解决矛盾时，要在对立中把握同一，努力促进思想矛盾由对立向同一转化。

三、重要意义

1. 《矛盾论》丰富和发展了唯物辩证法思想，为思想政治教育理论成熟奠定了哲学基础

一方面，《矛盾论》继承和发展了马克思、恩格斯特别是列宁的辩证法思想。《矛盾论》虽然源于马克思列宁主义的矛盾规律，但毛泽东对矛盾问题进行了充分的发挥和扩展，提出了许多新的卓越的思想。《矛盾论》把关于矛盾问题的理论和矛盾分析方法融为一体，紧紧抓住矛盾的普遍性和矛盾的特殊性的辩证关系这个精髓，对辩证法的实质和核心，即对立统一规律的各个方面，系统、完整地开展了论述，体现了强烈的实践性。后来的历史和实践都证明了《矛盾论》在哲学思想史上的地位，它是关于对立统一学说第一个完备的理论形态，丰富和发展了马克思主义的辩证法思想。另一方面，《矛盾论》是马克思主义哲学中国化的产物，是中国共产党结合中国实际研究与把握马克思列宁主义的新阶段和新水平。《矛盾论》吸收了辩证法研究的积极成果和中国古代辩证法思想的精华，运用矛盾规律的思想观点解决中国社会的实际问题，正确认识和区分了中国革命中出现的各种矛盾，从世界观和方法论的高度总结了我们党内斗争的经验教训，着重批判了党内的教条主义和经验主义，为坚持辩证唯物主义世界观、抵制唯心主义和形而上学错误思想，为思想政治教育理论的成熟，奠定了马克思主义哲学基础。

2. 《矛盾论》为分析国内外各种矛盾，争取中国革命胜利提供了理论武器

《矛盾论》运用唯物辩证法的基本观点，揭露了形而上学的世界观、方法论和思维方式，批判了教条主义者割裂矛盾的普遍性和特殊性、绝对性和相对性、共性和个性辩证关系的错误思想。毛泽东认为，矛盾的特殊性构成一事物区别于他事物的特殊的本质，不同质的矛盾，只有用不同质的方法才能解决。例如，殖民地和帝国主义的矛盾，用民族革命战争的方法去解决；人民大众和封建制度的矛盾，用民主革命的方法去解决；无产阶级和资产阶级的矛盾，用社会主义革命的方法去解决；共产党内的矛盾，用批评和自我批评的方法去解决。教条主义者不了解中国革命的复杂性，因而也就不懂得运用不同的方法去解决不同的矛盾，千篇一律地使用一种自以为不可改变的公式到处硬套，给中国革命造成了巨大损失。毛泽东关于矛盾的理论，为中国人民分析国内外各种矛盾，争取中国革命胜利提供了理论武器，也为有效开展思想政治教育提供了方法论指导。

3. 《矛盾论》对理解新时代社会主要矛盾的转化，发挥思想政治教育的独特作用具有现实意义

习近平总书记在党的十九大报告中指出，中国特色社会主义进入了新时代，我国社会主要矛盾相应地呈现出新的阶段性变化，即已经转化为人民日益增长的美好生活需要和不平衡不充分的发展之间的矛盾。这一新论断，是以习近平同志为核心的党中央立足于我国新的历史方位而做出的对社会主要矛盾的精准研判。社会主要矛盾与思想政治教育之间有着密切的联系，《矛盾论》中关于矛盾问题的理论以及矛盾分析方法、关于正确把握二者关系的论述，对推进思想政治教育，解决社会矛盾具有现实指导作用。思想政治教育只有正确把握特定社会发展阶段的主要矛盾，其他问题才能迎刃而解。一方面，社会主要矛盾规约着思想政治教育，对思想政治教育提出新任务和新要求。在不同的社会发展阶段，社会主要矛盾的转化，推动了党和国家工作重心和中心任务的转变，进而促使思想政治教育的主要任务、内容、方法、话语等进行相应的调整。另一方面，思想政治教育为社会矛盾的解决和转化提供思想基础和认识前提，发挥着独特的作用。思想政治教育要敏锐捕捉反映社会主要矛盾的思想和行为，对社会主要矛盾及变化做出合理的阐释，纠正人们思想认识上的偏差，逐步达成思想共识，推进社会主要矛盾的解决和社会的进步发展。

四、学习与思考

1. 为什么说具体问题具体分析是马克思主义的活的灵魂？

2. 运用《矛盾论》原理分析思想政治教育基本矛盾与具体矛盾之间存在怎样的关系。

3. 试述《矛盾论》对认识和解决新时代思想政治教育矛盾的现实意义。

《抗战军队的政治工作》导读

《抗战军队的政治工作》刊载于 1938 年 1 月 10 日在上海出版的《抗战政治工作纲领》小册子之中，是周恩来专门论述思想政治工作的一篇重要文章。文中强调了思想政治工作在抗战军队中的重要地位，批驳了非难思想政治工作的错误观点，阐述了思想政治工作的目的与内容、原则与方法，以及加强思想政治工作的组织建设和发挥政治工作人员的先锋模范作用，丰富与发展了军队思想政治教育工作理论，对加强抗战军队思想政治工作和夺取抗日战争的胜利，具有重要的指导意义。

原文见《周恩来选集》上卷，人民出版社 1980 年版，第 92～100 页。

一、写作背景

1. 团结一切可以团结的力量，夺取抗战胜利的客观需要

1937 年 7 月 7 日，日本发动全面侵华战争，中国全民族抗战爆发。中国共产党积极推动国共第二次合作，工农红军改编成八路军、新四军，促成了抗日民族统一战线的正式建立。1937 年 9 月，毛泽东在《国共合作成立后的迫切任务》中指出，战胜日本帝国主义用现行国民党军队的制度是不行的，“中心任务是改变军队的政治精神和政治工作”[①]。同年 10 月，毛泽东在和英国记者贝特兰的谈话中指出：“八路军更有一种极其重要和极其显著的东西，这就是它的政治工作。”[②] 突出强调了政治工作与坚持革命军队性质和保持旺盛战斗力的关系。1938 年 1 月，在总结全国抗战以来经验教训的基础上，针对抗日战争爆发后军队中出现非难政治工作，因忽视政治工作而贪图享受、缺乏战斗力等严重情况，为改造军队使之适合民族抗战需要，使全国军队成为为民族解放而坚持奋斗到底的革命军队，周恩来提出，“全国一切抗战的武装队伍，迫切需要以最大决心迅速实行革命的政治工作，才能争取抗战的最后胜利”[③]。周恩来总结军队思想政治工作的实践经验，并将之系统化、理论化，用以指导军队政治工作，团结一切可以团结的力量，提高民族抗战的战斗力，以保障民族解放战争的胜利。

---

① 毛泽东. 毛泽东选集：第 2 卷. 2 版. 北京：人民出版社，1991：370.

② 同①379.

③ 周恩来. 周恩来选集：上卷. 北京：人民出版社，1980：100.

2. 周恩来黄埔军校政治工作实践的经验累积

《抗战军队的政治工作》在上海出版，实际上主要针对对象是国民党军队，希望全国抗战军队能够汲取大革命时期黄埔军校政治工作经验，把政治工作建立起来，发挥政治工作的重要作用，提高军队战斗力。周恩来在黄埔军校和大革命时期的思想政治工作实践和经验，为文章的写作奠定了重要基础。1924 年 11 月，周恩来出任黄埔军校政治部主任，对政治部的组织机构进行调整和充实。调整后的政治部下设指导股、编纂股和秘书股。他从学生中抽调一部分德才兼备的共产党员，如王逸常、蒋先云、杨其纲等到政治部当见习干事，充实了军校政治工作的新生力量。同时，着手制定政治教育计划和政治工作制度。在周恩来主持下，政治部先后制定了《黄埔军校政治部服务细则》《黄埔军校政治工作人员平时惩戒条例》《黄埔军校政治工作人员战时惩戒条例》《中央军事政治学校政治教育大纲草案》等，详细规定了政治教育的内容、目的以及政治部职责、任务、工作人员的纪律等。同时，规定军校政治教育的主要方式是上政治课，分学生政治教育、军官政治教育、士兵政治教育，还采用了政治演讲、政治讨论会、政治问答、政治测验等多种形式。周恩来在黄埔军校的政治工作卓有成效，为如何开展革命军队的政治工作积累了丰富的实践经验。

二、基本思想

1. 阐明了军队思想政治工作的重要地位

周恩来从革命军队性质、完成抗战任务、历史经验等角度阐述了政治工作的地位和作用，批驳了质疑政治工作的种种错误观点。周恩来认为那种说“政治工作是空谈，是‘卖狗皮膏药’的”，“不是不了解政治工作的实际意义，就是故意反对军队中的革命政治工作，而不想军队革命化”①。周恩来明确指出：抗战军队需要改造，而“改造军队最重要的一环，就是建立革命的政治工作制度”②。他以黄埔军校、两次东征、北伐战争和苏联红军取得胜利等经验强调：“以革命主义为基础的革命政治工作是一切革命军队的生命线与灵魂！”③ 要争取抗日战争的胜利，必须在军队中迅速建立坚强的政治工作，提高军队抗战的战斗力，把官兵、军民团结成一个人、一条心，为民族的独立自由而战斗到底。

2. 明确了军队思想政治工作的任务与内容

周恩来指出：“革命军队的政治工作的基本目的，是提高革命军队的战斗力，保证战

---

① 周恩来. 周恩来选集：上卷. 北京：人民出版社，1980：93.
② 同①92.
③ 同①.

争的胜利，是使军队本身团结起来，军队与人民结合起来。”[①] 周恩来把抗战军队政治工作分为军队内部的政治工作、对地方居民的政治工作、对敌军的工作等三个方面。军队内部的政治工作就是要向全体官兵实施革命的政治教育，发挥革命的三民主义；努力注意改善士兵待遇与生活；建立革命军队自觉的革命军风纪；保障军事命令的贯彻执行。周恩来强调：“军队的政治教育，必须与军事教育并重，必须有经常的政治教育时间，必须有革命内容的政治教育材料，必须开展指挥员、战斗员中的充分讨论，耐心解释一切疑难与误解，反对政治教育的形式主义与宗教仪式，提高战士们学习研究的兴趣。”[②] 关于地方居民的政治工作，就是要保护人民的利益，使军民打成一片；组织人民，武装人民；发动人民肃清汉奸。对敌军的政治工作主要是瓦解和涣散敌军，要经常展开对敌军的宣传煽动、喊话、散发传单与优待、教育、释放俘虏，削弱敌人的战斗力量。

3. 强调加强政治工作的组织建设和发挥政工人员的模范作用

周恩来指出，“要进行革命的政治工作，获得政治工作的完满效果，必须建立严格的政治工作制度与健全的政治工作组织”，“必须从最高的全国的总政治部直到连队的政治指导员，建立其独立的组织系统”[③]，这是达成政治工作目的与任务的基本保障，把政治机关看成点缀品装门面的观点是错误的。同时，周恩来要求“政治工作人员本身必须在思想上政治上行动上能够做全体官兵的模范，忠实于革命主义，以百折不挠的意志，艰苦耐劳的作风，去影响全体官兵；以谦逊和睦的态度，耐心说服的精神，去团结全体官兵”。认为“只有这样，才能提高政治工作的威信，推动政治工作的前进，发展政治工作的效果”[④]。他强调政工人员必须具有高的素质和强的工作能力，因此，“对于政治工作人员的选择与培养必须慎重。必须集中全国优秀的政治工作人材，必须不断地培养全国前进的青年干部，分到全国军队的政治工作的组织中去，才能保障政治工作任务的完成。一切对人员安排位置滥竽充数的观念，都是危害政治工作的”[⑤]。

4. 明确了思想政治工作的原则与方法

周恩来强调思想政治工作必须坚持物质利益原则，解决思想问题要与解决实际问题相结合。他指出：要改善士兵的待遇与生活，保证部队的给养，禁止肉刑、打骂和克扣军饷，把思想政治工作同使“官兵生活愉快与兴奋”相结合。“如果政治机关的政治工作不能和改善士兵生活与待遇密切联系起来，政治工作就成为‘卖狗皮膏药’”[⑥]。与此同时，必须注意实施政治工作的方法，如思想政治工作“要以耐心说服诱导的精神”去开展；“要根据每一部队的历史、组织、习惯、组成成份、官兵关系等等不同的情况，要根

① 周恩来. 周恩来选集：上卷. 北京：人民出版社，1980：95.
② 同①96.
③ 同①99.
④ 同①97.
⑤ 同①99-100.
⑥ 同①96.

据各地的社会、经济、政治、人民等等不同的复杂条件，采取灵活的方式去进行”①；“设置各种必要的组织，如抗战室、俱乐部、晚会等等，发展官兵中的正当娱乐与体育运动，发展士兵文化识字运动”②。

三、重要意义

1. 丰富和发展了军队思想政治工作理论

周恩来是中国共产党和人民军队的卓越领导人，长期担任人民军队的主要领导职务，在大革命和土地革命战争时期军队思想政治工作方面，既有实践经验又有理论贡献。《抗战军队的政治工作》是结合抗战形势和军队实际情况撰写的军队思想政治工作的重要著作，丰富和发展了军队思想政治工作理论。如关于“革命的政治工作是民族革命的生命线”的观点。周恩来很早就提出了“部队政工是革命的灵魂”这一命题。1934年2月，周恩来在中国工农红军全国政治工作会议上，从服从、保障、结合三个方面阐述了思想政治工作的作用，指出“一切政治工作，都是为着前线上的胜利”；要实现政治与军事的统一，加强政治工作以“巩固红军”，“提高战斗力，保障命令的执行”③。在《抗战军队的政治工作》中，周恩来明确提出了“以革命主义为基础的革命政治工作是一切革命军队的生命线与灵魂”④ 的论断。又如，《抗战军队的政治工作》中关于思想政治工作的任务、内容、组织和方法等的论断，是周恩来长期思想政治工作实践经验和理论成果的深化与发展，在军队思想政治工作发展史上写下了光辉的一页。

2. 为团结争取抗战队伍和同盟军提供了具体指导

周恩来在文中开宗明义指出，全国抗战两个月来国民党军队惨败的教训，“很清楚而迫切地把改造军队使之适合民族抗战需要的大问题，提在全国人民的面前，特别是尖锐地提在国民党的面前”⑤。如何改造军队？就是要建立军队的政治工作制度。周恩来以苏联红军、中国工农红军、西班牙政府军的“奇迹”为例，指出主要原因“就是由于革命军队有坚强的革命政治工作!”⑥ 他还比较详细地介绍了黄埔军校学生军两次东征打败陈炯明、平定广州叛乱，以及后来北伐战争的胜利，原因也“是有着革命的三民主义作政治工作基础”⑦。周恩来明确指出，国民党军队发动十年内战，孙中山的新三民主义、“联俄、联共、扶助农工”的三大政策已经不复存在，压迫士兵和民众、实行军阀制度的军

---

① 周恩来．周恩来选集：上卷．北京：人民出版社，1980：100.

② 同①96.

③ 中共中央文献研究室，中国人民解放军军事科学院．周恩来军事文选：第1卷．北京：人民出版社，1997：318.

④ 同①93.

⑤ 同①92.

⑥⑦ 同①93.

队，是不可能完成民族革命任务的。周恩来呼吁全国一切抗战武装，学习工农红军，即现在的八路军的做法与经验，实行革命的政治工作，只有这样，才能争取革命的最后胜利。1938 年 2 月，经中共中央同意，周恩来接受了国民党的邀请，担任国民政府军事委员会政治部副部长。周恩来的艰辛工作和《抗战军队的政治工作》等著作中提出的一系列政治工作方针和策略，为全国抗战军队坚持抗战、提高战斗力，发挥了积极的指导作用，也扩大了中国共产党的政治影响。

3. 对加强和改进新时代思想政治工作具有借鉴意义

中国共产党从创建以来始终高度重视思想政治工作，近百年的实践证明，思想政治工作是经济工作和其他一切工作的生命线。离开思想政治工作，“光靠物质条件，我们的革命和建设都不可能胜利”，“无论过去、现在和将来，这都是我们的真正优势”[①]。《抗战军队的政治工作》诞生于全面抗战开始后，为提高全国抗战部队战斗力、争取抗战胜利而作，距今已经 80 多年。80 多年里，形势发生了翻天覆地的变化，但文中所提出的一系列思想政治工作理念、原则和方法，至今仍然具有现实意义。如必须在各级军队中，从最高的全国的总政治部直到连队的政治指导员，建立其独立的组织系统；在进行政治工作中，必须注意政治工作的方法；建立革命军队自觉的革命军风纪；全体政治工作人员要发挥以身作则的模范作用；等等。这些思想政治工作中的核心要义和基本遵循，对加强和改进新时代思想政治工作仍然具有重要的借鉴意义。

四、学习与思考

1. 如何理解“革命政治工作是一切革命军队的生命线与灵魂”？
2. 试述周恩来强调“发挥政工人员的模范作用”的现实意义。
3. 《抗战军队的政治工作》对加强和改进新时代思想政治工作有哪些启示？

① 邓小平. 邓小平文选：第 3 卷. 北京：人民出版社，1993：144.

《青年运动的方向》导读

1939 年，陕甘宁边区西北青年救国联合会规定 5 月 4 日为中国青年节。节日当天，延安青年群众召开五四运动二十周年纪念大会，毛泽东应邀出席活动并发表讲话。演讲稿全文刊载于 1939 年 6 月 1 日出版的《中国青年》第一卷第三期，题为“在延安五四运动二十周年纪念大会上的演讲”，在编入 1952 年出版的《毛泽东选集（第二卷）》时改为《青年运动的方向》。在这篇文章中，毛泽东立足中国革命所处的历史环境，着眼广大青年肩负的历史使命，围绕青年运动的时代主题加以论述，提出了许多富有创见的思想观点，在青年群体中产生了深远的影响，推动了根据地青年工作不断走向新的发展阶段。

原文见《毛泽东选集》第二卷，人民出版社 1991 年版，第 561～569 页。

一、写作背景

1. 用科学理论武装青年的内在需要

近代中国内忧外患的特殊背景造就了青年运动的蓬勃发展。任何理论都不会凭空出现，它必然植根于特定的时代背景之中，具有深刻的社会现实动因。“青年”一词古已有之，对青年群体的重视、对青年工作的研究却是伴随着中国近代化的历程而产生的。1840 年的鸦片战争开启了中国长达百年的屈辱历史，外有帝国主义的无情践踏和肆意蹂躏，内有封建主义的腐败统治和残酷剥削，古老的东方大国逐步沦为半殖民地半封建社会。泱泱华夏昔日辉煌不再，中华民族历经磨难，实现中华民族伟大复兴成为了近代以来中国人民最伟大的梦想。面对千年未有之大变局，为了挽救民族于危亡之中，一批又一批仁人志士开始了艰辛探索，一代又一代中国人接续奋斗，走上了救国救民的道路。青年群体的地位、作用在近代内忧外患的特殊背景下得以凸显，被赋予了救国救民的历史重任。梁启超在《少年中国说》中指出：“故今日之责任，不在他人，而全在我少年。少年智则国智，少年富则国富，少年强则国强，少年独立则国独立，少年自由则国自由，少年进步则国进步，少年胜于欧洲，则国胜于欧洲，少年雄于地球，则国雄于地球。”[①] 他将国家的前途命运寄托在青年人的身上，体现了透过青年看中国的思维方式，表达了

---

① 梁启超. 饮冰室合集：第 1 册. 北京：中华书局，1989：11.

有识之士对青年群体的无限信任与殷切期待。此时，中国青年作为新兴的力量不断觉醒、逐渐崛起，以高度的社会责任感和强烈的历史使命感与帝国主义、封建主义展开顽强斗争，成为革除时代积弊、推动社会进步的中坚力量。20 世纪 30 年代以来，日军铁蹄踏入中国，山河破碎，生灵涂炭，中华民族遭遇生死存亡的严峻考验，动员和组织全国人民，尤其是团结广大青年共赴国难刻不容缓。在决定民族命运的危急时刻，如何更好地带领青年运动朝着正确的方向发展，如何引导青年运动与处于转折阶段的抗战紧密结合，如何激发青年群体的革命热情继续发挥先锋队作用等成为亟待解决的重大现实问题，共产党人对此进行了认真探究，《青年运动的方向》正是毛泽东对这一问题深入思考而形成的理论结晶。

2. 推动青年完成时代使命的客观需要

经典作家对青年及青年工作的论述是推进青年运动的理论支撑。在资产阶级与无产阶级的矛盾日益尖锐的情况下，马克思主义经典作家敏锐地意识到了青年群体、青年工作在推动社会发展中的重要意义。马克思、恩格斯以唯物史观为理论视角，着眼于人类社会的光明前途，结合欧洲各国的革命斗争实际，从青年的阶级性定义青年、认识青年，对青年的时代特点、历史地位、主体作用等进行了详细阐释，马克思主义青年观的内涵不断丰富。马克思认为人类的未来掌握在正在成长的工人阶级手中，对其寄予厚望："最先进的工人完全了解，他们阶级的未来，从而也是人类的未来，完全取决于正在成长的工人一代的教育。"[①] 恩格斯在谈到德国社会变革时指出："实现这一变革的将是德国的青年。但是这种青年不应该在资产阶级中去寻找。德国的革命行动将从我们的工人当中开始。"[②] 恩格斯认识到了青年身上蕴藏的巨大力量。列宁将马克思主义青年观与俄国青年运动的具体实践相结合，对青年工作有过许多精辟的论述。列宁高度评价了青年的历史作用，提出"未来是属于青年的"的观点，而且十分关注无产阶级青年的成长，对组织青年、教育青年、培养青年提出了具体要求。例如，在《青年团的任务》一文中，列宁明确指出："做一个共产主义者，就要把全体青年都组织和团结起来，要在这个斗争中作出有教养和守纪律的榜样。那时你们才能着手建设并彻底建成共产主义社会的大厦。"[③] 这样做，旨在实现青年运动从自发到自为状态的积极转变。马克思主义经典作家的论述为中国共产党人的理论探索奠定了基础。近代以来，中国青年被委以重任，中国共产党对特定历史背景下青年的成长发展问题十分关注，出台了相关指导性文件，如《关于目前部队青年工作的决定》；毛泽东、周恩来、张闻天、凯丰等发表了系列文章，如《中国青年的任务》《新阶段青年运动的性质和任务》《论青年的修养》《论目前中国青年运动的任务》，对青年运动的特点、任务、性质等基本理论问题的认识愈益清晰，对青年运动规律的认识也随之不断深化。

---

① 马克思，恩格斯. 马克思恩格斯全集：第 16 卷. 北京：人民出版社，1964：217.
② 马克思，恩格斯. 马克思恩格斯全集：第 2 卷. 北京：人民出版社，1957：629.
③ 列宁. 列宁选集：第 4 卷. 3 版修订版. 北京：人民出版社，2012：293.

3. 加强党对青年运动领导的现实需要

中国共产党领导青年运动走过了波澜壮阔的发展历程。民主革命时期的中国青年运动史就是进步青年在中国共产党的正确领导下前赴后继地开展革命斗争的历史。1919年的五四运动拉开了近代中国青年运动的伟大序幕，在这次彪炳史册的爱国主义运动中，觉醒的青年学生率先行动，与帝国主义展开顽强抗争，向全世界展示了不屈不挠的革命意志和至真至诚的赤子情怀。此后，青年作为一支新兴的革命队伍始终活跃在社会历史舞台上，在反帝反封建的实践斗争中不断经受磨砺、接受考验。艰难困苦赋予青年以坚定的理想信念、独特的精神气质、高尚的道德情操，青年逐渐成长为革命的先行者。在这个过程中，党的领导作用至关重要。中国共产党成立之初就将青年工作摆在了突出重要的位置，在1922年5月组建了中国社会主义青年团，使之成为先进青年的集合地，为青年运动的顺利开展提供了组织保障，也为党的革命斗争培养了大批骨干。共产党一直致力于对青年的培养和教育，着重引导广大青年将个人前途与国家命运紧密交织在一起。在共产党的大力推动下，全国各地的青年运动如火如荼。在以“一二·九”运动、五卅运动等为代表的爱国主义运动中，青年学生、工人、知识分子等不畏强敌，冲锋在前，奏响了救亡图存的时代强音。抗战爆发以后，共产党实行大量吸收知识分子的政策。在共产党的感召之下，大批青年冲破种种阻碍，克服重重困难，怀揣革命理想和抗战热情奔赴延安，学习革命理论，接受军事训练，从事生产活动，为根据地的建设注入了新鲜血液，对革命的发展做出了卓越贡献。然而，不容忽视的是，根据地的青年运动也存在着一些突出的问题，其中，青年运动应该朝着什么样的方向发展是亟待解决的实践难题，这在很大程度上阻碍了青年先锋作用的发挥和青年运动的深入推进。毛泽东在五四运动二十周年纪念大会上的这篇演讲以现实问题为导向，及时回应了时代诉求，对于引导青年摒弃错误的思想观念，承担自身的历史使命，沿着正确的方向、科学的路径成长成才具有重要的推动作用。

二、基本思想

1. 高度评价五四爱国运动，以纪念为契机表达革命必胜的信念

五四运动是一场以青年学生为主体的爱国主义运动，在中国近代青年运动史上具有深远的影响，成为中国革命发生重大转折的标志性事件。纪念是思想政治教育的常用载体，为了迎接人物、事件、节日纪念的到来，一些组织、团体或个人通常在节日前后举办纪念活动、撰写纪念文本、发表纪念演讲等，以此抒发缅怀之情、加强思想引导、开展群众动员等等。《青年运动的方向》即为纪念而作，毛泽东首先从两个不同的角度揭示了设立五四青年节的用意所在。一是从时间节点分析，在五四运动二十周年之际确立青年节有重要意义，“它表示我们中国反对帝国主义和封建主义的人民民主革命，快要进到

一个转变点了"[1]，这个转变是"要转变到胜利的方面去了"[2]。毛泽东认为，尽管之前中国革命遭遇多次失败，但中国革命不断向前发展，目前我们正处于一个由失败到胜利的关键时刻，革命必然经由抗日战争走向最后的胜利。毛泽东从确立青年节的时机引申出中国革命的目前状况，对在场的青年进行了抗战形势教育，引导他们以积极的心态、无畏的态度投身抗战。二是从五四运动的性质分析。五四运动是彻底的反帝反封建运动，毛泽东充分肯定了五四运动的历史意义，依据因果关系展开逻辑推论。毛泽东指出："五四运动所反对的是卖国政府，是勾结帝国主义出卖民族利益的政府，是压迫人民的政府。"[3] 既然政府是反动的政府，那么反抗政府的五四运动便代表着正义的力量，体现了社会的进步，是"革命的运动"[4]。全面抗战时期，反帝反封建的重任尚未完成，毛泽东在演讲中不仅引导青年认清五四运动的正义性与进步性，而且呼吁青年从历史中汲取奋斗力量，完成先辈未竟的事业，"只要全国人民一齐努力，中国革命一定要在抗日过程中得到胜利"[5]。毛泽东从五四运动的正义性引导到抗战必胜的光明前途，表达了革命乐观主义精神，鼓舞了广大青年的革命斗志。

2. 阐明中国革命的基本问题，总结革命的经验教训

没有革命的理论，就没有革命的行动。为了提升革命的自觉性，增强革命的实效性，青年必须具有开阔的理论视野、深厚的理论素养。在这篇演讲中，毛泽东对中国革命的系列问题逐一展开说明，对广大青年进行了系统的革命理论教育，有助于推动青年运动更好地融入新民主主义革命进程。文中指出，革命的对象"一个是日本帝国主义，再一个是汉奸"[6]；革命的主体"就是中国的老百姓"[7]；革命的动力"有无产阶级，有农民阶级，还有其他阶级中一切愿意反帝反封建的人"[8]，其中，革命的骨干"是占全国人口百分之九十的农民"[9]；革命的性质"是资产阶级性的民主主义的革命"[10]，但是资产阶级已经无力完成这个革命，必须依靠无产阶级和广大人民；革命的目的"是打倒帝国主义和封建主义，建立一个人民民主的共和国"[11]。毛泽东将革命的长远目标与当前任务紧密结合，描绘了美好的社会前景，揭示了世界未来的发展趋势，"中国将来一定要发展到社会主义去，这样一个定律谁都不能推翻"[12]；而当前的主要任务是反帝反封建、改变半殖民地半封建社会的地位，引导全国青年将对崇高理想的追求落实在当下的具体行动中。毛泽东在厘清革命基本问题的基础上，通过梳理中国资产阶级革命几十年的曲折发展历程，对革命的总体状况和实际成效进行了客观评价，"只得到了暂时的部分的胜利，没有永久的全国的胜利"[13]。革命尚未取得彻底胜利，这固然有错综复杂的原因，但最主要的问题在于"占全国人口百分之九十的工农劳动群众还没有动员起来，所以表现了弱，所以不能完成反帝反封建的任务"[14]。毛泽东进一步用"唤起民众"总结数十年来中国革命的经验教训，这是在以往实践斗争基础之上形成的关于中国革命规律的理性认知。唯有动员

---

①②③ 毛泽东．毛泽东选集：第2卷．2版．北京：人民出版社，1991：561.
④⑤⑥⑦⑧⑨⑩ 同①562.
⑪⑫ 同①563.
⑬⑭ 同①564.

全国的工农大众，革命才有可能成功；否则，革命必遭失败，毛泽东据此要求全国青年认真研究其中的道理，为后文揭示青年运动的方向做了很好的铺垫。

3. 肯定青年的先锋作用，指明青年运动的方向

五四以来，一代又一代青年人在五四精神的感染下、在五四青年的激励下砥砺奋进，义无反顾地投身革命浪潮，在轰轰烈烈的反帝反封建斗争中，到处可见青年人活跃的身影，发挥了先锋队的作用，“什么叫做先锋队的作用？就是带头作用，就是站在革命队伍的前头”①。青年勇立革命潮头，走在时代前列，是近代历史发展的重要推动力量，但由于中国革命任重道远，青年的力量不足以战胜强大的敌人。毛泽东话锋一转，将青年置于全民族联合抗战的时代背景下客观评价其阶级地位、历史作用，提出了青年运动的奋斗目标，“这支几百万人的军队，是反帝反封建的一个方面军，而且是一个重要的方面军。但是光靠这个方面军是不够的……一定要到工农群众中去，把占全国人口百分之九十的工农大众，动员起来，组织起来”②，这与中国共产党一贯坚守的群众路线原则高度契合，也是我们党与其他党派的区别所在。一直以来，中国共产党牢固树立、自觉践行马克思主义的唯物史观，从人民群众创造历史这一根本前提出发，提出“战争的伟力之最深厚的根源，存在于民众之中”③，尊重人民群众的革命主体作用。全面抗战时期，凝聚一切可能的力量成为夺取抗战胜利的关键所在，共产党在根据地开展了广泛的群众动员。在《青年运动的方向》中，毛泽东再次强调了工农的主力军地位，着力引导青年走与工农结合的道路，“所以全国知识青年和学生青年一定要和广大的工农群众结合在一块，和他们变成一体，才能形成一支强有力的军队”④。针对部分青年轻视工农、不愿与工农结合的错误倾向，毛泽东用“逆流”“太不高明”“没有好结果”等词语进行严厉批评，并进一步提出了检验青年是否革命以及判断青年是不是真的三民主义者和马克思主义者的唯一标准问题，“这就是看他愿意不愿意、并且实行不实行和广大的工农群众结合在一块”⑤。青年与工农的结合是青年运动的正确方向，它不是形式上的简单合一，而是要求青年真正融入群众，经过深层次的组织动员，使几万万人形成具有强大向心力、凝聚力的命运共同体，从而迸发出强大的革命力量，唯有如此，“才能攻破敌人的坚固阵地，才能攻破敌人的最后堡垒”⑥。这个标准的提出既是对共产党人群众路线的生动诠释，也向全体青年发出了行动号召，毛泽东以此告诫青年不要逆流而动，堕入黑暗的漩涡；而要乘势而为，向着光明的前途进军。

4. 揭露青年运动存在的问题，树立青年运动的榜样

纪念不仅仅为了回顾过去，还要立足现在，展望未来。毛泽东在演讲中本着实事求是的态度，基于时代的新要求审视青年运动的现状，揭露了当前青年运动中存在的

---

①② 毛泽东．毛泽东选集：第2卷．2版．北京：人民出版社，1991：565.

③ 同①511.

④⑤⑥ 同①566.

突出问题。文中指出："现在的抗日战争，是中国革命的一个新阶段，而且是最伟大、最活跃、最生动的一个新阶段。青年们在这个阶段里，是负担了重大的责任的。"① 中国革命历经几十年的艰辛探索，已经走到了决定胜负的伟大时刻，需要凝聚更多力量一举夺取抗战的胜利。中国共产党审时度势，及时提出了建立抗日民族统一战线的革命策略，最大限度地联合各阶级共同投身抗战的滚滚洪流。形势的发展变化相应地对青年提出了更高的要求，青年与时代同呼吸、共命运，他们不仅要倾尽一己之力，还要发挥榜样示范作用带动身边人。青年运动的实际状况距离党的期望还有一定差距，毛泽东不回避问题，不掩饰矛盾，一针见血地指出了当前存在的不足："现在中国青年运动的不统一，是一个很大的缺点。"② 这里所说的"不统一"表现在两个方面。一是青年群体内部的不团结。青年是以年龄为主要划分标准的范畴，是跨越多个阶级的综合概念，包括知识青年、学生青年、工人青年、农民青年等等，由于出身、经历、受教育程度等存在客观差异，这在一定程度上影响了内部的团结统一。二是青年群体与其他群体之间的不统一。部分青年固执抱持错误的思想观念，这在现实生活中表现为对群众的疏离和轻视，无法与群众打成一片，不利于统一战线的深入推进。为了改变青年运动不统一的局面，毛泽东树立了青年运动的典范，打造了青年运动的延安模式，提出"延安的青年运动的方向，就是全国的青年运动的方向"③，为其他地区的青年运动提供了直观的参考。延安的青年运动之所以备受赞誉，原因在于延安的青年们齐心协力，"大家都是一条心"④；也在于延安的青年们能够深入群众，"不但本身团结，而且和工农群众相结合"⑤。无论来自何方，不管是何出身，延安青年并肩同行、齐心协力，敌后抗日根据地的其他青年无法与之相较，因此毛泽东称赞延安青年为"抗日救国的先锋"，称赞延安青年运动为"全国青年运动的模范"。宣传榜样的过程也是确立目标、找准差距、形成动力的过程，在延安青年运动的示范作用下，全国各地的青年运动朝着正确的方向蓬勃发展。

三、重要意义

1. 继承和发展了马克思主义青年理论

青年代表着民族的未来和国家的希望，历来是各个党派争夺的焦点所在，也是思想政治教育的重点对象。马克思主义经典作家充分认识到了青年的地位与作用，十分注重对青年的教育和培养，发表了许多重要的理论见解，形成了内涵丰富、特色鲜明的马克思主义青年观，成为指导各国共产党开展青年工作的思想武器。在中国共产党思想政治教育史上，青年是备受关注的群体，共产党人致力于将马克思主义青年观的基本观点与中国青年运动的实际状况相结合，在指导青年运动的实践过程中不断加深对青年工作的规律性认识，写下了多篇闪烁着马克思主义光辉的理论文章。《青年运动的方向》是全面

---

①② 毛泽东．毛泽东选集：第2卷．2版．北京：人民出版社，1991：567．

③④⑤ 同①568．

抗战时期毛泽东关于青年问题的公开论述，其中既有对马克思主义理论的继承，也不乏特殊时代背景下的创新，从多个角度丰富着马克思主义青年学说。一是深化了马克思主义关于青年成长成才路径的认知。青年与工农群众相结合，这是党培养青年成长成才一贯坚守的原则和方法。毛泽东结合时代对青年的要求以及青年运动存在的弊端，在《青年运动的方向》中深入阐释了青年与工农结合的必要性，并将之上升为“判断青年是不是革命的”唯一标准，为全面抗战时期的青年运动指明了方向。二是拓展了马克思主义关于青年作用的认知。毛泽东指出，五四以来中国青年“起了某种先锋队的作用”①。“先锋队”一词曾经出现在毛泽东早先的其他著作中，如《国共合作成立后的迫切任务》提出红军对于整个抗日战争起了先锋队作用，《中国共产党在抗日时期的任务》将共产党称为无产阶级的先锋队。在这里，毛泽东将“先锋队”与青年联系在一起，凸显了青年在历史发展进程中的带头作用。三是形成了关于中国革命系列问题的整体认知。在《青年运动的方向》中，毛泽东对中国革命的对象、主体、动力、性质、目的、前途等进行了概括，总结了革命成败的经验教训，尽管这些内容不是文章要解决的核心问题，但作为理论探索的阶段性成果仍然具有十分重要的价值，为后来毛泽东在《中国革命和中国共产党》《新民主主义论》等文章中对上述问题的全面分析和深刻阐述做了必要的铺垫。

2. 对引导青年坚持正确方向具有重要作用

陕甘宁边区西北青年救国联合会规定 5 月 4 日为中国青年节，既是为了纪念在反帝反封建的斗争中流血牺牲的青年学生，也是为了鼓励根据地青年在新的历史条件下传承五四精神、弘扬爱国传统、担当时代重任。毛泽东在纪念大会上发表的演讲，既直指时弊、切中要害，又顺应形势、指明方向，为中国共产党领导青年运动提供了基本遵循，在中国青年运动史上产生了重要影响。一是推动广大青年的思想改造。全面抗战时期，残酷的社会现实激发了有志青年的报国热忱和抗战热情，随着日军侵华战争的升级，大后方的青年运动持续高涨。不可否认，广大青年在抵御外敌入侵、加强内部建设等方面发挥了举足轻重的作用。然而，由于受传统观念的影响和自身阅历的束缚，部分青年不能客观评价工农在推动历史发展中的主体作用，不能及时认清青年与工农运动密切结合的时代价值，而是脱离广大人民群众孤立地开展青年运动，以致青年运动出现了方向上的偏差，在不同程度上游离于整个工农运动之外，与党的中心任务和形势发展的要求相背离。广大青年纵然有昂扬的斗志和远大的追求，但由于缺乏正确方向的指引，先锋队作用受到局限。毛泽东在《青年运动的方向》中对青年进行了深刻的形势政策教育和目标使命教育，使之受到了强烈的触动和警醒，对青年运动的正确方向有了更深刻的认知，有助于消除思想上的困惑、行动上的迟疑，增强了青年走与工农相结合道路的自觉性、主动性。二是指引青年运动的健康发展。《青年运动的方向》通过对抗战所处的历史阶段、革命的经验教训以及青年的时代使命等方面的论述，帮助青年认清了方向、明确了目标、提振了精神，促使其改变不合时宜的旧观念，树立起与时代要求协调一致的新观

---

① 毛泽东．毛泽东选集：第 2 卷．2 版．北京：人民出版社，1991：565.

念。《青年运动的方向》也向青年发出了与工农相结合的号召，引导青年在接受思想教育的基础上重新审视自我、认识群众，从而打破长期以来形成的狭隘偏见和局促眼光，政治觉悟、阶级情感发生了极大的变化。广大青年举起团结抗战的大旗，深入生活，融入群众，或奔赴广阔的农村天地，接受生产劳动的磨砺，或冲锋在抗战前线，接受枪林弹雨的考验。根据地涌现了大批青年先进典型，他们在不同的领域建功立业，谱写了可歌可泣的壮丽篇章，根据地的青年运动很快掀开了新的一页，在中国青年运动史上留下了浓墨重彩的一笔。

3. 对促进新时代青年成长具有指导意义

青年是未来的象征，引领着社会进步的潮流，决定着历史发展的方向，也代表着国家和民族的希望，承载着党和人民的期待。在革命、建设和改革的各个历史阶段，中国共产党始终重视青年，关爱青年，信任青年。尽管当代青年的特点、地位、作用等与全面抗战时期不尽相同，但也有相通之处。《青年运动的方向》成文于80多年前，文中对于青年运动方向的认知历久弥新，对于我们今天如何加强青年思想政治教育、如何促进青年健康成长等仍然能够给予深刻的启迪。一是加强党对青年工作的领导。这篇演讲本身即体现了共产党对青年工作的高度重视，这是青年工作在任何时期都能够沿着正确道路前进的根本保障。毛泽东曾以早晨八九点钟的太阳比喻青年，富有活力、充满激情、大胆创新是青年的典型特征，但青年偶尔也有冲动、急躁、偏激的一面，易于受到西方社会思潮的侵袭和腐蚀，出现政治信仰迷茫、价值取向扭曲、责任意识淡化、思想道德滑坡等问题。青年工作做得好不好，关键在于党的领导。党必须不断强化领导地位、担当领导责任，牢牢把握青年工作的时代主题，认真研究青年工作的特点和规律，在广大青年中深入开展思想引领和政治教育，引导青年形成正确的世界观、人生观、价值观，并对青年的思想动态、行为动向予以密切关注，对青年中存在的错误观念、不良倾向及时纠偏，为青年的健康成长保健护航。二是紧密围绕党的中心任务开展青年工作。毛泽东在《青年运动的方向》中呼吁广大青年为抗战的最后胜利而努力。同样，新时代的青年必须要在实现中华民族伟大复兴的中国梦的进程中贡献智慧力量、实现人生价值。时代赋予了青年广阔的舞台，也为青年的成长创造了良好的条件，青年应该大有可为，也必须大有作为。为此，青年工作需要围绕党的中心任务展开，找准定位，服务大局，引导青年自觉将个人理想融入中国特色社会主义事业的共同理想，将个人的前途命运与社会的发展进步紧密结合，努力培养和造就德智体美劳全面发展的社会主义事业的建设者和接班人，这是新时代青年运动的方向所在。在这个过程中，青年群体必须注重加强自我教育。一代人有一代人的使命，尽管青年所处的历史环境与全面抗战时期相比大为不同，但青年与祖国同呼吸、与人民共命运的努力方向，与工农相结合的成长路径并未改变，所以广大青年要在深刻把握世情、国情、党情的基础上不断增强使命意识和担当精神，走在时代前列，争当时代先锋，在建设中国特色社会主义事业的伟大征程中放飞青年梦想，实现人生出彩。

四、学习与思考

1. 毛泽东是如何评价青年的先锋作用、指明青年运动的正确方向的？

2. 在中国特色社会主义进入新时代的今天，如何准确定位青年的历史使命与责任担当？

3. 当代青年应该从哪些方面着力提升自我，才能更好地融入时代发展潮流、实现自身价值？

《论共产党员的修养》导读

《论共产党员的修养》是刘少奇于 1939 年 7 月在延安马克思列宁学院所做的演讲。《论共产党员的修养》运用马克思列宁主义的基本原理，根据抗日战争形势的变化和共产党员加强自身建设的需要，从党的实际状况出发，围绕共产党员为什么要进行修养和怎样进行修养两方面，全面论述了加强共产党员修养的一系列基本问题，包括加强共产党员修养的必要性、党性修养的内容与准则、强化党性修养的方法与途径等，同时批判了党内各种错误思想意识，对加强党员思想政治教育具有深远影响。

原文见《刘少奇选集》上卷，人民出版社 1981 年版，第 97～167 页。

一、写作背景

1. 建设马克思主义政党的迫切需要

中国共产党以马克思主义为指导思想，马克思主义是党的理论基础，是无产阶级政党属性的根本保证。19 世纪 60 年代，随着早期无产阶级政党组织的建立和发展，马克思、恩格斯不断致力于无产阶级政党的建设，形成了较为系统的无产阶级政党建设学说。列宁领导俄国社会民主工党（布尔什维克）在坚定捍卫马克思主义中，把马克思主义党建理论发展到一个新的阶段，形成了列宁主义党建理论。马克思主义党建理论科学回答了无产阶级政党的性质、宗旨、任务、目标、原则以及组织建设等一系列问题，成为世界各国无产阶级政党建设的理论基础，也是刘少奇写作《共产党员的修养》的理论指南。中国国情与社会性质决定了中国共产党不同于欧洲无产阶级政党，也不同于俄国共产党，具有历史特殊性。如何在一个以农民为主体的半殖民地半封建社会中建设马克思主义政党，并成为领导革命的坚强核心，成为中国共产党自身建设的重要问题。中国共产党为此展开了艰辛探索，取得了重要的宝贵经验，使中国共产党由小到大、由弱到强不断发展壮大。党的思想理论建设和党员党性修养，关系到中国共产党能否经受抗日战争新形势新任务的考验，也关系到中国共产党能否把自身锻造成一个全国范围的、广泛群众性的、思想上政治上完全巩固的马克思主义政党。

2. 争取领导权夺取抗战胜利的战略举措

全面抗战爆发后，我们党为了适应战争形势和领导抗战的需要，积极发展壮大党员队伍和人民力量。1938 年 3 月 15 日，中共中央发布《关于大量发展党员的决议》，党的组织和党员数量获得前所未有的大发展，党员人数从 1937 年 7 月的 4 万左右，迅速发展到 1940 年的 80 万。多种成分党员队伍的扩大为党注入了新鲜血液并呈现新气象，也使党内思想状况空前复杂起来。许多党员虽然具有强烈的爱国热情和抗日斗志，思想上却还没有真正入党，不具备科学的无产阶级意识，对于马克思主义理论以及共产党革命事业的认识模糊，对中国革命实践中的大是大非问题缺乏正确的认识，难以分辨真假马克思主义，更缺少将马克思主义与中国革命实际相结合的自觉性。针对这一现象，毛泽东指出，很大数量的党员“他们都不免或长或短地拖着一条小资产阶级的尾巴进党来”①。面对党员队伍的急速增长，如何从思想上教育全党、加强党性修养，特别是教育广大新党员，使他们真正在思想上入党，形成明确的无产阶级思想意识，成为抗日战争环境下一个重要的理论问题和实践问题。如果这个问题得不到解决，就会降低党员素质，减弱党的战斗力，就有可能导致党在抗日战争中丧失领导地位。

3. 中国共产党思想理论建设的重要成果

中国共产党诞生后，积极投身到挽救民族危亡的中国革命事业中，在马克思主义党建理论的指导下，不断探索在中国这样一个落后的国家建设坚强的无产阶级政党的道路，取得重要经验也留下不少教训。土地革命战争时期，毛泽东对党的建设进行了艰辛探索，初步形成了着重从思想上建党的新思路。1928 年 11 月，毛泽东在《井冈山的斗争》中首次把无产阶级思想领导提到党的性质高度来认识，指出：“我们感觉无产阶级思想领导的问题，是一个非常重要的问题。边界各县的党，几乎完全是农民成分的党，若不给以无产阶级的思想领导，其趋向是会要错误的。”② 1929 年 12 月在《古田会议决议》中，毛泽东提出了纠正党内错误思想、加强党的思想建设的重要观点。进入全面抗战时期，毛泽东、张闻天、陈云先后在不同场合发表《中国共产党在民族战争中的地位》(1938 年 10 月 14 日)、《论青年的修养》(1938 年 4 月 12 日)、《怎样做一个共产党员》(1939 年 5 月 30 日)，阐述了党的马克思主义修养问题、共产党员先锋模范作用问题、青年修养问题等，为刘少奇集中系统地研究共产党员的修养问题提供了重要的思想理论资源。

---

① 毛泽东. 毛泽东选集：第 3 卷. 2 版. 北京：人民出版社，1991：833.

② 毛泽东. 毛泽东选集：第 1 卷. 2 版. 北京：人民出版社，1991：77.

二、基本思想

1. 强调加强共产党员修养的必要性和重大意义

刘少奇指出：人类在改造自然、改造社会的同时，也在改造自己，连封建思想家孔子、孟子都知道修养的重要性。共产党员需要加强思想意识修养，更有其特殊性。一是克服自身弱点的需要，因为“不论是无产阶级或是非无产阶级出身的党员，不论是老党员或是新党员，他们会或多或少地带有旧社会的思想意识和习惯”，“为了保持我们无产阶级的先锋战士的纯洁，提高我们的革命品质和工作能力”①，必须从各个方面加强自己的锻炼和修养。二是成为革命家的必然要求，共产党员要“由一个幼稚的革命者，变成一个成熟的、老练的、能够‘运用自如’地掌握革命规律的革命家”②，“使自己变成品质优良、政治坚强的革命家”，必须加强锻炼和修养，“共产党员的修养，是无产阶级革命家所必需有的修养”③。三是由党员的性质和特点决定的，共产党员“是近代历史上最先进的革命者，是改造社会、改造世界的现代担当者和推动者”④，“是要担负历史上空前未有的改造世界的‘大任’的”⑤，“应该把自己看作是需要而且可能改造的”，这也“是社会发展的客观规律的要求”⑥。因此，共产党员“不但要在艰苦的、困难的以至失败的革命实践中来锻炼自己，加紧自己的修养，而且要在顺利的、成功的胜利的革命实践中来锻炼自己，加紧自己的修养”⑦。

2. 阐述共产党员修养的标准和内容

刘少奇指出：党员最起码的标准是党章中规定的入党条件，还需要对自己提出更高的要求。要“学习马克思和列宁的思想和品质，做马克思和列宁的好学生”⑧，要把“伟大的马克思列宁主义创始人一生的言行、事业和品质，作为我们锻炼和修养的模范”⑨。“要象马克思列宁主义创始人那样，站在马克思列宁主义的立场，用马克思列宁主义的观点和方法，去解决无产阶级所领导的革命运动中的各种问题。”⑩ 关于共产党员修养的内容，刘少奇做了精辟论述：“要有马克思列宁主义理论的修养，要有运用马克思列宁主义的立场、观点和方法去研究和处理各种问题的修养；要有无产阶级的革命战

① 刘少奇. 刘少奇选集：上卷. 北京：人民出版社，1981：103.
② 同①99.
③ 同①101.
④ 同①98-99.
⑤ 同①101.
⑥ 同①98.
⑦ 同①101-102.
⑧ 同①105.
⑨ 同①104.
⑩ 同①108.

略、战术的修养；要有无产阶级的思想意识和道德品质的修养；要有坚持党内团结、进行批评和自我批评、遵守纪律的修养；要有艰苦奋斗的工作作风的修养；要有善于联系群众的修养，以及各种科学知识的修养等。”① 刘少奇强调，“共产主义事业是人类历史上空前伟大而艰难的事业”，作为以此奋斗终身的共产党员，必须加强思想意识上的修养，即“用无产阶级的思想意识去同自己的各种非无产阶级思想意识进行斗争；用共产主义的世界观去同自己的各种非共产主义的世界观进行斗争；用无产阶级的、人民的、党的利益高于一切的原则去同自己的个人主义思想进行斗争”②。

3. 提出共产党员修养的途径和方法

刘少奇指出：马克思列宁主义的修养的根本方法，就是“使马克思列宁主义的普遍真理和具体的革命实践相结合”，即“学习马克思列宁主义的立场、观点和方法，学习马克思列宁主义创始人的高贵的无产阶级的品质，并且运用到自己的实践中去，运用到自己的生活、言论、行动和工作中去，不断地改正、清洗自己思想意识中的一切与此相反的东西，增强自己无产阶级共产主义的意识和品质”③。具体说，有两条途径：一是参加人民群众的革命实践，因为“革命者要改造和提高自己，必须参加革命的实践，绝不能离开革命的实践；同时，也离不开自己在实践中的主观努力，离不开在实践中的自我修养和学习”④。二是学习马克思列宁主义理论，“要在学习马克思列宁主义理论的过程中改造自己，锻炼自己的无产阶级思想意识”，“理论学习和思想意识修养是统一的”⑤。共产党员在马克思列宁主义的理论学习和革命斗争的实践中进行修养，还要把党组织的教育、同志间的帮助与自我改造结合起来，正确对待党内的思想斗争，开展批评与自我批评，“在这样的学习、反省和自我检讨中，去肃清自己一切不正确的思想残余以至某些不适合于共产主义利益的最微弱的萌芽”⑥。这是共产党员提高修养的基本方法。

4. 明确共产党员修养的目的和要求

刘少奇从四个方面对党员修养问题进行了深度总结，也点出了本文的主旨所在，强调共产党员在思想意识上进行修养的目的，就是要把自己锻炼成为一个忠诚纯洁的进步的模范党员和干部。这就要求：一要“从马克思列宁主义的理论学习和革命斗争的实践中，来建立自己的共产主义的世界观，建立自己的党和无产阶级的坚定立场”；二要“根据共产主义的世界观，根据党和无产阶级的坚定立场，去检查自己一切的思想行动，纠正一切不正确的思想意识，同时，以此去观察问题、观察其他同志”；三要“经常采用正确的态度、适当的方式，去和党内各种不正确的思想意识，特别是对于影

① 刘少奇．刘少奇选集：上卷．北京：人民出版社，1981：109.
② 同①121.
③ 同①110.
④ 同①99.
⑤ 同①112.
⑥ 同①121.

响到当时革命斗争的各种不正确的思想意识进行斗争”；四要“在思想、言论、行动上严格地约束自己，特别是对于同当时革命斗争有关的政治思想、言论和行动，要用严格的立场和正确的原则来约束自己”，最好也注意到个人生活和态度等诸多小节，但对其他同志的要求，除开原则问题和重大的政治问题以外，不要在“小节”上“吹毛求疵”①。

三、重要意义

1. 马克思主义党建理论史上具有里程碑意义的重要文献

《论共产党员的修养》是中国共产党人决心通过切实加强党性锻炼、提高自身党性修养，实现砸碎旧社会、建立人民当家作主新社会的政治宣言。首先，刘少奇对党性修养的科学阐述，继承和发展了马克思主义党建理论。《论共产党员的修养》立足于党员个体，以党性修养为目标，对马克思主义的认识提升到了理论真理与价值真理的有机统一的高度，具有极其重要的理论地位。同时，《论共产党员的修养》深化了党的思想建设研究，奠定了中国共产党思想建设的一个重要基点，也奠定了中国共产党党性观的重要基础。其次，是马克思主义党的建设理论与中国共产党的建设实际相结合的产物，推动了马克思主义党建理论的中国化。《论共产党员的修养》运用修养这一带有儒家意义上的题目展开对党的建设的研究，把儒家伦理的积极思想引入党的建设之中，并经过马克思主义改造，推动了马克思主义与中国优秀传统文化相结合。最后，对马克思主义大众化理论具有深远的影响。《论共产党员的修养》紧扣党员群众内心世界，把马克思主义基本理论与共产党员应有的品质做出通俗朴实、入情入理的分析，推动共产党员思想觉醒和自我反思。

2. 推动全党马克思主义教育运动的深入开展

《论共产党员的修养》第一次全面系统地阐明了共产党员的党性锻炼和修养的重大问题，推动了马克思主义和共产主义观念的广泛传播，其基本思想逐步渗透到党的建设中，促进与教条主义等错误思想做斗争，推动了全党马克思主义教育的深入开展，极大地提升了全党对党性修养的认识和实践水平。具体来看，《论共产党员的修养》立足党员个体，着眼于党员内心的观察与剖析基础上的马克思主义品质和德行修养，深入党员内心，因此，在最初的演讲过程中就引发了听众的强烈共鸣，讲演后短短一个月就在《解放》周刊分三期刊出，并在 1939 年 11 月延安新华书店出版了第一个单行本。之后不久，《论共产党员的修养》成为中共中央党校学员学习的重要内容，其党性观点也被中央吸收，1941 年 7 月，《中共中央关于增强党性的决定》指出：“今天巩固党的主要工作是要求全

① 刘少奇．刘少奇选集：上卷．北京：人民出版社，1981：167．

党党员，尤其是干部党员更加增强自己党性的锻炼，把个人利益服从于全党的利益，把个别的党的组成部分的利益服从于全党的利益，使全党能够团结得像一个人一样。”①1942 年 4 月，中央宣传部将《论共产党员的修养》中的党员个人利益无条件的服从党的利益、党内各种错误思想意识之举例、党内各种错误思想意识的来源以及对待党内各种错误思想意识的态度及党内斗争四部分内容列为整风文献，供全党学习。

3. 为加强共产党员党性修养提供了重要指导

《论共产党员的修养》所论述的共产党员的使命追求、理想信念、政治品质和道德修养，是共产党员在日常工作和生活中加强党性锻炼和自身修养的“营养剂”。目前，我们党有 9 000 多万名党员，面临着长期执政、改革开放、市场经济以及外部环境等诸多考验，认真学习刘少奇《论共产党员的修养》，对强化党员思想政治教育，加强党的先进性和纯洁性建设，提高党员自身的修养和素质都具有很强的现实意义。首先，要坚持实事求是。必须把树立实事求是的作风，作为加强党性的第一个标准。敢不敢坚持实事求是，考验着一个共产党员特别是党员领导干部的政治立场和道德品质，始终是领导干部党性纯不纯、强不强的一个重要体现。要做到实事求是，不仅要有正确的思想方法和工作方法，还必须有公而忘私和不计个人得失的品格。其次，要强化党员自我教育。党员作为党的细胞，其修养水平影响着党的团结程度以及党的事业发展。共产党员应从大局和整体出发，把加强修养作为自己的责任和义务，不断学习理论，增强自律，时时自省，发挥主观能动性，自觉地同自己身上的“旧东西”进行斗争。最后，密切联系群众。刘少奇强调共产党员的修养要注重参与群众的革命实践，而且要善于从中总结并不断学习和运用历史上斗争的经验。能否与群众建立密切的联系、自觉维护最广大人民的根本利益，是检验一个共产党员是否讲党性的标准之一。“党性说到底就是立场问题。共产党人无论是想问题、搞研究，还是作决策、办事情，都必须站在党和人民立场上，而不能把个人利益放在第一位。这就是共产党人的党性原则。”② 因而，共产党人尤其是党员干部应深入群众，从群众生活、工作实践中了解群众利益和诉求，与群众建立深厚的感情，才能时刻将群众的安危冷暖放在心上，增强自身党性修养。

四、学习与思考

1. 试论《论共产党员的修养》在党的建设历程中的重要作用。
2. 试述共产党员加强自身修养的主要内容和具体途径。
3. 试论新时代加强共产党员党性修养的重要意义。

---

① 中共中央文献研究室，中央档案馆. 建党以来重要文献选编（1921—1949）：第 18 册. 北京：中央文献出版社，2011：443.

② 中共中央文献研究室. 十八大以来重要文献选编：上. 北京：中央文献出版社，2014：766.

《改造我们的学习》导读

1941 年 5 月 19 日，毛泽东在延安干部会议上做《改造我们的学习》的报告，深刻地论述了马克思主义同中国革命具体实践相结合的原则，批判了主观主义特别是教条主义学风，号召全党注重调查研究，树立理论和实际相统一的马克思主义的实事求是学风，为党的高级干部的整风学习和全党整风运动指明了方向，开启了全党整风的序幕，提高了广大党员干部对马克思列宁主义的认识水平，为中国革命的胜利提供了有力保障。

原文见《毛泽东选集》第一卷，人民出版社 1991 年版，第 795～803 页。

一、写作背景

1. 提升广大党员干部马克思主义理论水平的内在要求

抗日战争爆发后，为了扩充党员队伍，巩固党的组织建设，1938 年 3 月，中共中央做出《关于大量发展党员的决议》，指出："目前党的组织力量，还远落在党的政治影响之后……大量的十百倍的发展党员，成为党目前迫切与严重的任务。"[①] 顺应党中央的号召，各地开始大量发展党员，党员人数由抗战初期的 4 万余发展到 1940 年的 80 万。许多新党员虽在组织上入了党，但在思想上并没有完全入党，对马克思主义知之不多，"没有足够的革命经验。他们对于中国的历史状况和社会状况、中国革命的特点、中国革命的规律还不懂得或懂得不多。他们对于马克思列宁主义的理论和中国革命的实践之完全的统一的理解，还相距很远"[②]，甚至还带着农民阶级、小资产阶级等非无产阶级思想的尾巴，更容易受着各种非无产阶级思想的影响。面对党内非无产阶级思想和无产阶级思想之间的斗争，只有坚持和加强理论学习，全面把握马克思列宁主义基本原理和方法以及中国社会历史发展规律，不断改造非无产阶级思想，才能巩固党的布尔什维克化。因此，共产党员必须"做马克思和列宁的好学生"，"不断提高自己的觉悟程度，努力学习

① 中共中央文献研究室，中央档案馆．建党以来重要文献选编（1921—1949）：第 15 册．北京：中央文献出版社，2011：186.

② 毛泽东．毛泽东选集：第 2 卷．北京：人民出版社，1991：612.

马克思列宁主义”[①]，“认真地学习马克思列宁主义的理论和方法，掌握马克思列宁主义的精神和实质……把马克思列宁主义的普遍真理和本国革命的具体实践结合起来”[②]。党只有不断提高战斗力和领导水平，才能领导中国革命夺取最终胜利。

2. 从思想路线的高度肃清党内错误思想的客观需要

遵义会议是中国共产党历史上一个生死攸关的转折点。它结束了“左”倾教条主义错误在中央的统治，确立了毛泽东在党内和红军中的领导地位，解决了当时党内所面临的最迫切的军事问题和组织问题。但由于战争形势紧急，时间紧迫，对党内思想上的错误及产生这些错误思想的根源并没有来得及彻底清算，尤其是王明“左”倾教条主义错误的影响在党内还不同程度地存在着，这极大地干扰了党的正确政治路线的执行。

1937 年 11 月，王明从莫斯科回到延安，以“钦差大臣”自居，在同年 12 月召开的政治局会议上，王明做了题为《如何继续全国抗战与抗战胜利呢?》的报告，对洛川会议以来中共中央在统一战线问题上的许多正确观点和政策提出了批评，提出“一切经过统一战线”“一切服从统一战线”。1938 年 3 月，王明在政治局会议上做了题为《三月政治局会议的总结——目前抗战形势与如何继续抗战和争取抗战胜利》的报告，提出全国抗日部队“统一指挥”“统一编制”“统一武装”“统一纪律”“统一待遇”“统一作战行动”的主张，并将自己的错误主张写成文章，在《群众》周刊上公开发表。这一系列右倾错误观点引起了党内思想的混乱。1940 年 1 月，毛泽东发表了《新民主主义论》，深刻阐述了中国革命的发展规律和前景，极大鼓舞了广大党员干部和人民群众坚持革命胜利的信心。3 月，王明却未经党中央同意重印了他在 1931 年出版的一本小册子《为中共更加布尔什维克化而斗争》，宣扬自己的“左”倾思想。1941 年 1 月发生的皖南事变对新四军造成了巨大打击，使毛泽东对土地革命时期党内的“左”倾主义错误和抗战初期的右倾主义错误有了更深刻的认识。“非‘左’即右都根源于一个思想方法，即不了解中国具体实际或不能揭示中国革命的客观规律的主观主义。”[③] 为了澄清党的历史上的是非问题，为了解决党内思想的混乱，明确什么是真正的马克思主义，毛泽东号召全党深入学习马克思主义理论，厘清马克思主义理论指导和中国革命实际关系的问题。

3. 党的六届六中全会开展全党学习竞赛的助力

在党的六届六中全会上，毛泽东做了《论新阶段》的报告，专门阐述了关于学习的问题。毛泽东提出要普遍深入地研究马克思列宁主义，“共产党员应是实事求是的模范，又是具有远见卓识的模范……共产党员又应成为学习的模范”[④]，“一切有相当研究能力的

---

① 中共中央文献研究室，中央档案馆. 建党以来重要文献选编（1921—1949）：第 16 册. 北京：中央文献出版社，2011：472.

② 同①475.

③ 任文. 我所亲历的延安整风：上册. 西安：陕西师范大学出版社，2014：5-6.

④ 中共中央文献研究室，中央档案馆. 建党以来重要文献选编（1921—1949）：第 15 册. 北京：中央文献出版社，2011：640.

共产党员，都要研究马克思、恩格斯、列宁、斯大林的理论，都要研究我们民族的历史，都要研究当前运动的情况与趋势”①。毛泽东号召“来一个全党的学习竞赛”②，同时他也指出没有抽象的马克思主义，只有具体的马克思主义。要把马克思主义应用到中国具体环境的具体斗争中去，而不是抽象地应用它。共产党员“离开中国特点来谈马克思主义，只是抽象的空洞的马克思主义……按照中国的特点去应用它，成为全党亟待了解并亟须解决的问题”③。因此，在学习理论的过程中，“不是把他们的理论当作教条看，而是当作行动的指南。不是学习马克思列宁主义的字母，而是学习他们观察问题与解决问题的立场与方法”④。全会通过的政治决议案强调“必须加紧认真地提高全党理论的水平，自上而下一致地努力学习马克思、恩格斯、列宁、斯大林的理论，学会灵活的把马克思列宁主义及国际经验应用到中国每一个实际斗争中来”⑤。

1939 年 2 月，中共中央设立干部教育部；1941 年 12 月，通过《中共中央关于延安干部学校的决定》；1942 年 2 月，通过《中共中央关于在职干部教育的决定》。在全党范围内开展大规模的干部学习教育活动，对提升党员干部马克思主义理论水平和思想政治素质起到了积极作用，但在学习过程中，由于从中央到地方对“理论联系实际”这一根本指导方针认识不清，广大党员干部对什么是真正的马克思主义缺乏辨别能力，出现了机械的学习，造成“在延安学了，到富县就不能应用”⑥ 的情况。为了推动学习运动的顺利进行，毛泽东在延安干部会议上做了《改造我们的学习》的报告，进一步阐述了马克思主义理论学习的原则和方法。

二、基本思想

1. 批判主观主义学风

毛泽东从对中国的现状、中国的历史和马克思列宁主义的应用三个方面，指出了主观主义学风的表现、危害和实质。毛泽东指出，“不注重研究现状，不注重研究历史，不注重马克思列宁主义的应用，这些都是极坏的作风”⑦，是违反马克思列宁主义基本精神的。如果不纠正这些错误，“就无法使我们的工作更进一步，就无法使我们在将马克思列宁主义的普遍真理和中国革命的具体实践互相结合的伟大事业中更进一步”⑧。第一，对于国内和国际的政治、军事、经济、文化不了解或者了解不够系统，“缺乏调查研究客观实际状况的浓厚空气”⑨，将会严重影响党和革命事业的发展，最终必定会引导中国革命

①② 中共中央文献研究室，中央档案馆．建党以来重要文献选编（1921—1949）：第 15 册．北京：中央文献出版社，2011：650.
③ 同①651.
④ 同①.
⑤ 同①763.
⑥ 同①296.
⑦ 毛泽东．毛泽东选集：第 3 卷．2 版．北京：人民出版社，1991：797.
⑧⑨ 同⑦796.

走向失败。第二，毛泽东指出了党内缺乏认真研究历史的浓厚空气，“不论是近百年的和古代的中国史，在许多党员的心目中还是漆黑一团”[①]，要使马克思主义与中国革命实际相结合就必须深刻地了解中国历史，了解“中国共产党的历史和鸦片战争以来的中国近百年史”，“近百年的经济史，近百年的政治史，近百年的军事史，近百年的文化史”[②]。第三，毛泽东批评了某些党内同志为了学习而学习的错误态度，指出“只会片面地引用马克思、恩格斯、列宁、斯大林的个别词句，而不会运用他们的立场、观点和方法，来具体地研究中国的现状和中国的历史，具体地分析中国革命问题和解决中国革命问题”[③]，这是极其错误的。

2. 确立学习的基本原则

怎样对待马克思列宁主义是《改造我们的学习》深刻阐述的重要问题。毛泽东回顾了中国共产党成立、发展和壮大的历程，指出：“中国共产党的二十年，就是马克思列宁主义的普遍真理和中国革命的具体实践日益结合的二十年。”[⑦] 学习马克思主义理论的基本原则就是理论和实际的统一。马克思列宁主义的普遍真理一经和中国革命的具体实践相结合，中国革命的面目就为之一新。在马克思主义理论学习和教育的过程中，“教哲学的不引导学生研究中国革命的逻辑，教经济学的不引导学生研究中国经济的特点，教政治学的不引导学生研究中国革命的策略，教军事学的不引导学生研究适合中国特点的战略和战术”[⑧]，就是理论和实际分离，就是违反马克思主义的。理论和实际相统一的基本原则的确立为全党的整风运动指明了正确方向。这就从根本上划清了真假马克思主义的界限，剥掉了王明所谓的“百分之百的布尔什维克”的伪装，帮助一些人破除了对“天才理论家”的迷信，克服了党内把马克思主义教条化，把共产国际决议和苏联经验神圣化的错误倾向，对于在全党确立和贯彻实事求是的辩证唯物主义的思想路线，坚持马克思列宁主义与中国革命实践相结合的原则，具有极其重大和深远的意义。

3. 提出学习的根本态度

《改造我们的学习》将对待马克思主义的两种态度做了比较。一种是主观主义的态度，另一种是马克思列宁主义的态度。毛泽东深刻揭露和批判了主观主义的态度，阐述了马克思列宁主义的态度即实事求是的学习态度。主观主义态度的根本表现就是“对周围环境不作系统的周密的研究，单凭主观热情去工作，对于中国今天的面目若明若暗”[⑨]。具体表现就是割断历史，“对于中国昨天和前天的面目漆黑一团”；“抽象地无目的地去研究马克思列宁主义的理论”[⑩]。毛泽东也指出了主观主义的危害，认为这是党性不纯的一

---

① 毛泽东．毛泽东选集：第3卷．2版．北京：人民出版社，1991：797.
② 同①798.
③ 同①.
⑦ 同①795.
⑧ 同①798.
⑨⑩ 同①799.

种表现，“拿了律己，则害了自己；拿了教人，则害了别人；拿了指导革命，则害了革命”①。与主观主义的态度对立的，就是马克思列宁主义的态度，这种态度的实质就是“实事求是”。“实事求是”语出《汉书·河间献王传》，东汉班固赞扬西汉景帝之子刘德治学态度严谨，称他“修学好古，实事求是”②。唐代学者颜师古在对《汉书》作注时，把实事求是解释为：“务得事实，每求真是也。”毛泽东在《改造我们的学习》一文中对实事求是做了科学的概括和升华，赋予了它新的内涵，指出：“‘实事’就是客观存在着的一切事物，‘是’就是客观事物的内部联系，即规律性，‘求’就是我们去研究。”③ 要从“实际情况出发，从其中引出固有的而不是臆造的规律性，即找出周围事变的内部联系，作为我们行动的向导”④。坚持实事求是的态度，才能有的放矢地研究马克思列宁主义，真正掌握马克思列宁主义的立场、观点和方法，解决中国革命的理论问题和策略问题。

4. 总结改造学习的方法

毛泽东强调，要改造我们的学习，实现马克思列宁主义与中国革命具体实践的统一，真正领会马克思主义的立场、观点和方法，真正领会列宁、斯大林关于殖民地革命和中国革命的学说，应用它去分析和解决中国革命的实际问题，找出中国革命的发展规律。第一，“系统地周密地研究周围环境”⑤。毛泽东指出：“共产党领导机关的基本任务，就在于了解情况和掌握政策两件大事，前一件事就是所谓认识世界，后一件事就是所谓改造世界。”⑥没有调查就没有发言权，必须根据马克思列宁主义的基本原理和方法，调查研究敌友我三方的动态，才能制定出正确的政策和策略。第二，对中国的历史，特别是对近百年来的中国历史，有组织有计划地系统展开研究。要“聚集人材，分工合作地去做，克服无组织的状态”⑦。第三，要确立“以研究中国革命实际问题为中心，以马克思列宁主义基本原则为指导的方针，废除静止地孤立地研究马克思列宁主义的方法”⑧，即把马克思列宁主义与中国具体实际相结合的方法。马克思的整个世界观不是教义，而是方法。马克思主义不是僵死的教条，它是指导人们的行动和实践的科学理论，是指导人们改造客观世界和主观世界的思想武器。随着社会和历史的发展，随着实践的不断发展，马克思主义理论也不能一成不变，而要与时俱进地不断丰富、发展。对于广大党员干部的理论学习，毛泽东也提出了同样的要求，只有这样，马克思主义才能得到真正的坚持，马克思主义的科学性才能得以体现。

三、重要意义

1. 揭开了整风运动的序幕，提高了广大党员干部的思想理论水平

《改造我们的学习》揭开了延安整风的序幕，它和《整顿党的作风》《反对党八股》

---

① 毛泽东. 毛泽东选集：第3卷. 2版. 北京：人民出版社，1991：800.
② 班固. 汉书：中册. 北京：中华书局，2005：1839.
③④ 同①801.
⑤⑥⑦⑧ 同①802.

同是毛泽东关于整风运动的基本著作。《改造我们的学习》论述了马克思列宁主义基本原理同中国革命具体实际相结合的原则，批判了主观主义作风，号召全党注重调查研究，树立理论和实际相统一的马克思主义作风，标志着延安整风运动正式开始。“整风运动既是一次全党范围内的马克思主义的思想教育运动，也是破除党内把马克思主义教条化、把共产国际决议和苏联经验神圣化错误倾向的伟大思想解放运动。”[①] 通过这次整风，树立了理论联系实际的正确作风，提高了全党的马克思主义理论水平，实现了在以毛泽东为核心的中共中央领导下全党的新的团结和统一，为党的七大的召开和抗日战争的胜利奠定了重要的思想政治基础。同时，这次整风运动，也为党的思想政治教育提供了丰富的经验，发展和丰富了党的思想政治教育的理论和实践。

2. 赋予实事求是新的内涵，推动实事求是思想路线在全党的确立

毛泽东首次使用“实事求是”概念是在 1938 年 10 月党的六届六中全会上，向全党提出了“使马克思主义在中国具体化”的任务。1940 年 1 月在《新民主主义论》中再次强调“科学的态度是‘实事求是’”。在《改造我们的学习》一文中系统地阐明了这一思想，使“实事求是”成为一个完整的马克思主义哲学命题，并赋予了全新的哲学内涵和生命力，使之成为党的思想路线的核心和实质。实事求是的思想路线是毛泽东对辩证唯物主义和历史唯物主义思想路线的高度概括，体现了辩证唯物主义和历史唯物主义的根本要求，既反对唯心主义，又反对机械唯物主义；既反对教条主义，也反对经验主义；既反对“左”倾主义错误，又反对右倾主义错误，是科学的方法论和认识论。毛泽东将实事求是思想路线深入贯彻到延安整风中，使实事求是为广大党员干部普遍接受。1945 年 4 月，党的六届七中全会通过《关于若干历史问题的决议》（简称《决议》），对党的历史进行回顾和反思，深刻分析了党的历史上发生的错误特别是王明“左”倾错误的根源和危害，充分肯定了毛泽东运用马克思列宁主义的理论方法解决中国革命问题的杰出贡献，论证了实事求是的思想路线及其极端重要性。《决议》的通过，表明全党对历史问题的认识达到了统一，标志着实事求是思想路线在全党确立起来。

3. 推动中国共产党在统一思想的基础上团结并成熟起来

马克思列宁主义是科学的世界观和方法论，是中国共产党人团结全国人民英勇斗争的精神支柱，也是革命斗争的鲜明旗帜。马克思主义理论的巨大号召力使无产阶级及其他社会阶层中的优秀分子集合在马克思列宁主义旗帜下，推动中国革命事业不断前进。在《改造我们的学习》的精神指导下，中国共产党人用马克思主义理论武装头脑，坚持马克思主义理论同中国具体实际相结合，指导中国的革命。通过学习教育，树立起了理论联系实际的优良作风，训练了党内经过长期斗争保留下来的一批老干部和抗战爆发后入党的大批新党员，达到了全党思想认识的高度一致，组织上的空前团结，增强了中国

---

① 中共中央党史研究室. 中国共产党历史：第 1 卷（下册）. 北京：中共党史出版社，2011：621-622.

共产党的凝聚力和战斗力。思想建设和政治建设的加强，也使党在政治上更加成熟，成为领导中国革命取得成功的核心力量。

四、学习与思考

1. 主观主义学风给中国革命和建设带来了哪些严重危害？
2. 为什么说“实事求是”是党的思想路线的核心和实质？
3. 中国共产党的实事求是思想路线是如何确立和发展的？

《中共中央宣传部关于党的宣传鼓动工作提纲》导读

《中共中央宣传部关于党的宣传鼓动工作提纲》（以下简称《提纲》）是时任中共中央书记处书记、中共中央宣传部部长、马列学院院长张闻天起草的一份文件，中共中央宣传部于1941年6月20日颁布，原载于1941年8月出版的《共产党人》，后被毛泽东主持编写的《六大以来》下卷收录。《提纲》从十二个方面系统阐释了共产党宣传鼓动工作的基本理论和实践问题，既是对以往中国共产党宣传鼓动工作经验的专题性总结，进一步凝练了宣传理念，也是对今后宣传工作建设的具体部署，进一步明确了努力方向，堪称全面抗战时期中国共产党在根据地组织开展宣传鼓动工作的纲领性文件。

原文见《建党以来重要文献选编（1921—1949）》第十八册，中央文献出版社2011年版，第422～433页。

一、写作背景

1. 增强宣传鼓动工作战时功能的必然要求

宣传鼓动工作是共产党的优良传统，是夺取抗战胜利的重要保障。民主革命时期，反帝反封建的重任历史性地落到了中国共产党的肩上，面对强大的敌人、艰巨的使命，中国共产党人不仅以枪杆子为工具积极开展武装斗争，而且以笔杆子为武器不断加强宣传教育，形成了左手拿传单右手拿枪弹的独特格局。宣传鼓动工作是无产阶级革命运动蓬勃发展的重要推动力量，这在抗战时期得到了更为充分的体现。20世纪30年代以来，日本大肆入侵，民族危机日益深重。在生死存亡之际，中国共产党不惧强敌、不畏艰险，誓将抗争进行到底，开启了长达十四年的抗争。在旷日持久的革命斗争中，中国共产党不仅要战胜来自外部的诸多困难，还要应对来自内部的种种考验。例如，“速胜论”“亡国论”甚嚣尘上，盲目乐观或悲观失望的情绪不断发酵，如何摆脱不良社会舆论带来的恶劣影响，引导广大群众正确认识抗战的持久性、正义性以做好必要的准备、坚定必胜的信念，成为对敌斗争的重要任务。又如，“兵民是胜利之本”[①]，夺取抗战胜利的基础在

① 毛泽东．毛泽东选集：第2卷．2版．北京：人民出版社，1991：509.

于广大人民群众，团结一切可能的力量共同抵御外辱是共产党的基本策略。然而，在帝国主义的残暴行径面前，仍有部分群众麻木冷漠，甚至在敌人的威逼利诱之下苟且偷生，不惜背弃民族大义与人民为敌，如何深入广泛地开展群众动员，激励更多群众投入抗战的滚滚洪流成为了关键所在。再如，国共两党组建了抗日民族统一战线，但这并不代表两党之间的摩擦和冲突就此停歇。事实上，国民党从来没有放弃对一个政党、一个领袖、一个主义的宣扬，也时刻不忘利用话语霸权污蔑诋毁共产党，意识形态领域的竞争日趋激烈，如何牢牢占领思想阵地，宣传共产主义的崇高理想、扩大共产党的政治影响以抗衡国民党的舆论攻击成为当务之急。在这样的历史背景之下，宣传鼓动工作的地位得以凸显，重要性得以提升，我们党有必要进一步梳理影响宣传鼓动工作的诸多根本性、方向性问题，充分发挥思想教育、政策宣传、群众动员、舆论引导等功能，助推抗日战争的伟大胜利。

2. 深化宣传鼓动工作理论研究的现实需要

中国共产党对宣传鼓动工作的认识、重视源于马克思列宁主义宣传理论的指引。马克思主义认为，“理论一经掌握群众，也会变成物质力量”[①]。物质决定意识，意识反过来会对社会改造产生巨大的能动作用。基于此，马克思、恩格斯把宣传作为无产阶级政党的基本任务和每一位党员的应尽义务，在著作、信件和演讲稿中大量使用了宣传、鼓动、宣传工作、政治鼓动等概念，强调其在阶级斗争、人类解放中的重要作用。例如，马克思、恩格斯在《共产主义者同盟章程》中提出“通过宣传财产共有制并促使这一制度尽可能早日实现，以便把人类从被奴役的状态下解放出来”[②]，并明确将“具有革命毅力并努力进行宣传工作”作为加入同盟的基本条件，对宣传工作的重视可见一斑。马克思、恩格斯还提出了实事求是的宣传原则，认为“任何蛊惑的号召和谋叛的宣言都不能像平凡而简单的人类史料那样起着革命作用”[③]；确立了以受众特点、需要、兴趣等为中心的宣传方法论，“试问，《新闻报》，或者更确切地说，它的读者，是否对这一切有足够的兴趣?”[④] 这些论述都对后来的宣传工作产生了深远的影响。列宁尤其高度重视宣传工作，要求“十倍地加强在无产阶级群众中的宣传工作”[⑤]，甚至在无产阶级掌握国家政权之后列宁依旧把宣传鼓动作为整个国家的主要任务。在继承马克思、恩格斯宣传思想的基础上，列宁通过深入的思考提出了著名的“灌输”理论，认为“工人本来也不可能有社会民主主义的意识。这种意识只能从外面灌输进去”[⑥]，阐释了对工人阶级加强理论教育的重要性，为宣传工作的创新发展做出了突出贡献，对我国的宣传工作具有重大启示。在借鉴马克思列宁主义经典作家精辟论述的基础上，中国共产党在错误中成长，在反思中前进，对于如何在一个半殖民地半封建国家开展宣传鼓动工作进行了积极探索和认真钻

---

① 马克思，恩格斯．马克思恩格斯选集：第1卷．3版．北京：人民出版社，2012：9.
② 马克思，恩格斯．共产主义者同盟章程．北京：生活·读书·新知三联书店，1976：367.
③ 马克思，恩格斯．马克思恩格斯全集：第12卷．2版．北京：人民出版社，1998：40.
④ 马克思，恩格斯．马克思恩格斯文集：第10卷．北京：人民出版社，2009：149.
⑤ 列宁．列宁全集：第17卷．2版增订版．北京：人民出版社，2017：258.
⑥ 列宁．列宁选集：第1卷．3版修订版．北京：人民出版社，2012：317.

研，逐渐形成了包括宣传鼓动工作的地位、作用、原则、方法、内容、目标、组织等在内的理论体系，这体现在不同历史时期中共中央颁布的各类文件以及党内领袖、理论家的专门著述中。全面抗战时期，为了更好地适应抗战形势的变化、满足宣传鼓动的需求，党的理论与时俱进。《提纲》的颁布标志着共产党人在理论研究领域取得了又一代表性成果，它以马克思列宁主义宣传理论为思想渊源，以党内前期探索为逻辑起点，对党的宣传鼓动工作进行全面梳理总结，是全面抗战时期共产党人集体智慧的集中反映和阶段性理论结晶的有力展示。

3. 党领导宣传鼓动工作历史的经验总结

中国共产党的宣传鼓动工作实践取得了显著成效，同时面临着一些亟待解决的难题。马克思主义经典作家不仅阐释了宣传理论，而且付诸实际行动。马克思、恩格斯始终活跃在欧洲各国的宣传实践当中，终身致力于无产阶级革命理论的传播。他们特别注重报刊的阵地作用，以身作则，以文载道，将自己的革命见解和主张诉诸笔端，给读者以思想的启迪和精神的洗礼。据统计，马克思、恩格斯在其革命生涯中，主编或参加编辑、指导或为之写过稿子的报刊多达上百种，身体力行诠释共产党人的革命理论。在中国，五四时期宣传鼓动工作迅速推进，一大批先进的知识分子创办《新青年》《每周评论》等杂志，成立马克思学说研究会、马克思主义研究会等团体，或发表战斗檄文，或组织革命活动，介绍社会主义新思潮，报道国际共产主义运动，对马克思主义的早期传入和广泛传播发挥了积极作用。中国共产党自成立之日起便认识到了宣传鼓动工作之于民主革命胜利的重大意义，党的一大通过的第一个决议中第二条即对宣传工作的组织领导、出版纪律等提出了明确要求。此后，宣传鼓动工作作为党的工作的重要组成部分贯穿了中国共产党领导民主革命斗争的全过程。在马克思列宁主义理论的指引下，共产党人不断开辟宣传阵地，创办《共产党》《先驱》《向导》《解放日报》《晋察冀日报》等中央或地方机关刊物；丰富宣传载体，报纸、口号、标语、连环画、壁上新闻、宣传页等信息传播渠道日益多样化；拓展宣传空间，民革室、茶馆、救国堂、俱乐部、集市庙会等成为了引导公共舆论的有利场所；扩展宣传形式，以歌谣、戏剧、舞蹈、绘画、音乐、诗歌等为依托的文艺活动丰富多彩。在长期的宣传实践过程中，党的宣传理论日臻成熟，宣传制度逐步建立，人才队伍初具规模，宣传鼓动工作已经成为教育群众、发动群众、组织群众的重要途径，在反帝反封建的革命运动中彰显出巨大的力量，这为宣传鼓动工作的深入推进奠定了坚实的基础。尽管如此，直至全面抗战时期，在实践层面仍然存在一些亟待改进的问题。例如，在宣传主体上，人人参与的宣传格局尚未构建；在宣传方法上，教条主义的倾向尚未彻底纠正，脱离群众、脱离实际的错误做法并不鲜见。这些问题在很大程度上降低了宣传的实效性，亟待共产党予以回应。问题是时代的声音，《提纲》以问题为导向，总结过往成功经验、分析当前存在弊端，旨在更好地关照现实、指导实践。

二、基本思想

1. 厘清“宣传”“鼓动”的概念及其相互关系

综观党的早期宣传文献，“宣传”二字在很多情况下并非单独出现，而是和其他词语组合使用，例如宣传教育、宣传鼓动。一般认为，广义的宣传包括鼓动。严格来说，宣传与鼓动有不同的内涵和外延，需要对之进行更为细致的区分。1932 年张闻天的《论我们的宣传鼓动工作》和 1933 年杨尚昆的《转变我们的宣传鼓动工作》两篇文章在标题、行文中均将“宣传”“鼓动”并列，但没有对其内涵进行界定。《提纲》首次准确地阐释了宣传工作、鼓动工作的概念，这成为我们今天从学理的角度解释“宣传”和“鼓动”的异同及其相互关系的重要依据。《提纲》提出，宣传与鼓动既相互统一，又相互区别。“宣传工作是在于把一个问题从理论上解说得明白，使比较少数的人了解这个问题的原因、结果、前途和发展规律，给比较少数的人以许多观念。”① “鼓动工作是在于从一个问题中抓住人人都知道的事实，给广大群众以一个观念，极力激起群众的感情。”“宣传工作主要是文字上的，并带更多的经常性，而鼓动工作则主要是口头上的，并多带临时性。”② 宣传工作和鼓动工作在任务、内容、对象、方式等方面都存在差异，这表现为：宣传侧重于理论的说明，大多采取文字分析的方式讲清深刻的道理，以缜密的思维和清晰的逻辑打动人，理性的色彩较为明显，因而对宣传对象的理解能力有一定的要求，受众面较为狭小；鼓动侧重于情感的激发，大多通过口头表达的方式讲述浅显的事实，以较强的煽动性和感染力影响人，感性的色彩较为突出，因而对鼓动对象的文化水平没有特殊的要求，受众面较为广泛。在厘清概念的基础上，《提纲》进一步说明了二者之间的关系：“鼓动工作为宣传工作开拓更广泛的基础。”“宣传工作又帮助巩固鼓动工作中已经取得的地盘。”③ 宣传工作与鼓动工作可以彼此促进、相得益彰。为此，在开展宣传鼓动工作时，必须具体情况具体分析，根据环境、条件的变化选取恰当的方式，或由鼓动工作过渡到宣传工作，或由宣传工作转变为鼓动工作。

2. 明确宣传鼓动工作的任务与范围

明确任务与范围是有效开展实践活动的必要步骤。合理设定目标、恰当划定界限可以使党的宣传鼓动工作始终沿着正确的方向全方位推进。《提纲》开篇即点明了宣传鼓动工作的任务与范围。关于宣传鼓动的任务，《提纲》认为其体现在理论普及、政策传播、思想动员方面：“我们党的宣传鼓动工作的任务，是在宣传党的马列主义的理论，党的纲领与主张，党的战略与策略，在思想意识上动员全民族与全国人民为革命在一定阶段内

---

① 中共中央文献研究室，中央档案馆．建党以来重要文献选编（1921—1949）：第 18 册．北京：中央文献出版社，2011：423-424．

②③ 同①424．

的彻底胜利而奋斗。"① 关于宣传鼓动的范围，《提纲》以列举的方式进行了说明："宣传鼓动是思想意识方面的活动，举凡一切理论、主张、教育、文化、文艺等等均属于宣传鼓动活动的范围。"② 由于宣传鼓动实践中存在着窄化内涵的错误认知，出现了放弃宣传鼓动工作阵地的不当做法，并造成了宣传鼓动工作无法全方位辐射的严重后果，《提纲》着力打破局促的视野，勇于纠正时弊，以更宽广的视角定义党的宣传鼓动工作，使之成为一个包括理论、主张、教育、文化、文艺等在内的多义项概念，并进一步对宣传鼓动工作涵盖的分支内容展开说明，把党内教育工作、群众鼓动工作、文化运动单列标题、专门论述，在对其主要内容和任务条分缕析的基础上，结合实际情况提出了具体的工作要求，有助于加深对宣传鼓动工作丰富内涵的理解，具有较强的现实指导意义。

3. 分析宣传鼓动工作的特点与原则

宣传鼓动工作在党的整个工作中具有重要的地位，与组织工作共同构成了我党工作中两个有机的部门，二者之间"正如鸟之两翼，车之两轮，不可缺一"③。宣传鼓动本质上是舆论工具，它可以为不同的政党主体所使用，因而呈现出不同的特点。《提纲》指出："我党宣传鼓动与其他党派的宣传鼓动有基本原则的区别，就在于我党的宣传鼓动工作是以马列主义为指导原则。"④ 这主要表现为三个方面。首先是客观性。我党宣传的理论、纲领、政策等是符合客观实际和客观发展规律的，因而我党的宣传鼓动"是有生命的，有力量的"⑤。其次是阶级性。我党的宣传鼓动工作服务于全民族和全国人民的利益，因而我党的宣传鼓动"是能为群众所接受与拥护的"⑥。最后是实践性。由于我党的宣传鼓动工作与党的行动相符合，体现了言行一致的特点，因而我党的宣传鼓动"是行动的、战斗的"⑦。《提纲》还对宣传鼓动工作必须坚守的基本原则进行了全面总结，将之概括为七大项：必须掌握党的路线与党的政策，必须正确估计客观环境、了解具体情况以及了解宣传鼓动对象，必须区别各种不同情况下的宣传鼓动工作，必须根据群众自身的政治经验开展宣传鼓动，必须坚守统一战线的策略方针，必须采取多种多样的宣传方式，必须善于使用一切宣传鼓动工具。这些原则彰显了党的宣传鼓动工作理念，也为今后宣传鼓动工作的顺利开展提供了实践指南。

4. 阐释宣传鼓动工作的方法与载体

采用何种方法、利用哪些载体是制约宣传鼓动工作过程、影响宣传鼓动工作效果的重要因素。《提纲》指出，在开展宣传鼓动工作的过程中，首先需要留心研究一般的方法，即明白"你要讲什么""对什么人讲""要达到什么目的""怎样讲""随时留心群众

①② 中共中央文献研究室，中央档案馆．建党以来重要文献选编（1921—1949）：第18册．北京：中央文献出版社，2011：422.

③ 同①431.

④⑤⑥⑦ 同①423.

的反映”[①]。为了提升宣传鼓动的有效性，《提纲》进一步阐述了宣传工作、鼓动工作需要特别注意的一些事项，从内容、语句、方式、时长等方面有针对性地加以分析，提出在进行宣传工作时“内容必须是充实的”，“语句应当是简单、明了、清楚、透彻”，“事实应当是真实的，生动的”，“由具体到抽象”[②]，以及在进行鼓动工作时，“抓住为广大群众所熟悉的事实”，“抓住为广大群众最切身的，最迫切的，最易感动的事实”，“讲话要生动”，“时间要短”[③] 等具体要求，具有很强的实践操作性。载体是承载宣传鼓动内容的介质，在众多的载体中，报纸、刊物、书籍是共产党常用的媒体工具。共产党高度重视办报、办刊物、出书籍，全国的或地方的、综合类的或行业类的出版物是我们党开展理论普及、舆论引导、群众动员等的重要途径。《提纲》肯定了报纸、刊物、书籍的重要性，将其视为“党的宣传鼓动工作最锐利的武器”[④]，提出“各地方党应办地方的出版机关、报纸、杂志”[⑤] 的观点，扩大了创办主体；在出版内容上，提出“应大量出版中级读物，补助读物以及各级的教科书”“应当大量的印刷和发行各种革命的书报”[⑥] 的建议，扩大了出版范围；文中还基于交通工具困难的客观事实，提出了“改进现有通讯社及广播事业的工作”[⑦] 的要求，体现了宣传鼓动载体与时俱进的特点。

5. 论述宣传鼓动工作的组织领导和人才培养

坚持党的领导是民主革命时期宣传鼓动工作的显著特征，是宣传鼓动工作始终朝着正确方向发展的前提条件，也是宣传鼓动工作取得巨大成效的重要保障。中国共产党在成立之初就担负起了领导责任，在第一个决议中确立了党管宣传的原则，对党的出版工作有以下规定：“一切书籍、日报、标语和传单的出版工作，均应受中央执行委员会或临时中央执行委员会的监督。”[⑧]“不论中央或地方的一切出版物，其出版工作均应受党员的领导。”[⑨] 此后，共产党还实行了专门的审查制度以实现党对宣传工作的绝对领导。《提纲》在延续以往宣传鼓动工作思路、总结成功经验的基础上指出：“全党的宣传鼓动工作必须统一在中央总的宣传政策领导之下。”[⑩] 唯有如此，才能“战胜我们的敌人”[⑪]，如果各自为政则是“非常危险的”[⑫]，强调了新形势下强化党的领导权的重要意义。宣传鼓动工作既定目标的实现不仅需要党的正确领导，而且有赖于健全的组织机构。针对现实中存在的忽视建立宣传鼓动部门的现象，《提纲》着重发出了“各级党的组织都应设立宣传部（科或股），统一同级党的一切宣传鼓动工作”[⑬] 的要求。除了有力的组织系统，人的因素同样不可或缺，“党的宣传鼓动工作的发展，首先决定于宣传鼓动工作干

---

①② 中共中央文献研究室，中央档案馆．建党以来重要文献选编（1921—1949）：第18册．北京：中央文献出版社，2011：426.

③ 同①426-427.

④⑤⑥⑦ 同①430.

⑧ 中共中央文献研究室，中央档案馆．建党以来重要文献选编（1921—1949）：第1册．北京：中央文献出版社，2011：4.

⑨ 同⑧5.

⑩ 同①432.

⑪ 同①433.

⑫⑬ 同①432.

部的培养”[①]。《提纲》提出不仅要有相当数量的宣传员和鼓动员，而且要经常对他们进行教育以提高质量，并根据工作要求的不同，分别列举了宣传家、鼓动家必须具备的品质和素养，这不仅为宣传鼓动工作队伍建设指明了努力的方向，而且为宣传鼓动工作的长远发展提供了坚实的人才支撑。

三、重要意义

1. 中国共产党宣传鼓动工作的经验总结

《提纲》是对马克思主义宣传思想的继承和发展，是对中国共产党以往宣传鼓动工作的总结与深化，反映了我们党对宣传鼓动工作基本问题的认知以及对基本规律的把握。文件的起草者张闻天长期从事党的宣传鼓动工作，既是卓越领导者，又是躬身践行者，具有深厚的知识积淀和丰富的基层经验，曾在多篇文章中提出了具有远见卓识的理论观点，具有广泛的社会影响。《提纲》的颁布标志着我们党对宣传鼓动工作的理论认知上升到了一个新的高度。其一，从结构上分析，《提纲》的论述更为系统。《提纲》全文共有 7 000 多字，是共产党关于宣传鼓动工作的篇幅最长的文件。它并非从单一的视角出发探究问题，而是以开阔的视野对党的宣传鼓动工作进行了全面阐发。与前期共产党颁布的有关指示性文件以及个人发表的众多理论文章相比，系统性是《提纲》的显著特征，这也是其理论价值所在。例如，《中共中央书记处关于宣传教育工作的指示》重在提出具体的工作任务与要求；《中央宣传部关于充实和健全各级宣传部门的组织及工作的决定》旨在加强党的宣传工作的组织建设；陆定一的《目前宣传工作中的四个问题》聚焦现实存在问题，有针对性地提出对策。《提纲》则从概念界定到内涵分析，从工作方法到实践原则，从组织领导到人才培养，将与宣传工作有关的理论和现实问题一一展开论述，有助于形成关于党的宣传鼓动工作的整体性认知，推动党的宣传鼓动理论不断成熟。其二，从内容上分析，《提纲》的论述更为深刻。在前人研究成果基础上，进一步提出了许多富有启发性的观点。例如，对宣传鼓动概念的界定体现了大宣传的工作格局，对宣传特殊方法的阐释体现了实事求是的作风，尤为引人注目的是其关于一般方法的论述与享誉西方学界的宣传理论有异曲同工之妙。1948 年，美国学者拉斯韦尔提出了传播的五要素，即主体（who）、内容（says what）、媒介（in which channel）、受众（to whom）、效果（with what effect），被称为著名的“5W”模型，在西方新闻学领域产生了深远的影响。尽管《提纲》提出的观点不能与之完全相对应，但其对宣传工作的规律性认识具有穿越时空的穿透力，而且我们党对此问题的说明显然更早，充分展示了共产党人的前瞻性和洞察力。

---

① 中共中央文献研究室，中央档案馆．建党以来重要文献选编（1921—1949）：第 18 册．北京：中央文献出版社，2011：431.

2. 为全面抗战时期党的宣传鼓动工作提供理论支撑和实践要求

《提纲》是在抗战的特殊环境下形成的，为全面抗战时期党的宣传鼓动工作的深入发展提供了有力的理论支撑和明确的实践要求，文中提出的方法、原则、载体等均得到了实际运用，宣传鼓动工作的科学性不断增强、宣传鼓动工作的规范性得以提升。例如，在加强党的领导和坚持党性原则方面，中共中央改版《解放日报》，逐渐纠正远离抗争、脱离群众的弊端，使之紧密围绕团结抗战的中心任务，对根据地的重大事件和群众身边的热点问题予以积极关注和热切回应，党报的政治属性更加突出，真正成为了抗日人民大众的报纸，强化了党报的舆论喉舌功能。在开展党内教育方面，在职干部教育的力度不断增强，中共中央和宣传部陆续颁布了关于加强干部教育、提高教育质量的指示、决定，以中共中央党校、泽东青年干部学校等为主要依托，以《提纲》中规定的课程内容为基本遵循，培养了大批革命干部。在扩展媒介方面，这一时期根据地的出版事业和新闻传播事业得到了前所未有的发展，中国共产党克服重重困难，丰富可资利用的载体种类、扩大媒体宣传的规模，建构了以报纸、期刊、书籍、广播等为主要载体的宣传网，及时传播抗战消息、普及革命理论，以多元化的媒体形态满足了不同教育对象的多样化需要。在改进宣传方法方面，文艺工作者注重密切联系群众，他们深入前线、走进乡村，从中源源不断地获取了鲜活的材料，以贴近百姓生活的生动事例为基础进行创作，根据地的文艺运动以崭新的面貌出现，朝着与工农大众相结合的方向发展。在宣传鼓动风格方面，宣传工作者从受众的基本特点出发，以通俗易懂的语言风格和平易近人的叙事方式开展了群众喜闻乐见的活动，适应了群众的知识水平和接受能力，党的宣传鼓动工作更加富有成效。总的来说，《提纲》从多个维度、不同层面对党的宣传鼓动工作进行了战略部署，提出了有可操作性的建议，在共产党的宣传工作史上占有重要的地位，在其指导之下，抗日根据地的宣传鼓动工作焕发出勃勃生机，成为对敌斗争的有力武器，为夺取抗日战争的最后胜利奠定了思想舆论基础。

3. 推进新时代宣传思想工作的经验借鉴

中国特色社会主义进入新时代，我们面临的时代主题、环境及形势、任务等都已发生了巨大变化，宣传思想工作的内涵、任务、特点等也在不断地变化中。其中，鼓动工作的概念不再被频繁提及，鲜有出现在宣传思想工作的范畴中，也不是理论界关注的重点。但不可否认的是，作为党的舆论喉舌，宣传思想工作在中国特色社会主义建设中的地位持续凸显，其思想引领、舆论引导作用无可替代。《提纲》中关于宣传载体、原则以及加强党的领导等诸多论述在意识形态工作极端重要的今天依然具有很强的现实意义。第一，宣传思想工作要坚持党的领导，把握正确舆论导向，牢记初心和使命。习近平指出："党的新闻舆论工作的职责和使命是：高举旗帜、引领导向，围绕中心、服务大局，团结人民、鼓舞士气，成风化人、凝心聚力，澄清谬误、明辨是非，联接中外、沟通世界。""党的新闻舆论工作坚持党性原则，最根本的是坚持党对新闻舆论工作的领导。”① 这与《提纲》中对宣传鼓动工作概念的界定、任务的划分、特点的阐释等一脉相承。新时代宣传思想工作要注重汲取历史上的丰富经验，始终坚持党的领导，充分体现党的意志、反映党的主张、维护党的团结，自觉做到爱党、为党、护党；要牢牢把握正确舆论导向，以正面宣传为主，弘扬主旋律、激发正能量；要牢记宣传思想工作的初心使命，把培养能够担当民族复兴大任的时代新人作为重要职责。第二，宣传思想工作要结合实际，创新发展，与时俱进。《提纲》关于宣传载体、方法等的论述给予新时代宣传思想工作以深刻的启示。习近平在主持召开党的新闻舆论工作座谈会上指出，“党的新闻舆论工作必须创新理念、内容、体裁、形式、方法、手段、业态、体制、机制，增强针对性和实效性”②，从多个维度为新时代宣传思想工作提出了努力方向，这就要求宣传工作立足实际、顺应形势，着眼新情况、新问题、新任务，把握宣传对象的思想特点和时代的发展潮流，与时俱进地开展宣传思想工作；积极创新，大胆尝试，在内容、形式、载体等方面勇于变革，不断增强宣传思想工作的吸引力、感染力；多维联动、同向发力，充分发挥报刊、电台、网络新媒体等平台的独特优势，以多元化的方式满足受众的多样化需求，不断推动宣传思想工作在新时代背景下取得新成效、实现新突破。

四、学习与思考

1. 试论宣传鼓动工作的特点与原则。

2. 结合学习文献，谈谈应该从哪些方面着力提升讲好中国故事、传播好中国声音、阐释好中国特色的能力？

3. 如何切实增强新时代宣传思想工作的针对性、实效性和吸引力、感染力？

①② 习近平在党的新闻舆论工作座谈会上强调：坚持正确方向创新方法手段 提高新闻舆论传播力引导力. 人民日报，2016-02-20.

《中共中央关于延安在职干部学习的决定》导读

抗日战争是中华民族解放史上的壮举，是新民主主义革命的重要阶段。中国共产党要肩负起领导完成这一神圣使命的重任，就必须造就千百万合格的德才兼备的干部。党中央清醒地认识到这项工作的必要性和紧迫性，不但把培养干部同夺取抗战胜利联系起来，而且将它提到争取新民主主义革命胜利和攸关党的事业成败的高度来对待。为此，中共中央于 1939 年 2 月成立了干部教育部，由张闻天任部长，李维汉任副部长。由于人力、物力、财力的限制和实际斗争的需要，绝大多数干部的学习只能采取在职教育的形式，即边斗争、边工作、边学习。党中央从 1940 年 1 月到 1942 年 2 月相继发出《中共中央书记处关于干部学习的指示》《中共中央关于延安在职干部学习的决定》《中共中央关于在职干部教育的决定》等一系列重要文件，制定了在职干部学习教育相关的具体措施。在毛泽东思想指导下，全党思想认识统一，培养目标明确，教育内容针对性强，形成了完整的教育体系和宏大的教育规模，积累了丰富的宝贵经验，培养了数以百万计的革命干部。

原文见《建党以来重要文献选编（1921—1949）》第十八册，中央文献出版社 2011 年版，第 714～719 页。

一、写作背景

1. 弥补理论上的不足，巩固党的建设的内在需求

毛泽东指出：“指导一个伟大的革命运动的政党，如果没有革命理论，没有历史知识，没有对于实际运动的深刻的了解，要取得胜利是不可能的。”① 作为中国无产阶级先锋队的中国共产党，诞生在一个人口众多、情况复杂、经济文化落后的半殖民地半封建的中国，面对纷繁复杂的各种社会状况，还来不及用系统全面的马克思主义理论来武装自己，就面临着反帝反封建这一沉重而紧迫的历史任务。理论准备上的不足，是当时中国共产党的一个相当大的特点，刘少奇曾明确指出：“中国党有一极大的弱点，这个弱

① 毛泽东. 毛泽东选集：第 2 卷. 2 版. 北京：人民出版社，1991：533.

点，就是党在思想上的准备、理论上的修养是不够的，是比较幼稚的。”① 而且“缺乏理论的弱点仍旧未能克服”②。面对党内这一“要以极大的努力来加以克服”③ 的重要问题，以毛泽东为代表的中国共产党人深知，为了领导中国革命走向胜利，就必须建设一个全国范围的、广大群众性的，思想上、政治上、组织上完全巩固的布尔什维克化的党。而“我们现在有大批的新党员所形成的很多的新组织，这些新组织还不能说是广大群众性的，还不是思想上、政治上、组织上都巩固的，还不是布尔什维克化的。同时，对于老党员，也发生了提高水平的问题，对于老组织，也发生了在思想上、政治上、组织上进一步巩固和进一步布尔什维克化的问题。党所处的环境，党所负的任务，现在和过去国内革命战争时期有很大的不同，现在的环境是复杂得多，现在的任务是艰巨得多了”④。因此，只有坚持理论学习，全面把握马克思列宁主义基本原理和方法以及中国社会历史发展规律，加强思想政治教育，不断改造非无产阶级思想，才能担负起领导中国革命取得胜利的历史任务。

2. 肃清“左”、右倾错误的影响，提高干部素质和能力的客观要求

领导抗日战争和新民主主义革命取得胜利，就要把党建设好，培养千百万优秀干部。“中国共产党是在一个几万万人的大民族中领导伟大革命斗争的党，没有多数才德兼备的领导干部，是不能完成其历史任务的。”⑤ 毛泽东在党的六届六中全会上强调：“政治路线确定之后，干部就是决定的因素。因此，有计划地培养大批的新干部，就是我们的战斗任务。”⑥ 陈云也指出：“党的干部不同于一般党员，是党的骨干。干部在党的组织中占重要地位。党看重干部的作用，认为没有坚强的干部队伍，我们党的事业就不能发展，就不能取得革命胜利。”⑦ 在全面抗战时期，中国共产党特别重视干部教育，把培养教育干部看作党的重要战略任务，夺取抗战胜利的重要保证。

一方面，全面抗战爆发后，从中央到地方的各条战线上，都深感干部数量的严重不足。毛泽东认为，大革命和土地革命失败后，总共只保存下来约 2 万名干部。对此他极为忧虑，称之为“干部的恐慌”。造成这一局面的原因有两个：一是大批干部在土地革命战争中牺牲了。1937 年 5 月，刘少奇在延安举行的苏区党代表会议上指出：“过去我们的干部，特别是有经验的干部大批牺牲，我们要在最短期内补救这个缺陷，要训练上万的干部。”⑧ 1939 年 9 月，陈云在抗大做《论干部政策》的演讲时说：“中国共产党在过去十年斗争中，干部损失了十几万。”⑨ 二是抗日民族统一战线建立后，党从过去狭小的圈子里走了出来，面向全国发展，随着敌后抗日根据地的开辟、抗日民主政权的建立、人民军队的扩大、共产党组织的发展，为数不多的干部更显紧缺。陈云指出：“干部依然

---

①② 刘少奇．刘少奇选集：上卷．北京：人民出版社，1981：220.
③ 同①222.
④ 毛泽东．毛泽东选集：第 2 卷．2 版．北京：人民出版社，1991：603.
⑤⑥ 同④526.
⑦ 陈云．陈云文选：第 1 卷．北京：人民出版社，1995：211.
⑧ 同①78.
⑨ 同⑦109.

不够，特别是新开辟的根据地。这是因为：革命事业发展很快，工作范围扩大了，工作性质又是空前的复杂，党员增加了很多，但干部不能与党员按同比例增加。”[①]

另一方面，1937 年之后的 3 年间，中国共产党党员人数由 4 万人发展到 80 万人。党员队伍迅速发展壮大，理论素养的提升和思想的改造难免跟不上，干部队伍整体素质亟待提高。“干部队伍不断扩大，也带来了不少新的问题……老干部一般说文化水平不高，甚至还有文盲，都需要进行教育、学习。”[②] 无论是老干部还是新干部，面对新的形势、任务，均存在相当大的差距。老干部政治方向坚定正确，组织纪律性强，具有丰富的实际斗争与工作经验，但他们大多出身于工农家庭，缺乏系统的教育，又埋头实际斗争，所以文化水平、政治理论水平较低。新干部中知识分子出身的占了相当大的比重，富有热情和朝气，积极投身到抗战洪流中来，但由于缺乏锻炼，政治方向还不够坚定，革命意志尚不坚强，艰苦奋斗的传统与作风还没有内化为自身的品格，实际工作经验也欠缺，小资产阶级意识的影响或多或少地存在着。要改变这些状况，必须加强学习和教育。毛泽东指出：“普遍地深入地研究马克思列宁主义的理论的任务，对于我们，是一个亟待解决并须着重地致力才能解决的大问题。……如果我们党有一百个至二百个系统地而不是零碎地、实际地而不是空洞地学会了马克思列宁主义的同志，就会大大地提高我们党的战斗力量，并加速我们战胜日本帝国主义的工作。”[③]

抗日民族统一战线成立前后，党内分别出现过“左”倾和右倾错误，在干部队伍中造成较大影响，并在相当长一段时间里发生着作用。1937 年 4 月，中共中央在《国民党三中全会后我们的任务》的报告中指出：目前党的基本任务之一是“重新教育干部，使他们了解新的策略和新的工作方式”[④]。另一重要任务是“加强党内的思想斗争，反对‘左倾’，因为这种倾向将使党脱离群众，因为它客观上是帮助敌人来破坏抗日民族统一战线。……同时在统一战线的开展中，必须反对右倾机会主义，它表现与另一种政党同化，成为尾巴主义”[⑤]。因此，只有加强干部的学习和教育，才能从根本上肃清“左”倾、右倾错误的影响，提高他们的政治理论素养，坚持抗日民族统一战线及党的各项方针政策，正如毛泽东总结的，“如果不学习，就不能领导工作，不能改善工作与建设大党。这领导工作、改善工作与建设大党，便是我们学习运动的直接原因”[⑥]。

3. 用新的革命理论武装干部，探索正确革命道路的根本需要

1937 年 7 月，卢沟桥事变后，日本帝国主义发动了全面侵华战争，中华民族处于生死存亡的危急关头，民族矛盾和国内阶级关系发生了根本变化。中国共产党根据这种矛盾的转化和阶级关系的新变化，提出了建立抗日民族统一战线的政治路线，迫使国民党接受了联共抗日的主张。在这种形势下，中国共产党的革命路线、方针、政策都有了新

---

① 陈云. 陈云文选：第 1 卷. 北京：人民出版社，1995：212.

② 李维汉. 回忆与研究：上. 北京：中共党史出版社，2013：330.

③ 毛泽东. 毛泽东选集：第 2 卷. 2 版. 北京：人民出版社，1991：533.

④⑤ 中共中央文献研究室，中央档案馆. 建党以来重要文献选编（1921—1949）：第 14 册. 北京：中央文献出版社，2011：129.

⑥ 毛泽东. 毛泽东文集：第 2 卷. 北京：人民出版社，1993：179.

变化，如停止推翻国民党政府的武装暴动方针，实行联蒋抗日；在解放区停止没收地主土地而转为实行减租减息，实行“三三制”，建立抗日民主政权等。在职干部的学习和教育工作也要适应这种变化，转变思想，学习和研究新的斗争方式和工作方式，掌握新的斗争本领。1937年5月，毛泽东在《中国共产党在抗日时期的任务》中指出：“和平实现与两党合作成立之后，过去在两个政权敌对路线下的斗争方式、组织方式和工作方式，应当有所改变。这种改变，主要是从武装的转到和平的，非法的转到合法的。这种转变是不容易的，需要重新学习。重新训练干部，成为主要的一环。”① 党员干部也需要“进货”，即学习本领，“干部要使工作做得好，就要多懂一点，单靠过去懂的一点还不够，那只是一知半解……无论党、政、军、民、学的干部，都要增加知识，才能把工作做得更好”②。

领导全民族抗战的历史重任，党自身的建设和巩固，客观上都要求中国共产党必须加强党员干部的学习和教育，因此，中共中央做出《关于延安在职干部学习的决定》，向广大在职干部发出了加强学习的号召，对加强全面抗战时期的在职干部教育起到了重要的指导作用。

二、基本思想

1. 关于在职干部学习的基本原则

第一，坚持理论与实际相结合。《决定》抨击了工作与学习脱节的情况，指出学习不是教条式的记忆与背诵，以为工作中无可学习或不必学习，以为要学习必须抛开工作，都是错误的，“在职干部因此在工作中亦无法进步，理论与实际也就统一不起来”③。在职干部的学习教育不是为学理论而学理论，记诵马克思主义的书本原理，而是要有目的地去学习和研究马克思列宁主义的理论。能够依据马克思主义的立场、观点和方法来正确地理解和解决革命工作中所遇到的问题。因此，“在职干部的学习，首先是在自己所担负的实际工作中”。“无论哪一领导部门工作，都必须要能够做到了解情况与掌握政策。而要做到这一点，就必须做极大的调查研究工作”④，“各部门工作的主要负责同志都应该在这个方面大大努力，适当的分配每个工作同志以一定的调查研究任务，适当的在工作会议上进行生动活泼的讨论与研究，得出一定的正确的结论”⑤。除了在工作中学这个基本方面以外，工作以外的学习也要坚持理论联系实际。《决定》要求所有在职干部“均应研究时局动向与党的政策”⑥。

第二，坚持层次性与针对性相结合。抗战时期在职干部的政治、文化和理论水平存

---

① 毛泽东．毛泽东选集：第1卷．2版．北京：人民出版社，1991：263.

② 毛泽东．毛泽东文集：第2卷．北京：人民出版社，1993：178.

③④ 中共中央文献研究室，中央档案馆．建党以来重要文献选编（1921—1949）：第18册．北京：中央文献出版社，2011：714.

⑤ 同③715.

⑥ 同③717.

在较大差异。为解决干部短缺的问题，中国共产党吸收了大量先进的工农分子和知识青年进入革命队伍，新老干部的素质与革命形势的要求不匹配。工农干部文化水平低，一些新干部和专门人才没有足够的革命经验，现有干部缺乏系统的马克思主义理论教育等问题凸显。《决定》提出，要努力从在职干部队伍的现状及革命工作的实际出发，根据在职干部的实际需求，注意层次性和针对性，方能取得实效。《决定》把在职干部划分为四大类："(1) 有工作经验又有较高文化水准的高级及中级老干部（简称第一类）。(2) 有相当工作经验但文化水平很低的（甚至半文盲的）中级及下级工农干部（简称第二类）。(3) 工作经验不够，但有较高文化水平的中级及下级知识分子新干部（简称第三类）。(4) 在学术上，技术上有较高造就的专门人才（哲学家、经济学家、军事家、文艺家、科学家、教育家、技术家）（简称第四类）。"① 针对实际情况，对不同类别在职干部的学习内容分别做了规定和具体安排，规定："(1) 凡实际经验多而理论缺少者，以学习理论为主。(2) 凡缺少实际经验者，以学习实际知识为主。(3) 凡文化水平很低者以提高文化为主。(4) 所有干部，均应了解时局动向与当前党的政策。(5) 一切学习，均应使之同自己本身工作有直接间接的联系。"②

2. 关于在职干部学习的主要内容

《决定》指出，在职干部除在他专门部门工作中学习，还应该在工作以外学习。这种学习"应该包含文化的（国文、史地、社会知识、自然知识等），时事与策略的，理论的（包含辩证唯物论、历史唯物论、政治经济学、军事学等）"③。帮助他们提高文化、政治与理论水平，使他们对革命、对工作更有信心与能力。

第一，广泛开展文化教育，普遍提高干部的文化水平。针对党内一般干部文化水平低下的情况，《决定》要求："凡党内下级干部应提高自己的文化水平到相当于初小毕业至高小毕业的程度；中级干部到相当于初中毕业至高中毕业的程度；高级干部到相当于高中毕业到大学毕业的程度。"④ 并把这一要求提高到全党干部战斗任务的高度，强调"这个任务不解决，党内理论水平及政治水平的一般提高是不可能的"⑤。

第二，加强马克思主义理论学习。特别是对既具有工作经验又有较高文化水准的在职干部，"应以学习马列主义理论（同自己有联系的某一方面学起）为主，同时应增加中国历史，首先是中共党史与现实的知识"⑥。加强理论学习，提高其理论修养和理论水平。对工作经验不够，但有较高文化水平的知识分子新干部，"应以学习中国历史首先是中共党史与现实的知识为主（同自己工作有联系的一方面学起），同时增加马列主义理论的知识"⑦。

第三，注重时事政策研究。《决定》指出："所有干部，均应了解时局动向与当前党

---

①② 中共中央文献研究室，中央档案馆．建党以来重要文献选编（1921—1949）：第18册．北京：中央文献出版社，2011：716.

③ 同①715.

④⑤ 同①717.

⑥ 同①.

⑦ 同①717.

的政策。”① 在职干部除精通本部门业务情况与政策之外，还要通晓一般情况与一般政策，同时要了解时事问题。“《解放日报》(包含在日报上发表的党与政府的公开文件）应成为每个干部学习时事与策略的必需材料，各研究组、学习组、补习班均应在一定时期内举行时事座谈会。”② 不能自主阅读《解放日报》者，“应阅读比较通俗的报纸如边区群众报等”③。文化教员要注意“给补习班学生在一定时间内通俗的、简单的讲解时事与策略”④。《决定》根据各类在职干部的特点，科学地设置各有侧重的学习内容，既统筹考虑普遍提高在职干部的政治、文化素质和马克思列宁主义理论水平，也照顾到各种不同层次在职干部的实际需求。

3. 关于在职干部学习的方法途径

只有采用有效的学习方法，才能达到良好的学习效果。在复杂的抗战环境和有限的教育条件下，《决定》提出要注重发挥干部自身学习的积极性与主动性，自主学习法成为干部的主要学习方法。“每个在职干部学习的能否进步，主要决定于各个干部自己的努力。”⑤ 除去文化水平很低的中下级工农干部应着重于采取上课的方式外，“其他各类干部的学习，均以个人阅读与自我研究为主，各种小组会与大讲演等，只能起些辅助作用。学习要依靠自己持久的努力与艰苦的奋斗，任何轻便的终南捷径是没有的。多读、多看、多研究、多注重其实际应用，而反对空洞的形式的所学非所用的学习方法，是马列主义者取得学问的必要条件”⑥。自主学习法不仅有利于广大在职干部学习积极性、主动性的发挥，也可有效地缓解在职干部因革命形势快速变化、工作任务繁重而学习时间无法保证的压力。

4. 关于在职干部学习的组织和领导

《决定》指出学习能否取得成效，关键是看各部门主要负责同志的领导，他们是在职干部学习的主要负责者。在职干部学习不能一盘散沙、各自为战，必须有计划、有步骤地推进。各部门主要负责同志应该把组织领导在职干部学习“当作自己业务的一部分，经常给以关心与指导。一个机关、一个团体、一个部队的主要负责人及各个次要负责人，就是该机关、团体、部队一切在职干部的学习的校长与教员”⑦。同时，“各部门党的支部的宣传教育干事，应推动党员在职干部学习中起模范作用”⑧。在学习过程中，除参加高级学习组者外，也可通过在各部门内组织研究组、文化补习班、学习组等方式来组织学习。“研究组、学习组、补习班的具体组织与工作（包含学习具体科目，分组，每次开会时间，指导员，文化教员的聘请，课本，参考材料的选择等）”⑨，由各部门主要负责同志

① 中共中央文献研究室，中央档案馆．建党以来重要文献选编（1921—1949)：第18册．北京：中央文献出版社，2011：716.

②③④⑤⑥ 同①718.

⑦⑧ 同①719.

⑨ 同①717.

依照一般原则和规定及其本部门的具体情况独立决定。

三、重要意义

1. 丰富和发展了全面抗战时期党的建设理论和实践

中国共产党是领导新民主主义革命取得胜利的坚强领导核心。“没有中国共产党的努力，没有中国共产党人做中国人民的中流砥柱，中国的独立和解放是不可能的。”[①] 巩固党的领导是完成党的一切政治任务的根本，有了正确的思想才能有正确的行动，思想统一才能有统一的行动。只有坚定不移地坚持加强党的思想建设，才能建设真正坚强的无产阶级政党，才能使干部群众理解和掌握党的路线、方针和政策，形成统一的思想认识，才能正确领导全国各族人民为党的政治任务的完成团结奋斗。全面抗战时期，以毛泽东为代表的共产党人，在推进布尔什维克政党建设的过程中，始终把党的思想建设放在首位，把加强学习教育作为党的建设工作总体部署中的一项基础性工作来推进。大力倡导学习运动，使全党马克思主义理论水平普遍提高，使中国共产党在领导中华民族独立和解放的斗争中，始终保持了旺盛的斗志和蓬勃的生机，为党的建设的伟大工程的理论宝库增添了新的能量。

2. 为延安整风运动的顺利进行奠定了坚实基础

《决定》的公布和实行使党的在职干部学习运动更加系统化、有组织化，更加深入。它所倡导的加强马克思主义理论学习、注重在工作中学、开展调查研究、学习中国共产党历史和时事政策等观点，为党内肃清“左”倾、右倾错误，克服教条主义，推进马克思主义中国化奠定了坚实基础，为延安整风运动的顺利开展提供了有力保障。一方面，它进行了在职干部学习方式和途径的探索，为延安整风提供了丰富经验。延安在职干部的学习在中央精神的指导下，统一组织安排，统筹规划，有计划、有组织、有步骤，由浅入深逐步推进。在中央，有中央干部教育部、中央宣传部、高级学习组和中央总学委等组织；在地方，有各级干部教育部、各级党委宣传部、地方学习组等机构来组织和领导干部学习，确保了学习的效果，也为中国共产党开展大规模的党员学习教育打下了基础。另一方面，它为整风运动提供了理论学习的基本内容和科学方法。马克思主义理论学习是延安整风运动顺利开展的基础。通过在职干部学习运动的开展，在长期的学习和实践中，全党的理论水平和政治素养有了较大的提升，在职干部的学习教育，更使广大干部认识到理论学习的重要性，为延安整风的顺利进行做好了铺垫。

---

① 毛泽东．毛泽东选集：第3卷．2版．北京：人民出版社，1991：1098.

3. 为推动全面抗战的胜利和中国革命的发展提供组织保障

全面抗战时期在职干部的学习教育，不仅重新教育和训练了党内经过长期斗争保留下来的一批老干部，而且还培养和训练了抗战初期入党的大批新党员、新干部，使共产党员尤其是党的干部在思想上提高了一大步，使党在马克思列宁主义、毛泽东思想的基础上达到了空前团结，在艰苦卓绝的革命条件下，在武装力量对比如此悬殊、物质条件如此艰苦的环境下，中国共产党以“小米加步枪”战胜有飞机、大炮的强大敌人，最终取得了全面抗战和解放战争的胜利，实现了中华民族的独立和解放。党在全面抗战时期，特别是延安时期所推进的党员干部的学习教育，为中国革命教育培养了数以万计的优秀领导人才，成为了中国共产党领导全民族抗战的中坚力量。

四、学习与思考

1. 如何理解“干部教育第一”?
2. 全面抗战时期在职干部学习有哪些主要特点?
3. 全面抗战时期推进在职干部学习有哪些基本经验?

《中共中央关于延安干部学校的决定》导读

抗战以来，共产党实施“干部教育第一”的战略举措，采取多种方式锤炼干部的政治素养，提升干部的工作能力，为党的革命事业造就了一大批德才兼备的优秀干部，为抗日救国奠定了坚实的人才基础。其中，学校教育是开展干部教育的重要途径。为了进一步加强和改进延安干部学校教育，中共中央政治局于1941年12月17日通过了《中共中央关于延安干部学校的决定》(简称《决定》)。《决定》旨在对干部学校工作进行总体部署，既指明了当前存在的突出问题，又从多个方面提出了具体要求，为延安干部教育事业的发展注入了新的活力，在中国共产党干部教育史上产生了巨大的影响。

原文见《建党以来重要文献选编(1921—1949)》第十八册，中央文献出版社2011年版，第761～764页。

一、写作背景

1. 抗战环境下干部队伍建设的重要性、迫切性不断凸显

在革命事业的发展进程中，人的因素至关重要。干部是人民群众中成长起来的先锋模范，经济建设、政治动员、文化教育等各个领域都离不开干部的积极参与、有力推动，干部作用的发挥关乎党的事业成败。毛泽东着重强调了特殊背景下领导干部的突出重要性，他指出：“我们的革命依靠干部，正像斯大林所说的话：‘干部决定一切’。”[①]“中国共产党是在一个几万万人的大民族中领导伟大革命斗争的党，没有多数才德兼备的领导干部，是不能完成其历史任务的。”[②] 干部是中国共产党领导新民主主义革命走向胜利的骨干力量，唯有造就坚强有力的干部队伍，才能逐步实现民族独立、人民解放的革命目标。全面抗战以来，共产党面临着更为严峻的革命形势，特殊的时代背景赋予了党光荣的历史使命，也对干部队伍建设提出了更高的要求，“在目前条件下，干部教育工作，在全部教育工作中的比重，应该是第一位的”[③]。这与干部群体的现实处境息息相关。一方

---

① 毛泽东．毛泽东选集：第1卷．2版．北京：人民出版社，1991：277.

② 毛泽东．毛泽东选集：第2卷．2版．北京：人民出版社，1991：526.

③ 中共中央文献研究室，中央档案馆．建党以来重要文献选编(1921—1949)：第19册．北京：中央文献出版社，2011：146.

面，干部数量不够充足。经过二十多年的发展壮大，我们党已经从狭小的天地走出来，成长为全国性大党，开始了局部执政的尝试。但是，长期的残酷斗争使我们党损失了大量干部，陈云 1938 年在抗大的演讲中指出："中国共产党在过去十年斗争中，干部损失了十几万。"① 根据地一度出现从中央到地方各条战线干部普遍不足的局面。刘少奇对此已有说明："过去我们的干部，特别是有经验的干部大批牺牲，我们要在最短期内补救这个缺陷，要训练上万的干部。"② 并提出了大批训练军事、政治干部的要求。另一方面，干部素质有待提高。建党以来，我们党内涌现了大批优秀干部，"军事、政治、文化、党务、民运各方面，都有了我们的骨干，这是党的光荣，也是全民族的光荣"③。但不容忽视的是，由于受到历史条件的局限，许多干部文化水平较低，缺乏系统的理论培训、足够的实践经验，对中国历史、中国社会、中国革命等根本问题尚未有深刻的认知，容易受到"左"倾、右倾错误思想的影响，不同程度地存在着思想观念落后、革命意志脆弱等问题，无法适应革命形势发展的需要，干部教育力度亟待加强。开展学校教育作为培养干部的重要方式引起了领导人的高度重视。1938 年党的六届六中全会提出要创设并扩增各种干部学校，培养大批的抗日干部。1940 年，毛泽东在给党内的指示信中写道："每个根据地都要尽可能地开办大规模的干部学校，越大越多越好。"④ 干部学校办学水平直接影响到干部培养质量，进而影响着抗日救国目标的实现，《决定》就是在这样的时代背景下，围绕着如何办好干部学校进而加强干部队伍建设而颁布的文件。

2. 抗日根据地干部学校教育中存在的突出问题亟待解决

毛泽东在《论新阶段》的报告中指出："伟大的抗战必须有伟大的抗战教育运动与之相配合，二者间的不配合现象亟应免除。"⑤ 在整个抗战教育体系中，干部教育具有特殊重要的地位，被提升到了决定革命成败的高度来对待。为了迅速培养大批领导干部，有效缓解抗战需要与干部现状之间的矛盾，共产党在根据地通过多种途径加强干部教育，把思想上的重视转变为切实的行动，开创了干部教育的新局面。中共中央于 1939 年 2 月专门成立了干部教育部，统一规划全党的干部教育工作，加强了党对干部教育的组织领导，这一机构的设立使得延安的干部教育走上了正规化、规模化、系统化的发展道路。此后，中共中央陆续对干部教育相关工作做出部署，仅 1940 年就发布了多个指示、决定。在党中央的正确领导下，根据地的干部教育更加规范、有序，尤其是在创办干部学校方面取得了巨大进展。毛泽东指出："增加抗战力量的工作和方法很多，然而其中最好最有效的办法是办学校，培养抗日干部。"⑥ 学校教育作为培养干部的重要方式备受重视。抗战以来，大批爱国青年来到延安，极大地弥补了根据地人才队伍的不足，共产党不失

---

① 中共中央文献研究室，中央档案馆．建党以来重要文献选编（1921—1949）：第 15 册．北京：中央文献出版社，2011：557.

② 中共中央文献研究室，中央档案馆．建党以来重要文献选编（1921—1949）：第 14 册．北京：中央文献出版社，2011：200.

③ 毛泽东．毛泽东选集：第 2 卷．2 版．北京：人民出版社，1991：526.

④ 同③769.

⑤ 同①619.

⑥ 八路军军政杂志，1939，1（4）：35.

时机地大兴创办干部学校之风，1937—1940 年，根据地的干部学校不断增加，“整个抗战时期，陕甘宁边区、各抗日根据地和中央直属的干部学校共有 60 多所，其中大多数是在这一时期创办的”[①]，如中国人民抗日军政大学、陕北公学、鲁迅艺术文学院、中国医科大学、延安自然科学研究院、中国女子大学、泽东青年干部学校。这些学校为前线后方培养了大批优秀人才，但在办学过程中相继暴露出了一些问题，最主要的就是教条主义。毛泽东对此十分关注，在《改造我们的学习中》指出：“在学校的教育中，在在职干部的教育中，教哲学的不引导学生研究中国革命的逻辑，教经济学的不引导学生研究中国经济的特点，教政治学的不引导学生研究中国革命的策略，教军事学的不引导学生研究适合中国特点的战略和战术，诸如此类。”[②] 在 1941 年 12 月 1 日中共中央政治局会议上，毛泽东再次强调，过去干部学校教育的主要缺点在于只注意教学而没有注意教学生去用；最容易的是教学，最难的是教用[③]。李维汉在《要清算干部教育中的教条主义》中也有相关说明：“现在，只要我们留心检查一下过去几年的干部教育（尤其是延安方面的教育工作），我们不难发现，教条主义的作风占了相当的统治地位，它差不多渗透了教育方针、教育计划、教学方法、教育材料以及教育领导等各方面。”[④] 教条主义在干部学校长期存在，极大地限制了干部教育的成效，偏离了学校教育的初衷。现实的需要推动了认识的深化，伴随着根据地干部学校的大量兴起以及学校教育过程中存在的突出问题，共产党积极探讨适应新形势的干部教育理论，《决定》代表了这一时期中共中央为了纠正实践弊端而努力探索的成果。

3. 马克思主义认识论为《决定》的形成奠定了理论根基

《决定》的形成有特定的时代背景，是一定社会历史条件的产物，同时也建立在深厚的理论积淀之上。《决定》是将马克思主义基本理论与根据地干部队伍建设相结合的经典之作，推动了马克思主义认识论在干部学校教育领域的具体运用。马克思主义认为，认识来源于实践，实践是检验认识是否具有真理性的标准；认识对实践具有反作用，用以指导实践。主观和客观、理论和实践、知和行的统一，是马克思主义的基本原则。马克思主义的认识论在中国得到了捍卫、继承和运用。毛泽东在 1937 年发表了《实践论》，在马克思主义经典作家研究结论的基础之上，对人的理性认识和社会实践之间的关系进行了深刻的阐释。毛泽东指出，无论是自然知识还是社会知识都建立在实践的基础之上，“人的认识，主要地依赖于物质的生产活动”[⑤]；知识需要接受实践的检验，“真理的标准只能是社会的实践”[⑥]；马克思主义哲学的重要问题，“不在于懂得了客观世界的规律性，因而能够解释世界，而在于拿了这种对于客观规律性的认识去能动地改造

---

① 王树荫. 中国共产党思想政治教育史纲（1919—1949）. 北京：党建读物出版社，2002：232.
② 毛泽东. 毛泽东选集：第 3 卷. 2 版. 北京：人民出版社，1991：798.
③ 中共中央文献研究室. 毛泽东年谱（1893—1949）（修订本）：中卷. 北京：中央文献出版社，2013：343.
④ 李维汉. 要清算干部教育中的教条主义. 解放日报，1942-03-16.
⑤ 毛泽东. 毛泽东选集：第 1 卷. 2 版. 北京：人民出版社，1991：282.
⑥ 同⑤284.

世界”[①]。这发展了辩证唯物论的知行统一观，是对马克思主义认识论的丰富和发展。1941年，在《改造我们的学习》中，毛泽东站在马克思主义认识论的高度对教条主义、主观主义进行理论上的批判，着力破除主观主义的态度，树立实事求是的作风，他指出：“对于在职干部的教育和干部学校的教育，应确立以研究中国革命实际问题为中心，以马克思列宁主义基本原则为指导的方针，废除静止地孤立地研究马克思列宁主义的方法。”[②] 这确立了干部教育的指导思想。从《决定》全文内容来分析，马克思主义认识论一以贯之，是《决定》形成的理论基石，正是在此基础上，《决定》对延安干部学校存在的学用脱离的错误倾向进行了纠正，就学习方法、学习制度、学习课程等做出了十分细致的规定。

二、基本思想

1. 梳理延安干部学校存在的主要问题与整改办法

理论与实践的统一是马克思主义的基本原理，中国共产党在领导革命的过程中，既注重马克思主义理论的实际运用，又在革命斗争中不断充实马克思主义理论，以其最新理论成果指导实践。然而，干部教育领域却出现了理论与实践相背离的不良现象，主观主义、教条主义之风盛行。《决定》开篇就点明延安干部学校“存在着主观主义与教条主义的严重的毛病”[③]，从“理论与实际、所学与所用的脱节”[④] 的基本缺点入手，着重批判了学习马克思列宁主义的抽象原则而不注重领会实质、不注重运用的现象，强调了学习马克思列宁主义理论的目的在于解决中国的实际问题而不是对书本知识的死记硬背，确立了干部学校理论联系实际的教育方针，并提出增加中国历史、中国国情以及党的历史、党的政策的教育等具体举措以解决实践中存在的问题。《决定》指出延安干部学校存在的另一个问题是各学校没有明确规定自己的具体目的，对中央研究院、中央党校、军事学院、延安大学、鲁艺、自然科学院六所院校分别提出了相互区别又各具特色的培养目标，从而使不同类型的学校更加明确了自身的发展定位。

2. 调整延安干部学校的领导体制与行政组织

为了促进理论与实践的结合，《决定》对六所院校的领导机构进行调整。各个学校依据发展定位、培养目标的不同分属不同的中央部委领导：中央研究院直属中央宣传部，中央党校直属中央党校管理委员会，军事学院直属军委参谋部，延大、鲁艺、自然科学院直属中央文委，不再统一置于中央宣传部的管辖之下。《决定》还对学校内部的行政组

---

① 毛泽东．毛泽东选集：第1卷．2版．北京：人民出版社，1991：292.

② 毛泽东．毛泽东选集：第3卷．2版．北京：人民出版社，1991：802.

③④ 中共中央文献研究室，中央档案馆．建党以来重要文献选编（1921—1949）：第18册．北京：中央文献出版社，2011：761.

织提出了短小精干的设立原则，要求纠正支部与行政并立的不正确现象以及党员包办一切的党化作风，对支部和行政之间的关系进行了界定。

3. 提出延安干部学校招收学生、改善教员质量的指导意见

生源质量与教员质量是制约办学成效的两大要素，《决定》对此给出了指导意见。《决定》指出各校在招生时应采取少而精的原则，使党的有限精力财力收到最大效果；要求学校及主管机关重新审查学生成分，凡不符合各校具体目的的学生，以分配工作或转学他处为原则，把好入口关，确保招生要求与学校的培养目标相契合。《决定》十分重视干部学校的师资队伍建设，将改善教员质量作为办好学校的一个决定条件，要求地委及团级以上干部的教育由中央委员及中央各机关负责同志亲身担任指导，并就审查处理教员、帮助教员、改善教员政治和物质待遇等提出了要求。

4. 明确延安干部学校学习内容、课程设计、教材编印等方面具体要求

教学是复杂的活动过程，除了教师和学生两大主体之外，还涉及教学内容、课程、教材等诸多方面的协调互动，《决议》一一做出了说明。一定的文化基础是学习马克思列宁主义理论的必要前提。《决定》要求文化水平太低的县级营级以上工农出身的老干部先补习文化，包括识字、阅读、历史地理、社会政治、自然科学等方面内容。《决定》提出专门性质的学校在课程安排上应以理论与实际的课程为主，对文化课、政治课与专业课的比例给出了一般性意见，要求纠正政治课压倒一切的现象。在教材的选择方面，《决议》提出除了编印课本及辅助读物之外，应该将《解放日报》、中央文件及中央各部委出版的材料作为政治教材，并对出版计划、经费预算方面的工作进行了规定。

5. 确立延安干部学校的教学方法与考核标准

为了在干部教育领域彻底纠正教条主义的错误思想，教育方法与考核标准必须一同实现变革。教学方法是教育者用以实现既定教育目标的载体，也是教育对象借以达到教育要求的手段，在很大程度上影响着教育的实际成效。在干部学校办学实践中，长期存在着注入的、强迫的、空洞的教学方式，课堂所学与社会现实相脱离，学生被动接受教育者的知识输入。这种填鸭式的教学方法导致了学生主观能动性的缺失以及社会实践活动的缺乏，教育效果不甚理想。针对干部教育方法存在的严重问题，《决定》第八条提出："凡担任学校教育工作的同志，均应认真的研究教课内容与教学方法，使理论与实际一致的原则，在教课内容与教学方法中贯彻起来。"① 并进一步提出以"启发的、研究的、

① 中共中央文献研究室，中央档案馆. 建党以来重要文献选编（1921—1949）：第18册. 北京：中央文献出版社，2011：763.

实验的方式”取代“注入的、强迫的、空洞的方式”，充分发挥学生的主体性与创造性。从被动接受到积极思考，从理论本身到社会实践，干部的学习方式发生了重大变革。在这个过程中，他们不仅能够加深对课堂传授知识的理解，吸收知识的能力得以提升；更重要的是能够将课本所学与社会现实有机地结合在一起，更加深入地了解中国社会现实、了解革命问题。与此相适应，考核方式随之发生变革。考核是检验学生学习效果的手段，考核标准则是干部学校教育理念、培养导向的具体反映，为了改变学生死读书的错误做法，《决定》提出将是否真正领会、是否善于应用作为标准，这与贯穿《决定》全文的理论与实践相结合的原则高度一致。

6. 注重延安干部学校的教学设施与学风培养

《决定》十分关注干部学校的办学环境，为了增强办学保障，文中提出各个学校学生生活及教育设备应按现有条件做必要改善，为干部学校的正常运转提供硬件支撑。与此同时，干部的成长离不开软性环境的熏陶，《决定》指出学生应在校内养成自由思想、实事求是、埋头苦干、遵守纪律、自动自治、团结互助的学风，坚决反对主观主义、宗派主义、教条主义、好高骛远、武断盲从、夸夸其谈、自以为是及粗枝大叶、不求甚解的恶习，倡导通过潜移默化的方式引导学生逐渐消除主观主义、宗派主义、教条主义等不良习惯，良好学风的培养与恰当教学方式的选择相辅相成、相得益彰，共同致力于干部教育成效的提升。

三、重要意义

1. 发挥了马克思主义在干部教育领域的指导作用

干部是抗战教育的重要对象群体，各个敌后抗日根据地的干部学校承担着对干部开展指导培训的职责。干部学校办学水平的高低直接影响着干部队伍素质的高低，而科学的干部教育理论又是办好干部学校的根本保障，因此，如何以马克思主义理论指导干部教育是共产党需要解决的现实问题。作为中国革命的指导思想，马克思主义理论必须与中国革命相结合，用以指导革命实践，并在这个过程中不断丰富自身，始终具有强大的生命力。《决定》坚持马克思主义在干部教育领域的指导地位，是一篇闪烁着马克思主义光芒的纲领性文献。《决定》将理论与实践相结合的理念运用到干部教育领域，提出干部教育的目的不仅仅是提高理论水平，更重要的是提升解决革命的实际问题的能力，旗帜鲜明地反对死读书现象，着力纠正不注重领会马克思主义理论实质而只注重了解其形式的错误倾向，要求干部学校树立以解决中国革命的实际问题为目的的教育理念，不做只研究空洞理论的学校，而要培养既有理论知识又有实际行动的干部队伍，造就一大批能够做到学以致用的人才。从干部教育培养目标的制定到教学内容的安排，从招生原则的确定到教学方法的选择，从考核标准的变化到学校学风的培养，无不贯穿着马克思主义的立场、观点、方法，《决定》是马克思主义基本原理在干部学校教育领域的具体展开。

2. 推动了抗日根据地干部学校教育的深刻变革

“政治路线确定之后，干部就是决定的因素。因此，有计划地培养大批的新干部，就是我们的战斗任务。”[①] 全面抗战时期，中共中央和边区政府将干部教育作为根据地建设和抗战教育的重要任务，在后方根据地开设了多所干部学校，作为加强干部教育的主要阵地。《决定》重在贯彻理论联系实际的教育方针，确立了学以致用的教育导向，提出了各类院校的培养目标，并就办学过程中涉及的诸多问题进行了阐释，如倡导采用新的教学方法、选择新的评价标准、树立新的学风，具有很强的现实针对性和实践操作性，不仅有助于澄清人们心目中的思想困惑，而且有助于祛除学校教育中的沉疴痼疾。《决定》颁布之后，根据地干部学校纷纷响应中央号召，开始审视自身存在的问题，将新精神、新要求切实体现在办学过程中，努力实现从理论灌输向实践应用的转向。例如，1944 年，延安八所院校合并组建的延安大学将“理论与实际的统一，学与用的一致”作为办学方针，树立了革命理论与工作实际相结合的教育理念。许多干部学校着手进行内部改革，力求与《决议》的要求相契合。例如，为了落实《决定》提出的“中央党校为培养地委以上及团级以上具有相当独立工作能力的党的实际工作干部及军队政治工作干部的高级与中级学校”“中央党校直属中央党校管理委员会”[②] 等新规定，延安中央党校于 1942 年进行改组，重新定位培养目标、调整领导机构，更好地担负起了新形势下干部教育的艰巨任务。《决定》的实施推动了理论联系实际原则在干部教育领域的落实，在《决定》的正确指引下，延安干部学校迈入了新的发展轨道，作为人才培养的基地，为各个战线输送了成千上万的革命骨干，培养了大批真正符合抗战形势需要的、能够解决革命实际问题的领导干部，为抗日战争、解放战争的胜利提供了坚实的人才支撑。《解放日报》社论高度评价了《决定》带来的现实影响：“这是培养干部工作的新纪元，这是中国教育上的一个革命。”[③]《决定》的颁布在干部教育领域引起的深刻变革由此可见。

3. 为各级各类干部学校教育提供了基本遵循

《决定》全面论述了延安干部学校的学习内容、课程教材、教学方法及考核标准等，对于加强干部队伍建设具有重要的启示意义，为各级各类干部学校教育提供了基本遵循。中国特色社会主义进入新时代，面临“两个一百年”的奋斗目标和中华民族伟大复兴的历史重任，对各行各业干部的教育不但不能减弱反而亟待加强。包括党校、行政学院在内的各级各类学校仍然是开展干部教育的重要场所，各类培训班依然是开

---

① 毛泽东．毛泽东选集：第 2 卷．2 版．北京：人民出版社，1991：526.

② 中共中央文献研究室，中央档案馆．建党以来重要文献选编（1921—1949）：第 18 册．北京：中央文献出版社，2011：762.

③ 教育上的革命．解放日报，1942-01-13.

展干部教育的重要方式。理论联系实际是干部学校教育必须坚守的基本原则。然而，从实际情况分析，在干部学校教育中仍然不同程度地存在着理论与实际相脱节的现象。例如，以知识为取向的教育模式使得课堂上的理论灌输占据中心地位，课外的社会实践环节尚不能满足学生成长发展的实际需要，教学方法上的枯燥单一不仅造成了学生理论认知上的一知半解，而且导致了实践能力的弱化，知识习得与能力提升无法同步协调发展。因此，无论是对干部的教育，还是学校中的教育，都必须紧密结合时代需求、紧密联系社会现实，破解知行断裂的难题，既要以马克思主义的科学理论武装学生头脑，又要引导学生学会以马克思主义的立场、观点、方法解决现实问题；既要引导学生深入课堂潜心向学，在知识的海洋里领悟真理的力量、体会理论的魅力，又要引导学生走出书斋躬行践履，在广阔的天地里了解基层生活、感受社会变迁。归根结底，既要让学生学会解释世界，更要让学生学会改造世界，达到知行合一、学以致用的目的。因此，《决议》中提出的教育方针、教育原则、教育方法等仍然没有过时，延安干部学校为现阶段的干部学校树立了典范。这要求我们在开展干部教育时处理好政治课、专业课之间的关系，根据干部的岗位职责差异和个体需要差异，有针对性地设计教育内容；要求我们在开展干部教育时综合运用各类现代培训方法，全面推进教学方法的改革创新，充分调动教育者与被教育者的积极性、主动性和创造性，促进教学互动、实现教学相长；要求我们开展干部教育时坚守学以致用的原则，将践行全心全意为人民服务的宗旨作为干部教育的落脚点，不断提升干部解决人民群众实际需求的工作能力。总的来说，《决定》对做好当前的干部教育工作具有很强的借鉴意义，仍然值得我们认真研读、深入思考。

四、学习与思考

1. 试述全面抗战时期党的干部教育的基本经验。

2. 学校层面的干部教育目前还存在哪些弊端？我们应该从哪些方面着力提升干部教育的质量？

3. 在开展思想政治教育过程中，如何解决理论与实际、所学与所用脱节的难题？

《在延安文艺座谈会上的讲话》导读

1942年5月2日，中共中央在延安杨家岭召开文艺座谈会，毛泽东在5月2日的第一次会议上讲了话，在5月23日的最后一次会议上又做了长篇讲话。这两次讲话即“引言”和“结论”，合称《在延安文艺座谈会上的讲话》（简称《讲话》），在1943年10月19日的延安《解放日报》上正式发表。《讲话》把马克思主义基本原理同中国具体实际相结合，运用马克思主义的立场、观点和方法，阐明文艺工作在整个革命事业中的重要价值，明确文艺为什么人服务的问题是一个根本的问题、原则的问题；创造性地阐释了文艺与人民、文艺与生活、文艺与时代、内容与形式、继承与创新、歌颂与暴露、普及与提高、世界观与文艺等一系列重大问题，奠定了革命文艺发展的理论基础，确定了党的文艺工作的基本方针，指导和推动了党领导的文艺事业蓬勃发展，对于在新的历史条件下，推动社会主义文化事业不断发展同样具有重要的启示意义。

原文见《毛泽东选集》第三卷，人民出版社1991年版，第847～879页。

一、写作背景

1. 解决文化艺术领域中存在的根本性问题的必然要求

从五四开始的新文艺运动，是中国新民主主义革命事业的重要组成部分。随着五四新文化、新文艺的发展，一路走来，各种思潮和现象纷至沓来，对中国共产党人提出了如何以马克思主义指导中国革命和中国新文化新文艺的时代命题。1930年3月，中国左翼作家联盟成立，在纲领中宣布将马克思主义的艺术理论和批评理论作为自己的工作指针，意味着革命文艺统一战线的形成，很大程度上克服了此前实际工作和问题论争中的狭隘团体主义的排他倾向。同时，左翼作家与新月派、第三种人等的论争中，又提出了文艺理论的系列问题。如文艺自由的问题，文艺与政治的关系问题，民族化大众化问题，文艺与人性、阶级性的关系问题，现实主义问题等。诸多问题的核心都涉及关于文艺本质的认识。1938年成立的中华全国文艺界抗敌文化协会，以一致抗日为目标，实现了全国文化艺术界的大团结。其后，周恩来担任国民党中央军事委员会政治部副主任，郭沫若担任该部第三厅厅长，吸引了许多共产党人和进步文化人士开展抗战文艺工作。由于中国共产党采取争取和团结知识分子的政策，全国各地的大批文化人也先后奔赴延安和各抗日人民革命根据地。但共产党在文化和文艺领域的实际领导地位，受到国民党的排挤和破坏。因此，在全国范围内，在文化界、文艺界举什么旗，对文艺界存在和产生的问题指明解决的正确方向，就有了全国性的意义。同时，新文艺运动也存在着的一些根本性问题需要解决，主要是文艺工作者的立场问题等。这是《讲话》形成和发表的历史文化背景。

2. 毛泽东对革命文艺运动长期思考的理论成果

毛泽东在延安文艺座谈会之前，曾多次谈到知识青年要和工农群众结合在一块，要为工农劳苦民众服务，要创造出为中国老百姓所喜闻乐见的中国作风和中国气派的作品。1938 年 10 月，毛泽东在党的六届六中全会上指出，知识分子必须研究革命理论、研究民族历史、研究当前实际运动，以创造“新鲜活泼的、为中国老百姓所喜闻乐见的中国作风和中国气派”①。1939 年 5 月 4 日，毛泽东又在延安青年群众举行的五四运动 20 周年纪念会上强调：“全国知识青年和学生青年一定要和广大的工农群众结合在一块。”②1940 年 1 月，毛泽东在陕甘宁边区文化协会第一次代表大会上做的《新民主主义的政治与新民主主义的文化》讲话中更明确提出，新民主主义文化“就是无产阶级领导的人民大众的反帝反封建的文化”③，即民族的科学的大众的文化，要为全民族中百分之九十以上的工农劳苦民众服务，并逐渐成为他们的文化。这些重要论述与思考构成毛泽东《在延安文艺座谈会上的讲话》的思想来源。

3. 推进文艺界整风和革命文艺工作的客观需要

抗日战争全面爆发以后，许多进步文艺工作者从日本占领区和国民党统治区来到延安及各抗日根据地。他们满怀着抗日救国的热忱，在前线和战区创作并演出一批歌颂民族抗战的作品，为抗战做出了重要贡献。这批来到延安的文艺工作者，无论是早期参加革命还是后来倾向革命而投奔延安的，思想情况都比较复杂。延安的不少知名的作家对文艺应该为什么人服务和如何服务的问题不大明确，对文艺与政治、与现实生活的关系，对要不要与人民群众相结合、文艺应该歌颂光明还是应该暴露黑暗，是应该专注提高还是侧重普及等许多问题上存在不少糊涂观念。一部分人用个人主义、极端民主化、平均主义的观点来观察和对待革命队伍和根据地生活，不习惯于集中统一，不适应严格的组织纪律的约束，抱怨艰苦的物质条件，夸大工作中的缺点，认为从来文艺的任务就在于暴露，分不清敌我界限。不少人在文艺创作上，不熟悉、不了解工农兵群众，只在知识分子的小天地中找朋友，把注意力放在研究和描写知识分子上面，对现实斗争和工农兵群众的创作主题缺乏热情和表现能力。在艺术教育和宣传工作方面，脱离实际的教条主义倾向突出，轻视或忽视文艺工作的普及，片面地孤立地强调提高。在学习方面，认为

① 中国延安干部学院．延安时期大事记述．北京：中央文献出版社，2010：148.
② 同①177.
③ 毛泽东．毛泽东选集：第 2 卷．2 版．北京：人民出版社，1991：698.

提倡学习马克思主义就要妨碍创作情绪，不赞成作家世界观的改造和转变。在组织关系上，表现为宗派主义、文人相轻等状态。所有这些，都妨害了文艺工作的健康发展和整个革命事业的推进。可见，在文艺界开展整风是完全必要和十分迫切的。《讲话》是延安整风运动的重要组成部分，其目的在于解决当时文艺发展道路上诸如文艺为什么人服务、如何服务等根本性理论和实践问题，明晰革命文艺的发展方向。

二、基本思想

1. 提出文艺为什么人服务的问题

《讲话》首要解决的是文艺为什么人服务的问题，这是一个根本问题和原则问题。一方面，毛泽东明确回答了文艺为人民大众服务。《讲话》从五四以来中国的文艺实践出发，具体指明人民大众是最广大的、占全人口百分之九十以上的人民，包括工人、农民、兵士和城市小资产阶级，这样界定是由他们在中国革命中的地位和作用决定的。同时，在强调人民的广大性和革命性基础上，从当时的社会现实出发，指明我们的文学艺术都是为人民大众的，首先是为工农兵的，为工农兵而创作，为工农兵所利用的。另一方面，《讲话》把文艺为人民大众服务的观点具体化。虽然文艺为人民大众服务的观点并非《讲话》首创，但《讲话》把这一观点具体化、系统化：它的逻辑起点是“为人民大众”，方式是“普及和提高”，目的是“帮助群众推动历史的前进”，由此引发的问题有文艺创作的源与流、文艺统一战线、文艺批评的政治标准和艺术标准等，为回应这些问题，深刻阐述文艺与生活、文艺与政治、批判与继承、歌颂与暴露、动机与效果等一系列重要关系和实际问题。毛泽东《讲话》所体现的文艺的人民性思想，明确规定文艺的工作和服务对象，为思想政治教育文艺载体的运用指明根本方向，文艺工作者“必须是真正站在人民的立场上，用保护人民、教育人民的满腔热情来说话”①，通过塑造人，使其成为历史转变时期巨大的政治推动力量。

2. 强调文艺武器的重要性及其功能

《讲话》从文艺与一般革命工作的关系入手强调文艺的重要性及其思想政治教育功能。第一，阐发文艺的重要性。毛泽东在《讲话》中从文武两个战线的高度强调文艺对于革命工作的重要性，把文化看作团结自己、战胜敌人必不可少的一支军队，跟拿枪的军队一样，革命也需要文化的军队。同时指明党的文艺工作在整个革命工作中的重要位置，是整个革命机器中“不可缺少的齿轮和螺丝钉”②。革命的“战线”“军队”定位，决定了文艺的思想政治教育功能。同时也明确应正确看待文艺的地位和作用，既反对“把

---

① 毛泽东．毛泽东选集：第3卷．2版．北京：人民出版社，1991：872.
② 同①866.

文艺的重要性过分强调到错误的程度”，又“不赞成把文艺的重要性估计不足”[①]，这对于把握尺度、充分发挥文艺的思想政治教育功能具有重要指导意义。第二，揭示文艺的思想政治教育功能。毛泽东在《讲话》中把文艺作为团结、教育人民和打击、消灭敌人的有力武器，揭示了文艺具有的思想政治教育功能，并进行具体阐述。《讲话》“引言”部分即说明召开延安文艺座谈会的目的：“求得革命文艺对其他革命工作的更好的协助，借以打倒我们民族的敌人，完成民族解放的任务。”[②] 随后在“结论”部分进一步针对工农兵不识字、迫切需要普遍启蒙的现状，指出运用容易接受的文艺作品“去提高他们的斗争热情和胜利信心，加强他们的团结，便于他们同心同德地去和敌人作斗争”[③]，文艺的思想政治教育功能得到具体阐释。革命文艺应发挥宣传教育的感召力量，把人们在日常生活中“看得很平淡”的日常现象集中起来，“把其中的矛盾和斗争典型化，造成文学作品或艺术作品，就能使人民群众惊醒起来，感奋起来，推动人民群众走向团结和斗争，实行改造自己的环境”[④]。

3. 阐释文艺工作者认识转变问题

文艺工作者要教育、服务于人民，必须先受教育。《讲话》作为对知识分子尤其是文艺工作者思想政治教育的文献，具体阐发了知识分子与工农兵相结合的问题，提出文艺工作者的立场、态度、情感以及世界观、人生观的改造与转变问题。毛泽东在《讲话》中指明文艺工作者必须“站在无产阶级的和人民大众的立场。对于共产党员来说，也就是要站在党的立场，站在党性和党的政策的立场”[⑤]，应该与时代和人民群众相结合，深入人民群众的生活与实际斗争，转变自己的立场和感情，才能真正成为无产阶级文艺工作者。其一，熟悉了解大众。针对当时延安文艺界存在的脱离群众、轻视实践等不良创作风气，毛泽东强调：“既然文艺工作的对象是工农兵及其干部，就发生一个了解他们熟悉他们的问题。”[⑥] 并且认为文艺工作中了解人、熟悉人的工作是第一位的，还将熟悉和了解大众具体化为熟悉人民大众的生活、贴近人民大众的感情、认真学习群众的语言。其二，学习马克思列宁主义与学习社会。文艺工作者通过学习马克思列宁主义，掌握领会马克思列宁主义的基本观点；学习社会，要求文艺工作者研究社会上各个阶级，研究它们的相互关系、各自状况以及面貌和心理，只有把这些弄清楚了，文艺才具有丰富的内容和正确的方向。其三，创新文艺形式。《讲话》要求文艺工作者站在无产阶级的立场上，以人民生活为创作源泉，继承一切优秀的文艺遗产，批判地吸收其中一切有益的东西。但继承和借鉴绝不可以变成和替代自己的创造，通过对旧形式的改造，实现文艺作品创造，服务于人民大众。

---

① 毛泽东．毛泽东选集：第3卷．2版．北京：人民出版社，1991：866.
② 同①847.
③ 同①862.
④ 同①861.
⑤ 同①848.
⑥ 同①850.

4. 明确马克思主义对文艺事业的指导

《讲话》阐明了文学艺术是党领导的革命事业的一部分，党的文艺工作“是服从党在一定革命时期内所规定的革命任务的”①，作为党的革命事业的文艺工作必须以马克思主义为指导。第一，《讲话》阐明马克思主义对革命文艺的指导作用。毛泽东在《讲话》中提出要用马克思主义的基本观点来指导文艺创作，运用特殊和普遍的辩证关系说明“马克思列宁主义是一切革命者都应该学习的科学，文艺工作者不能是例外”②。但同时反对教条主义，明确“学习马克思主义，是要我们用辩证唯物论和历史唯物论的观点去观察世界，观察社会，观察文学艺术，并不是要我们在文学艺术作品中写哲学讲义”③。从而明确了革命文艺以马克思主义为指导的具体要求。第二，《讲话》坚持马克思主义方法论。在“结论”部分，毛泽东指明《讲话》所讨论的文艺工作问题应当从实际出发，“从客观存在的事实出发，从分析这些事实中找出方针、政策、办法来”④。并指明当时实际存在的一些不可否认的事实，在此基础上解决为什么人服务和如何服务两个中心问题，全面阐释文艺的本质和规律。《讲话》把文艺大厦的基石建立在社会实践的基础之上，阐明文艺赖以存在的社会历史环境，体现马克思主义实践性的理论品格。第三，《讲话》运用马克思主义立场和观点澄清文艺界存在的种种问题。《讲话》揭示了由于缺乏基本政治常识而发生的各种糊涂观念，说明文艺界还存在“很多的唯心论、教条主义、空想、空谈、轻视实践、脱离群众等等的缺点”⑤。毛泽东运用辩证唯物主义观点，有针对性地批判了抽象的“人性”“人类之爱”等错误观念，澄清了歌颂光明和暴露黑暗、动机和效果、世界观和创作方法等关系问题上的种种糊涂思想，确保文艺发挥感召、教育和激励作用，去唤醒民众，推动历史前进。

三、重要意义

1.《讲话》从理论上解决了革命文艺与革命事业的关系问题

《讲话》对五四以来新文艺实践经验做了高度概括和理论总结，是马克思主义与中国文艺实践相结合的产物。《讲话》首次系统地阐述了发挥文艺育人功能的一系列基本观点，阐明了对制定党的文艺路线、方针政策具有普遍意义的基本理论原则问题，使马克思主义文艺思想具有了完整的系统性和强烈的战斗性。为什么人的问题、普及与提高的问题、文艺工作者与人民群众的关系问题，文艺与政治、文艺与生活、文艺批评标准问题，《讲话》结合中国的文艺工作的具体实践，都做了深刻的马克思主义理论阐述。《讲

---

① 毛泽东. 毛泽东选集：第3卷. 2版. 北京：人民出版社，1991：866.
② 同①852.
③ 同①874.
④ 同①853.
⑤ 同①875.

话》把马克思主义经典作家已经论及的“文艺为人民大众的问题”提到一个根本问题、原则问题的高度，强调文艺与人民大众相结合，集中力量解决文艺工作者与对象之间的思想感情问题，并把立场、理论、思想、感情、趣味等都纳入文艺工作者世界观的范畴，提出了一系列富有创造性的理论观点。《讲话》作为毛泽东思想的重要组成部分，为党领导文艺工作、思想政治教育提供了重要的理论指导。

2.《讲话》推动了延安乃至全国文艺运动的大发展

延安文艺座谈会后，《讲话》虽未立即公开发表却在延安产生了广泛的影响。延安作为中国人民抗日的根据地，当时除了中国共产党的军政机关和学校、驻军外，还聚集大批文化人和来自全国各地的青年学生。《讲话》除被口头传达和互告，更见于报纸刊载的延安文艺界的许多著名文艺家纷纷发表的谈话和文章。1943 年 10 月 19 日，讲话经过毛泽东慎重修改后在《解放日报》正式发表，很快被中共中央列为整风学习文献，并通过各种途径向各界和各抗日根据地传达。1943 年 11 月 7 日，中共中央宣传部的《关于执行党的文艺政策的决定》，明确指出毛泽东同志在延安文艺座谈会的讲话，规定了党对于现阶段中国文艺运动的基本方针，全党的文艺工作者都应使文艺更好地服务于民族与人民的解放事业。在《讲话》精神指引下，抗日根据地的文艺工作涌现出新局面。文艺工作者自觉地深入群众，深入实际，努力以民族化、大众化风格为工农兵服务，为民族解放与人民解放事业服务，创作了许多为广大群众所喜闻乐见的诗歌、戏剧、小说、曲艺、歌曲、木刻等形式的文艺作品，如小说《小二黑结婚》《太阳照在桑干河上》，秧歌剧《兄妹开荒》等，深受群众欢迎。《讲话》不仅指引着当时抗日根据地文艺前进的道路，也对国统区的文艺运动起着指导作用。国统区的进步作家、艺术家在党的领导与影响下，编演了许多反映民族民主革命斗争的优秀作品，如郭沫若的历史剧《棠棣之花》。

3.《讲话》对新时代党的文艺工作具有现实指导意义

社会主义文艺的发展要始终坚持中国共产党的领导，在肩负文艺发展重任的同时，坚定政治方向和政治立场，为广大人民大众服务，从而确保文艺育人功能的发挥。习近平同强调：“社会主义文艺，从本质上讲，就是人民的文艺。”[①] 思想政治教育应运用文艺的文化属性，致力于满足人民的精神需要、审美需要。只有以引发人民群众共鸣为基点，根植于群众思想情感与现实需求，突破旧有逻辑与叙事局限，创造直抵人心、反映内心关切、符合审美需求的文艺载体、表现形式，才能实现文艺思想政治教育功能的有效发挥。《讲话》认为文艺的源泉是社会生活，作为观念形态的文艺作品，就是社会生活在人类头脑中反映的产物，由此毛泽东号召革命文艺工作者深入群众火热的现实生活和革命斗争中积累创作材料。新时代的文艺要汇聚强大精神力量，同样需要从不同角度对生活的解读，文艺工作者只有深入到真实的社会生活中去体味、去感知，形成的文艺作品才

① 人民需要文艺　文艺需要人民. 人民日报，2014-10-18.

能感染人、激励人。思想政治教育工作者同样需要把握时代脉动，发时代之先声，选择站立时代潮头、引领时代风尚的各种文艺形式，以实现思想引领。

四、学习与思考

1. 试述毛泽东关于革命文艺工作者和人民群众完全结合的基本观点。
2. 如何理解《在延安文艺座谈会上的讲话》中关于文艺工作的普及与提高的关系？
3. 试论《在延安文艺座谈会上的讲话》精神在加强新时代思想政治教育中的现实意义。

《关于军队政治工作问题》导读

1944 年 4 月 11 日，在延安整风的基础上，在党中央和毛泽东、周恩来等领导人的指导下，陕甘宁边区留守兵团政治部主任谭政在西北局高级干部会议上做了《关于军队政治工作问题》的报告。报告全面总结了中国共产党在北伐战争、土地革命战争和抗日战争时期的思想政治工作的经验，对思想政治教育的若干重大理论问题做了系统概括，形成了完备的体系，是中国共产党思想政治教育理论成熟的标志。

原文见《建党以来重要文献选编（1921—1949）》第二十一册，中央文献出版社 2011 年版，第 203～237 页。

一、写作背景

1. 报告是党和军队思想政治工作经验的系统总结

中国共产党思想政治工作自创立以来，特别是《古田会议决议》发表后，党在思想政治工作实践中就积累了较为丰富的经验。就军队而言，中国共产党在国民革命军，特别是红军、八路军和新四军中的思想政治工作更是如此，“政治工作也有其创造、发展与受某些挫折但同时有某些成绩的情形”①，《关于军队政治工作问题》正是为了“发扬政治工作中的成绩与纠正政治工作中的缺点”②，使党所获得的思想政治工作经验理论化、系统化，更好地服务于党的建设和军队建设。

早在 1936 年 12 月，毛泽东在撰写《中国革命战争的战略问题》一文时，就曾计划专设一章谈政治工作问题，系统总结思想政治工作的经验教训。由于西安事变爆发，此章未能写成，该书也就缺少了这部分内容。全面抗战爆发后，毛泽东、张闻天、周恩来、罗瑞卿、谭政等分别就党和军队政治工作的有关问题做过论述，有过许多宝贵的思想，但全面、系统地总结历史经验、阐发思想政治工作思想，始终未能如愿。

1944 年，中央军委、总政治部专门做出了全面检查军队政治工作的决定，指出：“现在总政正在准备彻底检查我们部队中的政治工作，不仅是抗战时期的，内战时期的

---

① 中共中央文献研究室，中央档案馆. 建党以来重要文献选编（1921—1949）：第 21 册. 北京：中央文献出版社，2011：215.

② 同①214.

也要检查，从整个政治工作方向、制度、作风来一个全面检讨，使我们的政治工作更适合于今后党的任务。”① 陕甘宁边区留守部队和各敌后抗日根据地部队遵照总政指示和决定，先后对部队的情况和整风以来取得的进步和经验进行了大量的调查研究，收集整理了大批重要资料，仅留守兵团即汇集材料 4 集 13 本。报告初稿正是在此基础上完成的。

2. 报告是延安整风运动的产物，是推进党的建设的内在需要

虽然遵义会议和党的六届六中全会从组织上奠定了毛泽东为首的党中央的领导地位，但并没有涉及思想路线和政治路线问题。全党尚未在思想路线、政治路线上完全统一认识。王明的错误理论仍在党内迷惑、左右着一批同志。1940 年 3 月，王明“左”倾路线的代表作《为中共更加布尔什维克化而斗争》在延安发行第 3 版。王明在新版序言中说，再版此书是为了帮助广大新党员、新干部学习党的历史和党的建设的经验，并试图将此书作为延安各干部学校的党史教材。1940 年 12 月，毛泽东为中共中央起草《论政策》的党内指示，指出土地革命战争时期王明的“左”倾错误是路线错误，但部分同志仍持不同看法，认为王明只是犯了策略上的错误，而不是路线问题。

进入全面抗战时期，在国共合作的新局面下，由于土地革命战争时期党内的教条主义错误在全党范围内还没有彻底清除，因而，思想政治工作也难免存在着教条主义和形式主义，军队党的建设受到一定程度的削弱。陕甘宁边区部队中也存在着“以脱离群众为其主要特点的军阀主义偏向与教条主义偏向”②，军队内部也一度在党军关系、军政关系、军民关系、官兵关系、干部上下级关系、政治工作与军事工作关系以及各部分军队间友好关系上存在着显著不良倾向。

从 1942 年到 1944 年春，陕甘宁边区部队开展了以反对军阀主义和教条主义为中心的、规模空前的整风运动，使党和军队的建设发生了巨大变化。通过延安整风，清算了党的历史上的大是大非问题，明确了党的路线问题和王明错误的性质，为系统总结党的思想政治工作经验提供了条件。因为整风运动尚未结束，中央没有做最后结论，所以关于党的思想政治工作历史经验总结的文件暂以《报告》的形式面世。

3. 报告是全党集体智慧的结晶

谭政时任军委总政治部副主任、八路军留守兵团副政委兼政治部主任。毛泽东委托他起草关于军队政治工作问题的报告。在报告起草前，毛泽东还召集贺龙、徐向前、肖劲光等，一起谈了军队政治工作问题。谭政遵照党中央和毛泽东等领导人的指示，在深入调查研究、吸收各方面材料、征求大家意见的基础上，撰写了《关于军队政治工作问题》初稿，并送毛泽东审阅。毛泽东在审阅初稿时做了修改，指出了报告中逻辑、文法

① 中共中央文献研究室，中央档案馆．建党以来重要文献选编（1921—1949）：第 21 册．北京：中央文献出版社，2011：41.

② 同①205.

和标点等方面的问题，并指示将修改稿送周恩来审改，同时向当时在中共中央党校学习的高级干部征求意见。周恩来亲自召集在中央党校学习的各地领导干部、留守兵团负责同志和从前方回到延安准备参加党的七大的部队旅以上干部，讨论报告稿，还在杨家岭召开了一二十人参加的座谈会，并由他充实和丰富了《关于军队政治工作问题》内容。1944 年春，西北局高干会议组织正式出席会议的县、团、分区及边区一级负责干部 266 人，对《关于军队政治工作问题》稿进行讨论，提出意见。之后，毛泽东又做了几次重要修改，加了许多精辟的论断。据谭政回忆，《关于军队政治工作问题》中有 12 段，约 3 000 多字是毛泽东写的。其要点有：（1）军队必须完全的绝对无条件的放在共产党及其领导机关的政治指导之下，不能闹独立性；（2）我军政治工作的基本原则、基本内容、基本方向；（3）共产党领导的革命的政治工作是革命军队的生命线；（4）要克服政治工作中的教条主义作风，即爱好空谈、脱离实际，重视形式、轻视内容，团结少数、脱离多数的毛病等。《关于军队政治工作问题》基本定稿后，中央扩大的书记处会议讨论通过，并决定由谭政宣读，以他个人名义发表。自抗日战争以来，党中央和各级领导同志集中讨论思想政治工作，形成文件和决议，并数易其稿，反复斟酌，一再修改，尚属首次。《关于军队政治工作问题》体现了党中央的精神，是全党集体智慧的结晶。

二、基本思想

1. 关于思想政治工作的地位和作用

《关于军队政治工作问题》明确指出，“共产党领导的革命的政治工作是革命军队的生命线”[①]，降低政治工作的地位是错误的。思想政治工作在党和军队的各项工作中，“都应有其适当的地位，都应适当地强调它的作用”，“对于政治工作地位的过分强调是不对的，但是没有必要的强调，没有必要的地位，也是不对的”[②]。军队工作离开了党的领导和政治工作的保证就会迷失方向。共产党必须用自己的纲领、路线、革命精神教育军队，并把政治工作同军事工作紧密结合起来。“这种革命的政治工作去和革命的军事工作相配合，就成了革命军队的全部工作。”[③]《关于军队政治工作问题》提出了“思想领先”的原则，指出“在一定物质基础之上，思想掌握一切，思想改变一切”[④]。无论是工作的进步，群众情绪的进步，还是错误的克服、纠正，干部思想的改造，都离不开思想的进步，都要首先从思想上解决问题。八路军、新四军在抗战中之所以能够如此英勇坚持、艰苦奋斗、再接再厉、百折不回，其根本原因就在这里。

---

① 中共中央文献研究室，中央档案馆．建党以来重要文献选编（1921—1949）：第 21 册．北京：中央文献出版社，2011：214.

② 同①219.

③ 同①.

④ 同①206.

2. 关于思想政治工作的任务与基本原则

《关于军队政治工作问题》指出军队政治工作的基本任务，就是用马克思列宁主义和党的路线方针政策去教育部队，从思想上、政治上与组织上保证党对军队的绝对领导，保证人民军队的性质和军队建设的正确方向，保证党内外的坚强团结，保证部队战斗力的提高，保证作战和各项任务的完成。思想政治教育工作必须围绕党的基本任务与中心工作展开，必须服从、服务于党的基本任务与中心工作。《关于军队政治工作问题》还对军队政治工作的基本原则进行了新的理论概括，指出："政治工作的基本原则，是以民族民主革命的纲领教育军队，是以人民革命的精神教育军队，使革命军队内部趋于一致，使革命军队与革命人民、革命政府趋于一致，使革命军队完全服从革命政党的政治领导，提高军队的战斗力，并进行瓦解敌军、协和友军的工作，达到团结自己，战胜敌人，解放民族，解放人民的目的。"① 这是人民军队与其他军队的原则区别。

3. 关于思想政治工作的基本方向和主要内容

《关于军队政治工作问题》提出："整个军队的方向就是政治工作的方向。"② 政治工作的任务，只能根据军队的基本任务和具体任务去规定，不能在基本任务和具体任务以外再有所谓政治工作的独立任务。要用无产阶级的思想和马克思列宁主义理论去教育干部战士，帮助他们认真改造思想，求得思想进步和工作提高；要重视军党一致、军政一致、军民一致、官兵一致、上下一致、军事工作和政治工作一致、各部分军队间的一致等内容的教育；要以革命精神教育军队，提高部队的政治情绪、政治认识与政治质量，从思想上、政治上与组织上去保证军队政治任务的完成。如果在这方面强调政治工作的独立性、特殊性，把政治工作任务与整个军队任务分离起来，政治工作便脱离了中国革命实际与军队具体任务，不可能真正成为军队的生命线。

4. 关于思想政治工作的作风与方法

《关于军队政治工作问题》分析批判了抗战初期军队政治工作中存在的教条主义、形式主义、平均主义和孤立主义等不良作风，指出"形式主义的作风、平均主义的作风、空喊的作风与孤立主义的作风，本质上都是小资产阶级的作风，都是主观主义教条主义的作风"，"政治工作中存在着这样的作风，就会减弱它的革命性，即使党的路线是正确的，政治工作方向是正确的，如果这些作风不改变，仍然无力完成政治工作的任务"③。《关于军队政治工作问题》总结了关于联系群众、实事求是的一些行之有效的作风和方

---

① 中共中央文献研究室，中央档案馆. 建党以来重要文献选编（1921—1949）：第21册. 北京：中央文献出版社，2011：214.

② 同①219.

③ 同①231.

法。主要有：首长负责，自己动手，领导骨干与广大群众相结合，一般号召与具体指导相结合的方法；遇事要从分析具体情况出发，采用选择典型与抓住典型的方法；启发诱导与检讨反省的方法；开展革命竞赛，表彰英雄模范的方法；思想教育要从中间分子甚至落后分子的水平出发，选择为中间分子与落后分子也能接受的组织形式与工作方法，从而达到团结积极分子、吸引中间分子、鼓励落后分子的目的；等等。《关于军队政治工作问题》使科学的领导作风与工作方法系统化、理论化，从理论上解决了思想政治工作的“船”与“桥”的问题。

5. 关于思想政治工作的历史与传统

《关于军队政治工作问题》较为全面地对党和军队思想政治工作的历史，特别是对土地革命战争和抗日战争两个时期的思想政治工作历史做了总结评价，认为党和军队的思想政治工作总的来说成绩是巨大的，但也存在着缺点和不足。对待思想政治工作几十年的传统，应当采取分析的态度，简单地肯定与否定都是不对的。在这个问题上，出现过两种错误倾向：一种倾向认为“政治工作的一切传统都是好的，都是优良传统，因而对于过去的传统作风，缺乏批判的态度”①，另一种倾向是“对政治工作历史上曾经积累起来的许多真正好的经验，真正好的传统，却又被忽视，被抹煞”②。因此，必须采取批评与自我批评态度，检讨与克服缺点和错误，对其错误的东西，应予摒弃；正确的要继续坚持，并结合新的历史条件加以发展。不能以为一切传统都是好的而笼统肯定，也不能忽视和抹杀真正的好传统。

6. 关于思想政治工作的总方针

《关于军队政治工作问题》明确提出了军队思想政治工作“团结自己，战胜敌人”③的总方针。这一总方针，既包含着正确处理各方面的工作关系，又包含着正确处理人与人之间的关系。报告强调，要严格地区别对待敌人与对待同志和朋友的两种不同态度。对敌人采取革命的“霸道”，如果敌人不投降，就坚决打击消灭。对同志、对士兵、对人民、对朋友要尊重，坚持说服教育的正确方针。

三、重要意义

1. 报告是毛泽东思想政治教育理论成熟的标志

《关于军队政治工作问题》全面总结了自党创建以来，特别是北伐战争、土地革命战

---

①② 中共中央文献研究室，中央档案馆. 建党以来重要文献选编（1921—1949）：第21册. 北京：中央文献出版社，2011：216.

③ 同①214.

争和抗日战争时期军队政治工作正反两方面的经验，肃清了王明错误路线对思想政治工作的消极影响，肯定了中国共产党思想政治工作的优良传统，运用马克思主义的立场、观点、方法，深入阐述了军队政治工作的地位作用、基本原则、方向任务、作风方法、队伍建设和总方针等一系列重大理论问题，使之系统化并形成完备的体系，“是继古田会议决议之后，我军政治工作的又一历史性文献”①。《关于军队政治工作问题》产生于毛泽东思想成熟的历史时期，是全党智慧的结晶，完整体现了毛泽东关于思想政治工作的主要思想，在理论上更加系统和完备。“这一文件，不但特殊地解决了军队政治工作问题，而且也一般地解决了我党历史经验、领导方法与工作作风上的许多问题，为全党干部所应注意。”②《关于军队政治工作问题》是对党的思想政治工作经验的系统概括，标志着毛泽东思想政治教育理论的成熟。

2. 报告精神在实践中的运用与发展

《关于军队政治工作问题》发表后，党中央、中央军委给予高度重视。1944 年 4 月 20 日，中共中央宣传部、总政治部发出《关于印发谭政〈关于军队政治工作问题〉的通知》，指出：“为了指导或协助各地军队工作，全党干部亦应研读这个文件。”③ 7 月 1 日，《中共中央关于整训军队的指示》强调：“政治工作须作一次普遍的彻底的有计划的改造，根据古田决议及谭政报告，用检讨错误缺点，发扬优良成绩，发扬模范连队的经验，奖励战斗英雄、劳动英雄、模范工作者与模范学习者的方法，达到改造政治工作之目的。”④ 10 月 1 日，总政治部再次发出《对研究谭政同志政工报告的意见》，要求各部队根据报告精神，检查与改进工作。总政治部根据各部队政治工作的新经验，进行了全面系统的科学总结与提炼，至 1945 年 5 月，编辑了《连队工作的几个根本问题》《怎样实行群众路线》《论政治工作的作风》《改善官兵关系的几个原则》《开展尊干爱兵运动》《密切党与非党联系》《争取和改造落后战士》《改善对几种战士的领导方法》《怎样打通干部思想》《发扬我军优良传统—拥政爱民》等小册子，使部队建设和政治工作，在改进领导作风、实行群众路线、打通干部思想、改善官兵关系，搞好军党、军政、军民关系、改进思想政治工作方法等方面，取得了突出进展。《关于军队政治工作问题》“肃清了王明路线在政治工作上的影响，发扬了优良传统，进一步提高了我军政治工作的威信和地位。……正是在这个基础上，充分地发挥了政治工作的作用，使我军经受住严酷的战争的考验，赢得了抗日战争的伟大胜利”⑤。

3. 报告精神在新时代的价值与意义

第一，坚持党对军队的绝对领导，筑牢人民军队的军魂意识。“坚持党对军队绝对领

① 叶剑英. 在全军政治工作会议上的讲话. 人民日报，1978-06-05.

②③ 中共中央文献研究室，中央档案馆. 建党以来重要文献选编（1921—1949）：第 21 册. 北京：中央文献出版社，2011：202.

④ 同②353.

⑤ 同①.

导是强军之魂，筑牢军魂是我军政治工作的核心任务，任何时候都不能动摇。”①《关于军队政治工作问题》突出强调了坚持党性原则是思想政治工作的根本要求。长期的革命斗争实践证明，人民军队是执行党的政治任务的武装集团，是全心全意为人民服务的无产阶级新型军队。建设人民军队中最重要的经验和最基本的特点就是坚持中国共产党的领导不动摇。这是中国革命发展的必然要求，是我军在任何时候、任何情况下都必须毫不动摇坚持的最高政治原则和政治纪律。进入新时代，世界多极化、经济全球化、社会信息化、文化多样化深入发展，全球治理体系和国际秩序变革加速推进，国家安全环境也发生着深刻变化，人民军队的建设与发展不断面临着新的挑战，必须坚持党的原则第一、党的事业第一、人民利益第一，把思想政治建设抓得更加扎实有效，永葆人民军队的本色和作风，确保我军永远立于不败之地。

第二，正确认识新时代思想政治教育的地位和作用，反对“无用论”和“万能论”。社会意识对社会存在具有能动的反作用，这种反作用的能量有时是巨大的，但并不是决定性的作用。《关于军队政治工作问题》明确提出了“共产党领导的革命的政治工作是革命军队的生命线”这一基本原则，突出了思想政治教育的重要地位和作用，但“生命线”不能脱离“生命体”本身而存在，否则“生命线”的存在就失去了意义。中国共产党领导中国革命、建设和改革的实践证明，必须从服从和服务于党的中心工作的大局出发，才能发挥思想政治教育的“生命线”作用。党的十八大以来，中国特色社会主义进入了新时代，我国社会主要矛盾已经转化为人民日益增长的美好生活需要和不平衡不充分的发展之间的矛盾。世情、国情、党情的变化，对党的思想政治工作提出了新要求，思想政治工作发挥着无可替代的作用，更加需要我们克服“片面地夸大政治工作的作用，把它摆到不适当的位置”② 和“忽视政治工作，把它看成可有可无”③ 的错误倾向。加强党的思想政治教育，把统一思想、凝聚力量作为工作的中心环节，“巩固马克思主义在意识形态领域的指导地位，巩固全党全国人民团结奋斗的共同思想基础”④，推进中国特色社会主义事业顺利进行。

第三，坚持继承传统与改革创新相结合，增强思想政治教育的有效性和感召力。关于如何对待传统，《关于军队政治工作问题》给出了鲜明的态度：不能全盘肯定也不能全盘否定，错误的应予摒弃，正确的要坚持并加以发展。新的时代条件下，国内国际新形势为中国特色社会主义的发展带来巨大机遇和挑战，信息技术日新月异，思想文化的多样多变，也给党的思想政治教育的创新发展带来新动力。习近平指出，思想政治教育要“因事而化、因时而进、因势而新”⑤，更好地体现时代性、把握规律性、富于创造性，才能保持生机和活力，提升有效性，增强政治宣传的吸引力和感染力，引导人民群众产生共鸣，激发全国上下共同团结奋进。

---

① 发挥政治工作对强军兴军的生命线作用　为实现党在新形势下的强军目标而奋斗．人民日报，2014-11-02.

②③ 中共中央文献研究室．十三大以来重要文献选编：中．北京：人民出版社，1991：903.

④ 习近平．胸怀大局把握大势着眼大事　努力把宣传思想工作做得更好．人民日报，2013-08-21.

⑤ 把思想政治工作贯穿教育教学全过程　开创我国高等教育事业发展新局面．人民日报，2016-12-09.

四、学习与思考

1. 如何理解“共产党领导的革命的政治工作是革命军队的生命线”？
2. 试论军队政治工作的基本原则。
3. 试述《关于军队政治工作问题》对新时代思想政治工作的有益启示。

《为人民服务》导读

《为人民服务》是1944年9月8日毛泽东在中共中央警备团张思德同志的追悼会上的讲演，通过阐述共产党人的价值观和生死观、对批评所应持的态度以及革命队伍内部要加强团结三大方面系统论述了为人民服务的科学理论，号召全体同志树立全心全意为人民服务的高尚品德，团结奋斗，争取全民族的解放。《为人民服务》科学概括中国共产党和人民军队的宗旨，深刻阐述共产党人和党外先进分子的政治品格，是无产阶级世界观、人生观、价值观的集中体现，为提升思想道德素养提出基本标准和具体要求，为党内思想政治教育指明方向。

原文见《毛泽东选集》第三卷，人民出版社1991年版，第1004～1006页。

一、写作背景

1. 毛泽东提出“为人民服务”命题具有深刻的历史背景

在全面抗战时期，抗日民族统一战线内部存在着各种利益集团和各种思想观念，国民党顽固派实行片面抗战路线，除了在军事上不断制造摩擦和挑衅外，还在思想文化上宣扬封建主义。中国共产党坚持全面抗战路线，把抗战的胜利引向人民的胜利，坚持民族的、科学的、大众的新民主主义文化。从历史唯物论出发批判国民党顽固派的道德观，建立无产阶级先进的道德观，是中国共产党人在全面抗战时期思想文化斗争的重要内容之一。1939年2月20日夜，毛泽东读完陈伯达《孔子的哲学思想》一文后，给张闻天写信表明自己对该文的几点看法，批判了知、仁、勇“三达德”的糊涂观念。毛泽东指出，孔子提出的“三达德”的错误实质和后人的胡乱解释，仅仅完成了对剥削阶级道德观的支离破碎的为其所用的拆析，这是远远不够的。毛泽东对这三个概念进行新的唯物论改造，创立无产阶级的道德观，为无产阶级所从事的现实斗争服务。他以制定正确的理论政策释“知”，以“亲爱团结”释“仁”，以“克服困难”释“勇”，又加上做事“忠实”等，提出仁于人民大众和勇于为人民服务的新道德观，第一次在道德观念层面使用“为人民服务”这一概念，显示出共产党人的先进性，随后毛泽东又在多处逐步阐发了为人民服务的思想。

2. 毛泽东为人民服务思想的论述具有深厚的思想渊源

毛泽东为人民服务思想的论述是马克思主义群众史观与中国传统文化中的“民生”“民本”思想的有机结合。一方面，为人民服务思想的提出是毛泽东通过总结历代王朝兴衰的社会发展规律，对传统民本思想扬弃的结果。毛泽东充分认识到民心向背是一个政权能否长久的关键所在，并站在历史唯物主义的高度，认识到中国传统民主思想的积极意义和存在的时代局限性，取其精华，去其糟粕，化被动“民主”为主动民主，化有限“民主”为人民民主，从而不断发展与丰富了为人民服务的思想内涵。另一方面，马克思列宁主义“人民群众是历史的主体”“为劳动人民服务”等理论，是毛泽东提出“为人民服务”思想的理论基础。马克思、恩格斯早在《共产党宣言》中就响亮地提出“无产阶级的运动是绝大多数人的，为绝大多数人谋利益的独立的运动”①，共产党人“没有任何同整个无产阶级的利益不同的利益”②，这些论断阐明了无产阶级政党的性质、特征和宗旨，划清了它与一切代表宗派利益的集团、派别、政党之间的原则界限。作为马克思、恩格斯学说和事业的继承者和发展者，毛泽东通过对中国历史与社会的考察，客观认识与把握人民群众在历史进程中的作用，逐步形成“为人民服务”的思想。在《湖南农民运动考察报告》中，为人民服务思想已初露端倪。在《大量吸收知识分子》《纪念白求恩》《新民主主义论》等文章中又多次论述，在理论上较为明确地表达了为人民服务思想。1942 年 5 月，毛泽东在延安文艺座谈会上明确提出文艺为人民服务的思想，将它提到了世界观、人生观与历史观的高度去思考。

3. 毛泽东号召为人民服务是向张思德学习的现实需要

中共中央警备团战士张思德出生在四川省仪陇县一个穷苦农民家庭，1933 年 12 月参加红军，1937 年 10 月加入中国共产党，曾经担任过中央警备团警备班长和毛泽东的警卫员。在一次反六路围攻的战斗中，他右腿先后两次负伤仍强忍剧痛，冲入敌阵，缴获了敌人两挺机枪。在长征途中，他曾两度经过人迹罕至的雪山、草地，历尽千辛万苦。1944 年 9 月 5 日，他带领战士们在陕北安塞县执行烧炭任务时，即将挖成的窑洞突然塌方，他奋力把战友推出洞去，自己却被埋在窑洞，牺牲时年仅 29 岁。为了悼念张思德，9 月 8 日，中央警备团和中央机关部分同志在延安枣园操场为这位忠诚为人民服务的共产主义战士举行追悼会。毛泽东参加了追悼会，亲笔题写了“向为人民利益而牺牲的张思德同志致敬”的挽词，并发表了《为人民服务》的演讲。毛泽东指出，张思德同志是为人民利益而死的，他的死是比泰山还要重的，高度赞扬了张思德完全、彻底为人民服务的思想境界和革命精神，号召全体同志学习张思德全心全意为人民服务的高尚品德，团结起来，努力奋斗，争取全民族的解放。

---

① 马克思，恩格斯．马克思恩格斯文集：第 2 卷．北京：人民出版社，2009：42.

② 同①413.

二、基本思想

1. 树立全心全意为人民服务的宗旨意识

在中国共产党历史上，毛泽东是最明确、最集中和最坚定地提出和实践为人民服务这一人生价值原则的杰出代表。毛泽东指出，我们这个队伍完全是为着解放人民的，是彻底地为人民利益工作的。这对全党、全军和全体同志提出了一个在思想建设上带有根本性质的问题，即树立全心全意为人民服务的宗旨意识。每一个革命者都必须解决世界观、人生观和价值观的问题，不然，就不懂得自己生活的意义，就不能成为一个自觉的无产阶级革命者。

2. 树立为人民利益而生、为人民利益而死的生死观

对于一个人来说，生命是最宝贵的，死亡是最严峻的考验。人总是要死的，但死的意义不同，能否为了人民利益牺牲个人利益，在必要时奉献出自己的生命，是检验共产党员是否真正确立了全心全意为人民服务宗旨的根本尺度。毛泽东告诫大家：人民利益是衡量生命的最高价值，“要奋斗就会有牺牲，死人的事是经常发生的。但是我们想到人民的利益，想到大多数人民的痛苦，我们为人民而死，就是死得其所”①。“为人民利益而死，就比泰山还重；替法西斯卖力，替剥削人民和压迫人民的人去死，就比鸿毛还轻。”②

3. 确立辩证对待困难与光明的科学态度

一切事物都是在曲折中前进和发展的，共产党人所从事的革命和建设事业更是如此。在前进的征途上，必然会遇到各种各样的艰难险阻，发生曲折、迂回甚至倒退。对此，以为人民服务为己任的中国共产党人必须采取马克思主义的科学态度，如同毛泽东所指出的：“我们的同志在困难的时候，要看到成绩，要看到光明，要提高我们的勇气。”③ 承认困难，分析困难，同困难做斗争。只要我们和全体人民团结起来，共同努力，就一定能够排除万难，到达胜利的彼岸。

4. 坚持革命队伍团结友爱的友谊观

毛泽东强调：“我们的干部要关心每一个战士，一切革命队伍的人都要互相关心，互

① 毛泽东．毛泽东选集：第3卷．2版．北京：人民出版社，1991：1005.
② 同①1004.
③ 同①.

相爱护，互相帮助。”[①] 革命队伍只有做到这三个“互相”，才能形成坚强的整体。这种建立在根本利益和奋斗目标一致基础上的团结，就能够形成战胜一切敌人和任何困难的强大力量，是当前民族和民主革命的最重要的基础。因为只有经过共产党的团结，才能达到各阶级和全民族的团结；只有经过全阶级全民族的团结，才能战胜敌人，完成民族和民主革命的任务。

5. 树立修正错误的自我革命精神

毛泽东在《为人民服务》中，鲜明指出了党的自我革命精神。我们党在为人民谋利益的过程中，由于主客观条件的限制，难免会发生这样或那样的缺点与错误，共产党人应勇于接受批评、修正错误。同时，对人民有益是接受批评的前提，只要对人民有益，不管什么人，谁向我们指出都行，只要说得对，我们就改正，如果提出的办法对人民有益处，我们就会照办。毛泽东强调：“只要我们为人民的利益坚持好的，为人民的利益改正错的，我们的队伍就一定会兴旺起来。”[②] 我们为人民的利益接受批评、纠正错误，有则改之、无则加勉，正是党的自我革命精神的体现。

三、重要意义

1. 对党的根本宗旨的一次比较全面系统的阐述

党领导人民进行革命、建设和改革的根本目的，就是通过发展社会生产力，不断提高人民的物质文化生活水平，促进人的全面发展。为人民服务，言简情切，是中国共产党和人民军队的无产阶级世界观、人生观、价值观的集中体现。毛泽东把马克思主义政党的基本特征用“为人民服务”来凝练和概括，既指明了马克思主义政党建设的价值取向，又明确了建设马克思主义政党要“为谁服务”这一首要和根本的问题，是马克思主义发展史上对党的根本宗旨的一次比较全面系统的阐述，具有重要的理论意义。

2. 党的七大把“为人民服务”思想写入党章

《为人民服务》生动阐明了为人民而生、为人民而死的高尚情怀。在我们共产党和共产党领导的军队里，虽然有职务高低的分工不同，但是在“为人民服务”这一共同信仰之下，同志们之间是没有高低贵贱等级之分的。他们为有张思德这样的战友而感到光荣和自豪，下决心向张思德同志学习，做一个有利于人民的人，一个重于泰山的人。9 月 21 日，延安《解放日报》头版头条刊登了题为《警备团追悼战士张思德同志，毛主席亲

① 毛泽东．毛泽东选集：第 3 卷．2 版．北京：人民出版社，1991：1005.
② 同①1004－1005.

致哀悼：为人民的利益而死，是死得重于泰山》的文章，报道了追悼会的情况和毛泽东讲话的部分内容。几个月后，中国共产党在延安召开了七大，毛泽东在开幕词《两个中国之命运》中指出，“我们应该谦虚，谨慎，戒骄，戒躁，全心全意地为中国人民服务”。党的七大正式把“为人民服务”的思想写进党章，第一次明确了全心全意为人民服务是中国共产党的根本宗旨，是党在政治上走向成熟的一个标志。

3. 为新时代思想政治教育提供了重要内容和根本宗旨

在《为人民服务》中，毛泽东开宗明义点出了中国共产党和人民军队为人民服务的初心和使命。党的百年历程里，全心全意为人民服务的宗旨始终不变。进入新时代，人民对美好生活的向往，就是党的奋斗目标。《为人民服务》生动展示了新时代党员干部的价值追求。坚持党的全心全意为人民服务的宗旨，必须广泛深入地开展为人民服务宗旨的教育，准确地把握为人民服务的实质和内涵，这就是坚持人民利益高于一切的原则，一切从人民利益出发，自觉地维护人民利益，引导、教育和组织人民群众为实现自己的利益而奋斗。思想政治教育作为党的工作的重要组成部分，必须坚持和实践为人民服务的宗旨，要从人民群众的根本利益出发，宣传党的路线、方针和政策，使人民群众认识自身的利益并自觉地为之奋斗。思想政治教育要更好地为人民服务，必须遵循社会大变革和时代新要求的历史趋势，着眼于人民群众的大多数，正确处理人民内部的利益矛盾，团结一切可以团结的力量，调动一切积极因素，化消极因素为积极因素，把一切力量汇聚到中国特色社会主义建设中。

四、学习与思考

1. 如何理解毛泽东阐述的为人民服务的思想内涵？
2. 试述《为人民服务》一文的思想政治教育意蕴。
3. 新时代青年应该如何遵循《为人民服务》的基本要求？

《关于若干历史问题的决议》导读

1945年4月20日，在全党整风运动取得重大成果的基础上，党的六届七中全会通过了《关于若干历史问题的决议》（简称《决议》）。《决议》深刻总结了建党以来的历史经验，对党领导革命以来的各种错误倾向的主要内容、表现、危害及其原因，做了系统深入的揭露和剖析，对一些重大事件和历史问题进行了基于当时认识的分析和评价，并在此基础上第一次较为系统地阐述了毛泽东思想的主要内容和科学体系，为毛泽东思想确立为党的指导思想和继续发展奠定了基础。《决议》坚持历史与逻辑、理论与实践相统一的原则，论述如何运用马克思列宁主义来观察和解决中国革命的一系列基本理论和策略问题，即如何把马克思列宁主义的普遍原理与中国革命的具体实际相结合等问题。《决议》的通过标志着延安整风运动的结束，统一了全党思想认识，为党的七大的胜利召开奠定了思想理论基础。

原文见《毛泽东选集》第三卷，人民出版社1991年版，第952～1003页。

一、写作背景

1. 实现全党思想统一和政治团结诉求的必然产物

20世纪二三十年代，中国共产党内先后发生了三次“左”倾错误，尤其是以王明为代表的第三次“左”倾教条主义错误，使党和中国革命几乎陷入绝境。1935年的遵义会议解决了当时党内面临的最为迫切的组织问题和军事问题，结束了“左”倾教条主义错误在中央的统治，确立了毛泽东在中共中央的领导地位，但这次会议没有讨论政治路线问题。1938年的党的六届六中全会批判了王明的右倾错误，毛泽东在全党的领导地位进一步确立，毛泽东在会上提出了马克思主义中国化的命题。1941年5月至1945年4月，延安开展了整风运动，希冀总结经验教训，彻底清算王明“左”倾教条主义的错误，使全党学会运用马克思主义的立场、观点、方法去认识解决中国革命的实际问题，实现全党的思想统一和政治团结。作为整风运动胜利结束的标志，《决议》是实现这种政治诉求的必然产物。

2. 开展延安整风运动为起草《决议》奠定思想基础

在毛泽东倡导下，在以延安为中心的全党范围内，开展了深入的马克思主义教育运动，即延安整风。学习党史、总结党的历史经验是延安整风学习运动的重要主题，在整风过程中，党的高级干部对党的历史问题和经验进行了讨论和总结。为帮助全党尤其是高级干部认清"左"倾教条主义的危害，自1940年下半年开始，毛泽东亲自主持收集、编辑和研究党的六大以来的主要文献，形成了历史文献集《六大以来》。对《六大以来》的阅读和研究，使广大干部加深了对"左"倾教条主义危害的认识，为全党的整风以及对历史问题做出决议打下了重要基础。为了统一干部思想，1941年9月10日至10月22日，中共中央政治局举行扩大会议。会前，根据毛泽东的提议，中共中央先后发出《关于增强党性的决定》《关于调查研究的决定》。1944年3月初，周恩来到中共中央党校做《关于党的"六大"的研究》的报告，回答干部学习中争论的一些重要问题。4月和5月，毛泽东分别在延安高级干部会议上和中共中央党校做了《学习和时局》的报告，明确指出这次处理历史问题，不应着重于一些个别同志的责任方面，而应着重于当时环境的分析，当时错误的内容，当时错误的社会根源、历史根源和思想根源，实行"惩前毖后，治病救人"的方针，借以达到既要弄清思想又要团结同志两个目的。这一系列措施，为起草《决议》创造了条件、打下了思想基础。

3. 对党内若干重大历史问题做出正确结论的理论成果

全面抗战以来，中国共产党的组织得到很大的发展。但是，广大新党员身上存在着各种非无产阶级思想。老党员要适应新形势，也需要进一步提高自己。对中国革命的基本问题、对党的许多重大历史问题，党内的认识并不统一，有的问题分歧很大，这就有必要集中开展一场普遍的马克思主义思想教育运动，总结和吸取历史上的经验教训，以提高广大党员、干部尤其是党的高级干部的思想理论水平，增强党的凝聚力和战斗力。全党普遍整风的内容是反对主观主义、宗派主义、党八股以树立马克思主义的作风，其中反对主观主义以整顿学风，是整风运动最主要的任务。因为党的历史上反复出现的"左"倾、右倾错误，从思想根源来说都是主观主义，其主要表现形式是教条主义。主观主义的实质是理论脱离实际，它颠倒了认识和实践的关系，是实际工作中的唯心主义。在深入总结历史经验的基础上，1944年5月21日至1945年4月20日，中共中央在延安举行扩大的六届七中全会，通过了《关于若干历史问题的决议》，总结党成立24年来特别是第三次"左"倾路线导致严重失败的经验教训，对党内若干重大历史问题做出正确的结论，使全党尤其是党的高级干部对中国民主革命的基本问题的认识达到在马克思列宁主义基础上的一致。

二、基本思想

1. 总结党的历史经验并形成决议以统一全党思想

《决议》从正反两方面分析了当时国内外、党内外的现实情况及其特点，总结了中国共产党产生以来各个历史时期的功过是非，指出了党的历史上各次“左”倾、右倾错误，特别是第三次“左”倾错误，论述了其在政治上、军事上、组织上、思想上同正确路线相违背的主要内容及造成的严重危害，指出其产生的思想根源在于把马克思列宁主义的普遍真理和中国革命的具体实践分割开来，违背了辩证唯物论和历史唯物论，片面地把相对真理夸大为普遍真理，与客观实际不相符。《决议》高度赞扬毛泽东在运用马克思列宁主义基本理论解决中国革命具体问题方面所做出的杰出贡献。这些总结和论述，彰显了如何运用马克思列宁主义观察和解决中国革命一系列基本理论和策略问题，即如何把马克思列宁主义的普遍原理与中国革命的具体实际相结合的问题。经过整风运动并在《决议》中做出结论，全党搞清楚了什么是正确路线、什么是错误路线、什么是真正的马克思主义、什么是教条主义，认识到毛泽东才是党内正确路线的代表者，从而凝聚了全党思想。

2. 指明开展党内思想教育应采取的正确方针和原则

《决议》贯彻“惩前毖后，治病救人”“既要弄清思想，又要团结同志”的方针，明确指出总结经验教训的目的是“使同志们进一步了解各次尤其是第三次‘左’倾路线的错误，以利于‘惩前毖后’，不在今后工作上重犯这类错误起见”[①]，强调全党必须加强马克思列宁主义的思想教育，并着重联系中国革命的实践，才能提高全党思想鉴别能力，彻底克服教条主义等错误倾向。《决议》指出，党内应发扬民主，展开批评与自我批评，进行耐心说服和教育工作，说明错误思想的根源和改正方法；加强思想教育的目的是达到团结，关于党内历史问题的一切分析、批判、争论，都应该坚持从团结出发、最终又达到团结的原则；要“在马克思列宁主义思想一致的基础上，团结全党同志如同一个和睦的家庭一样，如同一块坚固的钢铁一样，为着获得抗日战争的彻底胜利和中国人民的完全解放而奋斗”[②]。这些重要论述，为克服党内错误思想、展开深入细致的思想教育指明了正确的方针与原则。

3. 坚持实事求是的态度对待党内思想问题

《决议》着重批判了党内“左”倾路线的错误，并指出其产生的严重危害，但决议并

① 毛泽东．毛泽东选集：第3卷．2版．北京：人民出版社，1991：970.
② 同①955.

没有对犯错误的同志采取全盘否定的态度，既不因为"左"倾错误路线在党内的统治而否定这一时期党的全部工作，也不完全否定犯了"左"倾错误的同志。而是采取辩证分析的态度，做出实事求是的分析和评价："犯了这些错误的同志们的观点中，并不是一切都错了，他们在反帝反封建、土地革命、反蒋战争等问题上的若干观点，同主张正确路线的同志们仍然是一致的。"[①]《决议》指出错误产生有其社会根源和社会历史条件，小资产阶级及其思想方法是重要原因；批评了党在过去太着重追究犯错误者个人责任以及没有恰当地指出改正的方法，提出今后进行一切党内思想斗争时，应避免这些缺点。

三、重要意义

1.《决议》是全党智慧的结晶，具有重要理论价值

第一，制定《决议》的过程，就是全党对中国革命实践形成正确思想认识的过程。在《决议》起草中，围绕党的一些重大事件和问题，经过反复讨论、反复征询意见和反复修改。这些讨论、修改，由感性认识向理性认识发展的过程，就是思想认识由分歧到达成基本共识、最后形成理论的过程。第二，《决议》是党的历史上第一次对毛泽东思想主要内容做了比较完整的权威性论述。《决议》从政治、军事、组织、思想四个方面，系统论述了毛泽东关于中国革命基本理论和基本策略问题的主要观点，构成了毛泽东思想的科学体系。《决议》指出，以毛泽东为代表的马克思列宁主义的思想更普遍更深入地掌握干部、党员和人民群众的结果，必将给党和中国革命带来伟大的进步和不可战胜的力量。第三，《决议》是马克思列宁主义中国化的典范。《决议》通篇都是在论述如何运用马克思列宁主义来观察和解决中国革命的一系列基本理论和策略问题，即如何把马克思列宁主义的普遍原理与中国革命的具体实际相结合的问题，成为马克思列宁主义中国化的典范，具有重大理论价值。

2.《决议》是整风运动的重要成果，具有深远的历史意义

第一，对于统一全党的思想，加强全党在马克思列宁主义、毛泽东思想基础上的团结起了重大作用。《决议》对毛泽东运用马克思列宁主义解决中国革命实际问题所做的突出贡献的高度评价，在全党确立了毛泽东的领导地位，用毛泽东思想统一了全党的认识。第二，为党的七大的胜利召开做了充分的思想准备，极大地推动了中国革命事业的发展。从决议起草到通过的过程，为正确解决党内历史问题、贯彻党的民主集中制树立了典范。《决议》制定过程中体现的民主、严谨作风，为党的七大召开创造了良好的氛围，产生了深刻的影响。第三，《决议》为全党提供了认识党的历史和分歧问题的政治依据和评判标准，提供了如何分析和认识具有争议的重大问题的基本方法，取得了消弭分歧、统一思

---

① 毛泽东．毛泽东选集：第3卷．2版．北京：人民出版社，1991：990．

想认识的重大功效。以决议的形式总结经验、吸取教训，从而凝聚思想认识，在中国共产党思想建设史上开了一个成功的先例，影响深远。

3.《决议》对深刻变革的当今时代，具有多方面现实意义

第一，共产党人必须始终坚定理想信念，明辨大是大非。《决议》对中国共产党人追求共产主义理想过程中阶段性的是非对错和得失，进行了系统总结，目的就在于“惩前毖后，治病救人”、使“前车之覆”成为“后世之鉴”。中国共产党人从中应借鉴经验，必须始终坚定共产主义这一最高理想和最高目标不松懈，才能克服前进中的一切困难和曲折，才能坚决与一切偏离马克思主义的错误倾向做斗争。当前，我们党肩负着团结带领人民实现中华民族伟大复兴的重任，共产党员应坚定理想信念，坚持马克思主义，坚决反对各种反马克思主义、非马克思主义的错误思潮。第二，拥有坚强的领导核心、理论成熟与坚持理论自信事关国家前途命运。《决议》在叙述党的历史上诸多失误的基础上，把遵义会议开始了以毛泽东同志为核心的中央新的领导作为“中国党内最有历史意义的转变”①，用历史经验说明党的坚强领导核心对于党的事业成败的至关重要性。《决议》通过毛泽东思想和“左”倾错误的对比分清是非，促进全党理论上的清醒。党的七大正式确立毛泽东思想在全党的指导地位，我们党在思想理论上真正成熟起来，全党上下更加充满自信，党的事业取得了空前伟大的成绩。党的十八大以来，我们党的事业取得全方位、开创性历史成就，开展深入细致的思想政治教育，就是要使全党和全国人民增强“四个意识”，坚定“四个自信”，做到“两个维护”，用习近平新时代中国特色社会主义思想指导中国特色社会主义伟大实践，为实现中华民族伟大复兴和建设社会主义现代化强国努力奋斗。

四、学习与思考

1. 为什么克服“左”倾、右倾思想错误必须反对教条主义？
2. 试述《关于若干历史问题的决议》在党的建设历史进程中的重要作用。
3. 试论《关于若干历史问题的决议》对加强新时代党的建设的重要意义。

---

① 毛泽东．毛泽东选集：第3卷．2版．北京：人民出版社，1991：969．

《论党》导读

1945年4月至6月，党的七大在延安召开，大会根据形势任务的客观变化和党的理论发展成果对党章进行了重要的修改和补充。5月14日，刘少奇代表中央委员会在会上做了《关于修改党章的报告》。1950年1月，刘少奇对报告的个别字词进行修改，将之改名为《论党》，由人民出版社出版发行。《论党》对中国共产党成立24年来的思想建设、组织建设、纪律建设等方面的宝贵经验进行了系统、深刻的总结，把党的建设推向新的阶段；《论党》也对毛泽东思想进行了科学、准确的阐发，把全党对毛泽东思想的认识提升到新的水平，在党的建设史上、在毛泽东思想发展史上具有里程碑意义，有力带动了党的思想政治教育的创新发展。

原文见《建党以来重要文献选编1921—1949》第二十二册，中央文献出版社2011年版，第373～456页。

一、写作背景

1. 从外部社会环境分析，中国面临着两种命运的抉择

1945年，世界反法西斯战争和中国人民抗日战争即将取得最后的胜利。在这历史转折的关键时刻，中国共产党既要动员一切可能的力量彻底打败日本侵略者，结束长期以来中华民族备受压迫的屈辱历史；又要在国内日趋激烈的阶级斗争中赢得主动，争取中国人民从未享有过的民主权力。国共两党拥有不同的阶级立场、政治追求、价值取向，提出了截然相反的建国方案。1943年，蒋介石抛出了《中国之命运》一书，极力宣扬“一个主义”“一个党”“一个领袖”。中国共产党对此进行了针锋相对的反击，提出将抗战的胜利引向人民的胜利。毛泽东先后发表多篇文章正面阐述中国共产党的建国方略，逐步建构了完整的革命理论体系，提出了走非资本主义的发展道路、建立联合政府的理论主张，最大限度地保障参与抗战的各个党派、团体和人民群众的利益。在抗战胜利局势愈加明朗的时候，中国人民正面临着或奔向光明或堕入黑暗的选择，“两条路线”与“两个中国”之命运的斗争更加尖锐。面对国民党顽固派消灭共产党、消解共产主义的企图，如何树立共产党的领袖权威，如何建设坚强有力的政党，带领全国人民夺取抗战的伟大胜利，建立一个各革命阶级联合专政的新民主主义共和

国，成为中国共产党最重要的任务。这必然要反映到作为党内根本大法的党章上。正如刘少奇所说："我们的党章，从一九二八年第六次全国代表大会修改以后，到现在已有十七年了，党内党外的情况，与十七年前比较，都有了极大的变动，党在今天又有了需要动员全党去执行的完全新的政治任务。"[①] 党的七大对党的章程进行重大修改，对党在当时所处阶段的任务、政治路线等进行说明，以此引导全党同志更好地认清革命形势、担负时代使命。

2. 从党的自身建设分析，以往实践经验亟待系统总结

马克思主义政党十分注重加强自身建设，党的建设是新民主主义革命取得胜利的三大法宝之一，被毛泽东称为"伟大的工程"。中国共产党成立后，始终注重思想建设、组织建设、作风建设等，把思想建设置于首要地位。这与我国特殊的历史背景、社会条件、党员成分密切相关。从党内的阶级构成状况而言，两头小、中间大的社会结构决定了我们党必然要吸收广大的农民阶级、小资产阶级加入党的队伍中来，他们在扩大革命阵营、充实革命力量的同时带来了非无产阶级思想，"不免或长或短地拖着一条小资产阶级的尾巴进党来"[②]，党员内部不可避免地出现了思想认识上的分歧，甚至党的领导层也有不同倾向。非无产阶级党员占比较重，客观上会对党的健康发展和革命事业带来一定影响。加强党的思想建设，强调不仅要在组织上入党，更要在思想上入党，努力把农民和小资产阶级打造成真正的无产阶级战士，成功地开辟了党的建设的成功之路，保证了党的无产阶级先锋队性质，我们党逐渐从一个势单力薄的小党成长为气势磅礴的全国性大党，自身状况发生了重大而深刻的变化。面对即将胜利的抗战形势和错综复杂的外部环境，我们党有必要也有能力对以往的实践经验进行系统梳理，以更为科学、完整的党建理论指引新形势下党的伟大斗争，为抗日战争和新民主主义革命的胜利奠定基础。

3. 从中国革命实际分析，需要马克思主义中国化理论为指导

十月革命一声炮响，给中国送来了马克思主义。"马克思的整个世界观不是教义，而是方法。它提供的不是现成的教条，而是进一步研究的出发点和供这种研究使用的方法。"[③] 马克思主义提供了一种观察社会、认识世界的独特视角和思维方法，必须与各国实际相结合才能发挥理论武器的强大指导作用。马克思主义与中国革命具体实践相结合不仅是马克思主义永葆生机活力的内在需要，也是中国共产党领导新民主主义革命的经验总结。在幼年时期，我们党还不善于将二者相结合，因此有过许多惨痛的教训，数次将革命事业置于危险的境地。经过艰辛的探索，以毛泽东为代表的共产党人在吸收马克思主义理论精髓的基础上，着眼于近代中国国情的特殊性，以巨大的勇气

① 中共中央文献研究室，中央档案馆．建党以来重要文献选编（1921—1949）：第22册．北京：中央文献出版社，2011：376.

② 毛泽东．毛泽东选集：第3卷．2版．北京：人民出版社，1991：833.

③ 马克思，恩格斯．马克思恩格斯选集：第4卷．3版．北京：人民出版社，2012：664.

和智慧提出了农村包围城市、武装夺取政权的道路理论，成功地走出了一条有中国特色的革命道路，并在此过程中逐渐形成了马克思主义中国化的理论成果——毛泽东思想。中国革命的发展既需要将马克思主义作为行动指南，坚持马克思主义的指导地位不动摇，也需要成熟的马克思主义中国化理论的指引。正是在这样的历史背景下，党的七大顺应时代呼唤，第一次将毛泽东思想确立为党的指导思想并写入党章。为了进一步凝聚共识、统一思想，刘少奇做了《关于修改党章的报告》，引导党员同志更加清晰地理解党章的修改初衷，更加深刻地认识党章新增内容的时代价值，尤其是更好地认知毛泽东思想的理论意义和历史作用。

二、基本思想

1. 全面阐述毛泽东思想的基本内涵，提出毛泽东思想是“我们党的唯一正确的指导思想，唯一正确的总路线”①

毛泽东思想是马克思主义中国化的理论成果，伴随着中国革命的实践历程逐步生长、发展并臻于成熟，在党的七大上被确立为全党的指导思想。《论党》对毛泽东思想进行了科学界定，将之视为“我们党的唯一正确的指导思想，唯一正确的总路线”②。首先，《论党》从毛泽东思想与马克思主义的关系、与实践的关系等角度定义毛泽东思想，指出毛泽东思想是“马克思列宁主义的理论与中国革命的实践之统一的思想”③，它既是中国的，又是马克思主义的，是用马克思列宁主义的立场、观点、方法解释中国历史、社会及革命斗争经验而创造出来的理论。其次，《论党》揭示了毛泽东思想的民族性、时代性、真理性等特征，认为毛泽东思想是中华民族智慧的最高表现，是“马克思主义民族化的优秀典型”④；形成于灾难深重的近代中国，是“马克思主义在目前时代的殖民地、半殖民地、半封建国家民族民主革命中的继续发展”⑤；经过了无数次的千百万人的剧烈斗争的反复考验，是“唯一正确的救中国的理论与政策”⑥。再次，《论党》从九个方面概括了毛泽东思想的科学内涵：现代世界情况及中国国情的分析、新民主主义的理论与政策、解放农民的理论与政策、革命统一战线的理论与政策、革命战争的理论与政策、革命根据地的理论与政策、建设新民主主义共和国的理论与政策、关于建设党的理论与政策、文化的理论与政策。最后，《论党》发出了学习、宣传毛泽东思想的号召和要求，指出“现在的重要任务，就是动员全党来学习毛泽东思想，宣传毛泽东思想，用毛泽东思想来武装我们的党员和革命的人民，使毛泽东思想变为实际的不可抗御的力量”⑦，并对党校、党报、训练班、宣传部门、干部等提出了明确的要求。

---

①②③④⑤ 中共中央文献研究室，中央档案馆．建党以来重要文献选编（1921—1949）：第 22 册．北京：中央文献出版社，2011：390.

⑥ 同①391.

⑦ 同①393.

2. 科学分析党内思想上的主要矛盾，提出“我们党的建设中最主要的问题，首先就是思想建设问题”①

《论党》延续了以往党建工作的总体思路，将思想建设作为党建的首要任务和关键环节，将党的思想领导放在党的领导的第一位。首先，《论党》分析了党内最本质的矛盾。“在我们党内，最本质的矛盾，就是无产阶级思想与非无产阶级思想的矛盾，其中最主要的是无产阶级思想与农民、小资产阶级思想的矛盾。”② 尽管我们党取得了许多成就，但党内的非无产阶级思想并没有完全克服，这表现为主观主义、命令主义、官僚主义、军阀主义、山头主义等不良倾向，使我们党仍然面临着巨大的挑战，这也凸显了思想建设问题在党的建设中的重要地位和重大意义。其次，《论党》分析了党内非无产阶级思想产生的根源。中国独特的社会结构决定了共产党不仅要大力吸收工人中的先进分子，还必须大量吸收农民和小资产阶级知识分子，以造就一个广大群众性的、强有力的政党，“无产阶级要从小资产阶级中不断补充自己的队伍，乃是一个必然的历史法则”③。党员队伍成分复杂，出身无产者和半无产者的党员占了大多数，这是党内各种错误思想观念的社会来源，导致了党内小生产者的思想意识甚至资产阶级与封建阶级思想的普遍存在。最后，《论党》指出了党在当时最重要的任务。为了解决党内最本质的矛盾，克服非无产阶级思想泛滥造成的严重后果，关键在于思想改造，“我们党的建设中最主要的问题，首先就是思想建设问题，就是以马克思列宁主义——无产阶级的科学思想去教育与改造我们的党员、特别是小资产阶级革命分子的问题，就是和党内各种非无产阶级的思想进行斗争并加以克服的问题”④。《论党》还充分肯定了毛泽东同志的建党路线，指明了首先着重在思想上、政治上进行建设，同时也在组织上进行建设的正确方向。

3. 充分论述党的群众路线，提出“我们党的一切组织与一切工作必须密切地与群众相结合”⑤

党的七大党章在总纲和条文上十分强调党的群众路线，与此相适应，《论党》中与群众路线相关问题的阐述大约占据了全文篇幅的六分之一。群众路线是我们党的优良传统，是我们党区别于其他政党的显著标志，文中将之视为党的根本政治路线和组织路线，提出了一切工作都必须密切与群众相结合的观点。首先，《论党》探究了坚持群众路线的原因，批判了脱离群众路线的种种表现。中国共产党是无产阶级的先锋队，也是中国人民的先锋队，代表着广大人民群众的根本利益，必须与人民群众建立密切的关系，才能实现解放人民群众的艰巨任务，这就要求共产党必须用正确的态度和方法去领导人民群众。

---

①② 中共中央文献研究室，中央档案馆. 建党以来重要文献选编（1921—1949）：第 22 册. 北京：中央文献出版社，2011：384.

③ 同①383.

④ 同①.

⑤ 同①398.

《论党》进一步批判了命令主义、冒险主义、关门主义等脱离人民群众的错误倾向，对其产生的根源、危害等进行了剖析。其次，为了使党与人民群众建立起正确的关系，贯彻党的群众路线，《论党》从四个方面阐释了群众路线的核心观点，为今后的工作指明了方向、明确了重点。一是一切为了人民群众，全心全意为人民群众服务。这是共产党之所以成立的初心和宗旨，也是共产党人最大的光荣和最值得骄傲的地方。二是一切向人民群众负责。为人民服务体现在对人民负责上，使人民群众真正受益。文中特别强调了向人民负责与向领导机关负责的一致性，要求在实际工作中将二者统一起来。三是相信人民群众可以自己解放自己。人民群众是历史的真正创造者，中国共产党人的一切事业归根到底是人民群众的事业，共产党人必须善于启发群众觉悟、指导群众活动。四是向人民群众学习的观点。文中指出，共产党人必须向人民群众学习，“因为群众的知识，群众的经验是最丰富最实际的，群众的创造能力是最伟大的”[①]。为此，共产党人要不断巩固与群众之间的联系，实行从群众中来、又到群众中去的路线。

三、重要意义

1. 为推动党的思想政治教育的创新发展注入了时代活力

《论党》是党建理论的集大成者。其中，思想建设作为党的建设的首要任务是文中论述的重点内容，《论党》在某种程度上可以看作对党内思想政治教育研究成果的展示、总结和升华，为党内思想政治教育的创新发展注入了时代活力。第一，《论党》深刻阐述了思想建设在党的建设中的重要地位，发展了党的思想政治教育“生命线”理论。马克思、恩格斯主张以无产阶级的世界观改造非无产阶级的思想观念，“如果其他阶级出身的这种人参加无产阶级运动，那么首先就要求他们不要把资产阶级、小资产阶级等等的偏见的任何残余带进来，而要无条件地掌握无产阶级世界观”[②]。中国共产党人以马克思列宁主义党建理论为指引，大力推进党内的思想教育和政治引导工作，强化政治工作的“生命线”地位。《论党》充分肯定了毛泽东“首先着重在思想上、政治上进行建设，同时也在组织上进行建设”的正确的建党路线，从关乎党的事业发展和革命事业成功的高度，提出“要把思想教育和思想领导放在党的领导的第一位”，再次凸显了思想建设的极端重要性，是对思想政治教育“生命线”理论的延续和发展。第二，《论党》完整界定了毛泽东思想，为思想政治教育确立了指导思想和教育内容。《论党》从多个维度解读毛泽东思想，分析其理论精髓与精神实质，指出：“毛泽东思想，从他的宇宙观以至他的工作作风，乃是发展着与完善着的中国化的马克思主义，乃是中国人民完整的革命建国理论。”[③]毛泽东思想既与马克思列宁主义一脉相承，又植根中国革命具体实践，是马克思主义中

① 中共中央文献研究室，中央档案馆．建党以来重要文献选编（1921—1949）：第22册．北京：中央文献出版社，2011：407.

② 马克思，恩格斯．马克思恩格斯选集：第3卷．3版．北京：人民出版社，2012：739.

③ 同①391.

国化的一大理论成果。毛泽东思想作为党的指导思想，为党的思想政治教育提供了理论基础、实践指南；而党的思想政治教育不仅要将毛泽东思想作为一切行动的指针，而且要大力学习、宣传毛泽东思想，使之与马克思列宁主义一道成为我们党的强大思想武器。第三，《论党》多方面丰富了党的思想政治教育方法，为思想政治教育实践奠定了理论基础。《论党》不仅高度重视以无产阶级思想改造非无产阶级思想，而且全文多处论及工作方法。批评与自我批评是中国共产党的优良传统，“有无认真的自我批评，是我们和其他政党区别的显著标志之一”[①]，将批评与自我批评运用于群众路线、扩大党内民主、开展干部教育等方面，凸显了其作为思想政治教育基本方法的实践价值。《论党》提出，“在一切群众中，通常总有比较积极的部分及中间状态与落后状态的部分”，“我们必须特别注意教育、团结与组织积极分子，使积极分子成为群众中的领导核心”[②]，为典型教育法提供了客观依据。文中还批判了命令主义、官僚主义等脱离群众的错误做法，从正反两个角度阐释了党的思想政治教育方法论，为思想政治教育实践的深入推进奠定了坚实基础。

2. 为推动马克思主义中国化的历史进程做出了突出贡献

《论党》全文思路清晰，内容详尽，实现了形式上的一定创新和内容上的重大发展，不仅为后来的党章修改报告提供了写作范例，而且推动了马克思主义中国化的发展，在马克思主义中国化的历史进程中具有卓越的贡献和突出的地位。第一，《论党》科学总结了党的建设经验，系统论述了中国化的马克思主义党建理论。中国共产党在领导广大人民群众开展革命斗争的过程中自觉地将马克思列宁主义的建党学说与中国的特殊国情相结合，形成了具有我们党自身特点的党建理论。党的七大召开于抗日战争胜利前夕，随着形势的发展变化，如何建立一个独立、自由、民主、统一和富强的新中国成为党面临的重要政治任务。在这特殊的历史时期，《论党》科学总结了党的六大以来党的思想建设、政治建设、组织建设和作风建设等方面的宝贵经验，对中国化的马克思主义党建理论进行了科学归纳，对党的群众路线、民主集中制、干部建设等进行了详细分析，阐述了中国革命的主要特点，梳理了党建走过的艰辛历程，剖析了党建面临的现实挑战，确立了思想党建的工作重心。《论党》的发表标志着中国化的马克思主义党建理论更加成熟，有助于统一全党的思想和行动，增进党的稳定团结，巩固了延安整风运动的成效；有助于提高党建的科学化水平，锻铸坚强有力的马克思主义政党，为夺取抗日战争乃至新民主主义革命的伟大胜利奠定了基础。第二，《论党》树立了毛泽东的领袖地位和毛泽东思想的指导作用，推动了毛泽东思想的学习、宣传。毛泽东思想是马克思主义同中国实际相结合的第一次历史性飞跃的理论成果，在党的七大上被确立为党的指导思想并写入了新修订的党章。《论党》详细论述了党的指导思想问题，第一次对毛泽东思想的时代背景、理论品格、科学内涵、历史地位等进行了全面的梳理。《论党》以充沛、强烈的感

---

① 中共中央文献研究室，中央档案馆. 建党以来重要文献选编（1921—1949）：第22册. 北京：中央文献出版社，2011：426.

② 同①409.

情高度评价毛泽东，用“有史以来最伟大的理论家和科学家”赞誉毛泽东，用“艰巨工作和天才创造”肯定毛泽东的贡献，全文以“我们党的领袖、中国民族与中国人民革命斗争的舵师——毛泽东同志万岁”① 结尾，将毛泽东树立为党的领导核心，与国民党叫嚣的“一个领袖”相抗衡，有利于增强全党的凝聚力、向心力。《论党》着力阐述了毛泽东思想确立为党的指导思想的历史必然性，向全党发出了学习、宣传毛泽东思想的号召，“学习毛泽东思想，宣传毛泽东思想，遵循毛泽东思想的指示去进行工作，乃是每一个党员的职责”②，并就如何做好工作进行安排部署，要求“一切党校和训练班，必须用毛泽东同志的著作作为基本教材；一切干部，必须系统地研究毛泽东同志的著作；一切党报，必须系统地宣传毛泽东思想；为了适应一般党员的水准，党的宣传部门，应将毛泽东同志的重要著作，编为通俗读物”③。各个抗日根据地很快响应《论党》提出的用毛泽东思想武装全党和全国人民的要求，纷纷掀起了学习、宣传毛泽东思想的热潮，提升了毛泽东思想在群众中的认可度和影响力，使之作为马克思主义中国化的重大理论成果和党的指导思想更加深入人心。

3. 为推动新时代党的建设新的伟大工程提供了理论滋养

《论党》把马克思列宁主义的党建理论与中国共产党的具体实际紧密结合，对如何进行思想建设、政治建设、组织建设、作风建设等进行了详细阐述，是刘少奇党建理论的代表之作，也是我们党的党建思想集大成者。尽管《论党》的发表距今已有 70 多年的时间，但它的许多重要论述并没有因为时代的变迁而过时，很多精辟观点在今天依然闪烁着智慧的光芒，是我们推动新时代党的建设新的伟大工程不可忽视的资源财富。第一，党的建设是多方面统筹推进的系统工程，思想建设仍然占据着十分重要的基础地位。当前，社会上多元价值观念之间的激荡、冲突始终存在，以主流意识形态引领社会思潮是任何政党在任何时候都必须着力解决的问题。刘少奇在《论党》中阐述了思想建设的成效直接关系到党建和革命的成败的深刻道理，将思想建设置于党的自身建设的核心地位。当前，我们党正带领全国各族人民为实现“两个一百年”的宏伟目标和中华民族伟大复兴的中国梦砥砺前行，做好党的思想宣传工作尤为重要。社会上各类错误思潮竞相发声，敌对势力意欲动摇我们的社会根基、动摇党的领导。对此，我们必须高度警惕、积极应对，牢牢把握党对意识形态工作的领导权，充分发挥思想政治教育生命线的作用，主动占据思想舆论主阵地，正确处理一元主导与多元并存的关系，构筑全党上下思想统一、步调一致的良好格局。第二，群众路线是党的根本政治路线，新时代党的建设必须自觉践行群众路线。党的十九大报告强调指出，人民是历史的创造者，是决定党和国家前途命运的根本力量，必须把党的群众路线贯彻到治国理政全部活动之中。群众路线是我们党开展一切工作的重要遵循，党的建设必须坚守群众路线的基本原则。当前，尽管世情、国情、党情发生了深刻变化，但党的建设自觉践行党的群众路线的要求并未改变，新时

---

① 中共中央文献研究室，中央档案馆．建党以来重要文献选编（1921—1949）：第 22 册．北京：中央文献出版社，2011：456.

②③ 同①393.

代党的建设必须紧紧围绕广大人民群众展开，这要求全党牢固树立全心全意为人民群众服务的价值导向和根本宗旨，坚守立党为公、执政为民的理念；尊重群众的主体地位，调动广大群众的积极性、主动性、创造性，克服命令主义、官僚主义、形式主义等不良作风，密切与群众的血肉联系；采用正确的方法对待群众，维护群众的利益，反映群众的需求，防止脱离群众的危险。唯有如此，才能汇聚群众力量、筑牢群众基础，将党锻铸成群众衷心拥护的马克思主义执政党，带领广大人民群众把中国特色社会主义伟大事业推向新的发展阶段。

四、学习与思考

1. 结合新民主主义革命时期党的建设史，如何正确理解“我们党的建设中最主要的问题，首先就是思想建设问题”这一科学论断？

2. 为什么说毛泽东思想与马克思列宁主义既一脉相承又与时俱进？

3. 新时代思想政治教育如何更好地贯彻落实党的群众路线，有效提升人民群众的思想政治教育参与度？

《唯心历史观的破产》导读

《唯心历史观的破产》是1949年9月16日新华社电讯发表的由毛泽东撰写的评论性文章，1949年9月17刊登在《人民日报》上，旨在反驳美国国务院发表的关于中美关系的白皮书以及美国国务卿艾奇逊写给总统杜鲁门的信。这篇文章是当时新华社连续发表的六篇系列文章之一，原题为《六评白皮书》，1960年9月收入《毛泽东选集》第四卷时，改名为《唯心历史观的破产》。全文以缜密的逻辑、大量的事实、透彻的说理对美国政府歪曲中国历史、中国革命的言论进行了针锋相对的批判，深刻分析了中国革命发生、发展以及取得胜利的真正原因，不仅回应了敌对势力的污蔑、挑衅，而且惊醒了国内的所谓"民主个人主义者"，是新中国成立前夕中国共产党广泛开展思想政治教育的重要文献。

原文见《毛泽东选集》第四卷，人民出版社1991版，第1509～1517页。

一、写作背景

1. 新中国成立前夕对美进行政治斗争的需要

1949年春夏之交，伴随着辽沈、淮海、平津三大战役的胜利，人民解放军占领南京，国民党政权土崩瓦解。中国共产党在与中国国民党的长期较量中最终占据了压倒性优势，国民党的残余势力即将被肃清，新民主主义革命胜利在望，中华人民共和国即将成立，孰胜孰败大局已定。这意味着美帝国主义通过援助蒋介石进而侵略中国的计划无果而终，美国对此始料未及，扶蒋反共政策节节失利的现实在政府内部引发了轩然大波，造成了各方之间激烈的辩论和争吵。由于不甘心在中国的失败，美国继续通过发表耸人听闻的言论蛊惑人心，企图抵制人民民主专政的国家政权。美国国务院于1949年8月5日抛出了《美国与中国的关系——着重于1944—1949年时期》的白皮书（简称"白皮书"），对《望厦条约》签订以来100多年间中美之间的关系进行了梳理，特别叙述了抗战末期至1949年间美国联合蒋介石共同对抗中国革命并遭遇失败的经过。文中把侵略中国的罪行自称为友好关切的行为，并继续煽动中国人民反抗中国共产党的领导。与白皮书同时问世的还有美国国务卿艾奇逊为推动白皮书的发表于7月30日写给总统杜鲁门的信。无论是美国国务院的白皮书以及艾奇逊的信件，都充斥着诋毁中国革命、歪曲中国近代史的荒谬言论，不良用心昭然若揭，在中国社会造成了恶劣的影响。在决定中国前途命运的关键时刻，共产党必须明辨是非、凝聚共识，为新中国的成立营造有利的国际、国内舆论环境。白皮书和艾奇逊信件的发表正好为中国共产党提供了在广大人民群众中间开展政治教育的契机。“现在全世界都在讨论中国革命和美国的白皮书，这件事不是偶然的，它表示了中国革命在整个世界历史上的伟大意义。就中国人来说，我们的革命是基本上胜利了，但是很久以来还没有获得一次机会来详尽地展开讨论这个革命和内外各方面的相互关系。”[①] 为了回应美帝国主义的挑衅，毛泽东接连写下了包括《唯心历史观的破产》在内的多篇文章，批判谬误、澄清事实，坚决与美帝国主义展开针锋相对的政治斗争。

2. 捍卫马克思主义在中国的指导地位的需要

在半殖民半封建社会开展革命是前所未有的伟大事业。中国共产党自成立以来便面临着多种挑战威胁、经历了无数艰难险阻，在与帝国主义、封建主义顽强抗争的过程中逐渐发展壮大。同样，党的思想政治教育史可以视作一部抵制、批判、纠正党内外各种错误思想观念的历史，有时候表现为党内“左”倾、右倾不同路线之间的激烈争论，有时候则是与国外敌对势力所代表的意识形态之间的尖锐冲突。近代以来，为了救国救民于水火之中，中国人曾经从西方资产阶级的“武器库”中学来了天赋人权论和资产阶级共和国等思想武器和政治方案，毫不例外均以失败告终。中国最终选择了马克思主义，中国共产党自成立之日起，就将马克思主义作为自己的指导思想，并在后来的革命实践过程中不断丰富和发展马克思主义。事实证明，马克思主义是我们党始终立于不败之地的根本法宝，是指引中国革命从失败走向胜利的行动指南。在马克思主义的正确指导下，中国共产党领导新民主主义革命即将夺取最后的胜利，也必将在新中国成立后带领全国各族人民创造更多更大的辉煌，这是我们自信心的源泉。因此，在革命胜利之后，马克思主义在中国的指导地位只能加强不能削弱。站在历史的转折点，针对长期以来以美国为代表的西方国家宣扬的文化中心主义、自诩的文化高度以及表露出来的文化优越感，有必要毫不留情地坚决回击，引导广大人民群众深刻认知资产阶级文化与马克思主义理论在中国社会发展进程中所产生的截然相反的历史作用，真正理解马克思主义取代西方资产阶级思想的历史必然性和只有马克思主义才能救中国的道理，提升广大人民群众对马克思主义的接受度、认同感。鉴于此，在《唯心历史观的破产》一文中，毛泽东用马克思主义的立场、观点、方法分析中国历史、中国革命有关问题，有针对性地对艾奇逊的失实言论进行了尖锐批判，揭示了中国人民寻求马克思主义真理的过程，加深了读者对马克思主义是历史的选择、是人民的选择这一问题的正确理解，从而捍卫了马克思主义在中国思想界的主流地位，坚定了社会各界对马克思主义的信仰。

---

① 毛泽东. 毛泽东选集：第4卷. 2版. 北京：人民出版社，1991：1499.

3. 抵制艾奇逊历史唯心主义思想流毒的需要

在写给美国总统杜鲁门的信中，艾奇逊从资产阶级唯心历史观的立场出发，试图将中国革命的发生动因建立在经济状况、思想状况之上，从中国人口众多以及西方思想给予的影响两个角度解释革命的根源，企图以此美化自己的侵略行为，掩饰帝国主义在中国的残暴行为，掩盖帝国主义称霸中国的不良居心，宣扬了一种唯心历史观。同时，作者还在文中披露了许多美国侵犯中国利益、干扰中国革命的历史事实，相当于承认了美国在中国犯下的滔滔罪行，俨然是美国侵华自白书。然而，从当时的社会现实来看，仍有部分群众尤其是所谓的“民主个人主义”分子对蒋介石反动集团抱有同情心理、对美帝国主义抱有幻想，艾奇逊的观点在这些群体中产生了一定的消极影响。毛泽东对此有清醒认知，下决心肃清历史唯心主义的思想流毒，他在之前发表的评论文章《别了，司徒雷登》中指出：“中国还有一部分知识分子和其他人等存有糊涂思想，对美国存有幻想，因此应当对他们进行说服、争取、教育和团结的工作，使他们站到人民方面来，不上帝国主义的当。”① 此时中国固然还有少数艾奇逊的追随者，但各界人士、各民主党派等大多能够认清革命的发展趋势，识破帝国主义的阴谋诡计，他们奋起反抗，通过新闻媒体积极发声，表达了对美国国务院以及艾奇逊的强烈不满。中国革命的动力是什么？中国共产党能否彻底解决中国人民吃饭的问题？马克思主义为什么能够带领中国革命走向胜利？面对艾奇逊信件在思想界激起的波澜，中国共产党人必须正面做出回应。为了消除不当言论带来的影响和人民群众心中的困惑，新华社从 8 月 12 日开始连续发表多篇评论文章，包括《无可奈何的供状》《丢掉幻想，准备斗争》《别了，司徒雷登》《为什么要讨论白皮书?》《“友谊”，还是侵略?》《唯心历史观的破产》，从不同角度对其中的偏颇之处展开批判，引导广大群众对是非曲直有了基本的判断，对那些和艾奇逊持有相同或者某些相同观点的人们进行了深刻的思想政治教育，在实践中产生了良好的社会影响。

二、基本思想

1. 批驳艾奇逊将中国革命发生的原因归结于人口过剩的观点

《唯心历史观的破产》指出人口过剩不是造成革命的原因，革命本质上是被剥削者反抗剥削。在给杜鲁门总统的信中，艾奇逊从经济角度去解释中国革命发生的原因，将之首先归因于中国人口过多。艾奇逊指出，随着中国人口的倍增，吃饭问题是政府必然面对的现实难题。由于国民政府没有使中国有足够的东西吃，因而革命就不可避免地发生了。艾奇逊还进一步断言“国民党没有解决这个问题，共产党也不见得能解决这个问题，

---

① 毛泽东．毛泽东选集：第 4 卷．2 版．北京：人民出版社，1991：1496.

'一直到现在没有一个政府使这个问题得到了解决'"[①]，对共产党领导下的中国人民的前途命运表达了悲观的情绪。毛泽东透过现象看本质，以历史事实为根据逐一进行反驳。他指出，古今中外的很多革命包括美国历史上的革命在内，其发生的原因不在于人口的过剩，而在于压迫和剥削。革命不成功的原因究竟是什么？毛泽东进行了深层次分析指出就中国而言，辛亥革命和北伐战争没有成功的原因不在于吃饭的问题，而在于未能彻底推翻帝国主义和封建主义，在于蒋介石背叛了革命，站在了人民的对立面。毛泽东还进一步提出了用生产解决吃饭问题的方案，"世间一切事物中，人是第一个可宝贵的。在共产党领导下，只要有了人，什么人间奇迹也可以造出来"[②]，充分展现了共产党对人民群众的重视，将人民群众的主观能动性视为推动社会进步的力量，这与马克思主义的唯物历史观一脉相承，与艾奇逊将人口过剩称为负担的观点截然对立。

2. 批驳艾奇逊将中国革命发生的原因归结于"西方的影响"的观点

艾奇逊在谈论中国革命发生的另一个原因时指出，西方思想文化的输入给中国思想界以很大的刺激，"激起了骚动和不安"[③]。艾奇逊认为，由于中国人民从来没有接受过如此先进的文化，他们是在新思想的启迪下才开始走上了反抗衰落的清政府的道路，革命就此发生。艾奇逊不仅字里行间透露着西方文化的优越感，在褒扬西方思想的同时贬低了中国的文化传统，而且将革命的发生归结为某种思想观念的驱动，这是唯心历史观的典型表现。从思想角度解释革命发生的原因是站不住脚的，同样遭到了毛泽东的驳斥。《唯心历史观的破产》指出，"西方的影响"不是革命发生的原因，革命源于帝国主义的侵略。毛泽东首先纠正了艾奇逊对革命对象的错误认知，将帝国主义而不是清朝视为革命的根本指向，根源在于帝国主义的侵略："不是什么西方思想的输入引起了'骚动和不安'，而是帝国主义的侵略引起了反抗。"[④] 众所周知，资本主义的扩张总是伴随着弱小国家的流血牺牲。为了实施全球霸权战略，帝国主义假借各种理由在全世界范围内到处搜刮掠夺，推行其殖民政策，给弱小国家带来无尽的灾难，是造成近代中国贫穷落后的总根源，中国人民由此踏上了革命的征程，开始了长达数十年的反抗外来侵略及其走狗——清朝的历程。在近代内忧外患的时代背景下，侵略与反侵略构成了近代中国历史发展的主旋律。在这个过程中，帝国主义千方百计掩盖其侵略本质，例如，把对中国赤裸裸的侵略称为"外来者带来了进取性"[⑤]，为自己的野蛮行径寻求合理性根基。毛泽东在文中撕下了敌人的虚假面具，揭穿了敌人的虚伪本质。毛泽东提出，所谓的"西方的影响"，根本不是什么先进思想带来的积极作用，不过是西方资产阶级按照自己的面貌用恐怖的方法去改造世界。因而，革命的发生不是什么西方新思想的渗透造成的，而是帝国主义在中国的侵略引发的后果。

---

① 毛泽东．毛泽东选集：第4卷．2版．北京：人民出版社，1991：1510.
②③ 同①1512.
④ 同①1513.
⑤ 同①1514.

3. 论证马克思列宁主义是指导中国革命走向胜利的强大思想武器

《唯心历史观的破产》在痛斥所谓的西方思想带来的影响时，高度评价、充分认可马克思主义在中国革命中的地位和作用。毛泽东指出，马克思主义的传入、中国共产党的成立挽救了中国革命，使中国改换了方向。五四运动以前，无论是旧的封建主义的思想武器还是中国从西方学来的天赋人权论、资产阶级共和国的方案等等无一例外宣告破产，中国革命屡遭失败。铁的事实证明，只有马克思列宁主义所代表的“科学的宇宙论和社会革命论”才能真正救国救民于水火之中，成为指引中国革命走向胜利的思想武器。艾奇逊叫嚣的西方先进思想与马克思列宁主义之间形成了鲜明的对比，从实际效果分析，前者在中国宣告破产，后者则指引中国人民接连打败了北洋军阀、打败了蒋介石在二万五千里长征路上对中国红军的拦阻、打败了日本帝国主义及其走狗汪精卫、结束了美国和一切帝国主义及其走狗蒋介石在中国的统治。基于实践的验证，孰优孰劣清晰可见。因此，毛泽东提出，马克思列宁主义的新文化“和艾奇逊所说的西方资产阶级的‘为以往的侵入者所从来不曾带入中国的高度文化’相比较，不知要高出几多倍”①。毛泽东进一步分析了马克思列宁主义能够在中国发挥作用，“是因为中国的社会条件有了这种需要，是因为同中国人民革命的实践发生了联系，是因为被中国人民所掌握了”②。思想观念作为主观意识，只有与客观实际相结合，被人民群众所运用，才能产生改造世界的巨大力量，才能影响革命的进程，推动社会的进步。社会存在决定社会意识，社会意识反作用于社会存在，在这里，毛泽东再次阐述了唯物历史观，也对艾奇逊唯心史观进行了有力回击。

三、重要意义

1. 以马克思主义唯物史观推动中国近代史研究

唯物史观与唯心史观是两种根本对立的历史观，代表了对社会存在和社会意识二者之间关系的不同看法。当我们分别以唯物史观、唯心史观为理论视角剖析社会历史现象、探析社会发展进程时，便会得到截然不同的结论，如中国共产党人毛泽东和资产阶级代言人艾奇逊在中国革命发生的原因这一具体问题认识上的巨大分歧。表面上看来这是不同国家、不同党派、不同阶级立场之间的差异，归根结底是两种历史观之间的较量。艾奇逊以经济状况、思想状况解释中国革命，这无疑是唯心主义历史观的一贯做法。毛泽东则站在唯物史观的高度分析一百多年来中国屈辱的近代史，以帝国主义侵略中国的历史事实为支撑，从剥削与反剥削、压迫与反压迫的角度解读中国近代革命的发展进程，分析马克思列宁主义在中国的地位和作用，彰显了毛泽东深邃的历史眼光和非凡的历史

① 毛泽东．毛泽东选集：第 4 卷．2 版．北京：人民出版社，1991：1514.
② 同①1515.

洞察力。20 世纪 30 年代末 40 年代初，毛泽东在《中国革命和中国共产党》《新民主主义论》等著作中对社会性质、社会矛盾以及新民主主义革命的任务、动力、前途等进行了深入分析，形成了系统完备的思想体系对革命发生的原因的分析作为新民主主义论的组成部分得到了一定的阐发，较多地表现为对革命所处时代背景的分析，没有专门就“革命发生的原因”展开论述。《唯心历史观的破产》一文将革命发生的原因作为贯穿全文的主题，追溯了革命的发生根源，对该问题的论述更加直接、集中、深入。毛泽东将唯物史观与中国革命史观紧密结合，引导广大读者对革命的认知提升到一个全新的高度，这既是对新民主主义革命理论的充实和深化，也是对马克思主义唯物史观的宣扬和发展，推动着中国近代史研究朝着正确的方向发展。

2. 为新中国成立营造了良好的社会环境

在半殖民地半封建社会快要终结的历史转折时刻，中国共产党比以往任何时候都更加需要稳定局势、凝聚人心，为新中国的成立做好全方位的准备工作。此时，美国国务院、艾奇逊却抛出不负责任的言论，其不良用心显而易见，旨在煽动中国“民主个人主义分子”反抗共产党，动摇共产党的执政根基，进而在中国制造内乱，破坏共产党的建国大业。敌方的观点错误百出，内容颠倒黑白，部分不明就里的人却深信不疑。这给中国共产党带来了一定的困扰，但也提供了一个教育的契机。鉴于此，毛泽东在开篇即点明了文章的写作目的：“驳斥了艾奇逊，就有可能使得广大的中国人获得打开眼界的益处。对于那些抱着和艾奇逊相同或者有某些相同的观点的人们，则可能是更加有益的。”[①]事态的发展与毛泽东的设想十分一致。毛泽东在此之前就针对白皮书、艾奇逊信件发表了评论文章，引起了全社会的普遍关注，造就了一场爱国主义运动。在新华社的推动下，全国各民主党派、革命团体以及各界人士积极响应、热烈讨论，围绕着革命、外交等有关问题发表评论、提出见解，“讨论的范围涉及中美关系，中苏关系，一百年来的中外关系，中国革命和世界革命力量的相互关系，国民党反动派和中国人民的关系，各民主党派各人民团体和各界民主人士在反帝国主义斗争中应取的态度，自由主义者或所谓民主个人主义者在整个对内对外关系中应取的态度，对于帝国主义的新阴谋如何对付，等等”[②]。《唯心历史观的破产》使得毛泽东对敌方的批评更加全面，这一系列论战及其引发的社会效应带来了巨大的影响，借机教育了那些不了解革命真相、被艾奇逊观点迷惑的知识分子，消除了人们思想上的误区和舆论的不良影响，引导广大人民群众认清帝国主义的侵略本质，从而坚定了同美帝国主义抗争到底的决心和信心，为新中国的成立营造了良好的社会环境。

3. 为打赢新形势下意识形态斗争提供了有益启示

在《唯心历史观的破产》一文中，面对艾奇逊的胡言乱语，毛泽东态度强硬、立场

① 毛泽东．毛泽东选集：第 4 卷．2 版．北京：人民出版社，1991：1509.
② 同①1499.

鲜明，综合运用举例子、摆事实、讲道理、做比较等方式，不仅以缜密的思维、严谨的逻辑、清晰的表达攻破了艾奇逊逻辑上的漏洞和内容上的错误，而且从侵略与反侵略、压迫与反压迫的角度阐释中国近代历史，使得艾奇逊唯心历史观的谎言随即破灭。毛泽东对唯物史观的坚守和运用为我们思考意识形态问题、开展意识形态工作、进行意识形态斗争提供了借鉴、指明了方向。中国特色社会主义进入新时代，当前中国的国际影响、发展成就以及所处的历史方位、时代环境等与70多年前相比发生了翻天覆地的变化，中国与美国早在20世纪70年代正式建立外交关系。尽管时过境迁，我国意识形态领域仍然面临着复杂的形势，西方资本主义国家对中国造成的干扰、破坏从未消失，敌对势力在新的历史条件下改头换面，通过文艺作品、互联网等媒介将其思想观念逐步渗透在中国社会生活的方方面面，潜移默化地影响着人们的价值观念和行为取向。例如，历史虚无主义、新自由主义等一度蔓延，试图冲击马克思主义的指导地位、否定共产党的领导、动摇中国特色社会主义道路，这不仅引发了思想理论界的激烈交锋，而且给思想政治教育带来了严峻挑战，由此引发的社会危害不容小觑。历史反复告诉我们，资本主义绝不会轻易放弃对中国进行“和平演变”的努力，唯物史观与唯心史观在意识形态领域的较量并未停止，我们决不能掉以轻心、听之任之。为了打好新形势下意识形态斗争主动仗，我们必须牢固树立唯物主义的历史观，把握社会规律、认清世界大势，坚定社会主义必然战胜资本主义的信心，持续增强政治敏锐性和鉴别力，不断提升理论素养、坚定政治立场、筑牢政治信仰，在大是大非面前时刻保持清醒的头脑，不被表面现象所迷惑、不被糖衣炮弹所打动，在纷繁复杂的局势中敢于发声、勇于亮剑，以大无畏的政治勇气旗帜鲜明地同各种错误社会思潮做斗争，跨越国外敌对势力设置的重重障碍，为中国特色社会主义的发展保驾护航，朝着实现中华民族伟大复兴的中国梦昂首前行。

四、学习与思考

1. 如何以唯物史观为理论基石解释中国革命发生的真正原因？
2. 如何理解马克思列宁主义是指引中国革命走向胜利的思想武器？
3. 新时代思想政治教育如何坚持以唯物史观为指导？

《党在宣传战线上的任务》导读

为加强党对新中国意识形态领域和思想政治战线的领导，中共中央于1951年2月、3月先后发布《中共中央关于健全各级宣传机构和加强党的宣传教育工作的指示》和《中共中央关于加强理论教育的决定的通知》。5月，中共中央在北京召开第一次全国宣传工作会议，这是新中国成立后党中央为研究和制定执政条件下党的宣传思想工作方针政策而举行的首次全国性宣传工作会议。这次会议重点围绕解决党的群众宣传工作经常化、整顿党内外思想政治教育、加强党对思想政治工作的领导、改善党对宣传教育工作的管理和党的宣传工作机构四项议题，确立了“把向党内外进行马克思列宁主义的宣传教育工作，当作头等重要的任务”[①] 的指导方针，要求“保证在一切生产工作和其他群众性工作中具有充分的宣传工作，并且使一切具体工作的宣传具有必要的思想性政治性”，“消灭在具体工作的宣传中脱离思想政治内容的经验主义倾向”[②]。会议在总结党的宣传思想工作经验成就基础上，根据新中国成立初期意识形态领域和思想政治战线基本国情，对新中国宣传思想工作做出一系列制度性安排。5月23日，刘少奇做了《党在宣传战线上的任务》的总结报告，对中国共产党在执政条件下进行全国范围和全体规模的思想政治教育工作做出了全局性和战略性部署，是指导党在新中国成立初期开展思想政治教育的纲领性文件，奠定了新中国思想政治教育的思想理论基础和制度政策框架。

原文见《刘少奇选集》下卷，人民出版社1985年版，第78～91页。

一、写作背景

1. 确立马克思主义在新中国意识形态领域的指导地位

中华人民共和国的成立，开辟了中国共产党在执政条件下，在全国范围进行思想政治教育的新的历史时期。充分运用执政党掌握的上层建筑及意识形态的力量，发挥思想政治教育的优势，扩大马克思主义在中国的宣传普及，使党的指导思想上升为国家主流意识形态，同时构建适应新中国经济、政治形势和思想文化需要的思想政治工作制度，

---

① 中央宣传部办公厅．党的宣传工作会议概况和文献（1951—1992）．北京：中共中央党校出版社，1994：33.

② 同①31.

为新兴社会制度的巩固和发展提供强大的思想保证、精神动力和舆论支持，成为新中国成立初期思想政治教育面临的紧迫任务。

任何国家占统治地位的意识形态都是统治阶级的意识形态，中国共产党在国家政治社会生活中领导地位的确立，使党的指导思想上升扩大为国家主流意识形态。新中国成立初期具有临时宪法性质的《中国人民政治协商会议共同纲领》实际上确认了无产阶级思想理论体系即马克思主义在国家政治生活中的法律地位。进一步扩大马克思主义在中国的宣传普及，推动其在意识形态领域和社会生活中主导地位的确立，保证新中国思想文化建设始终代表先进文化的前进方向，是思想政治教育的首要任务。

2. 开展与帝国主义、封建主义、官僚资本主义思想文化等错误思想的斗争

新中国新民主主义经济、政治制度决定了在意识形态领域除帝国主义、封建主义和官僚资本主义思想之外一切思想存在的合法性，主要表现为资产阶级、小资产阶级、农民阶级思想将在一定时期内与无产阶级思想体系同时共存，如政治思想上主张资本主义、中间道路或自由主义，哲学和学术思想上坚持唯心主义和形而上学，文艺思想上宣扬“超阶级”、“客观主义”和个人主义观点，等等，在意识形态领域仍具有相当市场和影响。与新中国成立初期经济、政治发展状况相联系，我国意识形态领域各种思想多元并存，无产阶级思想、民族资产阶级思想、小资产阶级思想与帝国主义思想和封建主义思想残余同时存在，唯物主义和唯心主义、辩证法和形而上学同时存在。思想文化战线革命与反动、先进与落后、进步与保守、科学与谬误的较量与斗争不可避免。彻底清除帝国主义、封建主义思想文化残余的影响和开展与资本主义思想文化的斗争，将是思想政治教育一项长期而艰巨的任务。

3. 奠定全国人民团结统一的共同思想基础

面对幅员辽阔、人口众多、经济文化极为落后，刚刚脱胎于半殖民地半封建社会的基本国情，宣传思想战线的形势和任务十分复杂和严峻，进行全民性的思想政治教育工作，是一项极其艰巨而宏伟的事业。新中国成立初期，国民科学文化素质的普遍低下，以及长期反动政治压迫和精神奴役造成的国人愚昧无知，特别是空前巨大的社会变革转型而引起的思想动荡和心理恐慌，加剧了人们思想和社会生产生活秩序的严重混乱，充分反映出新生政权建立初期社会意识形态领域杂乱无序和急待整顿的状况。奠定全国人民在思想政治上团结统一的思想基础是中国共产党执政后意识形态领域的中心工作。

4. 构建规模化、制度化和正规化思想政治工作体制的需要

伴随党的工作重心逐步转向经济建设和各项实际工作，党内忽视思想政治教育的倾向初露端倪。“党的许多宣传机关在目前对于思想工作的领导是停顿在很低的水平上。宣传机关中很少专门注意思想工作的人员；原有的思想工作人员大部分被分配在

行政的岗位上；许多担任着思想工作的人员，也很少专心致志于思想工作。”“多数下级党委的宣传部还不能经常担负宣传教育工作，而较高级的党委对于宣传教育工作又往往完全委托宣传部管理，很少作有系统的讨论和检查。这些党委的宣传部，事实上也很少能对党的全部宣传教育工作进行统一的管理，以至党的宣传教育工作长期陷于散漫状态。”① “我们党的宣传工作同当前任务的需要比较起来，还很不相称。”② 从中央到地方，由于大多数宣传部门刚刚开始建立和运转，对于其工作性质和职责范围尚不明确，“全党绝大多数支部，缺乏经常的宣传工作”，“各级宣传部很少注意党内外的思想动态，对马列主义—毛泽东思想更少有系统地宣传。县委宣传部很多是有名无实，名为宣传部，实则不管宣传工作”③。形成于战争年代，具有局域性、临时性、突击性特征的思想政治教育工作体制，已远不能适应新中国成立后群众性思想政治教育规模化、制度化和正规化的要求。

二、基本思想

1. 关于宣传思想工作的地位、作用

刘少奇指出：“宣传工作也就是思想工作。思想斗争是一切革命斗争的前提。不做思想斗争，不宣传马列主义，就不能有真正的自觉的革命斗争。”④ 中国共产党在长期革命斗争中形成的宣传思想工作的优良传统和政治优势在实现马克思主义中国化和大众化、提高党员思想政治觉悟、教育全体人民等方面发挥了重要作用。随着中国革命的胜利，全党工作重心转移到大规模经济建设中去，各种工作更繁杂，实际工作任务更加重了，“思想政治工作的必要性更加提高了，更加需要加强党的思想领导”，“如果埋头到这些实际工作中去，不加强政治学习，不加强马列主义理论学习，那就有危险性，就会脱离政治，脱离基本理论，使非无产阶级的思想发展起来”⑤。因此，不仅所有共产党员需要学习、宣传马列主义，而且要“真正做到在全国范围内和全体规模上来宣传马列主义，用马列主义教育人民，提高全国人民的阶级觉悟和思想水平，为在我国建设社会主义和实现共产主义打下思想基础”⑥。这是党在宣传思想战线上的一项长期的和基本的政治任务。为此，刘少奇要求全党提高对执政后宣传思想工作重要性的认识，提出“加强各级党委对宣传工作的领导，是一个决定性的问题”。“对于群众的宣传，对于党员的教育，思想的批判，都是党的工作，各级党委要领导这个工作。”⑦

---

① 中央宣传部办公厅．党的宣传工作会议概况和文献（1951—1992）．北京：中共中央党校出版社，1994：24，26.

② 刘少奇．刘少奇选集：下卷．北京：人民出版社，1985：83.

③ 中央宣传部办公厅．党的宣传工作文件选编（1949—1966）．北京：中共中央党校出版社，1994：70.

④ 同②.

⑤ 同②90.

⑥ 同②91.

⑦ 中共中央文献研究室．刘少奇年谱：下卷．北京：中央文献出版社，1996：277.

2. 关于宣传思想工作的组织机构、日常工作和队伍建设

建立健全与执政地位相适应的宣传职能部门和队伍，开展经常性的宣传工作，是新中国宣传思想工作的一项基础性建设。主要措施包括：一是建立健全党的各级宣传教育领导管理组织机构，“以便使宣传工作不断地、随时随刻地进行”①。同时，明确其任务和职责，使之真正成为“起草指示、拟订计划、检查工作、总结经验、指导工作、供给材料、搞好设备、搞好组织”② 的计划、指挥和领导机关，推动全党宣传思想工作的开展，克服宣传思想战线放任自流的状态。二是围绕中心工作，开展经常性的宣传思想工作，建立起一套行之有效的思想政治工作机制。做到有领导、有步骤，根据实际情况，区分轻重缓急，克服、减少思想政治教育中的突击性、临时性和盲目性现象。具体分为三方面工作：定期（几个月或半年）总结和研究全党的宣传思想政治工作情况，围绕党和国家的中心工作、配合重大方针政策及国内外形势的宣传、教育、解释工作，日常性宣传教育工作。三是扩大宣传思想工作队伍，实现宣传思想工作的社会化。刘少奇提出，如果仅仅依靠专职的宣传工作队伍从事这项工作，那是做不好的，“必须发动与指导全党一切干部、党员、党外积极分子去进行他们所能够做、又需要做的宣传教育工作”③，动员社会各方面的力量，建立一支由党内与党外，专职与兼职，部门与部门之间各行各业人士共同参加、相互配合的宣传思想工作队伍，使之成为一项全社会的工作。

3. 关于宣传思想工作的内容、方法

刘少奇强调新中国宣传思想工作在内容上必须注重理论性、系统性和科学性，他把执政后的宣传思想工作归纳为两项基本内容：一是马克思列宁主义基本理论的宣传教育，二是党的中心工作和时事政策的宣传。前者是宣传思想工作的最基本任务。“我们要向社会主义、共产主义前进，首先就要在思想上打底子，用马列主义的立场、观点和方法来教育自己和全国的人民。”④ 这是需要相当时期才能完成的任务。针对我党思想理论准备不足的历史和理论水平薄弱的现状，刘少奇特别要求把加强基本理论的宣传教育作为党的重要工作和宣传部的重要工作，提出在“宣传部要设专门的机构来管理理论教育”⑤。而后者主要侧重于党在某一阶段方针、政策的宣传教育，也是宣传思想工作不可缺少的组成部分，“如果哪一个时候宣传工作接不上气，工作就会发生问题”⑥。在宣传工作方法上，刘少奇提出运用各种宣传工具，调动一切宣传教育手段，包括报纸、刊物、出版、戏剧、电影、美术、音乐、广播、学校等，特别是适合广大人民群众的宣传教育工具，增加思想政治教育的吸引力，丰富多彩地开展思想政治教育活动，最大限度地发挥宣传思想工作的整体效能。

---

① 刘少奇. 刘少奇选集：下卷. 北京：人民出版社，1985：88.
②③ 同①85.
④ 同①82.
⑤ 同①87.
⑥ 同①.

4. 关于宣传工作的基本原则和政策策略

刘少奇根据党的宣传思想工作的优良传统和我党执政后面临的新形势、新特点，提出了对新中国宣传思想工作具有普遍性指导意义的原则政策。一是为党的中心工作服务的原则。“我们党所领导进行的每一项中心工作和实际工作，都是有政治意义的，都是从人民群众的根本利益上考虑和决定下来的。因此在进行每一项中心工作和实际工作时，都必须向群众宣传这一项工作的政治意义”，“宣传工作必须与各级党委所定下来的中心工作密切配合，离开了党的中心工作，宣传工作就会失败”；“如果要等中心工作搞完了，再来搞宣传工作，那一定要落空”①。二是理论联系实际的原则。在宣传工作中做到基本理论的宣传要联系实际工作，而在实际工作的宣传中也要联系基本理论，使两项宣传教育工作密切配合、相互联系、不可偏废。既反对把两者相分离的观点，也反对机械地和生硬的联系的观点。刘少奇认为，这对于宣传思想工作者来说，“是要用一点心思，研究一番，学习一番，然后工作才能做好”② 的事情。三是内外有别、区别对待的原则。刘少奇根据新中国成立初期我国社会的基本国情，提出宣传思想工作必须从新民主主义社会意识形态的多样性实际出发，既坚持无产阶级思想在意识形态中的领导地位和发展方向，又照顾允许其他非无产阶级思想合法存在的现状，正确处理党内思想政治教育与社会思想文化建设、宣传思想工作根本目标与现实政策的关系。一方面，“用马列主义的思想原则在全国范围内和全体规模上教育人民，是我们党的一项最基本的政治任务”③；另一方面，对于非马克思主义的思想体系，“虽然现在不能宣布它非法，但是我们一定要批驳它，指出它的错误”④。党内党外要区别对待，“在党内，只承认一种思想是合法的，就是无产阶级思想，马列主义。在党外，非无产阶级、非马列主义的思想，还是合法的。但是要批评，指出它的错误”⑤。

三、重要意义

1. 思想政治教育必须坚持实事求是的指导思想

实事求是是党在长期的革命斗争中形成的思想路线，也是思想政治教育的指导思想和保证这项工作健康正确开展的前提条件。在思想政治教育中，坚持实事求是原则，必须遵循思想政治教育的规律，尊重思想政治教育客观环境和对象的实际。针对新中国的性质和新民主主义共和国这一基本国情，刘少奇为建国初期党的思想政治教育做出定位，强调必须从意识形态多样性的实际出发，既坚持无产阶级思想在意识形态中的领导地位和发展方向，又照顾允许其他非无产阶级思想合法存在的现状，创造性地运用马克思主

① 刘少奇. 刘少奇选集：下卷. 北京：人民出版社，1985：86.
② 同①88.
③ 同①82.
④ 同①83.
⑤ 同①90.

义基本理论，实事求是地开展思想政治工作。一方面，必须充分认识过渡时期意识形态多样性的特点，正确估计思想战线和思想政治教育对象的客观现状，从而避免过渡时期思想政治教育四面出击、主观脱离客观、认识脱离实际的“左”的错误，盲目追求思想认识上的一致性和共同性，以确保党在新中国成立初期中心任务的顺利实现。另一方面，又必须清醒地认识思想政治教育的根本目的和任务，牢固树立马克思主义和无产阶级世界观。认识过渡时期意识形态领域各种思想的兼容性，绝不意味着在指导思想上的多元化。因此，共产党人必须自觉运用思想政治教育的武器，开展正确的思想斗争，批判资产阶级等非无产阶级思想的错误，确立马克思主义在意识形态领域的指导地位和新中国思想文化建设的前进方向。

2. 提高对思想政治教育在即将到来的大规模经济建设时期重要性的认识

针对新中国成立初期思想政治教育工作存在的各种问题，刘少奇郑重地提醒全党，加强对思想政治教育重要性的认识，扭转思想政治教育工作薄弱局面，并对思想政治教育做出全国的全盘的规划，以适应新时期执政党地位和即将到来的大规模经济建设的需要。首先，要从唯物辩证法的理论高度认识思想政治教育的地位和作用。“思想斗争是一切革命斗争的前提。不做思想斗争，不宣传马列主义，就不能有真正的自觉的革命斗争。”[①] 其次，新中国的建立已为我党在全国范围内对全体人民进行思想政治教育创造了有利的客观环境和条件，无产阶级政党必须自觉运用并通过上层建筑的力量推动社会主义意识形态的确立。积极宣传马克思列宁主义、毛泽东思想是每个党员义不容辞的责任与义务。最后，随着新民主主义革命任务的实现，党和国家的工作重心转移到大规模经济建设中去，“思想政治工作的必要性更加提高了，更加需要加强党的思想领导”[②]，必须从保证革命和建设事业的高度认识思想政治工作的重要性。文章揭示了思想政治教育与社会主义经济建设的内在联系，初步阐述了思想政治工作同经济工作、政治与业务的辩证关系，科学地预见了思想政治教育在即将到来的社会主义建设时期所具有的重要地位和作用。

3. 正确认识和处理思想政治教育和党的中心工作的关系

在经济建设日益成为党和国家中心工作的新的历史条件下，如何正确认识和处理思想政治教育和中心工作的关系，紧密围绕党和国家的中心工作开展思想政治教育，是各级党委和思想政治教育工作者面临的一项崭新的现实课题，更是科学认识思想政治教育地位，发挥思想政治工作作用，保证思想政治教育落到实处的关键环节。《党在宣传战线上的任务》强调：思想政治工作不能离开党的中心工作，必须服从服务中心工作、为党的中心任务的实现提供保证，这既是对党在民主革命时期思想政治教育经验的科学总结，

---

① 刘少奇．刘少奇选集：下卷．北京：人民出版社，1985：83.

② 同①90.

也是对社会主义时期思想政治教育任务的概括。正确认识和处理思想政治教育与中心工作的关系，必须在具体实践中坚持三项原则：一是思想政治教育先行的原则。紧密围绕中心工作，宣传党的路线方针政策，提高群众的政治觉悟和认识水平，解放思想顾虑，排除错误思想干扰，调动人们完成党的中心工作的自觉性和积极性。二是重视理论教育，反对思想政治教育中实用主义和急功近利倾向的原则，思想政治教育“不止是宣传当前的中心工作，不止是搞当前的时事政策宣传，而且要作马列主义基本理论的宣传”①。在中国这样一个经济文化落后的国家宣传辩证唯物主义和历史唯物主义，是一项艰巨、复杂而长期的思想政治教育工作，“不能马上见效，效果在后边，在将来，‘百年树人’。在这一点上，与当前的中心工作会有些矛盾，需要很好地加以解决”。“要反对忽视理论教育与理论学习的倾向”②。三是坚持理论联系实际的原则。在实际工作的宣传中既要联系基本理论，也要在基本理论的宣传中联系实际工作，反对脱离实际工作和生硬机械联系两方面的倾向。会后通过的《中国共产党第一次全国宣传工作会议关于加强党的宣传教育工作的决议（草案）》，批评了“把思想政治工作和党所进行的各项巨大的实际工作相分离的观点”，指出“离开这些实际工作而进行空洞的思想政治工作，或者抛弃了思想政治工作而进行盲目的实际工作，是同样的不可允许的错误”③。这些思想和原则为经济建设时期思想政治教育的开展指明了方向。

4. 思想政治教育要实现制度化、科学化

党在领导新民主主义革命的斗争中，积累了思想政治教育的丰富经验，但战争环境影响了思想政治教育制度化、科学化的实现。新中国的建立为这项工作走向正规创造了前提，同时也提出了更高要求，在全国范围内全体规模上建立经常的思想政治工作已经提到全党工作的议事日程。刘少奇在《党在宣传战线上的任务》中不仅阐述了思想政治教育的理论问题，而且从组织机构、工作内容及工作方式等方面对思想政治教育的经常化、制度化、科学化进行了初步的理论探索。文章所提出的如健全思想政治教育组织机构，开展经常性的思想政治教育工作，扩大思想政治工作队伍，增强思想政治教育内容的系统性和科学性，注意思想政治教育方法、手段的多样性等一系列具体措施，反映了刘少奇对新中国成立后思想政治教育战线的实际状况和思想政治教育客观规律的深刻理解，体现了他在探索新中国思想政治教育理论中原则性、方向性、务实性、灵活性的高度统一。报告对于新中国宣传思想工作提出的各项理论观点及政策措施，第一次全面系统地回答了新中国成立后宣传思想战线面临的一系列重大理论和实践课题，集中体现了我党在成为执政党后，实现宣传思想工作制度化和社会化的理论构想，标志着新中国宣传思想工作方针政策的正式确立，它以系统完整的理论形态为新中国宣传思想工作制度化建设奠定了政策法规基础，成为对中国共产党宣传思想工作具有深远历史及现实意义的纲领性文献。

---

①② 刘少奇. 刘少奇选集：下卷. 北京：人民出版社，1985：87.

③ 中央宣传部办公厅. 党的宣传工作会议概况和文献（1951—1992）. 北京：中共中央党校出版社，1994：29.

四、学习与思考

1. 怎样认识新中国成立初期意识形态领域和思想政治战线的基本国情？

2. 怎样认识《党在宣传战线上的任务》对新中国思想政治教育具有的重要理论意义？

3.《党在宣传战线上的任务》对新时代思想政治教育有哪些启示？

《中国人民解放军政治工作条例（草案）》导读

新中国成立后，伴随着外部形势和内部环境的变化，中国人民解放军开始由战争时期的军队向和平时期的军队战略转型。为了进一步加强和规范军队政治工作，使之更好地担负时代赋予的历史重任，1954 年 4 月 15 日，中共中央、人民革命军事委员会颁布《中国人民解放军政治工作条例（草案）》（简称《条例》)。《条例》的颁布是人民解放军建军史和政治工作史上的一件大事，它第一次以法规的形式对人民解放军政治工作的性质、任务、职责、组织形式、工作作风以及各方面的关系等做出了明确规定，成为新中国成立后人民解放军开展政治工作的纲领性文件，为后来修订颁布的政治工作条例奠定了基础、提供了蓝本。

原文见《建国以来重要文献选编》第五册，中央文献出版社 2011 年版，第 186～190 页。

一、写作背景

1. 现代化、正规化的部队建设全面展开

新中国成立之初，在政治、经济、外交、军事等方面仍然面临着严峻复杂的形势，人民军队承担着十分艰巨的任务，既要巩固新生的人民政权，又要支援邻国反抗帝国主义侵略，军队自身的现代化、正规化建设未能大规模展开。抗美援朝胜利之后，内外紧张的局势逐渐趋于缓和。一方面，新中国的威望、地位大大提升，开始以胜利的姿态登上国际舞台，这为国内社会主义革命和建设赢得了相对稳定的外部环境。另一方面，国内经济逐渐恢复，社会秩序更加安定，这为国内各项事业持续向前推进提供了良好的内部环境。在各种有利条件的支撑下，部队的现代化、正规化建设问题提上日程，并在实践当中不断得以强化，中国人民解放军由此步入了一个全新的发展阶段。为了适应新形势下部队建设的现实需要，在中共中央和毛泽东的指示下，中央军委于 1953 年底至 1954 年初在北京召开了全国军事系统党的高级干部会议，军委各总部、各大军区、各军种、兵种和直属院校的主要领导共 123 人参加了会议。会议听取了《四年来的军事工作总结和今后军事建设上的几个基本问题》的报告和军队领导人的讲话，对新中国成立以来军队建设的情况进行了全面的总结和系统的梳理，在充分讨论的基础上，将建设一支优良

的现代化的革命军队以保卫我国社会主义建设、防御帝国主义侵略作为军队建设的总方针和总任务，明确了今后军队发展的方向和要求，并对包括军队现代化建设的道路、加强党的领导和政治工作等有关军队现代化建设的一系列重大问题进行了安排部署。这次会议的召开在人民解放军建设史上具有重大意义，以此为契机，中国人民解放军由长期处于战争环境下的部队开始朝着和平时期的部队迈进，开启了新的发展历程，现代化、正规化的部队建设全面展开。《条例》就是在这样的时代背景下应势而生，它充分彰显了全国军事系统党的高级干部会议精神，是新时期加强人民解放军的政治工作和制度建设的指导性文件。

2. 部队政治工作中存在的弊端亟待解决

政治建军是我军的立军之本。新民主主义革命时期，中国共产党领导下的人民军队的发展、壮大离不开深入细致的政治工作。新中国成立之后，面对部队建设的新形势、新要求，同样需要大力弘扬历史上的优良传统，始终坚持政治建军的根本原则。但是由于历史与现实种种因素的制约，部分同志对于人民解放军的政治工作仍然存在着重视不够、认识不足的问题，制约了军队政治工作“生命线”作用的发挥，在一定程度上给部队即将大规模实施的现代化、正规化建设带来了消极影响。首先，对于要不要政治工作这一根本性问题，一些同志思想观念上存在模糊认识，对和平时期政治工作在整个部队建设中的重要地位产生怀疑，没有充分认识到军队政治工作对推动军队现代化建设的积极作用，出现了片面注重现代化建设而忽视政治工作的不良倾向，造成了政治工作地位的降低。在《条例》征求意见期间，有干部曾对条例中“党对军队的领导是通过各级党的组织、政治委员和政治机关进行”的表述提出了不同意见，认为这是对军事干部和军事机关地位的贬低。有的单位甚至还出现了军事训练不要政委过问的情况。其次，政治工作制度建设尚不完善。由于20世纪40年代初期苏联取消了政治委员，部分同志深受影响，主张借鉴苏联的一长制，十分不利于巩固党对军队的领导地位。伴随着人民解放军从低级阶段向高级阶段发展，部队的兵种逐渐从单一走向复合。1949年以来，人民解放军海军、空军相继成立，人民解放军逐渐发展为涵盖海陆空等兵种的较为齐全的部队。兵种的增加必然对军队的政治工作提出了新的要求，这首先体现在军队政治工作制度方面。尽管新中国成立之前，军队的政治工作已经形成了一套相对完整的工作体系，也出台了一定的规章制度，但不能全然适应新时期军队建设的客观要求，在这种情况下，有必要出台更为完善的关于政治工作的专门性文件，以更好地应对军队政治工作面临的现实挑战。

3. 军队政治工作经历了长期的探索发展

中国共产党高度重视军队政治工作，毛泽东、周恩来、朱德、刘少奇等老一辈无产阶级革命家将马克思列宁主义基本理论与中国革命实际相结合，经过长期艰辛的探索，逐步形成了有关军队政治工作的原则、内容、方法、机制等完整的理论体系，以此指导部队建设并取得了切实的成效。早在黄埔军校时期，周恩来担任政治部主任期间，就开展了一系列卓有成效的政治工作，初步建立了军队政治工作制度，开创了黄埔军校军队政治工作的先河，成为中国共产党在革命军队中从事政治工作的开端。在创建、领导中国工农红军的过程中，中国共产党高度重视加强部队政治工作，三湾改编确立了支部建在连上的原则，古田会议确立了党对军队的绝对领导原则，创造性地解决了如何建设一支新型人民军队的问题，"生命线"理论的提出明确了政治工作在军队建设中的突出作用和重要地位，《中国工农红军政治工作暂行条例（草案）》的颁布则标志着军队政治工作朝着规范化的方向迈进。在抗日战争和解放战争时期，随着理论的创新发展和实践的深入推进，军队政治工作经历了不断完善、日臻成熟的过程，探索了行之有效的工作方法，构建了相对健全的党组织体系，确立了比较稳定的工作制度，形成了军队政治工作的路线、方针、政策等，为抗日战争、解放战争的伟大胜利提供了坚强的政治保障。总的来说，新中国成立以前，军队政治工作积累了丰富的经验，取得了丰硕的成果，这些都为《条例》的制定奠定了坚实的基础，提供了有益的借鉴。《条例》认真总结了长期以来的成功做法，汲取了我军政治工作的宝贵经验，同时注重研究新的历史背景下人民解放军的时代特征，并立足部队政治工作的实际状况，将传统优势与现实需要融为一体，形成了具有深厚历史积淀和强烈现实指向的新的军队政治工作条例。

二、基本思想

1. 强调人民解放军的性质、宗旨、任务等根本问题

人民解放军的性质、宗旨、任务等在军队建设中具有基础性地位，决定着军队的政治属性，指引着军队的前进方向，体现着军队的发展目标。《条例》总则开篇指出，"中国人民解放军是中华人民共和国的武装力量，是中国共产党领导的、保卫祖国、服务于人民革命斗争和国家建设的人民军队"①，揭示了中国共产党领导下的人民解放军与剥削阶级部队的本质区别。与此相适应，解放军的唯一宗旨是"紧紧地和人民站在一起，全心全意地为人民服务"②，明确了军队为谁服务的问题。《条例》高度评价了人民解放军在夺取新民主主义革命胜利、抗美援朝胜利过程中的英勇表现和突出贡献，指出当前军队的任务是"保卫我国国防，巩固工人阶级领导的以工农联盟为基础的人民民主专政，保卫祖国社会主义建设，保卫东方与世界和平"③。《条例》对从新民主主义社会向社会主义社会逐步过渡时期军队的阶段性任务进行了规定，使之更好地适应新中国成立后形势的发展变化，能够与党的中心任务的战略转移相契合，具有鲜明的时代特征和强烈的现实指导意义。

---

①②③ 中共中央文献研究室．建国以来重要文献选编：第5册．北京：中央文献出版社，2011：186.

2. 阐明军队政治工作的重要地位和优良作风

强调政治工作的重要地位和特殊作用，是人民军队建设的政治优势和优良传统。《条例》重提“生命线”理论，指出“中国共产党在中国人民解放军中的政治工作是我军的生命线。政治工作就是党的工作”①。有力驳斥了忽视政治工作而盲目照搬苏联军队的做法，这意味着在从长期作战进入和平建设的转折时期，部队政治工作与以往一样具有十分重要的地位，发挥着不可替代的作用，只能加强，不容削弱。中国共产党历来注重加强作风建设，在长期领导革命实践过程中锻铸而成的三大优良作风是我党极为宝贵的财富，也是我党区别于其他党派的显著标识。党的优良作风代代相传，在不同工作领域发扬光大，在军事领域亦具有突出的地位。《条例》指出：“中国人民解放军的政治工作在保证完成一切任务中，必须贯彻党的作风，把党的工作作风，作为军队政治工作的作风，即理论和实践相结合的作风，和人民群众紧密地联系在一起的作风以及自我批评的作风。”② 明确规定新形势下人民军队政治工作必须继承和发扬党的三大优良作风，并对政治工作人员提出了相应的要求，使党的优良作风成为提升部队凝聚力、向心力、战斗力的根本保证，成为支撑部队不断向前发展的强大力量。

3. 明确军队的领导体制和组织架构

抗美援朝战争停战协议签订之后，人民解放军所处的环境、面临的形势发生了深刻变化。《条例》明确指出，“中国共产党在中国人民解放军中设立党的各级委员会，作为部队统一领导的核心；并确定党委统一的集体的领导下的首长分工负责制，为党对军队的领导制度。”③ 简而言之，军队实行党委统一的集体的领导下的首长分工负责制，这包括两层含义：一方面，军队的一切重要问题，除紧急情况由首长紧急处理外，其他均先由党委会讨论做出决定；另一方面，为了有效贯彻党委的决定，必须采取首长分工负责的方式，属于军事工作方面的由军事指挥员负责实施执行，属于政治工作方面的由政治委员组织实施执行。集体领导与分工负责相结合的领导制度既保障了科学正确的决策，也保障了高效有序的执行，是人民军队领导制度的鲜明特色，也充分体现了党对军队政治工作的高度重视。这一领导制度的确立否定了军队实行一长制的可能性，《条例》明确指出，“政治委员和军事指挥员同为部队首长”④，二者在党委的领导下相互协作、各司其职。党在军队中的政治领导和政治工作的具体实施必须依托一定的组织架构，在军队中设立政治机关和相应的政治领导者是我军政治工作的重要组织制度，《条例》对此做了详细规定，指出政治委员“是党的全盘工作的主持者”⑤，中国人民解放军的各级政治机关“是在各该上级党委、政治委员、政治机关和同级党委、政治委员领导下指导党的活动，

---

① 中共中央文献研究室．建国以来重要文献选编：第5册．北京：中央文献出版社，2011：187.
② 同①187-188.
③ 同①186-187.
④⑤ 同①.

管理党的基层组织和进行政治工作的领导机关”①。从实际操作层面来看，不同的层级具体设置情况有所不同，《条例》也有相应规定：“在团或相当于团以上的部队或相当的单位设政治委员和政治机关；在营或相当于营的单位设政治教导员；在连队或相当的单位设政治指导员；在团或相当于团以上单位的机关、部门和直属单位得视需要设政治协理员。”② 人民解放军政治工作组织架构清晰，为确保党对军队绝对领导的实现、各项政治工作任务的完成提供了坚实的组织保障。

4. 规定军队政治工作的基本任务和主要内容

中国人民解放军是中国共产党领导下的人民军队，其政治属性决定了军队政治工作的基本任务必须根植于党的中心任务之中，并在不同的历史阶段随着党的中心任务的变化做出必要的调整。《条例》规定军队政治工作的基本任务是“以马克思列宁主义的革命精神教育军队，提高全体成员的共产主义觉悟，巩固军队内部和外部的团结……并在这一基础上来贯彻党的领导，实现我军现代化建设，保证部队在政治自觉的基础上高度的集中统一与具有严格的纪律，并进行瓦解敌军的工作，达到团结自己、战胜敌人的目的”③。这与新民主主义革命时期发布的《中国工农红军政治工作暂行条例（草案）》、《国民革命军第十八集团军（第八路军）政治工作条例（草案）》中对政治工作基本任务的规定均有不同，体现了对和平年代军队政治工作任务的新要求。政治工作的主要内容是完成政治工作基本任务的着力点，《条例》将其细化为 13 个方面：贯彻执行党的纲领、路线和政策；遵照党章指导党的基层组织工作，加强党支部的工作和党对新民主主义青年团组织的领导；以马列主义和党在过渡时期的总任务教育军队；保证提高军队的军事素养；保证军队的正规化建设；贯彻执行党的干部政策；加强军队物质保障工作中的政治工作；贯彻官兵一致的原则；贯彻军民一致的原则；组织对敌政治斗争；教育全军经常保持高度的政治警惕性；不断提高全军人员的文化水平；遵照国家有关规定实施义务兵役制度，积极参加动员工作和复员工作。可见，人民解放军政治工作内容十分丰富，相关规定十分详尽，有利于在实践中更好地把握工作重点，有的放矢地开展工作。

5. 完善军队政治工作有关的规章制度

《条例》从体例结构上分析，包括总则和单行工作条例。总则对人民解放军的性质、宗旨以及军队政治工作的领导体制、基本任务等重大问题进行了较为概括的论述。单行工作条例聚焦不同领域、从不同方面对涉及军队政治工作的有关问题进行了更为具体的说明，依次包括：中国共产党军队委员会、中国人民解放军政治委员、中央人民政府人民革命军事委员会总政治部工作条例，中国人民解放军一级军区政治部、省军区政治部、军政治部、师政治部、团政治处、营政治教导员、政治协理员、连队政治指

---

① 中共中央文献研究室．建国以来重要文献选编：第 5 册．北京：中央文献出版社，2011：187．
② 同①190．
③ 同①．

导员工作条例，中国共产党连队支部、中国新民主主义青年团连队支部、中国人民解放军学校政治部（处）工作条例，中国人民解放军海军舰艇部队、空军飞行大队、医院政治工作条例，以及中国人民解放军革命军人代表会议条例。单行工作条例有些是在以前相关条例的基础上修订而成，有些是新增条例，如海军、空军的政治工作规定是首次出现，完成了从无到有的历史跨越。这些单行工作条例从不同方面对部队政治工作制度做了规定，与总则共同构成了新中国人民解放军政治工作相对完整的制度体系。

三、重要意义

1. 重申“生命线”理论，突出和平年代军队政治工作的重要性

中国共产党在不同的历史时期多次使用“生命线”概念，随着理论研究的展开，部队政治工作不断深化。历史和实践证明，对军队政治工作的重要性既不能过分强调，也绝不能无端贬低，这在人民军队建设史上有过深刻的教训。新中国成立后，国内外形势以及军队肩负的任务较之以往有很大的变化，军队建设进入了一个新的发展阶段。部分同志把苏联的做法奉为圭臬，对和平建设年代军队建设中是否需要强调政治工作存有疑虑。在《条例》修改过程中，“生命线”的表述一度不复存在，政治工作“生命线”地位的动摇由此可见一斑。毛泽东在审阅时，亲笔增加了被划去的“生命线”几个字，将之恢复为原稿的“中国共产党在中国人民解放军中的政治工作是我军的生命线”。毛泽东重申“生命线”理论，这是对新时期人民解放军政治工作地位、作用的高度概括，很好地解决了和平年代部队要不要加强政治工作的问题，摆正了军队政治工作的位置，突出了政治工作在部队发展中的重要性，为部队的现代化建设提供了源源不断的精神动力。

2. 推动军队规范化建设，为军队政治工作的开展提供基本遵循

《条例》不仅高度重视军队政治工作，对有关重大问题进行全面梳理，适应了形势发展的需要，而且健全了人民解放军政治工作的法律制度，以法规的形式加以固定。除总则外，19 个条例的内容十分详细，为政治工作的深入开展提供了基本准则，推动了军队政治工作的规范化，在军队中产生了深远影响。1954 年 4 月 15 日，毛泽东签批《条例》命令全军执行，并对《条例》的宣传教育工作进行了安排部署，要求各级党委、政治机关在所属部队中进行广泛的宣传教育，在干部中组织学习讨论、贯彻落实。总政治部专门组织部门工作人员撰写讲义，到军事学院等进行宣讲，全军掀起了学习的热潮，《条例》的理论精髓、核心要义、主要内容等逐渐被掌握，确保了政治工作人员能够按照制度的规定和要求开展工作，不断提升工作效率；部队的领导体制、组织机构等问题很快凝聚成广泛共识、达成了思想上的统一，党的领导更加坚强有力，党组织的作用更加彰

显，各种不良倾向得到有效纠正。《条例》的颁布使军队政治工作的开展有章可循、有法可依，军事技术、业务、科研等领域的政治工作有条不紊，在实践中发挥了巨大的作用，推动着政治建军取得更大成效，开辟了人民解放军政治工作的新局面。

3. 厘清一系列重大问题，对加强新时代军队政治工作具有重要启示

《条例》在军队政治工作史上具有承上启下的作用，既总结了新民主主义革命时期军队政治工作的经验，发扬了军队政治工作的优良传统，也解决了和平时期军队政治工作的一系列重大问题，对新时代人民军队建设仍然具有重要指导意义。一是为新时代军队政治建设提供了重要启示。《条例》厘清了军队政治建设的一系列根本问题，为军队建设指明了正确方向。例如，坚持党对军队的绝对领导是我军立于不败之地的根本保障，是军队建设顺利推进的必然要求，也是军队政治工作的核心要义；《条例》着力破除了思想认识上的误区，解决了实践层面存在的突出问题，明确了部队的领导体制。新时代在实现强军目标的征程中，军队政治建设的首要任务仍然是贯彻落实党对人民军队的绝对领导这一根本原则，确保军队绝对忠诚、绝对纯洁、绝对可靠。再如，《条例》重申部队政治工作的“生命线”地位，肯定“生命线”理论的跨时代意义，在新的任务和形势下，面对新的机遇和挑战，政治工作仍然是军队一切工作的“生命线”。二是为新时代军队政治工作的开展提供了具体指导。《条例》既有对方向性问题的指引，也有对具体工作的指导，对于军队政治工作有关理论及实践问题进行了深入阐释。例如，《条例》将军队政治工作的主要内容分为 13 个方面，论述了政治工作实践的重点所在；对政治工作人员提出了要求，指出政治工作人员须努力提高理论水平，积极工作，发挥模范带头作用；军队委员会条例、政治委员工作条例等单行条例针对不同领域详细分类，内容具有很强的针对性、操作性，其中的很多论述目前仍然适用，为新时代政治工作在实践层面的展开提供了行动指南。

四、学习与思考

1. 试述《中国人民解放军政治工作条例（草案）》的基本内涵和重要意义。

2. 结合《中国人民解放军政治工作条例（草案）》内容，试论党对军队的绝对领导制度。

3. 如何理解《中国人民解放军政治工作条例（草案）》中“中国共产党在中国人民解放军中的政治工作是我军的生命线”的理论含义与当代价值？

《关于知识分子问题的报告》导读

1956 年 1 月，中共中央在北京召开知识分子问题会议。刘少奇主持会议，毛泽东在会议最后一天做了总结讲话。周恩来代表中共中央做了《关于知识分子问题的报告》（简称《报告》），系统阐述了社会主义时期党对知识分子的一系列方针政策。在报告中，周恩来代表党中央对我国知识分子在社会主义时期的阶级属性和历史地位做出了科学论断，并对知识分子的思想改造提出了新的明确要求，成为指导社会主义时期知识分子思想政治教育工作的重要文献。会后，中央政治局根据会议精神讨论通过了《中共中央关于知识分子问题的指示》（简称《指示》）。《报告》和《指示》充分估计和肯定了知识分子的地位和作用，进一步明确了党在知识分子问题上的一系列方针政策和具体要求，为即将到来的社会主义建设时期党的知识分子工作，提供了根本的理论指导和政策依据。

原文见《周恩来选集》下卷，人民出版社 1984 年版，第 158～189 页。

一、写作背景

1. 新中国成立初期的知识分子政治学习与思想改造

团结、教育和改造一切爱国知识分子，充分发挥他们的专业特长为国家大规模经济文化建设服务，是新中国思想政治教育中一项具有开创性的工作。根据毛泽东在党的七届三中全会提出的既反对“拖延时间不愿改革的思想”，又反对“过于性急、企图用粗暴方法进行改革的思想”，决定从 1951 年秋至 1952 年秋，在广大知识分子中进行一次较为集中的大规模的思想改造的学习运动。这场运动最初由北京大学校长马寅初发起，后来教育部决定先从北京、天津两地高校开始试点，取得经验后再向全国推广。

在这次知识分子政治学习与思想改造中，各部门进一步健全完善了相关制度措施。成立各级学习委员会，负责领导组织各界知识分子的学习教育。通过有组织地开展系统的政治理论学习，听报告、学习指定文件和材料，提高思想觉悟，认识思想改造的目的、意义和方针政策。然后，以马克思列宁主义为指导，以自愿为原则，检查帝国主义、封建主义、官僚资本主义反动思想和资产阶级错误思想，认真开展批评与自我批评；通过组织土地改革工作团、抗美援朝慰问团等形式亲自参加各项社会政治运动，在实践中接受阶级观点、群众观点、劳动观点以及集体主义、爱国主义、社会主义和国际主义教育。

知识分子思想改造运动是新中国成立后在知识分子中进行的第一次系统的马克思主义理论学习与自我教育运动。广大知识分子在学习中把理论与实践紧密结合起来，联系自己的思想实际认真检查各种问题。通过学习，在知识分子中普及了马克思列宁主义、毛泽东思想，划清了敌我界限以及工人阶级和资产阶级的思想界限和政治界限，知识分子初步接受了正确的政治观点。这次学习教育改造运动对于广大知识分子克服旧思想，接受新思想，树立为人民服务、为社会主义服务、同工农相结合的世界观、人生观、价值观产生了积极影响。周恩来在《报告》中评价道："由于这一切，我国的知识界的面貌在过去六年来已经发生了根本的变化。"①

2. 周恩来《关于知识分子的改造问题》与新中国党对知识分子政策的第一次全面系统阐述

1951 年 9 月 29 日，周恩来在繁忙的国务活动中专门抽出时间，在京津高等学校教师学习会上向三千余名高校教师做了题为《关于知识分子的改造问题》的报告。在长达五个小时的报告中，周恩来结合自身的革命经历和深刻体会，亲切、诚恳、充满热情而又实事求是地阐述了知识分子改造的必要性、目的和途径等一系列问题，对知识分子的学习和思想改造起了很好的动员和指导作用。在报告中，周恩来不仅论述了知识分子进行思想改造的必要性，强调知识分子改造的根本目的是要确立起革命的立场、观点和态度，而且提出知识分子改造的主要方法和途径是加强学习，深入实践，开展批评与自我批评。成为新中国成立后党对知识分子政策的第一次全面系统阐述，也为《报告》的形成打下了基础。

3. 大规模社会主义建设时期知识分子问题重要性的凸显

伴随着社会主义改造的完成，我国进入大规模社会主义建设时期，科学技术和知识分子的地位作用更加突出和重要。但是，知识分子队伍的数量、质量以及党对知识分子的工作等许多方面的状况远远不能适应形势发展的需要，影响和制约了知识分子力量的发挥。一方面，是知识分子的数量远不能满足大规模经济建设的需要，要求尽快大量培养国家建设所需的各类人才；另一方面，是如何尽可能地发挥现有知识分子队伍的作用。"当时在知识分子工作上还存在很多问题。如党的一些干部对于科学技术和科技人员的重要性缺乏认识，甚至存在着不尊重知识分子的严重宗派主义倾向"②，极大地妨碍了知识分子积极性的发挥。中共中央统战部经过调查，把当时有关方面对知识分子问题的反映归纳为"六不"，即"估计不足、信任不够、使用不当、安排不妥、待遇不公、帮助不够"。

1955 年 11 月 22 日，周恩来向毛泽东汇报有关知识分子问题的情况，提出打算在政

① 周恩来．周恩来选集：下卷．北京：人民出版社，1985：163.

② 中共中央党史研究室．中国共产党历史：第 2 卷（上册）．北京：中共党史出版社，2011：383.

协全国委员会会议上讨论知识分子问题。翌日，毛泽东召集中共中央书记处及中央有关方面负责人参加的会议，决定采纳周恩来的意见，召开知识分子问题会议，全面解决知识分子问题。会上还决定成立由周恩来等十人组成的中共中央研究知识分子问题小组，进行会议的筹备工作，并开展对知识分子问题的详细调查，着手起草制定中央关于知识分子问题的相关政策，充分调动和发挥广大知识分子在社会主义建设中的政治热情和聪明才智。24 日，在中央召开的会议上，毛泽东、周恩来再次要求各省区市和大中城市的党委把知识分子问题提到议事日程上来，并认真组织讨论，为中央召开知识分子问题会议做好准备工作。

二、基本思想

1. 正确界定知识分子群体的政治地位和阶级属性

周恩来在《报告》中从新的历史时期党和国家面临的根本任务出发，认真分析了新中国成立以来我国知识分子队伍的成长过程和发展变化，对整个知识分子队伍的政治、思想、工作状态做出科学判断。《报告》明确指出，经过六年来的学习改造和实践锻炼，我国知识界的面貌已发生了根本的变化，知识分子中的绝大多数“已经成为国家工作人员，已经为社会主义服务，已经是工人阶级的一部分”①。这是新中国成立后党和政府对知识分子政治地位和阶级属性做出的第一次正式表述，是对知识分子在社会主义建设中所起作用的充分肯定。这一论断对于划清知识分子与剥削阶级的政治界限，从而把知识分子纳入劳动人民阵营，并赋予工人阶级国家领导阶级的政治属性，提供了重要的理论和政策依据，具有十分重大的理论和政治意义，成为党在社会主义时期知识分子思想政治教育的理论和政策基础。

2. 强调知识分子在社会主义事业中的作用和解决知识分子问题的重要性

针对党内相当一部分干部中间存在的歧视知识分子的思想倾向，《报告》把加强对于知识分子地位作用及知识分子工作重要性的认识作为全党思想政治教育的主要任务和内容。指出：社会主义建设“除了必须依靠工人阶级和广大农民的积极劳动以外，还必须依靠知识分子的积极劳动，也就是说，必须依靠体力劳动和脑力劳动的密切合作，依靠工人、农民、知识分子的兄弟联盟。我们现在所进行的各项建设，正在愈来愈多地需要知识分子的参加”。“知识分子已经成为我们国家的各方面生活中的重要因素。而正确地解决知识分子问题，更充分地动员和发挥他们的力量，也就成为我们努力完成过渡时期总任务的一个重要条件。”②《报告》要求加强和改善党对知识分子工作的领导，克服在对

① 周恩来．周恩来选集：下卷．北京：人民出版社，1985：162.
② 同①160.

待知识分子问题上的宗派主义倾向和各种不合理现象，“这就是我们党目前在知识分子问题上的根本任务”①。

3. 阐明党在知识分子工作上的方针政策和具体要求

《报告》认为，在目前知识分子的工作中，我们所应该采取的唯一正确的方针，就是必须尽一切努力“最充分地动员和发挥现有的知识分子的力量，不断地提高他们的政治觉悟，大规模地培养新生力量来扩大他们的队伍，并且尽可能迅速地提高他们的业务水平，以适应国家对于知识分子的不断增长的需要”②。为贯彻落实这一方针，《报告》还提出了一系列具体政策和措施：要在政治上、生活上关心知识分子，充分地了解他们，积极吸收符合党员条件的知识分子入党，给他们以应有的信任和支持，改善他们的政治待遇，尊重他们的意见，重视他们的业务研究和工作成果，保证他们能够积极地进行工作；要改善对知识分子的使用和安排，使他们有职有权，能够发挥其对于国家有益的专长；要为知识分子创造必要的工作和生活条件，保证他们至少有六分之五的业务工作时间，解决图书资料、工作设备及助手配备，建立各种升级和奖励制度，使他们能够安心地工作。“这是当时解决知识分子问题的新思路、新办法。这些办法的贯彻执行，解除了广大知识分子的后顾之忧，保证他们在社会主义建设中发挥出更加积极的作用。”③ 这些措施为党对知识分子的思想政治教育创造了良好外部环境。

4. 提出继续帮助知识分子进行自我改造的任务要求及其途径

《报告》详细分析了知识分子在思想政治方面存在的突出问题和缺点，指出“知识分子的思想状态同他们在政治和社会地位上的变化并不是完全相适应的。许多进步分子也还有程度不同的资产阶级唯心主义和个人主义的思想作风”④。主要表现在：不能认清共产党和国民党、中国人民和帝国主义的本质区别；留恋资本主义甚至封建主义社会，不满党和人民政府的政策和措施；反对苏联，不愿意学习苏联；拒绝学习马列主义并诋毁马列主义；轻视劳动和劳动人民，不愿意同工人农民和工农干部接近；不愿意看到新生力量的成长，认为进步分子是投机；经常在党和知识分子之间以及知识分子之间制造矛盾和对立；不能接受任何人的领导和批评，自以为天下第一，妄自尊大；看一切问题从个人利益出发，否认人民的利益和社会的利益，合乎自己的利益就赞成，不合乎自己的利益就反对。“当然，所有这些错误一应俱全的人，在现在的知识分子中是很少数；但是有上述一种或者几种错误的人，就不是很少数。不但落后分子，就是一部分中间分子，也常有以上所说的某一些错误观点。胸怀狭窄、高傲自大、看问题从个人的利益出发的毛病，在进步分子中也还不少。”⑤ 因此，《报告》提出，继续帮助知识分子自我改造，仍

①② 周恩来. 周恩来选集：下卷. 北京：人民出版社，1985：161.
③ 薄一波. 若干重大决策与事件的回顾：上卷. 北京：中共中央党校出版社，1991：506.
④ 同①163.
⑤ 同①175.

然是党在过渡时期的重要政治任务之一。“不但应该改造落后分子，而且对于中间分子也应该尽可能地教育他们脱离中间状态，变为进步分子；对于进步分子，也必须帮助他们继续进步，帮助他们努力学习马克思列宁主义，扫除他们思想上的资本主义、个人主义和唯心主义的影响。”①

《报告》在总结新中国成立后知识分子思想政治教育成功经验的基础上指出：“知识分子的改造通常经过三条道路：一条是经过社会生活的观察和实践；一条是经过他们自己的业务的实践；一条是经过一般的理论的学习。这三个方面是互相联系的，一个人的思想的转变常常在三个方面都受了影响。但是一般地说来，社会生活的教育作用最为广泛和直接。”② 根据这一经验，《报告》要求在今后知识分子的思想教育和改造中，“应该把组织知识分子参观社会主义建设作为一项主要任务”；在业务实践中，通过学习工农群众在生产技术上的创造和苏联的先进科学技术，认识社会主义制度的优越性。《报告》强调：“马克思列宁主义的学习，对于确立知识分子的革命的人生观和科学的世界观，具有决定的意义。”③ 要“按照自愿和联系业务的原则，规定一些必修的马克思列宁主义的基本课程，着重采取自学、夜大学、函授学校、科学讨论会等方法，来帮助知识分子学习理论”④。

《报告》还提出了对知识分子进行思想政治教育必须注意的基本原则。首先，必须要求所有知识分子站在爱国的立场上，遵守宪法，分清敌我界限。其次，反对用粗暴的方法进行思想改造，必须使思想政治教育建立在知识分子本人自觉的基础之上。最后，即使有人在思想上坚持自己的错误，但只要不在言论和行动上反对人民，甚至还愿意用自己的知识和精力为人民工作，那么，在批判他的错误思想的同时，就还要善于耐心等待和帮助其逐步地提高觉悟。

5. 发出“向现代科学进军”的号召，为知识分子思想政治教育指明奋斗目标

周恩来在《报告》中指出世界现代科技发展突飞猛进，我们在科学研究方面还有不少缺点。他强调：在社会主义时代，比以前任何时代都更加需要充分地提高技术、发展科学和利用科学知识。科学是关系国防、经济和文化各方面的有决定性的因素。现代科学技术正快速发展，人类正处在一个新的科学技术和工业革命的前夕。我们必须急起直追，为迅速赶上世界先进科学水平而努力奋斗。为此，周恩来代表党和政府向广大知识分子和全国人民发出了“向现代科学进军”的伟大号召，并要求组织力量，制定我国十二年科学技术发展的远景规划。为实现这一宏伟目标，报告一方面要求全党必须学会更好地领导知识分子和领导科学文化事业，培养出一大批精通科学文化知识的干部；另一方面，广大知识分子也要在学习和实践中不断地改造自己，“更进一步地团结在党的周围，并且在伟大的社会主义事业中更积极地贡献他们的力量”⑤。《报告》

① 周恩来. 周恩来选集：下卷. 北京：人民出版社，1985：176.
② 同①176-177.
③④ 同①177.
⑤ 同①189.

深信：依靠全国工人、农民、知识分子在社会主义事业中所形成的联盟，“我们一定可以在不很长的时间内，把我们的国家建设成为一个完全现代化的、富强的社会主义工业大国，一定可以在不很长的时间内，实现毛泽东同志的伟大号召——‘我们将以一个具有高度文化的民族出现于世界’”[①]。“向现代科学进军”的号角，把知识分子实现自身价值与国家实现富强的光明前景有机结合在一起，成为推动知识分子思想改造的强大动力和党对知识分子进行思想政治教育的最佳路径选择。

三、重要意义

1. 明确知识分子的阶级属性和政治定位，是社会主义时期知识分子思想政治教育的基本前提

马克思主义认为，知识分子是社会分工即脑力劳动和体力劳动分工的产物。在阶级社会里，只能依据人们对生产资料的不同关系所造成的不同经济地位作为确定阶级属性的唯一标准，而不能以政治和思想作为划分标准。尽管在知识分子中存在着“需要注意解决是否坚持工人阶级立场的问题”，“但总的说来，他们的绝大多数已经是工人阶级和劳动人民自己的知识分子。他们与体力劳动者的区别，只是社会分工的不同。从事体力劳动的，从事脑力劳动的，都是社会主义社会的劳动者”[②]。实践证明，科学准确地判断知识分子群体的阶级属性和政治地位，对于发展社会主义科学文化事业具有十分密切和重要的关系。否则，就会导致知识分子“边缘化”的危险，不公正地对待他们，甚至把他们当成专政对象加以排挤和打击，严重扼杀和伤害了知识分子的政治热情和工作干劲，从而使党的知识分子工作偏离正确的轨道，给社会主义建设事业带来巨大损失。党的十一届三中全会后，党的知识分子问题理论实现了拨乱反正，再次重申和确立了知识分子是工人阶级的一部分的科学论断，明确了知识分子作为工人阶级中从事脑力劳动工作的群体，成为国家和社会的领导阶级。这一基本判断，成为做好知识分子工作、对知识分子进行思想政治教育的基本政治前提和重要理论依据。

2. 高度重视和发挥知识分子的社会历史作用，是社会主义时期知识分子思想政治教育的重要任务

马克思主义历来认为，以工人、农民、知识分子为主体的劳动群众才是创造历史的真正英雄，是推动生产力发展和社会变革的决定性力量。随着时代的发展，掌握了较多科学文化知识的知识分子在其中所起的作用呈现出日益明显的上升趋势。进入新时代，习近平从历史、现实和未来的角度，把知识分子的地位和作用提升到前所未有的高度，

① 周恩来．周恩来选集：下卷．北京：人民出版社，1985：189.
② 邓小平．邓小平文选：第2卷．2版．北京：人民出版社，1994：89.

进一步明确了知识分子的时代定位。他指出："我国广大知识分子是社会的精英、国家的栋梁、人民的骄傲，也是国家的宝贵财富。我国知识分子历来有浓厚的家国情怀，有强烈的社会责任感，重道义、勇担当。一代又一代知识分子为我国革命、建设、改革事业贡献智慧和力量，有的甚至献出宝贵生命，留下了可歌可泣的事迹。""伟大的事业，决定了我们更加需要知识和知识分子，更加需要知识分子为国家富强、民族振兴、人民幸福多作贡献。"① 人类社会进入21世纪，知识经济正阔步向我们走来。科学技术已经成为第一生产力，知识和人才愈益成为经济发展和综合国力竞争最宝贵的资源。党的十八大以来，我们党在习近平新时代中国特色社会主义思想的指引下，大力实施科教兴国战略、人才强国战略和创新驱动发展战略，努力建设创新型国家。改革开放伟大事业对知识和知识分子的迫切需要超过了以往任何历史时期，知识分子的重要性空前地突出起来。因此，我们必须从战略的高度来看待和解决好知识分子问题，大力加强和改进党的知识分子工作尤其是思想政治教育，充分激发和调动广大知识分子的积极性、主动性和创造性，使他们"积极投身创新发展实践，想国家之所想、急国家之所急，紧紧围绕经济竞争力的核心关键、社会发展的瓶颈制约、国家安全的重大挑战，不断增加知识积累，不断强化创新意识，不断提升创新能力，不断攀登创新高峰"②。以时不我待的紧迫感、舍我其谁的责任感，主动担当，积极作为，刻苦钻研，勤奋工作，为全面建成小康社会、建成世界科技强国做出更大贡献。

3. 加强和改进党对知识分子的思想政治教育，是社会主义时期知识分子思想政治教育的重要保证和必然要求

1957年3月，毛泽东在党的全国宣传工作会议上就知识分子改造问题特别指出："不仅那些基本立场还没有转过来的人要改造，而且所有的人都应该学习，都应该改造。""情况是在不断地变化，要使自己的思想适应新的情况，就得学习。即使是对于马克思主义已经了解得比较多的人，无产阶级立场比较坚定的人，也还是要再学习，要接受新事物，要研究新问题。"③ 改革开放之际，邓小平也提出："历史不断前进，人们的思想也要不断改造。不仅从旧社会过来的知识分子要改造，就是建国以后培养出来的知识分子也要继续改造。"④ 进入新时代以来，我们比历史上任何时候都更接近实现中华民族伟大复兴的宏伟目标，我们也比历史上任何时期都更加渴求人才。发展是第一要务，人才是第一资源，创新是第一动力。"两个一百年"奋斗目标的实现，归根结底靠人才、靠教育。而思想政治素质则是人才最重要的素质，知识分子能够发挥什么样的作用，从根本上说取决于他们的思想政治素质，取决于我们党的思想政治教育。特别是随着时代的发展，必将有越来越多的知识分子进入党和国家的各级领导岗位，他们的思想政治素质如何就成为一个具有战略意义的问题。因此，习近平强调指出："加强党的知识分子工作，有利

---

①② 习近平．我国广大知识分子要主动担当积极作为 为国家富强民族振兴人民幸福多作贡献．新华网，2017-03-04．

③ 毛泽东．毛泽东文集：第7卷．北京：人民出版社，1999：271．

④ 邓小平．邓小平文选：第2卷．2版．北京：人民出版社，1994：49．

于更好地应对政治、经济、文化、社会等领域和自然界出现的困难和挑战，是进行伟大斗争的迫切需要；知识分子在党员中的比例逐年升高，截至2016年已达45.9%，加强党的知识分子工作，有利于永葆党的旺盛生命力和强大战斗力，是建设伟大工程的应有之义；工人阶级是社会主义中国的领导阶级，知识分子是工人阶级的一部分，加强党的知识分子工作，有利于团结一切可以团结的力量，始终坚持和发展中国特色社会主义，是推进伟大事业的内在要求；知识分子为党和国家各项事业提供重要的人才支撑、智力支撑、创新支撑，加强党的知识分子工作，有利于推动经济社会发展、推动社会文明进步，是实现伟大梦想的重要保障。”① 只有大力加强和改进党对知识分子的思想政治教育，不断提高他们的思想政治素质和业务素质，才能使广大知识分子沿着党所指引的方向健康成长和成才，才能充分调动和发挥知识分子在改革开放和社会主义现代化建设事业中的巨大作用，这是我们党在新时代代表先进生产力的发展要求和先进文化的前进方向的重要保证和根本要求。

四、学习与思考

1. 怎样认识《关于知识分子问题的报告》对社会主义时期知识分子思想政治教育的重大理论贡献？

2. 新中国成立后，党在知识分子思想政治教育工作中的经验和教训有哪些？

3. 怎样认识《关于知识分子问题的报告》对知识分子思想政治教育的现实意义？

① 自觉践行习近平新时代知识分子思想. 学习时报，2018-04-23.

《论十大关系》导读

1956 年 4 月 25 日，毛泽东在有各省区市党委书记参加的中央政治局扩大会议上，做了关于十大关系的报告，接着又在 5 月 2 日的最高国务会议上做了进一步的阐述，形成了后来正式发表的《论十大关系》。《论十大关系》以苏联的社会主义建设经验为鉴戒，总结新中国最初几年建设的经验，对适合中国情况的社会主义建设道路进行了初步探索，是毛泽东探索中国社会主义建设道路的开山之作，被称为“中国共产党比较系统地探索中国自己的建设社会主义道路的开始”①。《论十大关系》不仅蕴含着丰富的社会主义建设思想，而且蕴含着极其深刻的思想政治教育论断。

原文见《毛泽东文集》第七卷，人民出版社 1999 年版，第 23～49 页。

一、写作背景

1. 正确处理社会主义建设各种矛盾的客观要求

1956 年上半年，在生产资料私有制的社会主义改造不断取得胜利的形势下，中共中央开始逐步把党和国家工作的着重点转移到社会主义建设上来。但是，如何实现这个转移？如何把我国建成社会主义现代化的强国？这是当时必须回答的问题。我国第一个五年计划已经进行了近三年半，总体上很成功。但是，由于我们当时没有管理全国经济工作的经验，在许多方面照搬苏联模式，因而在经济建设中还存在许多问题。如何总结我国社会主义建设的经验教训，正确处理社会主义建设中的各种矛盾，找出适合我国国情的建设社会主义的路线、方针和政策，是当时迫切需要回答的一个重大问题。

2. 澄清苏联社会主义建设各种问题的迫切需要

1956 年 2 月，赫鲁晓夫在苏共二十大上做了尖锐批评斯大林错误的《关于个人崇拜及其后果》的“秘密报告”，给国际共产主义运动带来极大震动，许多国家共产党围绕对斯大林的评价问题展开了激烈争论，一些帝国主义国家乘机掀起了反对共产党、反对社

① 中共中央党史研究室. 中国共产党历史：第 2 卷（上册）. 北京：中共党史出版社，2011：380.

会主义的浪潮，在人民群众中造成不同程度的思想混乱。苏联共产党内部矛盾公开化的同时也暴露了过去苏联在建设社会主义过程中的一些缺点和错误。苏联社会主义建设中的问题，不能不引起我们的深思，使人们意识到对社会主义的认识并没有终结，共产党人在各自国家如何搞社会主义还有待自己在实践中进行探索。

3. 总结中国社会主义建设的实践成果

国际国内的情况都要求我们党探索一条适合我国国情的社会主义道路，避免苏联走过的弯路。毛泽东后来在 1958 年 2 月 18 日的政治局扩大会议上说：那个十大关系怎么出来的呢？我在北京经过一个半月，每天谈一个部，找了三十四个部的同志谈话，逐渐形成了那个十条。如果没有那些人谈话，那个十大关系怎么会形成呢？不可能形成。这生动地反映了这篇名作的产生过程。1960 年 6 月，毛泽东在《十年总结》中指出："前八年照抄外国的经验。但从一九五六年提出十大关系起，开始找到自己的一条适合中国的路线。一九五七年反右整风斗争，是在社会主义革命过程中反映了客观规律，而前者则是开始反映中国客观经济规律。"① 《论十大关系》提出的一些新思想、新方针，为党的八大的召开做了重要准备，是探索适合中国国情的社会主义建设道路的纲领性文献。

二、基本思想

1. 阐明社会主义建设时期思想政治教育的重要地位

1955 年，毛泽东结合正在进行的农业合作化运动，明确提出："政治工作是一切经济工作的生命线。在社会经济制度发生根本变革的时期，尤其是这样。"② 也就是说，思想政治工作是做好经济工作、完成各项任务的重要保证。思想政治教育要提高人们的思想认识水平、解决人们的思想问题，而人们的思想问题，说到底是社会矛盾在人们头脑中的反映。社会主义时期的社会矛盾是一种客观存在。问题在于人们是否能够科学地认识它、把握它，并且采取正确的方法去解决它。思想政治教育是正确处理各种矛盾关系、调动一切积极因素建设社会主义的主要途径和手段。毛泽东在《论十大关系》中运用对立统一规律的观点和矛盾普遍存在的原理，阐述了思想政治教育的重要任务和指导思想。他指出："这十种关系，都是矛盾。世界是由矛盾组成的。没有矛盾就没有世界。我们的任务，是要正确处理这些矛盾。"③ 通过各种深入细致的思想政治教育，提高人们的思想认识水平，引导人们依据不断变化的社会条件，准确把握十对矛盾的性质、发展变化趋势和解决的方法，分清是非，化解矛盾，变消极因素为积极因素。"我们一定要努力把党

---

① 中共中央文献研究室. 毛泽东年谱（1949—1976）：第 4 卷. 北京：中央文献出版社，2013：418-419.
② 毛泽东. 毛泽东文集：第 6 卷. 北京：人民出版社，1999：449.
③ 毛泽东. 毛泽东文集：第 7 卷. 北京：人民出版社，1999：44.

内党外、国内国外的一切积极的因素，直接的、间接的积极因素，全部调动起来，把我国建设成为一个强大的社会主义国家。”①

2. 明确社会主义建设时期思想政治教育的任务和内容

随着社会主义建设的全面展开和不断推进，思想政治教育的内容也必然要不断地拓展。在抓好马克思主义理论教育的同时，还应注意不同时期、不同形势与不同任务的要求，及时充实新的内容，有针对性地开展思想政治教育。

第一，马克思主义理论教育。马克思主义是指导社会主义建设的理论依据和思想政治教育的指导思想。进行马克思主义理论教育，最主要的是使人们学会树立科学的世界观和方法论。毛泽东在《论十大关系》中指出：“我们要学的是属于普遍真理的东西，并且学习一定要与中国实际相结合。……我们的理论，是马克思列宁主义的普遍真理同中国革命的具体实践相结合。”②

第二，集体主义教育。集体主义是社会主义道德的基本原则。进行集体主义教育的核心是正确处理个人与集体的关系。毛泽东指出：“国家和工厂、合作社的关系，工厂、合作社和生产者个人的关系，这两种关系都要处理好。为此，就不能只顾一头，必须兼顾国家、集体和个人三个方面，也就是我们过去常说的‘军民兼顾’、‘公私兼顾’。鉴于苏联和我们自己的经验，今后务必更好地解决这个问题。”③ 这就告诉我们，必须提倡以集体利益和个人利益相结合的原则为一切言论行动的标准，反对个人主义和自私自利的倾向。后来，毛泽东又将这一思想发展为正确处理国家、集体、个人三者利益的关系，要求在处理三者利益关系时坚持集体主义原则，首先从全国大局出发，反对只顾眼前的、局部的和个人的利益，而不顾长远的、全国的和集体的利益，做到统筹兼顾、适当安排，调动各方面的积极性。

第三，艰苦奋斗精神教育。艰苦奋斗是社会主义时代特征和民族精神的体现。在中国这样一个经济文化十分落后的国家建设社会主义，势必面临种种预想不到的困难。为此，毛泽东要求把艰苦奋斗、勤俭节约作为一切经济事业的方针。在毛泽东看来，任何社会主义的经济事业，必须注意尽可能充分地利用人力和设备，尽可能改善劳动组织、改善经营管理和提高劳动生产率，节约一切可能节约的人力和物力。这既是社会主义建设的基本方针，又是全国人民在社会主义建设事业中应长期坚持的精神风貌。毛泽东强调：“这是一个关系到六亿人民的大问题，必须在全党和全国人民中间反复进行教育。”④

第四，民族政策教育。新中国的建立和社会主义制度的确立，开辟了民族团结的新纪元。搞好民族关系，加强民族团结，事关社会主义建设事业全局，事关国家的长治久安。毛泽东深刻指出：“国家的统一，人民的团结，国内各民族的团结，这是我们的事业必定要胜利的基本保证。”⑤ 民族政策教育是以维护和发展各民族的平等团结互助关系、

---

① 毛泽东. 毛泽东文集：第7卷. 北京：人民出版社，1999：44.
② 同①42.
③ 同①28.
④ 同①31.
⑤ 同①204.

坚持实行民族政策、反对狭隘民族主义为内容的方针政策教育。毛泽东在《论十大关系》中强调："我们无论对干部和人民群众，都要广泛地持久地进行无产阶级的民族政策教育，并且要对汉族和少数民族的关系经常注意检查。"①

3. 提出社会主义建设时期思想政治教育的方针和政策

毛泽东在《论十大关系》中提出了解决党内矛盾的马克思主义方针，即"惩前毖后，治病救人"的方针。党内党外都要分清是非。是非一定要搞清楚，因为党内的原则争论，是社会上阶级斗争在党内的反映，是不允许含糊的。对于犯错误的同志，正确的态度应当是采取"惩前毖后，治病救人"的方针，帮助他们改正错误，允许他们继续革命。对于犯错误的同志采取恰如其分的合乎实际的批评，甚至必要的斗争，这是正常的，是为了帮助他们改正错误。"惩前毖后，治病救人"的方针，是团结全党的方针，我们必须坚持这个方针。"惩前毖后，治病救人"可以具体化为一个公式：团结—批评—团结。就是从团结的愿望出发，经过批评或者斗争来解决矛盾，从而在新的基础上达到新的团结。

三、重要意义

1. 重视思想政治教育在正确处理各种矛盾关系、调动一切积极因素建设社会主义中的作用

社会矛盾是纷繁复杂的。人们主观能动性发挥的状况，对于能否正确处理社会矛盾是极为重要的。在这方面，思想政治教育具有特殊的作用。思想政治工作历来是我们党统一思想、凝聚人心、化解矛盾、理顺情绪、激励人们团结奋斗的基础性工作，调动人们的积极性、统一人们的思想，使人们自觉地、齐心协力地去完成某项中心工作或具体任务。在新的历史条件下，思想政治教育要引导人们对具体问题做具体分析，把握每一社会矛盾形成、发展、激化或消弭的社会条件，从而有针对性地做好矛盾转化工作。在我们的现实生活中，有许多矛盾现象需要我们去研究。如果我们通过思想政治教育能够调动每一个社会成员都以积极的态度去分析社会矛盾，并设法解决社会矛盾，而不是回避社会矛盾，那么，我们的社会矛盾就会得到及时的解决，使整个社会生活更加和谐。

2. 强调思想政治教育必须坚持与物质利益相结合的原则

马克思主义认为，人们奋斗所争取的一切都同他们的利益有关。只有明确认识思想教育与物质利益相结合的必要性和意义，深刻理解思想政治工作与物质利益的辩证关系以及物质利益原则的确切含义，找到贯彻物质利益原则的具体形式和途径，才能真正把

① 毛泽东．毛泽东文集：第7卷．北京：人民出版社，1999：34.

群众的思想政治工作做好。毛泽东说过："马克思列宁主义的基本原则，就是要使群众认识自己的利益，并且团结起来，为自己的利益而奋斗。"[①] 在改革开放和发展社会主义市场经济条件下，人们十分关心物质利益的实现，我们必须把发扬革命精神同坚持物质利益原则结合起来、统一起来，既要教育群众发扬革命精神，启发、引导人们正确处理国家、集体、个人三者利益的关系，又要重视、关心群众的物质利益，使人民的物质和文化生活水平不断提高。要善于结合经济工作和业务工作开展思想政治教育，把思想政治教育落到实处，使之成为经济和业务工作的推动力，为党的中心工作服务。要善于把解决思想问题与解决实际问题相结合，切实解决人民群众生活实际中的问题，这样就会大大增强思想政治教育的说服力。

3. 思想政治教育要始终坚持理论联系实际

实事求是是指导社会主义建设各项工作的最重要的原则，也是思想政治教育必须遵循的根本原则。要增强思想政治教育的效果，就必须坚持理论与实际相结合的原则，一切从实际出发，具体情况具体分析。毛泽东历来反对脱离实际的"本本主义"，主张理论与实际相结合。在中国特色社会主义新时代，人们的思想空前活跃，更需要加强调查研究，了解新情况，研究新问题，总结新经验，因地、因时、因人制宜地做好思想政治工作。思想政治教育的根本目的，在于使人们的思想和实际相符合，使主观和客观相一致，从而提高人们认识世界和改造世界的能力和自觉性。思想政治教育要取得实效，确实发挥作用，应该从受教育者的实际出发，从社会生活的实际出发，按照教育对象的不同层次、不同的思想觉悟和认识水平，确定思想政治教育的目标、内容、方法和要求，有针对性地开展工作。

四、学习与思考

1. 如何理解《论十大关系》中蕴含的思想政治教育论断？

2. 如何理解"政治工作是一切经济工作的生命线。在社会经济制度发生根本变革的时期，尤其是这样"？

3.《论十大关系》对新时代加强和改进思想政治教育工作有哪些现实启示？

---

① 毛泽东．毛泽东选集：第4卷．2版．北京：人民出版社，1991：1318.

《关于正确处理人民内部矛盾的问题》导读

1957 年 2 月 27 日，毛泽东在最高国务会议第十一次（扩大）会议上以“如何处理人民内部的矛盾”为题发表重要讲话。这篇讲话后来经过多次修改、补充和整理，于 1957 年 6 月 19 日以“关于正确处理人民内部矛盾的问题”为题在《人民日报》上公开发表。文章运用辩证唯物主义对立统一观点，科学系统地阐述了社会主义社会的基本矛盾和社会矛盾，首次提出中国社会主义改造完成后国家政治生活的主题是正确处理人民内部矛盾，并阐明了正确处理人民内部矛盾的一系列方针政策，成为党在社会主义时期思想政治教育的纲领性文献。

原文见《毛泽东文集》第七卷，人民出版社 1999 年版，第 204～244 页。

一、写作背景

1. 苏共二十大与“波匈事件”给国际共产主义运动造成的巨大影响

1956 年 2 月苏共二十大全盘否定斯大林并尖锐地揭露了苏联党和国家存在的各种矛盾，在全世界特别是社会主义国家引起极大震动，并导致东欧社会主义国家内部积压多年的社会矛盾空前激化和爆发。6 月，波兰波兹南地区由于工人的诉求没有得到满足而引发流血冲突；10 月和 11 月间，匈牙利布达佩斯等地发生 20 万人的示威游行，并演变成反政府的暴乱。以美国为首的西方资本主义国家乘机掀起世界性的反共反社会主义浪潮，在社会主义国家人民群众中造成不同程度的思想混乱。

2. 20 世纪 50 年代中期中国社会历史性巨变带来的空前影响

由于国内社会改造的急促和变化的深刻，加上各级党政机关中的官僚主义作风，经济和政治生活中出现某些紧张，党和政府与人民群众之间的矛盾日益凸显。1956 年下半年在许多城市出现粮食、肉类和日用品的短缺。少数学生、工人和复员转业军人在升学、就业和安置方面遇到不少困难，发生少数闹事的情况。据不完全统计，从 1956 年 9 月到 1957 年 3 月的半年时间内，全国发生数十起罢工、罢课、请愿事件。在农村中，夏收以来不少地区接连发生农民闹退社、闹缺粮的风潮。对时局变化最为敏感的知识分子，在

“百花齐放、百家争鸣”方针提出后，思想日趋活跃，在文化、教育、科学等问题上发表不同意见。有些人还对党和政府工作中的缺点错误以及干部作风上的问题提出公开批评，其中有不少尖锐意见，甚至一些错误言论。面对这些新出现的矛盾，许多党员和干部思想上缺乏准备，陷于被动地位；或者用老眼光看待新问题，把群众闹事和尖锐批评一概视为阶级斗争的表现，企图采取简单粗暴的办法进行压制。

3. 中国共产党执政地位确立后的历史性考验

从党的自身状况来看，中国共产党已经在全部国家工作中居于领导地位，党的组织分布到全国每一个城镇和县区、每一个重要的企业，并且分布到各个民族。党员的数量显著增加，而且多数党员都在各级国家机关、经济组织、文化组织和人民团体中担负了一定的工作。“但是我们还有严重的缺点。在我们的许多同志中间，仍然存在着违反马克思列宁主义的观点和作风，这就是：思想上的主观主义、工作上的官僚主义和组织上的宗派主义。这些观点和作风都是脱离群众、脱离实际的，是不利于党内和党外的团结的，是阻碍我们事业进步、阻碍我们同志进步的。”①

“波匈事件”和中国社会主义改造完成后出现的一系列事件警示人们：社会主义制度建立后，如何正确认识和处理社会主义社会中存在的矛盾问题，不但在理论上，而且在实践上都是一个极其紧迫的问题，成为国际共产主义运动中的崭新而严峻的重大现实课题。

在理论上，马克思、恩格斯不可能明确回答这一问题。列宁曾敏感地注意到，社会主义国家政治生活的主要内容将发生变化，并预计到社会主义社会内部的矛盾及其性质，但由于他的过早去世未能进一步阐述。在此后苏联社会主义建设的很长时间中，斯大林在国家政治生活中混淆了两类不同性质的矛盾，犯了肃反扩大化的严重错误。在他去世后，苏联理论界基于对社会主义问题的思索，探讨过社会主义社会的矛盾、基本矛盾和主导矛盾，但也没有作为现实政治问题提出并深入下去。

在现实中，如何吸取和避免苏联及东欧社会主义国家政治生活中出现的严重教训，正确面对和处理中国社会主义社会不断出现的新矛盾，成为毛泽东和党中央特别关注和反复思考的重大课题。1956 年 4 月，根据政治局扩大会议的讨论写成的《关于无产阶级专政的历史经验》一文，明确地提出了关于社会主义的矛盾问题。“波匈事件”后的 20 天时间里，中央政治局连续召开十多次会议进行讨论。毛泽东提出：波匈事件应使我们更好地考虑中国的问题，好好总结一下社会主义究竟如何搞法。矛盾总是有的，如何处理这些矛盾，就成为我们需要认真研究的问题②。同年 12 月，毛泽东在给黄炎培的信中，第一次明确提出了社会主义社会存在敌我矛盾和人民内部矛盾的观点，这为后来形成《关于正确处理人民内部矛盾的问题》的理论做了充分的思想准备。

---

① 中共中央文献研究室．建国以来毛泽东文稿：第 6 册．北京：中央文献出版社，1992：203.

② 中共中央文献研究室．毛泽东年谱（1949—1976）：第 3 卷．北京：中央文献出版社，2013：23.

二、基本思想

1. 正确处理两类不同性质的矛盾是党在社会主义时期思想政治教育的基本前提

《关于正确处理人民内部矛盾的问题》第一部分“两类不同性质的矛盾”运用唯物辩证法关于对立统一的观点，全面深刻地分析了社会主义社会的基本矛盾，并创造性地提出了社会主义制度下两类不同性质的社会矛盾的学说。毛泽东指出，矛盾是普遍存在的，社会主义也充满着矛盾，正是这些矛盾推动着社会主义不断地向前发展。在社会主义社会中，基本的矛盾仍然是生产力和生产关系之间的矛盾，经济基础和上层建筑之间的矛盾。不过社会主义社会的这些矛盾，同旧社会的基本矛盾具有根本不同的性质和情况，可以经过社会主义制度本身的自我调节和完善，不断地得到解决。毛泽东指出，社会主义社会还存在着敌我之间和人民内部两类不同性质的矛盾，敌我矛盾是根本利益完全对立基础上的对抗性的矛盾，而人民内部矛盾则是在人民根本利益一致基础上的非对抗性的矛盾。矛盾的性质不同，解决的方法也不同。前者用强制的专政的方法去解决，后者只能用民主的说服教育的方法去解决，不能用解决敌我矛盾的方法去解决人民内部的矛盾。“简单地说起来，前者是分清敌我的问题，后者是分清是非的问题。”① 同时，由于矛盾的对立面又统一，又斗争，“矛盾着的对立的双方互相斗争的结果，无不在一定条件下互相转化”②。“在一定的条件下，坏的东西可以引出好的结果，好的东西也可以引出坏的结果。”③ 敌我矛盾和人民内部矛盾两者在一定条件下可以互相转化。因此，“就有必要在我国人民中，首先是在干部中，进行解释，引导人们认识社会主义社会中的矛盾，并且懂得采取正确的方法处理这种矛盾”④。毛泽东关于两类不同性质的矛盾的重要论述，对于社会主义时期正确认识和处理敌我矛盾和人民内部矛盾这两类性质不同的社会矛盾，把思想政治教育作为正确处理人民内部矛盾的手段提供了科学依据，奠定了党在社会主义时期思想政治教育理论的哲学基础。

2. 正确处理人民内部矛盾是社会主义时期党和国家政治生活的主题

毛泽东认为，社会主义社会的基本矛盾是人民内部矛盾的社会根源，人民内部矛盾则是社会主义社会基本矛盾的社会表现。毛泽东在《关于正确处理人民内部矛盾的问题》中强调，社会主义改造基本完成以后，革命时期的大规模的急风暴雨式的群众阶级斗争已经基本结束，我们的根本任务已经由解放生产力变为在新的生产关系下面保护和发展

---

① 毛泽东. 毛泽东文集：第7卷. 北京：人民出版社，1999：206.
② 同①239.
③ 同①238.
④ 同①213.

生产力，因此必须严格区分和正确处理两类不同性质的矛盾，避免人民内部矛盾的激化，把正确处理人民内部矛盾作为国家政治生活的主题。他指出："在这个时候，我们提出划分敌我和人民内部两类矛盾的界限，提出正确处理人民内部矛盾的问题，以便团结全国各族人民进行一场新的战争——向自然界开战，发展我们的经济，发展我们的文化，使全体人民比较顺利地走过目前的过渡时期，巩固我们的新制度，建设我们的新国家，就是十分必要的了。"① 毛泽东还强调："在一般情况下，人民内部的矛盾不是对抗性的。但是如果处理得不适当，或者失去警觉，麻痹大意，也可能发生对抗。这种情况，在社会主义国家通常只是局部的暂时的现象。"但是也要看到，"社会主义国家内部的反动派同帝国主义者互相勾结，利用人民内部的矛盾，挑拨离间，兴风作浪，企图实现他们的阴谋"②。这就要求我们必须正确区分和处理人民内部矛盾问题，调动一切积极因素，化解各种消极因素，有力克服各种非对抗性矛盾，尽最大可能转化对抗性矛盾，化不利因素为积极因素，维护和巩固全党全国各族人民共同奋斗的思想政治基础。

3. 正确处理人民内部矛盾必须贯彻实行正确的思想政治教育方针和方法

毛泽东在《关于正确处理人民内部矛盾的问题》中指出，不同性质的矛盾，只能用不同的方法去解决。其中，敌我矛盾用专政的方法，而人民内部矛盾用民主的办法、讨论的办法、批评的办法、说服教育的方法。毛泽东认为，在我国现在的条件下，所谓人民内部的矛盾，包括工人阶级内部的矛盾，农民阶级内部的矛盾，知识分子内部的矛盾，工农两个阶级之间的矛盾，工人、农民同知识分子之间的矛盾，工人阶级和其他劳动人民同民族资产阶级之间的矛盾，民族资产阶级内部的矛盾，等等。"一般说来，人民内部的矛盾，是在人民利益根本一致的基础上的矛盾。"③ 因此，解决人民内部的问题使用的方法，是民主的即说服的方法，而不是强迫的方法，"这种教育工作是人民内部的自我教育工作，批评和自我批评的方法就是自我教育的基本方法"④。《关于正确处理人民内部矛盾的问题》在全面分析和考察了我国政治、经济、文化领域中的具体矛盾后，提出了一系列正确处理人民内部矛盾的方针和方法。

团结—批评—团结作为中国共产党在延安整风运动中创造的开展党内思想斗争成功经验，对于解决党内矛盾、统一全党思想产生了极为深远的影响，成为党内思想政治教育的重要方针。这一方针体现了辩证唯物主义关于矛盾同一性与斗争性的基本原理，要求在处理思想矛盾中从团结的愿望出发，经过严肃认真的批评或者斗争使矛盾得到解决，从而在新的基础上达到新的团结。为此，毛泽东提出，我们现在的任务，就是要在整个人民内部继续推广和更好地运用这个方法，要求所有的工厂、合作社、商店、学校、机关、团体，总之，六亿人口，都采用这个方法去解决他们内部的矛盾。

说服教育的方法。人们正确思想的形成，往往离不开正面的说服教育，转变人们的

---

① 毛泽东．毛泽东文集：第7卷．北京：人民出版社，1999：216.

② 同①211.

③ 同①206.

④ 同①212.

错误认识同样也离不开说服教育。毛泽东指出，企图用行政命令的方法，用强制的方法解决思想问题、是非问题，不但没有效力，而且是有害的。凡属于思想性质的问题，凡属于人民内部的争论问题，只能用民主的方法去解决，只能用讨论的方法、批评的方法、说服教育的方法去解决，而不能用强制的、压服的方法去解决。必须通过摆事实、讲道理、以理服人、以言感人的方法，提高认识、解决问题。

积极引导的方法。毛泽东指出，对待人民内部的思想问题，对待精神世界的问题，用简单的方法去处理，不但不会收效，而且非常有害，要采取积极引导的方法，允许人们发表不同的意见，反对压制意见和堵塞言路的做法。对于错误的意见，"我们不应当用压制的办法不让他们表现，而应当让他们表现"；但也反对放任自流，"在他们表现的时候，和他们辩论，进行适当的批评"。只有正确引导，使他们认识错误，提高免疫力，启发人们主动自觉地接受正确思想并以此指导自己的行为，才能真正达到思想政治教育的目的。

比较鉴别的方法。毛泽东指出，正确的东西总是在同错误的东西做斗争的过程中发展起来的。真的、善的、美的东西是在同假的、恶的、丑的东西相比较而存在、相斗争而发展的。这一方法要求在思想政治教育实践过程中，对各种思想、观点进行反复比较和鉴别，包括开展正确的思想斗争。毛泽东特别强调，"百花齐放、百家争鸣"是一个基本性的同时也是长期性的方针。它不但是使科学和艺术发展的好方法，而且推而广之，也是我们进行一切工作的好方法。"各种不同意见辩论的结果，就能使真理发展。对于那些有毒素的反马克思主义的东西，也可以采取这个方法，因为同那些反马克思主义的东西进行斗争，就会使马克思主义发展起来。这是在对立面的斗争中的发展，是合于辩证法的发展。"①

4. 正确处理人民内部矛盾的基本途径和重要手段是进行思想政治教育

1956 年，毛泽东在《论十大关系》中就明确提出："世界是由矛盾组成的，没有矛盾就没有世界。我们的任务，是要正确处理这些矛盾。"② 他要求通过深入细致的思想政治教育，分清是非，化解矛盾，变消极因素为积极因素，调动党内党外一切直接和间接的积极因素，把我国建设成为强大的社会主义国家。在《关于正确处理人民内部矛盾的问题》中，毛泽东进一步全面系统地提出了对全国人民进行以马克思主义基本理论和共产主义理想信念教育为核心内容的思想政治教育的重要任务。

第一，马克思主义基本理论教育。马克思主义基本理论和基本观点是人们认识世界和改造世界的思想武器，是人们世界观、人生观、政治观、道德观形成的理论基础。不学习马克思主义，缺少对马克思主义的科学信仰，就不能保证革命和建设的社会主义方向。毛泽东指出，在一些人的眼中，好像什么政治，什么祖国的前途、人类的理想，都没有关心的必要。好像马克思主义行时了一阵，现在就不那么行时了。针对着这种情况，

---

① 毛泽东．毛泽东文集：第 7 卷．北京：人民出版社，1999：279－280．
② 同①44．

现在需要加强思想政治工作。不论是知识分子，还是青年学生，都应该努力学习。除了学习专业之外，在思想上要有所进步，政治上也要有所进步，这就需要学习马克思主义，学习时事政治。“没有正确的政治观点，就等于没有灵魂。”① 他特别要求广大知识分子和青年学生在自己的工作和学习过程中，逐步地树立共产主义的世界观，逐步地学好马克思列宁主义，逐步地同工人农民打成一片。

第二，社会主义和共产主义远大理想和信念教育。毛泽东指出，有些青年人以为到了社会主义社会就应当什么都好了，就可以不费气力享受现成的幸福生活了，这是一种不切实际的想法。不少青年人由于缺少政治经验和社会生活经验，不善于把旧中国和新中国加以比较，不容易深切了解我国人民曾经经历怎样千辛万苦的斗争才摆脱了帝国主义和国民党反动派的压迫，而建立一个美好的社会主义社会要经过怎样的长时间的艰苦劳动。因此，需要在群众中间经常进行生动的、切实的政治教育。要使全体青年懂得，我们国家现在还是一个很穷的国家，并且不可能在短时间内根本改变这种状态，全靠青年和全体人民在几十年时间内，团结奋斗，用自己的双手创造出一个富强的国家。社会主义制度的建立给我们开辟了一条到达理想境界的道路，而理想境界的实现还要靠我们辛勤的劳动。要真正实现社会主义目标，要经过长时间的艰苦劳动，要改变国家贫穷落后的面孔，要有几代人的努力，首先就要树立远大理想。

第三，正确处理国家、集体、个人三者利益关系的教育。正确处理国家、集体、个人三者利益关系，是团结全国各族人民、调动一切积极因素、进行大规模的社会主义建设的重要条件。毛泽东指出，在处理这三方面的关系时，在经济上必须统筹兼顾、适当安排。作计划、办事情、想问题，都要从我国有六亿人口这一点出发。有些群众往往容易注意当前的、局部的、个人的利益，而不了解或者不很了解长远的、全国性的、集体的利益。需要对他们进行思想政治教育。不但应经常把发生的困难向他们做真实的说明，和他们一起研究如何解决的办法。还要使他们能够正确认识和处理三者之间的利益关系。要从长远利益、全国利益和集体利益出发；反对只注意眼前的、局部的和个人的利益。特别是在经济上必须统筹兼顾、适当安排。“在分配问题上，我们必须兼顾国家利益、集体利益和个人利益。对于国家的税收、合作社的积累、农民的个人收入这三方面的关系，必须处理适当，经常注意调节其中的矛盾。”② “无论粮食问题，灾荒问题，就业问题，教育问题，知识分子问题，各种爱国力量的统一战线问题，少数民族问题，以及其他各项问题，都要从对全体人民的统筹兼顾这个观点出发，就当时当地的实际可能条件，同各方面的人协商，作出各种适当的安排。决不可以嫌人多，嫌人落后，嫌事情麻烦难办，推出门外了事。”③

第四，正确处理民主与集中、自由与纪律关系的教育。首先，民主与自由都是具体的。在我国，人民有民主和自由的权利，但“这个自由是有领导的自由，这个民主是集中指导下的民主，不是无政府状态。无政府状态不符合人民的利益和愿望”④。“世界上只

① 毛泽东. 毛泽东文集：第7卷. 北京：人民出版社，1999：226.
② 同①221.
③ 同①228.
④ 同①208.

有具体的自由，具体的民主，没有抽象的自由，抽象的民主。在阶级斗争的社会里，有了剥削阶级剥削劳动人民的自由，就没有劳动人民不受剥削的自由。有了资产阶级的民主，就没有无产阶级和劳动人民的民主。有些资本主义国家也容许共产党合法存在，但是以不危害资产阶级的根本利益为限度，超过这个限度就不容许了。要求抽象的自由、抽象的民主的人们认为民主是目的，而不承认民主是手段。民主这个东西，有时看来似乎是目的，实际上，只是一种手段。马克思主义告诉我们，民主属于上层建筑，属于政治这个范畴。这就是说，归根结蒂，它是为经济基础服务的。自由也是这样。"[①] 其次，民主与自由又都是相对的。"民主自由都是相对的，不是绝对的，都是在历史上发生和发展的。在人民内部，民主是对集中而言，自由是对纪律而言。这些都是一个统一体的两个矛盾着的侧面，它们是矛盾的，又是统一的，我们不应当片面地强调某一个侧面而否定另一个侧面。在人民内部，不可以没有自由，也不可以没有纪律；不可以没有民主，也不可以没有集中。这种民主和集中的统一，自由和纪律的统一，就是我们的民主集中制。在这个制度下，人民享受着广泛的民主和自由；同时又必须用社会主义的纪律约束自己。"[②] 因此，人民既享有民主和自由，又必须接受纪律的约束。

5. 全党全社会都要重视和加强思想政治教育工作

社会主义制度的建立作为人类历史上具有深刻而广泛影响的伟大社会变革，必然引起和带来社会意识形态和人们思想观念的空前震荡。毛泽东在《关于正确处理人民内部矛盾的问题》中号召全党和全社会都要重视和加强思想政治教育，把研究解决群众思想问题提到各级党政部门的议事日程。毛泽东指出，"思想政治工作，各个部门都要负责任。共产党应该管，青年团应该管，政府主管部门应该管，学校的校长教师更应该管"[③]，形成全社会共同负责思想政治教育的局面。在《关于正确处理人民内部矛盾的问题》中，毛泽东还提出，我们的教育方针，应该使受教育者在德育、智育、体育几方面都得到发展，成为有社会主义觉悟的、有文化的劳动者。

三、重要意义

1. 正确把握我国社会主要矛盾的变化是正确处理人民内部矛盾的前提

社会主义改造基本完成后，我国社会的主要矛盾，已经由无产阶级同资产阶级之间的矛盾转变为人民对于经济文化迅速发展的需要同当前经济文化不能满足人民需要的状况之间的矛盾。党的八大对当时我国主要矛盾的分析，实际上提出了党和国家中心工作转向社会主义经济建设的任务。党和全国人民的主要任务，也已经由解放生产力变为在

① 毛泽东. 毛泽东文集：第7卷. 北京：人民出版社，1999：208-209.
② 同①209.
③ 同①226.

新的生产关系下面保护和发展生产力。“总之，社会主义生产关系已经建立起来，它是和生产力的发展相适应的；但是，它又还很不完善，这些不完善的方面和生产力的发展又是相矛盾的。除了生产关系和生产力发展的这种又相适应又相矛盾的情况以外，还有上层建筑和经济基础的又相适应又相矛盾的情况。人民民主专政的国家制度和法律，以马克思列宁主义为指导的社会主义意识形态，这些上层建筑对于我国社会主义改造的胜利和社会主义劳动组织的建立起了积极的推动作用，它是和社会主义的经济基础即社会主义的生产关系相适应的；但是，资产阶级意识形态的存在，国家机构中某些官僚主义作风的存在，国家制度中某些环节上缺陷的存在，又是和社会主义的经济基础相矛盾的。我们今后必须按照具体的情况，继续解决上述的各种矛盾。当然，在解决这些矛盾以后，又会出现新的问题，新的矛盾，又需要人们去解决。”① 这就要求我们正确把握我国社会的主要矛盾和主要任务，自觉运用执政党掌握的上层建筑和意识形态的力量，充分发挥思想政治教育的优势，调适和克服社会主义基本矛盾中不相适应的方面，为发展完善社会主义制度提供强大的思想保证、精神动力和舆论支持，保证党在社会主义时期各个阶段中心任务和中心工作的顺利实现。

2. 思想政治教育的根本任务是用无产阶级的世界观改造世界

毛泽东深刻地指出：“无产阶级要按照自己的世界观改造世界，资产阶级也要按照自己的世界观改造世界。”②“在我国，虽然社会主义改造，在所有制方面说来，已经基本完成，革命时期的大规模的急风暴雨式的群众阶级斗争已经基本结束，但是，被推翻的地主买办阶级的残余还是存在，小资产阶级刚刚在改造。”“无产阶级和资产阶级之间在意识形态方面的阶级斗争，还是长时期的，曲折的，有时甚至是很激烈的。”“在这一方面，社会主义和资本主义之间谁胜谁负的问题还没有真正解决。无论在全人口中间，或者在知识分子中间，马克思主义者仍然是少数。因此，马克思主义仍然必须在斗争中发展。马克思主义必须在斗争中才能发展，不但过去是这样，现在是这样，将来也必然还是这样。”③“如果对于这种形势认识不足，或者根本不认识，那就要犯绝大的错误，就会忽视必要的思想斗争。”④ 这就要求全党务必重视思想政治教育工作，牢牢掌握意识形态的领导权，积极开展意识形态领域的思想斗争，用马克思列宁主义占领思想舆论阵地。

3. 正确区分和处理意识形态领域两类不同性质的矛盾

为了正确区分和处理意识形态领域两类不同性质的矛盾，毛泽东在《关于正确处理人民内部矛盾的问题》中首次全面阐述了一年前他在中央政治局扩大会议上提出的“百花齐放、百家争鸣”方针。他指出，在社会主义国家，有非马克思主义的思想存在，也

---

① 毛泽东. 毛泽东文集：第7卷. 北京：人民出版社，1999：215.

②③ 同①230.

④ 同①231.

有反马克思主义的思想存在。有“香花”，也有“毒草”。我们实行“百花齐放、百家争鸣”的方针，并不会削弱马克思主义在思想界的指导地位，相反会加强它的这种地位。“在我们国家里，马克思主义已经被大多数人承认为指导思想，那么能不能对它加以批评呢？当然可以批评。马克思主义是一种科学真理，它是不怕批评的。如果马克思主义害怕批评，如果可以批评倒，那么马克思主义就没有用了。”① 相反，“马克思主义者就是要在人们的批评中间，就是要在斗争的风雨中间，锻炼自己，发展自己，扩大自己的阵地”②。在一个月之后召开的中国共产党全国宣传工作会议上，毛泽东进一步提出：“百花齐放，百家争鸣，这是一个基本性的同时也是长期性的方针，不是一个暂时性的方针。”③“这个方针不但是使科学和艺术发展的好方法，而且推而广之，也是我们进行一切工作的好方法。这个方法可以使我们少犯错误。”“各种不同意见辩论的结果，就能使真理发展。对于那些有毒素的反马克思主义的东西，也可以采取这个方法，因为同那些反马克思主义的东西进行斗争，就会使马克思主义发展起来。这是在对立面的斗争中的发展，是合于辩证法的发展。”④ 在《关于正确处理人民内部矛盾的问题》中，毛泽东还提出了辨别“香花”与“毒草”的六条政治标准。目的是“帮助人民发展对于各种问题的自由讨论，而不是为了妨碍这种讨论”⑤。

4. 思想政治教育是长期的艰巨的工作

思想战线斗争的长期性、复杂性、艰巨性决定思想政治教育是一项长期的、耐心的、细致的工作，因此，思想政治教育必须尊重受教育者认识转变规律及自身规律和特点，“对待人民内部的思想问题，对待精神世界的问题，用简单的方法去处理，不但不会收效，而且非常有害。不让发表错误意见，结果错误意见还是存在着”。“因此，只有采取讨论的方法，批评的方法，说理的方法，才能真正发展正确的意见，克服错误的意见，才能真正解决问题。”⑥ 毛泽东反复强调：“世界观的改变，要有一个长时期的过程。”“我们的同志一定要懂得，思想改造的工作是长期的、耐心的、细致的工作，不能企图上几次课，开几次会，就把人家在几十年生活中间形成的思想意识改变过来。要人家服，只能说服，不能压服。压服的结果总是压而不服。以力服人是不行的。”⑦ 这些重要理论观点，反映了党对社会主义时期意识形态领域和思想政治教育若干重大理论问题的深入探索。这些理论观点虽一度在随后的实践过程中出现了严重偏差，甚至背离了提出者的初衷而未能实现，但它在经历近20年曲折之后，以正反两方面的经验教训为党的十一届三中全会后思想政治教育的拨乱反正提供了宝贵的思想素材和理论渊源。

---

① 毛泽东．毛泽东文集：第7卷．北京：人民出版社，1999：231.
② 同①232.
③ 同①278.
④ 同①279-280.
⑤ 同①234.
⑥ 同①232.
⑦ 同①279.

四、学习与思考

1. 社会主义时期思想政治教育的基本理论依据是什么?

2. 为什么说《关于正确处理人民内部矛盾的问题》是党在社会主义时期思想政治教育的纲领性文献?

3.《关于正确处理人民内部矛盾的问题》对新时代思想政治教育具有什么方法论意义?

《读苏联〈政治经济学教科书〉的谈话（节选）》导读

苏联《政治经济学教科书》1954年出版，1959年1月修订第三版正式出版发行。全书分上、下两册，上册19章，主要讲资本主义部分；下册从第20章起至第36章共17章，连同结束语，讲社会主义部分，是对苏联社会主义建设的理论总结。从1958年11月第一次郑州会议起，到1960年春天，毛泽东多次提议各级领导干部读苏联《政治经济学教科书》，并身体力行带头学习。在边读边议的过程中，毛泽东发表了许多谈话，比较系统地总结了中国革命和社会主义建设的经验，阐述了社会主义社会发展规律，并且论述了如何用马克思主义的立场、观点和方法来研究社会主义时期的问题。后经集纳整理，节选其中的部分内容收入《毛泽东文集》第八卷。《读苏联〈政治经济学教科书〉的谈话（节选）》是毛泽东在社会主义建设时期总结社会主义建设规律的一篇代表性著作，对社会主义建设时期的思想政治教育有着重要的指导意义。

原文见《毛泽东文集》第八卷，人民出版社1999年版，第103～148页。

一、写作背景

1. 澄清党内存在的混乱思想的客观需要

1958年的"大跃进"和人民公社化运动遭到重大挫折，给国民经济发展和人民生活带来严重危害。为了纠正"大跃进"和人民公社化运动中"左"的错误，从1958年11月至1959年3月，党中央连续在郑州、武昌、上海等地召开中央工作会议、中央全会和政治局会议，部署一系列纠"左"的政策。1958年11月2—10日，毛泽东在郑州主持召开了一次工作会议，参加会议的人员是部分中央领导人、各协作区主任和省市委书记。会议期间，毛泽东给中央、省市自治区、地、县四级党委委员写信，建议大家认真阅读斯大林的《苏联社会主义经济问题》和《马恩列论共产主义社会》，首先解决思想认识问题。他在信中说："要联系中国社会主义经济革命和经济建设去读这两本书，使自己获得一个清醒的头脑，以利指导我们伟大的经济工作。"① 信中还说："现在很多人有一大堆混乱思想，读这两本书就有可能给以澄清。有些号称马克思主义经济学家的同志，在最近

---

① 毛泽东．毛泽东文集：第7卷．北京：人民出版社，1999：432．

几个月内，就是如此。他们在读马克思主义政治经济学的时候是马克思主义者，一临到目前经济实践中某些具体问题，他们的马克思主义就打了折扣了。”① 毛泽东建议读这两本书的同时，还说：“将来有时间，可以再读一本，就是苏联同志们编的那本《政治经济学教科书》。”② 随后，在武昌会议和八届六中全会上，毛泽东一再重申了这一要求。1959年庐山会议召开时，他又拟定讨论的18个问题，第一个问题就是“读书”，就包括要求各级领导干部读苏联《政治经济学教科书》。

2. 探索社会主义建设规律的时代要求

随着全面建设社会主义时期的到来，大规模的经济建设任务对广大党员干部的理论准备和理论修养提出了新的挑战。“大跃进”和人民公社化运动期间出现的不顾客观规律与生产力发展水平，盲目追求高指标、高速度、高产量的现象，反映出党对国家的经济基本情况和经济发展规律的认识不足。毛泽东在《十年总结》中指出：“我们对于社会主义时期的革命和建设，还有一个很大的盲目性，还有一个很大的未被认识的必然王国，我们还不深刻地认识它。”③ 这是由于在前期初步胜利面前骄傲自满、急于求成导致的，更是党内缺乏理论准备和理论修养，对待马克思主义理论机械化、教条化理解的严重后果。毛泽东清醒地估计到我们党的思想理论修养状况，深感“我们的相当多的干部，政治水平、经济理论水平和对实际工作分析、理解水平，都是不高的，有些人还是很低的”④。党内存在的这些问题，使党中央深刻认识到没有一定的理论准备和理论探索，没有弄懂社会主义经济建设中带规律性的问题，社会主义建设必然要走很多弯路，甚至要“碰得头破血流”。1959年7月，毛泽东在庐山会议上提及号召党员干部读书的原因时再次强调：“去年许多领导同志，县、社干部，对于社会主义经济问题还不大了解，不懂得经济发展规律。”⑤ 这就要求党员干部必须学习经济建设理论和科学技术知识，真正地掌握社会主义经济发展规律，以适应全国规模的经济建设和社会主义事业发展。

3. 中央领导层开展学习运动的理论成果

根据毛泽东的建议，中央各部门党组、各省区市党委由第一书记挂帅，纷纷组织了读书小组。毛泽东、刘少奇、周恩来也先后组织了自己的读书小组。1959年底到1960年初，全党掀起了学习运动。毛泽东的读书小组从1959年12月10日至1960年2月9日，先后在杭州、上海、广州，采取边读边议的方法，通读《政治经济学教科书》第三版。他指定陈伯达、胡绳、邓力群、田家英同他一起读书，也建议中央、省、地、县的领导同志读书时，“三人五人为一组，逐章逐节加以讨论”。读书会由一个人读原书，一般是田家英读，有时胡绳读。读一段，大家就议论一下，主要是毛泽东发

---

① 毛泽东．毛泽东文集：第7卷．北京：人民出版社，1999：432．
② 同①432-433．
③ 中共中央文献研究室．建国以来重要文献选编：第13册．北京：中央文献出版社，2011：371．
④ 中共中央文献研究室．毛泽东年谱（1949—1976）：第4卷．北京：中央文献出版社，2013：335．
⑤ 毛泽东．毛泽东文集：第8卷．北京：人民出版社，1999：75．

议论，但他要求几个人都要讲讲话。毛泽东读《政治经济学教科书》的谈话，经邓力群等人进行整理，形成一个比较完整的近 10 万字的谈话记录。从留传下来的谈话记录看，毛泽东读教科书有两个显著特点：一是他以革命家、政治家、战略家而不是学者身份来读书，紧密结合中国实际思考中国应该怎样做；二是他采取分析研究的态度读书，既肯定正确的东西，又有大胆怀疑，提出许多不同的观点和独到的见解。

二、基本思想

1. 科学论述思想政治教育在社会主义建设时期的地位和作用

思想政治教育是我们党的优良传统和政治优势，在新形势下只能加强，不能削弱。1958 年大炼钢铁的群众运动和人民公社化运动掀起的“共产风”，严重地破坏了国民经济，搞乱了人们的思想。加强思想政治教育，号召学习苏联《政治经济学教科书》，有利于帮助各级干部更多地了解马克思主义基本经济理论，在一定程度上澄清我国社会主义建设进程中出现的错误认识问题。毛泽东指出：“建设社会主义，原来要求是工业现代化，农业现代化，科学文化现代化，现在要加上国防现代化。”① 这里“科学文化现代化”体现了社会主义现代化对包括思想政治教育在内的科学文化建设的新要求。当时，苏联的工农业劳动生产率，还没有超过美国，中国则差得更远。在毛泽东看来，“提高劳动生产率，一靠物质技术，二靠文化教育，三靠政治思想工作。后两者都是精神作用”②。思想政治教育通过直接作用于人这一生产力中的首要因素，提高劳动者的思想政治素质，促进劳动者掌握科学技术和提高劳动技能的积极性，可以直接促进劳动生产率的提高。毛泽东揭示了思想政治教育与社会主义经济建设的内在联系，科学地论证了思想政治教育在社会主义建设时期的重要地位和作用。

2. 在党内干部中开展马克思主义理论学习教育

当时党内在学习马克思主义理论方面存在一些混乱思想，主要表现为两种情况：一是学与用分离的“两张皮”现象；二是固守马克思“老祖宗”著作的教条主义倾向，即当时党内有不少人认为学哲学只要读《反杜林论》《唯物主义和经验批判主义》就够了，其他的书可以不必读。这种观点一方面流露出某种对学习苏联《政治经济学教科书》的消极情绪，另一方面也暴露了一些人对马克思主义理论学习的片面观念。对此，毛泽东严肃地批评说，“这种观点是错的。马克思这些老祖宗的书，必须读，他们的基本原理必须遵守，这是第一”③，但“单靠老祖宗是不行的”④。正是在这种历史背景下，毛泽东向党内干部提出要学习《马恩列斯论共产主义》《苏联社会主义经济问题》，特别

---

① 毛泽东．毛泽东文集：第 8 卷．北京：人民出版社，1999：116.
② 同①124-125.
③④ 同①109.

是苏联《政治经济学教科书》（第三版下册）社会主义部分。在毛泽东看来，别国的经验只能是启发和参考，而要解决中国自己的新问题，还必须形成自己的新理论。“现在，我们已经进入社会主义时代，出现了一系列的新问题，如果单有《实践论》、《矛盾论》，不适应新的需要，写出新的著作，形成新的理论，也是不行的。”①

3. 夯实思想政治教育理论的哲学基础

毛泽东科学地论述了马克思主义的世界观和方法论，对思想政治教育理论做了哲学总结，为党内干部树立科学的世界观和方法论提供了理论基础。毛泽东指出：“要认识事物发展的客观规律，必须进行实践，在实践中必须采取马克思主义的态度来进行研究，而且必须经过胜利和失败的比较。”② 同样，了解与掌握思想政治教育的规律，必须深入实践、调查研究。思想政治教育的理论、原则、方针、方法以及效果，都需要在实践中予以检验，不能凭主观想象，也不能限于原有结论。毛泽东指出：“在一个长过程中，在进入最后的质变以前，一定经过不断的量变和许多的部分质变。这里有个主观能动性的问题。”③ 人的思想的发展变化不是一蹴而就的，而是一个从量变到质变的积累过程。因此，思想政治教育必然是一种循序渐进的社会实践活动，必须适应教育对象不同的思想政治水平和发展要求，有针对性地开展工作。在毛泽东看来，时代不同了，条件不同了，对象不同了，因此解决问题的方法也不同。要注重从内容和形式上创新思想政治教育理论，实现思想政治教育方法的发展与创新。

4. 用社会主义、共产主义理想教育人民

毛泽东指出：“社会主义这个阶段，又可能分为两个阶段，第一个阶段是不发达的社会主义，第二个阶段是比较发达的社会主义。后一阶段可能比前一阶段需要更长的时间。经过后一阶段，到了物质产品、精神财富都极为丰富和人们的共产主义觉悟极大提高的时候，就可以进入共产主义社会了。”④ 毛泽东将社会主义社会划分为两个发展阶段：社会主义第一阶段和社会主义第二阶段。毛泽东还分析了未来的共产主义社会的变化情况：“社会主义一定要向共产主义过渡。过渡到了共产主义的时候，社会主义阶段的一些东西必然是要灭亡的。就是到了共产主义阶段，也还是要发展的。”⑤ 共产主义思想是科学的世界观和方法论，是认识世界和改造世界的强大思想武器。共产党人的方向，就是社会主义、共产主义方向。毛泽东明确指出：“应当强调艰苦奋斗，强调扩大再生产，强调共产主义前途、远景，要用共产主义理想教育人民。”⑥ 加强社会主义、共产主义理想教育，澄清人们的思想混乱，引导人们坚定社会主义信念。

---

① 毛泽东．毛泽东文集：第8卷．北京：人民出版社，1999：109.
② 同①104.
③ 同①107.
④ 同①116.
⑤ 同①108.
⑥ 同①136.

5. 承认物质鼓励和精神鼓励都是社会主义的重要原则

毛泽东指出："物质利益是一个重要原则，但总不是唯一的原则，总还有另外的原则，教科书中不也是常说'精神鼓励'原则吗？同时，物质利益也不能单讲个人利益、暂时利益、局部利益，还应当讲集体利益、长远利益、全局利益，应当讲个人利益服从集体利益，暂时利益服从长远利益，局部利益服从全局利益。他们现在强调的是个人、暂时、局部的利益，不强调集体、长远和全局的利益。"① 人的积极性来源于人的需要，需要越强烈积极性就越高。人的需要包括物质需要和精神需要，鼓励也就分为物质鼓励和精神鼓励两大类。毛泽东强调："我们要教育人民，不是为了个人，而是为了集体，为了后代，为了社会前途而努力奋斗。要使人民有这样的觉悟。"②"要强调个人利益服从集体利益，局部利益服从整体利益，眼前利益服从长远利益。要讲兼顾国家、集体和个人，把国家利益、集体利益放在第一位，不能把个人利益放在第一位。"③ 这些精辟的论述，深刻地阐明了马克思主义的物质利益原则，阐明了物质鼓励和精神鼓励的辩证统一关系。怎样正确对待"利益"？这也是社会主义条件下中国共产党人必须正视的一个基本问题。毛泽东在读教科书时对此问题做出了提纲挈领的回答，集中体现了他的"利益观"，主要内容包括：一是物质利益是重要原则，但不是决定性动力；二是强调不能把个人利益放在第一位，个人利益应当服从集体利益、暂时利益应当服从长远利益、局部利益应当服从全局利益；三是教育人民树立为集体、为社会的价值原则和思想觉悟。

三、重要意义

1. 进行思想政治教育，最根本的是进行马克思主义理论教育

指导我们思想的理论基础是马克思主义。马克思主义既是科学的世界观，又是科学的方法论。只有掌握了马克思主义理论，才能加强我们工作的原则性、系统性、预见性和创造性，才能提高我们运用它的基本原则、基本方法来积极探索解决新的政治经济社会文化基本问题的本领。因此，毛泽东多次强调要加强马克思主义理论教育。马克思主义是思想政治教育的理论基础，宣传和灌输马克思主义是思想政治教育的主要内容之一。只有坚持这一根本指针，才能更好地动员、引导、团结、激励人民群众为建设中国特色社会主义而奋斗，才能在错综复杂的社会现象中看清本质、明确方向，为服务人民、奉献社会做出更大的贡献，才能使思想政治工作进入新境界、达到新高度、开创新局面。

---

① 毛泽东．毛泽东文集：第8卷．北京：人民出版社，1999：133-134.
② 同①134.
③ 同①136.

2. 思想政治工作要服务服从于经济建设这个中心

思想政治教育所解决的是精神领域的问题，归根到底要为经济建设服务。新中国建立后，党的任务与中心工作由革命战争转向经济建设，由夺取政权转向发展社会生产力。1955 年，毛泽东明确提出了“政治工作是一切经济工作的生命线”的论断，确立了思想政治教育在社会主义经济建设中的重要地位。有效的思想政治教育工作，可以教育和启发人们去认识和发现经济规律，掌握利用经济规律，从而保证经济工作遵循客观经济规律顺利进行。思想政治工作只有紧紧围绕经济建设这个中心，紧密结合各项业务工作，抓住结合点，找准切入点，才能取得实实在在的成效。思想政治工作围绕、结合经济建设一道去做，不是消极被动地服务，更不是要去直接创造物质产品，而是要发挥能动作用，找准着力点，为经济建设提供精神动力、智力支持和良好的舆论环境，把党的方针政策变为群众的自觉行动，激发广大人民群众的积极性、创造性，团结一切可以团结的力量，调动一切积极因素，化消极因素为积极因素，动员大家投身到社会主义经济建设中去。

3. 坚定社会主义信念和共产主义远大理想

马克思主义科学预测了未来社会的理想状态，指明了人类社会的发展方向。社会主义是中国人民的共同政治信念和奋斗目标。共产主义社会是物质财富极大丰富、实现按需分配、人的精神境界极大提高、每个人自由而全面发展的社会。共产主义只有在社会主义社会充分发展和高度发达的基础上才能实现。毛泽东指出：“我们共产党人从来不隐瞒自己的政治主张。我们的将来纲领或最高纲领，是要将中国推进到社会主义社会和共产主义社会去的，这是确定的和毫无疑义的。”[①] 中国共产党从成立之日起，就确立了共产主义的远大理想，始终团结带领中国人民朝着这个远大理想前行。社会主义作为人类历史上崭新的社会制度，在建设过程中必然经历曲折反复，但必将最终战胜资本主义。人的精神动力来源于对马克思主义的信仰、对社会主义的信念、对改革开放和现代化建设的信心、对共产党和人民政府的信任，来源于正确的世界观、人生观和价值观。我们要牢固确立中国特色社会主义的共同理想和共产主义的远大理想。在发展社会主义市场经济的条件下，要引导人们正确认识和处理个人理想与共同理想、现实理想与远大理想的关系，把个人理想与共同理想、现实理想与远大理想结合起来，在实现共同理想的过程中实现个人理想，在实现现实理想的基础上逐步实现远大理想。

4. 坚持物质鼓励和精神鼓励相结合的原则

人民群众的需要主要表现为物质需要和精神需要。物质是第一性的，忽视或否定物

---

① 毛泽东．毛泽东选集：第 3 卷．2 版．北京：人民出版社，1991：1059.

质利益原则，不注意发挥物质力量在推动社会主义经济建设中的巨大作用是错误的。马克思说过："人们奋斗所争取的一切，都同他们的利益有关。"① 因而思想政治教育要坚持物质利益原则。但是仅仅依靠物质手段，忽视或否定精神力量的作用，也是极端错误的。因为人的物质需要和精神需要是相辅相成的，物质决定精神，精神对物质又具有反作用。激发人们的社会主义积极性，既要靠正确的经济手段，又要靠有效的精神激励，要靠思想政治教育。毛泽东在强调物质利益的决定性作用的同时，十分重视革命精神、先进思想的反作用。毛泽东关于物质鼓励和精神鼓励相互关系的论述，对于我们做好新时代思想政治教育工作有十分重要的指导意义。在改革开放和发展社会主义市场经济的条件下，人们十分关心物质利益的实现，我们必须把发扬革命精神同坚持物质利益结合起来、统一起来。既要教育群众发扬革命精神，启发、引导人们正确处理国家、集体、个人三者利益的关系，又要重视、关心群众的物质利益，使人民的物质和文化生活水平不断提高。只有这样，才能持久地调动广大干部、群众的积极性，激发他们的劳动、工作热情，加快社会主义现代化建设的步伐。

四、学习与思考

1. 如何理解毛泽东《读苏联〈政治经济学教科书〉的谈话（节选）》中蕴含的思想政治教育论断？

2. 如何理解物质鼓励和精神鼓励相结合的原则？

3. 毛泽东《读苏联〈政治经济学教科书〉的谈话（节选）》对加强和改进新时代思想政治工作有哪些现实启示？

① 马克思，恩格斯. 马克思恩格斯全集：第1卷. 北京：人民出版社，1956：82.

《解放思想，实事求是，团结一致向前看》导读

1978年11月10日至12月15日，中共中央工作会议在北京召开。《解放思想，实事求是，团结一致向前看》（简称《解放思想》）是邓小平在中共中央工作会议闭幕会上的讲话。中共中央工作会议是全党形成全局性拨乱反正和开创新局面的重要会议，这篇讲话是在粉碎“四人帮”后，拨乱反正正在进行、“两个凡是”的禁锢尚未完全冲破、广大干部群众迫切希望端正党的路线方针政策的历史背景下发表的。邓小平在讲话中论述了解放思想和实事求是的辩证统一关系，为全党确立了解放思想、开动脑筋、实事求是、团结一致向前看的重要方针，对解决“文化大革命”乃至新中国成立以来若干重大理论问题和历史问题具有十分重要的指导意义，为即将召开的党的十一届三中全会提供了重要的思想指导，是在新的历史条件下开辟中国特色社会主义伟大事业的宣言书。

原文见《邓小平文选》第二卷，人民出版社1994年版，第140～153页。

一、写作背景

1. 从指导思想上彻底清理“左”倾错误的现实需要

在粉碎“四人帮”后两年间，虽然“文化大革命”已经宣告结束，各项工作也有所前进，但“左”倾思想仍然没有根本改变。这一时期党的思想宣传方面出现了矛盾现象：一方面揭批“四人帮”，另一方面又肯定甚至称赞“文化大革命”。在这样的氛围和环境下，1977年2月，经华国锋批准，《人民日报》、《红旗》杂志、《解放军报》以“学好文件抓住纲”为题发表社论，首次在全国公开提出“两个凡是”，即“凡是毛主席作出的决策，我们都坚决维护，凡是毛主席的指示，我们都始终不渝地遵循”。“两个凡是”封闭了人们的思想，压制了思想解放，为全党纠正“文化大革命”的“左”倾错误和拨乱反正工作设置了重重障碍。陈云等老一辈革命家在中央工作会议上提出，中央需妥善考虑和解决影响大或涉及面很广的历史遗留问题，如天安门事件、“二月逆流”、“百万雄师”等问题。陈云的发言得到了与会代表的拥护和讨论，代表们强烈要求中央下决心纠正因长期以来“左”的错误导致的阶级斗争严重扩大化造成的一系列冤假错案。

“左”倾思想的继续，在党内外群众思想中引起的新混乱，也遭到党内外群众不同程

度的抵制。一方面，人们在长期动乱后迫切要求澄清是非，肃清“左”倾错误；另一方面，由于“文化大革命”玷污了党的形象、社会主义的形象，在一些人中产生了对毛泽东思想、对党的领导、对社会主义怀疑乃至否定的情绪。如果不澄清是非、肃清“左”倾错误，就无法促进党和国家的工作正常开展。1977 年 4 月 10 日，邓小平致信华国锋、叶剑英和中共中央，针对“两个凡是”的观点，首次提出了完整地准确地理解毛泽东思想，为反对“两个凡是”提供了理论武器，成为全党解放思想的先导。在邓小平提出准确地完整地认识和运用毛泽东思想、反对“两个凡是”的思想指导下，胡耀邦在中共中央党校提倡解放思想，实事求是地评价党的历史问题，并结合当时思想战线斗争的实际，在全国开展了关于真理标准问题的讨论。1978 年 5 月 10 日，《理论动态》第 60 期发表了《实践是检验真理的唯一标准》，此后被《光明日报》以及各省区市等报纸陆续转载，社会各界和党内越来越多的人参与其中，真理标准问题的大讨论很快波及全国，逐步打碎了人们的精神枷锁，冲破了“两个凡是”的思想禁区，全国人民的思想空前活跃，在我国形成了一场广泛而深刻的思想解放运动。

中央工作会议的原定议题是经济问题，但由于当时党内思想斗争异常激烈，许多重大问题的解决酝酿已久、迫在眉睫。所以，在中央工作会议召开后，会议改变了原定议程，变成了解决“文化大革命”乃至新中国成立以来若干重大理论问题和历史问题的会议。《解放思想》是中央工作会议精神的集中体现和高度概括，在我国引发了一场规模巨大、影响深远的思想解放大潮。

2. 全党实现工作重心向现代化建设转移的迫切要求

“文化大革命”结束后，党面临的任务千头万绪，百废待兴。经济领域内，“文化大革命”留下的后遗症主要是工矿企业生产和交通运输陷入混乱、商业流通堵塞、国民经济的重大比例关系严重失调、人民的物质生活长期没有得到应有改善。在方兴未艾的新技术革命浪潮中，我国由于“文化大革命”耽误了宝贵的建设时间，与发达国家的差距拉大了。粉碎“四人帮”以后，我国开始着力于摆脱瘫痪、半瘫痪状态，但又陷入了急于求成、片面追求高速度的急躁冒进错误。从 1976 年冬季开始，华国锋和中央有关部门对农业机械化和粮食生产，对石油、煤炭、钢、化工的生产等方面，相继提出了不切实际的高指标和根本不可能实现的大口号，国务院 1977 年 7 月的一份报告认为国民经济的新的跃进局面正在开始。“洋冒进”发生在国民经济遭到大破坏、亟须休养生息之时，打破了国民经济按比例发展的原则，片面突出钢铁、石油、化工等重工业部门，追求高速度、高积累、高投资，加剧了国民经济比例失调的病态。

党的指导思想没有根本改变，使党和国家的工作在总体上受到严重的阻挠。如何才能真正实现工作重点转移，这是一个全局性的问题，是全党和全国人民的迫切愿望。怎样更快地发展生产力？邓小平认为，要学习世界先进技术和管理经验，要大力培训人才。从 1977 年开始，很多由高层官员组成的高级别代表团，分别去了我国香港地区、日本、东欧和西欧等国家和地区，对工业、交通、管理和科技等领域进行考察。1978 年，13 名副总理一级的干部出访约 20 次，共访问了 50 个国家。其中，对中国发展影响最大的是谷牧所率领的考察团，于1978年5月2日至6月6日对西欧进行访问。他们访问了5个国家的15个城市，参观了港口，乘坐汽车、轮船和火车旅行，考察了发电厂、农场、工厂、商场、研究所和生活区。出国考察访问，对很多高层干部的思想产生了深刻影响，他们更加相信邓小平的看法是正确的：中国必须改革。对于如何引进技术改造企业，邓小平批评了当时经济体制存在的弊端，提出要搞好民主管理、加强基层企业的权利、打破平均主义、坚持按劳分配等。此外，还提及了领导班子调整、转变作风、调整产业结构、实行新的产业政策、重视农业生产、提高农业现代化程度、政治体制改革等问题。

在改革开放历史新起点上，邓小平以无产阶级革命家的雄伟气魄和胆识，对社会主义现代化建设问题进行了比较系统、全面的阐述。《解放思想》中所蕴含的一系列重大战略思想，指导了党的十一届三中全会的成功召开，并逐步转变为改变中国经济社会发展的实践。

3. 对中国共产党正确思想路线的继承和发展

解放思想，实事求是，是政治问题，是思想问题，也是我们实现四个现代化的现实问题。但是，当时中央高层在如何看待“文化大革命”和毛泽东晚年错误以及如何建设社会主义的问题上存在原则分歧。当时的党和国家主要负责人在指导思想上坚持“两个凡是”的错误路线，强调凡是毛泽东同志圈阅的文件都不能动，凡是毛泽东同志做过的、说过的都不能改，使党和国家的工作在总体上处于前进中的徘徊局面。毛泽东思想的基本点就是把马克思列宁主义的普遍原理同中国革命的具体实践相结合，毛泽东之所以能把中国革命引导到胜利，归根结底在于实事求是。因此，怎么样高举毛泽东思想旗帜，是一个大问题。

邓小平旗帜鲜明地批判了“两个凡是”思想，并指出这一思想违反毛泽东同志实事求是的思想，违反辩证唯物主义、历史唯物主义基本原理，实际上是唯心主义和形而上学的反映。1978年6月2日，邓小平在全军政治工作会议上发表讲话，指出实事求是“是毛泽东思想的出发点、根本点”，“我们也有一些同志天天讲毛泽东思想，却往往忘记、抛弃甚至反对毛泽东同志的实事求是、一切从实际出发、理论与实践相结合的这样一个马克思主义的根本观点，根本方法。不但如此，有的人还认为谁要是坚持实事求是，从实际出发，理论和实践相结合，谁就是犯了弥天大罪”[①]。1978年9月13日至20日，邓小平从朝鲜访问回国后，先后视察了本溪、大庆、哈尔滨、长春、沈阳、鞍山、唐山、天津等地，沿途发表了多次重要讲话。所到之处，都抨击“两个凡是”，阐述解放思想、实事求是的重要意义。邓小平明确指出，不恢复毛主席树立的实事求是的优良传统和作风，四个现代化没有希望。我们要根据现在的国际国内条件，敢于思考问题，提出问题，解决问题。千万不要搞“禁区”，“禁区”的害处是使人们思想僵化，不敢根据自己的条件考虑问题。解放思想、实事求是、理论与实际相结合、一切从实际出发的思想，实际

---

① 邓小平．邓小平文选：第2卷．2版．北京：人民出版社，1994：114.

上已经初步形成了新时期党的思想路线的基本内容，是邓小平在党和国家发展处于关键时刻的重大贡献，为实现伟大历史转折起到了舆论发动和政治动员作用。

二、基本思想

1. 为思想政治教育的拨乱反正和恢复发展奠定了思想理论基础

正确的思想路线是思想政治教育发挥自身功能的前提和基础。随着拨乱反正的不断推进，思想政治教育的优良传统——“实事求是、一切从实际出发”得到了恢复和发扬。邓小平强调：“实事求是，是无产阶级世界观的基础，是马克思主义的思想基础。过去我们搞革命所取得的一切胜利，是靠实事求是；现在我们要实现四个现代化，同样要靠实事求是。”① 粉碎“四人帮”后，我国进入了新的历史发展时期，贯彻解放思想、开动脑筋、实事求是、团结一致向前看的方针，引导人们全身心投入社会主义现代化建设，成为这一时期思想政治教育的重要任务。这就要求思想政治教育必须由服从、服务于“以阶级斗争为纲”转移到服从、服务于以经济建设为中心的正确轨道。根据新的形势要求，邓小平把解放思想和实事求是有机统一起来，丰富和发展了党的思想路线，重新确立了思想政治教育的正确方针。第一，为思想政治教育的拨乱反正提出了解放思想的前提。思想政治教育领域是林彪、“四人帮”长期把持和操纵的阵地。他们把人们的思想长期封闭在“精神万能”等假马克思主义和思想政治教育必须“为阶级斗争服务”的禁锢圈内，这是造成人们思想僵化的主要历史原因。邓小平结合我国实现四个现代化的实际指出，“解放思想是当前的一个重大政治问题”，“只有思想解放了，我们才能正确地以马列主义、毛泽东思想为指导，解决过去遗留的问题，解决新出现的一系列问题”②。由此明确地提出了完成思想政治教育的拨乱反正，需要首先开启思想解放。第二，规定了实事求是的思想路线。解放思想是为了研究新情况，解决新问题，达到新的实事求是。邓小平分析了领导干部的思想实际，强调“解放思想这个问题并没有完全解决”，“不少同志的思想还很不解放，脑筋还没有开动起来，也可以说，还处在僵化或半僵化的状态”③。只有解放思想，坚持实事求是，一切从实际出发，我们的社会主义现代化建设才能顺利进行。

2. 提出了一系列思想政治教育的有效方法

邓小平针对过去党内外缺乏政治民主的现象，强调真正实行无产阶级的民主集中制，是解放思想、开动脑筋的重要条件。民主是广大人民群众形成对中国共产党的领导、对社会主义高度认同的重要条件，也是增强思想政治教育针对性和实效性的关键。在过去

---

① 邓小平．邓小平文选：第2卷．2版．北京：人民出版社，1994：143.

②③ 同①141.

一个相当长的时间内，由于民主没有得到真正实行，思想政治教育中形成了“斗争哲学”“形式主义”“空头政治”“立竿见影”等原则和方法。这种状况不改变，就无法真正地解放思想、开动脑筋。随着拨乱反正的推进，用事实说话、以理服人等原则和方法，得到了比较充分的发展，思想政治教育各种科学方法在具体工作中得到恢复和发扬，为“文化大革命”结束后迅速恢复政治和社会稳定起了重要作用。第一，思想政治教育要用事实说话，以理服人，不能搞群众运动，不能搞压服。以理服人，靠事实说话，这是思想政治教育的本质要求，也是党的性质、宗旨在思想政治教育中的具体体现。邓小平强调要善于分析人民群众提出的意见，“对于思想问题，无论如何不能用压服的办法，要真正实行‘双百’方针。一听到群众有一点议论，尤其是尖锐一点的议论，就要追查所谓‘政治背景’、所谓‘政治谣言’，就要立案，进行打击压制，这种恶劣作风必须坚决制止”①。历史的经验证明，用大搞群众运动的办法，而不是用透彻说理的办法，去解决群众的思想认识问题，从来都不是成功的办法。第二，思想政治教育要创造有民主又有集中、有纪律又有自由的良好氛围。“文化大革命”中那套疾风暴雨式的，动不动就扣帽子、打棍子的“左”的方法，以及党内存在的权力过分集中的现象，使党的民主集中制受到破坏。邓小平指出，解决思想问题“要创造民主的条件，要重申‘三不主义’：不抓辫子，不扣帽子，不打棍子。在党内和人民内部的政治生活中，只能采取民主手段，不能采取压制、打击的手段”②。第三，坚持具体问题具体分析、批评与自我批评相结合的原则和方法。邓小平指出，对过去遗留的问题要坚持“有错必究”的原则，“凡是过去搞错了的东西，统统应该改正”③。思想政治教育要想取得实效，必须根据不同群体、不同层次甚至不同个体来做工作，不能主观臆断。邓小平强调全党的团结，特别是安定团结的重要性，“对于犯错误的同志，要促进他们自己总结经验教训，认识和改正错误。要给他们考虑思索的时间……对一般党员处理要宽些，对领导干部要严些，特别是对高级干部要更严些”④。

3. 研究新情况解决新问题为思想政治教育提出新的课题和任务

在实现四个现代化的过程中，必然会出现许多新情况和新问题，也为思想政治教育提出了新的课题和任务。邓小平在讲话中提出了改革中思想政治教育的任务：“生产关系和上层建筑的改革，不会是一帆风顺的，它涉及的面很广，涉及一大批人的切身利益，一定会出现各种各样的复杂情况和问题，一定会遇到重重障碍。”⑤ 这些问题的出现，需要“教育党员和群众以大局为重，以党和国家的整体利益为重”⑥。第一，要正确处理政治与经济的关系。中央工作会议提出，要把全党工作的重心转到实现四个现代化上来。“这就是今后主要的政治。离开这个主要的内容，政治就变成空头政治，就离开了党和人

① 邓小平．邓小平文选：第2卷．2版．北京：人民出版社，1994：145.
② 同①144.
③ 同①147.
④ 同①148.
⑤⑥ 同①152.

民的最大利益。”① 随着党和国家工作重心的转移，各级干部、广大思想政治教育工作者，以及广大人民群众，必须重新认识和正确处理政治与经济的关系问题，坚决防止那种把经济与政治机械割裂开来的错误认识。实践证明，“政治的空谈往往淹没一切”，四个现代化建设必须和思想政治教育相结合，要教育广大人民群众把自身利益和完成国家生产任务结合起来，摆正国家、集体和个人利益之间的关系。第二，在管理制度上，要特别注意加强责任制。邓小平强调，在各条战线上，包括企业、学校、研究单位、机关都要通过加强责任制，赏罚分明，形成你追我赶、争当先进、奋发向上的风气。“现在，各地的企业事业单位中，党和国家的各级机关中，一个很大的问题就是无人负责。名曰集体负责，实际上等于无人负责……所以急需建立严格的责任制。”② 党的思想政治教育，也需要建立责任制，加强党对思想政治工作的坚强领导。

三、重要意义

1. 促进了思想政治教育在指导思想上的拨乱反正

邓小平重申了马克思主义的思想路线，指出实事求是的革命作风，是区别真假马列主义、真假毛泽东思想的根本标志。社会主义现代化建设，需要共产党领导广大人民群众，在马克思主义指导下，以强有力的政治教育和思想工作作保障才能实现。思想政治教育在相当长一段时间内是在“以阶级斗争为纲”的错误思想指导下进行的，使得思想政治教育的内容、方法、组织建设等方面都不可避免地打上了“左”的烙印。在中央工作会议上，老一辈革命家对党的实事求是优良作风的论述和宣传，引起了理论工作者和广大干部群众的强烈共鸣，为批判“两个凡是”和思想解放大潮的兴起提供了重要的理论指南，也促进了思想政治教育在指导思想上的拨乱反正。邓小平在讲话中强调了解放思想、实事求是对人和社会发展的重要意义，指出：“一个党，一个国家，一个民族，如果一切从本本出发，思想僵化，迷信盛行，那它就不能前进，它的生机就停止了，就要亡党亡国。”③ 在解放思想、实事求是的思想路线指导下，思想政治教育不但在指导思想上分清了是非，而且在实际的工作中取得了拨乱反正的重大进展。

2. 对实事求是地开展思想政治教育工作有很强的指导意义

实现四个现代化、完成思想政治教育拨乱反正的任务，要靠实事求是。实事求是、一切从实际出发、理论联系实际的原则，是中国共产党思想政治教育的优良传统作风。过去，在林彪、“四人帮”极左路线的长期干扰和破坏下，思想政治教育不是为经济建设和其他各项工作服务，而是“以阶级斗争为纲”，思想政治教育简单化、教条化，从本本

---

① 邓小平．邓小平文选：第2卷．2版．北京：人民出版社，1994：150.
② 同①150-151.
③ 同①143.

出发，“假、大、空”和脱离实际的形式主义盛行，严重地脱离了群众，背离了党的实事求是的优良作风和思想政治工作的光荣传统，使思想政治教育的威信、声誉受到了很大影响。《解放思想》对于纠正错误，肃清林彪、“四人帮”假马克思主义的影响，发扬优良传统，具有重大意义。习近平在纪念邓小平诞辰110周年座谈会上的讲话中指出：“实事求是，是邓小平同志一生最重要的思想特点，也永远是中国共产党人应该遵循的思想方法。”[①] 改革开放已经走过了40多年辉煌历程，摆在全党全国各族人民面前的使命更光荣、任务更艰巨、挑战更严峻、工作更伟大，必须实事求是地开展思想政治教育，勇于研究新时代的新情况新问题，为实现中国梦提供磅礴力量。

四、学习与思考

1. 邓小平提出“完整地准确地理解毛泽东思想”有哪些重要意义？

2. 为什么说“解放思想，开动脑筋，实事求是，团结一致向前看，首先是解放思想”？

3. 为什么说《解放思想，实事求是，团结一致向前看》是开辟新时期新道路、开创建设有中国特色社会主义新理论的宣言书？

① 习近平. 习近平谈治国理政：第2卷. 北京：外文出版社，2017：6.

《坚持四项基本原则》导读

1979年1月18日至4月3日，党的理论工作务虚会在北京召开。《坚持四项基本原则》是邓小平3月30日在党的理论工作务虚会上的长篇讲话。邓小平在讲话中，旗帜鲜明地批评了怀疑党的十一届三中全会路线的“左”的倾向，揭露和批判了某些人以“社会改革”的名义鼓吹资本主义的实质，系统地阐述了实现四个现代化必须坚持四项基本原则的深刻道理，明确了从理论上正本清源，澄清各种错误思潮，保证四个现代化建设顺利进行的重要任务。党的理论工作务虚会在思想解放的精神鼓舞下，突破了许多理论禁区，提出了一些对拨乱反正和改革开放、对探索新问题颇有意义的理论观点。将四项基本原则作为党在改革开放新时期的重要遵循，在党内外引起了重大反响。

原文见《邓小平文选》第二卷，人民出版社1994年版，第158～184页。

一、写作背景

1. 对国际上敌对势力企图“演变”中国的坚决回应

中国改革开放，被国际敌对势力认为是他们“和平演变”社会主义中国的大好时机，并极力鼓励、推动中国“内部的民主势力逐步形成和发展”。他们提出了以下三条所谓新战略：一是依靠“美国之音”等手段，加强国际广播，实行思想渗透；二是通过文化技术交流，培植中国的“自由民主势力”或“寻找可靠力量”，使他们崇拜资本主义，政治上倾向西方，以依靠中国的内部力量来“演变”中国；三是通过外交部门、外贸部门的情报系统，开展公开的和秘密的活动，搜集重要情报，逐步在中国实现西方的“自由化”。在西方“和平演变”的影响下，社会上出现了一股资产阶级自由化思潮，以追求“民主”“自由”“人权”为幌子，诋毁社会主义制度，企图将资本主义的政治制度、经济制度、意识形态、伦理道德等全盘引进或渗透到我国的政治、经济、文化等社会生活中来，从根本上否定、反对和破坏中国共产党对社会主义事业的领导。在社会上，少数人不能以正确的观点和方法认识历史和现实，产生了为什么所有社会主义国家都存在这样或那样的问题，而一些资本主义国家却得到比较稳定的、迅速的发展的疑问，因而提出了“反饥饿”“要人权”等口号，要求走资本主义道路。在国外反动势力的影响下，在北京、上海等城市，有人同特务机关相联系，出卖国家重要情况；一些地方少数人闹事，破坏了正常的工作、生产和社会秩序，严重地影响了安定团结的政治局面。如何实现社会主义现代化？中国的社会主义道路怎么走下去？这是摆在全党面前的重大理论和现实问题。

2. 对拨乱反正过程中社会上错误思潮的批判

粉碎“四人帮”以后，特别是党的十一届三中全会以后，重新确立了党的正确路线，广大干部和群众从过去一个时期内盛行的个人崇拜和教条主义的精神枷锁中解脱出来，出现了努力研究新情况和解决新问题的生动景象。但是，在拨乱反正、解放思想的过程中，也出现了违反四项基本原则的错误思潮。一方面，一些同志由于仍然受到“左”倾思想的束缚，对于三中全会以来党的路线和政策表现出某种程度的不理解甚至有抵触情绪；另一方面，极少数人利用党进行拨乱反正的时机，打着“社会改革”的幌子，曲解“解放思想”的含义，把党的错误加以极端夸大，企图否定党的领导、否定社会主义道路。1978 年 10 月前后，全国开始出现了一些非法组织，他们中的一些人耸人听闻地提出“反饥饿”“反迫害”“要人权”“要民主”等口号，煽动冲击党政机关，出版地下刊物，在全国各地串联，还同境外敌对势力相勾结。这股势力竭力挑拨群众和党的关系，聚众闹事、阻碍交通，已经严重地破坏了正常的工作秩序、社会秩序，引起了国内外的广泛关注。

3. 对党内某些错误观点的批驳

1979 年 1 月 18 日至 4 月 3 日，党的理论工作务虚会召开，这次会议是党的十一届三中全会精神在思想理论领域的贯彻。在第一阶段会议上，与会者联系两年来理论界在一系列路线、方针、政策上的分歧，批评了一些理论部门负责人坚持“两个凡是”、反对真理标准问题讨论的错误，大家敞开思想，各抒己见，提出了不少值得注意、需要研究的问题。其中，关于“无产阶级专政下继续革命的理论”问题、民主问题、经济方面的理论问题和实际问题、社会主义时期的阶级和阶级斗争问题、如何全面正确地评价毛泽东的功绩和错误问题等，成为理论工作务虚会上许多理论工作者共同关心的热点问题。总的来看这个阶段的讨论是有成绩的。但是，也有一些代表不是从马克思主义的立场而是从右的立场出发，在拨乱反正、否定“左”倾错误、解放思想的旗号下，走到另一个极端。这些错误观点主要集中在三方面：一是从纠正“文化大革命”“左”倾错误，发展到“纠正”社会主义；二是从纠正毛泽东晚年的错误，走到否定毛泽东光辉的一生，否定毛泽东思想；三是提出“自由”“民主”“人权”的问题，有人认为把党领导国家写入宪法“很不恰当”，企图以此来削弱和取消党的领导。面对错综复杂的形势，邓小平洞察到这股思潮的严重危害性，对怀疑或反对四项基本原则的错误观点进行了旗帜鲜明的批驳。

二、基本思想

1. 围绕党的工作重心开展思想政治教育

邓小平指出："我们当前以及今后相当长一个历史时期的主要任务是什么？一句话，就是搞现代化建设。能否实现四个现代化，决定着我们国家的命运、民族的命运。"① 党的十一届三中全会把党的工作重点从"以阶级斗争为纲"，转移到以经济建设为中心的现代化建设上来的重要战略决策，实现了思想政治教育从为阶级斗争服务到为以经济建设为中心的现代化建设服务的转变，新时期思想政治教育面临着艰巨任务和新的要求。邓小平指出："你不抓住四个现代化，不从这个实际出发，就是脱离马克思主义，就是空谈马克思主义。"②"文化大革命"时期，在"左"的思想路线的指导下，对所谓"唯生产力论"进行批判，在思想和经济上都造成了很大的危害。思想政治教育的拨乱反正，就是要将思想政治教育从以往那种高高在上的神秘光环下解脱出来。那么，思想政治教育服从和服务于社会主义现代化建设这一，是否意味着贬低了思想政治教育的地位和作用？是否意味着可以削弱乃至取消思想政治教育？正确认识和处理二者的关系，是顺利开展思想政治教育的前提。邓小平强调，党和国家在相当长的一个历史时期的主要任务，是以经济建设为中心，"现在，每一个党员、团员，每一个爱国的公民，都必须在党和政府的统一领导下，克服一切困难，千方百计地为实现四个现代化贡献出一切力量"③。因此，新时期思想政治教育的中心内容，就是通过开展宣传和教育，动员和组织广大的群众一心一意搞四化，为实现新时期党的总任务而奋斗。

2. 加强坚持四项基本原则的宣传教育

邓小平指出："我们要在中国实现四个现代化，必须在思想政治上坚持四项基本原则。这是实现四个现代化的根本前提。这四项是：第一，必须坚持社会主义道路；第二，必须坚持无产阶级专政；第三，必须坚持共产党的领导；第四，必须坚持马列主义、毛泽东思想。"④ 正面宣传坚持四项基本原则的重要性，以及如何坚持四项基本原则，是思想政治教育的一项重大政治任务和理论任务。第一，对违背四项基本原则的思想、言论必须进行有说服力的批判。如把坚持四项基本原则看作解放思想的障碍，要解放思想就不能坚持四项基本原则；认为提出四项基本原则是"纠偏"，是由于解放思想"过了头"，甚至认为是解放思想的方针错了。邓小平指出："这两种思潮都是违背马列主义、毛泽东思想的，都是妨碍我们的社会主义现代化建设事业的前进的。关于林彪、'四人帮'所散布的极左思潮（毫无疑问，这种思潮也是反对四项基本原则的，只是从

---

① 邓小平. 邓小平文选：第2卷. 2版. 北京：人民出版社，1994：162.
②③ 同①163.
④ 同①164-165.

'左'面来反对)，我们过去已经进行了大量的批判，今后还需要继续开展这种批判，不能放松。"① 第二，决不允许在坚持四项基本原则这个根本立场上有丝毫动摇。为了实现四个现代化，我们必须坚持四项基本原则。邓小平指出："中央认为，今天必须反复强调坚持这四项基本原则，因为某些人（哪怕只是极少数人）企图动摇这些基本原则。这是决不许可的。"② 四项基本原则作为一个整体，解决了中国走什么路、实行什么国体、谁来领导、用什么思想来指导等一系列重大问题。如果动摇了四项基本原则中的任何一项，那就动摇了整个社会主义和现代化建设事业。

3. 强调思想理论工作者的重要任务和职责

邓小平在讲话中强调了宣传四项基本原则、坚决反对资产阶级自由化思潮的极端重要性，要求"每个共产党员，更不必说每个党的思想理论工作者，决不允许在这个根本立场上有丝毫动摇"③。新时期思想战线上的新形势新任务，对思想理论工作者提出了新的要求：第一，思想理论工作不能离开四个现代化这个最大的实际。邓小平指出："深入研究中国实现四个现代化所遇到的新情况、新问题，并且作出有重大指导意义的答案，这将是我们思想理论工作者对马克思主义的重大贡献，对毛泽东思想旗帜的真正高举。"④"不能设想，离开政治的大局，不研究政治的大局，不估计革命斗争的实际发展，能成为一个马克思主义的思想家、理论家。"⑤ 坚持四项基本原则与解放思想并不矛盾，要用马克思列宁主义、毛泽东思想的基本原理，研究新情况解决新问题，只有抓住了这个根本，新时期的思想政治工作才不会偏离正确方向。第二，思想政治教育需要根据新形势、新事实对四项基本原则做出有充分说服力的论证。为了批判思想战线上的错误思潮，邓小平在讲话中提出了研究马克思主义、满足广大人民寻求真理的重大任务。邓小平强调："我们思想理论战线的同志们一定要赶快组织力量，定好计划，在尽可能短的时间里陆续写出并印出一批有新内容、新思想、新语言的有分量的论文、书籍、读本、教科书来，填补这个空白。"⑥ 第三，必须克服宣传理论工作一度存在的软弱涣散状态。要充分发挥报刊、新闻、广播、电视等在宣传党的思想路线、政治路线、组织路线等方面的重大作用，认真清查非法组织和非法出版物，思想政治教育工作者应加强学习和钻研，不能限于讨论一些具体原则，还应包括工、农、商、管理等问题，邓小平强调，"绝大多数思想理论工作者都应该钻研一门到几门专业"⑦，竭力避免骄傲自满、夜郎自大、故步自封的毛病。

4. 提出思想政治教育应遵循的原则方法

在新的历史时期，思想政治教育为四个现代化服务，既要坚持四项基本原则，又要坚持"百花齐放、百家争鸣"方针、发扬民主。邓小平指出："思想理论问题的研究和讨

---

① 邓小平. 邓小平文选：第2卷. 2版. 北京：人民出版社，1994：166.
②③ 同①173.
④⑤ 同①179.
⑥ 同①180.
⑦ 同①181.

论，一定要坚决执行百花齐放、百家争鸣的方针，一定要坚决执行不抓辫子、不戴帽子、不打棍子的‘三不主义’的方针，一定要坚决执行解放思想、破除迷信、一切从实际出发的方针。”[①] 邓小平在讲话中还指出了我国过去对民主宣传得不够、实行得不够，制度不完善等问题，强调发扬民主是全党今后一个长时期的坚定不移的目标。在社会主义制度之下，具体利益和整体利益、个人利益和集体利益、暂时利益和长远利益是统一的，但这并不意味着可以不注意个人利益、局部利益和暂时利益。思想政治教育要努力发扬民主，按照统筹兼顾的原则来调节各种利益关系，“只有党内党外上上下下人人都注意照顾大局，我们才能够顺利地克服困难，争取四个现代化的光明前途。反之，如果离开四项基本原则，抽象地空谈民主，那就必然会造成极端民主化和无政府主义的严重泛滥，造成安定团结政治局面的彻底破坏”[②]。

三、重要意义

1. 推动思想政治教育健康深入发展

邓小平的讲话阐述了解放思想和四项基本原则的关系，是思想政治教育拨乱反正取得最后胜利的保证，对于处于历史转折关头的思想政治教育意义重大。党的十一届三中全会以来，“解放思想、实事求是”思想路线的重新确立以及党的工作重心转移，在人民群众中产生了良好反响。但对于如何解放思想，却出现了“左”倾、右倾错误思潮，使有些人迷失了前进方向。这主要表现为两方面：一是将解放思想理解为必须突破一切思想观念上的束缚，实行彻底的言论自由；二是将解放思想视为离经叛道，必须坚守传统。邓小平明确指出，解放思想和四项基本原则二者并不矛盾，解放思想必须从中国的实际情况出发，以坚持四项基本原则为前提；坚持四项基本原则是运用马克思主义的世界观和方法论，在共产党的领导下，以巩固无产阶级专政和推进社会主义事业为落脚点。强调坚持四项基本原则，为破除错误思想迷雾提供了强大的理论武器。通过加强四项基本原则的教育，教育人们运用马克思列宁主义、毛泽东思想的基本原理研究新情况解决新问题，继续开展对林彪、“四人帮”极左路线的批判，有助于人们的思想随着实践的发展而发展。通过加强四项基本原则的教育，培养人们的创新精神和勇气，不拘泥于马克思列宁主义经典作家的现成结论。坚持四项基本原则与解放思想是相辅相成、相互促进的，思想政治教育不坚持四项基本原则就会偏离正确的方向，乃至滑向“和平演变”的轨道；离开解放思想的思想政治教育则会变得僵化，同样要偏离正确的方向，重蹈历史的覆辙。

2. 用四项基本原则教育青年学生取得良好教育效果

邓小平全面分析了我国思想战线存在的问题，强调坚持四项基本原则教育是思想政

① 邓小平．邓小平文选：第2卷．2版．北京：人民出版社，1994：183.
② 同①176.

治教育的中心任务，教育重点是青年学生。从总体上看，青年学生朝气蓬勃、求知欲强烈、密切关注国家发展，思想主流是好的。但由于受到社会上错误观点和错误思潮的影响，青年学生的思想认识也存在不少问题。这些问题主要表现为：部分青年学生对坚持四项基本原则的立场不够稳定，一遇风浪常常怀疑和动摇；极少数人甚至表现出严重偏离和否定四项基本原则的倾向。实现工作重点转移，首先要求思想转移，而思想落后于形势，是经常发生的，在形势急剧发展的时候尤其如此。为了肃清资产阶级自由化对青年学生的影响，各高校组织青年学生学习《坚持四项基本原则》的讲话，通过活生生的历史事实对青年学生进行爱国主义和只有共产党、只有社会主义才能救中国的教育，开展形式多样的“五讲四美三热爱”活动和如何做一个合格的共青团员的教育，整顿学校秩序，加强纪律教育，使青年学生的思想朝着健康的方向发展，收到了良好的效果。

3. 坚持四项基本原则是对历史唯物主义的重大贡献

邓小平在讲话中将我国社会主义建设和改革经验概括为“四个坚持”，在理论上丰富和发展了马克思列宁主义、毛泽东思想宝库，为建设有中国特色的社会主义奠定了理论基础。依据历史唯物主义的基本原理，邓小平准确地把握经济基础和上层建筑的基本内容、辩证关系和发展规律，强调了四项基本原则在社会主义发展过程中的地位和作用，坚定了人们走社会主义道路的信念。邓小平把坚持四项基本原则提到“四个现代化的根本前提”的高度，构成了党的基本路线的两个基本点的一个重要方面，也就从根本上划清了社会主义同资本主义的界限，充分体现了中国特色社会主义在思想政治方面的基本特征。如果我们不坚持或者不能正确地坚持四项基本原则，中国的四个现代化就不能实现，建设有中国特色的社会主义就会丧失基础，就没有保证。这就要求在思想政治教育中，深入阐明邓小平关于坚持四项基本原则的一贯思想，使全党和全国人民在实现社会主义现代化的进程中能够永远坚持正确的指导思想和保持坚定正确的政治方向。1979年，《人民教育》第四期发表评论员文章《坚持四项基本原则，加强思想政治工作》；4月19日，《人民日报》发表社论《四化需要有力的思想政治工作》。在思想政治工作中广泛深入系统地进行坚持四项基本原则的教育，有利于我国的改革开放和现代化建设事业，在党中央的领导下沿着建设有中国特色社会主义的道路健康发展。

四、学习与思考

1. 邓小平《坚持四项基本原则》讲话的历史背景是什么？
2. 试论解放思想与坚持四项基本原则的辩证关系。
3. 坚持四项基本原则对加强和改进新时代思想政治教育具有什么样的重大意义？

《关于建国以来党的若干历史问题的决议》导读

《关于建国以来党的若干历史问题的决议》(简称《决议》)是在1981年6月27日党的十一届六中全会上一致通过的。《决议》对新中国成立以前党的28年历史进行了回顾，对新中国成立以来党的重大历史问题特别是“文化大革命”、毛泽东的历史地位和毛泽东思想的基本内容与指导意义做了科学的总结和评价，提出逐步确立适合中国国情的建设社会主义现代化强国的奋斗目标和正确道路，进一步指明了中国社会主义事业和党的工作继续前进的方向。

原文见《三中全会以来重要文献选编》下卷，中央文献出版社2011年版，第124~174页。

一、写作背景

1. 党的十一届三中全会后党的工作重心的战略转移

1978年12月，党的十一届三中全会在北京召开，它是党和国家历史上一次具有深远意义的重要会议，标志着党从根本上冲破长期“左”的错误的严重束缚，在思想上、政治上、组织上恢复和确立了马克思主义的正确路线，使我国改革开放、社会主义现代化建设和思想政治教育进入新的历史时期。党的十一届三中全会实现了党的思想路线的拨乱反正，重新确立了马克思主义实事求是的思想路线；实现了党的政治路线的拨乱反正，否定了“无产阶级专政下继续革命的理论”，把党和国家的工作重点转移到社会主义现代化建设上来；实现了党的组织路线的拨乱反正，重新确立了党的民主集中制的正确的组织路线。党的思想路线、政治路线和组织路线的拨乱反正，为新时期思想政治教育的全面开展提供了坚实的政治基础、组织保证和理论指南。为更好地适应党和国家工作重心的战略转变，使思想政治教育更好地服从、服务于社会主义现代化建设这一中心工作，党的十一届三中全会明确提出了新时期思想政治教育面临的艰巨任务和要求，规定了社会主义现代化建设新时期思想政治教育的重要内容。

2. 如何评价毛泽东和毛泽东思想成为国内外关注的焦点

粉碎“四人帮”以后，中国共产党逐步开始了拨乱反正工作。在这个过程中，不可避免地遇到几个重大原则问题：如何评价毛泽东和毛泽东思想？如何评价“文化大革命”？如何评价新中国成立以来的历史？其中最关键的是如何评价毛泽东和毛泽东思想。由于毛泽东晚年犯了严重的“左”倾错误，给党和国家带来严重损失，加之林彪、江青反革命集团对毛泽东思想的歪曲、篡改和伪造，一度搞乱了党的思想。因而在结束“文化大革命”之后，在要不要继续维护毛泽东的历史地位和毛泽东思想的指导地位的问题上，党内党外思想很不一致，出现了“左”和右的两种错误倾向。以当时的中共中央主要领导为代表的一部分同志，不仅讳言毛泽东晚年的错误，而且提出并坚持“两个凡是”的错误方针，阻碍了拨乱反正的进行。另有一些人利用我们党着手纠正“文化大革命”及其“左”倾错误，怀疑和否定毛泽东的历史地位和毛泽东思想的科学价值，对毛泽东一生的功过是非不能做出科学评价，把毛泽东晚年的错误同毛泽东思想混为一谈，不愿继续把毛泽东思想作为党的指导思想。因此，如何正确地评价毛泽东和毛泽东思想，如何科学地确立毛泽东的历史地位和毛泽东思想的指导地位，成为摆在全党和全国人民面前的一项十分严肃而又重要的政治任务。

3. 邓小平为《决议》起草做出了历史性贡献

邓小平是中国共产党第一代领导集体的重要成员、第二代中央领导集体的核心，对中国共产党的历史、理论和现实问题有着非常清醒的认识，对毛泽东同志有着非常深厚的感情。邓小平认为，为了统一全党和全国的思想，有必要像1945年党的六届七中全会通过的《关于若干历史问题的决议》那样，制定一个正式的决议。邓小平指出：“这个决议，过去也有同志提出，是不是不急于搞？不行，都在等。从国内来说，党内党外都在等，你不拿出一个东西来，重大的问题就没有一个统一的看法。国际上也在等。人们看中国，怀疑我们安定团结的局面，其中也包括这个文件拿得出来拿不出来，早拿出来晚拿出来。所以，不能再晚了，晚了不利。”① 1979年11月起，党中央开始着手起草历史决议，从1980年3月到1981年6月党的十一届六中全会召开，邓小平多次召集有关同志谈过对决议稿的起草和修改的意见，坚决排除“左”和右的干扰，对重大问题做出了科学论断，对起草决议的指导思想、框架结构、基本内容和主要观点，都提出了明确的意见，成为起草决议的指导原则，对客观公正地评价毛泽东的功过是非及其历史地位、科学全面地认识毛泽东思想及其指导地位，推动中国特色社会主义事业向前发展发挥了重要作用。

二、基本思想

1. 回顾党在新中国成立以前28年的历史，总结中国革命胜利的基本经验

《决议》指出：“中国革命的胜利，是在马克思列宁主义的指导下取得的。”② 党创造

---

① 邓小平．邓小平文选：第2卷．2版．北京：人民出版社，1994：305-306.
② 中共中央文献研究室．三中全会以来重要文献选编：下．北京：中央文献出版社，2011：127.

性地运用马克思列宁主义的基本原理，把它同中国革命的具体实践结合起来，形成了伟大的毛泽东思想，找到了夺取中国革命胜利的正确道路；《决议》强调，“中国共产党是无产阶级的先锋队，是全心全意为人民服务的不谋任何私利的政党，是敢于并善于领导人民百折不挠地向敌人作斗争的政党”①；中国革命的胜利，主要是依靠党所领导的完全新型的与人民血肉相连的人民军队，通过长期人民战争战胜强大敌人取得的；中国革命在各个阶段都曾得到各国革命力量的援助，这是中国人民永远不会忘记的。但中国革命的胜利，从根本上说是中国共产党坚持独立自主、自力更生的原则，依靠中国各族人民自身的力量，经历千辛万苦，战胜许多艰难险阻才取得的；“中国革命的胜利，在我国结束了极少数剥削者统治广大劳动人民的历史，结束了帝国主义、殖民主义奴役中国各族人民的历史”②。劳动人民成了新国家新社会的主人。人民革命在一个人口占全人类近四分之一的大国的胜利，改变了世界政治力量的对比，也激励了许多类似中国这样受帝国主义、殖民主义剥削压迫的国家的人民，增强了他们前进的信心。新民主主义革命的胜利是无数先烈和全党同志、全国各族人民长期牺牲奋斗的结果。我们不应该把一切功劳归于革命的领袖们，但也不应该低估领袖们的重要作用。《决议》指出：“在党的许多杰出领袖中，毛泽东同志居于首要地位。”③“如果没有毛泽东同志多次从危机中挽救中国革命，如果没有以他为首的党中央给全党、全国各族人民和人民军队指明坚定正确的政治方向，我们党和人民可能还要在黑暗中摸索更长时间。同中国共产党被公认为全国各族人民的领导核心一样，毛泽东同志被公认为中国共产党和中国各族人民的伟大领袖，在党和人民集体奋斗中产生的毛泽东思想被公认为党的指导思想。”④

2. 对新中国成立以来32年的历史做了实事求是的评价

《决议》指出：“中国共产党在中华人民共和国成立以后的历史，总的说来，是我们党在马克思列宁主义、毛泽东思想指导下，领导全国各族人民进行社会主义革命和社会主义建设并取得巨大成就的历史。社会主义制度的建立，是我国历史上最深刻最伟大的社会变革，是我国今后一切进步和发展的基础。”⑤ 我们现在赖以进行现代化建设的物质技术基础，很大一部分是在这期间建设起来的；全国经济文化建设等方面的骨干力量和他们的工作经验，大部分也是在这个期间培养和积累起来的。这是在这个期间党的工作的主导方面。《决议》同时指出，这一时期党的工作在指导方针上有过严重失误，经历了曲折的发展过程，但是，“‘坚持真理，修正错误’，这是我们党必须采取的辩证唯物主义的根本立场”⑥。《决议》总结了新中国成立以来正反两方面的经验⑦，是党的十一届三中全会以来党拨乱反正成果的集中表现，它从总结历史经验中指明了党和国家继续前进的方向。《决议》指出：“三中全会以来，我们党已经逐步确立了一条适合我国情况的社会主义现代化建设的正确道路。这条道路还将在实践中不断充实和发展，但是它的主要点，

---

① 中共中央文献研究室. 三中全会以来重要文献选编：下. 北京：中央文献出版社，2011：127.
②③ 同①128.
④⑤ 同①129.
⑥ 同①132.
⑦ 同①168-172.

已经可以从建国以来正反两方面的经验、特别是‘文化大革命’的教训中得到基本的总结。”①

3. 对“文化大革命”的错误及其原因做了科学分析和深刻阐释

《决议》指出，“文化大革命”使党、国家和人民遭受建国以来最严重的挫折和损失，其主要论点既不符合马克思列宁主义，也不符合中国实际。“这些论点对当时我国阶级形势以及党和国家政治状况的估计，是完全错误的。”② 所谓“无产阶级专政下继续革命的理论”脱离了作为马克思列宁主义普遍原理和中国革命具体实践相结合的毛泽东思想，“文化大革命”在一系列重大理论和政策问题上混淆了是非，违背了马克思主义原理和社会主义原则，否定了毛泽东同志自己过去提出过或支持过的正确的东西，也否定了建国以来 17 年党和国家的工作，否定了全国各族人民建设社会主义的艰苦卓绝的奋斗。这些是非混淆必然导致敌我的严重混淆，使党和国家各级组织中的一大批领导干部和知识分子遭到打击和迫害。“‘文化大革命’名义上是直接依靠群众，实际上既脱离了党的组织，又脱离了广大群众。”③ 这就不可避免地给一些投机分子、野心分子、阴谋分子以可乘之机。实践证明，“文化大革命”不是也不可能是任何意义上的革命或社会进步。“历史已经判明，‘文化大革命’是一场由领导者错误发动，被反革命集团利用，给党、国家和各族人民带来严重灾难的内乱。”④ 这些沉痛的教训是我们应该永远牢记的。《决议》全面科学地分析了“文化大革命”发生的复杂社会历史原因，指出：“社会主义运动的历史不长，社会主义国家的历史更短，社会主义社会的发展规律有些已经比较清楚，更多的还有待于继续探索。”⑤“党在面临着工作重心转向社会主义建设这一新任务因而需要特别谨慎的时候，毛泽东同志的威望也达到高峰”⑥，党的权力过分集中于个人，党内个人专断和个人崇拜现象滋长起来，使得党和国家难以防止和制止“文化大革命”的发动和发展。

4. 实事求是地评价毛泽东的历史地位，科学地阐述了毛泽东思想

《决议》指出：“毛泽东同志是伟大的马克思主义者，是伟大的无产阶级革命家、战略家和理论家。他虽然在‘文化大革命’中犯了严重错误，但是就他的一生来看，他对中国革命的功绩远远大于他的过失。他的功绩是第一位的，错误是第二位的。他为我们党和中国人民解放军的创立和发展，为中国各族人民解放事业的胜利，为中华人民共和国的缔造和我国社会主义事业的发展，建立了永远不可磨灭的功勋。他为世界被压迫民族的解放和人类进步事业作出了重大的贡献。”⑦《决议》强调：“以毛泽东同志为主要代

---

① 中共中央文献研究室. 三中全会以来重要文献选编：下. 北京：中央文献出版社，2011：168.
② 同①142.
③ 同①143.
④ 同①144.
⑤ 同①149.
⑥ 同①150.
⑦ 同①155-156.

表的中国共产党人，根据马克思列宁主义的基本原理，把中国长期革命实践中的一系列独创性经验作了理论概括，形成了适合中国情况的科学的指导思想，这就是马克思列宁主义普遍原理和中国革命具体实践相结合的产物——毛泽东思想。”① 毛泽东思想是马克思列宁主义在中国的运用和发展，是被实践证明了的关于中国革命的正确的理论原则和经验总结，是中国共产党集体智慧的结晶。《决议》把毛泽东思想的主要内容概括为关于新民主主义革命、关于社会主义革命和社会主义建设、关于革命军队的建设和军事战略、关于政策和策略、关于思想政治工作和文化工作、关于党的建设的理论六个方面，强调“毛泽东思想的活的灵魂，是贯穿于上述各个组成部分的立场、观点和方法，它们有三个基本方面，即实事求是、群众路线、独立自主”②。《决议》还指出，毛泽东思想是党的宝贵的精神财富，它将长期指导我们的行动，要求必须继续坚持毛泽东思想，认真学习和运用它的立场、观点和方法来研究实践中出现的新情况，解决新问题；必须把作为科学理论的毛泽东思想同毛泽东晚年所犯的错误区别开来，正确对待毛泽东思想。

三、重要意义

1. 对党和国家的长治久安和中国特色社会主义事业的发展具有深远的指导意义

科学地评价毛泽东和毛泽东思想，关系到怎样看待党和国家过去几十年奋斗的成就，关系到党的团结、国家的安定，也关系到党和国家未来的发展道路。《决议》做出了正式的、权威性的结论，标志着党中央集体认识的一致，党在指导思想上拨乱反正的完成。《决议》在党内具有法纪的约束力，为统一人们的思想，维护全党、全国人民的团结，为保持和巩固社会政治局面的稳定，为党所领导的社会主义事业的健康发展，奠定了重要的政治思想和党规党纪基础。《决议》发表之后，无论是党内党外还是国内国外，都产生了很大很好的反响。全党和全国人民十分满意、非常拥护，认为《决议》合乎实际、合乎情理，说出了自己的心里话，感到今后不必再为历史问题纠缠不休，以致影响团结、分散精力了。《决议》是我们党和国家在政治上和思想上保持连续性和稳定性的重要基础，为党和国家沿着正确方向和正确轨道顺利前进提供了重要保证，对新时代中国特色社会主义建设仍然具有深远的指导意义。

2.《决议》丰富和发展了毛泽东思想政治教育理论

毛泽东对思想政治工作和文化工作提出过许多具有长远指导意义的思想，对党的思想政治教育的重要地位和基本要求做了明确规定和科学概括。例如：关于思想政治工作

---

① 中共中央文献研究室. 三中全会以来重要文献选编：下. 北京：中央文献出版社，2011：156.
② 同①162.

是经济工作和其他一切工作的生命线，要实行政治和经济的统一、政治和技术的统一、又红又专的方针；关于发展民族的、科学的、大众的文化，实行百花齐放、推陈出新、古为今用、洋为中用的方针；关于知识分子在革命和建设中具有重要作用，知识分子要同工农相结合，通过学习马克思列宁主义、学习社会和工作实践树立无产阶级世界观等一系列重要思想。《决议》在全面总结毛泽东思想科学内涵的基础上强调："要加强和改善思想政治工作，用马克思主义世界观和共产主义道德教育人民和青年，坚持德智体全面发展、又红又专、知识分子与工人农民相结合、脑力劳动与体力劳动相结合的教育方针，抵制腐朽的资产阶级思想和封建残余思想的影响，克服小资产阶级思想的影响，发扬祖国利益高于一切的爱国主义精神和为现代化建设贡献一切的艰苦创业精神。"① 这些重要论述切合时代特点，丰富和发展了毛泽东关于思想政治工作的理论。

3.《决议》为加强和改进新时期思想政治工作奠定了坚实基础

由于受"左"的思想路线影响，思想政治教育一度坚持"以阶级斗争为纲"，以政治运动为中心任务，在意识形态领域进行大批判运动，严重误导思想政治教育，恶化政治生态，混淆理论是非，破坏了思想政治教育的优良传统、正确方针和基本原则。《决议》运用辩证唯物主义和历史唯物主义，解决了一系列重大历史、理论和现实问题，对新中国成立后32年来党的历史上的重大事件特别是"文化大革命"，做了正确的总结，科学地分析了党在指导思想方面的正确与错误，分析了产生错误的主观原因和社会历史原因；对毛泽东同志的功过是非做了正确、公正的评价，实事求是地评价和肯定了毛泽东在中国革命和建设历史上的重要地位和毛泽东思想的指导作用，从根本上冲破了长期以来"左"的错误的严重束缚，结束了思想政治教育在徘徊中前进的局面，使思想政治教育在正确理论指导下走上健康发展的道路。

四、学习与思考

1.《关于建国以来党的若干历史问题的决议》如何评价毛泽东的历史地位和毛泽东思想的科学体系？

2.《关于建国以来党的若干历史问题的决议》对新中国成立以来党的若干重大历史问题做出怎样的评价？

3. 试论《关于建国以来党的若干历史问题的决议》对新时代思想政治教育的重要意义。

① 中共中央文献研究室．三中全会以来重要文献选编：下．北京：中央文献出版社，2011：170.

《关于思想政治工作问题》导读

1982年4月24日，中共中央主席胡耀邦约见中央宣传部部长邓力群等人，发表了《关于思想政治工作问题》的谈话（简称《谈话》）。胡耀邦在谈话中，用党的历史经验论证了思想政治工作的重要意义，从实际出发，分析了新时期党在思想政治工作领导上的涣散软弱状态及其原因，阐明了党的思想政治工作的性质、目的和任务，思想政治工作的特点以及与此相适应的工作方法，提出了建设思想政治工作队伍和思想战线上应注意的问题。胡耀邦的这次谈话，对于全党总结思想政治工作的经验，克服思想政治工作领导上的涣散软弱状态，开创思想政治工作的新局面具有重大的意义，是新时期加强思想政治工作的纲领性文件，也是做好思想政治工作的重要指针。

原文见《胡耀邦文选》，人民出版社2015年版，第395～412页。

一、写作背景

1. 对如何正确认识思想政治工作的重要性、解决思想政治工作中“不重视”“不会做”等现象的深刻反思

在中国共产党领导革命和建设的历史进程中，党的事业的发展离不开思想政治工作，做好思想政治工作是党取得革命和建设胜利的重要条件。党的十一届三中全会确立了实事求是的思想路线，顺利地实现了党的工作重心的转移，改革开放逐步展开，在国内掀起了前所未有的经济建设高潮。但在党的工作重心转移和社会主义现代化建设的新时期，一些同志在处理经济和政治的关系上出现了一些偏差，产生了忽视四项基本原则、忽视社会主义精神文明建设的情况，对思想政治工作的地位和作用产生了模糊的认识，出现了以行政手段、经济手段代替思想政治工作等现象，或错误地认为思想政治工作不重要，讲话、作报告，穿靴戴帽地讲几句就算不错了。与此同时，当党的工作重点转移到经济建设方面来以后，理论界对于思想政治工作到底处于什么地位，对经济的发展能起什么作用等问题并没有取得统一的认识。胡耀邦在《谈话》中指出：“现在，我们党的思想政治工作，在许多方面、许多环节上反而做得比过去差了，

可以说，把党的好传统丢了不少。不重视思想政治工作是普遍现象，不会做思想政治工作也是普遍现象。"[①] 在新的历史条件下，全党应研究如何正确认识思想政治工作的地位和作用、如何加强党的思想政治工作。如果不能彻底澄清模糊认识，就无法保证我国改革开放和现代化建设沿着社会主义方向健康发展。

2. 全党系统、深入研究干部和群众的思想情况和特点等问题的现实要求

改革开放以后，随着党的工作重心的转移，人们在改革开放中的思想变化和政治态度也会发生变化。能否准确洞察和认识人们思想和行为的变化特点，成为影响思想政治教育作用发挥的重要因素。当时，人们对开展思想政治工作存在种种错误认识，如认为"假、大、空""超越阶段""与当前政策相矛盾"。归根结底，这反映了两个方面的问题：一是对思想政治工作本质的认识偏差。有人认为思想政治工作就是好好地组织大家学习中央的文件；有人认为思想政治工作就是表扬好人好事，表扬先进人物、先进事迹，总结和宣传先进经验；还有人认为思想政治工作就是搞批评和自我批评。二是思想政治工作方法存在不足。如理论教育中通常用概念堆砌，很少根据事实做具体分析，缺乏说服力；形象化教育不能很好地引发人们的共鸣，缺乏感染力等。胡耀邦在《谈话》中指出："思想战线上的一个主要问题，是系统地总结经验不够，对当前干部和群众的思想情况及其特点研究得不够，方法也不那么得当。"[②] 因此，有必要系统、深入地研究人的思想情况和特点，弄清楚什么是思想政治工作的本质，澄清和端正人们对思想政治工作含混不清的认识，这是有效开展思想政治工作的前提和基础。

3. 总结思想政治工作历史经验、发扬党的优良传统的迫切需要

加强党对思想政治工作的领导，需要正确地对待历史经验。胡耀邦在《谈话》中指出，思想政治工作涣散软弱的原因在于，"没有根据建国以来革命和建设的实践，很好地、系统地、深刻地总结思想政治工作的经验"[③]。由于胡耀邦经历过长期革命斗争的考验和复杂的党内斗争的磨炼，他十分注重总结党内斗争和理论宣传战线的经验教训。1979 年的理论工作务虚会，胡耀邦提出了总结理论宣传战线的经验教训、研究全党工作重心转移之后理论宣传工作根本任务的要求。1981 年 8 月 3 日，胡耀邦在思想战线问题座谈会上，严肃地批判了"文化大革命"中的"左"倾错误思想，以及反对四项基本原则的资产阶级自由化思潮，强调要善于总结正反两方面的历史经验。《谈话》指出，认真研究思想政治工作正反两方面的历史经验，是"所有地方、所有部门和所有单位的党组织都应该做的一件大事，党的宣传部门尤其应该抓好这件大事"[④]。历史在前进，实践在

---

① 胡耀邦. 胡耀邦文选. 北京：人民出版社，2015：396.
② 同①397.
③④ 同①.

发展，一定要随着形势的发展，重视总结经验，探讨新问题、创造新经验，切实加强思想政治工作。

二、基本思想

1. 关于思想政治工作的地位和作用

《谈话》批评了党内外存在的“不重视”“不会做”思想政治工作的现象，强调思想政治工作的地位和作用。胡耀邦运用党的历史经验论证思想政治工作的重要性，指出“我们党所以能够领导和团结人民群众进行伟大的斗争，并且不断取得胜利，是同我们党一贯重视思想政治工作分不开的。”[①] 思想政治工作，是党的工作的重要组成部分，是中国共产党取得革命和建设胜利的重要条件。从中国共产党的建立，宣传马克思列宁主义；井冈山时期，用革命思想教育干部和战士；十年土地革命时期，打败敌人“围剿”、完成二万五千里长征；到历经十四年抗日战争，三年多解放战争，取得了全国胜利，归根结底是通过思想政治工作提高人民群众的革命自觉性而获得的。党的历史经验证明，“善于做好思想政治工作是我们党区别于其他政党的一个重要特点，是取得革命和建设胜利的一个极其重要的条件”[②]。

2. 关于思想政治工作的本质

《谈话》指出了部分同志对“什么是我们党的思想政治工作”这一问题的模糊认识，强调弄清楚思想政治工作本质的重要性。胡耀邦指出：“思想政治工作的对象是人，是人的思想、观点、立场。我们党的思想政治工作，是要解决人们的思想、观点和政治立场问题，动员广大干部和群众为实现当前和长远的革命目标努力奋斗。”[③] 在实际工作中，一些同志对“什么是思想政治工作”的问题存在诸多含混不清的情况，表现为将思想政治工作简单等同于组织大家学习中央精神、表扬好人好事或者开展批评和自我批评等。以上认识虽然涉及了思想政治工作的某些内容或形式，但还未真正揭示思想政治工作本质，具有片面性。只有正确认识思想政治工作的本质，才能准确地把握思想政治工作的目的和任务、选择有针对性的方法。胡耀邦强调：“我们研究如何加强思想政治工作，就要用马克思主义的方法，透过现象，抓住思想政治工作最基本、最本质的东西。”[④] 思想政治工作的对象是人，其本质是要解决人的思想、观点、立场问题。加强思想政治工作，需要抓住思想政治工作的本质。

---

① 胡耀邦. 胡耀邦文选. 北京：人民出版社，2015：395.
② 同①396.
③ 同①397.
④ 同①398.

3. 关于思想政治工作的目的和任务

《谈话》指出："思想政治工作最根本的目的和任务，用一句话说，就是提高人们对世界的认识和改造的能力。"① 具体而言，"就是用革命思想和革命精神，也就是用共产主义思想，用马克思主义的基本理论，用马克思主义的普遍原理同中国革命和建设的具体实践相结合的毛泽东思想，教育党员和干部，教育广大群众，教育整个工人阶级以至全体人民，启发和提高人们的革命自觉性，使人们确立正确的立场、观点，掌握正确的思想方法和工作方法，并通过反复的实践提高人们认识和改造世界的能力"②。人的思想和行为会受到历史条件的制约，不存在全知全能的人，需要不断提升人认识客观世界和改造世界的能力。从广大工人、农民、知识分子的思想实际来看，他们头脑中有共产主义思想，也有非共产主义的思想；有资本主义思想，也有封建主义思想、小资产阶级的落后思想。各种非无产阶级思想的存在，阻碍了党的路线、方针和政策的正确贯彻，影响了人们改造客观世界和自己的主观世界。做思想政治工作，就是要用共产主义思想清除非无产阶级思想对人们产生的消极影响，激发人们建设社会主义的积极性、创造性和主动性，教育和帮助人们在认识世界和改造世界的过程中，纠正错误的认识、错误的立场、错误的方法。《谈话》强调："切不要把思想政治工作上一些具体的内容和方式方法同我们的根本的目的和任务混为一谈。"③ 思想政治工作的目的和任务，是由党的根本目的、共产党的先锋队作用、新时期实现党的政治任务和建设社会主义的需要决定的，在一定时期具有稳定性。思想政治工作的具体内容和方式方法，会随着历史条件、周围环境、具体对象的变化而变化。只有牢牢抓住思想政治工作的根本目的和任务，紧扣马克思主义的基本理论，运用有效的方式方法，党的思想政治工作才能取得实效。

4. 关于思想政治工作的方针、原则和方法

《谈话》指出，认识事物是先从事物的特点开始的，只有"认识和掌握了思想政治工作的特点，才能产生出正确的方法"。"不认识思想政治工作的特点，要改善和加强思想政治工作，推动这项工作生气勃勃地向前发展，卓有成效地取得新进展，也是不可能的。"④ 胡耀邦在《谈话》中依据思想政治工作的特点，对疏导方针、理论联系实际、理论教育法等做了阐释。

第一，坚持疏导方针。针对思想政治工作中存在的采取强制的、压服的办法和行政命令的办法等现象，《谈话》指出："对人民群众中的思想问题、认识问题，我们要坚持疏导的方针，反对堵塞的方针。疏和导的方针是思想政治工作的正确方针。我们要在疏

---

①② 胡耀邦. 胡耀邦文选. 北京：人民出版社，2015：399.
③ 同①402.
④ 同①407.

通中引导，在引导中疏通，又疏又导。”[①]《谈话》阐述了疏导方针的含义，将疏导方针明确分为疏通和引导两个方面。“疏通就是广开言路，集思广益。引导就是循循善诱，说服教育。”[②] 思想政治工作的疏与导，具有辩证性。对于人们的思想问题，需要在把握“疏”与“导”二者的关系中展开。疏导方针成为各行业思想政治工作条例和制度的重要内容。

第二，理论联系实际。实事求是、理论联系实际的基本原则贯穿《谈话》全文。胡耀邦在总结思想政治工作正反两个方面的历史经验时，强调要“认真进行调查研究”；在批判思想政治工作涣散软弱状态时，指出其“没有使中央的方针同自己的实际对上号”；在谈及提高人们认识和改造世界的能力时，倡导“要善于及时地了解新情况，研究新问题，有针对性地、有成效地并且不断地教育和帮助人们”；在强调如何卓有成效地进行宣传和教育时，提出“各级宣传部门都要根据工作的进行和人们的思想变化，一年要抓一批题目，研究解决”；在反思说理教育缺乏说服力、形象化教育缺乏感染力时，指出其根源在于“没有深入地分析问题，解剖问题，讲清楚道理”等。只有实事求是地结合教育对象实际，研究新问题、解决新问题，才能切实增强思想政治工作的实效。

第三，理论教育法。《谈话》指出，人们的革命自觉性和自觉地服从党的政治领导的觉悟不会自发产生，要对广大党员、干部和群众开展教育工作。要解决人的思想认识问题和政治立场问题，就需要对教育对象进行有目的、有计划的马克思主义理论教育，提倡爱祖国、爱人民、爱劳动、爱科学、爱社会主义的公德，进行爱国主义和国际主义、集体主义和共产主义的教育，进行辩证唯物主义和历史唯物主义世界观的教育，反对资本主义、封建主义等腐朽思想，使人们有革命的理想、道德和纪律，提高当家作主的主人翁思想。

5. 关于思想政治工作的组织领导和队伍建设

《谈话》提出“教育者必先受教育”，强调加强思想政治工作队伍建设，其中，干部队伍建设是根本。“干部的思想提高了，错误的东西克服了，事情就好办。”“所以，我们搞思想政治工作，首先要解决好干部中的思想问题。”[③] 思想政治工作的大量工作需要干部来做，做好干部思想政治工作，提高干部教育、团结和带领群众的能力，能为做好工人、农民的思想政治工作奠定基础。解决干部中的思想问题，需要提高干部的文化水平、科学水平和理论水平。《谈话》强调，要“下决心抓干部的教育和训练工作，普遍轮训干部，提高干部的素质”。“要提倡干部把工作之余的主要时间拿来读书，读点理论书籍、科学书籍、业务书籍，提高文化水平，提高思想水平。”[④]

《谈话》指出：“教育者自己既要有正确的思想观点、政治立场，又要有正确的方式方法。”[⑤]《谈话》针对思想政治工作中存在的缺乏说服力、缺乏感染力等问题，从思想观

①② 胡耀邦. 胡耀邦文选. 北京：人民出版社，2015：405.
③ 同①406.
④ 同①407.
⑤ 同①408.

点、政治立场等方面，对思想政治工作者提出了三点要求。第一，思想政治工作者必须有坚定的政治立场。各行各业都要有自己的基础知识和业务专长，思想政治工作也不例外。思想政治工作者应加强业务知识训练，掌握教育的特点和规律。“革命觉悟，各方面的知识，认识客观事物的某些方面的能力，总要比人家高一点，多一点，强一点，走在前头一点。”① “你要说服人家对我们的社会主义有信心，首先你自己要有信心。如果你自己动动摇摇，没有信心，怎么能够提高人家的信心？”② 第二，思想政治工作者必须认识和遵循思想政治工作的规律。人的思想变化有自身的规律。加强思想政治工作要根据工作的进程和人的思想变化，研究新情况、解决新问题。“要认识思想政治工作的特殊规律，熟悉自己工作的特点，从实际出发，正确运用客观规律去做工作。这不仅是个业务问题，首先是个思想政治水平问题。”③ 第三，思想政治工作者既要言传，更应身教。“为什么现在有些人做思想政治工作没有力量，效果不好？一个重要原因就是自己不能做表率。自己能够做表率，讲话才会有分量，才能有威信，这是做好思想政治工作最重要的条件。”④

三、重要意义

1.《谈话》是思想政治教育学萌芽时期的重要成果

思想政治教育学的萌芽始于 1978 年。党的十一届三中全会以后，我国进入了改革开放和社会主义现代化建设的新时期。社会的急剧变革，引起了人们思想观念的变化，为思想政治工作提出了许多新的课题。这一时期，党和国家领导人、理论工作者纷纷发表讲话、文章，有的学者还出版了专著，提出要建立一门独立的学科。胡耀邦发表的《关于思想政治工作问题》的谈话，阐述了思想政治工作的本质、地位和作用、目的和任务、基本原则、方针和方法，以及思想政治工作的组织领导和队伍建设等问题，勾画了思想政治工作的理论体系，是系统研究思想政治工作问题的重要代表作。胡耀邦一贯高度重视思想政治工作，发表了一系列重要讲话和文章，持续地、深入地、系统地进行思想政治工作问题研究。胡耀邦关于思想政治工作提出了诸多重要的思想和论断，有力推动了当时思想政治工作的理论研究和实践探索。

2. 指导全党开展总结思想政治工作的经验

总结思想政治工作的经验教训，是改变党的思想政治工作现状的当务之急。思想政治工作的涣散软弱，越到基层越严重，不少党委领导心里想的、嘴上说的、开会研究的、行动上做的，基本上都是生产，很少想思想政治工作，造成了抓好生产由“中心”变成

---

①②③ 胡耀邦. 胡耀邦文选. 北京：人民出版社，2015：409.
④ 同①410.

了“唯一”，政治工作由“服务”变成了“无务”，由“保证”地位变成没有地位。党的思想政治工作的优良传统还没有得到真正恢复，旧的思想政治工作的观念、方式方法还没有得到纠正，不能很好地回应新的历史条件下开展思想政治工作的需求。在这种情况下，认真总结思想政治工作的经验，分清什么是党的思想政治工作的优良传统，确实是一件大事。只有通过总结经验，才能更好地认清思想政治工作面临的新形势，把握思想政治工作对象、特点、方式方法的新变化，明确思想政治工作的地位、作用、任务等问题。胡耀邦关于总结思想政治工作经验的相关论述，对于加强党对思想政治工作的领导、克服思想战线的涣散软弱状况，具有重大指导意义。

3. 明确了新时期思想政治工作的方向

《谈话》明确了思想政治工作的根本目的和根本任务，是解决“不重视”“不会做”思想政治工作问题的“一场及时雨”。思想政治工作具有广泛性、针对性和倾向性，要着力处理好人与人之间的关系、做好说服教育工作、教育好干部，其中心环节是思想教育；从解决党风做起，干部做表率，否则“自己昏昏，焉能使人昭昭”；着重提出思想战线上的主要任务，是反对两种错误倾向，抵制两种“糖衣炮弹”。《谈话》着重指出：“‘糖衣炮弹’不止是一种，至少有两种：一种是物质上的‘糖衣炮弹’，什么金钱、美女、洋货，从物质上腐蚀我们；还有一种是精神上的‘糖衣炮弹’，资本主义的腐朽的思想观点、文化艺术、生活方式等，从思想上侵蚀我们，松懈我们的斗志，瓦解我们的信仰，搞乱我们的思想。”[①]《谈话》还突出强调，关于新闻报道，要采取分析批判的态度，根据具体情况吸收、消化和发展；关于文学艺术，尤其是电影、戏剧、小说，不能不加以批判地接受。《谈话》中的这些重要思想和原则，为加强思想政治工作提供了基本遵循。

四、学习与思考

1. 在思想批判和思想斗争上，应该如何正确对待历史经验？
2. 怎样理解思想政治工作中坚持疏导方针的重要意义？
3. 谈谈如何加强思想政治工作队伍建设？

---

① 胡耀邦. 胡耀邦文选. 北京：人民出版社，2015：411.

《国营企业职工思想政治工作纲要（试行）》导读

1983年1月7日至22日，中共中央书记处委托中央宣传部、中央组织部、中央书记处研究室、国家经委、全国总工会、共青团中央、全国妇联召开全国职工思想政治工作会议，6月22日，会议通过了《国营企业职工思想政治工作纲要（试行）》（简称《纲要》）。7月1日，中共中央批转《国营企业职工思想政治工作纲要（试行）》指出，《纲要》"是我国社会主义现代化建设时期加强和改进企业职工思想政治工作的一个很好、很重要的文件，其基本精神、基本原则和基本方法，具有普遍指导意义"[①]。《纲要》阐明了我国工人阶级的历史地位和历史责任，总结了新中国成立以来，特别是党的十一届三中全会以来企业职工思想政治工作的经验，明确了在新的历史条件下，企业职工思想政治工作的地位、作用、内容、方法以及政工干部队伍建设，加强党的领导等问题，对提高我国工人阶级的政治素质和思想觉悟、开创企业职工思想政治工作的新局面发挥了巨大作用。

原文见《十二大以来重要文献选编》上卷，中央文献出版社2011版，第305～328页。

一、写作背景

1. 对企业职工思想政治工作现实问题的回应

改革开放以后，国外资本主义腐朽思想和生活方式对企业职工的影响和侵蚀不可避免地会增多起来。"由于在社会主义计划经济的指导下大力发展商品生产和商品交换，与此同时资本主义社会常见的那种一切都商品化，连人格、良心、荣誉、人与人的关系都商品化的丑恶现象，以及其他资本主义腐朽思想，有可能在一部分人中泛滥起来。"[②] 企业职工思想政治工作出现了一些新的情况和问题，而大多数同志对于新时期企业职工思想政治工作缺少新经验；加上人们思想认识上的片面性，职工思想政治工作在不少地方和单位不仅没有得到相应的加强，反而有所削弱。一方面，社会主义现代化建设和历史性的转折，对加强和改进职工思想政治工作提出了强烈的要求；另一方面，不少同志对

---

① 中共中央文献研究室. 十二大以来重要文献选编：上. 北京：中央文献出版社，2011：305.

② 同①309.

于这种强烈的客观要求视而不见，不重视和不会做思想政治工作的现象相当普遍。因此，深入剖析职工思想政治工作中存在的问题及其原因，形成一个指导新时期职工思想政治工作的纲领性文件，成为新形势下的一种迫切要求。

2. 对企业职工思想政治工作历史经验的总结

如何正确认识新时期政治与经济的关系，充分调动企业职工积极性，为社会主义现代化建设服务，是一个重大的理论和现实问题。毛泽东曾经指出："政治工作是一切经济工作的生命线。"[①]《纲要》强调："职工思想政治工作，主要是指职工的思想政治教育，它是党的政治工作的一个重要组成部分，但不是政治工作的全部。所谓'生命线'的作用，是指思想政治工作的保证作用。在企业，就是保证企业的社会主义性质，保证企业的社会主义方向，保证企业和职工正确地贯彻执行党的路线、方针和政策，严格遵守国家的宪法和法律，坚决执行政府的法规、决定和命令。"[②] 在此基础上，推动企业生产建设任务的完成和经济效益的提高，促进企业职工的思想觉悟、道德情操、智慧才能等多方面发展。但是，"建国以来曾经有过两种错误的倾向：一种是片面夸大思想政治工作的作用，鼓吹政治可以决定一切、精神万能，否定马克思主义物质利益原则和按劳分配原则；一种是片面强调和夸大物质鼓励的作用，忽视或否定思想政治工作"[③]。实践表明，这两种错误倾向，都会严重妨碍社会主义企业的发展，甚至会把企业引向邪路。因为建设现代化的社会主义企业，需要现代科学技术，需要先进的管理制度、管理方法和物质鼓励等，这是毋庸置疑的。但是如果没有强有力的思想政治工作，就不可能最大限度地激发广大职工的社会主义积极性，企业也就不可能建设好。

3. 对企业职工思想政治工作的规律性认识

为了克服各种错误倾向和社会思潮的影响，协调好各有关方面的力量，加强对企业职工思想政治工作的领导，中共中央责成中央宣传部牵头，中央组织部、中央书记处研究室、国家经委、全国总工会、共青团中央、全国妇联参加，组成全国职工思想政治工作领导小组，在中央书记处领导下工作。各省区市和国务院有关经济部门，应在党委统一领导下，因地制宜建立和健全对职工思想政治工作的领导和管理。《纲要》的出台正是"在对当前我国工人阶级状况和企业职工思想政治工作状况作了大量调查研究的基础上，经过较长时间的准备、几下几上多次讨论修改而制定的"[④]。这个文件的形成过程，反映了全党上下对职工思想政治工作的重视，也表明《纲要》是党中央指导下的集体智慧的结晶，更是全国职工思想政治工作领导小组指导下的一个产物，反映了党对职工思想政治工作规律性认识的进一步深化。

---

① 毛泽东．毛泽东文集：第6卷．北京：人民出版社，1999：449.

② 中共中央文献研究室．十二大以来重要文献选编：上．北京：中央文献出版社，2011：310.

③ 同②311.

④ 同②305.

二、基本思想

1. 企业职工思想政治工作是发展社会主义经济的重要保证

思想政治工作是一切经济工作的生命线，突出了思想政治工作在经济建设中的重要地位和作用，可以更好地保证企业和职工正确地执行党的路线、方针、政策，国家的宪法和法律以及政府的法规、决定和命令，从而保证企业的社会主义性质和方向，推动企业生产发展和经济效益提高，促进企业职工的多方面发展。《纲要》强调，“各级党委特别是担负各级经济领导工作的干部必须十分明确：我国社会主义企业，既担负着建设高度的物质文明的任务，又担负着建设高度的社会主义精神文明的任务。这是我们的企业区别于资本主义企业的标志之一”①。《纲要》着重从工人阶级对国家的前途和命运肩负的历史责任，新的历史环境下工人阶级抵制和反对资产阶级思想、封建残余思想和其他腐朽思想侵蚀的长期性和艰巨性，社会主义企业担负的双重任务等方面，论述了新时期企业职工思想政治工作的地位和作用。提出“在有领导有步骤地进行经济体制改革的过程中，从领导机关到基层都必须紧紧抓住思想政治教育这个中心环节，使全体职工首先是各级干部正确认识改革的意义、目的和方法，自觉执行党和政府的改革方针和政策”②。只有这样才能更好地实现思想政治工作自觉为经济建设和改革开放服务。

2. 企业职工思想政治工作的内容和方法

《纲要》共用十五条论述企业职工思想政治工作的内容、方法和原则等，足见这一问题的重要性。《纲要》提出了做好思想政治工作的根本任务、基本内容和方法。认为“企业职工思想政治工作的根本任务，是通过对企业全体职工进行共产主义思想体系的教育，提高他们对本阶级所处的历史地位和历史责任的正确认识，增强他们认识世界和改造世界的能力”③。基本内容可以分为两个部分。“一是比较系统的爱国主义、集体主义、社会主义、共产主义的思想教育；二是日常的思想政治教育。这两部分教育，都应遵循四项基本原则，相互联系，紧密配合。”④ 主张系统教育应采取脱产轮训的形式，组织青年职工学习“中国近代史”“科学社会主义常识”“中国工人阶级”，在完成三门课程教育的基础上，各企业可根据本单位职工的文化程度和思想理论水平的高低，通过不同层次、多种形式和渠道分若干年有计划地学习预定的各项课程。同时鼓励职工通过业余自学来学完不同课程。关于日常的思想政治教育，主要内容和方法如下：“（1）国内、国际形势教育；（2）党和政府的方针、政策教育；（3）厂规厂纪教育；（4）配合企业完成生产任务、

---

① 中共中央文献研究室．十二大以来重要文献选编：上．北京：中央文献出版社，2011：310.
② 同①311.
③ 同①312.
④ 同①313.

提高经济效益及其他中心工作的宣传动员教育；（5）先进模范人物事迹教育；（6）其他根据职工的思想情况而进行的个别教育。”① 同时发挥好班组在日常思想政治教育中的重要阵地作用，并同开展健康、愉快、生动活泼、丰富多彩的业余文化体育活动结合起来。

3. 企业职工思想政治工作必须遵循的基本原则

《纲要》提出了新时期企业职工思想政治工作必须遵循的六大原则，即理论联系实际的原则，民主的原则，思想政治工作要结合经济工作一道去做的原则，表扬和批评相结合、以表扬为主的原则，提高思想认识同关心、解决职工生活问题相结合的原则，身教同言教相结合、身教重于言教的原则②。这些原则既是党的思想政治工作的优良传统和作风，更是党长期以来思想政治工作实践的科学总结。《纲要》明确提出："当前加强和改进企业职工思想政治工作，最根本的一条是要整顿好党风。党风不正，无论领导说什么、怎么说，工人都不会信服；只有整顿好党风，各级领导干部，共产党员、共青团员，都能以身作则，他们说话工人才愿意听，思想政治工作才有说服力。"③《纲要》还对企业职工思想政治工作中如何坚持社会主义现代化建设方向、做好后进向先进转化、建设一支"四化"的企业职工思想政治工作干部队伍、加强党对企业职工思想政治工作的领导等方面，概括了若干带有规律性的认识。

4. 加强政工干部队伍建设和党对企业职工思想政治工作的领导

《纲要》指出："思想政治工作是科学性、政治性、政策性很强的工作，思想政治工作干部是专业干部"，"他们同教师、作家和艺术家一样，都应该成为'人类灵魂的工程师'"④。要建设一支革命化、年轻化、知识化、专业化的企业思想政治工作干部队伍，对思想政治工作干部队伍进行培养、调整和充实，提高其政治素质和业务能力；要筹办以培养思想政治工作的领导干部为目标的各级各类院校，并鼓励广大政工干部在职学习和自修，完成学历和专业的训练。《纲要》强调，"党对本阶级成员的思想政治工作，是党的头等重要的工作。党的各级组织，都应当把思想政治工作放在重要地位，切实加强领导"⑤。《纲要》提出，"今后在县及县以上各级党委中，应有一名书记或副书记专管或分管思想政治工作。企业党组织的组织、宣传、纪律检查工作和工会的负责人，一般应由党委成员担任，这些负责人不是党委成员的，可列席党委会议"⑥。《纲要》要求不论采取何种领导体制和组织形式，必要的职工思想政治工作机构只能加强，不能削弱，更不能取消。要充分发挥党支部的战斗堡垒作用。党支部是职工日常教育的组织者，首先要抓好党员教育，发挥党员的先锋模范作用；其次要及时掌握本单位职工的思想动态，通

① 中共中央文献研究室．十二大以来重要文献选编：上．北京：中央文献出版社，2011：317.
② 同①318-321.
③ 同①321.
④⑤ 同①326.
⑥ 同①327.

过深入细致的个别教育，帮助职工解除各种精神负担；最后要抓好共产党员、共青团员、生产班组长、工会小组长、职工代表大会代表、优秀老工人等与群众存在的密切联系，把他们组织起来，共同做好思想教育工作。

三、重要意义

1. 推动党的思想政治工作“生命线”理论的发展，是新时期全面加强企业职工思想政治教育的第一个纲领性文件

十一届三中全会以来，我国进入改革开放新时期，党的思想政治工作通过拨乱反正，逐步恢复了自身的优良传统，也重新获得了正确的历史和社会定位。为加强企业职工思想政治工作，《纲要》从工人阶级的历史地位和历史责任感的高度，充分强调了加强思想政治工作的紧迫性和重大战略意义。《纲要》提出的思想政治工作是“生命线”的论断，思想政治工作的内容和方法以及必须遵循的原则，做好后进向先进转化工作、建设“四化”队伍、加强党对企业职工思想政治工作的领导等，即使在今天仍然具有普遍的指导意义。《纲要》指出“加强企业职工思想政治工作是发展社会主义经济的重要保证”①，充分肯定了思想政治工作“生命线”的重要地位。《纲要》指出，“职工思想政治工作，主要是指职工的思想政治教育，它是党的政治工作的一个重要组成部分，但不是政治工作的全部”②，明确了职工思想政治工作的主要内容。《纲要》全面阐述了企业职工思想政治工作的基本原则，总结了思想政治教育的基本经验，是新时期全面加强职工思想政治教育的第一个纲领性文件。

2. 提高企业职工的政治思想觉悟、组织纪律性和业务水平，凸显工人阶级的历史地位和历史责任

《纲要》指出，党的十一届三中全会以来，我国工人阶级有了很大进步，主流是健康的、向上的。但是，由于种种原因，在许多地方和企业的一些干部、共产党员、共青团员和职工中，仍然程度不同地存在着思想涣散、纪律松弛、工作消极、损公肥私等不健康的现象。而某些领导干部利用职权谋取私利和官僚主义等恶劣作风，又助长了这种消极现象的蔓延。因此，必须清醒地认识到，在实行改革开放的新的历史环境下，由于“文化大革命”和历史上遗留下来的剥削阶级和其他非工人阶级思想所造成的消极影响，还会在我国社会生活的各个领域长期地发生作用；由于对外开放，国外资本主义腐朽思想和生活方式，对工人阶级的影响和侵蚀也不可避免地会增加起来，一部分企业职工缺乏远大的理想，缺乏政治热情，忘记了或不愿意承担工人阶级应负的历史使命，一些人把人与人之间的同志互助式关系变成了相互利用或变相的商品生产和商品交换的关系。

---

①② 中共中央文献研究室．十二大以来重要文献选编：上．北京：中央文献出版社，2011：310.

《纲要》提出，要防止“资本主义社会常见的那种一切都商品化，连人格、良心、荣誉、人与人的关系都商品化的丑恶现象”①，这绝不是无的放矢。在这种情况下，我们要抵制和战胜资产阶级思想和其他非无产阶级思想的侵蚀，如果采取零碎的而不系统的，头痛医头、脚痛医脚的办法，显然是很不够的。在新的历史条件下必须采取强有力的根本性措施，向广大职工系统地灌输共产主义的思想体系，有效地唤起他们的革命热情，坚定他们的政治信仰，提高他们的阶级觉悟和文化技术水平，从而增强抵制和反对资产阶级思想、封建残余和其他错误思想侵蚀的能力，从而实现在改造客观世界的同时加强主观世界的改造，进一步发挥工人阶级在社会主义现代化建设中占主导地位的积极作用。

3. 总结企业职工思想政治工作的基本精神、基本原则和基本方法，提高思想政治工作的有效性和针对性

《纲要》指出，不同地区、部门、行业和企业要认真学习领会，然后研究、制定本单位加强和改进的措施和步骤，同时发挥创造精神。《纲要》认为一些部门只单纯抓业务，不注意抓职工队伍的思想建设、作风建设、组织建设等，是不正确的。为此，文件制定前期，各部门进行了大量的调查研究工作，经过了较长时间的准备和多次讨论，对思想政治工作进行系统梳理和总结。强调思想政治工作的六条基本原则，提出加强和改进企业职工思想政治工作的根本任务、具体内容和基本方法，指出过去“以阶级斗争为纲”的错误方针指导下进行的思想政治工作，教育的内容和方法是不可取的。应当继承和发扬党的思想政治工作的优良传统，认真清理过去“左”的错误影响，努力探索新时期思想政治工作的规律，改革职工思想政治工作的内容和方法。在教育内容上，要求比较系统的爱国主义、集体主义、社会主义、共产主义的思想教育和日常的思想政治教育相结合。在方法方式上，采取正规办学、脱产轮训这一主要形式。同时开展丰富多彩的业余文化体育活动，正确处理继承和发展的关系，在总结历史经验、继承优良传统的基础上，注意吸收心理学、教育学、社会学及其他学科中的科学成果，不断开创企业思想政治工作的新局面。《纲要》提出，各地区、各部门、各企业情况不同，职工觉悟程度、思想政治工作的基础也有差异。所以，在贯彻时决不可照本宣科、千篇一律、生搬硬套。要结合实际，发挥创造精神，不断总结新的经验，努力提高思想政治工作的针对性和实效性。

四、学习与思考

1. 如何理解新的历史条件下加强和改进企业职工思想政治工作的重要性？
2. 为什么必须加强党对企业职工思想政治工作的领导？
3. 试论企业职工思想政治工作必须遵循的基本原则。

---

① 中共中央文献研究室．十二大以来重要文献选编：上．北京：中央文献出版社，2011：309.

《党在组织战线和思想战线上的迫切任务》导读

1983年10月11至12日，党的十二届二中全会在北京召开，通过了《中共中央关于整党的决定》。邓小平10月12日在会上发表《党在组织战线和思想战线上的迫切任务》的讲话，指出加强党对思想战线的领导，克服软弱涣散的状态，是全党面临的一个迫切任务，强调整党不能走过场，思想战线不能搞精神污染。《党在组织战线和思想战线上的迫切任务》对加强党的思想建设、组织建设和作风建设，加强党对思想战线的领导，把党建设成为领导全国人民进行社会主义物质文明和精神文明建设的坚强核心，具有十分重要的指导意义。

原文见《邓小平文选》第三卷，人民出版社1993年版，第36～48页。

一、写作背景

1. 防止和清除精神污染的必然要求

随着改革开放的全面展开，坚持"一个中心、两个基本点"的基本路线，围绕党的中心工作，各条战线取得了很大的成绩。然而，反对四项基本原则的右的思潮并没有得到根本克服，在党内有一些噪声，在思想战线特别是理论文艺界仍然存在着不少问题，尤其是精神污染的问题。思想战线的工作者本该高举马克思主义、社会主义的旗帜，用自己的作品教育和引导人民为社会主义现代化建设事业而奋斗。但是，"一些人却同时代和人民对他们的要求背道而驰，用他们的不健康思想、不健康作品、不健康表演，来污染人们的灵魂"①。他们热心于写阴暗的、灰色的以至胡编乱造、歪曲革命的历史和现实的东西，大肆鼓吹西方的思潮，宣扬抽象的人道主义，甚至还传播色情淫秽等腐朽、堕落思想。邓小平指出，"人道主义和异化论，是目前思想界比较突出的问题"，因为它"只会引导人们去批评、怀疑和否定社会主义，使人们对社会主义、共产主义的前途失去信心，认为社会主义和资本主义一样地没有希望"②。精神污染的危害很多，足以祸国殃民。清除精神污染是社会主义现代化建设新时期党在思想战线上的重要任务，是保证党

---

① 邓小平. 邓小平文选：第3卷. 北京：人民出版社，1993：40.
② 同①42.

和社会主义纯洁性的重要措施。

2. 加强党对思想战线领导的郑重宣言

当时，党内思想、组织、作风上不纯的现象比较突出，党内存在着“三种人”，即“严重的经济犯罪和其他刑事犯罪分子，以权谋私、严重损害党和群众的关系的人，长期在政治上不同中央保持一致、或者表面上保持一致实际上另搞一套的人”①。有相当一批这样的人躲过了党的清查和处理，隐藏在党内，对党内的团结和稳定产生了严重的威胁。这是因为：一是这些人坚持原来的帮派思想，有一套迷惑性和颠覆性的政治主张；二是这些人有狡猾的政治手腕，不利时会伪装自己，骗取信任，时机到来，又会煽风点火，制造新的动乱；三是这些人转移、散布和隐蔽在全国许多地方，秘密的派性联系还没有完全消灭；四是这些人比较年轻，也比较有文化。他们当中有些人早就扬言十年、二十年后见。邓小平强调指出，“他们是一股有野心的政治势力，不可小看，如果不在整党中解决，就会留下祸根，成为定时炸弹”②。党内在反对精神污染问题上，也存在不同声音，“把‘双百’方针这个无产阶级的马克思主义的方针，歪曲为资产阶级的自由主义的方针了”③。要克服思想战线上软弱涣散的状态和自由主义态度，需要加强马克思主义的领导，坚持“百花齐放，百家争鸣”方针，开展积极的思想斗争。也有人错误地估计形势，思想战线上斗争从一个片面性走到另一个片面性。邓小平指出，在我国思想文化领域，既存在“左”的错误，也存在右的错误，只提反“左”不提反右就会走到软弱涣散的另一个极端。因此，从实际出发，有“左”反“左”，有右反右，进行两条战线的斗争，已经成为全党的一个迫切的任务。《党在组织战线和思想战线上的迫切任务》郑重地指出，要加强党对思想战线的领导，改变思想战线软弱涣散的状况。

3. 建设社会主义精神文明的现实要求

开展精神文明建设是社会主义现代化建设的重要内容。邓小平从能否建成社会主义的高度，强调精神文明建设的重要性，并全面阐述了社会主义精神文明的内涵：“所谓精神文明，不但是指教育、科学、文化（这是完全必要的），而且是指共产主义的思想、理想、信念、道德、纪律，革命的立场和原则，人与人的同志式关系，等等。”④ 从20世纪80年代初开始，全国开展了一系列群众性的精神文明建设活动。党的十二大把努力建设高度的社会主义精神文明，确定为我国社会主义现代化建设的一种重要战略方针。但在改革开放和发展商品经济的过程中，确实存在着忽视精神文明建设的现象，在一定程度上和一定范围内，为资产阶级自由化思潮的传播提供了便利。在党内，忽视精神文明建设就不可能有好的党风；在社会上，忽视精神文明建设就不可能有好的社会风气。由于

---

①② 邓小平．邓小平文选：第3卷．北京：人民出版社，1993：37.
③ 同①47.
④ 同①367.

“文化大革命”的消极后果和历史遗留的种种因素，新形势下出现新的复杂的问题，在人们思想上引起各种反应，产生了模糊的错误的认识。建设社会主义精神文明，最根本的在于要使广大人民有共产主义的理想，有道德，有文化，守纪律。

二、基本思想

1. 关于思想政治教育的地位作用

《党在组织战线和思想战线上的迫切任务》批判了忽视思想政治工作的倾向，把思想政治工作提高到了“灵魂工程”的高度，强调加强思想政治工作有利于防止不健康思想、不健康作品、不健康表演污染人们的灵魂，抵御资产阶级和其他剥削阶级腐朽没落的思想。随着社会主义市场经济的发展，中国社会开始整体转型，思想政治教育面临着新形势。有人提出“是政策的威力大，还是教育的威力大”，言外之意就是社会主义现代化建设靠改革开放的政策，靠政治、文化、教育等方面的政策发挥威力就可以了，没有必要强调思想政治教育；还有人认为，思想政治教育软弱无力，再强调也引不起重视，这实际也是对思想政治教育的一种误解。从根本上来说，这些论调否认人的自觉能动性，怀疑甚至否定生产关系、上层建筑的反作用，否认思想政治工作是经济工作和其他一切工作的生命线。《党在组织战线和思想战线上的迫切任务》指出：“在工作重心转到经济建设以后，全党要研究如何适应新的条件，加强党的思想工作，防止埋头经济工作、忽视思想工作的倾向。”① 思想政治教育是引导人们正确认识世界、改造世界的灵魂工程，是党的建设和意识形态建设的一条重要战线。要使全党在思想上、政治上和精神状态上有显著的进步，要克服领导上的软弱涣散和资产阶级自由化，需要通过思想政治教育，增强共产党员的党性，净化社会风气。忽视思想政治教育的倾向，表现在党的建设上，就是党的领导软弱无力，忽视党员教育。为了改变这种错误的认识，《党在组织战线和思想战线上的迫切任务》指出，“搞好这次整党，把我们党建设成为有战斗力的马克思主义政党”②，“真正加强马克思主义的领导，坚决克服软弱涣散的状态和自由主义态度，认真开展积极的思想斗争，思想战线的上述种种问题都可以解决，也不难解决”③。

2. 思想政治教育的工作创新和方法创新

《党在组织战线和思想战线上的迫切任务》指出，党员、干部和人民群众的思想问题是人民内部矛盾，“解决思想战线混乱问题的主要方法，仍然是开展批评和自我批评”④。进行批评与自我批评的方法要讲究，分寸要适当，只有这样才能切实收到实效。第一，

---

① 邓小平．邓小平文选：第3卷．北京：人民出版社，1993：48.
② 同①39.
③④ 同①46.

以说服教育为主。《党在组织战线和思想战线上的迫切任务》指出，要避免“过去那种简单片面、粗暴过火的所谓批判，以及残酷斗争、无情打击的处理方法，决不能重复。无论是开会发言、写文章，都要进行充分的说理和实事求是的科学分析。参加讨论和批评的人，首先要对讨论和批评的问题研究清楚，绝不能以偏概全，草木皆兵，不能以势压人，强词夺理”①。在整党和清除精神污染的过程中，对于绝大多数党员、理论工作者和文艺工作者，应主要依靠思想教育。只有在民主讨论、摆事实讲道理、自我教育的过程中，才能真正提高他们思想上政治上的觉悟。第二，坚持批评的严肃性和战斗性。《党在组织战线和思想战线上的迫切任务》针对党内好人主义、一团和气，党内生活原则不强，思想战线混乱等现象，指出：“在对错误倾向、坏人坏事作思想斗争和组织处理的问题上，这些年来党内确实滋长了过分容忍、优柔寡断、畏难手软、息事宁人的情绪，这就放松了党的纪律，甚至保护了一些坏人。”② 从实际情况来看，当时也对理论界和文艺界的思想混乱和精神污染进行了一些批评，但是效果不够显著。究其原因，“一则批评本身的质量和分量不够，二则抵抗批评的气势很盛”③。运用批评与自我批评的方法，必须坚持马克思主义的立场、观点，开展实事求是的科学分析，增强批评的严肃性和战斗性，克服批评与自我批评中不疼不痒、言不由衷、巧言遮掩等错误倾向，提高批评的质量，才能增强思想政治教育实效。

3. 关于思想政治教育的组织领导

《党在组织战线和思想战线上的迫切任务》指出，“加强党对思想战线的领导，克服软弱涣散的状态，已经成为全党的一个迫切的任务”④，各级党委，首先是党委主要负责同志，“要密切注视和深入研究思想战线的形势和问题，采取切实有效的办法改进这条战线的工作”⑥。党的路线、方针、政策的科学性及其实现，有赖于党的领导。重视和加强党对思想政治教育的领导，克服软弱涣散的状态，是解决思想战线上思想混乱和精神污染现象的内在需要。思想政治教育是正面宣传党的路线、方针、政策，引导人们认同并践行这些路线方针政策的实践活动，是新时期加强党的领导的重要途径。《党在组织战线和思想战线上的迫切任务》指出，加强和改善党的领导，“要通过整党，加强党的建设，实现党风的根本好转”⑦。“马克思主义者应当站出来讲话。思想战线的共产党员，特别是这方面担负领导责任的和有影响的共产党员，必须站在斗争的前列。”邓小平强调：“所有共产党员都要增强党性，遵守党的章程和纪律。不管是什么专家、学者、作家、艺术家，只要是党员，都不允许自视特殊，认为自己在政治上比党高明，可以自行其是。解决这些问题，是这次整党对思想战线的党组织和党员的最重要要求。”⑧

---

① 邓小平．邓小平文选：第3卷．北京：人民出版社，1993：47.
② 同①38.
③ 同①46.
④ 同①47.
⑥ 同①48.
⑦ 同①38.
⑧ 同①46.

4. 加强思想政治教育队伍建设

《党在组织战线和思想战线上的迫切任务》分析了党在思想战线上存在思想混乱和精神污染的原因，指出："有相当一部分理论工作者，对于社会主义现代化建设实践中提出的种种重大的理论问题缺乏兴趣，不愿意对现实问题进行调查和研究，表示要同现实保持距离，免得犯错误，或者认为没有学术价值。在对现实问题的研究中，也确实产生一些离开马克思主义方向的情况。"① "许多文艺工作者忽视学习马克思主义，不深入群众建设新生活的斗争，有的党员也不积极参加党的生活，这是产生上述各种消极现象的重要原因。"② 加强党对思想政治教育的领导，建立一支政治强、业务精、作风正的政工队伍，是做好思想政治教育的可靠保证。邓小平指出，"思想战线上的战士，都应当是人类灵魂工程师"③，加强思想政治教育队伍建设十分重要。"作为灵魂工程师，应当高举马克思主义的、社会主义的旗帜，用自己的文章、作品、教学、讲演、表演，教育和引导人民正确地对待历史，认识现实，坚信社会主义和党的领导，鼓舞人民奋发努力，积极向上，真正做到有理想、有道德、有文化、守纪律，为伟大壮丽的社会主义现代化建设事业而英勇奋斗。"④

三、重要意义

1. 为全面整党的开展指明了方向

《党在组织战线和思想战线上的迫切任务》指出："四项基本原则的核心，就是社会主义制度和党的领导，这是我们立国和团结全国人民奋斗的根本。"⑤ 新时期党的建设，就要用马克思列宁主义、毛泽东思想武装全党，用批评与自我批评的武器来开展思想斗争，把全党的思想统一到党的十一届三中全会以来的路线上来。这次整党所要解决的根本问题，就是要求在整党中提高党员的共产主义觉悟和党性，增强与不正之风和腐败现象进行斗争的本领。这次整党从 1983 年 11 月开始，至 1987 年 5 月结束，正确处理了整党与建设、改革的关系，取得了成绩，也积累了经验。如避免了大搞政治运动的一套"左"的做法，取得了正确处理党内和人民群众内部矛盾的新经验；正确处理整党与经济工作的关系，基本做到了整党工作、改革工作和经济工作相互促进；领导干部在整党中以身作则，带头学习和对照检查；坚持两条战线的思想斗争，克服"左"和右的错误倾向。经过整党，总的说来，全党在思想、作风、纪律、组织四个方面，都有了进步，党内存在的思想、作风、组织上的严重不纯状况有了改变。但整党工作也存在不足，特别是对已经存在的右的错误倾向注意不够，致使资产阶级自由化思想在一些党员和干部中有所滋长。

---

① 邓小平. 邓小平文选：第 3 卷. 北京：人民出版社，1993：40.
② 同①43.
③④ 同①.
⑤ 同①44.

2. 推动清除精神污染现象取得成效

党的十二届二中全会以后，反对精神污染的斗争在全国开展起来，这是继1979年和1981年后的又一次反对资产阶级自由化思潮的斗争。1983年10月24日，中共中央发出《关于转发邓小平、陈云同志在党的十二届二中全会上讲话的通知》，提出要高举马克思主义旗帜，防止和清除精神污染，反对精神污染的斗争逐步展开。10月21日至26日，中共中央邀请党外人士270多人举行座谈会，传达全会精神。11月5日至8日，中央宣传部召开首都部分理论工作者座谈会，强调要对整党和清除精神污染抱高度负责的态度。11月16日，《人民日报》发表题为《建设精神文明　反对精神污染》的评论员文章。实践证明，坚决抵制和清除精神污染，对于提高人们的思想觉悟，营造奋发向上的社会风尚具有积极作用。由于党在反对资产阶级自由化问题上缺乏经验且存在不同认识，思想战线上也出现了某些缺点和偏差，软弱涣散状况并未得到根本解决，致使清除精神污染斗争没有完全达到预期效果。

3. 对新时代加强和改进党的建设具有借鉴意义

《党在组织战线和思想战线上的迫切任务》中蕴含丰富党的建设思想，是邓小平党建理论的重要组成部分。如：在党建方面，解决党内思想不纯、作风不纯、组织不纯的问题，把我们党建设成为有战斗力的马克思主义政党；在整党方面，开展批评或自我批评，要站在马克思主义立场上；在思想文化领域，开展积极思想斗争的时候，要注意防止“左”右两种错误思潮；必须加强党对思想战线的领导，克服软弱涣散的状态；等等。这些富有创造性的党的建设理论，为新时代加强和改进党的领导，提供了重要借鉴和参考。以习近平同志为核心的党中央，坚持和加强党的全面领导，坚持党要管党、全面从严治党，以加强党的长期执政能力建设、先进性和纯洁性建设为主线，以党的政治建设为统领，以坚定理想信念宗旨为根基，以调动全党积极性、主动性、创造性为着力点，全面推进党的政治建设、思想建设、组织建设、作风建设、纪律建设，把制度建设贯穿其中，深入推进反腐败斗争，不断提高党的建设质量，把党建设成为始终走在时代前列、人民衷心拥护、勇于自我革命、经得起各种风浪考验、朝气蓬勃的马克思主义执政党。

四、学习与思考

1. 邓小平为什么强调要在思想文艺战线上坚持四项基本原则？

2. 怎样正确理解坚持“百花齐放，百家争鸣”方针与“文艺为人民服务，为社会主义服务”方向的辩证关系？

3. 试述《党在组织战线和思想战线上的迫切任务》对加强和改进党的领导有哪些指导意义？

《一靠理想二靠纪律才能团结起来》导读

1985年3月2日至7日，全国科学技术工作会议在北京召开。3月7日，邓小平在闭幕会上做了《改革科技体制是为了解放生产力》的讲话后，又即席做了《一靠理想二靠纪律才能团结起来》的讲话。邓小平针对改革开放进程中国内出现的理想淡漠、信念动摇、纪律松懈等情况，论述了在新时期坚持理想和纪律的极端重要性，回答了应当树立什么样的理想信念、怎么样实现理想信念，强调只有靠理想和纪律才能团结起来，建设有中国特色的社会主义。讲话具有很强的针对性和现实性，对社会主义现代化建设时期加强思想政治教育具有深远的指导意义。

原文见《邓小平文选》第三卷，人民出版社1993年版，第110～112页。

一、写作背景

1. 对改革开放进程中出现的思想认识问题的回应

1984年10月，党的十二届三中全会通过的《中共中央关于经济体制改革的决定》指出，改革计划体制，首先要突破把计划经济同商品经济对立起来的传统观念，打破计划与市场水火不相容的传统认识，提出了“有计划的商品经济”概念。在经济快速发展和经济体制转轨的过程中，我国渐渐出现货币发行过多、国民收入超分配等现象，出现了物价波动大、通货膨胀加剧、重复建设严重等问题。广大干部党员和知识分子对“什么是社会主义”和“怎样建设社会主义”的认识并不明确，对农村家庭联产承包责任制、经济特区、商品经济、市场经济等姓“社”还是姓“资”问题争论不休；有人鼓吹不问姓“社”姓“资”，只要把经济搞上去了，什么矛盾就能解决；自由主义、民主社会主义、“普世价值”等反马克思主义思潮不断涌现。面对上述种种问题，如果不强调马克思主义信念和共产主义理想，如果不对这些问题做出有说服力的回答，就会在改革开放实践中迷失方向。

2. 解决理想淡漠、信念动摇、纪律松懈等现实问题

改革开放以来，我国的政治、经济呈现出蓬勃发展的生机和活力，全国人民的生活有

所改善，广大党员干部和人民群众看到了社会主义的光明前景，也坚定了实现社会主义现代化的信心。但伴随经济发展，“一切向钱看”的思想意识和行为愈演愈烈，一些党政机关，少数干部借改革之名谋私利，经商、办公司，利用职权，通过投机倒把、倒买倒卖等形式，肆意侵吞国家和集体的财产牟取暴利；有的不听中央统一号令，搞“上有政策，下有对策”；有的单位在选用干部中“任人唯钱”，只要会“抓票子”的就是“能人”；一些文化部门为了赚钱，“娱乐片”“武打片”“侦探片”充斥银幕；一些教育部门积极创收，教师厌教、学生厌学，“读书无用论”浪潮风靡，校园内叫卖声此起彼落，琅琅读书声却难寻觅。最令人担忧的是，一些青少年缺乏革命理想，一切向钱看，追求资产阶级腐朽没落的生活方式。“一切向钱看”就是资本主义“拜金主义”，背离了为人民服务宗旨、共产主义崇高理想和党的纪律，败坏了改革和党的声誉，成为干扰改革顺利进行的巨大阻碍，引起了党内外广大干部和群众的愤慨。如果不在全党和全国人民中加强理想和纪律的教育，整个社会主义事业将有可能偏离马克思主义的指导思想，偏离社会主义道路。

3. 坚持“两手抓，两手都要硬”的迫切需要

随着改革开放的不断推进，带来了经济、政治、文化、社会领域的深刻变化，人们的价值观日益多元化；发达国家和地区的商品和投资陆续进入中国内地，西方价值观念也随之涌入，在中国出现了西方文化热，资产阶级自由化思潮再度泛起，对思想活跃的青少年带来深刻的影响。党内也出现了物质文明和精神文明建设“一手硬，一手软”的状况。“现在有些同志对于西方各种哲学的、经济学的、社会政治的和文学艺术的思潮，不分析、不鉴别、不批判，而是一窝蜂地盲目推崇。”① 因此，邓小平强调指出，在建设有中国特色的社会主义社会时，一定要坚持发展物质文明和精神文明，坚持五讲四美三热爱，教育全国人民做到有理想、有道德、有文化、有纪律。

二、基本思想

1. 认清四个现代化的社会主义性质，坚持思想政治教育正确方向

讲话指出，“现在我们搞四个现代化，是搞社会主义的四个现代化，不是搞别的现代化”②。这就要求思想政治工作者结合社会上人们对于“什么是社会主义、怎样建设社会主义”的疑惑和中国改革姓“社”姓“资”的争论，着力回应和阐释这些重大理论和现实问题，同资产阶级自由化错误思潮进行长期、有效的斗争，为社会主义现代化建设提供思想政治保证。邓小平在《一靠理想二靠纪律才能团结起来》中深刻阐述了改革的性质和改革要坚持的根本原则，成为思想政治教育的重要内容。第一，改革的目的是发展

---

① 邓小平．邓小平文选：第 3 卷．北京：人民出版社，1993：44.
② 同①110.

社会主义经济。《一靠理想二靠纪律才能团结起来》强调，“我们采取的所有开放、搞活、改革等方面的政策，目的都是为了发展社会主义经济”①。邓小平把执行对外开放、对内搞活等经济政策，作为实现党的路线、方针、政策的一种有效手段。回顾历史可知，闭关自守是我国长期处于停滞和落后状态的一个重要原因，中国的发展不仅需要坚持自力更生，还需要对外开放，吸收外国的技术和资金。允许发展个体经济、中外合资经营和外资独营的企业发展，并不会改变我国社会主义的发展方向和本质。这些问题必须通过思想政治教育向广大党员干部和群众讲清楚。第二，改革要坚持社会主义公有制为主体和共同富裕的根本原则。《一靠理想二靠纪律才能团结起来》指出：“一个公有制占主体，一个共同富裕，这是我们所必须坚持的社会主义的根本原则。”② 公有制占主体决定了社会主义制度的根本性质，共同富裕是社会主义制度优越性的重要体现。社会主义社会应当是一个物质文明发达、全社会共同富裕的社会，“我们采取的各方面的政策，都是为了发展社会主义，为了将来实现共产主义”③。四项基本原则是团结全党和全国各族人民的共同政治基础，我国的四个现代化建设必须坚持社会主义发展方向，思想政治教育也必须坚持社会主义的正确方向，用基本路线、方针政策和改革实效解除人们心中的疑惑，坚定人们的社会主义信念。

2. 加强理想信念想教育，培养社会主义“四有”新人

加强理想信念教育，提高中华民族的思想道德素质和科学文化素质，培养“四有”新人，是我国社会主义精神文明建设的根本任务，也是应对西方敌对势力和平演变图谋的重要手段。邓小平把理想和纪律提到搞好改革、四化建设的高度来认识，并将培养“四有”新人作为社会主义精神文明建设的重要目标。早在改革开放刚刚起步之时，邓小平就指出要在建设高度物质文明的同时，建设高度社会主义精神文明，对我国各条战线的思想政治教育发挥着重要的指导作用。《一靠理想二靠纪律才能团结起来》第一次系统地提出了教育全国人民做到“四有”的目标，明确了思想政治教育和青少年教育工作的重点。第一，《一靠理想二靠纪律才能团结起来》结合我国物质文明和精神文明建设、坚持四项基本原则和现代化建设的现实情况，明确培养“四有”新人的教育目标，指出：“我们在建设具有中国特色的社会主义社会时，一定要坚持发展物质文明和精神文明，坚持五讲四美三热爱，教育全国人民做到有理想、有道德、有文化、有纪律。”④ 培育适应社会主义现代化要求的“四有”新人，是思想政治教育长期而艰巨的任务。第二，《一靠理想二靠纪律才能团结起来》明确了思想政治教育和青少年教育工作的重点，指出：“要特别教育我们的下一代下两代，一定要树立共产主义的远大理想。一定不能让我们的青少年作资本主义腐朽思想的俘虏，那绝对不行。”⑤ 理想信念是一个人、一个民族的精神支柱，没有理想信念的指引，就会迷失前行的方向。《一靠理想二靠纪律才能团结起来》着眼于我国建设社会主义物

---

① 邓小平．邓小平文选：第3卷．北京：人民出版社，1993：110.
② 同①111.
③ 同①112.
④ 同①.
⑤ 同①111.

质文明和精神文明的实际，总结了中国共产党领导革命、建设取得胜利的历史经验。《一靠理想二靠纪律才能团结起来》指出："为什么我们过去能在非常困难的情况下奋斗出来，战胜千难万险使革命胜利呢？就是因为我们有理想，有马克思主义信念，有共产主义信念。"① 崇高的理想，坚定的信念，是我们做好一切工作的精神支柱和强大动力。邓小平在《一靠理想二靠纪律才能团结起来》中强调青少年教育工作必须以理想信念教育为重点，把爱国主义教育、共产主义思想教育、坚持四项基本原则的教育融入其中，不断发扬社会主义正气，培养有理想、有道德、有信念、有纪律的社会主义新人。

3. 阐明遵守纪律同实现理想的关系，切实加强纪律教育

提高劳动者的社会主义和共产主义觉悟，发扬工人阶级所固有的高度组织性和纪律性，克服自由散漫、好逸恶劳的思想和习惯，是思想政治教育的重要内容。邓小平强调，要在思想政治教育实践中准确认识遵守纪律同实现理想的关系，切实加强纪律教育。第一，遵守纪律是实现理想的重要保证。要有秩序地顺利开展社会主义现代化建设，需要依靠统一的意志和纪律。邓小平指出："我们这么大一个国家，怎样才能团结起来、组织起来呢？一靠理想，二靠纪律。组织起来就有力量。没有理想，没有纪律，就会像旧中国那样一盘散沙，那我们的革命怎么能够成功？我们的建设怎么能够成功？"② 作为无产阶级的先锋队，中国共产党应该是统一的、有高度觉悟的一支有战斗力的队伍。没有铁的纪律，中国革命就不会走向胜利；同样，没有铁的纪律，中国特色社会主义建设就不会取得重大成就。第二，加强纪律教育，是思想政治教育的重要内容。在"文化大革命"时期，党的纪律废弛了，降低了党的战斗力和威信。粉碎"四人帮"后，经过拨乱反正和整党运动，党的纪律虽有改观但没有得到完全恢复，党还不能很好地发挥应有作用。纪律废弛所带来的后果非常严重，在社会上、在人民群众中也造成了极坏的影响。邓小平强调："共产党员一定要严格遵守党的纪律。无论是不是党员，都要遵守国家的法律，对于共产党员来说，党的纪律里就包括这一条。遵守纪律的最高标准，是真正维护和坚决执行党的政策，国家的政策。"③ 在思想政治教育实践中，需要强化和引导广大党员和人民群众敬畏纪律、规则和规范，并将外在的约束转化为内心的信念。

三、重要意义

1. 丰富了社会主义精神文明建设和思想政治教育的内涵

邓小平围绕理想、纪律及其辩证关系，培育"四有"新人对于社会主义现代化建设的重要意义等，提出了许多新论断，丰富了社会主义精神文明建设和思想政治教育的内

① 邓小平．邓小平文选：第3卷．北京：人民出版社，1993：110.
② 同①111.
③ 同①112.

容。邓小平强调，建设社会主义精神文明和思想政治教育的目标在于培养“四有”新人，教育全国各族人民成为有理想、有道德、有文化、有纪律的人。“四有”新人的教育目标，是由我国社会主义社会的性质、社会主义现代化建设的任务所决定的。其中，有理想、有道德、有纪律体现了社会主义精神文明在思想道德建设层面的要求，有文化体现了社会主义精神文明建设在科学文化建设层面的要求。培育“四有”新人也是思想政治教育的重要内容，抓住了思想政治教育的核心。对广大人民尤其是青少年，进行爱国主义、集体主义、社会主义、科学文化知识教育，增强他们遵纪守法的自觉性，是新时期思想政治教育的重要任务。

2. 指导整党顺利开展并取得成效

《一靠理想二靠纪律才能团结起来》中提出的“一靠理想二靠纪律”，以及坚持社会主义的根本原则的思想，对于统一全党思想，整顿党风、纠正不正之风，反对资产阶级自由化，加强社会主义精神文明建设，创造安定团结的政治环境，都具有重要意义。在改革开放过程中暴露出来的一些消极现象、不正之风、“一切向钱看”以及资产阶级自由化思潮，对加强党的建设和社会主义精神文明建设提出了新的课题。1983 年，党的十二届二中全会提出了整党的任务，共分三期展开。1985 年 4 月 10 日，中共中央整党工作指导委员会关于第二期整党工作的基本要求的通知中强调，要把增强党性观念作为提高广大党员的思想政治素质的中心环节：一是增强全心全意为人民服务的观念，二是进一步树立共产主义的远大理想，三是增强全局观念，四是增强组织纪律性。根据中央整党工作的基本要求，在整党中加强了以马克思主义理论教育，党性、党风、党纪教育和理想信念教育为主要内容的思想政治教育，一定程度地提高了党员反对和抵制各种资产阶级腐朽思想和不正之风的能力，从思想政治上有力地保证了改革开放的顺利进行，促进了我国政治、经济的向前发展。

3. 对新时代加强理想信念教育具有很强的现实意义

邓小平从保证社会主义现代化建设、维护安定团结、抵制精神污染、反对“和平演变”等不同角度强调了理想信念的重要性，并重点分析了如何卓有成效地开展理想信念教育。当前，我国正处于全面建成小康社会的决胜阶段，在实现“两个一百年”奋斗目标和中国梦的征途中，需要以坚定理想信念作为党的建设和思想政治教育重中之重的内容。习近平指出：“信仰、信念、信心，在任何时候都至关重要。”“无论过去、现在还是将来，对马克思主义的信仰，对中国特色社会主义的信念，对实现中华民族伟大复兴中国梦的信心，都是指引和支撑中国人民站起来、富起来、强起来的强大精神力量。”① 新时代、新形势、新任务，为理想信念教育提出了新要求和新课题。这就要求切实发挥新时代理想信念教育凝聚精神力量、激发进取精神、抵制错误思潮的功能，把广大党员干

① 习近平．在庆祝改革开放 40 周年大会上的讲话．人民日报，2018－12－19．

部和人民群众的思想和行动统一到党中央的重大判断和决策部署上来。

四、学习与思考

1. 为什么“要强调教育我们的人民特别是青年要有理想”？
2. 如何理解“四有”中理想和纪律特别重要？
3. 谈谈“一靠理想二靠纪律”对实现中华民族伟大复兴的重要意义。

《关于新时期军队政治工作的决定》导读

党的十一届三中全会以来，伴随着对内改革和对外开放战略的深入实施，人民解放军的历史使命发生了战略性转移，颁布新的军队政治工作决定的任务提上日程。在中央军委副主席杨尚昆的带领和指导下，《关于新时期军队政治工作的决定》起草小组经过深入调研、反复讨论和广泛征求意见，历时一年完成了草稿。1986 年 12 月，中央军委扩大会议在北京召开，对此进行了充分讨论。1987 年 1 月 27 日，中央军委颁布了《关于新时期军队政治工作的决定》（简称《决定》）。《决定》全面审视、系统阐释了军队政治工作的若干重大问题，对加强和改进新时期军队政治工作具有重要的长远的指导意义。1987 年 2 月 15 日，《中共中央批转中央军委〈关于新时期军队政治工作的决定〉的通知》（简称《通知》）下发，对《决定》的内容、意义等给予高度概括和评价，要求全党全军认真贯彻执行。

原文见《十二大以来重要文献选编》下卷，中央文献出版社 2011 年版，第 205～229 页。

一、写作背景

1. 国内外形势发生深刻变化

从国内环境来看，1978 年 12 月召开的党的十一届三中全会是新中国成立以来我们党历史上具有深远意义的重要会议，拉开了我国改革开放的帷幕，实现了全党工作重心的战略转移，标志着以经济建设为中心的社会主义现代化建设的全面启动。在中国共产党的坚强领导下，全国各族人民同心同德，鼓足干劲，迅速发展社会生产力，为建设社会主义现代化强国而矢志不渝地奋斗，我国由此进入了崭新的历史发展时期。自觉服从党和国家工作大局，是党和人民赋予军队的光荣职责，也是军队义不容辞的政治责任。在国内形势发生变化之际，人民军队必须因势利导，深刻把握所处历史方位，对军队建设的指导思想、目标、任务等做出相应的调整，以更好地适应党和国家工作重心的大转移、更好地服务于实现现代化建设的总目标。从世界形势来看，以邓小平同志为核心的第二代中央领导集体高瞻远瞩、审时度势，认为在较长时间内不发生大规模的世界战争是有可能的，维护世界和平是有希望的。邓小平多次在不同场合指出，国际形势趋向缓和，世界处在相对和平的环境中，这就改变了我国多年来认为世界战争不可避免甚至迫在眉睫的看法。在和平稳定的环境下，争取一切有利条件加快现代化建设速度、迎头赶上世界先进水平刻不容缓。基于对国际形势的科学研判，面对新使命新考验，人民军队需要从过去随时准备打仗的临战状态或半临战状态转移到和平建设的轨道上来，军队政治工作亟待提升服务大局的能力和水平，在新的时代变革中更好地发挥自身优势，通过强有力的政治工作有计划、有步骤地推进军队现代化建设，为把我军建设成为具有中国特色的现代化、正规化的革命军队奋勇向前。

2. 军队政治工作面临严峻考验

国际国内形势的深刻变化、党和国家工作重心的战略转移对整个社会的政治、经济、文化等各个方面都产生了广泛而持久的影响，军队政治工作也面临新形势新任务，不仅给军队建设营造了有利的氛围，同时也带来了严峻的考验。例如，相对和平安定的环境给军队建设提供了大好时机，但易于使人们淡化国防观念，思想麻痹，松懈斗志，滋长不愿过紧张艰苦生活的情绪，减弱搞好军队建设的责任感和紧迫感；改革开放政策的实施促使官兵的思想、观念和精神状态发生积极的变化，但也会带来某些消极的因素；现代科学技术在部队中的应用激发了官兵的学习热情，也容易使一些人产生误解，轻视政治和政治工作；一批批有知识、有文化的中青年干部走上领导岗位，为军队增添了更多的生机和活力，但他们缺乏革命战争的洗礼和艰苦环境的锻炼，对我国人民和军队的奋斗历史缺乏了解，对党和军队的优良传统体会不深①。面对方方面面的挑战，如何继续深化政治工作在服务中心任务中的生命线作用，如何巩固政治工作在现代化正规化革命军队建设中的地位，如何在政治工作中实现继承优良传统和改革创新的有机结合，这些都是军队政治工作在理论上和实践中必须着力思考、用心回答的问题。围绕进一步加强和改进军队政治工作这个重大课题，亟须加强顶层设计和统筹谋划。

3. 军队政治工作正反两方面的经验

中国共产党领导下的人民军队走过了不平凡的发展历程，既经历了荣耀和光辉，也充满了苦难和曲折。在此期间，我们党积极探索、勇于实践，对军队政治工作的特点、规律等的认识愈发深刻成熟，积累了正反两方面丰富的经验与教训，《决定》对此进行了概括总结。1929 年的古田会议、1948 年的新式整军运动等都是新民主主义革命时期我军发展史上具有重大意义的标志性事件，推动着军队政治工作克服一个又一个难关、取得一个又一个胜利，不断迈入新的发展阶段。经过几十年的积累，军队政治工作的理论体系更加完整，实践功能更趋完善。新中国成立后，军队的政治工作在特定时期曾受到“左”的指导思想的影响，错误地开展了反“教条主义”斗争和批判“资产阶级军事路线”，给军队建设造成了很大损害。“文化大革命”期间，“政治可以冲击一

① 中共中央文献研究室．十二大以来重要文献选编：下．北京：中央文献出版社，2011：211-212.

切”的理念更是严重地破坏了军队的政治工作，留下了惨痛的历史教训[①]。粉碎“四人帮”以后，邓小平高度重视、密切关注军队的政治工作建设及其进展状况，立足实际提出新论断、发表新指示，为全面肃清“四人帮”对军队政治工作的不良影响、努力做好新形势下的军队政治工作奠定了坚实基础。1978年6月，全军政治工作会议召开，邓小平在会上强调要坚守实事求是的思想路线，坚持一切从实际出发，研究和解决在新的历史条件下怎样恢复和发扬政治工作的优良传统、提高我军战斗力的问题。鉴于此，有必要重新制定一部具有较强的理论性、思想性、针对性的文件，科学解答新时期军队面临的种种问题。

二、基本思想

1. 阐述新时期人民解放军的历史责任及军队政治工作的重要性

军队政治工作需要因势而变，“必须随着党的任务的变化和军队建设的发展而发展”[②]。《决定》首先分析了党的十一届三中全会以来军队建设快速发展的趋势以及在多个方面取得的成就，明确提出了我国各族人民当前和今后一个长时期内的主要任务是“加紧社会主义现代化建设，争取实现包括台湾在内的祖国统一，反对霸权主义、维护世界和平”[③]。在实现这三大任务的过程中，人民解放军肩负着不可推卸的重大历史责任。新时期开启新征程，新使命呼唤新作为，为了更好地履行在三大任务中的职责，军队自身建设刻不容缓，“必须把我军建设成为一支强大的现代化正规化的革命军队”[④]。军队自身建设离不开强有力的政治工作，这是我军的生命线，是我军区别于其他军队的真正优势。然而，在内外环境发生变化的情况下，军队政治工作面临许多新的挑战。《决定》辩证分析了国际国内形势的迅速发展以及我军内部的诸多变化给军队政治工作带来的积极的和消极的影响，从多个角度指出了当前我军政治工作面临的重大考验，并告诫全军同志“新时期我军政治工作的任务不是减轻了，而是加重了，要求更高了，工作的难度也更大了。政治工作只能加强，不能削弱”[⑤]。进一步统一了全军的思想认识、明确了今后的努力方向，使政治工作能够更加适应军队建设的现实需要，更好地服务于党和国家事业发展的大局。

2. 确立军队政治工作的基本指导思想

由于党和国家的任务、军队的任务发生了变化，军队的政治工作任务随之发生变

---

① 中共中央文献研究室. 十二大以来重要文献选编：下. 北京：中央文献出版社，2011：207-208.
② 同①208.
③ 同①209.
④ 同①210.
⑤ 同①212-213.

化，这决定了军队政治工作的指导思想必须有战略性转变，以适应形势发展的客观需要。《决定》明确指出：“新时期我军的政治工作，必须服务于国家的社会主义现代化建设，服务于军队的现代化建设，从政治上、思想上、组织上保证党对军队的绝对领导和人民军队的性质，保证军队的社会主义精神文明建设，保证军队内部的团结和军政军民团结，保证军队战斗力的提高和各项任务的完成，动员和团结全体官兵把我军建设成为具有中国特色的现代化正规化的革命军队。”① “两个服务四个保证”构成了新时期我军政治工作的基本指导思想。《决定》进一步分层次阐释了确立新的指导思想的客观依据：国家的社会主义现代化建设体现了全国各族人民的根本利益，政治工作必须服从大局需要；军队的现代化建设是我军全部工作的中心，政治工作必须紧紧围绕这个中心；我军是中国共产党领导的中华人民共和国的武装力量，以人民的利益为最高利益，政治工作必须保证党对军队的领导和全心全意为人民服务的宗旨；社会主义精神文明建设是社会主义建设的战略目标之一，政治工作必须保证精神文明建设的不断加强；军队内部的团结和军政军民团结是我军力量的深厚源泉，政治工作必须保证各方面的密切合作和坚强团结；强大的战斗力是部队一切工作的着眼点，政治工作必须保证部队战斗力的提高和各项任务的完成。总的来说，《决定》从当时国家建设、军队发展的实际需要出发，强调了政治工作的服务和保证作用，明确了今后军队政治工作的发展方向，为新时期军队政治工作提供了行动指南。

3. 指出军队政治工作必须坚持传承和创新相结合的原则

在继承中发展，在发展中创新，是我军不断发展壮大的根本前提。《决定》强调指出：“单纯强调情况变化而贬低甚至否定优良传统，是不对的。墨守成规，固守已有的经验，不注意研究新情况、新问题，也是不对的。”② 军队思想政治工作必须坚持传承和创新相结合，二者缺一不可。首先要继承发扬优良传统，主要包括坚持党的领导的原则、全心全意为人民服务的宗旨、遵守三大纪律八项注意等传统，这些都是我军在长期的革命斗争实践中总结提炼的宝贵经验，反映了我军的本质，是我军政治工作最富有生命力的原则和内容，“全军同志都应该继承和发扬这些传统”③。其次要在继承发扬优良传统的基础上不断改革创新。国际国内环境的变化和军队建设指导思想的转变要求政治工作必须在继承优良传统的基础上不断改革创新，否则不仅会缺乏活力，也无法实现真正的继承。《决议》指出，经过前期的拨乱反正，我军政治工作在许多方面取得了新进展，但同形势的发展仍有不适应的地方，而改革创新是永无止境的过程，军队政治工作在很多方面还需要不断强化、大力改进，更好地适应新时期军队建设和未来反侵略作战的要求。

4. 规定新的历史条件下我军政治工作的主要内容

军队政治工作的主要内容与党和国家的建设重点以及军队的建设任务密切相关，

---

① 中共中央文献研究室. 十二大以来重要文献选编：下. 北京：中央文献出版社，2011：213.
②③ 同①215.

“为了贯彻落实党中央关于社会主义精神文明建设指导方针的决议所提出的要求，贯彻我军政治工作的指导思想，各部队要适应新时期的需要开展政治工作”①。在新的历史条件下，军队政治工作的主要内容发生了深刻变化，《决定》对此从八个方面进行详细说明：一是加强以理想、纪律为重点的思想教育，这是部队思想教育的首要任务，体现为三个方面的具体要求，分别是坚定理想和信念、培养高尚的道德以及增强纪律观念和法制观念。二是健全和发展部队的民主生活，主要包括政治民主、经济民主和军事民主。三是培育部队的优良作风，即实事求是、艰苦奋斗、联系群众、公道正派、谦虚谨慎、团结互助、雷厉风行、英勇顽强的优良作风。四是注重科学文化教育，培养军地两用人才，实行军事训练、政治教育、科学文化教育、民用技术训练一体化的培养模式。五是加强军事训练、科学研究和后勤保障中的政治工作，在多个领域充分发挥军队政治工作的服务和保证作用。六是大力开展军民共建精神文明，进一步密切军政军民关系，加强我军精神文明建设。七是做好基层政治工作，通过加强党支部建设、加强党支部对连队的组织领导、密切官兵关系、改善连队物质文化生活、选配好连长指导员等方面入手，把军队建设和政治工作的许多任务落实到基层。八是加强干部队伍建设，全面正确地贯彻革命化、年轻化、知识化、专业化的方针，打造具有良好的军政素质和科学文化素质的干部队伍。

5. 明确对政治机关和政治干部的要求

政治机关和政治干部是军队政治工作的组织者、实施者，是政治工作顺利推进以及取得预期成效的重要依靠，“建立和提高政治工作的威信，主要靠政治机关、政治干部贯彻党的路线，保持良好作风，做出优异成绩，发挥模范作用”②。《决定》既从大处着眼，对军队政治工作的指导思想、任务、原则、方法等重大问题进行了详细阐释；又从小处着手，对政治机关和政治干部如何开展工作提出了具体要求。《决定》立足政治机关工作中存在的问题，指出“政治机关要加强自身的思想建设、组织建设和业务建设”③，并列出了今后需要着力改进的事项，如“模范地执行上级指示和同级党委的决议，认真履行自己的职责”；“正确行使职权，尊重下级机关和基层应有的权力”；“正确实施思想领导和业务指导，既不乱加干预，又不放任自流”④，对政治机关如何更好地履行职责做出了相应规定。提高政治干部队伍素质，是加强和改进政治工作的重要一环，《决定》对政治干部提出了具体要求，如“热爱政治工作”“掌握一定的军事知识和相关的业务知识”“言行一致”⑤，并指出政治机关要对政治干部的学习培训等做出规划，为政治干部的成长提供了必要的条件支持。

---

① 中共中央文献研究室．十二大以来重要文献选编：下．北京：中央文献出版社，2011：216．
② 同①226．
③ 同①226．
④ 同①226-227．
⑤ 同①227．

6. 强调各级党委要成为部队统一领导和团结的坚强核心

加强党的领导是做好军队政治工作的根本前提和必要保障，军队党组织建设是党的建设的重要领域。《决定》指出：“把各级党委建设成为部队统一领导和团结的坚强核心，对于坚持军队建设的正确方向，加强和改进政治工作，完成党和国家赋予我军的任务，具有决定性的意义。”[①]《决定》明确了党组织建设对于现阶段军队政治工作的重大意义。《决定》进一步就如何加强党的集中统一领导、如何夯实党对军队绝对领导的组织基础等提出了改进意见，主要包括：“各级党委特别是军以上党委，要以主要精力抓方针政策问题，抓党的建设和思想政治工作”“要坚持民主集中制”“党委对部队的各项建设要统一领导，统筹安排”“要提高党内生活的思想性、原则性，增强党委的团结”“要严格党的纪律，加强党风建设”[②]；等等。这些意见旨在从不同角度着力增强党组织的领导力、组织力、凝聚力，锻造坚强有力的军队党组织，为军队在新时期更好地完成党和人民赋予的历史使命奠定坚实的基础。

三、重要意义

1.《决定》完善了军队政治工作的理论体系

从 1927 年人民军队创建到 1987 年颁布《决定》，历经了六十年的不懈探索，军队政治工作得到长足发展，逐渐形成了一整套涵盖指导思想、方针原则、内容方法等在内的理论体系，并在不同的历史时期经过实践的反复检验而不断升华。党的十一届三中全会以后，党和国家的中心任务发生战略性转移，军队政治工作面临的考验与机遇并存。在充分汲取以往理论精髓的基础上，《决定》对原有的军队政治工作理论体系进行了充实，这主要体现为两个方面。一是对一些基本概念重新进行理论上的阐发。理论是行动的先导，为了解决新时期军队政治工作实践中面临的新问题，理论的建构必须走在前。军队政治工作的指导思想、主要内容、基本方法等概念不是一成不变的，也并非首次出现在军队政治工作文件中，我们党在不同的历史时期曾多次对其内涵进行界定。在新的历史条件下，《决定》结合现实需要赋予了军队政治工作有关基本概念以新的理论内涵。例如，在基本指导思想中增加了“服务于国家的社会主义现代化建设，服务于军队的现代化建设”的表述，使之具有强烈的现实针对性和鲜明的时代特征。二是结合形势的发展变化提出了新论断。以理论创新引导伟大实践是我军政治工作的一贯做法，这在《决定》中亦有显著的体现。例如，《决定》首次提出了“尊重历史、立足现实、着眼未来”的十二字方针，为我军政治工作的改革创新提供了遵循；

---

① 中共中央文献研究室．十二大以来重要文献选编：下．北京：中央文献出版社，2011：228.
② 同①228-229.

首次强调新时期政治工作的“两个服务四个保证”作用，指出我军的生命线就体现在其服务和保证之中，将二者统一了起来，拓展了“生命线”理论的内涵。总的来说，《决定》从多个方面完善了军队政治工作的理论体系，充实了军队政治工作的理论宝库，因而更有效地发挥了指导实践的作用。

2.《决定》推动了军队政治工作的固本开新

党的十一届三中全会以来，随着党的路线、方针、政策的贯彻落实，现代化建设事业稳步推进，军队建设走上了全面发展的快车道。然而，拨乱反正是一个循序渐进的过程，“左”倾错误观念的影响在短时间内无法彻底消除；而改革、开放、搞活的环境又不断给军队政治工作带来新挑战。因此，我军政治工作的现状同形势的发展要求并不能完全适应，如“政治教育的内容和方法需要继续改进，干部制度和政策需要逐步完善，政治机关的体制要继续改革，工作作风和工作方法也需要大力改进”①，这给军队政治工作的推进带来了消极的影响，在一定程度上阻碍了军队政治工作服务和保证作用的发挥。问题是时代的声音，《决定》直面问题本身，不仅发现问题、提出问题，而且研究问题、解决问题，强调在继承优良传统的基础上改革创新。一方面，《决定》高度重视传承，邓小平在起草之初就指示要把古田会议以来好的经验都总结进来。《决定》梳理了我军几十年来的发展历程，对长期以来经过不断总结、发展和完善而形成的优良传统进行了全面概括，要求大力继承和发扬，不断吸取有益经验为新时期所用。另一方面，《决定》特别强调创新，倡导解放思想，克服因循守旧的习惯，深入实际分析问题，以此促进制度的健全完善、内容的丰富生动、方法的灵活多样等。总的来说，在传承中发展、在发展中创新的思维贯穿《决定》整个文本之中，它既充分借鉴了军队政治工作的理论成果，又实现了军队政治工作指导思想、方针原则、内容方法的与时俱进，着力破解了军队政治工作实践中存在的顽瘴痼疾，在守正创新中推动新时期军队政治工作强起来，对于保证军队的革命化、现代化、正规化建设，保证军队完成保卫祖国、建设祖国的光荣任务，具有长远的指导作用。《决定》的意义并不局限于军队政治工作，中共中央下发的《通知》指出：“中央军委这个决定的基本精神，对各地方、各部门、各条战线做好思想政治工作，都是适用的。”② 《决定》蕴含的思想政治工作原则、方法等具有普遍适用性，为推动其他领域思想政治工作的创新发展发挥了重要的示范作用。

3.《决定》对新时代强军事业具有借鉴意义

《决定》是在拨乱反正的背景下颁布的，是一个总结过去、立足当前、展望未来的纲领性文件。它梳理了军队政治工作几十年的曲折历程，总结了改革开放以来军队政治工作的新鲜经验；回应了全军上下的现实关切，提出了一系列创新性的思路、观点和

① 中共中央文献研究室．十二大以来重要文献选编：下．北京：中央文献出版社，2011：216.

② 同①205-206.

举措；考虑到了军队政治工作的长远需要，提升了对军队政治工作的规律性认识。《决定》具有强烈的针对性和高度的前瞻性，既有利于破解当前一个阶段军队政治工作面临的新问题，又能在未来一个较长的时期内对军队政治工作发挥指导作用，其中的一些提法沿用了很长时间，在后来颁布的《军队政治工作条例》中仍有体现，为改革开放以来的强军事业奠定了根基。在中国特色社会主义进入新时代的今天，尽管军队肩负的历史使命、政治工作状况与《决定》颁布时相比有所不同，但《决定》中的很多论述历久弥新，依然具有重要的理论价值和实践意义。例如，关于如何认识社会主义建设时期政治工作的问题，《决定》总结了历史上重大事件、重大问题留给我们的经验教训，纠正了人们认识上的模糊不清和行为上的偏颇之处，竭力避免了政治工作中的“左”倾、右倾错误，使政治工作重新走上了正确的发展道路。既不过分强调，也不忽视贬低，始终把握政治工作的正确方向，这是《决定》对军队政治工作地位和作用的定位。再如，《决定》不是就军队建设而谈军队建设，也不是就政治工作而谈政治工作，而是从大局出发，以整体的视角和开阔的眼光审视军队政治工作在整个军队建设以及国家社会主义现代化建设中的历史职责，将军队政治工作的作用概括为“两个服务四个保证”，并将之与“生命线”理论相融入，对于新时代加强和改进军队政治工作具有重大启示。社会在发展，时代在变化，军队政治工作面临着层出不穷的新问题，我们更加需要深刻理解《决定》的核心要义，充分汲取《决定》的理论精髓，站在前人的肩膀上把新时代强军事业推向更高的发展阶段。

四、学习与思考

1.《关于新时期军队政治工作的决定》指出，政治工作是我军的生命线，具体体现在“两个服务四个保证”之中。如何理解这句话的时代背景及其深刻内涵?

2. 试述新的历史条件下我军政治工作的主要内容。

3. 在中国特色社会主义进入新时代的今天，军队政治工作如何实现继承优良传统基础上的改革创新?

《关于职工思想政治工作的若干问题》导读

1990年5月18日，李瑞环在中国职工思想政治工作研究会第六次年会上发表了题为《关于职工思想政治工作的若干问题》的重要讲话。他深刻阐述了思想政治工作的地位、原则和方法，指出了当时企业思想政治工作的主要任务，并认真总结了职工思想政治工作的成功经验，要求加强领导、振奋精神，把企业思想政治工作提高到新水平。《关于职工思想政治工作的若干问题》为加强和改进企业思想政治工作指明了方向，是新时期思想政治工作的一篇重要文献。

原文见《十三大以来重要文献选编》中卷，中央文献出版社2011年版，第453～482页。

一、讲话背景

1. 企业经营形势严峻，职工思想产生不稳定情绪

20世纪80年代，我国经济持续高速发展以至于出现经济过热，出现了严重的通货膨胀和抢购风潮，社会秩序受到较大影响。中央采取了稳定政治、经济和社会等一系列重大措施。但是，企业面临的经济形势仍然比较严峻，多年积累下来的深层次问题尚未解决，再加上一些西方国家对我国实行经济制裁，各种矛盾交织，更加剧了问题的严重性和克服困难的艰巨性。部分企业资金短缺、效益下降，更有甚者处于停产或半停产状态。一些职工担心收入降低、福利降低、奖金减少甚至会失业，产生埋怨和不满情绪。这些波动都不同程度地影响了企业的生产经营活动，企业发展陷入低谷。在相当多的企业里，内聚力不强，一些职工中还存在情绪不顺、劲头不足、关系不协调等现象，影响着劳动生产率的提高。“全国总工会对十七个城市的四百四十七家企业作过抽样调查，情况表明，有相当多的企业职工出勤率没有达到历史最高水平，生产定额完成程度低于历史最好纪录，有效工时利用率有的也很低，有相当数量的职工劳动积极性没有得到充分发挥。”① 在这种情况下，做好思想政治工作，协调好各方面关系，理顺人们的情绪，团结一切可以团结的力量，调动一切积极因素，维护全国局势稳定，是压倒一切的政治任

① 中共中央文献研究室. 十三大以来重要文献选编：中. 北京：中央文献出版社，2011：462-463.

务。这就急切需要企业思想政治工作发挥作用，消除离心力，增强凝聚力，团结一致努力工作，谋求企业的生存与发展。

2. 职工参与改革积极性不高，思想政治工作实效发挥不明显

党的十三届四中全会以来，整个政治思想战线出现了新的转机，这是十分可喜的现象。中央和各级党委在治理整顿、稳定经济方面，在加强党的思想建设、作风建设和廉政建设方面，包括在解决体制、政策和管理等方面，都做了不少合民意、得民心的事情，所有这一切都使职工对消极因素的解决抱有希望。但是，在社会主义初级阶段，“旧社会遗留下来的痕迹不可能马上消除，旧思想、旧观念、旧习俗会经常纠缠人们的头脑”[①]。部分职工对改革开放持观望态度，参与的积极性不高。改革所带来的利益调整，在职工思想道德方面引起种种新的矛盾和困惑，风云变幻、错综复杂的国际环境和国内一定范围的阶级斗争，对职工的思想不断产生冲击。有许多情况证明，思想政治工作离开了调动积极性这个基点，往往效果不好，或流于空谈、说教，或成了形式主义、花架子，甚至引起职工的反感，挫伤了职工积极性，玷污了党的思想政治工作声誉。1990 年 3 月，中共中央召开了十三届六中全会，审议通过了《中共中央关于加强党同人民群众联系的决定》。强调人民群众是党的力量源泉和胜利之本，各级领导干部必须经常深入基层，深入群众，扎扎实实做好工作，把党的路线、方针、政策落到实处。各地区、各部门都要根据各自的实际情况，制订实施细则，认真落实。要求企业加强思想政治工作，采取有效的具体措施，把学习和贯彻中央精神执行到位。

3. 企业重视思想政治工作不够，精神文明建设存在滑坡

党的十一届三中全会以后，党中央批判了过分拔高思想政治工作的做法，纠正了形而上学盛行，严重脱离实际、脱离群众，败坏思想政治工作形象和声誉的一些错误做法，逐步把思想政治工作转移到了为改革开放和社会主义现代化建设服务的正确轨道上来。党中央明确提出了“两个文明一起抓”，邓小平对思想政治工作、精神文明建设发表了许多重要讲话。同时，党中央先后发出了《国营企业职工思想政治工作纲要（试行）》和《关于加强和改进企业思想政治工作的通知》等，都起到了积极作用。但是，“在转折时期也出现了许多复杂的情况和问题，特别是由于中央个别领导同志错误指导思想的影响，曾经出现了忽视、贬低思想政治工作的倾向，直至发展到以‘改造’为名，严重削弱甚至取消思想政治工作，带来了极其恶劣的后果”[②]。金钱至上、个人物质利益至上而轻视精神得失的现象有所滋长，甚至有人认为，既然以经济建设为中心，那么思想政治工作就可有可无了。在这样的大环境影响下，一些企业重物质文明建设，轻精神文明建设；注重物质产品的生产，忽视人的思想道德素质，导致一些企业思想政治工作流于形式。

---

① 中共中央文献研究室．十三大以来重要文献选编：中．北京：中央文献出版社，2011：456.

② 同①454.

在有些企业中，有的干部由行政岗位改行做思想政治工作，理论水平不高、实践经验不够，工作的实效性往往大打折扣。

二、基本内容

1. 阐释思想政治工作的地位和作用

企业思想政治工作是企业管理不可或缺的重要组成部分，是促进企业不断发展的强大精神动力，是推动改革开放和现代化建设的重要保证，所以要科学认识思想政治工作的地位和作用，不能停留在朴素的感性阶段上，必须从理论上加以研究和探讨，提高做好这项工作的自觉性。李瑞环指出，思想政治工作不仅是贯彻党的基本路线的可靠保证和凝聚全民族力量的重要途径，而且是实现远大理想的必需条件、社会主义企业的内在要求和协调人际关系的基本方法。首先，针对当时一些企业只注重经济效益，忽视、动摇甚至否定思想政治工作，为企业的利益不惜损害国家利益、职工利益和消费者利益，甚至出现了生产经营方向不端正等恶劣现象，《关于职工思想政治工作的若干问题》指出，只有切实加强思想政治工作，才能保证企业坚决贯彻执行党的各项方针政策和国家的法律、法令，保证企业坚持社会主义的性质和方向，保证工人阶级在企业的主人翁地位，调动广大职工的积极性，增强企业的凝聚力和向心力。李瑞环指出："能否坚定正确地坚持党的基本路线，关键在于正确地理解四项基本原则和改革开放这两个基本点的相互关系，在于自觉地把两个基本点有机地结合起来，贯彻到各项工作中去。而要做到这一点，不能没有相应的、强有力的思想政治工作。"① 其次，《关于职工思想政治工作的若干问题》十分重视思想政治工作对企业职工的作用，提出思想政治工作是协调企业人际关系的基本方法，认为"在社会主义社会中，最广大的社会成员的根本利益是一致的，在共同的理想、共同的目标、共同的道德要求下形成良好的人际关系，这是社会主义优越性的一个重要体现"②。由于社会经济和文化不够发达，不同经济成分的存在，由于地区和民族经济、政治、文化发展很不平衡，在人际关系方面出现的不协调现象还会相当广泛、突出和长久。李瑞环指出："协调人际关系，简单地用行政命令的方法不行，用强制压服的方法不行，只能用民主的说服的方法，互相沟通以达到互相理解的方法，从团结的愿望出发，经过批评与自我批评，达到新的团结的方法，也就是我们讲的思想政治工作的方法。"③ 最后，《关于职工思想政治工作的若干问题》强调，思想政治工作是坚持唯物史观的应有之义，是实现远大理想的必需条件。马克思主义唯物史观认为，人是生产力中最活跃的因素，重视思想政治工作就是重视人民群众在创造历史过程中的巨大主观能动作用，就是重视企业职工在发展生产力中的决定性作用，忽视、否定思想政治工作就偏离了马克思主义唯物史观，就谈不上实现远大理想的历史

---

①② 中共中央文献研究室. 十三大以来重要文献选编：中. 北京：中央文献出版社，2011：458.
③ 同①458-459.

使命。李瑞环指出："任何削弱、否定、取消思想政治工作的观点和做法，都是错误的，都是有害的，都是不能允许和必须坚决反对的。"①

2. 明确企业思想政治工作的主要任务

李瑞环从实现经济持续、稳定、协调发展，挖掘企业潜力，培养"四有"新人等方面论述了调动职工积极性问题，指出当前企业思想政治工作的主要任务，就是要充分调动广大职工的积极性。首先，只有充分调动职工积极性，才能实现经济的持续、稳定和协调发展。党的十三届四中全会以来，中央采取了一系列重大措施，治理整顿和深化改革取得了比较明显的成效，整个局势继续朝着稳定的方向发展，但是最根本的还是"人的问题，群众的问题，群众的情绪和群众的积极性、创造性的问题"②。李瑞环指出："所有企业的领导者和政工干部、行政干部，在分析经济形势、解决经济问题时，都必须注意从政治上看问题，从人的积极性上看问题，而不能只就经济谈经济，见物不见人。只有做好思想政治工作，把协调关系、理顺情绪的工作放在应有的位置上，把职工的积极性充分地调动起来，并合理地发挥出来，我们才能较好地解决面临的问题和困难，实现我国经济持续、稳定、协调的发展。"③ 其次，只有充分调动职工积极性，才能把企业的巨大潜力发挥出来。虽然中央和各级党委、政府以及广大基层同志的共同努力，广大职工参与治理整顿、深化改革的积极性不断提高，但"在相当多的企业里，内聚力不强，一些职工中还存在着情绪不顺、劲头不足、关系不协调的现象，影响着劳动生产率的提高"④。必须充分重视这些问题，化解好各方面存在的不稳定因素，团结一切可以团结的力量，调动一切积极因素，使社会稳定具有牢固的基础。调动职工积极性必须注意外部环境和自身素质等各种因素，统筹谋划，综合考虑，解决好体制、政策和管理等一系列问题。最后，充分调动职工积极性，也是企业思想政治工作长远的根本任务。李瑞环指出："思想政治工作就是要提高人的思想觉悟和认识能力，调动和保护人的积极性，启发人的创造力，激励、鼓舞人们前进，使人们的聪明才智得到充分的发挥。"⑤ 因此，企业只有认真听取群众意见，安抚好职工情绪，协调好职工关系，才能使广大职工对国家和企业的政策听得进，并自觉付诸行动，只有这样才能真正确立思想政治工作自身的地位。

3. 总结职工思想政治工作的成功经验

第一，坚持以经济建设为中心，密切结合经济工作一道去做。思想政治工作要不要结合经济工作去做？究竟落实到哪里？这是思想政治工作必须认真对待的重大课题。1955 年，毛泽东就指出，政治工作是一切经济工作的生命线。同时又强调，它要结合

---

① 中共中央文献研究室．十三大以来重要文献选编：中．北京：中央文献出版社，2011：460.
② 同①461.
③④ 同①462.
⑤ 同①464.

着经济工作一道去做，不能孤立地去做。党的十一届三中全会以后，党的工作重心转移到经济建设上来，思想政治工作和党的其他工作一样，理所当然地要服务于经济建设这个中心，这是一个不可动摇的原则。“多年来正反两方面的经验证明，企业思想政治工作只有结合经济工作一道去做，才会取得成效和富有生命力。”① 在企业中，职工的主要实践活动是生产和经营。职工的喜怒忧乐、情绪起伏，不少是发生在生产、经营过程之中的。国家、企业、个人之间的利益协调，大都直接或间接地与生产、经营有联系。思想政治工作只有渗透到生产、经营、管理、服务、分配等各个环节，才能及时把握职工的思想脉搏，找到解开“扣子”、化解矛盾的办法，才能使思想政治工作具有针对性和有效性，才能发挥职工群众的主动性、积极性和创造性。“离开了这一条，我们的教育工作就失去了依托，就不能落实，企业就不欢迎，群众也会有反感。”②

第二，坚持先进性与广泛性的统一，正确处理提倡先进道德同执行现行政策的关系。改革开放以来，多种经济形式和多种分配方式的出现，导致我们在道德教育和宣传方面遇到一些新的情况和问题。道德规范与经济政策二者不能混同或互相替代。经济政策是规定性的，道德规范是倡导性的，如果把二者混同起来，就会给思想政治工作和实际工作带来极大的损害。《关于职工思想政治工作的若干问题》指出：“近几年来，我们的经济政策总的是对头的，但又出现了放松道德教育，有时把现行政策界限等同于道德规范的现象，忽视了对于先进道德的提倡和鼓励，使得损人利己的个人主义和‘一切向钱看’的拜金主义思潮泛滥。”③ 这是我们必须汲取的教训。因此，努力寻求道德建设与经济政策的具体的历史的统一，是思想政治工作的一个重要课题。李瑞环强调：“在实际工作中，我们应根据不同对象的情况、不同时期的实际，讲究道德的层次性，注意工作的渐进性，明确区分应当提倡的、必须做到的、允许存在的和坚决反对的，既照顾多数，又鼓励先进，连结和引导不同觉悟程度的人们一起向上。”④ 为此，要大力倡导社会公德和职业道德，大力倡导国家利益、集体利益、个人利益相结合的集体主义精神，大力倡导勤奋劳动、诚实守信、互助友爱的精神。对于职工中的共产党员、先进分子，尤其是党员领导干部，要提出更高的要求，引导他们树立远大理想，发扬奉献精神，身体力行共产主义道德。总之，先进的思想道德必须提倡，现行的经济政策必须执行。只有这样，现行经济政策才能发挥更大的威力，思想道德教育才能收到更好的效果。

第三，坚持自我教育和正面教育，重视群众在教育中的积极因素和主动精神。坚持以正面教育为主的方针，实际上是一个相信真理的力量、相信人民群众基本觉悟的问题。自我教育即人民群众自己教育自己，不仅决定了教育内容以及教育者与教育对象之间的平等关系，而且决定了必须采取启发式的教育方法。李瑞环指出：“对人民群众的各种教育，都必须采取耐心说理、平等讨论、互教互学等民主的方式方法。启发式教育的意义在于，开掘和发挥教育对象内在的积极因素，使思想教育的过程成为信息交流、思想交流和感情交流的过程，使教育者发出的思想信息被顺畅地接受，并产生共鸣，从而增强

① 中共中央文献研究室．十三大以来重要文献选编：中．北京：中央文献出版社，2011：466-467.
② 同①467.
③ 同①468.
④ 同①468-469.

教育效果。”① 在思想政治工作中依靠群众进行自我教育的原则，以及坚持以正面教育为主的方针，是马克思主义的工作方法，也是我们党的优良传统。自我教育同理论“灌输”并不矛盾，马克思主义理论不可能在工人运动中自发产生，只有经过宣传教育才能为工人阶级所掌握。从根本上说，人民群众掌握马克思主义理论，也就是人民群众自己教育自己，用马克思主义的世界观和方法论来教育自己的过程。坚持正面教育为主必须抓好理论武装工作，最有效的方法是开展树先进、学先进的活动，在全社会逐步形成学习先进典型、爱护先进典型、尊重先进典型的良好风气。当然也绝不意味着放弃必要的思想斗争，认真开展批评和自我批评，过去、现在和今后都是克服思想上的偏差和片面性、克服资产阶级自由化的影响和其他各种错误倾向的影响，做好思想政治工作的重要方法。

第四，坚持为群众办实事，把解决思想问题同解决实际问题结合起来。解决思想问题和解决实际问题相结合，是马克思主义物质利益原则在思想政治工作中的具体运用，是党的思想政治工作的优良传统，也是思想政治工作的重要原则、内容和方法。1934 年 1 月，毛泽东指出：“解决群众的穿衣问题，吃饭问题，住房问题，柴米油盐问题，疾病卫生问题，婚姻问题。总之，一切群众的实际生活问题，都是我们应当注意的问题。”② 1942 年 12 月又指出：“一切空话都是无用的，必须给人民以看得见的物质福利……并在这个基础上一步一步地提高他们的政治觉悟与文化程度。”③ 企业思想政治工作必须强化对这一点的认识，企业职工存在的思想问题，有相当一部分是由于实际问题得不到妥善解决。这种因实际困难而产生的思想问题，不从解决实际问题入手，仅仅靠空洞的说教是解决不了的。只有为群众办实事，想群众之所想，急群众之所急，扎扎实实为群众办实事，把党的温暖送到群众心上，让群众从切身利益的小事中领悟某些大道理，增进对集体、对社会主义的亲近感，从而在生产和工作中迸发出积极性、创造性。李瑞环指出，企业思想政治工作者要善于讲道理、摆事实，帮助职工群众解开思想疙瘩和心理困惑。如果不从解决实际问题入手，思想政治工作就插不进去、贴不上身，就无法取得工作的基本条件和主动权。

第五，坚持以人为本，寓教于乐，增强思想政治工作的吸引力、说服力。“尊重人、理解人、关心人，就是坚持这一根本宗旨和群众观点在思想政治工作中的体现。”④ 思想政治工作是做人的工作，只有努力使人们感到受尊重、关心、理解，才能启发他们自觉地提高主人翁责任感，接受党的思想政治引导，发扬积极创造精神，克服自己身上的消极东西。强调这一点，绝不是不讲原则、放松管理、取消批评，绝不是迁就不合理的要求，或容忍不守纪律的行为，也绝不是不分敌我，否认阶级斗争。只有这样，才能把原则性的严肃批评同尊重人、理解人、关心人很好地统一起来。追求丰富多彩的精神文化生活是人类固有的特性，不断满足人们对精神文化的需求，是社会主义建设的重要目标。我们把思想政治教育的内容寓于文化娱乐活动之中，也是文化娱乐活动健康发展的需要。要根据职工特别是青年职工求知、求美、求乐、求新的特点，针对不同年龄、性别、文

---

① 中共中央文献研究室．十三大以来重要文献选编：中．北京：中央文献出版社，2011：470.

② 毛泽东．毛泽东选集：第 1 卷．2 版．北京：人民出版社，1991：136-137.

③ 毛泽东．毛泽东文集：第 2 卷．北京：人民出版社，1993：467.

④ 同①475.

化层次的人们的需求和兴趣，开展多种多样的活动。李瑞环强调："我们一定要努力为群众提供越来越多的健康、美好、有益的精神产品，组织好丰富多彩的文化、娱乐、体育活动，并把我们提倡的东西渗透、融化进去，把人们的精神空间和业余时间充实起来。"①这样才能把那些有害的、丑恶的东西排挤出去，用社会主义的和健康有益的思想文化占领阵地。为了使寓教于文、寓教于乐的活动更加丰富、更加广泛、更加深入地开展起来，还要从经济、法律、行政等方面采取适当的措施，提供必要的条件，研究如何更好地使群众在多种文化娱乐活动中受到潜移默化的教育。

第六，坚持言教与身教结合，发扬严于律己、以身作则的优良作风。李瑞环指出："思想政治工作要真正说服人，一靠真理的力量，二靠人格的力量。所谓真理的力量，就是宣传者、教育者讲的东西必须合乎实际，反映事物的本质和社会进步的趋势；所谓人格的力量，就是宣传者、教育者必须以身作则、言行一致，带头实践自己提倡的道德标准和价值观念。"② 言教与身教相结合，彰显的是真理和人格的力量。思想政治工作者只有按照自己说的去做，群众才会相信你说的是对的，要求别人做到的，自己首先做到，人家才会口服心服。你讲的道理人家才能听得进去，才能照着去做。有了这种人格的力量，真理的力量才能发挥。历史经验证明，有些思想政治工作收效不大，往往不是因为教育的内容失当，而是言教与身教相分离。"言行一致，则一言九鼎；言行相悖，则一文不值。只有严于律己，才能产生巨大的感召力量。"③ 以身作则，吃苦在先，享受在后，是共产党人的本色，也是党同剥削阶级政党相区别的最显著标志。李瑞环强调，我们已经进入社会主义现代化建设新的历史时期，思想政治工作的环境、任务、对象不同于战争年代，必须开创思想政治工作新局面，实现新目标。这就要求各级领导和干部必须以身作则、言行一致，切实克服脱离群众的种种弊端。

4. 强调加强企业思想政治工作队伍建设

第一，切实加强企业党组织对思想政治工作的领导。李瑞环指出，党的十三届四中全会以后，中央明确提出企业党组织要发挥思想政治工作的领导作用，切实把思想政治工作摆到重要地位。要求紧紧围绕调动职工积极性这个主要任务，结合各自的情况，确定好思想政治工作的主要内容和方法，有的放矢地解决好突出问题，使思想政治工作开展得更加富有成效。首先，要进一步健全机构，加强政工干部队伍的建设。凡是机构尚未理顺、职责尚未分清的，要按照有关规定，抓紧做好调整工作。其次，要抽调一批优秀人才，充实到专职政工干部队伍中去，逐步建立起对政工干部定期培训的制度，使他们不但有坚定的政治立场，而且有一定的理论水平、较宽的知识面，懂得本单位的业务。再次，企业党委要十分重视发挥各个方面的积极性，把行政、工会、共青团及其他方面的力量都调动起来，真正做到齐抓共管，形成做好思想政治工作的合力。同时要发挥共产党员、共青团员、劳动模范、老工人和其他先进职工的积极性，形成专兼结合的宏大

① 中共中央文献研究室. 十三大以来重要文献选编：中. 北京：中央文献出版社，2011：474-475.
②③ 同①477.

队伍，努力扩大思想政治工作的覆盖面。

第二，重视做好企业思想政治工作人员专业职务评定工作。李瑞环提出，要通过评定专业职务工作，振奋精神，增进团结，使思想政治工作队伍进一步朝着革命化、专业化、正规化方向发展。为进一步抓好落实工作，他从四个方面阐述了如何搞好专职职务评定工作。一要加强领导，把这项工作列入党组织的重要议事日程，成立专门的、有权威的、人们信得过的评选组织或机构；二要制定专业职务评定的民主程序和工作程序，坚决防止各种各样的不正之风；三要严格按照标准办事，从实际出发，不能擅自改变和歪曲评定标准；四要强调发扬风格，要严于律已，先人后己。只有这样才能评出一个团结、进取的好风气，树立思想政治工作人员的好形象①。

第三，加强职工思想政治工作的科学研究，努力开创工作的新局面。李瑞环提出，随着改革开放的不断深入，国内外政治经济形势的变化以及企业职工构成的改变，给企业思想政治工作带来了许多需要认真研究的新课题，特别是如何在加强的前提下改进，在继承的基础上创新，是一个刚刚破题的大文章。比如，传统的企业思想政治工作经验如何与新的形势相结合，企业教育如何同学校教育、家庭教育、社会教育相衔接，厂长和书记、党政工团如何既分工又合作等等，都亟待我们去研究。同时，积极发挥各级职工思想政治工作研究会的作用，使其把基础性、超前性研究与应用研究、对策研究结合起来，取得更多对实际工作有指导意义和参考价值的研究成果。

三、重要意义

1. 有利于调动贯彻党的六中全会精神的积极性

党的十三届六中全会审议通过了《中共中央关于加强党同人民群众联系的决定》，强调人民群众是党的力量源泉和胜利之本。党能否始终保持和发展同人民群众的血肉联系，直接关系到党和国家的盛衰兴亡。党的十三届六中全会正确分析了国内外形势，总结了历史经验，针对当时存在的问题，重申了党的一切为了群众，一切依靠群众，从群众中来到群众中去的群众路线；号召要从实际出发，制订实施细则，特别要注意解决群众最为关心的问题，以实际行动为群众服务。《关于职工思想政治工作的若干问题》强调，调动广大职工的积极性是思想政治工作的主要任务，思想政治工作要重视和开发群众的主动精神，要坚持为群众办实事，对群众要热情服务、耐心教育，这些重要思想既与党的十三届六中全会的精神高度一致，也为贯彻落实党的十三届六中全会精神发挥了重要的指导作用。

2. 进一步丰富和发展了党的思想政治工作理论

《关于职工思想政治工作的若干问题》明确回答了思想政治工作为什么、是什么、做

① 中共中央文献研究室. 十三大以来重要文献选编：中. 北京：中央文献出版社，2011：480.

什么的问题，深刻阐述了思想政治工作的地位、原则、内容和方法，进一步丰富和发展了企业思想政治工作的理论体系，为企业思想政治工作指明了方向。新时期思想政治工作如何开展，具体讲就是思想政治工作的主要原则、内容和方法是什么以及如何创新的问题。《关于职工思想政治工作的若干问题》站在马克思主义唯物史观的高度，系统地回答了上述问题，增强了思想政治工作者贯彻落实企业思想政治工作的思想自觉和行动自觉，为企业进行思想政治工作提供了理论基础，是一篇新时期思想政治工作的经典文献。

3. 对企业思想政治工作具有重要的指导作用

《关于职工思想政治工作的若干问题》充分肯定了思想政治工作的地位和作用，提出了企业思想政治工作的主要任务，总结了思想政治工作的成功经验，有很强的指导性。新时期思想政治工作在《关于职工思想政治工作的若干问题》精神指引下，坚持以经济建设为中心，密切结合经济工作一道去做；坚持先进性与广泛性的统一，正确处理提倡先进道德同执行现行政策的关系；坚持自我教育，重视和开发群众在教育过程中的主动精神；坚持正面教育为主，善于用积极因素克服消极因素；坚持为群众办实事，把热情服务和耐心教育结合起来；坚持寓教于文、寓教于乐，让群众在丰富多彩的精神文化生活中受到感染、熏陶；坚持尊重人、理解人、关心人的原则，增强思想政治工作的吸引力、说服力；坚持言教与身教结合，发扬严于律己、以身作则的优良作风，抓住了党的建设中的核心问题，也抓住了思想政治工作中的核心问题，推动思想政治工作迈向一个新的阶段。

四、学习与思考

1. 如何科学认识思想政治工作的地位和作用？
2. 企业职工思想政治工作有哪些成功经验？
3. 为什么说“思想政治工作是经济工作和其他一切工作的生命线”？

《在武昌、深圳、珠海、上海等地的谈话要点》导读

1992年1月18日至2月21日，邓小平先后视察了武昌、深圳、珠海、上海等地。《在武昌、深圳、珠海、上海等地的谈话要点》（简称《谈话》）也被称为南方谈话，是根据邓小平在视察期间发表的一系列重要谈话整理而成的。《谈话》就中国改革开放、社会主义现代化建设和思想政治工作等面临的新情况新问题，系统回答了“什么是社会主义、怎样建设社会主义”这一重大问题，被称为新时期推进改革开放和现代化建设的又一个思想解放的“宣言书”，对于我国继续推进改革开放具有重要的理论价值和现实意义。

原文见《邓小平文选》第三卷，人民出版社1993年版，第370～383页。

一、写作背景

1. 对苏东剧变提出的“要不要坚持社会主义、怎样坚持社会主义”等问题的坚决回应

进入20世纪90年代，全球风云变幻，国际形势发生了深刻变化。1991年，随着“八一九”事件发生，苏联迅速解体，东欧国家易帜剧变，在国际国内、党内党外引起了巨大的震动。一方面，西方舆论掀起了攻击社会主义的浪潮。国际上各种政治派别对社会主义的前途和命运存在诸多说法。比如，布热津斯基在1989年出版的《大失败——二十世纪共产主义运动的兴亡》一书中，断言20世纪是社会主义“大失败”的世纪，共产主义的思想和实践到21世纪将会不可逆转地衰亡。时任美国国务院顾问的弗朗西斯·福山在20世纪80年代末抛出了所谓的“历史终结论”，宣称资本主义战胜社会主义的时机到了。还有人认为共产主义气数已尽，世界历史正在进入共产主义之后的阶段。苏联和东欧各国本想通过改革消除社会主义社会的弊端，完善社会主义制度，却最终导致了国家性质的改变和共产党执政地位的丧失。西方的一些政治势力利用这一时机，继续加大对中国“和平演变”的力度，利用政治、经济、文化、外交等手段，妄图达到“不战而胜”的目的。另一方面，以美国为首的西方国家利用经济制裁对发展中国家和社会主义国家施压，使我国的社会发展面临严峻挑战和考验。1989年7月，美国、英国、法国、联邦德国、日本、意大利、加拿大等七国首脑在巴黎开会，宣布制裁中国。1990年，时

任美国总统布什签署了《国务院授权法》，明确提出了一系列制裁中国的措施，包括中止海外私人投资公司对在中国的私人投资保险和其他资助、禁止向中国出口美国制造的卫星等。在苏东剧变的冲击下，面对西方敌对势力咄咄逼人的气势，一些人对社会主义中国的未来前景感到迷茫，有人认为马克思主义过时了，有人以政治体制改革的名义公然否定中国特色社会主义道路。

在这种形势下，中国的改革是继续前进，还是向后倒退？是继续以经济建设为中心，还是以保卫政权、防止“和平演变”为中心？是继续扩大开放，还是退回到原来的路子？这是决定中国社会主义前途和命运的历史关头，也是一个考验政治家战略远见、政治智慧、驾驭复杂局面能力的紧要关头，要求党对“要不要坚持社会主义、怎样坚持社会主义”做出明确的回答。

2. 党在改革关键时期回答“是否继续推进改革开放、中国的改革将向何处去”等问题的现实要求

改革开放以来，我国经济发展取得了巨大成就，经济保持了高速增长。1984 年至 1988 年间，国内生产总值年平均增长率为 12.08%。1988 年，国家决定放开价格管制，实行“物价闯关”以完成价格并轨。由于尚不具备宽松环境和充分条件，“闯关”决策遭受重创，直接导致全国范围出现了严重的通货膨胀，加之群众心理承受能力较弱等因素的影响，在我国掀起了抢购风潮。20 世纪 80 年代末我国经济社会面临着经济过热、通货膨胀、秩序混乱等严峻形势。党的十三届三中全会提出了“治理经济环境、整顿经济秩序、全面深化改革”的方针，并将治理经济环境和整顿经济秩序作为 1989 年、1990 年改革和建设的重点。但经济上在贯彻治理整顿方针的过程中，有些措施以指令性计划和行政命令为主，对经济建设带来不利影响。1991 年底，治理整顿基本结束，但经济生活中深层次的问题并没有解决，尤其是体制问题没有解决，极大地打击了人们对经济发展和深化改革的信心。人们对“中国还要不要搞改革开放、搞什么样的改革开放”等问题议论纷纷，产生了对改革的不同看法。有人主张用治理整顿代替改革开放，用绝对的稳定取代波浪式前进；有人把这些问题看作改革本身的错误，认为只有重新回到计划经济体制中去，才能挽救社会主义的命运；不少大中型国有企业，求稳怕“快”，深化改革难以推进。这些错误观点困扰着人们，对贯彻党的基本路线和改革开放产生了消极影响，阻碍了改革开放的步伐，妨碍了经济的发展。改革开放自 1978 年开始已历经 14 年，到了必须明确社会主义经济体制改革目标、进入新发展阶段的关键时刻。正是在这样的背景下，邓小平发表了旨在深化改革和加快发展的南方谈话。

3. 清除“左”的思想对广大党员、干部和群众思想干扰的迫切需要

20 世纪 80 年代末，中国发生政治风波，在东欧剧变和苏联解体的大背景下，“中国向何处去”成为中国甚至国际社会议论的焦点。在总结历史和现实的教训中，由于国内“左”的思想的干扰，引发了关于改革开放的性质、市场经济的取向的争论和交锋，引起

了广大党员、干部和群众对改革前途的忧虑。这一时期，“左”的思想干扰主要表现在两方面。第一，提出把反“和平演变”作为党的工作中心，严重干扰了经济建设这个中心。由于错误思潮的干扰，苏东剧变的震撼，人们开始质疑改革开放的合法性，严重影响了我国市场化改革的进程。在我国改革转型的关键时期，南方谈话深刻地剖析“左”的思想的危害，指出：“右可以葬送社会主义，‘左’也可以葬送社会主义。中国要警惕右，但主要是防止‘左’。”[①] 第二，对改革开放的性质提出质疑。20 世纪 80 年代末 90 年代初，是我国改革开放以来经济发展的低谷，在计划和市场、改革的性质等问题上，我国的改革遭到了姓“社”姓“资”的质疑，有人主张改革开放的措施都要问一问姓“社”还是姓“资”。针对这一问题上的“左”的倾向，有人做出了这样的概括：“三资”企业是“和平演变”的温床，乡镇企业是不正之风的来源，农村家庭联产承包制是集体经济瓦解的根源，等等。在这个关键时刻，邓小平于 1992 年在武昌、深圳、珠海、上海等地发表讲话，大讲改革开放，回应了姓“社”姓“资”争论，指出改革就是要搞社会主义市场经济，“基本路线要管一百年，动摇不得”[②]，“不坚持社会主义，不改革开放，不发展经济，不改善人民生活，只能是死路一条”[③]。

二、基本思想

1. 巩固了思想政治教育创新发展的基础

正确阐释“什么是社会主义、怎样建设社会主义”这一重大理论问题，是思想政治教育的重要任务。邓小平提出的“改革也是解放生产力”论、“三个有利于标准”论、“发展才是硬道理”论、“社会主义本质”论、“社会主义市场经济”论等论断，从理论上创造性地回答了“什么是社会主义、怎样建设社会主义”的问题，开拓了马克思主义中国化新境界，巩固了思想政治教育创新发展的基础。1991 年 8 月 20 日，邓小平在与几位中央负责同志谈话时强调：“我们搞改革开放，把工作重心放在经济建设上，没有丢马克思，没有丢列宁，也没有丢毛泽东。老祖宗不能丢啊！”[④]《谈话》始终渗透着这一根本立场、观点和方法，邓小平所提出的新思想新观点无不体现解放思想、实事求是的理论成果，他强调：“实事求是是马克思主义的精髓。要提倡这个，不要提倡本本。”[⑤] 长期以来我们对社会主义本质等问题认识不清把握不准，在一定程度上削弱了思想政治教育的针对性。邓小平将“什么是社会主义本质”的探索提高到了新的高度：一是把解放生产力、发展生产力列入“社会主义的本质”之中并放在首要位置，即“社会主义的本质，是解放生产力，发展生产力，消灭剥削，消除两极分化，最终达到共同富裕”[⑥]；二是把“三

① 邓小平. 邓小平文选：第 3 卷. 北京：人民出版社，1993：375.
② 同①370-371.
③ 同①370.
④ 同①369.
⑤ 同①382.
⑥ 同①373.

个有利于”作为改革开放姓“社”姓“资”的评判标准；三是强调坚持“一个中心、两个基本点”不动摇。邓小平还从计划和市场、社会主义和资本主义的关系角度，系统分析了建设社会主义的基本原则，他强调：“要坚持党的十一届三中全会以来的路线、方针、政策，关键是坚持‘一个中心、两个基本点’。”① “计划多一点还是市场多一点，不是社会主义与资本主义的本质区别。”② 在理论上回答“什么是社会主义、怎样建设社会主义”的问题，有助于明确思想政治教育的目标和内容，提高思想政治教育说服力和针对性，为思想政治教育的创新发展奠定了基础。

2. 明确了理想信念教育有效性的科学依据

理想信念教育的有效性以对客观形势的科学判断和分析为基础。邓小平关于“马克思主义是科学”的重要论断，遵循了人类社会发展的一般规律，为理想信念教育的有效性提供了科学依据。苏东剧变使国际共产主义运动遭受了严重挫折，也使一些党员干部和群众对社会主义前景充满忧虑，不同程度地产生了“信仰危机”。在这样的背景下，邓小平以巨大的政治勇气和理论勇气指出：“我坚信，世界上赞成马克思主义的人会多起来的，因为马克思主义是科学。”③ 邓小平强调，社会主义代替资本主义是社会历史发展不可逆转的趋势。生产关系一定要适合生产力状况的规律是唯物史观的基本原理，它揭示了人类社会发展的普遍规律。人类历史上依次经历的奴隶社会代替原始社会，封建社会代替奴隶社会，资本主义社会代替封建社会，就是生产力和生产关系之间矛盾运动的结果。邓小平明确提出：“社会主义经历一个长过程发展后必然代替资本主义。这是社会历史发展不可逆转的总趋势，但道路是曲折的。”④ 第一，社会主义必将代替资本主义是由生产关系一定要适合生产力状况决定的；第二，社会主义代替资本主义是一个长期而曲折的历史过程。邓小平指出：“一些国家出现严重曲折，社会主义好像被削弱了，但人民经受锻炼，从中吸收教训，将促使社会主义向着更加健康的方向发展。”⑤ 邓小平的上述论断，是对社会主义光明前途的科学判断，从理论上确立了坚定马克思主义信仰的缘由，增强了加强理想信念教育的底气。

3. 应高度重视接班人的培养和选拔

培养接班人问题，关系党和国家的前途和命运、关系四化建设的兴衰成败，是思想政治教育的根本任务。邓小平历来十分关心和极为重视这一问题，他说，“正确的政治路线要靠正确的组织路线来保证。中国的事情能不能办好，社会主义和改革开放能不能坚持，经济能不能快一点发展起来，国家能不能长治久安，从一定意义上说，关键在人”⑥，关键在于干部队伍建设。《谈话》将培养接班人、选拔干部队伍的标准进一步具体化，强

---

① 邓小平. 邓小平文选：第3卷. 北京：人民出版社，1993：370.
② 同①373.
③ 同①382.
④ 同①382-383.
⑤⑥ 同①380.

调："要注意培养人，要按照'革命化、年轻化、知识化、专业化'的标准，选拔德才兼备的人进班子。"[①] 按照"四化"标准培养和选拔德才兼备的人进领导班子，主要有三方面的原因：第一，"帝国主义搞和平演变，把希望寄托在我们以后的几代人身上"[②]，培养接班人是防止帝国主义在中国搞"和平演变"的需要。第二，邓小平多次提到"最大的失误"问题，加强培养和选拔接班人，特别是对青年开展思想政治工作是改革开放的重要历史经验，也是党的基本路线要管一百年的需要。邓小平强调："十一届三中全会确立的这条中国的发展路线，是否能够坚持得住，要靠大家努力，特别是要教育后代。"[③] 第三，"中国要出问题，还是出在共产党内部"[④]，培养接班人是防止中国共产党内部出现问题的需要。从国际共产主义运动发展来看，东欧剧变、苏联解体，其主要教训之一是共产党内部出了问题。邓小平关于培养和选拔接班人的论述，实现了接班人素质的要求同党在新时期的路线、人民的事业和社会主义前途的统一，充分体现了邓小平在培养接班人问题上的战略眼光。

4. 提出了思想政治教育的基本原则和指导方针

邓小平指出："学马列要精，要管用的。"[⑤] 这既是党的理论联系实际学风的具体化，也是加强和改进思想政治教育的基本原则和指导方针。其中，"精"是对理论内容本身而言的，是指要学习马克思主义的立场、观点和方法；"管用"是对理论内容的效用性而言的，是指要将理论联系实际，注重将理论运用于指导我国社会主义现代化建设实践和提高学习者的思想政治素质。学习马克思主义要"精"要"管用"，就必须反对马克思主义理论学习、宣传和教育方面的形式主义问题。形式主义是指只顾形式忽视内容的一种形而上学的观点、方法和作风。其认识根源是把内容和形式机械地割裂开来，夸大事物的形式，抹煞内容对形式的决定作用。在实际工作中表现为只图虚名，不讲实效，满足于做追求形式的表面文章。邓小平在具体阐述学习马克思主义时强调："长篇的东西是少数搞专业的人读的，群众怎么读，要求都读大本子，那是形式主义的，办不到。我的入门老师是《共产党宣言》和《共产主义 ABC》。"[⑥] 这一论述为我们阐明了思想政治教育和教学中专业性和大众化的联系与区别，为加强思想政治教育提供了方法论指导。克服形式主义的方法，是坚持理论联系实际的原则，坚持实事求是。邓小平指出："我们改革开放的成功，不是靠本本，而是靠实践，靠实事求是。"[⑦] 在思想政治教育中，把马克思主义的立场、观点和方法同学习者的实际需求结合起来，把科学理论同社会热点难点结合起来，是展现马克思主义生命力的必然要求，是实现马克思主义大众化的现实需要，也是提升思想政治教育实效性的出路所在。

---

①② 邓小平．邓小平文选：第3卷．北京：人民出版社，1993：380.
③ 同①381.
④ 同①.
⑤⑥⑦ 同①382.

三、重要意义

1. 标志着邓小平理论走向成熟，丰富和发展了思想政治教育的指导思想

邓小平理论的形成经历了产生、发展和逐渐走向成熟的过程。党的十一届三中全会是这一理论产生的起点，邓小平在1978年12月中共中央工作会议闭幕会上的讲话是这一理论产生的代表作。党的十三大提出的社会主义初级阶段理论，标志着这一理论全面展开、形成主题。《谈话》用新的实践经验和新的理论观点，进一步回答了“什么是社会主义、怎样建设社会主义”的根本问题，解答了长期以来存在于人们心中的困惑和疑虑，开拓了马克思主义的新境界、新格局和新视野，是一部中国改革开放新形势下的政治经济学教科书，是一门经济文化落后国家的共产党人如何建设社会主义的必修课，也是建设有中国特色社会主义理论走向成熟和体系化的标志。邓小平的南方谈话，标志着邓小平理论的体系化、系统化，为马克思主义中国化第二次历史性飞跃提供了理论生长点和理论创新空间，是一篇马克思主义中国化思想史上的重要篇章，具有重要的现实意义和深远的历史意义。1997年党的十五大把“邓小平建设有中国特色社会主义理论”称为“邓小平理论”，并写入党章，进一步发展了思想政治教育的指导思想。

2. 开启新一轮思想解放，鼓舞人们加快改革开放和社会主义现代化建设步伐

南方谈话是一次新的思想解放运动，从思想上和实践上进行了加快改革开放和社会主义现代化建设的再动员。改革开放以来，我国有两次思想解放运动，一次是1978年关于真理标准问题的讨论，使我们走出了粉碎“四人帮”后“两个凡是”的徘徊历史，摆脱了彷徨；再一次就是邓小平的南方谈话。邓小平在《谈话》中关于社会主义的计划与市场、改革姓“社”姓“资”、政治倾向的“左”与右、社会主义本质等重要理论观点，使人们对社会主义本质的认识获得了一次思想大解放。中国的改革开放，是一个发现问题、解决问题，发现新问题、解决新问题的循环上升和发展的过程，《谈话》给正在观察和思考的中国人民指明了方向，使得中国的改革走上了正确的道路。这不仅是一次经济的转折，也是一次政治的转折，它使中国社会主义建设进入了一个理性化的阶段。正是这一次的思想解放使我们摆脱了姓“社”姓“资”的困扰，为即将召开的十四大提供了思想上、组织上和理论上的准备。党的十四大报告指出：“今年初邓小平同志视察南方发表重要谈话，精辟地分析了当前国际国内形势，科学地总结了十一届三中全会以来党的基本实践和基本经验，明确地回答了这些年来经常困扰和束缚我们思想的许多重大认识问题。”① 历史证明，这是社会主义事业能够经受风险考验、顺利达到目标的可靠保证。

---

① 中共中央文献研究室. 十四大以来重要文献选编：上. 北京：中央文献出版社，2011：8.

3. 为思想政治教育实践的稳步推进提供了根本指针

《谈话》是指导思想政治教育新发展的纲领性文献，在实践上推动了思想政治教育的稳步前进。一是促进了社会主义精神文明建设深入开展。《谈话》中关于打击和扫除各种犯罪活动、丑恶现象的论述，突出了社会主义精神文明建设的重要性，提出了社会主义精神文明建设的新要求。围绕改革开放和经济建设以及群众关心的问题，开展社会主义思想教育，宣传党的基本路线成为社会主义精神文明建设的基本内容。二是学校思想政治教育得到了加强和改进。为适应社会主义市场经济条件下社会发展和学校发展的需要，整体规划教育内容、实施途径和方法成为了学校思想政治工作的重要任务。三是推动了非公有制经济中思想政治教育的积极探索。在 1992 年邓小平南方谈话和党的十四大提出建立社会主义市场经济体制以后，作为我国经济的重要组成部分的非公有制经济获得了快速的发展。非公有制经济中存在着一个广大的社会群体，开展对他们的思想政治教育，逐步形成一套加强非公有制经济思想政治工作的思路和方法，是思想政治工作的一项新任务。

四、学习与思考

1. 试述《在武昌、深圳、珠海、上海等地的谈话要点》产生的历史背景。
2. 社会主义的本质是什么？提出社会主义本质理论的重要意义是什么？
3.《在武昌、深圳、珠海、上海等地的谈话要点》对于我们树立共产主义远大理想和中国特色社会主义共同理想有什么重要意义？

《爱国主义教育实施纲要》导读

中共中央印发的《爱国主义教育实施纲要》（简称《纲要》）既是新时期我国爱国主义教育的纲领文件，也是新时期思想政治教育的重要文献。《纲要》对新时期爱国主义教育的基本原则、内容、重点、基本建设、途径方法等都做了详细的部署，既有理论的指导性，又有实际的操作性，是一篇理论性和政策性都很强的经典文献，体现了社会主义精神文明重在建设的方针，对加强新时期思想政治工作发挥了很好的指导作用。《纲要》于 1994 年 8 月正式颁布。

原文见《十四大以来重要文献选编》上卷，中央文献出版社 2011 年版，第 801～813 页。

一、写作背景

1. 新的历史条件下继承和发扬爱国主义传统的必然要求

爱国主义历来是动员和鼓舞中国人民团结奋斗的一面旗帜，是推动我国社会历史前进的巨大力量，是全国各族人民共同的精神支柱，也是中华民族最深层的精神追求。随着改革开放事业的不断推进和经济全球化趋势的日益深入，国与国之间的综合国力竞争日趋激烈。在这样的时刻，如何继承和发扬爱国主义传统、加强社会主义精神文明建设、增强民族文化的认同感和归属感、让爱国主义的当代价值更加凸显，就成为现实而紧迫的任务。一个民族只有保持特性，才能在国际交流中保持独立的自我，才能在现代化进程中找到精神支柱。中华民族在创造灿烂中华文明的过程中，形成了具有强大生命力的传统文化，其内容博大精深，不仅包括了哲学、社会科学、文学艺术、科学技术等方面的成就，而且蕴含着崇高的民族精神、民族气节和优良道德；不仅孕育了无数杰出的政治家、思想家、文艺家、科学家、教育家、军事家，而且留下了丰富的文物史迹、经典著作，这笔丰厚的文化遗产是进行爱国主义教育的宝贵资源。应对现代化建设的复杂局面，更好地升华民众心中的爱国主义情感，强化国民的社会责任感和历史使命感，也需要加强爱国主义教育。爱国主义作为情感、理智和行动三者交融的有机整体，是爱国之情、强国之志和报国之行的统一，弘扬爱国主义精神，把个人的行动融入推动国家发展、民族振兴的时代洪流中去，就能够提升国民的思想道德素质，使爱国主义成为促进社会进步的巨大力量。

2. 引导全国各族人民投身社会主义现代化事业的战略选择

在改革开放的历史进程中，加强爱国主义教育也是引导全国各族人民投身社会主义现代化的宏伟事业而奋斗的战略选择。在五千年的历史长河中，作为民族精神的核心，爱国主义始终是中华民族团结统一的精神纽带，始终是凝聚力和向心力的基本源泉，始终是推动中国社会发展进步的巨大力量。爱国主义精神寄托着对民族命运的拳拳之心，倾注了对中华大地的兹兹之念，凝聚了对国家富强的殷殷之望。国家强盛、百姓幸福，是爱国主义最为朴素的价值指向，也是无数仁人志士孜孜以求的奋斗目标。在漫长的历史演进中，中华民族屡经挫折而不屈，屡遭坎坷而不衰，外来势力冲不散，帝国主义打不垮，成为世界历史上唯一文明不曾中断的伟大民族。其重要原因就在于千百年来形成的爱国主义传统已深深融入我们的民族意识中。在历史的诸多重要关口，在社会进步的漫漫征程上，我们都能看到爱国主义迸发的精神力量，如何挺立起一个民族的脊梁，铸就了一个国家的尊严，滋润着五千年中华薪火相传的文明血脉。因此，随着我国改革开放和社会主义现代化建设进程的深入，在全国范围内深入开展爱国主义教育活动，必将激发爱国热情，振奋民族精神，使爱国主义转化为迎接挑战、战胜困难的坚定信心，转化为推动改革发展和现代化建设的实际行动，转化为全国各族人民投身社会主义现代化建设的强大精神力量。

3. 新的历史条件下遵循爱国主义教育发展规律的客观要求

爱国主义教育是使人们热爱祖国并为之献身的思想教育，是思想政治教育的重要内容。爱国主义教育并不在爱国主义之外，而是爱国主义现象的一部分。爱国主义教育是爱国主义延续和发展的结果和必然要求。做好爱国主义教育工作需要充分把握住新时期爱国主义教育的鲜明特质，遵循爱国主义教育发展规律，充分重视爱国主义教育内容和方法手段等的继承性与发展性。同时，要在宣传中华民族的奋斗历史、光荣传统和灿烂文化的过程中，充分肯定传统优秀文化的价值，这是民族自尊心和自信心增强的体现，任何一个民族都不能割裂其传统，必须从丰富浩瀚的历史中寻找需要的养料。同时，也要宣传爱国主义精神的先进人物和先进事迹，宣传社会主义建设事业的成就和经验，让爱国主义教育更加具有历史性和发展性。新时期爱国主义教育不仅着眼于历史，更注重在现实中发掘爱国主义典型事例，从大家都熟悉的身边的人和事出发，通过典型事例启发感染大众，弘扬爱国主义精神。为了更好地遵循爱国主义教育发展规律的客观要求，就要对爱国主义教育做出新的部署，努力从中华民族世世代代形成和积累的优秀传统文化中汲取营养和智慧，延续文化基因，萃取思想精华，展现精神魅力，歌颂和弘扬我国革命、建设和改革的伟大成就和新时代爱国者的先进事迹。

二、基本思想

1. 高度强调新时期爱国主义教育的重要性

《纲要》指出，中华民族是富有爱国主义光荣传统的伟大民族。爱国主义是动员和鼓舞中国人民团结奋斗的一面旗帜，是推动我国社会历史前进的巨大力量，是各族人民共同的精神支柱。《纲要》强调，在新的历史条件下，继承和发扬爱国主义传统，对于振奋民族精神，凝聚全民族力量，团结全国各族人民，自力更生，艰苦创业，为中华民族的振兴而奋斗，具有十分重要的现实意义。《纲要》要求各级党委和人民政府，各有关部门和人民团体，必须高度重视这项工作，并结合各自的工作特点积极开展爱国主义教育。

2. 提出新时期爱国主义教育的基本原则

首先，爱国主义教育必须以邓小平同志建设有中国特色社会主义理论和党的基本路线为指导，开展爱国主义教育的目的，是要振奋民族精神，增强民族凝聚力，树立民族自尊心和自豪感，巩固和发展最广泛的爱国统一战线，把人民群众的爱国热情引导和凝聚到建设有中国特色社会主义伟大事业上来，引导和凝聚到为祖国的统一、繁荣和富强做贡献上来，做有理想、有道德、有文化、有纪律的社会主义公民，为实现“四化”、振兴中华的共同理想团结奋斗。其次，爱国主义教育必须坚持重在建设的方针，指出要搞好爱国主义教育的理论建设、教材建设、制度建设和基地建设，要把爱国主义教育贯穿于各项思想政治教育之中，作为社会主义精神文明建设的基础性工程，作为我国社会的主旋律，坚定不移、长期不懈地抓下去。再次，爱国主义教育必须坚持对外开放的原则，强调爱国主义绝不是狭隘的民族主义，我们既要继承和发扬中华民族的优秀成果，也要学习和吸收世界各国包括资本主义发达国家所创造的一切文明成果。最后，爱国主义教育必须突出时代特征，指出在当代中国，爱国主义与社会主义本质上是一致的，建设有中国特色社会主义是新时期爱国主义的主题。爱国主义、集体主义和社会主义教育“三位一体”，有机地统一在建设有中国特色社会主义的伟大实践之中。

3. 明确爱国主义教育的主要内容

《纲要》指出，爱国主义教育的素材非常广泛。从历史到现实，从物质文明到精神文明，从自然风光到物产资源，社会生活的各个领域都蕴藏着极为丰富的爱国主义教育的瑰宝。要善于运用国情资料，并注意挖掘和利用各种宝贵的教育资源，不断丰富爱国主义教育的内容。《纲要》明确提出了如下基本内容：中华民族悠久历史的教育，中华民族优秀传统文化教育，党的基本路线和社会主义现代化建设成就的教育，中国国情的教育，社会主义民主和法制教育，国防教育和国家安全教育，民族团结教育，“和平统一、一国两制”方针的教育。教育内容丰富全面，做到了理论与实践、历史与现实相结合。

4. 强调爱国主义教育的重点群体是青少年

《纲要》指出，爱国主义教育是全民教育，重点是广大青少年。学校、部队、乡村、街道、机关和企事业单位，尤其共青团、少先队等组织，都要把培养广大青少年的爱国主义感情，提高他们的爱国主义觉悟，引导他们树立正确的理想、信念和人生观、价值观作为思想政治教育的重要内容。《纲要》围绕如何对青少年群体开展爱国主义教育，从具体途径上做了部署：指出学校是对青少年进行教育的重要场所，要把爱国主义教育贯穿到幼儿园直至大学的教学全过程中去，特别要发挥好课堂教学主渠道的作用；机关、企事业、乡村等基层单位直接负有培养社会主义“四有”新人的责任，要特别重视和加强对青年干部、职工、农民的爱国主义教育，把这项工作列为创建文明单位、文明村镇活动的重要内容；要重视发挥家庭在青少年爱国主义教育中的特殊作用，把热爱祖国作为开展五好家庭、文明家庭活动和文明市（村）民教育的重要内容。《纲要》还针对青少年的特点，提出注意运用影视、书刊、音乐、戏剧、美术、故事会等形式，为广大青少年提供丰富、生动的爱国主义教材。

5. 提出要注重爱国礼仪，增强爱国意识

《纲要》指出，进行爱国主义教育，需要提倡必要的礼仪，特别要提倡有助于培养对国旗、国歌、国徽崇敬感的必要礼仪，增强人们的爱国主义情感，并对如何利用国旗、国歌、国徽等进行爱国主义教育做了部署。《纲要》指出，国旗是国家的象征和标志，任何组织和公民都要遵守《中华人民共和国国旗法》（简称《国旗法》）。凡属《国旗法》规定应当升挂国旗的单位和场所，必须依法严格执行升旗制度。凡属《国旗法》规定可以升挂国旗的单位和场所，要积极创造条件，升挂国旗。应当大力提倡在县级以上地方党委和人民政府的重要会议室、重要会场，严肃、认真、规范地插挂国旗。学校在开学典礼、毕业典礼、运动会等大型集体活动中提倡举行庄严、隆重的升旗仪式。提倡各地组织年满十八周岁的公民举行对国旗宣誓的成人仪式。有条件的大中城市，国庆节等重要节日可以在城市中心广场举行隆重的升旗仪式。《纲要》指出，唱国歌是公民表达爱国情感的一种神圣行为，在升国旗仪式和大型集会等活动中，要奏国歌，而且要提倡齐唱国歌。奏、唱国歌时应庄严肃立。在国际体育比赛的颁奖仪式上，升中国国旗、奏中国国歌时，运动员要面向国旗肃立，唱国歌。《纲要》指出，县级以上各级人民代表大会常务委员会及其会议厅，县级以上各级人民政府，各级人民法院和专门人民法院及其审判庭，各级人民检察院和专门人民检察院，外交部及驻外使领馆，出入境口岸适当场所，应当悬挂国徽，乡镇人民政府也应悬挂国徽。

6. 全面部署爱国主义教育保障条件

《纲要》对爱国主义教育的保障条件做了全面部署。一是提出要搞好爱国主义教育基地的建设。各类博物馆、纪念馆、烈士纪念建筑物、革命战争中重要战役战斗纪念设施、文物保护单位、历史遗迹、风景胜地和展示我国两个文明建设成果的重大建设工程、城乡先进单位是进行爱国主义教育的重要场所。各地的自然风光、文物古迹、名胜景点能够激起人们对祖国壮丽河山和悠久历史文化的热爱之情，要注意发挥这方面优势，寓爱国主义教育于游览观光之中。二是提出要创造爱国主义教育的社会氛围。要使爱国主义思想成为社会的主旋律，必须创造一种浓郁的爱国主义氛围，使人们在社会日常生活的各个方面，都能随时随处受到爱国主义思想和精神的感染、熏陶。把组织节庆、纪念活动作为弘扬爱国主义精神、激发群众爱国主义热情的重要工作。各地要在继承优秀文化传统的同时，不断创造一些有助于形成爱国主义氛围的新的节庆活动形式。还可以挖掘和选择一些既有中国传统特色又符合当今群众、特别是青少年情趣的民族节日。三是提出要加强对爱国主义教育的领导。各级党委和人民政府要切实加强对爱国主义教育的领导，要把这一工作列入重要议事日程，动员社会各方面力量，齐心协力抓好落实，制定出爱国主义教育的具体实施细则，并切实抓好落实。

三、重要意义

1. 对新时期爱国主义教育做了纲领性部署

中共中央印发并公开发布实施《纲要》，是我国社会主义精神文明建设中的一件大事，更是思想政治教育工作的一件大事。《纲要》对新时期爱国主义教育的基本原则、内容、重点、基本建设、途径方法等都做了详细的部署，强调要在继承发扬中华民族爱国主义光荣传统的基础上，以近代仁人志士的爱国主义精神，教育和激励全国人民，增强中华民族的凝聚力，突出当代中国爱国主义精神这一主题，具有鲜明的时代特征；提出提高全民族的整体素质，促进中华民族的团结、祖国的统一和社会主义两个文明建设，是中国共产党对中华民族爱国主义传统的丰富和发展，符合全国人民的利益，也是中华各族人民的共同心愿；确立新时期爱国主义教育的基本原则、主要内容、重点对象以及一系列具体措施，拓宽了进行爱国主义教育的渠道，并着眼建立和完善长远的教育机制，为新时期爱国主义教育提供了纲领性指导，对教育引导全国各族人民为建设有中国特色社会主义的宏伟事业而奋斗，具有重大的意义。

2. 为加强青少年爱国主义教育提供了基本遵循

《纲要》中明确提出爱国主义教育的重点是青少年，这充分体现了党中央对青少年思想政治教育的高度重视和对青少年健康成长的倍加关心，也为进一步推动青少年工作向前发展提供了有利条件。《纲要》要求以邓小平和江泽民关于加强爱国主义教育的一系列重要论述为指导，把爱国主义教育作为学校思想政治工作的基础性教育内容来抓，自觉担当起这个义不容辞的责任。《纲要》为青少年工作者学习、领会和掌握爱国主义教育的基本原则、主要内容、具体措施提供了遵循，为逐步建立起持久性的爱国主义教育机制打好思想基础和工作基础，进而把广大青少年的爱国主义热情引导和凝聚到建设有中国特色社会主义的伟大事业上来，引导和凝聚到为祖国统一、繁荣和富强做贡献上来，努力做到在开展爱国主义教育的活动中把广大青少年的积极性和创造力激发出来，在改革和建设的熔炉中进一步培养和强化广大青少年的爱国主义情感和意识。

3. 对加强爱国主义教育工作产生了深远影响

爱国主义教育是提高全民族整体素质和加强社会主义精神文明建设的基础性工程。随着《纲要》的颁布实施，各级党委和人民政府高度重视爱国主义教育的实施工作，制定具体的实施规划和细则，并采取切实措施，对后续爱国主义教育工作产生了深远影响。例如，1995 年 3 月，民政部确定了第一批（100 处）爱国主义教育基地。1995 年 5 月，中宣部、国家教委、文化部、新闻出版署和共青团中央发出《关于向全国中小学推荐百种爱国主义教育图书的通知》，把阅读百种爱国主义教育图书、观看百部爱国主义影片和学唱百首爱国主义歌曲，作为对中小学生进行爱国主义教育的重要途径。1996 年 11 月，国家教委、民政部、文化部、国家文物局、共青团中央、解放军总政治部决定命名和向全国中小学生推荐百个爱国主义教育基地。1997 年 7 月，中宣部向社会公布了首批百个爱国主义教育示范基地，并以此影响和带动全国爱国主义教育基地的建设。2001 年 6 月 11 日，中宣部公布了以反映党的光辉历史为主要内容的第二批百个爱国主义教育示范基地。2005 年 11 月 20 日，中宣部公布了第三批 66 个全国爱国主义教育示范基地名单。2009 年 5 月，中宣部公布第四批 87 个全国爱国主义教育示范基地，旨在进一步推动爱国主义教育基地建设，更好地发挥爱国主义教育基地作用，更加深入地开展群众性爱国主义教育活动，激发爱国热情、凝聚人民力量、培育民族精神。截至 2017 年 3 月，全国爱国主义教育示范基地总数达到 428 个，基本覆盖了从中国共产党成立到解放战争胜利各个历史时期的重大历史事件、重要人物和重要革命纪念地。这些举措都是《纲要》颁布后，对爱国主义教育工作的逐步展开和落实。

四、学习与思考

1. 新时期为什么要加强爱国主义教育？
2. 为什么说青少年是爱国主义教育的重点对象？
3. 如何理解新时期爱国主义与社会主义的统一性？

《中共中央关于加强社会主义精神文明建设若干重要问题的决议》导读

1996年10月10日，中国共产党第十四届中央委员会第六次全体会议通过《中共中央关于加强社会主义精神文明建设若干重要问题的决议》（简称《决议》）。《决议》提出了社会主义精神文明建设的指导思想、目标任务、工作方针和重大措施，对社会主义精神文明建设的若干重要问题做出了全面部署。《决议》根据全面实现我国国民经济和社会发展“九五”计划和2010年远景目标的要求，分析了社会主义精神文明建设面临的形势，总结了经验和教训，对思想道德和文化建设方面的若干重要问题做出了明确规定，既具有战略意义，又具有现实指导性，是一篇社会主义精神文明建设的纲领性文献。

原文见《十四大以来重要文献选编》下卷，中央文献出版社2011年版，第132～153页。

一、写作背景

1. 我们党高度重视社会主义精神文明建设的必然要求

改革开放一开始，以邓小平同志为核心的党中央就强调“两个文明一起抓”。党的历次重要会议上做出了一系列重大决定，特别是党的十二届六中全会做出《关于社会主义精神文明建设指导方针的决议》，明确了精神文明建设的战略地位、根本任务和重大方针，引导全党全国人民逐步加深对精神文明建设的认识，展开了各方面的工作，推动了经济和社会的发展。但是，对两个文明一起抓的方针，在执行过程中出现过精神文明“一手软”的问题。20世纪80年代末，邓小平指出，十年最大的失误是教育，主要是思想政治教育削弱了，一手比较硬、一手比较软。党的十三届四中全会后，以江泽民同志为核心的党中央坚持“两手抓，两手都要硬”的方针，从多方面加强精神文明建设，做了积极有效的努力。特别是党的十四大以来，坚持用邓小平建设有中国特色社会主义理论武装全党，深入宣传贯彻党的基本路线和基本方针；强调讲学习、讲政治、讲正气，全心全意为人民服务；实施“科教兴国”战略，促进科技和教育事业发展；坚持正确舆论导向，繁荣社会主义文化，弘扬主旋律；广泛进行爱国主义、集体主义、社会主义教育，突出宣传一批先进典型，普遍开展群众性精神文明创建活动；加强党风廉政建设和民主法制教育，加大反腐败、扫除社会丑恶现象和打击刑事犯罪活动的斗争力度，使精神文明建设取得积极进展和明显效果，对促进改革、发展、稳定起了重要作用。改革开放以来，我们党对社会主义精神文明建设的高度重视和党的十四大以来我国经济社会发展特别是精神文明建设的新进展，决定了我们党将在新的历史条件下对社会主义精神文明建设若干重要问题做出部署。

2. 解决社会主义精神文明建设中存在问题的现实选择

在社会主义精神文明建设取得一些成绩的过程中，有些问题也不容忽视。《决议》指出，在一些地方和部门的领导工作中，忽视思想教育，忽视精神文明，“一手比较硬、一手比较软”的问题还没有解决。在社会精神生活方面存在不少问题，有的还相当严重。一些领域道德失范，拜金主义、享乐主义、个人主义滋长；封建迷信活动和黄赌毒等丑恶现象沉渣泛起；假冒伪劣、欺诈活动成为社会公害；文化事业受到消极因素的严重冲击，危害青少年身心健康的东西屡禁不止；腐败现象在一些地方蔓延，党风、政风受到很大损害；一部分人国家观念淡薄，对社会主义前途产生困惑和动摇。如何在以经济建设为中心的前提下，使物质文明建设和精神文明建设相互促进、协调发展，防止和克服“一手比较硬、一手比较软”；如何在深化改革、建立社会主义市场经济体制的条件下，形成有利于社会主义现代化建设的共同理想、价值观念和道德规范，防止和遏制腐朽思想和丑恶现象的滋长蔓延；如何在扩大对外开放、迎接世界新科技革命的情况下，吸收外国优秀文明成果，弘扬祖国传统文化精华，防止和消除文化垃圾的传播，抵御敌对势力对我“西化”“分化”的图谋，是在社会主义现代化进程中必须认真解决的历史性课题。只有坚持全面的、历史的、发展的观点，分析社会主义精神文明建设面临的形势，总结经验和教训，把精神文明建设放到建设有中国特色社会主义整个事业的大局中来考察，放到整个世界的大局中来考察，才能提高认识、统一思想，增强社会主义精神文明建设的自信心和责任感。

3. 顺利推进我国社会主义现代化建设事业的客观需要

对社会主义精神文明建设若干重要问题做出部署也是顺利推进我国社会主义现代化建设事业的客观需要。《决议》指出，从 1996 年到 2010 年，是建设有中国特色社会主义事业承前启后、继往开来的重要时期。在这个时期，要巩固和发展党的十一届三中全会以来取得的伟大成就，促进经济体制和经济增长方式的根本性转变，推动经济发展和社会全面进步；要面对世界范围内各种思想文化相互激荡和科学技术的迅猛发展，迎接综合国力剧烈竞争的挑战；要在前进道路上战胜各种困难，坚持党的基本路线不动摇。这一切，既要推动物质文明的发展，也要做好精神文明工作。站在这一战略高度，党中央充分认识到社会主义精神文明建设在社会主义现代化建设中的战略地位。在把物质文明建设搞得更好的同时，切实把精神文明建设提到更加突出的地位、开创新形势下精神文明建设的新局面，已经成为顺利推进我国社会主义现代化建设事业的客观需要。

二、基本思想

1. 加强社会主义精神文明建设是一项重大战略任务

《决议》指出，社会主义精神文明是社会主义社会的重要特征，是现代化建设的重要目标和重要保证，加强社会主义精神文明建设是一项重大战略任务。在发展社会主义市场经济和对外开放条件下建设社会主义精神文明，是中国共产党和中国人民的一项艰巨的历史任务，关系到我国跨世纪宏伟蓝图的全面实现，关系到社会主义事业的兴旺发达。《决议》从战略高度强调了社会主义社会是全面发展、全面进步的社会，社会主义现代化事业是物质文明和精神文明协调发展的事业。《决议》强调，在牢牢把握经济建设这个中心，把物质文明建设搞得更好的同时，切实把精神文明建设提到更加突出的地位，深入推进新形势下社会主义精神文明建设的新局面。这就既强调了加强社会主义精神文明建设的重要性和紧迫性，同时也将社会主义精神文明建设作为重大战略任务予以贯彻落实。

2. 明确社会主义精神文明建设的指导思想和奋斗目标

《决议》指出社会主义精神文明建设的指导思想是：以马克思列宁主义、毛泽东思想和邓小平建设有中国特色社会主义理论为指导，坚持党的基本路线和基本方针，加强思想道德建设，发展教育科学文化，以科学的理论武装人，以正确的舆论引导人，以高尚的精神塑造人，以优秀的作品鼓舞人，培育有理想、有道德、有文化、有纪律的社会主义公民，提高全民族的思想道德素质和科学文化素质，团结和动员各族人民把我国建设成为富强、民主、文明的社会主义现代化国家。《决议》指出今后十五年的主要目标是：在全民族牢固树立建设有中国特色社会主义的共同理想，牢固树立坚持党的基本路线不动摇的坚定信念；实现以思想道德修养、科学教育水平、民主法制观念为主要内容的公民素质的显著提高，以积极健康、丰富多彩、服务人民为主要要求的文化生活质量的显著提高，以社会风气、公共秩序、生活环境为主要标志的城乡文明程度的显著提高；在全国范围形成物质文明建设和精神文明建设协调发展的良好局面。

3. 提出要努力提高全民族思想道德素质

《决议》指出，社会主义思想道德集中体现着精神文明建设的性质和方向。建设和发展有中国特色的社会主义，最终目的是实现共产主义，应当在全社会认真提倡社会主义、共产主义思想道德，要把先进性要求同广泛性要求结合起来，鼓励支持一切有利于国家统一、民族团结、经济发展、社会进步的思想道德。《决议》强调，加强思想建设，必须坚持马克思列宁主义、毛泽东思想，特别是用邓小平建设有中国特色社会主义理论武装全党、教育干部和人民，树立崇高的理想和正确的世界观、人生观、价值观；必须深入持久地开展爱国主义教育，发扬自尊、自信、自强的民族精神；必须深入进行艰苦创业精神的教育，牢固树立勤俭建国、勤俭办一切事业的思想；必须深入开展以为人民服务为核心，以集体主义为原则，以爱祖国、爱人民、爱劳动、爱科学、爱社会主义为基本要求的社会公德、职业道德、家庭美德教育，在全社会形成团结互助、平等友爱、共同前进的人际关系；必须加强青少年思想道德教育，帮助他们树立远大理想，培育优良品德；必须加强法制教育，增强人们的民主法制观念和权利义务观念，形成扶正祛邪、扬善惩恶的社会风气。

4. 指出要积极发展社会主义文化事业

《决议》指出，要积极发展社会主义文化事业，满足人民群众日益增长的精神文化需求。文化事业要深深植根于人民群众的历史创造活动，继承发扬民族优秀文化和革命文化传统，积极吸收世界文化优秀成果；文学艺术要坚持为人民服务、为社会主义服务的方向，贯彻“百花齐放、百家争鸣”的方针，弘扬主旋律，提倡多样化；新闻宣传必须坚持党性原则，坚持实事求是，坚持团结稳定鼓劲、正面宣传为主，牢牢把握正确的舆论导向；哲学社会科学必须坚持以马克思列宁主义、毛泽东思想和邓小平建设有中国特色社会主义理论为指导，坚持理论联系实际，为党和政府决策服务，为两个文明建设服务；《决议》强调，要加强对新闻出版业的宏观调控，积极培育和完善文化市场，一手抓繁荣，一手抓管理；要深化文化体制改革，增强文化事业的活力，坚持把社会效益放在首位，力求实现社会效益与经济效益的最佳结合。

5. 提出要深入持久开展群众性精神文明创建活动

《决议》高度重视群众性精神文明创建活动，指出社会主义精神文明建设是群众性的事业，深入开展群众性的精神文明创建活动，要以提高市民素质和城市文明程度为目标，开展创建文明城市活动；要以提高农民素质、奔小康和建设社会主义新农村为目标，开展创建文明村镇活动；要以服务人民、奉献社会为宗旨，开展创建文明行业活动。《决议》指出要大力宣传现代化建设中涌现出来的先进集体和先进人物，在全社会形成崇尚先进、学习先进的风气。针对精神文明创建活动有可能存在的场面热闹、效果甚微的情况，《决议》要求各项精神文明创建活动，都要务求实效，坚决反对形式主义。

6. 强调加强和改善党对精神文明建设的领导

《决议》强调加强社会主义精神文明建设必须加强党的领导，建设物质文明关键在党，建设精神文明关键也在党。《决议》提出各级党委要正确认识和处理物质文明和精神文明的关系，始终坚持“两手抓，两手都要硬”，把两个文明作为统一的奋斗目标，一起部署，一起落实，一起检查；任何时候都不能以牺牲精神文明为代价换取经济一时的发展；要增加精神文明建设的投入，切实解决宣传文化事业投入总量偏少、比例偏低的问题；要按照政治强、业务精、作风正的要求，造就一支高素质的宣传思想文化教育队伍；共产党员要在全社会发挥表率作用，党的领导干部要在全党发挥表率作用。《决议》还指出，精神文明建设贯穿在经济和社会生活的各个方面，要在党委统一领导下，党政各部门和工会、共青团、妇联等人民团体齐抓共管，形成合力，为加强协调，中央成立精神文明建设指导委员会，各省、自治区、直辖市要建立相应的机构。

三、重要意义

1. 对推进社会主义现代化建设顺利进行具有重要战略意义

《决议》是党的十四大以来，党中央对全局工作整体部署的一个重要组成部分，体现了党中央对社会主义现代化建设的决策部署。党的十四届三中全会做出了关于建立社会主义市场经济体制若干问题的决定，党的十四届四中全会对加强党的建设问题做出了决定，党的十四届五中全会通过了《关于制定国民经济和社会发展"九五"计划和2010年远景目标的建议》，党的十四届六中全会又对加强社会主义精神文明建设做出了专门决议。这一系列重大决策，构成了我国社会主义现代化建设的总体战略部署，表明了以江泽民同志为核心的党中央坚持"两手抓，两手都要硬"的方针，推进两个文明共同进步，经济和社会协调发展的坚定决心；体现了党中央高瞻远瞩、统揽全局、带领全党全国人民全面推进建设有中国特色社会主义现代化事业的伟大魄力。建设社会主义精神文明，关系到跨世纪宏伟蓝图能否全面实现，关系到社会主义事业能否兴旺发达。《决议》的颁布实施，对推进社会主义现代建设具有重要的战略意义。

2. 新形势下加强社会主义精神文明建设的动员令

改革开放以来，党中央高度重视精神文明建设，取得了显著成果，对改革、发展、稳定起到了积极的促进作用，增强了全党全国人民坚定地走有中国特色社会主义道路的决心和信念。但由于面临各种挑战，社会精神生活中特别是思想道德和文化领域，以及党风和社会风气方面，存在不少问题，有的还相当严重，引起了广大干部群众强烈的不满和忧虑，广大干部群众对加强社会主义精神文明建设的要求和呼声十分强烈，加强社会主义精神文明建设，有效地解决这些问题，已经变得刻不容缓。随着我国改革开放和社会主义现代化建设的不断推进，要巩固党的十一届三中全会以来取得的伟大成就，促进经济体制和经济增长方式的根本性转变，推动经济发展和社会全面进步；面对世界范围各种思想文化相互激荡，迎接综合国力剧烈竞争的挑战，要在前进道路上战胜各种困难，坚持党的基本路线不动摇。这一切，不仅要求物质文明有一个大的发展，而且要求精神文明有一个大的发展，必须在以往社会主义精神文明建设的经验和成果的基础上，深入推进社会主义精神文明建设；在把物质文明建设搞好的同时，切实把精神文明建设提到更加突出的战略地位，认真解决当前一系列紧迫问题，努力改变精神文明建设这一手长期硬不起来的状况。党的十四届六中全会适应新形势提出的新要求，不失时机地就当前社会主义精神文明建设中若干重大问题做出决议，表明了以江泽民同志为核心的党中央对新形势下精神文明建设的高度重视，吹响了我们党领导全党全国人民进行社会主义精神文明建设的冲锋号。

3. 对新形势下社会主义精神文明建设做了全面谋划

《决议》以邓小平建设有中国特色社会主义理论为指导，深刻把握世纪之交的国际国内形势，站在建设有中国特色社会主义整个事业的大局和整个世界大局的高度，全面分析我国社会主义精神文明建设的新形势，科学总结了改革开放特别是党的十四大以来精神文明建设的实践经验，立足于当前发展社会主义市场经济和扩大对外开放的大背景，着眼于建设，着眼于未来，高屋建瓴，对十一届三中全会以来我国精神文明建设的成绩与问题做了科学的切合实际的估计，对改革开放以来社会主义精神文明中的许多好的做法和经验做了具体充分的肯定，形成了规范化的具体要求，特别是深刻阐明了新形势下加强社会主义精神文明建设的重大意义，对社会主义精神文明建设的指导思想、目标任务、工作方针和重大措施进行了全面谋划，成为有效地指导我国人民搞好跨世纪精神文明建设的伟大行动纲领。《决议》针对人民群众反映强烈和普遍关心的问题及时提出了一整套具有现实针对性的重要政策、重大举措和全面部署，顺应潮流、合乎民心，表达了全党全国人民的热切愿望，反映了全国各族人民的共同利益和要求，激发了广大人民群众积极投身建设社会主义精神文明的巨大热情和创造精神，对全国人民坚定地走中国特色社会主义道路产生极大的鼓舞和推动作用。

四、学习与思考

1. 如何理解加强社会主义精神文明建设是一项重大战略任务？
2. 如何理解社会主义精神文明重在建设的方针？
3. 为什么要加强党对社会主义精神文明建设的领导？

《中共中央关于加强和改进思想政治工作的若干意见》导读

1999年9月29日，《中共中央关于加强和改进思想政治工作的若干意见》（简称《意见》）印发。《意见》是在改革开放和发展社会主义市场经济的进程中，紧密结合新的历史条件、充分发挥我们党高度重视思想政治工作的优良传统和政治优势而制定的。《意见》深刻阐述了新形势下加强和改进思想政治工作的重要性的紧迫性，科学总结了新时期思想政治工作的基本经验，提出了在改革开放和发展社会主义市场经济条件下加强和改进思想政治工作的方针原则、目标任务和要求措施，是做好新时期思想政治工作的纲领性文件，对深化思想政治教育本质和规律的认识，对加强思想政治教育理论指导具有重要的意义。

原文见《十五大以来重要文献选编》中卷，中央文献出版社2011年版，第193～205页。

一、写作背景

1. 新形势下做好思想政治工作的客观需要

思想政治工作是我们党自革命战争年代以来形成的优良传统和政治优势，在新的历史条件下发挥好这个优良传统和政治优势，应该结合新的历史条件对思想政治工作做出深入部署。从新形势下的思想政治工作的实际情况看，党的十三届四中全会特别是党的十四大以来，我们党采取一系列重要措施加强和改进思想政治工作。这些举措包括：坚持用邓小平理论武装全党、教育干部和人民；坚持正确舆论导向，深入进行爱国主义、集体主义、社会主义和艰苦创业精神的教育；广泛开展群众性精神文明创建活动，集中宣传一大批体现时代精神的先进典型，努力丰富人们的精神文化生活；密切党同群众的联系，调动各族人民在社会主义现代化建设中的积极性。思想政治工作取得了明显成效，在促进改革、发展、稳定方面发挥了重要作用。中共中央颁发《意见》是继承和发扬我们党高度重视思想政治工作的优良传统和政治优势、进一步总结思想政治工作实践经验的现实需要。

2. 应对市场经济条件下新情况新问题的现实需要

中共中央颁发《意见》是形成有利于社会主义现代化建设的共同理想、价值观念和道德规范的现实需要。世纪之交，随着社会主义市场经济的发展，我国的社会生活发生了复杂而深刻的变化，经济成分和经济利益多样化、社会生活方式多样化、社会组织形式多样化、就业岗位和就业方式多样化日趋明显。由于市场经济体制、法律、政策、管理还不完善，经济和社会发展中长期积累的深层次矛盾和问题逐步显现出来，市场的自身弱点和消极方面也反映到社会生活和思想道德领域中来，产生和滋长拜金主义、享乐主义和个人主义，诱发不正之风和腐败行为。“法轮功”邪教组织的产生和蔓延，反映出社会变革时期思想领域错综复杂的矛盾和斗争。西方敌对势力亡我之心不死，通过各种途径加紧进行思想和文化渗透，思想政治工作面临严峻挑战。“一手硬、一手软”问题在相当一些地方和部门还没有根本解决，一些领导干部埋头业务工作，不注意研究社会思想政治动向。面对这些现实情况，必须充分认识思想政治工作的复杂性和艰巨性，重视发展社会主义市场经济给思想政治工作带来的新情况、新问题，研究思想政治教育特别是理想信念教育的新特点、新规律，增强思想政治工作的针对性和实效性。

3. 新形势下坚持党的群众路线和做好党的群众工作的必然要求

中共中央印发《意见》是在新形势下坚持党的群众观点和群众路线，为群众办好实事、办实好事，把干部、群众的积极性引导好、保护好、发挥好的必然要求。从人民群众利益出发，全心全意为人民服务，是我党自改革开放以来思想政治工作最重要的一条成功经验。世纪之交，改革进入攻坚阶段，发展处于关键时期，改革、发展、稳定面临新的情况，干部群众的思想情绪也相应出现种种热点、难点问题。要从实际出发，围绕干部群众普遍关心的问题，有针对性地开展思想政治工作，既讲道理，又办实事，真正把党和政府的温暖送到群众心坎上，密切党群关系。面对改革开放和推进社会主体现代化建设的复杂形势，我们党团结一切可以团结的力量，调动一切积极因素，化消极因素为积极因素，把干部群众的积极性引导好、保护好，更好地发挥广大人民群众在改革开放和现代化建设事业中的主体作用，需要对新形势下加强和改进思想政治教育工作进行全面部署，凝聚广大人民群众投身改革开放和社会主义现代化建设的积极性和主动性，更好地实现好、维护好和发展好最广大人民的根本利益，巩固安定团结的政治局面。

二、基本思想

1. 指出新形势下加强和改进思想政治工作的重要性

《意见》分析了思想政治工作和意识形态面临的复杂斗争形势，指出思想领域的阵地马克思主义不去占领，非马克思主义和反马克思主义的东西就必然会去占领，因此，坚持“两手抓，两手都要硬”，切实加强和改进思想政治工作，是摆在全党面前的一项重大而紧迫的任务。《意见》分析了我国社会环境的变化给思想政治工作带来的大量新情况、新问题，指出中国正处在改革的攻坚阶段和发展的关键时期，社会情况发生了复杂而深刻的变化，加强和改进思想政治工作具有重要性和紧迫性。如一些基层党组织处于软弱涣散状态，在思想政治工作方面没有发挥应有的作用；思想政治工作存在不适应社会生活新变化，覆盖不到位，针对性不强以及方法手段滞后等问题。面对这些复杂情况，必须增强忧患意识，保持清醒头脑，提高政治警觉，从巩固党的执政地位、完成党的历史任务的高度，抓紧研究解决加强和改进思想政治工作的问题。

2. 提出新形势下思想政治工作要坚持正确的方针原则

做好思想政治工作必须坚持正确的原则。《意见》全面系统地提出了新形势下做好思想政治工作应该坚持的原则：一是必须坚持以马克思列宁主义、毛泽东思想和邓小平理论为指导，坚持党的基本路线和基本方针。要以科学的理论武装人，以正确的舆论引导人，以高尚的精神塑造人，以优秀的作品鼓舞人，培育有理想、有道德、有文化、有纪律的公民。要把理想信念教育作为核心内容，引导广大党员、干部和群众树立建设有中国特色社会主义的共同理想，树立正确的世界观、人生观、价值观，为建设富强、民主、文明的社会主义现代化国家而团结奋斗。二是必须坚持以经济建设为中心，为全党全国工作大局服务。经济建设是我们党和国家的中心任务，改革、发展、稳定是我们党和国家的工作大局。思想政治工作必须紧紧围绕经济建设这个中心，紧密结合各项业务工作进行，为改革开放和社会主义现代化建设提供强有力的精神动力和思想保证。三是必须坚持从实际出发，增强针对性和实效性。要立足于团结一切可以团结的力量，调动一切积极因素，化消极因素为积极因素，把干部群众的积极性引导好、保护好、发挥好。要坚持从社会主义初级阶段的实际出发，从广大干部群众的思想实际出发，把先进性要求同广泛性要求结合起来，区分层次，有的放矢，注重实际效果。四是必须坚持教育与管理相结合。要抓紧建立健全有关的法律法规和制度，依法加强对社会生活各个方面的管理，把我们倡导的思想道德原则融于科学有效的社会管理之中，使自律与他律、内在约束与外在约束有机地结合起来。五是必须坚持解决思想问题同解决实际问题相结合。要认真贯彻落实党的各项政策，多做得人心、暖人心、稳人心的工作，把好事办实、实事办好，把党和政府的温暖送到群众心坎上。六是必须坚持在党的领导下，依靠全社会共同来做。要在党委统一领导下，充分调动社会各方面的积极性，形成职责明确、齐抓共管、覆盖全社会的工作机制。

3. 明确新形势下思想政治工作的基本内容

明确思想政治工作内容是做好思想政治工作的关键。《意见》对新形势下思想政治工作内容做了全面部署。一要把用邓小平理论武装全党、教育干部和人民作为思想政治工作的首要任务，广泛进行党的基本路线和基本纲领教育，进行爱国主义、集体主义、社会主义和艰苦创业精神的教育。要密切联系改革、建设中的理论和实践问题，增强工作的针对性和实际效果，使广大干部群众更加自觉地贯彻执行党的基本理论和基本路线。二要加强马克思主义唯物论和无神论教育，大力提倡科学精神，坚持不懈地普及科技知识，普及那些与群众日常生活密切相关的自然科学、医疗卫生、科学健身等方面的知识。三要加强形势政策、民主法制和维护社会稳定的教育，使干部群众充分认识到，进行现代化建设必须有一个团结稳定的社会环境，自觉维护安定团结的大好局面。四要加强以为人民服务为核心、以集体主义为原则的社会主义道德建设，引导广大群众遵守道德规范，提高道德素质，在社会做个好公民，在单位做个好职工，在家庭做个好成员；积极提倡以国家利益为重、以人民利益为重，广泛宣传为人民为社会多做好事的精神。

4. 规定加强基层思想政治工作的重要任务

做好思想政治工作必须注重基层，只有加强基层的思想政治工作，才能保障思想政治工作落到实处。《意见》高度重视基层思想政治工作，指出基层企业、农村、学校、科研院所、街道和其他基层单位，都要根据自己的实际，解决好把思想政治工作任务落到实处的问题。《意见》对一些重点的基层领域如何做好思想政治工作做了具体部署，指出企业思想政治工作要结合深化改革、建立现代企业制度、提高经济效益来进行，要加强企业文化建设，培育社会主义企业精神，引导广大职工更好地发挥主人翁作用；农村思想政治工作要结合奔小康、建设社会主义新农村来进行，要从农村实际出发，着重开展党的基本路线和农村政策教育、社会主义的集体主义精神教育、移风易俗教育、民主法制教育、科学文化教育，要加强农村文化设施建设，扩大广播、电视覆盖面，组织好文化、科技、卫生“三下乡”活动；学校思想政治工作要围绕培养社会主义事业建设者和接班人的根本任务来进行，各级各类学校都要认真贯彻党的教育方针，坚持社会主义办学方向，充实和改进思想品德课和政治理论课的教学内容，把学校教育与社会实践结合起来，全面推进素质教育；社区思想政治工作要围绕提高市民素质和城市文明程度，认真研究、积极探索社区思想政治工作的途径和办法，要把思想政治工作与社区建设、社区管理结合起来，贯穿到创建文明家庭、文明楼院、文明小区的各个环节，形成团结互助、平等友爱的新型人际关系。《意见》提出要认真做好老年人特别是退（离）休人员的思想教育工作。《意见》还提出要注意做好下岗职工和进城务工人员的思想政治工作，满腔热情地关心下岗职工的思想和生活，为他们排忧解难；对进城务工人员，城市有关部门和用工单位要及时了解他们的思想状况，切实承担起对他们的管理和教育责任。

5. 切实加强党对思想政治工作的领导

党的领导是做好思想政治工作的根本保障。《意见》对新形势下做好思想政治工作如何加强党的领导给予高度重视，强调各级党委（党组）必须提高认识，把这项工作摆上重要议事日程，经常研究，加强检查。《意见》对加强党对思想政治工作的领导做了具体部署，指出各级党政领导干部务必增强政治意识、大局意识、责任意识，带头做好思想政治工作，对思想政治工作者要注意关心和培养，帮助他们提高思想政治素质和业务能力，对做出突出成绩的要给予表彰和奖励。《意见》要求党员特别是领导干部必须讲学习、讲政治、讲正气，坚定社会主义、共产主义理想信念，坚持全心全意为人民服务，严格遵守党的纪律，自觉接受党和群众的监督，要求群众做到的自己首先做到，要求群众不做的自己坚决不做，以实际行动为群众做出表率。《意见》高度重视加强党的基层组织建设，发挥基层组织的思想引领作用，提出要把加强党的基层组织建设作为一项紧迫任务来抓，针对各类经济组织和社会组织日益增多、大批劳动力在产业间转移和地区间流动的新情况，提出要建立健全党的基层组织，加强对党员的教育和管理，党的基层组织要加强自身建设，充分发挥战斗堡垒作用，做好深入细致的思想政治工作，团结和带领群众坚决同各种歪风邪气做斗争，保证党的路线方针政策的贯彻落实。

三、重要意义

1. 科学总结世纪之交的思想政治工作经验，为加强和改进思想政治工作指明了前进方向

随着我国改革开放的不断发展和社会主义现代化建设的深入推进，党的十五大以后，我们面临着力争经济体制改革有新突破、政治体制改革继续深入、精神文明建设切实加强，把中国特色社会主义事业全面推向21世纪的繁重任务。在党的十五大精神指引下，广大党员和群众思想进步、政治坚定。但是，由于受西方思潮和剥削阶级残余思想的影响，一些人理想淡化、信念动摇、个人主义膨胀。针对这种现象，《意见》科学总结世纪之交的思想政治工作经验，对世纪之交的思想政治工作做了周密部署，为加强和改进思想政治工作指明了前进方向。党内“讲学习、讲政治、讲正气”“三讲”活动顺利开展，学习邓小平理论蔚然成风。2001年9月，中共中央印发《公民道德建设实施纲要》，把公民道德建设放在更加突出的地位。思想政治教育工作在加强中改进，在继承中创新，在创新中发展，逐步探索出一套适应新形势的方式方法，引导和促进全党全国人民树立马克思主义的世界观、人生观和价值观，坚定建设中国特色社会主义的信念，充分发挥积极性和创造性，为实现跨世纪战略目标而奋斗。

2. 准确揭示和把握世纪之交思想政治工作本质，为做好思想政治工作提供了科学指导

随着党和国家事业的推进，思想政治工作也将面临不同的使命任务，但从根本上看，思想政治工作是做人的思想解放和提高工作，是凝聚人心、调动人的积极性、激发人的创造性的工作，《意见》的颁布实施有利于新时期思想政治工作根据建设中国特色社会主义的要求，用党的基本理论和基本路线教育党员和人民，用爱国主义、集体主义、社会

主义和艰苦创业精神凝聚人心，振奋斗志，为改革开放和社会主义现代化建设提供强有力的精神动力和思想保证。从一定意义上看，这是新时期思想政治工作的本质之所在。党中央从加快现代化建设的需要出发，不仅从理论上深刻精辟地阐明了实现人的思想解放、提高人的思想觉悟的一系列基本问题，而且在实践上卓有成效地领导了邓小平理论和党的基本路线、基本方针的学习活动，开展进一步解放思想、实事求是的教育宣传，用共产主义的思想意识和辩证唯物主义的思想方法武装党员、教育干部和人民，从而准确有力地把握了思想政治工作的本质，为做好思想政治工作提供科学指导。

3. 正确引导思想政治工作的发展趋向，确保了思想政治工作生命线作用的发挥

思想政治工作是一种历史活动，它受着客观环境的影响和制约。在客观环境发生重大变化的情况下，有力地引导思想政治工作朝正确的方向发展显得格外重要。《意见》体现了以江泽民同志为核心的第三代中央领导集体根据国际国内形势的变化，以坚定的政治立场和高度的政治敏锐性紧紧把握思想政治工作的脉搏，用党的基本理论、基本路线武装全党，引导人民的思想朝着有利于中国特色社会主义现代化的方向发展，为加快改革和发展提供了强大的精神动力和智力支持，促进了党的战略目标的实现。《意见》体现了党中央对世纪之交思想政治工作发展趋向的有力把握和正确引导，充分地发挥了思想政治工作的功能和作用，把新时期的思想政治工作提高到了一个新的水平。在世纪之交的重要时刻，这一重要文件着眼新的实践和新的发展，总结改革开放以来思想政治工作的经验，深刻地阐述新时期加强和改进思想政治工作的极端重要性，提出必须坚持的方针原则以及具体要求和措施，特别强调在改革开放和发展社会主义市场经济的进程中，紧密结合新的历史条件，充分发挥党的思想政治工作的优势，正确地引导思想政治工作的发展趋向，确保了思想政治教育生命线作用的发挥。

四、学习思考

1. 如何认识新形势下思想政治工作的极端重要性？
2. 如何把握新形势下思想政治工作的基本内容？
3. 为什么要高度重视基层的思想政治工作？

《在中央思想政治工作会议上的讲话》导读

2000年6月28日至29日，中央思想政治工作会议在北京举行。6月28日，江泽民在会上发表讲话。《在中央思想政治工作会议上的讲话》（简称《讲话》）充分肯定了思想政治工作取得的成绩，进一步明确了面向新世纪思想政治工作肩负的历史任务。《讲话》把马克思列宁主义的普遍原理同我国改革和建设的伟大实践相结合，从国际与国内、历史与现实的角度，提出了影响干部群众思想活动的重大理论问题和实际问题，运用辩证唯物主义和历史唯物主义的观点和方法对这些问题给出了解答，提出要在内容、形式、方式、方法、手段、机制等方面努力进行创新和改进，在加强针对性、实效性、主动性上下功夫，增强思想政治工作的时代感，努力开创新世纪党的思想政治工作的新局面，是一篇思想政治工作的经典文献。

原文见《江泽民文选》第三卷，人民出版社2006年版，第74～100页。

一、写作背景

1. 新世纪起点上充分发挥党的思想政治工作优势的必然要求

思想政治工作是我们党和社会主义国家的优良传统和政治优势，在我国革命、建设和改革的不同时期，都充分发挥了无可替代的根本性保障作用。在进入新的世纪，改革开放日益深化的时刻，如何发挥我们党和社会主义国家的这一重要政治优势，是思想政治工作面临的重大课题。社会主义制度的自我完善和发展是在复杂的国内外环境中进行的，党的思想政治工作面临的形势更复杂、任务更繁重、工作更艰巨了。在党和国家事业发展的新的历史条件下，更好地维护改革发展稳定的良好局面，更好地应对国内外形势的复杂变化，党的思想政治工作决不是可有可无、无所作为，而是必不可少、大有可为的。面对新形势新情况，思想政治工作在继承和发扬优良传统的基础上，必须在内容、形式、方法、手段、机制等方面努力进行创新和改进，增强时代感，加强针对性、实效性、主动性。这是加强和改进思想政治工作的重点。

2. 解决思想政治工作新情况、新问题的现实需要

新形势、新任务以及思想政治工作的现实状况，要求我们必须大力加强和改进党的

思想政治工作，这是保证我们党做到始终代表中国先进生产力的发展要求、中国先进文化的前进方向、中国最广大人民的根本利益的必然要求。从实际情况看，思想政治工作出现了新情况、遇到了新问题。江泽民指出："面对国际国内的新情况新问题，要真正把一些道理向干部群众讲清楚，不那么容易；干部群众接受的信息很丰富也很庞杂，思想十分活跃，要真正把他们的思想统一起来，也不那么容易。"[①] 思想政治工作是党和国家的生命线，越是深化改革、扩大开放，发展社会主义市场经济，越要重视和加强思想政治工作；越是统一思想、凝聚力量，团结动员亿万人民投身社会主义现代化建设，越要重视和加强思想政治工作。实践证明，只有加强和改进思想政治工作，对亟须进行理论引导或说明的突出问题，给出科学的、有说服力的、符合实际的解释和说明，才能充分发挥思想政治工作的基础性作用；只有引导干部和群众不断克服和抵制错误的、落后的、腐朽的思想文化的影响与侵蚀，尤其是在事关政治方向和根本原则的问题上，旗帜鲜明，理直气壮，毫不含糊，才能巩固全国各族人民团结奋斗的共同思想基础。

3. 新形势下发挥思想政治工作战略保障作用的客观要求

加强和改进党的思想政治工作，是党团结和带领人民建设中国特色社会主义的长期战略方针。在改革开放的过程中，我们找到了一条建设中国特色社会主义的道路。如果离开了这条道路，不仅社会主义大厦不复存在，党的思想政治工作也将变得毫无意义。为了进一步认清党的思想政治工作面临的形势，进一步明确思想政治工作在党和国家全局工作中的地位，进一步总结思想政治工作的经验，提出适应新形势新任务加强和改进思想政治工作的要求和举措，动员全党把思想政治工作做得更加有声有色、切实有效，以适应新形势大力加强和改进党的思想政治工作，为改革开放和现代化事业提供强大动力与保证，中共中央召开了思想政治工作会议。江泽民从国际与国内、历史与现实的角度，提出了四个影响干部群众思想活动的重大理论问题和实际问题，即如何认识社会主义发展的历史进程、如何认识资本主义发展的历史进程、如何认识我国社会主义改革实践过程对人们思想的影响、如何认识当今的国际环境和国际政治斗争带来的影响，并运用辩证唯物主义和历史唯物主义的立场、观点和方法，对这些问题做出了科学的、有说服力的回答。

二、基本思想

1. 重申思想政治工作的重要地位和作用

我们党自革命战争年代就高度重视思想政治工作，始终把思想政治工作放在各项工

① 江泽民．江泽民文选：第3卷．北京：人民出版社，2006：76．

作生命线的位置。《讲话》指出："党的思想政治工作是经济工作和其他一切工作的生命线，是团结全党全国各族人民实现党和国家各项任务的中心环节，是我们党和社会主义国家的重要政治优势。"① 只有充分发挥思想政治工作这一政治优势，才能保证经济工作和其他工作的正确发展方向，才能保证党的路线方针政策落实到各项工作和群众中去，才能及时排除和战胜各种错误东西的干扰，才能巩固和发展全国各族人民共同奋斗的思想政治基础，从而为经济工作和其他一切工作提供强大的动力与保证。《讲话》充分阐述了思想政治工作的重要地位和作用，对新时期思想政治工作的重要地位做出了明确而清晰的概括。

2. 厘清新形势下思想政治工作的基本思路

《讲话》指出："做好新时期的思想政治工作，必须从国际和国内、历史和现实的角度，深刻分析新形势下对广大干部群众的思想活动发生作用的客观环境及其基本特点，正确审视和解决那些影响干部群众思想活动的重大理论问题和实际问题。"② 这无疑为我们进行新时期的思想政治工作提供一个根本的比较切合实际的工作思路。江泽民在讲话中还提出并精辟阐述了如何认识社会主义发展的历史进程、如何认识资本主义发展的历史进程、如何认识我国社会主义改革实践过程对人们思想的影响、如何认识当今的国际环境和国际政治斗争带来的影响等当前直接影响干部群众思想活动的重大问题，希望全党同志共同深入研究，从思想上政治上进一步取得科学认识。

3. 明确思想政治工作的本质规定和根本目的

思想政治工作本质上是什么？这是做好思想政治工作值得深入思考的问题。《讲话》指出："党的思想政治工作本质上是群众工作，是宣传群众、教育群众、引导群众、提高群众的工作，因此必须坚持走群众路线。各级领导干部一定要牢固树立群众观点，带着对人民群众深厚感情去做思想政治工作，老老实实向人民群众学习，诚心诚意为人民群众服务。"③《讲话》在明确阐述思想政治工作本质的基础上，揭示了思想政治工作的根本目的。"我们加强和改进思想政治工作，归根到底是为社会主义经济基础服务的。要防止和纠正思想政治工作与经济工作脱节的'两张皮'现象，一定要紧密结合经济工作和各项业务工作一道去做，把工作做到人民群众物质生产和精神生产的实际活动中去。"④ 这就明确指明了思想政治工作的根本目的是维护社会主义经济基础。

4. 加强思想政治工作队伍建设

思想政治工作必须有一支德才兼备的工作队伍，才能保障思想政治工作取得理想的

① 江泽民．江泽民文选：第3卷．北京：人民出版社，2006：74.
② 同①76.
③④ 同①95.

成效。在谈到加强思想政治工作队伍时建设，江泽民指出："思想政治工作是全党的工作，所有党员和领导干部都要做。同时，又必须建设一支政治强、业务精、纪律严、作风正的专兼结合的思想政治工作队伍。"① 在此基础上要高度重视基层思想政治工作队伍建设，《讲话》指出："基层思想政治工作队伍建设，要做到组织落实、人员落实、责任明确、制度健全。充实基层思想政治工作部门，优化政工干部队伍结构。这要作为一件大事抓紧去做。"②《讲话》为新时代加强思想政治工作队伍建设尤其是基层思想政治工作队伍建设指明了方向。

5. 强调党对思想政治工作的领导

思想政治工作是党的一项极端重要的工作，做好思想政治工作必须加强党的领导。《讲话》指出："党委书记主管思想政治和意识形态工作，这是我们党的一个好传统。""不重视、不会做思想政治工作，不可能成为成熟的领导干部。"③《讲话》指出，"要建立党委统一领导，党政各部门和工会、共青团、妇联等人民团体齐抓共管、各负其责的思想政治工作体制，建立健全思想政治工作责任制"④；各级党委要切实加强党对思想政治工作的领导，增强党的各级组织做好思想政治工作的责任感和自觉性。《讲话》强调了党员干部对做好思想政治工作的作用，指出："身教重于言教。党的思想政治工作能否做好，很大程度上还取决于我们党的自身建设和各级领导干部的言行表现。要求群众做到的，党员干部首先要做到。中央提出治国必先治党、治党务必从严，有着十分重大的政治意义，全党同志要坚定不移地在工作中加以贯彻。"⑤ 党的各级组织只有充分提高党在人民群众中的威望，充分发挥党员先锋模范作用，才能为做好党的思想政治工作提供根本保证，努力开创一个生动活泼、扎实有力、促进党和国家长治久安的思想政治工作新局面。

三、重要意义

1. 为充分认识思想政治工作的极端重要性提供了科学指引

江泽民在中央思想政治工作会议的讲话，运用马克思主义基本原理，结合国内外形势，深刻地阐述了党的思想政治工作的重要地位和作用，强调在新形势下，党的思想政治工作决不是可有可无、无所作为，而是必不可少、大有可为的。《讲话》对全党和全社会充分认识思想政治工作的生命线作用，发挥我们党和社会主义国家的这一重要政治优势，为改革开放和现代化事业提供强大思想支撑和精神动力，具有重要的指导意义。

---

①② 江泽民．江泽民文选：第3卷．北京：人民出版社，2006：96.
③ 同①96-97.
④ 同①97.
⑤ 同①98.

2. 为解决新世纪思想政治工作中的现实问题提供了理论指导

江泽民从国际国内两个大局的高度，全面分析了思想政治工作面临的新形势新情况，强调了思想政治工作的重要地位，明确了面向新世纪思想政治工作肩负的历史任务，深刻阐明了一系列对新世纪思想政治工作发展带有根本性、全局性的重大理论和实践问题。《讲话》高瞻远瞩、总揽全局、思想深邃、内涵丰富、论述精辟、语重心长，具有很强的政治性、理论性、针对性、指导性和鲜明的时代感，是对跨世纪思想政治工作的战略性思考，为解决新世纪思想政治工作中存在的问题提供了理论指导，是开创思想政治工作新局面的重要理论文献。

3. 为努力开创新世纪思想政治工作新局面提供了重要保障

江泽民的重要讲话深刻分析了我们党的思想政治工作面临的新形势、新问题，进一步明确了新时期党的思想政治工作的任务，就加强党对思想政治工作的领导提出了要求，内容很丰富，思想很深刻，具有鲜明的时代特色和很强的现实针对性。各级党委和领导干部，认真学习和领会讲话精神，有利于把思想认识统一到中央的精神上来，坚定信心、知难而进、同心同德、共同奋斗，切实承担起思想政治工作职责；有利于建立党委统一领导，党政各部门和工会、共青团、妇联等人民团体齐抓共管、各负其责的思想政治工作体制，建立健全思想政治工作责任制，对努力开创新世纪思想政治工作新局面，加强和改进党的思想政治工作，推进党的建设新的伟大工程，提供了重要保障。

四、学习思考

1. 如何理解党的思想政治工作的重要地位和作用？
2. 为什么说党的思想政治工作本质上是群众工作？
3. 如何健全党领导思想政治工作的体制和机制？

《科学对待马克思主义》导读

2001 年 8 月 31 日，江泽民在国防大学军队高级干部理论研讨班上发表重要讲话，《科学对待马克思主义》是这个讲话的主要部分，阐述了在新的历史条件下如何科学地对待马克思主义这一根本问题，论述了推进理论创新的重要性，坚持解放思想、实事求是的思想路线，以实际问题为中心研究马克思主义的方法等重大问题。这是一篇如何科学对待马克思主义的经典文献，也是思想政治教育领域的重要文献，对如何正确地对待马克思主义、如何做好思想政治工作，具有深远的指导意义。

原文见《江泽民文选》第三卷，人民出版社 2006 年版，第 333～346 页。

一、写作背景

1. 深刻总结党的历史发展经验的必然要求

在国际共产主义运动历史上，尤其是我们党的发展历史上，如何对待马克思主义的问题，直接关系到国际共产主义运动的成败和我们党的事业的生死存亡。如何科学对待马克思主义，需要根据不同国家的不同情况采取不同策略。一方面是马克思主义基本原理，另一方面是各个民族国家的具体国情。这两个方面必不可少，二者不可脱离，脱离其中一方则会走向“教条主义”或“经验主义”。但是，不论在国际共产主义运动中，还是在马克思主义中国化进程中，都经历了曲折和斗争。在如何对待马克思主义的问题上，我们党经历了一个从幼稚到成熟的成长过程。这个过程也就是我们党的科学的马克思主义观形成、坚持和不断发展的过程。毛泽东思想的创立标志着我们党已经成为一个能够用科学的马克思主义观对待马克思主义的成熟的马克思主义政党。邓小平理论是我们党在新的实践基础上坚持和发展科学马克思主义观的伟大成果。什么时候我们党科学地对待了马克思主义，我们党的理论就能够获得大的发展和飞跃，党的事业就能获得成功和胜利；反之，我们党的理论创新就会受到影响，党的事业就会受到损失。江泽民站在深刻总结党的历史发展经验的角度，对新形势下如何科学对待马克思主义的重大问题做了深入阐述。

2. 纠正对待马克思主义错误态度的现实需要

随着改革开放和社会主义现代化建设事业的发展，尤其是国内外形势的发展变化，特别是世界社会主义运动遭到严重挫折而处于低潮阶段，当时国内外一些敌对势力开始大肆诋毁马克思主义、社会主义，甚至在少数党员和群众中也出现了一些对待马克思主义的错误态度。在对待马克思主义的态度上，出现了两种偏向，一种是自由化的态度，否定和背离马克思主义基本原理；一种是僵化的态度，把马克思主义经典作家在特定历史条件下做出的个别结论，当作亘古不变的教条，照搬照套。因而只有时刻警惕各种"反马""非马""伪马"思潮的沉渣泛起，才能做到真正坚持马克思主义。面对错综复杂的国际局势，面对深刻变化的改革实践，面对日新月异的科学技术进步，要警惕前一种偏向，也要注意防止后一种偏向，始终反对教条主义。邓小平指出："中国要警惕右，但主要是防止'左'。"[①] 如果我们不能科学地对待马克思主义，容易固守本本、框框，这样其实不是对马克思主义的坚持，反而是极大地损害了马克思主义。教条主义就是对待马克思主义的"左"的态度，披着马克思主义的外衣，以马克思主义"卫道士"自居，这就更带有迷惑性、欺骗性，危害也就更大。江泽民提出科学对待马克思主义，是对马克思主义的错误态度的现实需要。

3. 坚持和发展马克思主义的内在要求

马克思主义是我们立党立国的根本指导思想，是全国各族人民团结奋斗的共同理论基础，对马克思主义的基本原理任何时候都要坚持。马克思主义具有与时俱进的理论品格，必须随着时代和历史条件的发展而发展。自从成为无产阶级和各国共产党的指导思想以来，马克思主义经历了辉煌与低潮交错的考验，但"什么是马克思主义、怎样对待马克思主义""什么是社会主义、怎样建设社会主义"等重大理论和实际问题贯穿于世界社会主义运动的各个方面，又贯穿于中国特色社会主义建设的全过程，需要我们不断探索和做出回答。其中"什么是马克思主义、怎样对待马克思主义"是更具基础性和根本性的问题，集中体现着我们党的指导思想和理论基础，科学回答这一问题对于正确回答其他基本问题具有决定性的意义，将直接决定着我们能否深入推进马克思主义的发展创新，能否把握住马克思主义与时俱进的品质。改革开放和社会主义现代建设新实践带来新课题，需要我们党在坚持马克思主义基本原理的前提下，不断进行理论创新，以达到解决新问题的目的。《科学对待马克思主义》就是针对新的历史条件下如何科学地对待马克思主义、如何理解推进理论创新的重要性、如何坚持解放思想和实事求是以及如何以实际问题为中心研究马克思主义等根本问题做出的科学阐述。

---

① 邓小平. 邓小平文选：第3卷. 北京：人民出版社，1993：375.

二、基本思想

1. 强调与时俱进、创新理论的重要性

把马克思主义基本原理同中国实际和时代特征结合起来，进行理论创新，不停顿地推进马克思主义的中国化，是使中国革命、建设和改革取得胜利的根本保证。江泽民在回顾党的事业历史发展基础上指出："这些历史经验都说明，注重理论创新，是党的事业前进的重要保证。什么时候我们紧密结合实践不断推进理论创新，党的事业就充满生机和活力；什么时候理论的发展落后于实践，党的事业就会受到损害，甚至发生挫折。"①理论创新带有根本性，坚持以马克思主义为指导，最重要的是要善于把马克思主义基本原理同中国具体实际相结合，不断推进马克思主义的中国化，在实践中丰富和发展马克思主义。江泽民指出："要使党和国家的发展不停顿，首先理论上不能停顿，否则一切新的发展都谈不上。说要从政治上看问题、考虑问题，这就是最重要的一个政治考虑。"②

2. 明确科学对待马克思主义的基本要求

对待马克思主义必须采取既要坚持又要发展的科学态度，必须坚持马克思主义的立场、观点、方法，坚持马克思主义的基本原理，同时也要坚定不移，不能含糊地贯彻解放思想、实事求是的思想路线，要坚持勇于追求真理和探索真理的革命精神。江泽民强调指出："我认为，这两个'坚定不移'、两个'不能含糊'，始终是检验我们是不是真正的马克思主义者的试金石。"③ 总结我们党成立以来在对待马克思主义问题上的正反两方面的经验，吸取苏东剧变使世界社会主义遭受重大挫折的严重教训，面对新形势、新任务和复杂环境对我们党提出的严峻挑战，适时地、明确地提出两个"坚定不移"和两个"不能含糊"的基本要求是十分重要的，也是很有针对性的，明确了科学对待马克思主义的基本要求。同时，江泽民还指出："用发展的观点对待马克思主义，在坚持中发展、在发展中坚持，这就是按规律办事，也是对待马克思主义唯一正确的态度。"④

3. 指出要以实际问题为中心研究马克思主义

以实际问题为中心研究马克思主义是马克思主义经典作家一以贯之的科学态度和科学方法。在建构自己的理论体系时，马克思主义经典作家都具有强烈的"问题意识"。江泽民在我们党所处的历史环境发生深刻变化，面对的问题更多、更复杂的情况下，坚持

---

① 江泽民. 江泽民文选：第3卷. 北京：人民出版社，2006：334.
② 同①336.
③ 同①335.
④ 同①339.

和发展了这一基本原则。江泽民指出："确立以实际问题为中心研究马克思主义的方法，是我们党一贯倡导的科学方法论。看我们是否真正坚持了马克思主义，关键看是否能运用它来解决中国面临的实际问题，推进党的事业发展。解决的问题越多，就运用得越好。坚持马克思主义，要在解决实际问题的进程中来落实，要用实践的效果来检验。"① 明确以实际问题为中心研究马克思主义，以我们正在做的事情为中心，以改革开放和社会主义现代化建设事业为中心，为推进马克思主义发展创新提供了科学指导。江泽民在讲话中还论述了马克思主义的检验与评判标准，认为"我们提出新的观点、新的思想时，都要用马克思主义基本理论来衡量一下，并通过实践加以检验"②。

4. 创造性地概括了马克思主义与时俱进的理论品格

马克思主义之所以有强大的生命力，是因为它不是一成不变的教条，而是随着时代和实践的前进不断丰富和发展的与时俱进的科学体系。在分析我们党面临的形势时，江泽民指出："当今世界和我们所处的时代，同过去相比发生了很多深刻变化。无论从国际还是从国内看，我们都面临着许多新情况新问题，必须从理论上、实践上作出回答并加以解决，否则我们就不能更好地前进。我们必须与时俱进，继续丰富和发展马克思主义。"③ 江泽民强调："马克思、恩格斯、列宁和毛泽东同志、邓小平同志，从不教条，从不僵化，总是与时俱进，总是根据历史条件的变化不断发展和完善自己的理论。"④ 用"与时俱进"这一命题概括马克思主义的理论品格，标志着我们党对马克思主义精髓的理解和把握更加深刻。

三、重要意义

1. 对新形势下毫不动摇地坚持马克思主义具有指导意义

马克思主义是我们立党立国的根本指导思想，坚持和巩固马克思主义指导地位，是党和人民团结一致、始终沿着正确方向前进的根本思想保证。这是我们党通过长期历史比较和深刻国际观察所得出的一个关系党和国家前途命运的历史结论。中国近代以来的历史证明，只有马克思主义而没有别的什么主义能够救中国。马克思主义传入中国以后，同中国的工人运动相结合，产生了中国共产党，中国共产党领导的革命便是新民主主义革命，在这一革命进程中，中国共产党把马克思列宁主义普遍真理同中国革命的具体实践相结合，创立了中国化的马克思主义——毛泽东思想，从而引导中国民主革命取得了彻底胜利，进而在中国建立起社会主义制度。中国革命的胜利，是毛泽东思想的胜利，

---

① 江泽民. 江泽民文选：第3卷. 北京：人民出版社，2006：339.
② 同①337.
③ 同①335.
④ 同①338.

也是马克思主义在中国的胜利。我们说中国必须坚持马克思主义，这不是什么人的主观认定，而是实践的选择、历史的选择、人民的选择。当代国际共产主义运动遭受挫折的教训、特别是苏联解体、东欧剧变的教训证明，马克思主义这个武器是丢不得的；丢了这个武器，共产党就失去了精神支柱，社会主义就改变了方向，人民的团结就失去了共同的思想基础，社会就会陷入混乱和动乱，甚至国家都会四分五裂。东欧剧变、苏联解体最深刻的教训是：放弃了社会主义道路，放弃了无产阶级专政，放弃了共产党的领导地位，放弃了马克思列宁主义，结果使得已经相当严重的经济、政治、社会、民族矛盾进一步激化，最终酿成了制度剧变、国家解体的历史悲剧。这个教训我们绝不能忘记，东欧、苏联的错误我们绝不能重复。中国改革开放的成就证明，马克思主义具有强大生命力，马克思主义不仅能够救中国，而且能够发展中国。我国的经济、政治、文化、社会和生态文明领域等各方面建设，都取得了令世人瞩目的伟大成就。《科学对待马克思主义》用马克思主义科学态度对待马克思主义，对新形势下毫不动摇地坚持马克思主义具有突出的指导意义。

2. 为新形势下创造性地运用马克思主义解决实际问题提供了方法论

马克思主义基本原理不能违背，但是它的实际运用因条件的不同而不同，各国人民必须根据自己的条件创造性地运用马克思主义。马克思主义的基本原理为我们的实践活动提供了总的指导思想、根本原则和根本方法，但是，它没有提供解决问题的现成答案。中国既不同于俄国，更不同于欧美，必须把马克思主义基本原理同中国革命、建设和改革的具体实际相结合，使之中国化。这就是毛泽东所说的，“学会把马克思列宁主义的理论应用于中国的具体的环境”，“使马克思主义在中国具体化，使之在其每一表现中带着必须有的中国的特性”①。这也就是邓小平所说的：“我们多次重申，要坚持马克思主义，坚持走社会主义道路。但是，马克思主义必须是同中国实际相结合的马克思主义，社会主义必须是切合中国实际的有中国特色的社会主义。”② 我国社会主义建设的历史经验归结到一点，创造性地运用马克思主义解决实际问题，就是把马克思主义基本原理同中国具体实际相结合，走自己的道路，建设中国特色社会主义。江泽民在《科学对待马克思主义》一文中用马克思主义科学态度对待马克思主义，特别是提出以实际问题为中心研究马克思主义，既符合科学社会主义的基本原则，又植根中国国情和时代特征，有利于在中国实现社会主义现代化和中华民族伟大复兴，为新形势下创造性地运用马克思主义解决实际问题提供了方法论。

3. 为新形势下与时俱进地发展马克思主义提供了思想指导

改革开放和社会主义现代化建设深入推进，我们党之所以能够取得伟大成就，归根

---

① 毛泽东．毛泽东选集：第2卷．2版．北京：人民出版社，1991：534.
② 邓小平．邓小平文选：第3卷．北京：人民出版社，1993：63.

到底，是因为我们坚持马克思主义、又根据当代中国实际和时代特征发展了马克思主义。要使党和国家的发展不停顿，首先理论创新上不能停顿；坚持马克思主义，绝不能采取教条主义、本本主义的态度，而应该采取解放思想、实事求是、与时俱进的科学态度，坚持一切从发展变化着的实际出发，把马克思主义看作不断随着实践的发展而发展的科学；坚持马克思主义，要在解决实际问题的进程中来落实，要用实践的效果来检验。江泽民强调用马克思主义科学态度对待马克思主义，注重理论创新，注重解放思想、实事求是，为新形势下与时俱进地发展马克思主义提供了思想指导。以江泽民同志为核心的党的第三代中央领导集体，也正是用这样的科学态度对待马克思列宁主义、毛泽东思想和邓小平理论，以正在做的事情为中心，着眼于马克思主义理论的运用，着眼于对实际问题的理论思考，着眼于新的实践和新的发展，在坚持基本原理的基础上进行理论创新，创造性地提出了“三个代表”重要思想，科学地回答了“建设一个什么样的党、怎样建设党”等一系列重大理论和实践问题。这是我们党把马克思主义基本原理同中国实际相结合的又一重大理论创新成果，是对邓小平理论的丰富和发展，标志着我们党对执政党建设规律的认识，对社会主义建设规律的认识，对人类社会发展规律的认识，达到了一个新的高度，开辟了新的境界。

四、学习与思考

1. 应该以怎样的科学态度对待马克思主义？
2. “以实际问题为中心研究马克思主义”的重要意义是什么？
3. 为什么要与时俱进地发展马克思主义？

《公民道德建设实施纲要》导读

2001年9月20日，中共中央印发的《公民道德建设实施纲要》（简称《纲要》）是弘扬民族精神和时代精神、形成良好的社会道德风尚、促进物质文明与精神文明协调发展，特别是全面推进建设中国社会主义思想道德建设的指导性文件。《纲要》内容丰富，科学、严整，立足当代中国国情、放眼世界未来，总结改革开放以来我国公民道德建设的新经验，从理论与实践的结合上，深刻地论述了公民道德建设的重要性、指导思想、方针原则、基本内容，坚持以为人民服务为核心，以集体主义为原则，以爱祖国、爱人民、爱劳动、爱科学、爱社会主义为基本要求，以社会公德、职业道德、家庭美德为着力点，对我国公民道德建设做出全面部署，对加强社会主义思想道德建设具有重要意义。

原文见《十五大以来重要文献选编》下卷，中央文献出版社2011年版，第218～232页。

一、写作背景

1. 新形势下巩固社会主义思想道德建设成果的必然要求

在跨进新世纪的征程中，一个课题摆在每位社会成员的面前：如何继承中华民族的传统美德，发扬符合时代前进要求和先进文化发展方向的精神风尚，把我们共同享有的道德家园营造得更加美好？道德水平的高下，不仅关乎个人善恶，更关乎事业成败、国家兴衰，必须引起全社会的高度重视。党的十一届三中全会特别是党的十四大以来，随着改革开放和现代化建设事业的深入发展，社会主义精神文明建设呈现出积极健康向上的良好态势，公民道德建设迈出了新的步伐。爱国主义、集体主义、社会主义思想日益深入人心，为人民服务精神不断发扬光大，崇尚先进、学习先进蔚然成风，追求科学、文明、健康的生活方式已成为人民群众的自觉行动，社会道德风尚发生了可喜变化，中华民族的传统美德与体现时代要求的新的道德观念相融合，成为我国公民道德建设发展的主流。为了更好地巩固党的十一届三中全会特别是党的十四大以来我国社会主义思想道德建设方面的良好局面，巩固社会主义精神文明建设呈现出的积极健康向上的良好态势，进一步丰富全国人民的精神世界，增强全国人民的精神力量，更好地保障社会主义现代化建设的顺利进行，党中央站在党和国家事业发展大局的角度制定了《纲要》。

2. 解决我国社会主义思想道德建设新问题的现实需要

党的十一届三中全会特别是党的十四大以来，我国社会主义思想道德建设取得一些巨大的成就，公民的思想道德呈现出良好的发展局面，但是由于我国改革开放带来的社会转型、新旧价值观念的变换和市场经济的负面影响，我国公民道德建设方面仍然存在着不少问题。社会的一些领域和一些地方道德失范，是非、善恶、美丑界限混淆，拜金主义、享乐主义、极端个人主义有所滋长，见利忘义、损公肥私行为时有发生，不讲信用、欺骗欺诈成为社会公害，以权谋私、腐化堕落现象严重存在。这些问题如果得不到及时有效解决，必然损害正常的经济和社会秩序，损害改革发展稳定的大局，因此应当引起全党全社会高度重视。在这种情况下，为了解决我国社会主义思想道德建设面临的一些新情况新问题，需要对公民道德建设做出新的部署和提出系统的建设方案。

3. 为社会主义现代化建设事业提供良好思想道德保障的客观要求

随着我国经济社会的深入发展，加强公民道德建设成为社会主义现代化建设事业的必然要求。面对社会经济成分、组织形式、就业方式、利益关系和分配方式多样化的趋势，面对全面建设小康社会，人民群众的精神文化需求不断增长，面对世界范围各种思想文化的相互激荡，思想道德建设在社会主义现代化建设中的重要地位越来越突出。为了适应我国经济社会发展的需要，需要进一步加强思想道德建设，尤其是必须适应形势发展的要求，抓住有利时机，巩固已有成果，加强薄弱环节，积极探索新形势下道德建设的特点和规律，在内容、形式、方法、手段、机制等方面努力改进和创新，把公民道德建设提高到一个新的水平。这就要求在继承和发扬传统美德的基础上，借鉴世界各国道德建设的成功经验和先进文明成果，努力建立与发展社会主义市场经济相适应的道德体系，为我国的改革开放和社会主义现代化建设事业提供良好的思想道德保障。这是历史的重任，时代的要求，人民的希望。

二、基本思想

1. 指出公民道德建设的重要性

加强新形势下公民道德建设必须充分认识到公民道德建设的重要性。《纲要》站在党和国家事业发展全局的高度对新形势下公民道德建设的重要性做了全面阐述。《纲要》指出，社会主义道德建设是发展先进文化的重要内容。在新世纪全面建设小康社会，加快改革开放和现代化建设步伐，顺利实现第三步战略目标，必须在加强社会主义法制建设、依法治国的同时，切实加强社会主义道德建设、以德治国，把法制建设与道德建设、依法治国与以德治国紧密结合起来，通过公民道德建设的不断深化和拓展，逐步形成与发展社会主义市场经济相适应的社会主义道德体系。这是提高全民族素质的一项基础性工程，有利于弘扬民族精神和时代精神，形成良好的社会道德风尚，促进物质文明与精神文明协调发展，全面推进建设有中国特色社会主义伟大事业。《纲要》从我国公民道德建设方面存在着不少问题的角度，指出这些问题如果得不到及时有效解决，必然损害正常的经济和社会秩序，损害改革发展稳定的大局，因此应当引起全党全社会高度重视。《纲要》提出加强公民道德建设是一项长期而紧迫的任务，必须适应形势发展的要求，把公民道德建设提高到一个新的水平。

2. 提出公民道德建设的指导思想和方针原则

公民道德建设坚持什么样的指导思想和方针原则是一个根本性问题，直接关系到新形势下的公民道德建设成败。《纲要》指出，根据党在社会主义初级阶段的历史任务，当前和今后一个时期，我国公民道德建设的指导思想是：以马克思列宁主义、毛泽东思想、邓小平理论为指导，全面贯彻"三个代表"重要思想，坚持党的基本路线、基本纲领，重在建设、以人为本，在全民族牢固树立建设有中国特色社会主义的共同理想和正确的世界观、人生观、价值观，在全社会大力倡导"爱国守法、明礼诚信、团结友善、勤俭自强、敬业奉献"的基本道德规范，努力提高公民道德素质，促进人的全面发展，培养一代又一代有理想、有道德、有文化、有纪律的社会主义公民。《纲要》提出公民道德建设的方针原则包括：坚持社会主义道德建设与社会主义市场经济相适应，坚持继承优良传统与弘扬时代精神相结合，坚持尊重个人合法权益与承担社会责任相统一，坚持注重效率与维护社会公平相协调，坚持把先进性要求与广泛性要求结合起来，坚持道德教育与社会管理相配合。

3. 明确公民道德建设的主要内容

确立什么样的公民道德建设的内容将直接决定着公民道德建设的重点工作。《纲要》从我国历史和现实的国情出发，提出社会主义道德建设要坚持以为人民服务为核心，以集体主义为原则，以爱祖国、爱人民、爱劳动、爱科学、爱社会主义为基本要求，以社会公德、职业道德、家庭美德为着力点。《纲要》对道德建设内容做了深入的具体阐述，指出为人民服务作为公民道德建设的核心，是社会主义道德区别和优越于其他社会形态道德的显著标志；集体主义作为公民道德建设的原则，是社会主义经济、政治和文化建设的必然要求；爱祖国、爱人民、爱劳动、爱科学、爱社会主义作为公民道德建设的基本要求，是每个公民都应当承担的法律义务和道德责任；社会公德是全体公民在社会交往和公共生活中应该遵循的行为准则，涵盖了人与人、人与社会、人与自然之间的关系；职业道德是所有从业人员在职业活动中应该遵循的行为准则，涵盖了从业人员与服务对象、职业与职工、职业与职业之间的关系；家庭美德是每个公民在家庭生活中应该遵循的行为准则，涵盖了夫妻、长幼、邻里之间的关系。

4. 强调要大力加强基层公民道德教育

公民道德建设必须务实、必须落地，其中最为重要的就是要做好基层公民道德教育。《纲要》指出，提高公民道德素质，教育是基础，要紧紧抓住影响人们道德观念形成和发展的重要环节，通过家庭、学校、机关、企事业单位和社会各方面，坚持不懈地在全体公民中进行道德教育。《纲要》针对家庭、学校、机关、企事业单位和社会各方面如何开展公民道德教育做了具体部署，指出家庭是人们接受道德教育最早的地方，学校是进行系统道德教育的重要阵地，机关、企事业单位是对公民进行道德教育的重要场所，社会是进行公民道德教育的大课堂，并指出家庭、学校、机关、企事业单位和社会在公民道德教育方面各有侧重、各有特点，是相互衔接、密不可分的统一整体，必须把家庭教育、学校教育、单位教育和社会教育紧密结合起来，相互配合、相互促进。

5. 提出深入开展群众性的公民道德实践活动

公民道德建设必须注重知行合一，必须注重在群众性实践活动中开展道德建设。《纲要》指出，公民道德建设的过程是教育和实践相结合的过程，提出要以活动为载体，吸引群众普遍参与，这是新形势下加强公民道德建设的重要途径。《纲要》站在公民道德建设内在规律的高度，提出每个公民既是道德建设过程的参与者，也是道德建设成果的受益者，要坚持在各种类型的群众性精神文明创建活动中突出思想内涵，强化道德要求，使人们在自觉参与中思想感情得到熏陶，精神生活得到充实，道德境界得到升华。《纲要》对如何开展群众性精神文明创建活动提出了具体要求：要在各项创建活动中充分体现社会公德、职业道德、家庭美德的内容，明确具体标准，制定落实措施，力求取得实效；要利用各种重要节日、纪念日，挖掘利用其蕴藏的宝贵的道德教育资源，要开展必要的礼仪、礼节、礼貌活动；要因势利导地发挥基层组织和群众团体的骨干作用、先进典型和先进单位的带动作用、广大群众的主体作用；要坚持从具体事情做起、从群众最关心的事情抓起，使道德实践活动与各项业务工作紧密结合，贴近基层、贴近群众、贴近生活，防止和克服形式主义，促进公民道德建设稳步向前发展。

6. 公民道德建设需要良好的社会氛围、政策支撑和组织保障

良好的社会氛围、政策支持和组织保障，直接决定公民道德建设的开展情况和实际效果。《纲要》提出，要积极营造有利于公民道德建设的社会氛围，指出一切思想文化阵地、一切精神文化产品，都要宣传科学理论、传播先进文化、塑造美好心灵、弘扬社会正气、倡导科学精神，大力宣传体现时代精神的道德行为和高尚品质，激励人们积极向上，追求真善美；坚决批评各种不道德行为和错误观念，帮助人们辨别是非，抵制假恶丑，为推进公民道德建设创造良好的舆论文化氛围。《纲要》提出要努力为公民道德建设提供法律支持和政策保障，指出加强社会主义法制是公民道德建设健康发展的重要保证，

公民良好道德习惯的养成是一个长期、渐进的过程，离不开严明的规章制度，各地区、各部门、各行业和各基层单位在建立健全规章制度时，要充分体现相关的道德规范和具体要求。同时，要把思想引导与利益调节、精神鼓励与物质奖励统一起来，加强督促检查，严格考核奖惩，确保各种行政规章以及道德守则和公约在实践中得到落实，为公民道德建设提供有效的制度保障。《纲要》提出要切实加强对公民道德建设的领导，要求各地区、各部门必须始终不渝地坚持“两手抓，两手都要硬”的方针，充分认识新形势下加强公民道德建设的重要性、艰巨性、长期性和紧迫性。《纲要》指出在加强公民道德建设中要发挥共产党员和领导干部的模范带头作用；推进公民道德建设，也需要社会各方面的共同努力；各级文明委和党委宣传部，在公民道德建设中担负着指导、协调、组织的具体职责。

三、重要意义

1. 为新形势下社会主义思想道德建设提供了行动纲领

《纲要》的颁布是我国公民思想道德建设的一件大事，是宣传思想工作的一件大事，是群众性精神文明建设的一件大事，是深入贯彻落实依法治国和以德治国相结合的重大举措。《纲要》突出了公民道德的建设性、实践性、发展性和系统性，为公民道德建设提供了完备的纲领。《纲要》通过总结改革开放以来我国公民道德建设的新鲜经验，从理论与实践的结合上，深刻地论述了公民道德建设的重要性、指导思想、方针原则、基本道德规范、主要内容和实施途径以及保障条件等，有利于充分认识加强公民道德建设的重要性、艰巨性、长期性和紧迫性，把公民道德建设放在突出位置来抓，促进依法治国与以德治国的紧密结合，形成与发展社会主义市场经济相适应的社会主义道德体系，推动经济和社会的全面发展。

2. 深刻揭示了市场经济条件下社会主义思想道德建设的基本要求

《纲要》的颁布，极为必要，极为适时。道德是文化最核心、最底层的内容。社会主义社会需要社会主义文化，需要社会主义道德体系。这个问题如果解决得不好，我们的经济建设就不会顺利，甚至会丧失掉千辛万苦所得来的成果。《纲要》的颁布有着明显的现实性、针对性和紧迫性。《纲要》的制定及其所阐述的公民道德建设的重要性、指导思想和方针原则、主要内容以及关于加强基层公民道德建设等内容，符合社会主义文化建设的规律，符合中华文化发展的规律，符合我国的实际情况。社会主义市场经济体制的建立和完善，急需与之相适应的思想道德体系。这个思想道德体系的形成，同社会主义市场经济体制的形成，一样是前无古人的，一样需要开拓和创造。《纲要》是顺应时代要求、反映群众愿望、深入调查研究、广泛听取意见、经过充分讨论、历经多次反复形成的，继承了中华民族传统道德的精华，发扬了我们党领导人民在长期革命斗争与建设实践中形成的优良传统道德，借鉴了世界各国道德建设的成功经验和先进文明成果，反映了社会主义市场经济条件下思想道德建设的客观规律，体现了中国先进文化的前进方向，是全党和全国人民智慧的结晶，因而深刻揭示了市场经济条件下社会主义思想道德建设的基本要求。

3. 对充分发挥社会主义现代化建设的思想道德支撑作用具有深远意义

加强公民道德建设是提高全民族素质的一项基础性工程，有利于弘扬民族精神和时代精神，形成良好的社会道德风尚，促进物质文明与精神文明协调发展，为推进社会主义现代化建设提供思想道德支撑。在新的历史条件下，从公民道德建设入手，继承中华民族几千年形成的传统美德，发扬党领导人民在长期革命斗争与建设实践中形成的优良传统道德，借鉴世界各国道德建设的成功经验和先进文明成果，努力建立与发展社会主义市场经济相适应的社会主义道德体系，对形成追求高尚、激励先进的良好社会风气，保证社会主义市场经济的健康发展，促进整个民族素质的不断提高，全面推进中国特色社会主义伟大事业的发展，具有重要意义。

四、学习与思考

1. 如何理解公民道德建设是提高全民族素质的一项基础性工程？
2. 为什么社会主义思想道德建设要坚持以为人民服务为核心？
3. 如何理解公民道德建设的先进性要求与广泛性要求？

《中共中央、国务院关于进一步加强和改进未成年人思想道德建设的若干意见》导读

2004年2月26日，《中共中央、国务院关于进一步加强和改进未成年人思想道德建设的若干意见》（简称《意见》）印发，从确保党和国家事业后继有人的战略高度，从全面建设小康社会和实现中华民族伟大复兴的全局高度，对新形势下进一步加强和改进未成年人思想道德建设做出重大部署。《意见》充分阐述了加强和改进未成年人思想道德建设的重要性和紧迫性，将未成年人思想道德建设作为全党全社会的共同任务，并对各有关部门和社会各有关方面提出了明确要求，这是新时期指导中小学德育工作、全面推进素质教育的纲领性文件。

原文见《十六大以来重要文献选编》上卷，中央文献出版社2004年版，第790页。

一、写作背景

1. 未成年人思想道德建设的新形势

《意见》是深入贯彻落实党的十六大精神和“三个代表”重要思想的重要体现，也是党和国家基于未成年人及其思想道德建设现状而做出的重要战略规划和决策部署。2002年11月，党的十六大召开。这是我们党在新世纪召开的第一次全国代表大会，也是我们党在开始实施社会主义现代化建设第三步战略部署的新形势下召开的一次重要会议。大会的主题是高举邓小平理论伟大旗帜，全面贯彻“三个代表”重要思想，继往开来，与时俱进，全面建设小康社会，加快推进社会主义现代化，为开创中国特色社会主义事业新局面而奋斗。党的十六大报告指出，要建立与社会主义市场经济相适应、与社会主义法律规范相协调、与中华民族传统美德相承接的社会主义思想道德体系，认真贯彻公民道德建设实施纲要，弘扬爱国主义精神，以为人民服务为核心、以集体主义为原则、以诚实守信为重点，加强社会公德、职业道德和家庭美德教育，特别要加强青少年的思想道德建设。这些要求与党和国家在新的历史时期面临的新形势、承担的新任务直接相关，就是要引导未成年人在遵守基本行为准则的基础上追求更高的思想道德目标，树立中国特色社会主义共同理想，树立正确的世界观、人生观和价值观，使他

们成为推动社会主义先进文化发展和社会主义精神文明建设的重要力量。

据统计，我国18岁以下的未成年人约有3.67亿，占全国总人口的28%。几年或十几年后，这个群体将成为中国特色社会主义事业的建设者和接班人，承担起坚持和发展中国特色社会主义事业的历史重任，为实现中华民族伟大复兴而奋斗。未成年人的思想道德状况直接关系到中华民族的整体素质，关系到党和国家的前途命运，关系到中国特色社会主义事业的人才储备。只有将未成年人思想道德建设提升到战略任务的高度，才能培养和造就千千万万具有高尚思想品质和良好道德修养的合格建设者和接班人。因此，加强和改进未成年人思想道德建设，是推动党和国家事业不断发展的必然要求，是提高全民族素质、促进人的全面发展的必然要求，是增强我国发展后劲和国际竞争力的必然要求，也是坚持立党为公、执政为民的必然要求。如何让广大未成年人在成长过程中获得正确的思想引领和价值引导，使他们在科学文化素质得到提升的同时具备较高的思想道德素质，最终成为中国特色社会主义事业的合格建设者和可靠接班人，这个问题需要尽快做出回答。

2. 未成年人思想道德建设的新机遇

改革开放以来，中国保持了长时期的快速发展，政治、经济、文化、社会等各方面事业全面进步。新世纪之初的未成年人思想道德建设具有较好的物质和精神条件，显现出新的发展机遇。第一，对外开放的持续扩大为未成年人拓展世界视野、培养国际思维营造良好氛围。未成年人可以通过对外开放的窗口了解世界，尊重世界文明的多样性，理解不同国家、不同民族、不同文化、不同环境的差异，认识到各种文明应当在彼此尊重、平等对待、求同存异的基础上和谐相处，认识到世界各种文明、社会制度和发展模式应当相互交流和相互借鉴。同时，未成年人可以更广泛地汲取人类文明创造的一切积极成果，更系统地学习西方各学科知识，更及时地关注先进科学技术的发展动态，充实个体的知识内涵，完善个体的知识结构，学会站在全球或更广阔的角度上去观察问题、分析问题和解决问题。第二，社会主义精神文明建设的显著成效为未成年人提供了丰富的精神文化产品。在“文艺为人民服务、为社会主义服务”方向和“百花齐放、百家争鸣”方针的指引下，各级文化部门按照国家的规划部署，坚持以优秀的作品鼓舞人，积极实施“国家舞台艺术精品工程”，推出了一大批群众喜闻乐见的优秀作品。文化市场体系逐步形成，文化产业进入快速发展时期，未成年人可以选择的各类文化娱乐产品迅速增加。基层文化建设的投入力度和城乡基础文化设施建设得到进一步加强，西部地区和其他少数民族地区文化建设得到极大发展，城市和农村未成年人的精神文化生活逐渐丰富起来。第三，互联网技术逐步改变着人们的生活方式和交往方式，也为未成年人提供了全新的信息渠道。未成年人可以突破传统的资讯获取路径，利用互联网随时检索自己所需要的信息，在文字、声音、图形、图像、音频、视频等多种媒体的交互作用中直观感受并深入理解思想道德教育内容。同时，教育者开始运用互联网技术对未成年人开展思想道德教育，将社会主义主流价值观巧妙地融入未成年人乐于接受、易于接受的网络信息之中，充分调动未成年人接受思想道德教育的积极性和主动性，努力探索未成年人思想道德建设的新内容和新形式。

3. 未成年人思想道德建设的新问题

随着国内外环境的深刻变化，未成年人的成长发展过程中逐渐产生出一些新的问题，给未成年人思想道德建设带来严峻挑战。第一，未成年人思想道德建设工作中的薄弱环节进一步凸显。一些地方和主管部门对未成年人思想道德建设的重要性和紧迫性认识不足，无视现有工作中不适应时代要求、不符合长远发展的新情况，既没有相应的政策规划，也没有配套的经费投入和措施保障，导致当地未成年人思想道德建设无法正常开展。学校教育中重智育轻德育、重课堂教学轻社会实践的现象依然存在，未成年人思想道德状况没有得到及时关注和回应，未成年人思想道德建设的思想观念、内容形式、方法手段和队伍建设等方面亟待提升。第二，部分未成年人的家庭教育严重缺失。一些家庭没有充分认识到家庭教育的重要意义，忽略了家庭教育的基础性和持续性，将子女教育的责任一味推卸给学校或社会教育机构。有的家庭在教育子女的观念和方法上存在误区，放松了对子女的思想道德教育和人格品行培养，不利于未成年人的健康成长和全面发展。尤其是农村留守未成年人的家庭教育长期处于缺失状态，极易对未成年人造成难以弥补的伤害，导致未成年人不同程度的性格缺陷和心理问题。第三，复杂社会环境对未成年人产生的负面影响加剧。从国际层面看，意识形态斗争日趋尖锐和复杂，西方敌对势力利用各种途径对我国未成年人进行思想文化渗透。随着经济全球化的深入发展，以宪政民主、“普世价值”、新自由主义等西方政治观念和拜金主义、享乐主义和极端个人主义等资本主义腐朽生活方式为内核的许多西方文化产品大量涌入中国市场，严重影响着国内原有的思想文化生态，极大地冲击着未成年人的价值观。从国内层面看，不同利益群体的矛盾冲突开始凸显，社会上出现诚信缺失、假冒伪劣、欺骗欺诈活动等道德失范行为，一些地方的封建迷信、邪教和黄赌毒等社会丑恶现象沉渣泛起，给未成年人成长带来不可忽视的负面影响。在互联网日益普及和各类文化娱乐场所快速发展的背后，不能不看到由于监管不严而带来的淫秽、色情、凶杀、暴力等有害信息乘隙传播问题，严重腐蚀着未成年人的心灵。

二、基本思想

1. 加强和改进未成年人思想道德建设的指导思想、基本原则和主要任务

《意见》提出，当前和今后一个时期，加强和改进未成年人思想道德建设的指导思想是坚持以马克思列宁主义、毛泽东思想、邓小平理论和“三个代表”重要思想为指导，深入贯彻党的十六大精神，全面落实《爱国主义教育实施纲要》《公民道德建设实施纲要》，紧密结合全面建设小康社会的实际，针对未成年人身心成长的特点，积极探索新世纪新阶段未成年人思想道德建设的规律，坚持以人为本，教育和引导未成年人树立中国

特色社会主义的理想信念和正确的世界观、人生观、价值观，养成高尚的思想品质和良好的道德情操，努力培育有理想、有道德、有文化、有纪律的，德、智、体、美全面发展的中国特色社会主义事业建设者和接班人。这一指导思想明确了未成年人思想道德建设的根本指针、总的要求和奋斗目标，为进一步加强和改进未成年人思想道德建设指明了方向。

《意见》对加强和改进未成年人思想道德建设的基本原则做出明确规定，即坚持与培育“四有”新人的目标相一致、与社会主义市场经济相适应、与法律规范相协调、与中华民族传统美德相承接的原则，坚持贴近实际、贴近生活、贴近未成年人的原则，坚持知与行相统一的原则，坚持教育与管理相结合的原则。这四项原则一方面是对未成年人思想道德建设经验的科学总结，强调要将未成年人思想道德建设放到发展社会主义市场经济、建设社会主义民主政治、弘扬中华民族精神的历史进程和社会发展全局中进行整体规划，将未成年人思想道德建设与各项管理有机融合；另一方面是对未成年人思想道德建设的客观规律的尊重和遵循，强调要紧密结合当前实际，适应未成年人身心发展的特点和接受能力，关心爱护未成年人并不断满足他们的精神文化需求，积极开展实践育人，注重养成教育、体验教育。

《意见》提出新形势下未成年人思想道德建设的四项主要任务：从增强爱国情感做起，弘扬和培育以爱国主义为核心的伟大民族精神；从确立远大志向做起，树立和培育正确的理想信念；从规范行为习惯做起，培养良好道德品质和文明行为；从提高基本素质做起，促进未成年人的全面发展。这四项主要任务为做好未成年人思想道德建设的各项具体工作指明了方向。加强和改进未成年人思想道德建设要深入进行中华民族优良传统教育和中国革命传统教育、中国历史特别是近现代史教育，引导广大未成年人从小树立民族自尊心、自信心和自豪感；进行中国革命、建设和改革开放的历史教育与国情教育，引导广大未成年人为担负起建设祖国、振兴中华的光荣使命做好准备；大力普及基本道德规范并倡导集体主义精神和社会主义人道主义精神，引导广大未成年人学会处理人与人、人与社会、人与自然等基本关系；努力培育未成年人的劳动意识、创造意识、效率意识、环境意识和进取精神、科学精神以及民主法制观念，引导未成年人保持昂扬向上的精神状态，全面提高他们的思想道德素质、科学文化素质和健康素质。

2. 建立健全学校、家庭、社会相结合的未成年人思想道德教育体系

《意见》从学校、家庭和社会三个领域全面论述了加强和改进未成年人思想道德建设的重点工作和具体措施，强调要使学校教育、家庭教育、社会教育相互配合和相互促进，形成加强和改进未成年人思想道德建设的合力。《意见》明确提出，学校是对未成年人进行思想道德教育的主渠道，必须按照党的教育方针，把德育工作摆在素质教育的首要位置，贯穿于教育教学的各个环节。

要把弘扬和培育民族精神作为思想道德建设极为重要的任务，纳入中小学教育的全过程。第一，加快中小学思想品德、思想政治课的改进和建设，充分利用和整合各种德育资源，深入研究中小学生思想品德形成的规律和特点，努力构建适应21世纪发展需要

的中小学德育课程体系。积极改进教学方法和形式，采用未成年人喜闻乐见、生动活泼的方式进行教学，探索实践教学和学生参加社会实践、社区服务的有效机制，建立科学的学生思想道德行为综合考评制度。要加强心理健康教育，培养学生良好的心理品质。要把思想品德教育与法制教育紧密结合起来，使二者有机统一，相辅相成。要改革课程设置、教材和教学方法，切实减轻中小学生的课业负担。第二，要依据不同年龄段学生的特点，抓紧修订和完善中小学生《守则》和日常行为规范。制定和推行行为规范，要以促进学生全面发展为出发点和落脚点，反映时代和社会进步的要求，体现对学生的尊重与信任，引导学生自觉遵纪守法。第三，切实加强教师职业道德建设。学校全体教职员工要树立育人为本的思想，认真贯彻《中华人民共和国教育法》《中华人民共和国教师法》《中小学教师职业道德规范》，以高尚的情操引导学生德、智、体、美全面发展。教育行政部门和学校要制定和完善有关规章制度，调动全体教师的工作积极性与责任感，充分发挥广大教师在全面推进素质教育进程中的主力军作用。要完善学校的班主任制度，高度重视班主任工作，选派思想素质好、业务水平高、奉献精神强的优秀教师担任班主任。

《意见》高度重视家庭教育在未成年人思想道德建设中的特殊重要作用，提出要把家庭教育与社会教育、学校教育紧密结合起来。第一，各级妇联组织、教育行政部门和中小学校要切实担负起指导和推进家庭教育的责任。要与社区密切合作，办好家长学校、家庭教育指导中心，并积极运用新闻媒体和互联网，面向社会广泛开展家庭教育宣传，普及家庭教育知识，推广家庭教育的成功经验，帮助和引导家长树立正确的家庭教育观念，掌握科学的家庭教育方法，提高科学教育子女的能力。第二，党政机关、企事业单位和社区、村镇等城乡基层单位，要关心职工、居民的家庭教育问题，教育引导职工、居民重视对子女特别是学龄前儿童的思想启蒙和道德品质培养，支持子女参与道德实践活动。注意加强对成年人的思想道德教育，引导家长以良好的思想道德修养为子女作表率。第三，要高度重视流动人口家庭子女的义务教育问题。进城务工就业农民流入地政府要建立和完善保障进城务工就业农民子女接受义务教育的工作制度和机制。

《意见》强调要广泛深入开展未成年人道德实践活动，按照实践育人的要求，以体验教育为基本途径，区分不同层次未成年人的特点，精心设计和组织开展内容鲜活、形式新颖、吸引力强的道德实践活动。各种法定节日，传统节日，革命领袖、民族英雄、杰出名人等历史人物的诞辰和逝世纪念日，建党纪念日，红军长征、辛亥革命等重大历史事件纪念日，“九一八”“南京大屠杀”等国耻纪念日，以及未成年人的入学、入队、入团、成人宣誓等有特殊意义的重要日子，都是宝贵的思想道德教育资源。要组织丰富多彩的主题班会、队会、团会，举行各种庆祝、纪念活动和必要的仪式，集中开展思想道德主题宣传教育活动。要运用各种方式向广大未成年人宣传介绍古今中外的杰出人物、道德楷模和先进典型，激励他们崇尚先进、学习先进。通过评选三好学生、优秀共青团员和优秀少先队员、先进集体等活动，为未成年人树立可亲、可信、可敬、可学的榜样。《意见》提出，要加强以爱国主义教育基地为重点的未成年人活动场所的建设、使用和管理。各类博物馆、纪念馆、展览馆、烈士陵园等爱国主义教育基地要创造条件对全社会开放，对中小学生集体参观一律实行免票，对学生个人参观可实行半票。要加强青少年宫、儿童活动中心等未成年人专门活动场所建设和管理。已有的未成年人专门活动场所要积极开展教育、科技、文化、艺术、体育等未成年人喜闻乐见的活动，各级政府要把未成年人活动场所建设纳入当地国民经济和社会事业发展总体规划。

3. 积极创造未成年人健康成长的良好社会环境

加强和改进未成年人思想道德建设是全社会必须共同承担的重大任务。《意见》从创建良好氛围和净化成长环境两个角度对如何创造有益于未成年人身心发展的社会环境提出了具体意见。

为了创建未成年人思想道德建设的良好氛围，《意见》从大众传媒、互联网、文化产品等渠道提出了建设意见。第一，各类大众传媒都要增强社会责任感，把推动未成年人思想道德教育作为义不容辞的职责，为加强和改进未成年人思想道德建设创造良好舆论氛围。各级电台、电视台都要开设和办好少儿专栏或专题节目，少儿节目要符合少年儿童的欣赏情趣，适应不同年龄层次少年儿童的欣赏需求；各类报刊要热心关注未成年人思想道德建设，加强宣传报道；加强少年儿童影视片的创作生产，积极扶持国产动画片的创作、拍摄、制作和播出，逐步形成具有民族特色、适合未成年人特点、展示中华民族优良传统的动画片系列。第二，各类互联网站都要充分认识所肩负的社会责任，积极传播先进文化，倡导文明健康的网络风气。重点新闻网站和主要教育网站要发挥主力军作用，开设未成年人思想道德教育的网页、专栏，组织开展各种形式的网上思想道德教育活动。在有条件的校园和社区内，要有组织地建设一批非营业性的互联网上网服务场所，为未成年人提供健康有益的绿色网上空间。第三，要充分考虑未成年人成长进步的需求，精心策划选题，创作、编辑、出版并积极推荐一批知识性、趣味性、科学性强的图书、报刊、音像制品和电子出版物等未成年人读物和视听产品。有关部门要继续做好面向未成年人的优秀影片、歌曲和图书的展演、展播、推介工作，要积极鼓励、引导、扶持软件开发企业开发和推广有益于未成年人健康成长的游戏软件产品。要积极推进全国文化信息资源共享工程建设，让健康的文化信息资源通过网络进入校园、社区、乡村、家庭。第四，要积极推动少儿文化艺术繁荣健康发展，加强少儿文艺创作、表演队伍建设，注重培养少儿文艺骨干力量。鼓励作家、艺术家多创作思想内容健康、富有艺术感染力的少儿作品，加大政府对少儿艺术演出的政策扶持力度。

为了净化未成年人的成长环境，《意见》提出了几项重点工作。第一，要坚持不懈地开展“扫黄”“打非”斗争，加强文化市场监管，坚决查处传播淫秽、色情、凶杀、暴力、封建迷信和伪科学的出版物。严格审查面向未成年人的游戏软件内容，查处含有诱发未成年人违法犯罪行为和恐怖、残忍等有害内容的游戏软件产品。第二，要加强对互联网上网服务营业场所和电子游戏经营场所的管理。严格执行《互联网上网服务营业场所管理条例》，切实加强对网吧的整治和管理。认真落实未成年人不得进入营业性网吧的规定。推广绿色上网软件，为家长监管未成年人在家庭中的上网行为提供有效技术手段。第三，要加强对营业性歌舞娱乐场所、电子游艺厅、录像厅等社会文化场所的管理。认真落实《互联网上网服务营业场所管理条例》和国务院办公厅转发文化部等部门的《关于开展电子游戏经营场所专项治理意见的通知》《关于开展网吧等互联网上网服务营业场所专项整治意见的通知》等规定，进一步优化校园周边环境。

4. 加强和改进未成年人思想道德建设的组织保障

《意见》要求各级党委和政府把加强和改进未成年人思想道德建设作为一项事关全局的战略任务，纳入经济社会发展总体规划，列入重要议事日程，切实加强和改善领导。要形成党委统一领导、党政群齐抓共管、文明委组织协调、有关部门各负其责、全社会积极参与的领导体制和工作机制。地方各级党委主要负责同志要负起政治责任，经常分析未成年人思想道德状况，及时了解未成年人思想道德建设工作情况，认真研究解决重大问题。各级政府要把未成年人思想道德建设摆在重要位置，给予必要的财力支持并随着财政收入的增长逐步加大支持力度。中央精神文明建设指导委员会负责指导全国未成年人思想道德建设工作，督促检查各地区各部门贯彻落实情况，组织协调各有关部门和社会各方面共同做好未成年人思想道德建设工作。各地文明委要在同级党委领导下，搞好思想建设、组织建设和作风建设。各级宣传、教育、文化、体育、科技、广播影视、新闻出版、信息产业、民政、公安、海关、财政、税务等部门，共青团和工会、妇联等群团组织，要结合业务工作，发挥各自优势，形成建设合力。

《意见》要求充分发挥共青团和少先队在未成年人思想道德建设中的重要作用。一方面要加强中学团组织建设，把中学共青团工作纳入学校素质教育的总体布局，推荐优秀青年教师做团的工作。要办好中学生业余团校，配合学校党组织办好高中生业余党校，在确保质量、坚持标准的前提下做好在高中生中择优培养发展党员的工作。另一方面要把少先队工作纳入教育发展规划，把对少先队工作的指导、检查、考核纳入教育行政部门的督导、评估范畴。各级共青团组织和教育行政部门的有关负责同志要参与同级少先队工作委员会工作。中小学校党组织和行政部门要积极支持少先队开展活动，并选派优秀青年教师担任少先队辅导员，把少先队辅导员培训纳入师资培训体系。

三、重要意义

1. 未成年人思想道德建设的理论研究不断深化

《意见》中多次指出要加强对未成年人思想道德建设相关问题的研究，如中小学生思想品德形成的规律和特点，家庭教育中存在的突出问题，未成年人思想道德建设中的重大问题等，从政策层面强调了未成年人思想道德建设研究的合理性和重要性，激发研究者投身未成年人思想道德建设相关领域探索的积极性，从而为未成年人思想道德建设工作提供理论支持、科学依据和决策参考。《意见》蕴含着丰富的未成年人思想道德建设研究内容，不仅明确了未成年人思想道德建设的基本范畴和不同教育途径的功能作用，也指出了当前未成年人思想道德建设的重点任务，具有鲜明的时代性和强烈的针对性，有利于理论研究者聚焦关键环节、回应重要问题、找准学术研究的目标和方向。《意见》提出了创新未成年人思想道德建设方式方法的总体要求和具体路径，既能够推动理论研究者对现有方式方法进行全方位的深入思考，为未成年人道德建设工作领域提供更具针对性和有效性的实践指导，又可以促使未成年人思想道德建设方法研究向更大范围内拓展和延伸，进一步健全和完善未成年人思想道德建设方法体系。

2. 未成年人思想道德建设的实践成效日益显现

《意见》为各地各有关部门开展未成年人思想道德建设工作提供了重要遵循，各方面建设工作进入持续、快速、全面的发展时期，新的内容方式不断涌现。在各级党委的统一领导下，各地区各部门按照《意见》的部署安排各司其职、各负其责，努力探索未成年人思想道德建设的有效路径。一方面，全国各地相继推出了一大批惠及广大未成年人的具体措施，各地爱国主义教育基地和公益性文化设施对未成年人实施免费或优惠政策，许多地区陆续解决了进城务工人员子女就地入学问题，受到广大家长和社会各界广泛好评。一些地区建立起针对农村青少年的公益性课外教育阵地，极大改善了农村未成年人课外活动场所薄弱的状况。一些地区坚持长期开展品牌性活动，形成了良好的社会效益。另一方面，各部委发挥各自优势，承担相应责任，共同推动未成年人思想道德建设工作。教育部把未成年人思想道德教育内容有机融入中小学各学科课程标准、教材编写和考试评价之中，加强文明礼仪教育和心理健康教育，培养良好行为习惯和心理品质。中共中央对外宣传办公室等开展进一步深入整治互联网和手机媒体淫秽色情及低俗信息专项行动，建立公众举报奖励制度，形成打击网上淫秽色情违法犯罪活动的强大舆论声势。文化部通过组织实施重点文化建设项目，开展未成年人文化产品的创作生产和演出推广活动，满足未成年人的精神文化需求。全国妇联逐步深化家庭教育指导服务，创新家庭教育实践，关爱服务农村留守流动儿童，切实提升了家庭教育水平。

3. 未成年人思想道德建设的体制机制逐步形成

作为新世纪新阶段全面提高未成年人思想道德素质的纲领性文件，《意见》受到社会各界的高度关注，反映出全社会对未成年人思想道德建设的基本共识。未成年人的健康成长关系到上亿家庭的切身利益，是牵动亿万家长心灵、影响亿万家庭幸福的大事。《意见》的出台成为维护人民群众根本利益的重要举措，是符合群众期待、顺应群众意愿的一项民心工程，充分体现出中国共产党立党为公、执政为民的本质理念。《意见》出台后，未成年人思想道德建设的领导体制和工作机制日益建立健全，综合性、全方位的工作格局逐步形成，相关部门积极探索未成年人思想道德建设工作的长效机制，不断健全完善目标责任机制、监督考核机制、投入保障机制等，促进了未成年人思想道德建设的科学化、制度化和规范化。比如2006年修订的《中华人民共和国未成年人保护法》规定父母或者其他监护人应当创造良好、和睦的家庭环境，依法履行对未成年人的监护职责和抚养义务，提升了家庭教育的法律地位，优化了家庭教育的法制环境。加强未成年人思想道德建设的体制机制，有利于发挥学校教育、家庭教育、社会教育的合力作用，增强社会各界对未成年人思想道德建设的责任意识，调动各方面力量共同参与到未成年人思想道德建设的事业中来，逐渐形成全社会关心和帮助未成年人成长发展的良好氛围。

四、学习与思考

1. 如何理解未成年人思想道德建设的重要性和紧迫性？
2. 如何发挥家庭教育在未成年人思想道德建设中的积极作用？
3. 如何优化未成年人思想道德建设的社会环境？

《中共中央、国务院关于进一步加强和改进大学生思想政治教育的意见》导读

2004年8月26日，《中共中央、国务院关于进一步加强和改进大学生思想政治教育的意见》（简称《意见》）印发，结合国际国内形势和大学生的思想实际，总结了改革开放以来中国共产党思想政治教育的经验，就新形势下加强和改进大学生思想政治教育做出了全面部署，对大学生思想政治教育的指导思想、基本原则、主要任务、主渠道、途径拓展、党团建设、队伍建设、环境建设和组织领导等方面做出了具体安排。《意见》是中共中央、国务院第一次以联合发文的形式指导大学生思想政治教育工作的重要文件，是新世纪新阶段指导和改进大学生思想政治教育的纲领性文献，充分体现了以胡锦涛同志为总书记的党中央对大学生思想政治教育的高度重视和对大学生成才成长的殷切期望。

原文见《十六大以来重要文献选编》中卷，中央文献出版社2006年版，第177～191页。

一、写作背景

1. 应对国内外复杂形势的必然要求

进入21世纪后，中国面临全面建设小康社会、加快推进社会主义现代化的新任务。国际局势也发生了深刻变化，世界多极化和经济全球化的趋势在曲折中发展，科技进步日新月异，综合国力竞争日趋激烈。国内外复杂多变的发展态势既给大学生思想政治教育带来新的机遇，也给大学生思想状况和当前思想政治工作带来严峻挑战。如何应对机遇与挑战并存的新形势，大学生思想政治教育必须积极采取措施，增强思想政治教育的实效性。

一方面，经济全球化进程的持续深入和中国对外开放的继续扩大为大学生思想政治教育抓住机遇、开拓创新提供了有利条件。在经济全球化的影响下，新兴技术应用广泛，网络媒体逐步普及，大学生了解世界、开阔视野、增长知识的渠道更加多样。随着中国社会主义市场经济体制的确立和完善，我国社会经济成分、组织形式、就业方式、利益关系和分配方式日益多样化，国家的政治、经济、文化等各个方面获得了快速发展。与

社会发展进步相适应的新思想新观念日益丰富着青年群体的精神世界，大学生的思想独立性、选择性、多变性和差异性进一步增强。大学生思想政治教育者要根据教育对象思想政治状况的发展实际，适应新的教育环境，把握新的教育特点，不断提高自身的职业素质，主动吸收世界先进的科学技术信息和思想文化成果，积极借鉴国外有益的教育理念和教育方法。

另一方面，西方资产阶级价值观和市场经济自身缺点给思想文化领域带来不可忽视的负面影响。在中国社会发展进步的道路上，国外敌对势力始终没有放弃对我国实行西化和分化的政治图谋，意识形态斗争日益复杂尖锐。西方国家企图把自己的价值观念和社会制度强加于中国，把资产阶级错误思想传递给中国的青年一代。同时，中国的改革发展处于关键时期，社会结构和利益关系剧烈变化，各种思想文化相互激荡，多种社会思潮纷纷涌现。一些大学生不能正确认识和看待纷繁复杂的社会现实，滋生出拜金主义、享乐主义、极端个人主义的错误观念，向往西方腐朽落后的生活方式，将物质条件作为评判人生价值的唯一标准，导致个人精神空虚、行为失范甚至走上违法犯罪的道路。面对不同程度的政治信仰缺失、理想信念模糊、价值取向扭曲、诚信意识弱化、社会责任淡漠、艰苦奋斗品质不够、团结合作意识不强、心理承受力不足等问题，加强和改进大学生思想政治教育是抵御错误思潮不良影响、提高大学生思想政治素质、促进人的全面发展的必然要求。

2. 确保党和国家事业长治久安的必要举措

重视思想政治教育是中国共产党的优良传统和政治优势，也是我国发展社会主义教育事业的重要方针。1957 年，毛泽东在《关于正确处理人民内部矛盾的问题》中提出："我们的教育方针，应该使受教育者在德育、智育、体育几方面都得到发展，成为有社会主义觉悟的有文化的劳动者。"毛泽东强调，思想政治工作，各个部门都要负责任，共产党应该管，共青团应该管，政府主管部门应该管，学校的校长教师更应该管。改革开放以来，党中央和国务院高度重视思想政治教育工作，坚持"两手抓，两手都要硬"的方针，切实加强和改进对大学生思想政治教育工作的领导。各地区各部门各高校不断加强大学生思想政治教育，培养了大批德才兼备的优秀人才，有力地维护了高校的团结稳定，极大地推动了高等教育的改革创新，并积累起开展思想政治工作的许多宝贵经验。在新的时代条件下，如何总结历史经验、继承优良传统，进一步开创大学生思想政治教育的新局面，为中国特色社会主义事业培养合格建设者和可靠接班人，确保我国在激烈的国际竞争中始终具有充足的人才储备、始终立于不败之地，确保中国特色社会主义事业兴旺发达、后继有人，是党和国家面对的一项重大课题。

党的十六大报告提出，我们要在 21 世纪头二十年，集中力量，全面建设惠及十几亿人口的更高水平的小康社会，使经济更加发展、民主更加健全、科教更加进步、文化更加繁荣、社会更加和谐、人民生活更加殷实。大学生是十分宝贵的人才资源，是民族的希望和祖国的未来，是肩负时代使命、完成历史任务的重要主体。胡锦涛指出："一个有远见的民族，总是把关注的目光投向青年；一个有远见的政党，总是把青年看作是推动历史发展和社会前进的重要力量。”① 当时的在校大学生约有2000万，包括本科生、专科生和研究生。大学生思想政治状况的主流积极、健康、向上，思想道德状况和精神面貌始终保持良好发展态势。他们热爱党，热爱祖国，热爱社会主义，坚决拥护党的路线方针政策，对坚持走中国特色社会主义道路、实现全面建设小康社会的宏伟目标充满信心。加强和改进大学生思想政治教育，提升大学生的主体地位，调动大学生的积极性、主动性和创造性，增强大学生的思想政治素质，是党和国家贯彻落实科教兴国战略和人才强国战略，加快推进社会主义现代化建设、实现中华民族伟大复兴的重大战略措施。

3. 解决大学生思想政治教育存在的问题的直接要求

2004年初，胡锦涛针对大学生思想状况和思政课的建设情况，从培养什么人、怎样培养人的战略高度做出重要批示。为贯彻落实中央领导同志批示精神，教育部会同中宣部、团中央制订了《贯彻落实中央领导同志重要批示精神，开展大学生思想教育工作调查研究的工作方案》，召开了大学生思想政治教育研讨会，并成立了大学生思想政治教育调研工作领导小组。2004年4月，调研工作正式开始，调研范围包括全国31个省（自治区、直辖市）教育部门及72所教育部直属高校。调研组在北京、广东、陕西进行了为期半个月的重点调研，分别召开了省（市）有关部门负责人，高校有关部门负责人，专兼职大学生思想教育干部，大学生代表，政法系统、新闻单位、产业部门及科研机关用人单位负责人，近几年毕业大学生代表等不同类型座谈会174场。中宣部、教育部、共青团中央共同草拟了报送中央的《大学生思想政治教育调研报告》和《关于进一步加强和改进大学生思想政治教育的意见（草稿）》，于6月下旬分赴北京、天津、辽宁、四川、广东、湖南、湖北等地征求意见后，最终形成了报中央宣传思想工作领导小组审议的送审稿。《意见》的出台具有特殊的背景和渊源。

根据当时有关方面的研究和调查，大学生思想政治教育还存在一些薄弱环节。第一，一些地方、部门和学校的领导对大学生思想政治教育工作重视不够，没有把大学生的思想政治教育摆在首位、贯穿于教育教学的全过程。长期以来专业教育高于思想教育、专业学习大于政治学习的现象仍然普遍存在，德智体美劳全面发展，德育为先的理念并没有得到落实，思想政治教育配套的人力、物力、财力没有得到足够投入。除了思想上的忽视之外，现实工作中也存在诸多体制机制瓶颈，思想政治教育工作责任模糊、任务抽象，学校内部各部门配合不够，学校与社会之间缺少协调，现有的思想政治教育管理制度无法有效解决实践过程中的问题，全社会关心支持大学生思想政治教育的合力尚未形成。第二，高校思想政治工作和思想政治理论课不能完全适应社会发展的新要求和个体发展的新期待。思想政治工作方法创新不足，解决思想问题和解决实际问题并没有很好地结合起来。思政课课程设置和教育内容存在交叉重复，课程与学生思想实际结合不紧，针对性和实效性不强，吸引力和感染力不够。第三，大学生思想政治教育工作队伍存在思想不稳、数量不足、素质不高、后继乏人等突出问题。思想政治教育工作岗位薪资待

① 胡锦涛．胡锦涛文选：第1卷．北京：人民出版社，2016：327.

遇偏低，发展方向不明确，职称评聘不规范，缺乏岗位吸引力，队伍稳定性不强。同时，大学生思想政治教育工作的目标功能并没有清晰定位，思想政治教育者在工作中常常困于事务性琐事，以学生不出事不闹事为原则，充当“消防员”“救火队”“保姆”等角色，极大地影响了思想引导和政治教育功能的发挥。

二、基本思想

1. 加强和改进大学生思想政治教育的指导思想、基本原则和主要任务

《意见》明确了加强和改进大学生思想政治教育要坚持以马克思列宁主义、毛泽东思想、邓小平理论和“三个代表”重要思想为指导，深入贯彻党的十六大精神，全面落实党的教育方针，紧密结合全面建设小康社会的实际，以理想信念教育为核心，以爱国主义教育为重点，以思想道德建设为基础，以大学生全面发展为目标，解放思想、实事求是、与时俱进，坚持以人为本，贴近实际、贴近生活、贴近学生，努力提高思想政治教育的针对性、实效性和吸引力、感染力，培养德、智、体、美、劳全面发展的社会主义合格建设者和可靠接班人。这为加强和改进大学生思想政治教育提供了基本遵循和指明了方向。

《意见》提出了六个基本原则，即坚持教书与育人相结合，教育与自我教育相结合，政治理论教育与社会实践相结合，解决思想问题与解决实际问题相结合，教育与管理相结合，继承优良传统与改进创新相结合。“六个结合”的基本原则强调要坚持育人为本、德育为先，把人才培养作为根本任务，把思想政治教育摆在学校工作的首要位置。这六个原则是对我们党思想政治教育经验的总结，对大学生思想政治教育具有重要指导作用。

《意见》从核心、重点、基础和目标四个方面规定了加强和改进大学生思想政治教育的主要任务，范围更宽、内涵更广，更加有利于青年学生健康而全面地成长发展。要以理想信念教育为核心，深入进行树立正确的世界观、人生观和价值观教育，教育引导大学生确立在中国共产党领导下走中国特色社会主义道路、实现中华民族伟大复兴的共同理想和坚定信念，同时积极引导大学生不断追求更高的目标，使他们中的先进分子树立共产主义的远大理想，确立马克思主义的坚定信念。要以爱国主义教育为重点，深入进行培育和弘扬民族精神教育，引导大学生在实践中培养爱国情怀、改革精神和创新能力，始终保持艰苦奋斗的作风和昂扬向上的精神状态。要以基本道德规范为基础，深入进行公民道德教育，引导大学生积极开展道德实践活动，从身边的事情做起，从具体的事情做起，着力培养良好的道德品质和文明行为。要以大学生全面发展为目标，深入进行素质教育，引导大学生勤于学习、善于创造、甘于奉献，成为有理想、有道德、有文化、有纪律的社会主义新人。

2. 加强和改进大学生思想政治教育的具体要求

课堂是向学生传授知识的主要场所，也是对学生进行思想政治教育的主要场所。《意

见》指出，要加强思想政治理论课、哲学社会科学课和其他各门课程建设，充分发挥课堂教学在大学生思想政治教育中的主导作用。第一，《意见》明确了高等学校思想政治理论课是大学生思想政治教育的主渠道。思想政治理论课是大学生的必修课，是帮助大学生树立正确的世界观、人生观、价值观的重要途径，体现了社会主义大学的本质要求。要全面加强思想政治理论课的学科建设、课程建设、教材建设和教师队伍建设，进一步推动邓小平理论和“三个代表”重要思想进教材、进课堂、进大学生头脑工作。要切实改革教学内容，改进教学方法，改善教学手段，加强对思想政治理论课的宏观指导，力争在几年内使思想政治理论课教育教学情况有明显改善。第二，《意见》明确了高等学校哲学社会科学课程负有思想政治教育的重要职责，哲学社会科学中的绝大部分学科都具有鲜明的意识形态属性。要坚持和巩固马克思主义在意识形态领域的指导地位，用科学理论武装大学生，用优秀文化培育大学生。要结合实施马克思主义理论研究和建设工程，精心组织编写哲学社会科学重点学科的教材，努力形成以当代中国马克思主义为指导的具有中国特色、中国风格、中国气派的哲学社会科学学科体系和教材体系。第三，《意见》明确了高等学校各门课程都具有育人功能，所有教师都负有育人职责。要把思想政治教育融入大学生专业学习的各个环节，渗透到教学、科研和社会服务各个方面。要深入发掘各类课程的思想政治教育资源，使学生在学习科学文化知识过程中自觉加强思想道德修养，提高政治觉悟。要坚持学术研究无禁区、课堂讲授有纪律，在讲台上和教材中不得散布违背宪法和党的路线方针政策的错误观点和言论。

《意见》指出，要从开展社会实践、建设校园文化、加强网络建设、关注心理健康、解决实际问题等五个方面入手，努力拓展新形势下大学生思想政治教育的有效途径。一是深入开展社会实践，并将其作为大学生思想政治教育的重要环节，促进大学生了解社会、了解国情，增长才干、奉献社会，锻炼毅力、培养品格，增强社会责任感。要建立大学生社会实践保障体系，引导大学生走出校门到基层去、到工农群众中去。要探索和建立与专业学习相结合、与服务社会相结合、与勤工助学相结合、与择业就业相结合、与创新创业相结合的社会实践新机制，积极组织大学生参加社会调查、生产劳动、志愿服务、公益活动、科技发明和勤工助学等社会实践活动，引导学生受教育、长才干、做贡献。二是注重校园文化的育人功能，建设体现社会主义特点、时代特征和学校特色的校园文化，形成优良的校风、教风和学风。大力加强大学生文化素质教育，开展丰富多彩、积极向上的学术、科技、体育、艺术和娱乐活动，把德育与智育、体育、美育有机结合起来，寓教育于文化活动之中。要善于结合传统节庆日、重大事件和开学典礼、毕业典礼等，开展特色鲜明、吸引力强的主题教育活动。重视校园人文环境和自然环境建设，完善校园文化活动设施，建设好大学生活动中心。三是主动占领网络思想政治教育新阵地，全面加强校园网的建设，使网络成为弘扬主旋律、开展思想政治教育的重要手段。要利用校园网为大学生学习、生活提供服务，对大学生进行教育和引导，不断拓展大学生思想政治教育的渠道和空间。积极开展生动活泼的网络思想政治教育活动，形成网络思想政治教育工作体系，牢牢把握网络思想政治教育主动权。四是开展深入细致的思想政治工作和心理健康教育。要结合大学生实际广泛深入开展谈心活动，有针对性地帮助大学生处理好学习成才、择业交友、健康生活等方面的具体问题，提高思想认识和精神境界。积极开展大学生心理健康教育和心理咨询辅导，注重培养大学生良好的心理品质和自尊、自爱、自律、自强的优良品格，增强大学生克服困难、经受考验、承受挫折的能力。五是努力解决大学生的实际问题，既要教育人、引导人，又要关心人、帮助人。要不断完善资助政策和措施，帮助经济困难大学生完成学业；帮助大学生树立正确的就业观念，引导毕业生到基层、到西部、到祖国最需要的地方建功立业；进一步建立健全大学生就业指导机构和就业信息服务系统，提供高效优质的就业创业服务。

高等学校拥有覆盖面广、体系完整、深入基层的党、团和学生组织，这是加强和改进大学生思想政治教育的特有优势。《意见》指出，要充分发挥党团组织在大学生思想政治教育中的重要作用。第一，发挥党的政治优势和组织优势做好大学生思想政治教育工作。高等学校党组织要高度重视学生党员发展工作，坚持标准，保证质量，把优秀大学生吸纳到党的队伍中来。要加强大学生党员的先进性教育，使他们严格要求自己，提高党性修养，充分发挥在大学生思想政治教育中的骨干带头作用和先锋模范作用。要坚持把党支部建在班上，努力实现本科学生班级“低年级有党员、高年级有党支部”的目标。要创新学生党支部活动方式，丰富活动内容，增强凝聚力和战斗力，使其成为开展思想政治教育的坚强堡垒。第二，发挥共青团和学生组织作用推进大学生思想政治教育。共青团是党领导下的先进青年的群众组织，是党的助手和后备军，在大学生思想政治教育中具有重要作用。高等学校团组织要把加强大学生思想政治教育工作摆在突出位置，充分发挥在教育、团结和联系大学生方面的优势，竭诚为大学生的成长成才服务。学生会、研究生会要自觉接受党的领导，开展生动有效的思想政治教育活动，把广大学生紧密团结在党的周围，在大学生思想政治教育中更好地发挥桥梁和纽带作用。第三，依托班级、社团等组织形式开展大学生思想政治教育。班级是大学生的基本组织形式，是大学生自我教育、自我管理、自我服务的主要组织载体。要着力加强班级集体建设，组织开展丰富多彩的主题班会等活动，发挥团结学生、组织学生、教育学生的职能。要加强对大学生社团的领导和管理，帮助大学生社团选聘指导教师，支持和引导大学生社团自主开展活动。要高度重视大学生生活社区、学生公寓、网络虚拟群体等新型大学生组织的思想政治教育工作。

3. 加强和改进大学生思想政治教育的保障措施

《意见》强调了思想政治教育工作队伍在加强和改进大学生思想政治教育中组织保证作用，明确了大学生思想政治教育工作队伍的三个组成部分和各自职责。学校党政干部和共青团干部负责学生思想政治教育的组织、协调、实施；思想政治理论和哲学社会科学课教师根据学科和课程的内容、特点，负责对学生进行思想理论教育、思想品德教育和人文素质教育；辅导员、班主任是大学生思想政治教育的骨干力量，辅导员按照党委的部署有针对性地开展思想政治教育活动，班主任负有在思想、学习和生活等方面指导学生的职责。一要建设好专职队伍。实施大学生思想政治教育队伍人才培养工程，建立思想政治教育人才培养基地。建立完善大学生思想政治教育专职队伍的激励和保障机制。完善思想政治教育队伍的专业职务系列，解决好他们的教师职务聘任问题，鼓励支持他们安心本职工作，成为思想政治教育方面的专家。选派优秀青年教师从事党政工作和共青团工作。保证高校团组织机构设置和人员配备。二要加强思想政治理论课和哲学社会科学课教师队伍建设。培养一批坚持以马克思主义为指导、理论功底扎实、勇于开拓创新、善于联系实际、老中青相结合的学科带头人和教学骨干队伍，使他们在学生思想政治教育中发挥更大的作用。三要着力建设一支高水平的辅导员、班主任队伍。学校要从政治上、工作上、生活上关心他们，在政策和待遇方面给予适当倾斜。《意见》特别要求，所有从事大学生思想政治教育的人员，都要坚持正确的政治方向，加强思想道德修养，增强社会责任感，成为大学生健康成长的指导者和引路人。

《意见》要求，全社会都要关心大学生的健康成长，为大学生思想政治教育营造良好的社会环境，特别要大力营造良好的文化环境、舆论环境、校园周边环境。宣传、理论、新闻、文艺、出版等方面要坚持弘扬主旋律，为大学生思想政治教育营造良好的社会舆论氛围，为大学生提供丰富的精神食粮。大众传媒要坚持团结稳定鼓劲、正面宣传为主，反映高校思想政治教育工作先进典型和优秀大学生先进事迹。各类网站要牢牢把握正确导向，开展形式多样的网络思想政治教育活动。文化部门和艺术团体要为学生提供更多更好的文化产品和文化服务，进一步推进高雅文化进校园活动，丰富校园文化生活，提高学生艺术修养。各级政府和企事业单位要鼓励和支持面向大学生的公益性文化活动。各类博物馆、纪念馆、展览馆、烈士陵园等爱国主义教育基地，要对大学生集体参观实行免票。各级党委和政府要为高等学校创建良好的育人环境，把优化校园周边环境作为推进社会主义精神文明建设的重要任务，依法加强对校园周边环境管理，坚决取缔干扰学校正常教学、生活秩序的经营性娱乐活动场所，及时处理侵害学生合法权益和影响学校稳定的事端。党政机关、社会团体、企事业单位以及街道、社区、村镇等要主动配合做好大学生思想政治教育工作。学校要探索建立与大学生家庭联系沟通的机制，相互配合对学生进行思想政治教育。

《意见》特别要求，各级党委政府要从战略和全局的高度充分认识加强和改进大学生思想政治教育的重大意义，把“培养什么人”“如何培养人”这一重大课题始终摆在重要位置，切实加强领导。建立健全党委统一领导、党政群齐抓共管、有关部门各负其责、全社会大力支持的领导体制和工作机制，形成全党全社会共同关心支持大学生思想政治教育的强大合力。高等学校要充分发挥大学生思想政治教育主阵地、主课堂、主渠道作用，把大学生思想政治教育摆在学校各项工作的首位，贯穿于教育教学的全过程。高等学校党委要统一领导大学生思想政治教育工作，对大学生思想政治教育做出全面部署和安排；校长要对大学生德智体美全面发展负责；学校各部门要明确各自责任，密切协作；学校基层党团组织要认真履行学生思想政治教育的职责，把加强和改进大学生思想政治教育的各项任务真正落到实处。要不断完善大学生思想政治教育的保障机制，建立健全与法律法规相协调、与高等教育全面发展相衔接、与大学生成长成才需要相适应的思想政治教育和管理的制度体系。要加大大学生思想政治教育工作的经费投入，不断改善条件，优化手段。要把大学生思想政治教育工作作为对高校办学质量和水平评估考核的重要指标，纳入高校党的建设和教育教学评估体系。要加强大学生思想政治教育科学研究工作，各级宣传和教育行政部门要组织专家学者积极开展科学研究，为加强和改进大学生思想政治教育提供理论支持和决策依据。

三、重要意义

1. 明确理论方向，推动思想政治教育科学研究和学科发展

《意见》具有高度的政治性、理论性和指导性，极大地推动了思想政治教育的科学研究和学科发展。它以政策文件的形式对许多理论问题做出了明确回应，比如思想政治教育在新形势下的目标功能定位，思想政治教育的新内容、新领域、新载体，思想政治教育创新发展的方向和原则，思想政治教育者的界定范围，思想政治教育队伍建设的新思路新理念等等。这些论述解答了人们长期以来的思想困惑，指明了今后思想政治教育理论研究的新任务，提出了学术探索和延伸的新课题，打开了思想政治教育交叉学科研究的新视野，对思想政治教育理论工作者具有重要启发。同时，全国各高校逐步建立起独立的直属学校党委领导的二级教学科研机构，明确马克思主义理论学科建设的方向，把为思想政治理论课教学服务作为学科建设的重要任务和工作重点，为思想政治理论课建设提供有力的学科支撑。

2. 指导具体实践，促进大学生思想状况和思政课水平整体提升

《意见》的出台引发社会各界强烈关注，各地区各高校开始认真学习和贯彻落实《意见》精神，掀起了加强和改进大学生思想政治教育的高潮。许多高校举办专题培训班或研讨班，运用报刊、电视、网络等媒体开展学习宣传活动，引导广大师生员工深刻认识《意见》精神及其重大意义，大力弘扬求真务实、真抓实干的工作作风，把加强和改进大学生思想政治教育的各项任务落到实处。各高校"抓住关键环节，采取有效措施，创新途径方法，完善体制机制，扎实推进各项工作，大学生思想政治教育工作呈现良好发展态势，大学生思想政治面貌发生可喜变化"。

3. 形成长效机制，奠定大学生思想政治教育创新发展的良好基础

为了贯彻落实《意见》精神，中央各部委根据《意见》中提出的具体要求制定了针对性和操作性强的实施方案，并先后出台一系列配套文件，从思想政治理论课、辅导员和班主任队伍建设、社会实践、心理健康、校园文化、党团工作等多个方面整体推进大学生思想政治教育，比如《中共中央宣传部 教育部关于进一步加强高等学校学生形势与政策教育的通知》《教育部 共青团中央关于加强和改进高等学校校园文化建设的意见》《教育部 卫生部 共青团中央关于进一步加强和改进大学生心理健康教育的意见》《教育部关于加强高等学校辅导员、班主任队伍建设的意见》《中共中央宣传部 教育部关于进一步加强和改进高等学校思想政治理论课的意见》等。这些文件推动了大学生思想政治

教育领导体制和管理机制的建立健全，构建起具有时代特色和全局视野的系统性工作格局，对新时代大学生思想政治教育具有深远影响。

四、学习与思考

1. 为什么要加强和改进大学生思想政治教育？
2. 如何推动大学生思想政治教育的创新发展？
3. 如何形成全社会支持大学生思想政治教育的合力？

《党的先进性建设是关系马克思主义政党生存发展的根本性问题》导读

2005年1月，全党保持共产党员先进性教育活动全面开展。《在新时期保持共产党员先进性专题报告会上的讲话》（简称《讲话》）是胡锦涛1月14日给参加保持共产党员先进性教育活动的中共中央政治局常委所做的重要报告的一部分，这场专题报告会也是中央政治局常委参加先进性教育的第一场重要活动。胡锦涛在报告中系统总结了我们党加强先进性建设和保持共产党员先进性的历史经验，充分论述了加强党的先进性建设对提高党的执政能力、巩固党的执政地位的重大意义，明确提出了开展先进性教育活动的目标要求，对全党搞好先进性教育活动具有重要的指导意义。《党的先进性建设是关系马克思主义政党生存发展的根本性问题》是《讲话》的一部分。

原文见《胡锦涛文选》第二卷，人民出版社2016年版，第263～272页。

一、写作背景

1. 回应如何加强和改进党的建设这一重大历史课题

新世纪新阶段，世界形势风云变幻，国际关系错综复杂。世界多极化和经济全球化的趋势在曲折中发展，各种力量进一步分化组合，给世界的和平与发展带来了机遇和有利条件，新的世界大战在可预见的时期内打不起来，争取较长时期的和平国际环境和良好周边环境是可以实现的。科技进步日新月异，区域经济一体化进程加快，综合国力竞争日趋激烈，和平与发展仍是当今时代的主题，世界经济可望保持增长态势。但是，不公正不合理的国际政治经济旧秩序没有根本改变，影响和平与发展的不确定因素在增加。民族、宗教矛盾和边界、领土争端导致的局部冲突此起彼伏，恐怖主义等非传统安全威胁明显上升。南北差距进一步扩大，发展不平衡问题更加突出。国际环境总体上对我国发展有利。但境内外敌对势力总是企图从政治、思想、文化等方面千方百计对我国进行渗透。我们将长期面对西方发达国家经济、科技占优势的压力，长期面对激烈的国际竞争。

从国内看，人民生活总体上已经达到小康水平，这是中华民族发展史上的一个里程碑。但我国正处于并将长期处于社会主义初级阶段，巩固和提高当时达到的小康水平还需要进行长时期的艰苦奋斗。2003 年，我国人均国内生产总值突破 1 000 美元，经济社会和改革发展进入关键阶段。一些国家和地区的发展历程表明，新兴市场国家在突破人均国内生产总值 1 000 美元的“贫困陷阱”后很快会奔向 1 000 美元至 3 000 美元的黄金发展期，但人均国内生产总值一旦到达 3 000 美元后，因高速发展而带来的各种社会矛盾开始集中爆发，产业结构剧烈变化、社会格局剧烈调整，致使这些国家在向高收入国家的发展中陷入长期停滞，进入所谓的“中等收入陷阱”。如何借鉴其他国家跨越“中等收入陷阱”的成功经验，促进经济快速发展和社会平稳进步，避免出现应对失误导致经济徘徊不前和社会长期动荡的状况，关系到整个国家和民族的发展走向。

总之，无论从国际上还是从国内看，我们既面临需要紧紧抓住的发展机遇，也面临需要认真对待的严峻挑战。能不能从容应对复杂多变的国际局势，能不能维护和利用好我国发展的重要战略机遇期，能不能科学把握我国改革发展的进程，推进社会主义物质文明、政治文明、精神文明的全面协调发展，构建社会主义和谐社会，既是对我们党的执政能力的考验，也是对各级领导干部和广大党员素质的考验。

2. 推动保持共产党员先进性教育活动深入开展

新的历史条件下，中国共产党的执政环境、历史使命和自身状况都发生了重大变化。截至 2003 年底，我们党已经有 6 823.2 万名党员，345.1 万个党的基层组织，其中基层党委 16.9 万个，总支部 19.1 万个，支部 309.1 万个，党员和党组织数量迅速增加。党的十四大以来入党的 2 333.3 万名，35 岁以下的党员 1 529.7 万名，新党员和青年党员人数明显提高。随着党和国家事业的发展，新老党员都面临新形势、新任务、新环境的考验，党员的教育管理任务更加繁重、更加紧迫。中共中央组织部曾在 2000 年对 30 万名党员进行了思想状况调查。结果表明，从总体上看，我们党的基层组织是有战斗力的，党员队伍的主流是好的。但是，党员队伍中还存在着与保持先进性的要求不相适应、不相符合的问题。一些党员理想信念动摇，党员意识和执政意识淡薄，带领群众前进的能力不强，难以发挥先锋模范作用。一些党员干部事业心和责任感不强，思想作风不端正，工作作风不扎实，脱离群众的问题比较突出。一些党员领导干部思想理论水平不高，解决复杂矛盾的能力不强，有的甚至以权谋私、腐化堕落。一些党的基层组织凝聚力、战斗力不强，有的甚至软弱涣散、不起作用。这些问题的存在，严重影响党的先进性，影响党的工作，损害党和人民的事业。

为有效解决上述问题，从整体上保持和增强党的先进性，保证为人民长期执好政、掌好权，党的十六大决定在全党开展以实践“三个代表”重要思想为主要内容的保持共产党员先进性教育活动。2003 年 2 月，先进性教育活动试点工作在 12 个省市、7 个中央和国家机关部门先行试点，涉及党政机关、农村、城市基层等五种类型的单位，5.2 万个基层党组织，共 103.5 万名党员参加。试点单位坚持“对下解决问题，对上回答问题”，勇于实践，积极探索，务求实效，基本达到了“提高党员素质、服务人民群众、促进各项工作”的目的，受到了广大群众的好评。相关党组织和党员共帮助 8.2 万名下岗失业职工解决再就业问题，党员与生活困难的党员、群众结成帮扶对子55.8万个，为下岗职工、困难群众和特困学生捐款6 100多万元，捐物100余万件。2004年9月，党的十六届四中全会就加强党的执政能力建设做出了全面部署，对开展先进性教育活动进一步提出明确要求。11月7日，《中共中央关于在全党开展以实践“三个代表”重要思想为主要内容的保持共产党员先进性教育活动的意见》下发，决定从2005年1月开始，用一年半左右的时间，在全党开展以实践“三个代表”重要思想为主要内容的保持共产党员先进性教育活动。2005年1月5日至6日，中央保持共产党员先进性教育活动工作会议召开，第一批先进性教育活动正式展开。正是在这样的背景之下，《讲话》成为保持共产党员先进性教育活动的重要指导文件，极大地促进了先进性教育工作的开展。

3. 继承与发展中国共产党先进性建设思想

中国共产党是中国工人阶级的先锋队，同时是中国人民和中华民族的先锋队。自成立以来，中国共产党始终注重发挥党组织的战斗堡垒作用和党员的先锋模范作用，坚持不懈地加强党的先进性建设。1922年7月，党的二大通过了《关于共产党的组织章程决议案》，对党员提出了七个方面的要求，明确指出中国共产党“应当是无产阶级中最有革命精神的大群众组织起来为无产阶级之利益而奋斗的政党，为无产阶级做革命运动的急先锋”。1929年12月，由毛泽东起草的《古田会议决议》提出了从思想上建党的方针，指出红军党内最迫切的问题是教育的问题。1938年10月，毛泽东在党的六届六中全会上提出共产党员应该成为英勇作战的模范，执行命令的模范，遵守纪律的模范，政治工作的模范，内部团结统一的模范，多做工作、少取报酬的模范，实事求是的模范，远见卓识的模范以及学习的模范等。1939年10月，毛泽东在《〈共产党人〉发刊词》一文中提出党的建设是中国共产党在中国革命中战胜敌人的三大法宝之一，号召建设一个全国范围的、广大群众性的、思想上政治上组织上完全巩固的党。中华人民共和国成立后，中国共产党面临执政带来的新环境和新任务，努力应对先进性建设的新问题和新考验。1956年9月，邓小平在《关于修改党的章程的报告》中指出：“党的事业的胜利，党对于人民所负的责任的加重，党在人民中间的威信的增长，这一切，都要求党对于党员提出更高的标准。”党的八大党章扩充了有关党员先进性的内容，规定了党员的十条义务和七条权利。党的十一届三中全会后，党和国家的工作重点转移到以经济建设为中心的社会主义现代化建设上来，要求共产党员解放思想、实事求是，在新时期带头参加改革开放和社会主义现代化建设，发挥党员的先锋模范作用。1980年2月，邓小平郑重提出了“执政党应该是一个什么样的党，执政党的党员应该怎样才合格，党怎样才叫善于领导”的问题。党的十一届五中全会制定了《关于党内政治生活的若干准则》，规定党员要坚持党的政治路线和思想路线，坚持党性、根绝派性，要讲真话、言行一致，接受党和群众的监督等。1997年9月，江泽民在党的十五大报告中明确提出，新的历史条件下共产党员保持先进性要做到胸怀共产主义远大理想，诚心诚意为人民谋利益，刻苦学习马克思主义理论，在危急的时刻挺身而出、维护国家和人民的利益等四方面要求。2001年，江泽民在庆祝中国共产党成立80周年大会上全面阐述了“三个代表”重要思想，集中概括了新的历史条件下党的先进性的根本要求，揭示了新时期党的先进性的本质特征。上述思想丰富了马克思主义关于党的先进性建设的理论，帮助我们深入认识共产党执政规律和党的自身建设规律，为中国共产党在新世纪新阶段加强党的先进性建设奠定了良好基础。

二、基本思想

1. 党的先进性建设是关系马克思主义政党生存发展的根本性问题

《讲话》提出，先进性是马克思主义政党的根本特征，也是马克思主义政党的生命所系、力量所在。党的先进性建设是马克思主义政党自身建设的根本任务。开展党的先进性建设，就是要通过推进思想建设、组织建设、作风建设和制度建设，使党的理论和路线方针政策顺应时代发展的潮流和我国社会发展进步的要求、反映全国各族人民的利益和愿望，使各级党组织不断提高创造力、凝聚力、战斗力、始终发挥领导核心作用和战斗堡垒作用，使广大党员不断提高自身素质、始终发挥先锋模范作用，使我们党保持与时俱进的品质、始终走在时代前列，不断提高执政能力、巩固执政地位、完成执政使命。加强党的先进性建设，始终是我们党生存、发展、壮大的根本性建设。离开了这种先进性，我们党不可能在旧中国各种政治力量的长期斗争和反复较量中脱颖而出，不可能始终保持强大的创造力、凝聚力、战斗力，不可能得到全国各族人民的长期拥护和支持，也不可能成为革命、建设和改革的坚强领导核心。抓住了先进性建设，就抓住了党的建设的根本，就抓住了加强党的执政能力建设、巩固党的执政地位的关键。加强党的先进性建设，需要同实现党的历史任务紧紧联系起来。必须坚持立党为公、执政为民，全面落实科学发展观，始终抓好发展这个党执政兴国的第一要务，把党的先进性要求转化为全党的实际行动、贯彻到党的全部执政活动中去，切实落实到发展先进生产力、发展民主政治、发展先进文化、构建和谐社会、实现最广大人民的根本利益上来。加强党的先进性建设，在执政特别是长期执政的条件下任务更为艰巨。必须居安思危，增强忧患意识，永不自满，永不懈怠，不断把马克思主义中国化推向前进，不断把中国特色社会主义事业推向前进。加强党的先进性建设，是加强和改进党的建设的长期任务和永恒课题。必须把做好经常性工作与适当的集中教育结合起来，不断加以推进。

2. 新时期共产党员保持先进性必须做到"六个坚持"

《讲话》阐述了新的历史条件下共产党员保持先进性的基本要求，并强调全体党员都要身体力行。第一，要坚持理想信念，坚定不移地为建设中国特色社会主义而奋斗。崇高的理想信念，始终是共产党人保持先进性的精神动力。我们要胸怀共产主义的崇高理想，坚定走中国特色社会主义道路的信念，矢志不移地为实现党在社会主义初级阶段的基本路线、基本纲领而奋斗。第二，要坚持勤奋学习，扎扎实实地提高实践"三个代表"

重要思想的本领。全党同志要抓紧学习、刻苦学习，善于学习、善于重新学习。坚持用马克思主义的科学理论武装全党，提高科学认识和分析形势的能力，增强政治敏锐性和政治鉴别力；提高理论与实际相结合的能力，切实做好改革发展稳定的各项工作；提高改造主观世界的能力，自觉加强党性修养。第三，要坚持党的根本宗旨，始终不渝地做到立党为公、执政为民。我们党的根基在人民、血脉在人民、力量在人民。能不能坚持全心全意为人民服务的根本宗旨，是衡量一名党员是否合格的根本标尺。党员干部无论职务高低、权力大小，都要当好人民的公仆。领导干部要牢固树立群众观点，始终与人民群众同呼吸、共命运、心连心。第四，要坚持勤奋工作，兢兢业业地创造一流的工作业绩。共产党员保持先进性，必须体现到在改革发展稳定的各项工作中发挥先锋模范作用上，体现到带领群众为推动经济发展和社会进步而开拓进取的实际行动中。共产党员应该自觉把自己的理想和奋斗同党和人民的事业紧密联系起来，同国家的发展和民族的前途紧密联系起来，努力创造无愧于时代、无愧于历史、无愧于人民的一流工作业绩。第五，要坚持遵守党的纪律，身体力行地维护党的团结统一。党的纪律是全党意志的体现，是党的各级组织和全体党员必须遵守的行为准则。只有纪律严明，才能保证党的理论和路线方针政策的贯彻落实，才能维护党的团结统一。共产党员必须遵守党的政治纪律，坚持民主集中制的根本组织制度和领导制度，自觉贯彻依法治国的基本方略。第六，要坚持“两个务必”，永葆共产党人的政治本色。谦虚谨慎、艰苦奋斗，作为我们党的优良传统和作风，作为马克思主义政党的政治本色，是凝聚党心民心、激励全党全国人民为实现国家富强、民族振兴、社会和谐、人民幸福而共同奋斗的强大精神力量，是保持党同人民群众的血肉联系的一个重要法宝。

3. 发挥党员领导干部带头作用搞好先进性教育活动

《讲话》指出，各级党员领导干部都要以普通党员的身份带头参加先进性教育活动，这既可以给广大党员做示范，也有利于取得领导教育活动的主动权。第一，要带头学习，把学习“三个代表”重要思想同学习邓小平理论、学习党章、学习党的十六大和十六届三中、四中全会精神紧密结合起来，同学习科学发展观紧密结合起来，努力做到全面理解、融会贯通。第二，要带头查摆问题，坚持发扬民主作风，坚持走群众路线，以“三个代表”重要思想为镜子，对照检查自己在思想、工作、学习等方面的情况，切实找出存在的不足和问题；要真诚主动地向同事、下级和群众征求意见特别是批评意见；领导干部之间要开展谈心活动，相互指点，相互帮助。第三，要带头开展批评与自我批评，坚持讲党性、讲原则，既要勇于进行真诚的自我批评，又要敢于批评错误的思想和行为，还要能够虚心接受别人的批评，欢迎来自各方面的监督。第四，要带头搞好整改，认真解决党员和党组织在思想、组织、作风以及工作方面存在的突出问题，努力解决影响改革发展稳定、涉及群众切身利益的实际问题，特别是要解决好群众反映强烈、通过努力能够解决的突出问题，让群众看到实效。同时，各级党委（党组）要加强领导，把先进性教育作为当前党建工作中的头等大事来抓；坚持统筹兼顾、合理安排，把先进性教育活动同推动当前工作结合起来；坚持分类指导，从实际出发探索行之有效的活动方式和载体；要充分运用各种媒体开展舆论宣传。

三、重要意义

1. 丰富发展了马克思主义党建学说

保持和发展马克思主义政党的先进性，历来是马克思主义党建理论中的一个根本性课题。中国共产党三代中央领导集体都高度重视党的先进性问题，并以理论和实践相结合的方式进行长期探索，形成了一系列重要思想。胡锦涛在《讲话》中提出了党的先进性建设这一重大命题，论述了党的先进性建设的科学内涵，并从总结历史经验、把握现实意义、分析形势任务等方面科学回答了什么是党的先进性建设、为什么要加强党的先进性建设、怎样加强党的先进性建设等重大问题，形成了加强党的先进性建设的重大战略思想。加强党的先进性建设思想同马克思列宁主义和中国共产党三代中央领导集体关于党的先进性的思想一脉相承，同时又以新的思想观点和时代内容丰富了马克思主义建党理论尤其是马克思主义政党的先进性思想。《讲话》提出“党的先进性建设是关系马克思主义政党生存发展的根本性问题”的重要论断，深刻总结了加强党的先进性建设的历史经验，告诫全体党员：“一个政党过去先进，不等于现在先进；现在先进，不等于永远先进。”“加强党的先进性建设，在执政特别是长期执政的条件下任务更为艰巨。”《讲话》是全党智慧的结晶和实践经验的总结，反映出我们党对自身建设规律的认识达到了一个新高度，在马克思主义建党理论发展史上具有重要意义。

2. 有力推进了保持共产党员先进性教育活动

保持共产党员先进性教育活动是中国共产党在新的历史条件下用发展着的马克思主义武装全党的一项重大举措，也是中国共产党加强党的执政能力建设和先进性建设的一次成功实践。《讲话》主题鲜明，立意深远，内涵丰富，论述精辟，具有很强的政治性、理论性和指导性，是加强党的先进性建设的一篇重要文献，对于加强和改进党的建设具有长远指导意义，对于搞好先进性教育活动具有直接指导作用。《讲话》从事关党执政能力的提高和执政地位的巩固、事关党和人民事业的兴旺发达、事关党和国家长治久安的高度，充分强调了在全党开展先进性教育活动的重要性和必要性，有助于增强党员的政治责任感和历史使命感，更好地把思想统一到中央的重大部署上来，统一到新形势下加强党的执政能力建设的要求上来，扎实有效地开展先进性教育工作。《讲话》提出的“六个坚持”的要求，是对《中共中央关于在全党开展以实践“三个代表”重要思想为主要内容的保持共产党员先进性教育活动的意见》提出的基本要求的进一步明确。《讲话》强调党员领导干部要发挥带头作用，各级党委要切实加强对先进性教育活动的领导，抓住了搞好先进性教育活动的关键，表明了党中央抓好先进性教育活动的决心。《讲话》提出加强党的先进性建设的重大战略思想，有助于全体党员更加深入地认识共产党执政规律和党自身建设规律，更加全面地认识党的先进性建设的科学内涵和目标要求，促使我们能够更好、更全面、更有成效地推进党的建设新的伟大工程。

四、学习与思考

1. 什么是党的先进性建设？
2. 如何理解“党的先进性建设是关系马克思主义政党生存发展的根本性问题”？
3. 如何提升共产党员先进性教育的实效性？

《牢固树立社会主义荣辱观》导读

全国政协十届四次会议于2006年3月3日至13日在北京举行。3月4日，胡锦涛看望了出席全国政协十届四次会议的民盟、民进联组委员，听取委员们的意见和建议，并发表重要讲话。《牢固树立社会主义荣辱观》是讲话的一部分，原载《求是》杂志2006年第9期，针对当时社会中存在的不良风气和道德滑坡现象，阐述了提高全民族素质、培养大批优秀人才、树立良好社会风气等重大问题，特别是鲜明地提出了树立以“八荣八耻”为主要内容的社会主义荣辱观。

原文见《胡锦涛文选》第二卷，人民出版社2016年版，第430页。

一、写作背景

1. 推进中国经济社会发展的客观要求

2002年，党的十六大报告提出全面建设小康社会的奋斗目标，强调全面建设小康社会必须大力发展社会主义文化，建设社会主义精神文明，提高全民族的思想道德素质和科学文化素质。2003年，中共中央提出坚持以人为本，树立全面、协调、可持续的发展观，促进经济社会和人的全面发展。这一重大战略思想要求把人作为发展的根本目的，关注人的精神世界，不仅要满足人的物质需要，更要实现人的精神诉求。2004年，中共中央提出了构建社会主义和谐社会的重大战略任务。胡锦涛强调，一个社会是否和谐，一个国家能否实现长治久安，很大程度上取决于全体社会成员的思想道德素质。社会主义和谐社会的基本特征是民主法治、公平正义、诚信友爱、充满活力、安定有序、人与自然和谐相处，它需要人们具备相应的思想道德水平，具备明辨是非真假、善恶美丑的能力。可以看出，党和国家的一系列重大方针政策对加强社会主义先进文化建设进行了全面部署，对社会的道德风尚和人民群众的精神状态提出了具体要求。《牢固树立社会主义荣辱观》涉及的民族素质、人才培养和社会风气等问题，与经济社会发展实际相适应，与党和国家重大战略规划的内在精神相一致，有助于提高社会文明程度，确立正确价值导向，促进社会主义思想道德建设，推动经济社会继续向前发展。

2. 新形势下加强党的先进性建设的现实必然

2005年1月，以实践“三个代表”重要思想为主要内容的保持共产党员先进性教育活动正式揭幕，对全体党员提出了坚持理想信念、坚持勤奋学习、坚持党的根本宗旨、坚持勤奋工作、坚持遵守党的纪律、坚持“两个务必”等六项基本要求。只有不断加强主观世界的改造，提升个人的思想水平和道德修养，树立正确的荣辱观，才能成为符合上述基本要求的共产党员，在各种诱惑和挑战面前永葆革命先锋队的本色，树立共产党员的先进形象。《牢固树立社会主义荣辱观》发表之时，第一批、第二批保持共产党员先进性教育活动已经结束，第三批保持共产党员先进性教育活动正在进行，整个教育活动接近尾声。如何在新的历史条件下巩固和发展先进性教育活动成果，建立起更稳定、更长期的保持先进性的长效机制，确立知荣明耻、扬荣抑耻的道德规范和价值标准，推动全体党员坚持加强党性修养、弘扬优良作风，是中国共产党必须要回答的问题。《牢固树立社会主义荣辱观》的新观点和新论断有利于全体党员提高个人素质，促进自身发展，严于律己，以身作则，成为一个荣辱观正确的好公民和一个为人民服务的公仆。文章契合了党的先进性建设的需要，是巩固党的执政地位、提高党的执政能力、完成党的执政使命的必然要求。

3. 解决现实社会道德建设中存在问题的迫切需要

随着改革开放的持续深入发展、社会转型步伐加快、利益格局深刻调整，人们的思想观念和价值取向呈现出新的时代特点。一方面，社会意识形态领域总体上保持了积极健康向上的良好态势，爱国主义、集体主义、社会主义思想深入人心，爱国守法、明礼诚信、团结友善、勤俭自强、敬业奉献的良好风尚成为社会主流。另一方面，拜金主义、享乐主义和个人主义思想滋生蔓延，实用主义、相对主义、功利主义等观念占据一定市场，严重冲击了中华民族优秀道德传统和社会主义道德观，破坏了社会道德秩序，导致一些人在价值判断上出现混乱，是非不辨、善恶混淆、美丑不分、荣辱不辨。比如，政治领域出现了权钱交易、贪污受贿、损公肥私等现象，经济领域出现了不讲诚信、欺骗欺诈、假冒伪劣等现象，社会生活中的奢侈浪费之风悄然滋长，讲排场、摆阔气，追求物质享受，热衷攀比斗富。这些不良社会风气容易对人民群众产生错误的价值引导，尤其是对处于世界观、人生观和价值观形成关键时期的青少年产生极大的负面作用。长此以往，不良的社会风气更会阻碍经济社会的持续健康发展。因此，树立社会主义荣辱观，确定道德标准，明确价值导向，弘扬社会正气，是社会主义思想道德建设尤其是青少年思想政治教育的迫切需要。

二、基本思想

1. 要提高全民族素质

当今世界的综合国力竞争，说到底是民族素质竞争。要充分发挥教育对提高人的素质的基础性作用，坚持教育优先发展，全面推进素质教育。要努力建设学习型社会，在全社会树立全民学习、终身学习的理念。要在全体人民中大力弘扬科学精神、普及科学知识、树立科学观念、提倡科学方法，努力在全社会形成学习科学、相信科学、依靠科学的良好氛围，促进全民族科学素质的提高。

2. 要培养大批优秀人才

国家兴盛，人才为本。要全面实施人才强国战略，大力加强人力资源能力建设。要进一步优化人才发展的环境，建立健全育才、引才、聚才、用才的体制机制，形成鼓励人才干事业、支持人才干成事业、帮助人才干好事业的社会氛围，开创人尽其才、才尽其用、用当其时、人才辈出的局面。

3. 要树立良好的社会风气

树立良好的社会风气是广大人民群众的强烈愿望，也是经济社会顺利发展的必然要求。要在全社会大力弘扬爱国主义、集体主义、社会主义思想，倡导社会主义基本道德规范，扶正祛邪，扬善惩恶，促进良好社会风气的形成和发展。要教育广大干部群众特别是广大青少年树立社会主义荣辱观，坚持以热爱祖国为荣、以危害祖国为耻，以服务人民为荣、以背离人民为耻，以崇尚科学为荣、以愚昧无知为耻，以辛勤劳动为荣、以好逸恶劳为耻，以团结互助为荣、以损人利己为耻，以诚实守信为荣、以见利忘义为耻，以遵纪守法为荣、以违法乱纪为耻，以艰苦奋斗为荣、以骄奢淫逸为耻。

三、重要意义

1. 具有很强的思想性、时代性和针对性

《牢固树立社会主义荣辱观》着眼当代中国发展的全局，面向中华民族的未来，紧密联系当前社会风气中存在的突出问题，明确提出了提高全民族素质、培育大批优秀人才、树立良好社会风气等重大问题，详细论述了树立社会主义荣辱观的重大意义、丰富内涵和基本要求，集中表达了广大人民群众匡正社会风气、提高文明程度、构建和谐社会的共同心声。文章将提高素质、培养人才、端正风气三个方面相结合，反映了社会主义基本道德规范的本质要求，体现了新时期社会主义的道德风尚和价值导向，是推进社会主义精神文明建设、指导社会主义先进文化建设、构建社会主义和谐社会的重要文献。以“八荣八耻”为主要内容的社会主义荣辱观，丰富和拓展了公民基本道德规范的内容，既是马克思主义道德观在当代中国的具体化，体现了全球化背景下马克思主义道德的新发展，也是中华民族道德传统在马克思主义指导下的现代化，体现了我们对中华民族优秀传统文化的继承和发扬。“八荣八耻”通俗易懂、易学易记，明确划分了是非、善恶、美

丑的界限，旗帜鲜明地指出了必须坚持什么、反对什么，提倡什么、抵制什么，是引领社会风尚的一面旗帜。

2. 是进一步加强社会主义思想道德建设的重要指导方针

文章对于在新的历史条件下教育和激励广大人民群众尤其是青少年弘扬以爱国主义为核心的民族精神和以改革创新为核心的时代精神，促进全民族素质的整体提高，培育"四有"社会主义公民，有效履行新世纪新阶段的历史使命，具有重大现实意义和深远历史意义。牢固树立社会主义荣辱观，有利于推进社会主义道德建设，打牢全国人民团结奋斗的共同思想基础，巩固马克思主义在意识形态领域的指导地位；有利于弘扬真善美、抵制假恶丑，为社会主义市场经济的发展营造良好的思想道德环境；有利于促进人的全面发展尤其是青少年的健康成长，培育社会主义事业合格建设者和可靠接班人。

四、学习与思考

1. 社会主义荣辱观的主要内容是什么？
2. 为什么要树立社会主义荣辱观？
3. 如何引导青少年树立社会主义荣辱观？

《努力把贯彻落实科学发展观提高到新水平》导读

根据党的十七大部署，中共中央决定从2008年9月开始，用一年半左右时间在全党分批开展深入学习实践科学发展观活动。9月19日，全党深入学习实践科学发展观活动动员大会暨省部级主要领导干部专题研讨班开班式在中共中央党校举行，胡锦涛发表重要讲话。《在全党深入学习实践科学发展观活动动员大会暨省部级主要领导干部专题研讨班上的讲话》（简称《讲话》）阐明了学习实践科学发展观的重大意义、主要原则和基本要求，标志着全党深入学习实践科学发展观活动正式拉开序幕。《努力把贯彻落实科学发展观提高到新水平》是《讲话》的一部分，发表于《求是》2009年第1期。

原文见《胡锦涛文选》第三卷，人民出版社2016年版，第93～100页。

一、写作背景

1. 国内外形势的深刻变化和党的自身建设面临的新考验，迫切需要全党贯彻落实科学发展观

首先，经济社会的快速发展以及抗击汶川地震、举办北京奥运会和残奥会等一系列重大事件，为中国赢得了良好的国际形象，中国的国际地位和国际影响力大幅提升。同时，复杂多变的国际环境使中国在政治、经济、文化和国家安全等方面仍然面临着长期而严峻的挑战。我们迫切需要深入学习贯彻落实科学发展观，把握世界大势，树立世界眼光，不断提高统筹国内国际两个大局的能力。其次，在新的历史起点上，党的十七大提出了实现全面建设小康社会奋斗目标的新要求，强调要增强发展协调性，努力实现经济又好又快发展。但是，我国发展还面临着不少矛盾和冲突，社会发展理念有待创新，经济发展方式有待转变，改革发展难题亟待破解。这就要求我们必须走生产发展、生活富裕、生态良好的文明发展道路，全面推进社会主义经济建设、政治建设、文化建设、社会建设以及生态文明建设，努力加快实现以人为本、全面协调可持续的科学发展。最后，党的十七大提出，中国共产党以执政能力建设和先进性建设为主线，以反腐倡廉建设为根本任务，继续推进党的建设新的伟大工程。思想建设、组织建设、作风建设、反腐倡廉建设和制度建设的党建新格局逐步形成。各级党组织的创造力、凝聚力、战斗力进一步提高，在抗击南方部分地区严重低温

雨雪冰冻灾害、抗击四川汶川特大地震、维护西藏和其他藏区稳定等几场重大斗争中充分发挥出战斗堡垒作用。但是，党的执政能力与新形势新任务的要求还不完全符合，党员干部队伍中还存在一些突出问题。党的自身建设迫切需要全体党员干部不断提高推动科学发展、促进社会和谐的能力，把科学发展观落实到日常工作的方方面面。

2. 科学发展观重大战略思想日趋成熟，成为经济社会发展的重要指导方针

2003年10月，党的十六届三中全会通过的《中共中央关于完善社会主义市场经济体制若干问题的决定》提出“坚持以人为本，树立全面、协调、可持续的发展观，促进经济社会和人的全面发展”，强调“按照统筹城乡发展、统筹区域发展、统筹经济社会发展、统筹人与自然和谐发展、统筹国内发展和对外开放的要求”推进改革和发展。胡锦涛在全会第二次全体会议上强调，树立和落实全面发展、协调发展和可持续发展的科学发展观，对于我们更好地坚持发展才是硬道理的战略思想具有重大意义，明确提出科学发展观重大战略思想。2004年3月10日，胡锦涛《在中央人口资源环境工作座谈会上的讲话》中全面阐述了科学发展观的基本内容和精神实质。坚持以人为本，就是要以实现人的全面发展为目标，从人民群众的根本利益出发谋发展、促发展，不断满足人民群众日益增长的物质文化需要，切实保障人民群众的经济、政治和文化权益，让发展的成果惠及全体人民。全面发展，就是要以经济建设为中心，全面推进经济、政治、文化建设，实现经济发展和社会全面进步。协调发展，就是要统筹城乡发展、统筹区域发展、统筹经济社会发展、统筹人与自然和谐发展、统筹国内发展和对外开放，推进生产力和生产关系、经济基础和上层建筑相协调，推进经济、政治、文化建设的各个环节、各个方面相协调。可持续发展，就是要促进人与自然的和谐，实现经济发展和人口、资源、环境相协调，坚持走生产发展、生活富裕、生态良好的文明发展道路，保证一代接一代地永续发展。这是党中央第一次对科学发展观的基本内涵做出全面系统的阐释。2007年10月，党的十七大报告深刻阐述了科学发展观的时代背景、科学内涵、精神实质和根本要求，明确提出“科学发展观，第一要义是发展，核心是以人为本，基本要求是全面协调可持续，根本方法是统筹兼顾”。同时，党的十七大报告将科学发展观写入党章，做出在全党开展深入学习实践科学发展观活动的决策，强调“科学发展观是对党的三代中央领导集体关于发展的重要思想的继承和发展，是马克思主义关于发展的世界观和方法论的集中体现，是同马克思列宁主义、毛泽东思想、邓小平理论和‘三个代表’重要思想既一脉相承又与时俱进的科学理论，是我国经济社会发展的重要指导方针，是发展中国特色社会主义必须坚持和贯彻的重大战略思想”。《努力把贯彻落实科学发展观提高到新水平》发表之时，科学发展观在理论化和系统化的不断探索中逐步走向成熟，成为新形势下指导中国特色社会主义事业全面发展的根本指导思想。

3. 学习实践科学发展观活动试点工作顺利结束，在全党开展学习实践科学发展观活动的时机成熟

根据历史上开展党内集中教育的成功经验，中共中央决定在一定范围内先行试点深入学习实践科学发展观活动。2008 年 2 月至 8 月，江苏省、江西省、四川省和中央组织部、财政部、国土资源部等 3 个省、3 个部、12 个市县、2 个中央企业、2 所中管高校、1 个中央金融机构等 23 个单位开展了试点工作。试点单位按照“党员干部受教育、科学发展上水平、人民群众得实惠”的总体要求，坚持理论联系实际，深化对科学发展观的认识；突出实践特色，力求取得科学发展实效；围绕科学发展解放思想，积极推进改革创新；领导班子和党员领导干部带头，组织广大党员全员参加、全程参加；贯彻群众路线，努力使学习实践活动成为群众满意工程，较好地完成了各项任务。各单位以试点工作促进抗震救灾、举办北京奥运会、推动经济社会又好又快发展等各项重点工作，基本实现了统一认识、提高能力、解决问题、创新机制的预期目标，为全党开展深入学习实践科学发展观活动积累了经验。23 个试点单位把群众满意作为检验活动成效的根本标准，共组织 5 190 多名党员群众参加了本级党委（党组）扩大会，组织 33 100 多名党员和群众代表参加分析检查报告的评议，涵盖了各级党代会代表、人大代表、政协委员和基层单位代表、服务对象代表、专家代表等。在针对领导班子贯彻落实科学发展观情况和试点工作情况组织的群众满意度测评中，认为“好”或“较好”以及或“满意”或“基本满意”的评议意见均在 90%以上。试点工作的实践说明，党的十七大关于在全党开展深入学习实践科学发展观活动的决策是完全正确的，得到了广大党员干部和人民群众的拥护和支持。9 月 14 日，《中共中央关于在全党开展深入学习实践科学发展观活动的意见》下发，阐明了活动的指导思想、目标要求、主要原则、重点问题和具体步骤，对活动的全面展开做出详细部署。以深入学习实践科学发展观为主题的又一次大规模党内集中教育具备了启动条件。

二、基本思想

1. 在全党开展深入学习实践科学发展观活动具有重大意义

在全党开展深入学习实践科学发展观活动，是党的十七大做出的战略决策，是用中国特色社会主义理论体系武装全党的重大举措，是“三个代表”重要思想学习教育活动和保持共产党员先进性教育活动的继续，是深入推进改革开放、推动经济社会又好又快发展、促进社会和谐稳定的迫切需要，是提高党的执政能力、保持和发展党的先进性的必然要求。在全党开展深入学习实践科学发展观活动的重大现实意义和紧迫性主要体现为三个“迫切需要”。第一，深入学习实践科学发展观是在深刻变化的国际环境中推动我国发展的迫切需要。随着我国经济持续较快发展和对外开放不断扩大，我国同世界的关

系发生了历史性变化，我国发展对世界发展的作用和影响不断提高，国际环境发展变化对我国发展的作用和影响也不断增大。我们要通过深入学习实践科学发展观，全面分析和准确把握世界发展大势，树立世界眼光，加强战略思维，不断提高统筹国内国际两个大局的能力，不断提高把握发展机遇、应对风险挑战的能力，始终掌握发展的主动权。第二，深入学习实践科学发展观是落实实现全面建设小康社会奋斗目标新要求的迫切需要。当前我国的发展形势总体是好的，但也面临着不少突出矛盾和问题。我们要通过深入学习实践科学发展观，着力把握发展规律、创新发展理念、转变发展方式、破解发展难题，坚持速度和结构质量效益相统一、经济发展与人口资源环境相协调，着力推动经济社会又好又快发展，让广大人民共享改革发展成果。第三，深入学习实践科学发展观是以改革创新精神全面推进党的建设新的伟大工程的迫切需要。改革开放以来，我们党在加强和改进自身建设方面进行了一系列成功探索和实践。但是，当前党的执政能力与新形势新任务的要求还不完全适应、不完全符合，一些党员、干部的思想观念、能力素质与党的先进性要求还不完全适应、完全符合，一些地方的党组织、领导班子、领导干部党性党风党纪方面还存在这样那样的问题。我们要通过深入学习实践科学发展观，全面推进党的各项建设，不断提高广大党员、干部推动科学发展、促进社会和谐的能力。

2. 努力把贯彻落实科学发展观提高到新水平

在开展学习实践活动中要着重从以下几方面做出不懈努力。第一，进一步深刻理解贯彻落实科学发展观的重大意义。要组织广大党员、干部深入学习贯彻党的十七大精神，认真学习领会毛泽东、邓小平、江泽民同志关于科学发展的重要思想和党的十六大以来我们党关于科学发展的一系列重要观点，认真总结和学习我国改革开放 30 年的经验，着力推动广大党员、干部深刻理解和全面把握科学发展观的科学内涵、精神实质、根本要求，增强贯彻落实科学发展观的自觉性和坚定性。第二，进一步抓好发展这个党执政兴国的第一要务。必须坚持不懈地抓好发展这个党执政兴国的第一要务，任何时候任何情况下都不能动摇、不能放松。同时，发展必须是以人为本、全面协调可持续的科学发展。要着力增强广大党员、干部贯彻党的基本理论、基本路线、基本纲领的自觉性和坚定性，使全党同志更加自觉、更加坚定地牢牢扭住经济建设这个中心，团结带领人民继续聚精会神搞建设、一心一意谋发展，不断为发展中国特色社会主义打下更为坚实的基础。第三，进一步实现好、维护好、发展好最广大人民的根本利益。要着力把最广大人民的根本利益作为贯彻落实科学发展观的根本出发点和落脚点，努力兴办人民群众希望办的实事好事，使贯彻落实科学发展观的过程成为不断为民造福的过程，成为不断提高人民生活质量和水平的过程，成为不断提高人民思想道德素质、科学文化素质和健康素质的过程，成为不断保障人民经济、政治、文化、社会权益的过程，让发展成果惠及广大人民群众。第四，进一步坚持解放思想、改革创新。要着力坚持解放思想、实事求是、与时俱进，深刻把握我国经济社会发展趋势和规律，继续坚定不移地把改革创新精神贯彻到治国理政各个环节，加快重要领域和关键环节改革步伐，着力构建充满活力、富有效率、更加开放、有利于科学发展的体制机制。第五，进一步提高党员干部队伍素质。着力提高各级党组织、领导班子和领导干部贯彻落实科学发展观的本领，努力把各级党组织建设成为贯彻落实科学发展观的坚强堡垒、把干部队伍建设成为贯彻落实科学发展观的骨干力量，为推动科学发展提供坚强组织保证。第六，进一步动员广大人民群众投身科学发展的伟大实践。必须紧紧依靠人民群众，做到谋划发展思路向人民群众问计，查找发展中的问题听人民群众意见，改进发展措施向人民群众请教，落实发展任务靠人民群众努力，衡量发展成效由人民群众评判，最大限度地把全社会的发展积极性引导到科学发展上来。

3. 确保在全党开展深入学习实践科学发展观活动取得实效

这次学习实践活动总的要求是：全面贯彻党的十七大精神，高举中国特色社会主义伟大旗帜，以邓小平理论和“三个代表”重要思想为指导，组织广大党员特别是各级领导班子和党员领导干部深入学习实践科学发展观，紧紧围绕党员干部受教育、科学发展上水平、人民群众得实惠，进一步解放思想、实事求是、改革创新，切实增强贯彻落实科学发展观的自觉性和坚定性，着力转变不适应不符合科学发展要求的思想观念，着力解决影响和制约科学发展的突出问题以及党员干部党性党风党纪方面群众反映强烈的突出问题，着力构建有利于科学发展的体制机制，提高领导科学发展、促进社会和谐的能力，使党的工作和党的建设更加符合科学发展观的要求。在学习实践活动中，要牢牢把握中央提出的坚持解放思想、突出实践特色、贯彻群众路线、正面教育为主的原则，努力实现提高思想认识、解决突出问题、创新体制机制、促进科学发展的目标。第一，坚持用中国特色社会主义理论体系武装全党，努力在对科学发展观的认识上取得新的提高。要显著提高广大党员、干部对科学发展观的认识，进一步把科学发展观转化为推动科学发展的坚强意志、谋划科学发展的正确思路、领导科学发展的实际能力、促进科学发展的政策措施。第二，坚持突出实践特色，努力在解决群众反映强烈、影响和制约科学发展的突出问题上取得新的突破。要做到查找差距对照实践来进行、制定措施以实践为依据、解决问题用实践来推动、检验成效以实践作标准，真正在解决突出问题上有新的突破，使人民群众感受到新变化新气象。第三，坚持推进重点领域和关键环节改革，努力在构建有利于科学发展的体制机构上取得新的进展。要把解决现实问题与建立长效机制紧密结合起来，针对管理体制和工作机制中与科学发展不适应的地方，加大重点领域和关键环节改革攻坚力度，加快构建充满活力、富有效率、更加开放、有利于科学发展的体制机制。第四，坚持讲党性、重品行、作表率，努力在改进作风上取得新的成效。要教育引导广大党员、干部特别是领导干部牢固树立马克思主义世界观、人生观、价值观，坚持正确的权力观、地位观、利益观，自觉改造主观世界，不断加强党性修养，切实改进作风，以优良的党风促政风带民风。

三、重要意义

1. 深入学习贯彻落实科学发展观的重要指导文件

《努力把贯彻落实科学发展观提高到新水平》站在党和国家发展全局的战略高度，着眼于世情国情党情的新变化，着眼于实现党的十七大战略部署、全面建设中国特色社会主义事业的新要求，着眼于党的建设面临的新考验，以深入贯彻落实科学发展观、扎实开展学习实践活动为主题，深刻阐明了在全党开展深入学习实践科学发展观活动的重大意义、重要原则、总目标和基本要求，进一步丰富和发展了科学发展观重大战略思想，丰富和发展了中国特色社会主义理论体系，是一篇马克思主义的纲领性文献。《努力把贯彻落实科学发展观提高到新水平》提出了许多新思想和新论断，内涵丰富，观点鲜明，分析透彻，具有极强的政治性、战略性和指导性。

2. 有助于提高党员开展学习实践活动的自觉性和主动性

《努力把贯彻落实科学发展观提高到新水平》提出开展学习实践科学发展观活动是基于在深刻变化的国际环境中推动我国发展、实现全面建设小康社会奋斗目标新要求、以改革创新精神全面推进党的建设新的伟大工程三个方面的迫切需要，有助于增强全党贯彻落实科学发展观的责任感和使命感，提高党员开展学习实践活动的自觉性和主动性，动员全党更好地为实现党的十七大提出的宏伟蓝图和行动纲领团结奋斗。《努力把贯彻落实科学发展观提高到新水平》提出把贯彻落实科学发展观提升到新水平应当做好“六个进一步”的工作，有助于全党准确把握学习实践科学发展观过程中的关键问题，确保学习实践科学发展观活动有计划、有重点地向前推进。《努力把贯彻落实科学发展观提高到新水平》提出开展学习实践活动的总要求和“四个新”的任务，有助于明确学习实践活动的整体部署和具体要求，把全党的思想和行动统一到学习实践活动来，确保学习实践活动取得实效。《努力把贯彻落实科学发展观提高到新水平》对领导干部提出殷切希望，引导他们充分发挥模范带头和典型示范作用，带动全党一起努力贯彻落实科学发展观重大战略思想。

四、学习与思考

1. 为什么要在全党开展学习实践科学发展观活动？
2. 如何确保学习实践科学发展观活动取得实效？
3. 如何深入贯彻落实科学发展观？

《实现中华民族伟大复兴是中华民族近代以来最伟大的梦想》导读

《实现中华民族伟大复兴是中华民族近代以来最伟大的梦想》是 2012 年 11 月 29 日习近平在参观《复兴之路》展览时发表的讲话，全文短小精悍，言简意赅。习近平在讲话中首次提出并深刻阐释了实现中华民族伟大复兴的中国梦的内涵，强调坚定走中国特色社会主义道路，“两个一百年”奋斗目标就一定能实现，中华民族伟大复兴的中国梦就一定能实现。

原文见《习近平谈治国理政》，外文出版社 2014 年版，第 35～37 页。

一、写作背景

1. 中国梦是对近代以来中华民族伟大梦想的凝练和升华

《复兴之路》展览，回顾了中华民族的昨天，展示了中华民族的今天，展望了中华民族的明天，生动诠释了近代以来中国人民寻梦、追梦、圆梦的历史进程。在这篇讲话中，习近平引用三句诗对这段历史进行了生动叙说。

“雄关漫道真如铁”——“近代以后，中华民族遭受的苦难之重、付出的牺牲之大，在世界历史上都是罕见的”①。以 1840 年鸦片战争为开端，在西方列强坚船利炮的侵略下，中国危机四起、人民苦难深重，逐渐演变为半殖民地半封建社会。不甘于忍受落后、挨打、屈辱的中国人民艰难探索谋求民族独立、人民解放和国家富强、人民幸福的道路，开启了探寻中华民族伟大复兴的追梦之旅。最初，有远见的中国知识分子把目光投向了西方，试图从中找到拯救中华民族于危难的治病良方：以魏源和林则徐为代表的开明地主阶级提出“师夷长技以制夷”；以洪秀全为代表的农民阶级建立了太平天国；以曾国藩、李鸿章等为代表的地主阶级洋务派发起洋务运动；以康有为、梁启超为代表的资产阶级改良派发动戊戌变法；以孙中山为首的资产阶级民主革命先驱者们提出了“振兴中华”的响亮口号，发动辛亥革命，推翻了清王朝的封建统治；以陈独秀等为代表的先进

① 习近平．习近平谈治国理政．北京：外文出版社，2014：35.

知识分子发起新文化运动，开展思想启蒙……上述种种都是近代以来中国人民寻求民族独立和国家富强过程中形成的各种“梦想”，然而一路“追梦”终未“圆梦”。随着俄国十月革命的胜利和马克思主义传入中国，中国人民开始把目光从欧美转向俄国，开始了“走俄国人的路”的寻梦之旅。在当时思想激荡的年代，马克思主义传入中国，与各种思潮展开论战。1921 年中国共产党成立，以毛泽东为代表的中国共产党人将马克思主义与中国革命的具体实践相结合，赢得了新民主主义革命的胜利，建立了中华人民共和国，并开始探索社会主义建设道路。

“人间正道是沧桑”——改革开放以来，以邓小平同志为核心的党的第二代中央领导集体不仅描绘了小康社会的发展蓝图，还提出了“三步走”的发展战略，规划了圆梦的阶段性目标。以江泽民同志为核心的党第三代中央领导集体提出了“新三步走”战略目标。以胡锦涛同志为总书记的党中央描绘了全面建设小康社会的美好前景，圆梦目标有了更为坚实具体的基础。可见，中国梦是对中华民族百年梦想的现实表达，是近代以来中国人民追梦之旅的必然要求和探索成果。正如习近平在讲话中所言：“现在，我们比历史上任何时期都更接近中华民族伟大复兴的目标，比历史上任何时期都更有信心、有能力实现这个目标。”① 这种信心与能力来源于我国综合国力、国际地位和国际影响力的不断提升。改革开放以来，按照世界银行标准，我国已由低收入国家跃升至世界中等偏下收入国家行列。我们不仅在经济建设上创造了令世界瞩目的“中国奇迹”，而且在政治建设、文化建设、社会建设以及生态文明建设上也取得了巨大进步，综合国力显著增强，国际地位不断提升，社会主义中国以前所未有的雄姿屹立在世界东方，具备了放飞中国梦的实力和信心。

“长风破浪会有时”——“经过鸦片战争以来 170 多年的持续奋斗，中华民族伟大复兴展现出光明的前景”②。以习近平同志为核心的新一届中央领导集体旗帜鲜明地发出了中国梦的庄重誓言，这一底气来自中国特色社会主义事业取得的伟大进展。习近平提出“两个一百年”的奋斗目标，是基于对我国发展现状的分析、研判，是对我国发展前景的展望，同时也是十四亿中国人梦寐以求的愿望。展望中华民族的未来，把蓝图变为现实，还有很长的路要走，这其中必定充满机遇、希望与挑战。

这三句诗将中华民族的昨天、今天和明天，熔铸于中国百余年波澜壮阔、沧桑巨变的历史图景，镌刻于几代中国人为民族复兴奋斗的艰辛历程，发人深省、催人奋进。

2. 中国古代灿烂辉煌的文明是中国梦提出的文化源起

中国梦深深扎根于中华优秀传统文化的沃土之中，具有深厚的文化根基。实现中华民族伟大复兴，是在近代以来中华民族饱经沧桑、面对国家与民族生死存亡的关键时刻提出的。中国梦具有感召力、凝聚力和引领力，具有中华优秀传统文化的深厚底蕴。中华文明是世界上唯一几千年不断延续、传承至今的文明，但要体现现代文明色彩，就必

① 习近平. 习近平谈治国理政. 北京：外文出版社，2014：35-36.
② 同①35.

须超越数千年来创造的农耕文明形态。从文化背景来看，中华文明蕴含着非常丰富的逐梦的诉求和寄托。中国梦的提出汲取了中华民族传统文化中对梦想的追求，但已经不是复兴封建帝国的旧梦，也不是传统文化中“乌托邦”式的幻梦，而是一种从传统向现代转型的现代梦。

中华民族的伟大复兴，是全方位的复兴，同时也包含着对中国几千年中国优秀传统文化的肯定。几千年来，以儒家思想为核心的中国传统文化辐射东亚诸国。但从鸦片战争开始，中国经历了前所未有的耻辱，这不仅表现为经济被掠夺、主权丧失，更表现为文化被侵略。改革开放以来，西方文化侵略现象仍然存在，我国文化领域中仍然存在突出问题，这些问题的出现既有历史原因又有现实原因。针对这一现象，要树立起对中国优秀传统文化的自信，在继承优秀传统文化的基础上，赋予其时代精神，使其与中国特色社会主义文化建设相适应。只有在充分肯定中华民族优秀传统文化的基础上，并为其找到生长发展的一片沃土，重构中华民族优秀传统文化的信心，才能实现中华民族伟大复兴的中国梦。现代的中国在实现中华民族伟大复兴的道路上，也要具备这样一种符合当今时代发展要求、保证中国大国形象的文化定力。

3. 中国特色社会主义建设的成就与发展方向是中国梦提出的现实动因

第一，它是根据党的十八大报告描绘的宏伟目标和战略任务而提出的。党的十八大提出了到2020年实现全面建成小康社会的宏伟目标，实现这一目标就需要凝心聚力，需要强大的精神支撑，而中国梦则是感召和激励人民共同奋斗的强大精神力量。正如习近平所言：“党的十八大描绘了全面建成小康社会、加快推进社会主义现代化的宏伟蓝图，发出了向实现‘两个一百年’奋斗目标进军的时代号召。根据党的十八大精神，我们明确提出要实现中华民族伟大复兴的中国梦。”①

第二，它是以中国特色社会主义事业取得的巨大成就为物质基础的。改革开放以来，我国经济发展取得了重大成就，人均GDP持续增长，我国经济总量跃居世界第二位。与此同时，我国自主创新能力显著提高，重大科技项目落地开花，实现了以科研发展促进经济发展，促进了经济又好又快发展。产业结构逐渐升级完善，经济增长由主要依靠投资、出口拉动向依靠消费、投资出口协调拉动转变，由主要依靠第二产业带动向依靠第一、第二、第三产业协同带动转变，服务业在经济贡献中所占比重逐渐增加；落后产能逐渐淘汰，实现了由主要增加物质资源消耗向主要依靠科技进步、劳动者素质提高、管理创新的转变；城乡发展进一步统筹协调，城镇、农村医疗保险覆盖范围、保险力度逐渐增大；发展方式由粗放型转变为集约型，生态环境保护力度逐渐增加。由此可见，中国梦的提出体现了新一届中央领导集体对中国特色社会主义的自信。

第三，它是对当代中国特色社会主义发展方向的回应。就国内环境来看，在追求经济发展的过程中缺少一种梦想的精神支撑，在部分群众中出现了理想信念模糊，道德水准下降，拜金主义、享乐主义、极端个人主义滋生等问题。当前及未来的中国发展急需

① 习近平．习近平谈治国理政．北京：外文出版社，2014：49.

一种切实的奋斗目标来凝心聚力，激励人们为中国特色社会主义事业不懈奋斗。就国际环境来看，随着中国的快速发展，国际社会开始出现了“中国威胁论”“中国称霸论”等损害中国形象、阻挠中国发展的论调，国外一些不明真相的民众极易在这些言论的蛊惑下对中国产生负面的评价。在全球化时代背景下，中国要想融入国际社会获得持续发展，必须建构起一套有说服力和感召力的话语体系，打破国际社会中“强国必霸”的思维定势，展现中国和平发展的大国形象。

二、基本思想

1. 首次明确提出并阐释了中国梦的内涵

尽管近代以来中国人民一直在追逐梦想，但首次明确提出“中国梦”概念的却是习近平的这篇讲话。2012 年 11 月 15 日，在第十八届中央政治局常委同中外记者的见面会上，习近平就做出了庄严的宣誓：“我们的责任，就是要团结带领全党全国各族人民，接过历史的接力棒，继续为实现中华民族伟大复兴而努力奋斗。”① 这里虽未明确使用“中国梦”一词，但其内涵所指却与中国梦异曲同工。时隔半月，习近平在参观《复兴之路》展览时的讲话，明确提出了中国梦。习近平指出：“每个人都有理想和追求，都有自己的梦想。现在，大家都在讨论中国梦，我以为，实现中华民族伟大复兴，就是中华民族近代以来最伟大的梦想。”② 中国梦是历史发展过程的必然结果，体现了中华民族和中国人民的整体利益；它是一项光荣而艰巨的事业，需要一代代中国人为之不懈奋斗；中国共产党是中国梦的领路人，将带领全体人民朝着中华民族伟大复兴的目标勇往直前。

2. 指出中国特色社会主义道路是实现中国梦的正确道路

在明确了要实现中国梦的目标后，走什么样的道路具有决定性意义。习近平在这篇讲话中给出了明确回答：“我们总结历史经验，不断艰辛探索，终于找到了实现中华民族伟大复兴的正确道路，取得了举世瞩目的成果。这条道路就是中国特色社会主义。”③ 对此，可以从两个方面来理解。一方面，中国特色社会主义道路是实现中国梦的基础和根本保证。它以经济建设为中心，为实现中国梦提供了坚实的物质基础；它坚持改革开放，充分体现中国道路的优势，是实现中国梦的必由之路；它以实现最广大人民群众的根本利益为价值导向，能够为中国梦的实现汇聚强大的力量之源。另一方面，实现中国梦是中国特色社会主义道路的目标追求。中国特色社会主义道路是在中国共产党的领导下开展社会主义经济、政治、文化、社会、生态文明建设，最终建设一个富强民主文明和谐美丽的社会主义现代化国家。

---

① 中共中央文献研究室．十八大以来重要文献选编：上．北京：中央文献出版社，2014：69-70.

② 习近平．习近平谈治国理政．北京：外文出版社，2014：36.

③ 同②35.

3. 明确了中国梦与中国人民个人梦之间的关系

关于中国梦与人民群众个人梦的关系，习近平在讲话中给出了明确答案："每个人的前途命运都与国家和民族的前途命运紧密相连。国家好，民族好，大家才会好。"① 个人梦与中国梦相互交织，个人梦是中国梦的基础和前提，中国梦是个人梦实现的结果与保障。中国梦的实现需要每个中华儿女的共同奋斗，每个中国人都应将自己的前途命运与国家的前途命运紧密结合，以自身的发展促进国家的发展，谋求中国梦的顺利实现。"每个人都有理想和追求，都有自己的梦想。"② 在当今社会，如何将自己的理想信念与追求，与实现中华民族伟大复兴的中国梦紧密相连，是值得思考的。自五四运动以来，中国广大青年矢志不渝，将自身理想与国家发展紧密结合，实现科技报国、知识报国等。和平与发展是当今时代的主题，但是我们每个中国人仍要有忧患意识，在个人发展过程中坚定理想信念，树立远大追求，明确自身发展的方向，将个人梦融入中国梦中，为实现中华民族伟大复兴努力奋斗。

4. 重申实现"两个一百年"奋斗目标与中华民族伟大复兴中国梦

习近平在这篇讲话的结尾，重申党的十八大报告中提出的"两个一百年"奋斗目标——到中国共产党成立 100 年时全面建成小康社会和到新中国成立 100 年时建成富强民主文明和谐的社会主义现代化国家，坚信"两个一百年"奋斗目标一定能实现，中华民族伟大复兴的中国梦一定能实现。这一目标是根据我国的客观实际情况提出的，有着客观依据。"两个一百年"奋斗目标的实现是中国梦实现的基础和前提，中国梦的实现是"两个一百年"奋斗目标实现的必然结果。"两个一百年"奋斗目标是中华民族伟大复兴实现的里程碑式的标志，它使中国梦变得更加可感、可知，更具感召力和吸引力。"两个一百年"奋斗目标的实现，意味着我国的发展将跨上新的高度，中国梦的实现将有更为坚实的基础。

5. 强调中国梦的实现要有很长的路要走，需要全体中国人民共同努力

我国正处于并将长期处于社会主义初级阶段是我国目前最大的国情。习近平在参观《复兴之路》展览时的讲话指出："要把蓝图变为现实，还有很长的路要走，需要我们付出长期艰苦的努力。"③ 任何事物的发展都不是一帆风顺的，自鸦片战争以来，全体中国人民一直在追梦的路上，渴望"圆梦"，但这期间经历的挫折、磨难与付出的代价是巨大的。自新中国成立以来至党的十八大，我国在经济、政治、文化、社会、生态、国防、军事、科技等各方面取得巨大成就，为实现中华民族伟大复兴的中国梦奠定了坚实基础。全体中国人民是我国社会发展的最主要参与者与重大成就的最主要贡献者。中国梦的提

---

①②③ 习近平. 习近平谈治国理政. 北京：外文出版社，2014：36.

出能够更加凝聚全体中国人民的力量，激发全体中国人民自觉地投身于建设中国特色社会主义现代化国家的伟大征程中去。习近平在讲话中提出的“两个一百年”奋斗目标，是实现中华民族伟大复兴道路上的里程碑，但这并不意味着中国人民停止追求更加美好中国梦的实现，实现更加美好的中国梦还有很长的路要走。

三、重要意义

1. 中国梦丰富和发展了中国特色社会主义理论体系

中国梦是新一届中央领导集体在结合中国具体国情、分析研判中国特色社会主义道路以及中国特色社会主义制度、社会主义理论发展规律的基础上，以马克思主义基本原理为依据，开拓并丰富了中国特色社会主义理论体系。习近平提出的中国梦，为中国特色社会主义理论增添了与时俱进的内容，为中国特色社会主义的发展注入了强大的发展动力，同时也促进了马克思主义中国化、时代化与大众化的进程。中国梦既是理论的，又是实践的，它是关乎党和国家命运根本的理论与实践问题，如发展道路、依法治国、改革开放、执政根基、从严治党、意识形态建设等，具有整体性、层次性、严谨性等特征，把中国特色社会主义理论体系推进到新的境界。

2. 中国梦进一步推进了中国特色社会主义理论的时代化、大众化

中国梦在推进了马克思主义中国化、时代化、大众化的同时，也推进了中国特色社会主义理论体系的时代化与大众化。中国共产党自成立以来，一直致力于推进马克思主义中国化、时代化、大众化，并形成了毛泽东思想、邓小平理论、“三个代表”重要思想、科学发展观、习近平新时代中国特色主义思想等重大理论创新成果。邓小平理论回答了“什么是社会主义、怎样建设社会主义”；“三个代表”重要思想加深了对“什么是社会主义、怎样建设社会主义”的认识，并回答了“建设什么样的党、怎样建设党”；科学发展观回答了“实现什么样的发展、怎样发展”；中国梦深刻回答了“树立什么样的理想、怎样实现理想”“实现什么样的目标、怎么实现目标”等重大问题。中国梦在话语表达方式上实现了通俗化与生活化，打通了学术话语与政治话语、社会话语与国家话语、中国话语与外国话语之间的隐性阻隔，使中国广大人民群众在思想、情感上认同和接受中国特色社会主义理论、制度，认同我国走中国特色社会主义道路，增强广大人民群众对中国特色社会主义的道路自信、理论自信、制度自信、文化自信。中国梦的表达方式以及语言风格贴近群众，受到广大人民群众的普遍认同，同时也受到国际社会的广泛赞同和热烈回应。

3. 中国梦继承和发展了中国共产党人的奋斗目标

中国共产党自成立以来就把实现共产主义作为最终奋斗目标，并结合不同时期的世

情、国情、党情，制定了不同的阶段性奋斗目标。中国共产党诞生于国家与民族生死存亡的危难关头，一直秉持全心全意为人民服务的宗旨，以人民幸福为奋斗目标，带领全国各族人民浴血奋战，取得新民主主义革命的伟大胜利。新中国成立以来，我国社会各方面都发生了巨大变化，尤其是改革开放以来，我国经济快速发展，综合国力进一步增强，人民生活不断改善，社会各项事业全面进步。目前，我们顺利实现了现代化建设“三步走”战略的第一步、第二步目标，人民生活总体上达到了小康水平。但我国的社会生产力水平与发达国家相比较低，科学技术、民族文化素质水平还不够高，社会主义的具体制度还不完善。我国处于并将长期处于社会主义初级阶段的基本国情不会改变，中国共产党为人民谋幸福的奋斗目标不会改变。中国梦是基于我国发展的具体环境和实际情况而制定的奋斗目标，它是中国共产党人实现共产主义最终目标过程中的一个阶段性目标。它将党的最高纲领与最低纲领统一起来，把国家的发展、民族的振兴与个人的幸福紧密联系在一起，让实现中华民族伟大复兴的目标更为明确。经过党和全国各族人民的共同奋斗，“两个一百年”奋斗目标终将实现，中华民族伟大复兴的中国梦也必定能够实现。

4. 中国梦有助于激发全体中国人民不断奋斗的共同意志

中国梦的提出针对当前部分人存在的精神空虚、理想缺失的现状，将广大人民群众的意志与国家的意志整合起来，并以通俗易懂的话语表达出来，获得了广泛的群众基础。它向人们传递出希望、信心和力量，能够极大地调动人们投身于中国特色社会主义事业的积极性、主动性和创造性。“实现中华民族伟大复兴是一项光荣而艰巨的事业，需要一代又一代中国人共同为之努力。”① 习近平在讲话中指出：“这个梦想，凝聚了几代中国人的夙愿，体现了中华民族和中国人民的整体利益，是每一个中华儿女的共同期盼。”② 中华民族经历了百年磨难，深知复兴对于中华民族的伟大意义所在，深知唯有全面强大才能屹立于世界民族之林。新中国成立以来，几代中国人接续拼搏，开始了建设强大国家的伟大进程。改革开放以来，我们总结历史经验，不断艰辛探索，终于找到了实现中华民族伟大复兴的正确道路，取得了举世瞩目的伟大成就。中国梦反映了近代以来一代又一代中国人的美好夙愿，进一步揭示了中华民族的历史命运和当代中国的发展方向，指明了全党全国各族人民共同的奋斗目标。

5. 中国梦归根到底是全体中国人民的梦，有助于激励广大人民为之奋斗

习近平提出实现中华民族伟大复兴的中国梦，不是一句空洞的口号，而是代表着中国人民内心最强烈的愿望。实现中华民族的伟大复兴，并不是国家总体经济实力强大，却仍有部分人民生活在贫困线以下，生活难以达到温饱标准；不是人民物质生活丰富，但精神生活空虚。实现中华民族的伟大复兴，不仅仅在于国家经济实力的提升，同时国

---

①② 习近平. 习近平谈治国理政. 北京：外文出版社，2014：36.

家的政治、文化、生态、社会、国防军事等方方面面都要发展壮大；不仅仅是人民的物质生活丰富，精神生活也要丰富，广大人民的文化素养以及道德素质要有显著提升。中国梦是国家的梦、民族的梦，也是每一个中国人的梦。中国梦的深厚源泉在于人民，中国梦的根本归宿也在于人民。广大中国人民是中国梦实现的主体，中国梦的实现需要全体中国人民共同参与、共同追求，并不只是哪一个人、哪一部分人的梦想；中国梦的实现，成就的不只是哪一个人、哪一部分人，而是造福全体人民。

6. 中国梦有助于提升中国的国际形象和话语权

中国梦吸收和借鉴了西方有益的文明成果，体现了人们对幸福美好未来的追求。以中国梦向国际社会传递中国的发展理念和目标，更易于获得支持和认同，也为人类对更美好社会制度的探索提供了中国方案。每个国家都有自己的梦想，中国有中国梦，美国有美国梦，但内涵不同。中华民族实现伟大复兴的中国梦，要走中国道路，弘扬中国精神，凝聚中国力量。和平与发展是当今时代的主题，和平的世界给了中国快速发展的良好外部环境。中国自身的发展壮大目的是保护自己的国家，保护中国人民不受外国侵略，使人民过上幸福的生活，而不是用自身的力量去胁迫他国、侵略他国。中华民族久经磨难，深知战争给国家带来沉痛的灾难，但历史规律也表明：落后就要挨打，中国必须强大起来，才能为实现中华民族伟大复兴的中国梦保驾护航。但中国梦的实现不是建立在对外侵略与排外的基础之上，而是建立在开放、包容、均衡、普惠的基础之上。在实现中国梦的过程中，中国同其他国家深度合作，努力提升自身国际影响力，提升国际参与程度，提升自身国际形象与话语权。所以，中国梦是和平发展的梦。

四、学习与思考

1. 如何理解中国梦的内涵？
2. 为什么说实现中华民族伟大复兴是近代以来中华民族最伟大的梦想？
3. 为什么说中国梦是全体中国人民的梦？

《把宣传思想工作做得更好》导读

《把宣传思想工作做得更好》是2013年8月19日习近平在全国宣传思想工作会议上的讲话要点，它从新形势下党和国家各项事业发展的全局出发，对事关宣传思想工作长远发展的一系列重要理论与现实问题进行了阐述，明确了宣传思想工作的基本方向和目标任务，既是对改革开放以来宣传思想工作的经验总结和理论升华，也是立足辩证唯物主义和历史唯物主义对当前宣传思想工作中新形势、新问题与新挑战的深刻研判，提出了新思想与新要求，是指导宣传思想工作的纲领性文献，对于提升新形势下宣传思想工作的科学化水平具有重要的指导意义。

原文见《习近平谈治国理政》，外文出版社2014年版，第153～157页。

一、写作背景

1. 宣传思想工作面临诸多挑战

首先，面临开放环境下西方意识形态强势植入的挑战。改革开放以来，随着我国经济的高速发展和国际地位的不断提高，我国在获得世界褒奖认同的同时，也引来了不少西方敌对势力的猜疑敌视和利益摩擦，它们进一步加强了对我国的思想渗透和战略遏制。伴随开放格局的逐渐打开，我国的思想文化在走出国门的同时，西方的思想文化也传输到国内，中西方的意识形态较量越发激烈。如何有效构建良好的国际舆论，增信释疑、消除误解，防范西方敌对势力对我国的西化分化图谋，彰显中国特色社会主义的理念和发展优势，已成为维护意识形态安全的重大课题。

其次，面临我国社会转型带来的挑战。当前，我国各项事业的改革已进入攻坚期和深水区，为宣传思想工作带来了诸多挑战。随着社会利益的分化，社会矛盾日益复杂，其中由利益争端引发的社会问题不断增多，凝聚社会共识、解决思想认识问题的任务越来越重。同时，人们的思想意识正在发生深刻变化，人们思想的独立性、选择性、多变性、差异性明显增强，价值多元化成为思想文化领域的显著特征。在市场逐利性的驱动下，不少人奉行拜金主义、享乐主义等错误的人生观与价值观。一些人甚至别有用心地抹黑党的形象，丑化英雄人物，歪曲党史、国史，容易导致思想混乱。

最后，面临互联网技术迅猛发展带来的挑战。随着信息传播的渠道增多、速度加快、受众广泛，舆论生态环境相较过往发生了重大变化，对于宣传思想工作而言，技术变革直接导致宣传思想的传播方式发生了革命性变化，并直接关系到宣传思想工作的主导权问题。既往的“你编我看、你播我听（看）”的信息传播结构，已被多中心、网络化的新传播结构取代。其中，人们的话语表达更为便捷，部分人借助网络大肆散布不实言论，以炒作、造谣、传谣等形式博得网民的关注，以谩骂攻击和肆意歪曲代替理性探讨和客观评价。西方敌对势力也通过网络渠道向人们传播新自由主义、民主社会主义等错误社会思潮，对马克思主义主流意识形态造成重大冲击。

2. 党和国家的历史发展对宣传思想工作提出诸多新要求

首先，经济社会发展对宣传思想工作提出新要求。当前，我国发展处于重要的战略机遇期，具备实现经济持续健康发展的基础条件。同时需要认识到，世界经济深度调整，发展环境十分复杂，加上我国经济正处于增长速度换挡期与结构调整阵痛期叠加的阶段，使得社会热点难点问题进一步凸显，社会管理的难度日益增大。从辩证唯物主义和历史唯物主义的立场出发，我国经济社会的深刻变化为意识形态工作开展提出了新的要求，宣传思想工作要深刻研判我国经济社会发展现状，找准宣传思想工作与我国经济社会发展的契合点，直面经济社会发展中宣传思想工作所遇到的挑战和存在的问题，以创新进取的姿态攻坚克难，为我国经济社会发展夯实宣传思想基础。

其次，意识形态斗争的复杂化对宣传思想工作提出新要求。当前，国内外形势错综复杂，意识形态斗争日趋激烈，人们的思想观念和价值取向日益多元成为了宣传思想工作面临的一大挑战。尤其是面对经济社会转型和改革攻坚中出现的种种新矛盾和新问题，各种社会思潮竞相发声，思想理论问题与现实问题相互交织，一般认识问题与政治原则问题混杂不清，加之西方敌对势力继续强化对我国实施的西化、分化图谋，导致统一思想和凝聚共识的难度显著增大，迫切要求进一步强调宣传思想工作的重要性与紧迫性，立足当前意识形态斗争实际破解难题、提升能力、增强效度。

最后，实现中华民族伟大复兴的中国梦对宣传思想工作提出新要求。中国梦作为国家大局，要求宣传思想工作深刻理解中国梦的实质内涵，并从宣传思想工作的本质出发，大力弘扬中国特色社会主义共同理想，引导人们切实增强道路自信、理论自信、制度自信、文化自信。集聚各种宣传资源，为改革发展、稳定大局创造良好的思想舆论环境。同时，要求加强经济形势分析、政策权威解读和热点问题引导，把党的政策讲透彻，把存在的问题说清楚，把利益安排讲明白，为实现中华民族的伟大复兴打下坚实的思想基础。

3. 宣传思想工作尚不能适应新的形势发展要求

首先，当前对宣传思想工作的重视尚且不足。宣传思想工作相较于经济建设，由于其无法直接转化为生产力且难以量化评价，在宣传思想工作的具体实践中存在“说起来重要，做起来次要”的尴尬局面。尤其是长期以经济建设为中心的思维模式使得部分党员干部产生了重视经济建设工作而轻视宣传思想工作的错误认识，从而导致对宣传思想工作不重视，突出表现为对宣传思想工作只讲不做，形式化、走过场严重，对宣传思想工作的规律缺乏科学认识，对宣传思想工作的方法缺乏有效掌握，从而严重制约宣传思想工作的发展与精进。

其次，对教育对象思想状况和接受偏好的把握还有待加强。由于社会转型期带来的巨大变化，人们思想观念的差异和冲突、社会利益矛盾和问题日渐增多，教育对象的身份感、地位感和归属感趋于分化和多元，不同行业、不同年龄、不同文化层次的人对思想教育的接受方式差异巨大。这要求宣传思想工作在坚持“大众化”的基础上，着力强化“分众化”的工作理念，解决好“对谁说、说什么、怎么说”的问题，针对不同对象采取不同的宣传方式和手段，以满足教育对象思想状况和接受偏好的特殊性，从而增强宣传思想工作的精准性和实效性。

最后，宣传思想工作的领域有待进一步拓展。随着互联网技术的发展，人们对于各类思想信息的接受方式逐渐从传统媒体迁移到了网络媒体，互联网日益成为意识形态工作的重要阵地，然而，当前我国的网络宣传思想工作还存在着网络宣传的内容、方式、载体等转化不及时和不充分等问题。同时，随着全球化的进一步发展和我国对外开放格局的逐步打开，世界需要更好地了解中国，中国也需要更好地了解世界，当前我们的对外宣传思想工作相对薄弱，对外话语体系建设有待进一步加强，融通中外的新概念新范畴新表述有待进一步发展，以国际一流媒体为主体的国际传播能力建设有待进一步加强。

二、基本思想

1. 明确围绕中心、服务大局的基本职责

习近平指出：“宣传思想工作一定要把围绕中心、服务大局作为基本职责。”① 这充分阐释了经济建设与意识形态工作的关系。履行好围绕中心、服务大局的基本职责，首先要牢牢围绕经济建设这一中心工作。宣传思想工作要着力于服务经济发展、增强改革信心，并加强营造实干兴邦的浓厚氛围，系统宣传中央关于经济发展的形势判断、基本要求和主要任务，全面解读新形势下社会主义市场经济建设与经济结构转型工作部署和政策措施，准确宣传我国经济发展的基本面，为经济发展稳定大局营造良好的思想舆论环境。其次要胸怀大局、把握大势、着眼大事，做到因势而谋、应势而动、顺势而为。宣传思想工作要紧紧围绕夺取中国特色社会主义新的伟大胜利这一奋斗目标，找准工作的切入点和着力点，在大局下思考、在大局下行动，努力把握国内外发展趋势，紧紧抓住事关发展稳定全局的大事，抓住党和政府关注、人民群众关心的大事，抓住国际涉华舆论的大事，加强对新形势和新趋势的研判和谋划，加强思想宣传力度，牢牢把握宣传思想工作的主动权。最后要坚持中心工作与意识形态工作“两手抓，两手都要硬”。没有高

---

① 习近平．习近平谈治国理政．北京：外文出版社，2014：153.

质量的经济建设，社会就会缺乏发展的重要动力，人民的生活水平就难以得到有效提升，宣传思想工作就会流于空谈，意识形态工作就没有根基，缺乏说服力；如果意识形态工作出问题，就会造成思想混乱，从而逐渐丧失创造物质财富的有利社会环境和强大精神动力，最终制约经济建设的质量与水平。因此，要汲取成功经验、反思深刻教训，始终做到中心工作与意识形态工作“两手抓，两手都要硬”。

2. 意识形态工作是党的一项极端重要的工作

习近平强调：“意识形态工作是党的一项极端重要的工作。”① 能否做好意识形态工作，事关党的前途命运，事关国家长治久安，事关民族凝聚力和向心力，在集中精力进行经济建设的同时，一刻也不能放松和削弱意识形态工作。习近平关于意识形态工作的重要论断，既指明了意识形态工作具有的引领社会、凝聚人心和推动发展的强大支撑作用，又道出了意识形态工作的根本性、战略性、全局性意义。首先，意识形态工作是我们坚持和发展中国特色社会主义的一条基本经验。历史和现实一再证明，意识形态工作搞不好也要出大问题，我们党牢牢把握经济基础对上层建筑的决定作用，深刻认识上层建筑对经济基础的反作用，始终坚持既要发展硬实力，也要增强软实力，构成了坚持和发展中国特色社会主义的重要经验。其次，意识形态领域既是我们党同敌对势力斗争的前哨阵地，也是西方敌对势力对我国实行西化、分化的突破口。毛泽东曾强调，凡是要推翻一个政权，总要先造成舆论，总要先搞意识形态方面的工作。无论革命也好，反革命也好。从东欧剧变到苏联解体，历史事实证明，一个政权的瓦解往往是从思想领域开始的，一旦思想防线被攻破了，其他防线就很难守住。最后，抓好意识形态工作是加强执政党建设的必然要求。历史和现实经验告诉我们，一个政党或政治集团取得政权往往是从确立指导思想、争夺意识形态话语权开始的，同时一个政权的瓦解往往也是以舆论阵地破溃、意识形态主导权丧失为标志的。我们党历来高度重视意识形态工作，始终把做好意识形态工作作为重要的政治优势，强调把意识形态工作放到与中心工作同等重要的位置来抓，不断巩固党执政的思想政治基础。当前，面对越发错综复杂的发展环境，我们更要牢牢把意识形态工作的领导权、管理权、话语权掌握在手中。

3. 宣传思想工作的根本任务是做到“两个巩固”

习近平指出，宣传思想工作的环境、对象、范围、方式发生了很大变化，但宣传思想工作的根本任务没有变，也不能变——“宣传思想工作就是要巩固马克思主义在意识形态领域的指导地位，巩固全党全国人民团结奋斗的共同思想基础”②。这是我们党从坚持和发展中国特色社会主义的战略全局出发，对宣传思想工作的根本任务最集中的概括，标志着党对社会主义意识形态建设规律的认识达到了新高度、开辟了新境界，为我们党在新的历史起点上开创宣传思想工作新局面确定了原则、指明了方向、提供了遵循。首

①② 习近平．习近平谈治国理政．北京：外文出版社，2014：153.

先，巩固马克思主义在意识形态领域的指导地位。要不断推进马克思主义中国化，更好实现马克思主义基本原理同当代中国具体实际相结合，从马克思主义基本原理出发用中国话语讲述中国故事，用中国理论提升中国经验；要不断推进马克思主义时代化，不断彰显时代精神、总结时代规律、解决时代矛盾、回答时代课题；要不断推进马克思主义大众化，植根中国人民的生活与实际，充分反映人民群众的根本利益诉求，以人民群众喜闻乐见的方式宣传马克思主义。其次，巩固全党全国人民团结奋斗的共同思想基础。共同思想基础对于一个政党、一个国家、一个民族的生存发展而言至关重要，没有共同思想基础的维系和支撑，政党、国家和民族将失去向心力与凝聚力。中国特色社会主义是全体人民的共同理想，中国特色社会主义理论体系就是我们团结奋斗的共同思想基础。宣传思想工作要深入开展中国特色社会主义教育，加强社会主义核心价值体系建设和社会主义核心价值观教育，要积极主动同历史虚无主义等不良社会思潮作斗争，筑牢共同思想基础这道防线，不断夯实全体人民为中国特色社会主义事业奋斗的思想基础。

4. 宣传思想工作必须坚持党性与人民性相统一的基本立场

党性和人民性的关系，历来是宣传思想工作必须把握好的重大问题。习近平指出："党性和人民性从来都是一致的、统一的。"① 从本质出发，党性和人民性具有内在的统一性，坚持党性就是坚持人民性，坚持人民性就是坚持党性；党性离不开人民性，人民性也难以离开党性。习近平关于党性和人民性的论述，丰富和发展了马克思主义关于党性和人民性的理论，是宣传思想工作必须遵循的总方针和总要求。首先，坚持党性和人民性的统一，是马克思主义政党的内在本质，是工人阶级政党制定理论、路线、政策并付诸行动的根本要求。党性同人民性的内在一致性，是由党的阶级性质和政治立场决定的，是由党的政治地位和历史使命决定的，是由党的根本宗旨和政治路线决定的，也是由人民的意志和愿望决定的，因此党性和人民性的关系问题，是党的宣传思想工作的根本问题。其次，坚持党性和人民性的统一，是由党和人民的内在关系决定的。党和人民的关系，究其本质既是利益的共同体，也是命运和精神的共同体，无论是党和人民根本利益的实现、前途命运的探索，还是精神家园的构建，从党和人民的内在关系出发要求深刻认识党性和人民性的一致性与统一性，在坚持党性和人民性相统一的基本立场下开展宣传思想工作。最后，坚持党性和人民性相统一是坚持和发展中国特色社会主义的内在要求。党的领导是中国特色社会主义最本质的特征，历史是由人民书写创造的，坚持和发展中国特色社会主义要求不断加强党的领导，坚持党性与人民性相统一的基本立场，有效开展宣传思想工作，最大程度地从思想上调动人民群众的能动性，不断推动中国特色社会主义建设取得新的胜利。

5. 宣传思想工作要坚持团结稳定鼓劲、正面宣传为主的重要方针

宣传思想工作要坚持团结稳定鼓劲、正面宣传为主的重要方针，是由党和国家的性

① 习近平. 习近平谈治国理政. 北京：外文出版社，2014：154.

质决定的，也是由中国特色社会主义伟大事业发展的内在要求决定的。只有坚持团结稳定鼓劲、正面宣传为主的方针，才能不断巩固和壮大主流思想舆论，才能有效履行宣传思想工作基本职责，为培育积极理性的社会心态提供舆论基础，为促进党和国家各项事业稳健发展提供精神养料，为民族复兴大业鼓好劲。首先，坚持团结稳定鼓劲、正面宣传为主的方针，要弘扬主旋律、传递正能量。主旋律是当代中国发展进步的主流价值追求，正能量是积极向上、乐观健康的社会精神力量。当前，国内社会转型加快与国际环境变化加剧相互交织，社会思想舆论日益多元、多样、多变，我们要大力宣传改革开放以来取得的卓越成就和人民群众中的先进典型，宣传党员干部弘扬优良作风、密切联系群众的良好风貌，宣传社会各方面温暖人心的善行义举，在全社会唱响昂扬向上的中国特色社会主义正气歌。其次，坚持团结稳定鼓劲、正面宣传为主的方针，要有效引导舆论、积极开展舆论斗争。近些年，我国社会思想空前活跃，意识形态领域的杂音和噪音明显增多，宣传思想工作要密切关注社会舆情，及时发现和深入分析各种不良思想倾向，有针对性地开展正面性引导和针对性引导，引领人们澄清模糊认识、划清是非界限。同时，要加强热点引导和解疑释惑，引导人们的社会情绪和社会心理朝着积极健康的方向发展。最后，坚持团结稳定鼓劲、正面宣传为主的方针，要强化宣传思想工作的责任意识与担当意识。当前，党和国家的整体发展呈现了许多新的历史特点，且面临诸多新的亟待解决的挑战和困难。历史和现实告诉我们，面对的挑战和困难越艰巨，舆论生态就越繁复，就越要强化宣传思想工作的社会责任和担当意识，牢牢掌握宣传思想工作的主动权、主导权、话语权。

6. 宣传思想工作要抓好理念创新、手段创新和基层工作创新

创新是开创宣传思想工作新局面的动力源泉。只有坚持创新，才能不断提高做好宣传思想工作的能力和水平。当前，宣传思想工作的外部环境变得日益复杂多变，教育对象的价值观念日趋多元，必须与时俱进，注重创新。首先，要推动宣传思想工作的理念创新。做好理念创新必须坚持解放思想、实事求是、与时俱进，保持思想的敏锐性和开放度，勇于打破陈旧观念束缚和习惯思维定势，自觉把思想理念从不适应时代要求、不利于工作发展的桎梏中解放出来。要顺应社会发展进步新趋势、围绕全国人民共同奋斗目标、把握宣传思想工作的内在规律、适应现代宣传工作新格局，不断发展和创新宣传思想工作的理念，以新思路推动宣传思想工作实现新发展。其次，要推动宣传思想工作的手段创新。时代在发展，形势在变化，宣传思想工作要始终保持蓬勃生机，就必须适应新形势、立足新实践、发展新手段。推动手段创新，要积极探索有利于破解工作难题的新举措、新办法，特别是要适应社会信息化持续推进的新情况，加快传统媒体和新兴媒体融合发展，充分运用新技术新应用创新媒体传播方式，占领信息传播制高点，不断更新老手段、学会新手段、善用多手段。最后，要推动宣传思想工作的基层工作创新。宣传思想工作的基础在基层，基层工作不断创新是宣传思想工作保持旺盛活力之源。推动基层工作创新，要坚持眼睛向下、重心下移，扎实做好抓基层、打基础的工作，培养熟悉基层、勤于奉献、敢于创新的宣传思想工作骨干队伍；建立健全宣传思想工作的基

础设施，有效解决农村和偏远地区文化基础设施薄弱的问题，夯实宣传思想工作的基础阵地；牢固树立以人民为中心的工作导向，以满足群众的基本需求为立足点，不断满足群众日益增长的精神文化需求。

7. 要精心做好对外宣传思想工作

在改革开放、全球化的环境下做宣传思想工作，就要引导人们全面客观地认识当代中国和外部世界。习近平关于对外宣传工作的重要论述，对于我们进一步把握对外宣传的方向目标和重要任务提供了基本遵循。首先，要宣传阐释中国特色，做到“四个讲清楚”：讲清楚每个国家和民族的历史传统、文化积淀、基本国情不同，其发展道路必然有着自己的特色；讲清楚中华文化积淀着中华民族最深沉的精神追求，是中华民族生生不息、发展壮大的丰厚滋养；讲清楚中华优秀传统文化是中华民族的突出优势，是我们最深厚的文化软实力；讲清楚中国特色社会主义植根于中华文化沃土、反映中国人民意愿、适应中国和时代发展进步要求，有着深厚历史渊源和广泛现实基础。其次，要围绕中国特色社会主义讲好中国故事，传播好中国声音。中国特色社会主义是改革开放以来党的全部理论和实践的主题，做好对外宣传思想工作，要紧紧围绕中国特色社会主义这一主题，阐释好我国的历史传统、文化积淀、基本国情与发展道路，从国际社会越来越关注中国“从何处来、向何处去”的问题出发，介绍好中国的现实国情与未来走向。同时，加强国际传播能力建设，以创新“走出去”的方式打造国际一流媒体，多载体、多渠道、多手段地把中国故事和中国声音传播出去。最后，要创新宣传思想工作的话语体系，形成新概念新范畴新表述。中国故事能不能讲好，中国声音能不能传播好，关键要看受众是否愿意听、听得懂，能否与我们形成良性互动、产生更多共鸣。打造融通中外的新概念新范畴新表述，要着力抓好融通中外这个关键。我们传播的概念范畴表述既要符合中国国情，有鲜明的中国特色，又要与国际惯常的话语体系、表述方式相对接，从而易于被国际社会所理解和接受。同时，要在“新”字上下功夫，围绕新形势、新变化，使我们对外传播的概念范畴表述更好地适应国内外形势的发展变化，更有效地服务党和国家的工作大局。

8. 宣传思想工作要树立大宣传的理念

宣传思想工作是一项复杂且庞大的系统工程，要做好宣传思想工作，必须树立大宣传的工作理念。各个部门都要负责和参与，做到全党动手、齐抓共管、上下互动、左右联动、形成合力，对各类宣传信息资源做有机整合，积极构建大宣传网络格局，形成“大合唱”的大气势。首先，大宣传理念是对我们党宣传思想工作的历史经验的重要总结。历史地看，形成上下联动的大宣传格局，既是我们党形成思想工作的重要历史经验，也是我们党领导全国人民在不同历史时期取得胜利的重要法宝。习近平强调树立大宣传的理念，具有扎实的历史依据、实践基础和迫切的现实需要，对创新宣传思想工作具有重要的指导意义。其次，树立大宣传理念是新形势下宣传思想工作的内在要求。当前，我国已进入全面深化改革的新阶段，经济、政治、文化等各领域改革与发展紧密联系、相互交融，这迫切要求树立和强化大宣传理念，从更大的视野、更深的层次、更高的要求思考和规划宣传思想工作，建立健全系统、有力、高效的大宣传工作格局，为全面深化改革提供有力的思想支撑和舆论支持。最后，树立大宣传理念，要求全党动手、全党参与。众人拾柴火焰高，各级党委、全体党员要冲破自我服务、自我循环、自我封闭的思维定势，动员各条战线、各个部门一起行动，形成推进宣传思想工作的强大力量，只有合心、合力、合拍，才能在全社会形成“人人关心宣传，人人支持宣传，人人参与宣传”的社会氛围，构建起上下互通、横向联合、齐抓共管的大宣传工作格局。

三、重要意义

1. 深化和发展了宣传思想工作的内涵

习近平立足党和国家历史发展的新形势与新变化，深化和发展了宣传思想工作的内涵。首先，深化和发展了党对社会主义意识形态的认识。习近平对意识形态的地位做出了明确界定，以“极端重要”一词引起人们的重视。同时，习近平将唯物辩证法运用到意识形态的定位中，科学阐明了意识形态工作与经济建设工作的辩证关系，表明党对意识形态的认识更为清醒和客观，指明了宣传思想工作要深刻认识并重视意识形态工作的极端重要性，要把意识形态工作的领导权、管理权、话语权牢牢掌握在手中。其次，深化和发展了对宣传思想工作任务的认识。习近平明确了将“两个巩固”作为宣传思想工作的根本任务，同时指出在全面对外开放的条件下做宣传思想工作的一项重要任务。这些重要论断系统发展了新形势下对于宣传思想工作任务的认识，构建了包括根本任务和基本任务在内的宣传思想工作的任务体系。最后，深化和发展了对宣传思想工作立场的认识。习近平明确了宣传思想工作必须坚持党性和人民性相统一的基本立场，从党与人民的内在关系出发，准确阐释了党性和人民性的科学内涵，深刻诠释了党性和人民性的一致性与统一性，并以此为基本立场为宣传思想工作标定了方向和准绳。

2. 为宣传思想工作的实践提供了基本遵循

习近平从宣传思想工作的内涵出发，结合新形势下宣传思想工作面临的新挑战和遇到的新问题，系统、科学地为宣传思想工作的实践发展明确了方法路径，提供了重要向度和基本遵循。首先，为宣传思想工作明确了坚持团结稳定鼓劲、正面宣传为主的方针。当前，国际形势风云变幻，国内经济社会快速发展，各种思想文化相互激荡，宣传思想工作面临前所未有的挑战，迫切要求人们具有做好正面宣传的自觉性和坚定性，同时增强底线思维和阵地意识，积极开展舆论斗争，敢于亮剑、敢于担当，面对事关大是大非和政治原则的问题，必须增强主动性、掌握主动权、打好主动仗，帮助干部群众划清是非界限、澄清模糊认识。其次，为网络宣传思想工作明确了方向。随着互联网技术的高速发展，我们党要深刻认识网络宣传思想工作的重要性，把网络宣传思想工作当作重中之重来抓，全面贯彻“积极利用、科学发展、依法管理、确保安全”的方针，打通传统媒体和网络媒体两个舆论场，使网上网下的正面声音相互呼应，在互联网战场上顶得住、打得赢。最后，为宣传思想工作创新指明了路径。习近平强调，宣传思想工作创新重点要抓好理念创新、手段创新和基层工作创新，把创新作为做好宣传思想工作的必由之路、强大动力摆在更加突出的位置，不断用时代要求审视宣传思想工作，以改革创新精神推动形成思想工作的时代性与创造性发展。要在总结经验的基础上不断创新，同时保持思想的敏锐度和开放度，积极推进理念创新和手段创新，扎实做好基层工作，充实队伍力量，改善工作条件，解决实际问题，不断打开工作新局面。

3. 为宣传思想工作力量的整合明确了方向

宣传思想工作事关我们党执政兴国的全局，需要系统谋划、强化协作，需要多方联动、全员参与。动员社会各方力量齐抓共管、形成合力，是党的宣传思想工作在长期实践中形成的优良传统和重要经验。习近平高度重视对宣传思想工作力量的整合，指出：“做好宣传思想工作必须全党动手……要树立大宣传的工作理念，动员各条战线各个部门一起来做。”[①] 这些重要论断，深刻阐释了大宣传的工作理念，从理论认识和实践路径等多个维度为宣传思想工作力量的整合明确了方向。首先，负责宣传思想工作的各个部门要强化使命意识，做到守土有责、守土负责、守土尽责。宣传思想工作要强起来，关键是领导干部要强起来，班子要强起来，队伍要强起来，只有具备相当的政治素质、大局意识、判断能力和业务水平，才能成为让人信服的行家里手，工作起来才会得心应手，从而更好地履行宣传思想工作的职责和使命。其次，各级党委要切实负起宣传思想工作的政治责任和领导责任。要切实加强对宣传思想领域重大问题的分析研判，不断强化对重大战略性任务的统筹指导，充分发挥总揽全局、协调各方的作用，不断提高领导宣传思想工作的能力和水平。最后，各条战线和各个部门要积极参与宣传思想工作，把宣传思想工作同各领域、各战线、各领域的管理职能紧密地结合起来，凝聚起推进宣传思想工作的强大合力，谱写同频共振、同心共鸣的和谐篇章。

四、学习与思考

1. 如何处理好宣传思想工作与经济建设工作的关系？
2. 在实际的宣传思想工作中怎样坚持党性与人民性的统一？
3. 如何创新宣传思想工作的话语体系？

---

① 习近平．习近平谈治国理政．北京：外文出版社，2014：156.

《青年要自觉践行社会主义核心价值观》导读

《青年要自觉践行社会主义核心价值观》是2014年5月4日习近平在北京大学师生座谈会上的讲话。习近平从弘扬五四精神谈起，明确指出培育和践行社会主义核心价值观对于青年自身成长及国家未来发展的重要意义，强调青年社会主义核心价值观的培育必须立足于中华优秀传统文化，并论述了培育的具体路径和方法。《青年要自觉践行社会主义核心价值观》继承和发展了马克思主义的青年观，深刻揭示了当代青年践行社会主义核心价值观的责任担当和努力方向，对培育和践行社会主义核心价值观具有重要的指导意义。

原文见《习近平谈治国理政》，外文出版社2014年版，第166～179页。

一、写作背景

1. 纪念五四运动的契机

五四运动是1919年5月4日由青年学生发起的一场反对帝国主义和封建主义的群众爱国运动和崇尚科学与民主的思想解放运动。作为旧民主主义革命与新民主主义革命的分水岭，五四运动促进了马克思主义理论在中国的传播，为中国共产党的成立奠定了思想理论和组织基础。在这场波澜壮阔的运动中，形成了以"爱国、进步、民主、科学"为核心的五四精神，指引和激励着一代又一代的有志青年投身于救亡图存、振兴中华的历史潮流中。为了使青年继承和发扬五四精神和优良传统，1939年陕甘宁边区西北青年联合救国会将这一天定为中国青年节。新中国成立后，中国共产党正式将5月4日规定为中国青年节。随着时代的发展，五四运动的纪念意义已经超越事件本身，成为中国青年追求进步、勇于奉献的精神象征。每逢这一节日，中国共产党会通过发表纪念文章、举行纪念活动、组织青年开展社会实践活动等形式予以纪念。江泽民、胡锦涛等都曾在五四青年节发表重要讲话，它已经成为中共领导人纪念这一节日的形式之一。

《青年要自觉践行社会主义核心价值观》是对中国共产党领导人活动惯例的遵循。早在2013年的五四青年节，习近平就曾到中国航天科技集团公司中国空间技术研究院，参加"实现中国梦，青春永担当"的主题团日活动，并同社会各界优秀青年代表开展座谈活动。2014年，习近平将纪念五四运动的讲话地点选在了北京大学。北京大学是五四运动的策源地和历史见证者，最早在我国传播马克思主义和科学、民主的思想。习近平对五四精神做了精辟概括，这不仅是对五四运动的纪念，更是对当代青年弘扬五四精神的号召。党的十八大提出了“两个一百年”奋斗目标，中华民族越来越接近实现伟大复兴的宏伟目标，青年不仅应认清自己所处的历史时代和所面对的机遇与挑战，更要不忘过去、牢记历史，尤其是与青年息息相关的五四精神。青年应弘扬五四精神，在党的领导下做时代前列的奋进者、开拓者、奉献者，肩负起历史重任，在新时代谋划人生、创造历史，这是习近平讲话的重要缘起，也是其精神旨归。

2. 中国共产党对青年的一贯重视

青年是社会群体中最富有朝气和活力的群体，青年兴则国家兴，青年强则国家强。在中国共产党的历史上，始终关注、关心和关爱广大青年，始终将青年的成长成才与中国革命的胜利、社会主义的前途命运密切相连。毛泽东曾对青年寄予了高度希望：“世界是你们的，也是我们的，但是归根结底是你们的。你们青年人朝气蓬勃，正在兴旺时期，好像早晨八九点钟的太阳。希望寄托在你们身上。”① 邓小平满怀深情地讲道：“青年——是我们的未来，我们的一切事业的继承者。”② 他鼓励青年力争做“有理想、有道德、有文化、有纪律”的“四有”新人。江泽民指出：“青年的茁壮成长决定着我们民族和国家的未来。”③ 他对青年提出了“四个统一”“五个成为”的要求和期望。胡锦涛指出：“青年是祖国的未来、民族的希望，也是我们党的未来和希望。全党都要关注青年、关心青年、关爱青年倾听青年心声，鼓励青年成长，支持青年创业。”④ 他对青年提出了“三点希望”和“四个新一代”的成才目标。

习近平继承了中国共产党人一贯重视青年的传统，这种重视不仅是对青年独特地位的关注，也是基于当代青年在价值确立和观念形成过程中所面临的时代挑战的直接回应。当前，青年的成长有着比过往时代更丰富的资源和更便捷的路径，但同时也面临更多的挑战。首先，在意识形态领域，西方资本主义对我国的“西化”“分化”图谋有增无减，“普世价值”、新自由主义、历史虚无主义等社会思潮纷至沓来，对以马克思主义为指导的社会主义主流意识形态形成“挤压”态势。因此，青年如何在复杂的价值形态中树立和巩固社会主义核心价值观就显得尤为迫切。其次，个体精神信仰的缺失。经过改革开放 40 多年的发展，我国的物质文明建设取得了显著的进步。但是，物质上的富足并没有给广大青年带来精神上的充实，急剧变革的时代引发部分青年人精神焦虑和信仰缺失。社会强烈呼唤着一种价值的引导和向善的力量，对于充满探索欲的青年来说更是如此。因此，无论是应对意识形态领域的激烈斗争，还是充盈个体的精神世界，都迫切需要在全社会培育和弘扬具有强大感召力、统摄力和凝聚力的社会主义核心价值观。我国正处于实现中华民族伟大复兴的中国梦的奋斗时期，比历史上任何时期都更接近实现中华民

---

① 中共中央文献研究室．毛泽东年谱（1949—1976）：第 3 卷．北京：中共文献出版社，2013：248.
② 中共中央文献研究室，中央档案馆．建国以来重要文献选编：第 9 册．北京：中央文献出版社，1994：164.
③ 中共中央文献研究室．十五大以来重要文献选编：下．北京：人民出版社，2003：2390.
④ 中共中央文献研究室．十七大以来重要文献选编：下．北京：中央文献出版社，2013：451.

族伟大复兴的目标。然而，“行百里者半九十。”越是接近奋斗目标，就越需要广大青年这一中坚力量为之不懈奋斗。青年是社会主义事业的建设者和接班人，因此，必须始终关注青年、重视青年、引导青年，使青年人坚定对中国特色社会主义的道路自信、理论自信、制度自信和文化自信，同全国各族人民一道，担负起历史重任，实现中国梦。

3. 培育和践行社会主义核心价值观需要落细落实

价值观是一个民族的精神基因、历史底蕴和前行动力，任何社会的核心价值观都是在历史发展过程中不断积淀凝练而成的，中国共产党在革命、建设和改革的不同历史时期，始终结合时代特征和中心任务推进社会主义核心价值观建设。早在 1945 年党的七大上，毛泽东就提出了要建设一个独立、自由、民主、统一和富强的新中国，把“全心全意为人民服务”作为党的宗旨。新中国成立后，社会主义制度的建立和马克思主义作为社会主义意识形态的确立为培育社会主义核心价值观奠定了思想根基。同时，中国共产党还在全社会开展思想道德建设，倡导以为人民服务为核心的爱国主义、集体主义和社会主义的思想道德观念，为新时期培育社会主义核心价值观做了必要准备。改革开放后，中国共产党坚持物质文明建设和精神文明建设“两手抓，两手都要硬”，进一步探索社会主义核心价值观的建设。2001 年颁布的《公民道德建设实施纲要》明确提出要将“爱国守法、明礼诚信、团结友善、勤俭自强、敬业奉献”作为全社会的基本道德规范。2006 年党的十六届六中全会上提出了“建设社会主义核心价值体系”的重大命题，号召理论界对社会主义核心价值体系做进一步的凝练概括。2012 年 11 月，党的十八大报告提出了培育和践行社会主义核心价值观的重大战略部署，在国家层面倡导富强、民主、文明、和谐，社会层面倡导自由、平等、公正、法治，个人层面倡导爱国、敬业、诚信、友善。2013 年，中共中央办公厅印发《关于培育和践行社会主义核心价值观的意见》，指出“培育和践行社会主义核心价值观，是推进中国特色社会主义伟大事业、实现中华民族伟大复兴中国梦的战略任务”①。由此可见，中国共产党一直将培育和践行社会主义核心价值观作为一项长期而重大的战略任务，始终不懈地进行积极探索、凝练深化和扎实推进。

天下大事必作于细，社会主义核心价值观的培育和践行是具体的，需要融入具体的社会群体之中，其中，青年的价值取向决定整个社会未来的价值取向，他们具有怎样的价值观值得高度关注。青年处于价值观的形成时期，是缺乏独立判断能力、价值观不稳定的时期，尽管当前青年的主流价值观是积极向上的，但身处经济全球化、思想多元化的时代背景下，部分青年在纷繁复杂的社会思潮的冲击下出现了价值观念扭曲、理想信念淡薄、政治信仰缺失等问题。《青年要自觉践行社会主义核心价值观》在一定意义上也是对当前青年价值观存在问题的正视警醒和教育引导。

4. 习近平个人丰富经历以及对青年问题长期思考的凝练和升华

“7 年知青，4 年大学，3 年秘书，3 年基层干部”，这是青年时期习近平的经历，也

---

① 中共中央文献研究室. 十八大以来重要文献选编：上. 北京：中央文献出版社，2014：578.

是那一代青年的样本。正是这段丰富的经历，让他对青年有了更深刻的认识，他曾说："青年时代，选择吃苦也就选择了收获，选择奉献也就选择了高尚。青年时期多经历一点摔打、挫折、考验，有利于走好一生的路。"[①] 1968年底，15岁的习近平响应国家号召主动要求去延安插队，一待就是7年。拦河打坝、挑粪拉煤，劳动的磨炼让青年习近平变得成熟起来。尽管时代的变迁使得青年的成长经历无可复制，但从青年走向成年的精神成长经历却很相似。

基于个人的成长经历，党的十八大以来，习近平多次走进青年中间，和青年交流谈心，在北京大学与师生的谈话已是他到中央工作以后第五次到北京大学。他先后围绕青年问题发表了一系列讲话，如《在同各界优秀青年代表座谈会时的讲话》等，仅2013年习近平就先后5次给青年学生回信，两次接见和看望青年。他鼓励青年教师要"打造中华民族梦之队的逐梦人"，青年工人要"不断谱写新时代的劳动者之歌"，青年官兵要"争当训练尖子、技术能手、精武标兵"。从"青春是用来奋斗的"，到"青年要立志做大事"；从"青年要像海绵吸水一样学习知识"，到"同人民一起梦想，青春才能无悔"；从"广大团员青年坚定跟党走，就是初心"，到青年要"不辱时代使命，不负人民期望"。这些论述都充分体现了习近平对于青年问题的长期专注，更展现了其青年观的精神内核。《青年要自觉践行社会主义核心价值观》不是即兴之作，而是习近平青年时期的丰富经历和长期关注青年问题的凝练与升华。

二、基本思想

1. 深刻阐释五四精神的当代价值以及青年如何纪念五四运动

五四运动孕育了以"爱国、进步、民主、科学"为核心的五四精神，它随着时代的发展不断地被赋予新的内涵和意义。习近平指出，五四精神体现了中国人民和中华民族近代以来追求的先进价值观，爱国、进步、民主、科学是我们今天依然需要坚守和践行的核心价值。他强调，社会主义核心价值观的提出是基于中华文明发展历程中形成的独特价值体系和思想渊源，五四精神与社会主义核心价值观有着内在关联。

广大青年对五四运动的最好纪念，就是在中国共产党的领导下，将个体成长和国家发展有机结合。青年人要在精神、道德、知识等层面不断磨炼自己。在理想信念方面，青年要有坚定的信念，要树立共产主义理想；在道德品质方面，要努力提升自己的道德素养，做到明大德、守公德、严私德，做一个有道德的青年；在知识水平方面，要努力学习科学知识，掌握丰富的专业知识，实现人的全面发展；在实践能力方面，要积极参加各种实践活动，磨炼自己的各方面本领。同时，青年要认识到自己承担的时代使命，有意识地将个人成长和国家发展有机结合，要在新的历史时期争做奋进者、开拓者、奉献者，担负起历史赋予青年的重任，与全国各族人民一起为实现中华民族伟大复兴奋斗。

---

① 习近平．习近平谈治国理政．北京：外文出版社，2014：54.

只有这样，才是对五四运动最好的纪念，才能够充分发挥五四精神的时代价值。

2. 明确指出社会主义核心价值观的重要性及其历史渊源

一个社会的核心价值观承载着民族和国家的精神追求，制约着社会发展的基本方向，将培育和弘扬社会主义核心价值观作为凝魂聚气、强基固本的基础工程，具有重要的战略意义。习近平指出，社会主义核心价值观的重要意义在于它关乎国家前途命运，关乎人民幸福安康。首先，社会主义核心价值观关乎国家命运。从历史的发展中不难看出，核心价值观是一个民族、一个国家最根本的精神力量，体现着一个社会评判是非曲直的价值标准。社会主义核心价值观回答了我们"要建设什么样的国家""建设什么样的社会""培育什么样的公民"的重大问题。核心价值观从国家、社会、个体三个维度，把涉及国家、社会、公民的价值要求融为一体。践行社会主义核心价值观是社会系统正常运转、社会秩序有效维护的重要途径，社会主义核心价值观的提出为国家发展、社会进步指明前进方向，为人际交往提供时代准则。其次，社会主义核心价值观关乎人民幸福安康。社会主义核心价值观寄托着近代以来中国人民上下求索、历经千辛万苦确立的理想和信念，也承载着每个人的美好愿景。培育和践行社会主义核心价值观需要全体人民共同努力，尤其需要青年持之以恒奋斗，这样才能使国家更加富强、更加民主、更加文明、更加和谐、更加美丽，使中华民族以更加自信、更加自强的姿态屹立于世界民族之林。

社会主义核心价值观植根于中华民族优秀传统文化，提倡和弘扬社会主义核心价值观必须从传统文化中汲取丰富营养。习近平先后在很多场合强调，要使中华优秀传统文化成为涵养社会主义核心价值观的重要源泉。《青年要自觉践行社会主义核心价值观》列举了治国修身等一系列传统文化中的经典名句，指出中华优秀传统文化已经成为中华民族的基因，与中国的广袤土地紧密相连，植根在中国人内心，潜移默化地影响着中国人的思想方式和行为方式。任何中国人不应轻易放弃这笔精神财富，不应直接照抄照搬别国的发展模式，也绝不应接受任何外国颐指气使的说教。不管是过去、现在还是未来，中华优秀传统文化都不会随着时间的推移而消减其价值，反而会在时代的变迁中不断彰显其自身的连续性和稳定性。

3. 当代青年践行社会主义核心价值观的方法之道

青年的价值取向决定了整个社会未来的价值取向，抓好青年时期的价值观养成十分重要。习近平指出，青年处在价值观形成和确立的时期，抓好这一时期的价值观养成十分重要。这就像穿衣服扣扣子一样，如果第一粒扣子扣错了，剩余的扣子都会扣错。青年要从现在做起、从自己做起，使社会主义核心价值观成为自己的基本遵循。他对青年如何践行社会主义核心价值观提出了四点要求，为青年自觉践行社会主义核心价值观指明了方向。

第一，勤学求真是践行社会主义核心价值观的前提。习近平指出，树立核心价值观首先要具备一定的知识，不仅要勤于学习，肯下苦功夫，还要勤于思考，求得真学问，关心国家、关心人民和关心世界，学会担当社会责任。在勤学求真的过程中，要注意两个问题：一是要注重知识的内化，要有意识地将知识内化为个人的理解，形成自己独到的见解，做一个勤思考、会思考的青年；二是在知识的范围上要注意专攻与广博的统一，这就要求青年人在汲取知识时，既要提升自己整体的知识水平和素养，同时要在自己的专业领域下功夫，实现既广博又精专，这样才能够胜任在社会生活和职业生活中的工作，同时实现自身的全面发展。

第二，修身明德是践行社会主义核心价值观的基础。道德是社会的发展之根，是个体的成才之本。习近平强调，道德之于个人、之于社会，都具有基础性意义，做人做事第一位的是明德修身。修身明德作为中华民族的传统美德，也是践行社会主义核心价值观的基本要求。习近平指出修德要从两个方面着手：一是要立意高远，立志报效祖国、服务人民是大德，青年只有做到明大德，才能够清楚地认识到自己肩负的历史责任；二是要立足平时，在日常生活中，做到热爱劳动、勤俭节约，在与人交往中，做到懂得感恩、乐于助人、互相谦让、宽以待人，在自我锤炼中，做到吾日三省，慎独自律。只有做好小事，管好小节，才能在实现中华民族伟大复兴的中国梦中更好地完成自己的时代使命。

第三，明辨是非是践行社会主义核心价值观的准则。思想决定行为，只有具备正确的价值观才能做出合理的选择。面对各种社会思潮的相互激荡和纷繁多变的社会现象，习近平勉励青年要树立正确的世界观、人生观和价值观，面对成长过程中的学业和情感等难题时，要学会思考，做到辩证地看待问题，同时要善于分析，分清矛盾的不同面向，进而进行正确抉择。而这一切都离不开正确的世界观、人生观、价值观的支撑，因此青年要在实践中树立正确的三观。

第四，笃实肯干是践行社会主义核心价值观的关键。习近平指出，青年人要扎扎实实干事，踏踏实实做人。道不可坐论，德不能空谈。只有做到知行合一，才能将社会主义核心价值观内化为人们的精神追求，进而外化为自觉行动。笃实的关键主要有三：一是迈稳步子，在培育和践行社会主义核心价值观的过程中确立从大到小的奋斗目标，每一步都迈得扎实稳健；二是夯实根基，青年践行社会主义核心价值观的前提是在各方面都有所积累，有较为扎实的基础；三是久久为功，持之以恒地培育和践行社会主义核心价值观。习近平还强调，社会主义核心价值观的养成绝非一日之功，要坚持由易到难、由近及远，努力把社会主义核心价值观的要求变成日常的行为准则，进而形成自觉奉行的信念理念。

4. 明确高校、教师、社会在助力青年成长成才中的责任与使命

青年的成长成才既需要个体的努力，同时也离不开高校的培育、教师的教导及社会的引导。在这篇讲话中，习近平对高校、教师及社会都提出了具体的要求。

第一，高校要争创世界一流大学，为青年学子搭建成长成才平台。建设世界一流大学是党中央做出的战略决策，习近平要求高校要以此为目标，认真吸取世界先进大学的办学治学经验，遵循教育规律，从中国国情出发，办好具有中国特色的世界一流大学；

要紧紧围绕立德树人的根本任务，加快教育改革步伐，建立起充满活力、富有效率、更加开放、有利于学校科学发展的体制机制，争取早日实现创办一流大学的梦想。

第二，教师要坚持教书育人，立德树人。习近平指出，教师承担着最庄严、最神圣的使命。青年的价值观正处于形成时期，他们往往感性有余而理性不足，在价值观教育中可以首先借助教师的人格魅力吸引青年，进而通过深厚的学术造诣对青年的价值观进行理性层面的提升。他要求教师时刻牢记教书育人的责任与使命，以人格魅力引导学生心灵、以学术造诣开启学生的智慧之门，在知识和德行等方面成为学生的榜样，使青年学生学有榜样、学有方向、学有动力。

第三，各级党委和政府要高度重视高校工作，关心和爱护青年成长。习近平要求各级领导干部进一步全面深化改革，为青年学生营造公平公正的社会环境、建设有利的就业创业服务体系、搭建更适合青年实现青春梦想的现实舞台。各级领导干部要经常深入青年学生中去，听取他们的意见和建议，深入了解学生们的真实需求，引导青年学生迈好走向社会的第一步。

三、重要意义

1. 继承和发展了马克思主义青年观

青年观是关于青年的根本看法和观点，是做好青年工作的思想指南。习近平在《青年要自觉践行社会主义核心价值观》中从弘扬五四精神入手，过渡到青年培育和践行社会主义核心价值观，始终将青年的思想政治工作与国家发展和社会进步紧密相连。《青年要自觉践行社会主义核心价值观》以马克思主义青年观为指导，立足中国实际和青年实际，总结了中国共产党开展青年思想政治工作的理论成果，谈到如何看待与评价青年、如何培养与发展青年、如何开展青年思想政治工作等基本问题。这些重要论述，与马克思主义青年观既一脉相承又与时俱进，丰富和发展了马克思主义青年理论，具体表现在以下几个方面：以实现中华民族伟大复兴的中国梦为时代背景，明确了当代青年的地位与作用、价值与使命，发展了青年的时代价值观；以中国梦的时代要求为指引，提出青年践行社会主义核心价值观的现实路径，鼓励青年要勤学、修身、明辨、笃实，丰富了青年的成长成才观；以“两个一百年”为奋斗目标，告诫青年有信念、有梦想、有奋斗、有奉献的人生才是有意义的人生，要将社会价值与个体价值相统一，丰富了青年的人生价值观。

2. 为新时代青年价值观教育指明了方向

第一，习近平反复强调要发挥中华优秀传统文化的熏陶作用，使青年在日常生活中潜移默化地接受社会主义核心价值观。任何一个社会的价值观都不是凭空产生的，都有其生发的源泉和固有的根本。中华优秀传统文化是中华民族独特的精神标识和最深层的精神追求，是社会主义核心价值观形成的丰厚滋养。传统文化中讲求仁爱、以民为本、注重诚信、崇尚和谐等价值理念，在当前依然具有现实指导意义。青年要培育和弘扬社会主义核心价值观，就必须立足于中华优秀传统文化，要清楚地认识中华优秀传统文化的历史渊源、发展脉络和基本走向，要积极主动地挖掘中华优秀传统文化的精髓并发挥其时代价值，要处理好继承和创造性发展的关系，实现创造性转化和创新性发展。

第二，要发挥实践的育人作用，引导青年投身中国特色社会主义建设事业实践之中。这是因为价值观是人类在改造自然和社会的过程中产生和发挥作用的，也只有在实践中才能转化为青年的精神追求和自觉行动。培育和弘扬社会主义核心价值观关键在于人们的践行，使其内化为人们的精神追求，外化为人们的自觉行动。习近平明确指出，要借助教育引导、舆论宣传、文化熏陶、实践养成和制度保障等途径，把社会主义核心价值观贯穿于青年社会生活的方方面面，在落细、落小、落实上下功夫，要利用一切形式使核心价值观如同空气一样无所不在、无时不有地对青年产生影响。

第三，要发挥教育者的人格魅力和学术造诣在价值观教育中的感染、启迪作用。青年的价值观正处于形成时期，他们往往感性有余而理性不足，在价值观教育中可以首先借助教师的人格魅力吸引青年，进而通过深厚的学术造诣对青年的价值观进行理性层面的提升。

第四，各级党委和政府以及全社会都应重视青年成长、青年社会主义核心价值观培育。青年的社会主义核心价值观的培育需要全社会共同努力，习近平强调各级领导干部要听取青年学生的需求和建议，为青年的成长和发展营造良好环境、建设完善的就业体系。青年兴则国家兴，青年强则国家强。青年要实行合一，做实干家，让青春在为国家和人民的奉献中绽放出绚丽的光彩。

四、学习与思考

1. 如何理解“青年是标志时代的最灵敏的晴雨表”?
2. 当代青年应如何自觉践行社会主义核心价值观?
3. 如何理解习近平提出的“勤学、修德、明辨、笃实”?

《切实加强和改进新形势下我军政治工作》导读

2014 年 10 月 30 日，全军政治工作会议在福建省上杭县古田镇召开，这是我军发展史上又一个具有里程碑意义的重要会议。中共中央总书记、国家主席、中央军委主席习近平出席会议并发表了重要讲话，强调要紧紧围绕我军政治工作的时代主题，加强和改进新形势下政治工作，充分发挥政治工作对强军兴军的生命线作用。《切实加强和改进新形势下我军政治工作》是其中的部分内容，研究部署了在新的历史起点上党从思想上政治上建设军队的若干重大问题，阐明了新形势下加强和改进我军政治工作的努力方向、目标任务和实践要求。讲话站位高远、立意深远，展现出坚定不移走中国特色强军兴军之路的决心和信心，对党和军队事业的发展产生了深远影响。

原文见《十八大以来重要文献选编》中卷，中央文献出版社 2016 年版，第 193～207 页。

一、写作背景

1. 新时代传承古田会议精神的现实需要

1929 年 12 月，红四军第九次党代会在福建省上杭县古田村召开，这次会议在中国工农红军发展史上有着极其重要的意义。会议针对当时党内存在的单纯军事主义、个人主义、流寇思想、极端民主化和军阀主义残余等错误思想展开批判。毛泽东强调："红军党内最迫切的问题，要算是教育的问题。为了红军的健全与扩大，为了斗争任务之能够负荷，都要从党内教育做起。"[①] 会议形成了第一个政治建军的纲领性文件——《中国共产党红军第四军第九次代表大会决议案》。政治建军是古田会议精神的鲜明特色，这一思想在后来中国共产党领导军队的历史进程中不断得以传承和彰显，成为我军始终立于不败之地的根基所系。回望中国共产党领导人民军队的历程，我军的发展始终与党和国家事业的发展相同步，与军队政治工作的守正创新相结合。中国特色社会主义进入新时代，国际国内形势复杂多变，面对新的风险考验，提高我军战斗力，坚定官兵理想信念、提升官兵

① 中共中央文献研究室，中央档案馆．建党以来重要文献选编（1921—1949）：第 6 册．北京：中央文献出版社，2011：741．

纪律意识，完善制度建设等等，关键还在于政治工作的深入推进。历史总是蕴藏着丰富的精神养分，给人以深刻的思想启迪，在新时代我们需要不断走进历史深处，从中汲取前行的智慧和力量。古田是我军政治工作奠基的地方，习近平亲自提议在古田召开全军政治工作会议，并带领全体中央军委委员重回古田，这本身具有强大的现实意义和深远的政治意蕴，代表着在新的历史形势下我军寻根溯源、永续初心的努力，昭示了党中央弘扬古田会议精神、加强和改进政治工作的决心。

2. 深入推进国防和军队改革的实践呼唤

新时代开启新征程，新使命呼唤新作为。党的十八大以来，国防和军队建设站在新的历史起点上，肩负着为实现中华民族伟大复兴的中国梦而奋斗的光荣使命。中国共产党领导下的人民军队不仅要实现强军目标，更要成为支撑强国伟业的中流砥柱。近年来，党中央对深化国防和军队改革做出了一系列战略部署。2013 年 11 月，党的十八届三中全会审议通过了《中共中央关于全面深化改革若干重大问题的决定》，着重强调要“紧紧围绕建设一支听党指挥、能打胜仗、作风优良的人民军队这一党在新形势下的强军目标，着力解决制约国防和军队建设发展的突出矛盾和问题，创新发展军事理论，加强军事战略指导，完善新时期军事战略方针，构建中国特色现代军事力量体系”①。2014 年 10 月，党的十八届四中全会审议通过了《中共中央关于全面推进依法治国若干重大问题的决定》，明确指出要“深入推进依法治军从严治军。党对军队绝对领导是依法治军的核心和根本要求。紧紧围绕党在新形势下的强军目标，着眼全面加强军队革命化现代化正规化建设，创新发展依法治军理论和实践，构建完善的中国特色军事法治体系，提高国防和军队建设法治化水平”②。党旗所指，行动所向。我军必须聚焦时代主题，锐意改革创新，才能勇挑时代重担，不负光荣使命，为党和国家事业的高质量发展更好地保驾护航。蓝图已绘就，改革正当时。我们必须清醒地认识到，我军在一些方面尚不能适应时代发展的新要求，政治工作生命线作用亟待进一步凸显。如个别领导干部在思想政治和作风上还存在诸多突出问题，特别是徐才厚之类严重违纪违法案件，严重损害了政治工作的威信。只有从政治工作的角度正本清源、整纲肃纪，才能扶危定倾、力挽狂澜。军队政治工作是我军最大的特色和优势，全军上下只有进一步提升切实加强和改进新形势下政治工作的思想自觉和行动自觉，才能不断破解各种难题、化解各种风险，推进国防和军队改革的顺利进行。

3. 维护和平稳定的外部环境的必然要求

中国特色社会主义进入新时代，我们比历史上任何时期都更接近中华民族伟大复兴的目标，比历史上任何时期都更有信心、更有能力实现这个目标。然而，中华民族的伟

---

① 中共中央文献研究室．十八大以来重要文献选编：上．北京：中央文献出版社，2014：542.

② 中共中央文献研究室．十八大以来重要文献选编：中．北京：中央文献出版社，2016：179.

大复兴绝不是轻轻松松、敲锣打鼓就能实现的。我们更加需要和平稳定的环境，但船到中流浪更急、人到半山路更陡，中国愈接近世界舞台的中心，所遇到的安全威胁、利益冲突也愈大，前行的道路至为艰难险阻。以美国为代表的西方国家妄图冲击我国主流意识形态，发动思想战、舆论战，意在威胁我们党的执政地位和社会的和谐稳定；妄图破坏我国主权和领土完整，以宗教问题为幌子干涉我国内政，以民族问题为借口制造民族分裂；甚至染指军事领域，妄图对部队官兵拔根去魂，以此撼动党在军队中的绝对领导地位，削弱军队的凝聚力、战斗力……西方敌对势力的恶意挑衅对我国良好的社会秩序和稳定的社会环境造成了负面影响，使得我们面临的来自国际的威胁日益加剧。此时，我们更加需要建设强大的国防和强大的军队以确保有效应对突发风险。习近平指出："站在新的历史起点上，我们更加深切地感受到，中华民族走出苦难、中国人民实现解放，有赖于一支英雄的人民军队；中华民族实现伟大复兴，中国人民实现更加美好生活，必须加快把人民军队建设成为世界一流军队。"① 强军兴军是维护和平稳定的外部环境的重要基石，是保障中国从大国跃向强国的重要支撑。面对错综复杂的环境、艰巨繁重的任务，我军必须保持高度警惕，深入推进政治工作，不忽视一个风险，不放过一个隐患。特别是面对意识形态领域尖锐复杂的斗争，只有通过政治工作的深入推进，才能打造一支具有核心竞争力的现代化军队，构建中华人民共和国最坚强的"保护伞"。

二、基本思想

1. 阐明军队政治工作的时代主题

"党的方向就是我军政治工作的方向，党和军队新形势下的中心任务决定我军政治工作的任务。"② 凝聚在党的旗帜下，服务党和国家事业发展的大局，这是我军创建以来在实践中一以贯之的根本原则。党的十八大以来，以习近平同志为核心的党中央擘画了中华民族伟大复兴的宏伟蓝图，带领全国各族人民为实现中国梦而砥砺奋进。习近平深刻阐明了强军梦在中国梦实现进程中的伟大意义："实现中华民族伟大复兴是中华民族近代以来最伟大的梦想。我想说，这个伟大的梦想，就是强国梦，对于军队来讲，也是强军梦。"③ 中国梦蕴含强军梦，强军梦支撑中国梦。为了更好地适应国家发展战略和安全战略新要求，建设一支听党指挥、能打胜仗、作风优良的人民军队，在新形势下必须加强军队全面建设、做好军事斗争准备。军队的中心任务因时而变，军队政治工作的时代主题因势而生。

科学认识、牢牢把握时代主题是实现军队政治工作与时俱进的根本前提。在全军政治工作会议讲话中，习近平鲜明指出："军队政治工作的时代主题是，紧紧围绕实现中华

---

① 习近平．习近平谈治国理政：第2卷．北京：外文出版社，2017：415．

② 中共中央文献研究室．十八大以来重要文献选编：中．北京：中央文献出版社，2016：193．

③ 习近平．习近平关于全面深化改革论述摘编．北京：中央文献出版社，2014：113．

民族伟大复兴的中国梦，为实现党在新形势下的强军目标提供坚强政治保证。”① 这个论断准确定位了军队政治工作的历史坐标，将政治工作的时代主题融入实现中华民族伟大复兴中国梦的洪流之中，不仅解决了强军兴军的前进方向、使命责任、如何发力等根本问题，而且进一步明确了我党政治建军的基本方略，赋予了军队政治工作鲜明的时代特征和更高的标准要求。习近平进一步指出了在新形势下加强和改进军队政治工作的总体要求：“全军必须坚持以马克思列宁主义、毛泽东思想、邓小平理论、‘三个代表’重要思想、科学发展观为指导，贯彻党中央关于全面推进依法治国和从严治党的部署要求，贯彻依法治军、从严治军方针，紧紧围绕我军政治工作的时代主题，加强和改进新形势下我军政治工作，充分发挥政治工作对强军兴军的生命线作用。”② 这一总体要求为加强和改进新形势下军队政治工作提供了科学指南，为进一步将我军打造成绝对忠诚、绝对纯洁、绝对可靠，召之即来、来之能战、战之必胜，血脉永续、根基永固、优势永存的人民军队提供了坚实的根基。

2. 明确“四个立起来”的根本要求

时代主题的转换是客观形势、中心任务发生深刻转变的结果。军队政治工作的时代主题一经确定，必然在实践中催生强大的精神力量。扣准时代脉搏，审视现实状况，习近平指出：“当前，最紧要的是把四个带根本性的东西立起来。”③ 新形势下加强和改进军队政治工作是庞大而复杂的系统工程。“秉纲而目自张，执本而末自从。”首先要抓住根本，夯实根基，唯此才能带动方方面面工作有条不紊地展开。“四个立起来”深刻反映了政治建军的本质和规律，抓住了政治工作正本清源的要害，是发挥政治工作生命线作用的关键。

一是要把理想信念在全军牢固立起来。“崇高的理想、坚定的信念，是革命军人的灵魂，是克敌制胜、拒腐防变的决定性因素。”④ 因此，必须把坚定官兵理想信念作为固本培元、凝魂聚气的战略工程来抓。习近平指出，立理想信念的过程也是立人的过程，军队理想信念教育的宗旨在于“着力培养有灵魂、有本事、有血性、有品德的新一代革命军人”⑤。关于如何开展理想信念教育，讲话体现了抓“关键少数”的思维方式，强调领导干部特别是高级干部以身作则、率先垂范，明辨是非、坚定立场，以此确保理想信念教育取得实效。

二是要把党性原则在全军牢固立起来。“坚持党性原则是共产党人的根本政治品格，是政治工作的根本要求。”⑥ 因此，政治工作必须坚持党的原则第一、党的事业第一、人民利益第一，在党言党、在党忧党、在党为党，把爱党、忧党、兴党、护党落实到工作各个环节。批评和自我批评是坚持党性原则、解决党内矛盾和问题的有力武器，倡导开展积极健康的思想斗争；要遵守政治纪律和政治规矩，任何人不得越过红线；领导干部要坚持真理、坚持原则，各级要支持和保护敢讲真话、敢于同不良现象作斗

①②③ 中共中央文献研究室．十八大以来重要文献选编：中．北京：中央文献出版社，2016：193.

④⑤⑥ 同①194.

争的党员干部，营造风清气正的政治生态。

三是要把战斗力标准在全军牢固立起来。“我军根本职能是打仗，战斗力标准是军队建设唯一的根本的标准。”① 因此，政治工作必须保障战斗力标准在军队建设各个领域、各项工作中得到贯彻落实。习近平批判了把战斗力标准等同于军事标准、把战斗力建设同政治工作分割开来、对立起来的错误观点，强化了政治工作要围绕中心、服务大局的意识，要求政治工作聚焦能打仗、打胜仗，以刚性措施推动战斗力标准硬起来、实起来，并紧跟深化改革进程，有针对性地采取举措，确保改革任务顺利推进。

四是要把政治工作威信在全军牢固立起来。“实事求是地说，由于存在的种种问题，我军政治工作的威信受到了伤害，有的伤得还不轻。”② 因此，我军政治工作紧迫的任务是把政治工作的威信树立起来，回到言行一致、以身作则、以上率下等基本原则上来。习近平特别强调模范带头的工作方法，认为红军时期党代表的表率作用是最好的政治工作，尽管形势发生变化，但这一方法并没有过时，树立政治威信还需从模范带头抓起，引导军委为全军带好头，各级干部特别是政治干部把真理力量和人格力量统一起来，发挥典型示范作用。

3. 提出“五个着力抓好”的重点任务

面临纷繁复杂的形势和艰巨繁重的任务，加强和改进军队政治工作任重道远，必须找准主要矛盾，盯紧重点领域，解决核心问题，既要以巨大的政治勇气和强烈的责任担当做好顶层设计，又要以一往无前的魄力和真抓实干的作风推进重点工作。习近平从军队政治工作的全局性和整体性出发，为部队政治工作定调子、划重点，提出了“五个着力抓好”，明确了当前部队政治工作的关键环节，为实践的推进指明了前行方向。

一是着力抓好筑牢军魂工作。“坚持党对军队绝对领导是强军之魂，筑牢军魂是我军政治工作的核心任务，任何时候都不能动摇。”③ 坚持党对军队的绝对领导是我军在长期实践过程中形成的宝贵经验，也是新时代加强和改进军队政治工作必须遵循的根本原则。这具体体现为对党绝对忠诚，即“唯一的、彻底的、无条件的、不掺任何杂质的、没有任何水分的忠诚”④。为此，军队需要一整套制度作为保证，其核心是严格执行党委统一的集体领导下的首长分工负责制。针对敌对势力的刻意瓦解，习近平特别强调各级党委要把落实党对军队绝对领导的制度作为第一位责任，确保党指挥枪的原则落地生根。

二是着力抓好高中级干部管理。人才兴则事业兴，成就强军伟业的实现在很大程度上依赖于人才队伍建设。“军队高中级干部是要带兵打仗的，是要在强军事业中起骨干作用的……必须把高中级干部队伍建设作为关系全局和长远的重大问题来抓。”⑤ 讲话就选

---

① 中共中央文献研究室. 十八大以来重要文献选编：中. 北京：中央文献出版社，2016：195.
② 同①196.
③④ 同①197.
⑤ 同①198-199.

人用人的热点问题进行了说明，提出“对党忠诚、善谋打仗、敢于担当、实绩突出、清正廉洁”的原则性要求；确立考核评价的制度化、常态化的导向；落实党管干部的原则，规范党委、领导和政治机关的权责；完善后备干部工作，建立健全培养锻炼、适时使用、定期调整、有进有退的机制；正确认识干部年龄问题，优化干部队伍年龄结构的同时避免简单以年龄划线；整肃用人风气，纯洁干部队伍。习近平特别强调了“党要管党首先要管好干部，从严治军关键是从严治官”① 的工作思路，对加强中高级干部管理提供了科学的行动指南。

三是着力抓好作风建设和反腐败斗争。针对部队当中存在的不正之风，面对反腐败斗争严峻复杂的形势，习近平鲜明指出：“我们必须以锲而不舍、驰而不息的决心，把作风建设和反腐败斗争引向深入。”② 纠正“四风”不能止步，作风建设永远在路上，讲话指出：“作风建设这根弦要始终绷得紧紧的，坚持抓常、抓细、抓长，保持高压态势，抓好各项整改任务落实，确保‘四风’问题不反弹、不回潮，确保改进作风规范化、常态化、长效化。”③ 这表达了从严从实推进作风建设的决心。腐败问题玷污了军队形象，必须严肃查处，讲话强调“绝不让腐败分子在军队有藏身之地”④，要求各级党委切实履行党风廉政建设责任，表达了对腐败零容忍的态度，并提出以改革的思路和办法推进反腐败斗争，从完善巡视制度、加大审计监督力度等方面列举了相应的改进举措。

四是着力抓好战斗精神培育。鉴于基层官兵的年龄结构、成长环境等方面的显著变化，习近平对当前部队的战斗力问题接连提出疑问表示关切，凸显了新形势下抓好战斗精神培育的现实意义。习近平指出，培养战斗精神，要从思想上入手，解决好为谁扛枪、为谁打仗，当兵干什么、练兵为什么等根本问题；要加强训练，杜绝形式主义、摒弃花架子，从难从严从实战要求摔打部队，砥砺指挥员战斗员意志品格；要注重发挥政策制度的调节作用，增强军事职业吸引力和军人使命感、荣誉感；要在全社会树立崇尚英雄、缅怀先烈的良好风尚，研究制定缅怀、崇敬英雄烈士的思路和方案。

五是着力抓好政治工作创新发展。在信息技术日新月异、经济社会深刻变革、思想文化多元共存的时代背景下，政治工作必须守正创新，“既要坚持政治工作根本原则和制度，又要积极推进政治工作思维理念、运行模式、指导方式、方法手段创新，提高政治工作信息化、法治化、科学化水平”⑤。围绕这个实践难题，习近平从多个角度展开论述：提出“顺势而为、因势利导”，要求研究把握信息网络时代政治工作的特点和规律，用好用活网络平台，占领网络舆论阵地；提出“政治工作是做人的工作”，要求聚焦官兵动态变化有的放矢做好工作；提出“树立大政工理念”，要求形成全方位、宽领域、军民融合的政治工作格局；提出“一些法规制度亟待建立健全”，要求清理、修订现有规章制度；提出“政治机关和政治干部是政治工作的主体力量”，要求抓好全军政治机关和政治干部队伍建设。

---

①②③ 中共中央文献研究室. 十八大以来重要文献选编：中. 北京：中央文献出版社，2016：202.
④ 同①203.
⑤ 同①205.

三、重要意义

1. 承续传统，开辟了理论创新新境界

历史是最好的教科书，人民军队风雨兼程几十载，在中国共产党的领导下取得了彪炳史册的辉煌成就，也积累了宝贵丰富的建军治军理论，不断拓展着马克思主义军事理论中国化的新领域、新阵地。十八大以来，以习近平同志为核心的党中央接过历史的接力棒，着眼于风云变幻的国际形势和中华民族的复兴伟业，以深沉的忧患意识、强烈的担当精神对国防和军队建设进行科学分析和战略谋划，把人民军队的发展推向了新的历史阶段。习近平在汲取以往理论精髓的基础上勇于探索、勤于思考、善于创新，围绕强军兴军这一时代课题发表了一系列重要讲话，进一步分析了新形势下军队政治工作的时代背景和历史任务，把握了军队政治工作的特点和规律，确立了军队政治工作的目标和原则，创造性地解决了当前制约军队发展的诸多重大现实问题，极大丰富和发展了我军的政治工作理论。在2014年古田召开的全军政治工作会议上，习近平再次发表重要讲话，阐明军队政治工作新的时代主题，着眼客观实际提出“四个立起来”“五个着力抓好”，其中蕴含着十分丰富的新理念、新观点、新举措、新要求，谱写了军队政治工作理论的新篇章，彰显了马克思主义理论与时俱进的品格，为马克思主义军事理论的中国化增添了浓墨重彩的一笔，为后来中共中央转发《关于新形势下军队政治工作若干问题的决定》奠定了理论基础。讲话是新形势下我军返本开新的一种努力，凝结了习近平的深邃智慧，将对如何开展军队政治工作的认识提升到一个新层次，开辟了理论创新的新境界，使得古田会议精神在新的时空熠熠生辉，使得党的理论创造传统在新的时代绽放光芒。

2. 聚焦现实，开启了政治建军新征程

历史和实践证明，政治工作是我军的看家本领、传家法宝，无论在什么时候都必须摆正军队政治工作的位置，任何的忽视、贬低都有可能对军队建设带来严重的危害，甚至导致军队面临变色变质的危险。现实是最好的清醒剂。党的十八大以来，在中华民族伟大复兴中国梦的召唤之下，全体官兵投身军队建设的热潮，军队各项工作取得了长足进步。但必须看到，由于历史和现实的各种原因，军队中还存在一些亟待解决的问题。习近平在全军政治工作会议上深刻剖析了部队中特别是领导干部在思想政治和作风上存在的十个方面的问题，指出沉疴流弊已经到了非解决不可的地步。习近平强调，这些问题的根源大多在于理想信念、党性原则、革命精神、组织纪律、思想作风等方面出了问题，需要从政治工作的角度深刻反思。他以现实问题为指向，旗帜鲜明地指出“我军政治工作只能加强不能削弱，只能前进不能停滞，只能积极作为不能被动应对”①，并围绕切实加强和改进新形势下我军政治工作进行谋篇布局，将政治工作贯穿到军队理想信念教

① 中共中央文献研究室．十八大以来重要文献选编：中．北京：中央文献出版社，2016：193.

育、战斗力提升、人才培养等各个环节，落实到坚持党的绝对领导、开展反腐败斗争、加快制度建设等各项要求中，巩固了我军政治工作生命线的地位，有利于全军上下深刻认识到新形势下做好政治工作的极端重要性、极端必要性、极端紧迫性。习近平既回眸历史，从历史中汲取丰厚滋养；又关照现实，敢于正视问题本身；既立根固本，坚守了古田会议确立的政治建军的根本原则；又开拓创新，明晰了切实加强和改进政治工作的重点所在，开启了新形势下政治建军的新征程，为全面深化国防和军队改革提供了坚强保证。

3. 顺应潮流，开创了政治工作新局面

习近平在全军政治工作会议上的讲话呈现出鲜明的时代特征。一是紧扣时代主题，着眼政治工作的新要求。讲话首先提出了军队政治工作的时代主题，把军队政治工作置于强军兴军的历史征程中，针对部队当前存在的问题有的放矢，提出了“四个立起来”“五个着力抓好”，并将之落细落小为诸多需要着力强化的方面。例如，坚持党对军队的绝对领导，以抵制敌对势力的蓄意渗透；树立正确用人导向，以消除高中级干部管理中的不当举措；加强作风建设，以遏制部队中存在的消极腐败现象；强化战斗精神培育，以弥补和平年代实战检验的缺乏；狠抓制度建设，以解决无章可循的问题。所有这些无一不切中当前政治工作存在的弊端。二是关注时代变化，着眼部队官兵的新特征。习近平既密切关注世界日新月异的变化，也充分考虑90后、00后部队官兵的年龄特点、思想动态等，在此基础上有针对性地设计、推进部队政治工作。讲话提出“政治工作过不了网络关就过不了时代关”① 的论断，把网络政治工作摆在更加突出的位置；提出部分娇生惯养的80后、90后官兵能不能上战场、上了战场能不能打仗的问题，把战斗精神培育视为紧要之事；提出分析研究官兵思想观念、价值取向、行为方式、精神文化需求的要求，把深入细致的调研作为开展工作的前提。讲话解决了新形势下军队政治工作面临的一系列根本性方向性问题，一经发表，部队掀起了学习宣传贯彻的热潮，全体官兵进一步理解了核心要义，把握了理论精髓，并将习近平的殷切期望、严格要求转化为工作的热情和动力。军队政治工作扎实推进，为强军目标的实现提供了强大的动力，确保在实现中华民族伟大复兴的历史征程中，向人民、向党组织交上合格的时代答卷。

四、学习与思考

1. 在新的历史时期，为什么还要进一步坚定加强和改进军队政治工作的思想自觉和行动自觉？

2. 怎样发挥政治工作对强军兴军的生命线作用？

3. 为什么说坚持党性原则是政治工作的根本要求？

---

① 中共中央文献研究室. 十八大以来重要文献选编：中. 北京：中央文献出版社，2016：205.

《坚持和巩固党对意识形态工作的领导》导读

党的十八大以来，以习近平同志为核心的党中央把意识形态工作摆在全局工作的重要位置，做出一系列重大决策，实施一系列重大举措，在实践中不断深化对意识形态工作的规律性认识，提出了一系列新思想新观点新论断。《坚持和巩固党对意识形态工作的领导》是习近平总书记2015年5月18日至2016年5月17日期间讲话中有关加强党对意识形态工作的领导内容的节录，为我们做好新形势下党的意识形态工作指明了方向。

原文见《习近平谈治国理政》第二卷，外文出版社2017年版，第325～330页。

一、写作背景

1. 马克思主义在意识形态领域的指导地位需要进一步巩固

我国改革发展正站在新的历史起点上，机遇与挑战并存，面对复杂的社会形势，迫切需要在根本问题上统一思想、凝聚共识。在对待坚持以马克思主义为指导问题上，绝大部分同志认识是清醒的、态度是坚定的，但“也有一些同志对马克思主义理解不深、理解不透，在运用马克思主义立场、观点、方法上功力不足、高水平成果不多，在建设以马克思主义为指导的学科体系、学术体系、话语体系上功力不足、高水平成果不多。社会上也存在一些模糊甚至错误的认识。有的认为马克思主义已经过时，中国现在搞的不是马克思主义；有的说马克思主义只是一种意识形态说教，没有学术上的学理性和系统性。实际工作中，在有的领域中马克思主义被边缘化、空泛化、标签化，在一些学科中‘失语’、教材中‘失踪’、论坛上‘失声’。这种状况必须引起我们高度重视”①。习近平在党的十九大报告中指出：“全党要更加自觉地坚持党的领导和我国社会主义制度，坚决反对一切削弱、歪曲、否定党的领导和我国社会主义制度的言行。”②

2. 抵制西方敌对势力“西化”“分化”图谋的需要

冷战结束以来，在西方价值观念鼓捣下，一些国家被折腾得不成样子了，有的四分

---

① 习近平．习近平谈治国理政：第2卷．北京：外文出版社，2017：328-329.

② 习近平．决胜全面建成小康社会　夺取新时代中国特色社会主义伟大胜利：在中国共产党第十九次全国代表大会上的报告．北京：人民出版社，2017：15.

五裂，有的战火纷飞，有的整天乱哄哄的。在综合国力和意识形态竞争日益激烈的今天，以美国为代表的西方国家不愿看到我国的发展壮大，一刻也未停止对我国进行渗透，极力鼓吹各种错误思潮。我们的“反渗透”“反颠覆”的斗争必将是长期而激烈的。习近平深刻分析苏联解体的原因，强调指出：“苏联为什么解体？苏共为什么垮台？一个重要原因就是意识形态领域的斗争十分激烈，全面否定苏联历史、苏共历史，否定列宁，否定斯大林，搞历史虚无主义，思想搞乱了，各级党组织几乎没任何作用了，军队都不在党的领导之下了。最后，苏联共产党偌大一个党就作鸟兽散了，苏联偌大一个社会主义国家就分崩离析了。”① 因此，只有进一步巩固和坚持马克思主义在意识形态领域的指导地位，才能夺取新时代中国特色社会主义伟大事业的伟大胜利。

3. 新媒体时代需要积极主动掌握意识形态工作领导权、管理权和话语权

新媒体时代，微博、微信逐渐代替了报纸、电视、广播，信息传播方式多元互动化，话语权开始向大众转移，人人都能成为自媒体，言语评论、信息的发布更加随意，网民对热门事件的舆论甚至能一定程度上左右司法审判结果，意识形态话语权的主导地位遭到削弱。习近平指出：“随着互联网快速发展，包括新媒体从业人员和网络‘意见领袖’在内的网络人士大量涌现。在这两个群体中，有些经营网络、是‘搭台’的，有些在网上发声、是‘唱戏’的，往往能左右互联网的议题，能量不可小觑。”② 在广大网民的互动参与下，信息内容呈现碎片化、海量化特点，以新自由主义、“普世价值论”、泛娱乐主义、消费主义为代表的多元化社会思潮仿佛风起云涌、千变万化的“魔幻力量”，持续冲击和影响着马克思主义意识形态话语权。如何适应新媒体时代的特点，结合公众的思想动态和利益诉求，进行有针对性的意识形态宣传教育、维护社会主义主流意识形态话语权、管理权和领导权，是必须解决的重大时代课题。

二、基本思想

1. 坚持马克思主义在意识形态领域的指导地位

马克思主义揭示了人类社会最终走向共产主义的必然趋势，是我们党和国家意识形态的灵魂。无论时代如何变迁、科学如何进步，马克思主义依然显示出科学思想的伟力，依然占据着真理和道义的制高点。习近平指出：“思想舆论领域大致有红色、黑色、灰色‘三个地带’。红色地带是我们的主阵地，一定要守住；黑色地带主要是负面的东西，要敢于亮剑，大大压缩其地盘；灰色地带要大张旗鼓争取，使其转化为红色地带。”③ 因此，

① 中共中央文献研究室．十八大以来重要文献选编：上．北京：中央文献出版社，2014：113.

② 习近平．习近平谈治国理政：第2卷．北京：外文出版社，2017：325.

③ 同②328.

“在举什么旗、走什么路的问题上，全党一定要保持清醒头脑”[①]。习近平要求中共中央党校旗帜鲜明、大张旗鼓讲马克思主义、讲中国特色社会主义、讲共产主义，旗帜鲜明、大张旗鼓讲党的性质、讲党的宗旨、讲党的传统、讲党的作风；广大哲学社会科学工作者要自觉坚持以马克思主义为指导，自觉把中国特色社会主义理论体系贯彻研究和教学全过程，转化为清醒的理论自觉、坚定的政治信念、科学的思维方法。

2. 理直气壮坚持党管宣传、党管意识形态

中国共产党领导是中国特色社会主义最本质的特征和最大优势，要坚持和巩固党对意识形态工作的领导，把意识形态工作牢牢抓在手上，作为党的建设和政权建设的重要内容纳入议事日程，进一步加强意识形态阵地建设和管理。习近平指出：“互联网是当前宣传思想工作的主阵地。这个阵地我们不去占领，人家就会去占领；这部分人我们不去团结，人家就会去拉拢。”[②] 因此，全党必须保持清醒头脑，提高政治敏锐性和政治鉴别力，注意区分政治原则问题、思想认识问题、学术观点问题，不为杂音噪音干扰，不为错误思潮迷惑。习近平强调：“党校要加强对各种社会思潮的辨析和引导，不当旁观者，敢于发声亮剑，善于解疑释惑，守护这一马克思主义、中国特色社会主义的坚强前沿阵地。”[③] 党校姓党，要在思想理论研究方面有所作为，为坚持和巩固党对意识形态工作的领导、巩固马克思主义在意识形态领域的指导地位做出积极贡献。

3. 重中之重是以坚定的理想信念筑牢精神之基

“革命理想高于天。”我们党从诞生之日起就把马克思主义写在自己的旗帜上，把实现共产主义确立为最高理想。党的十八大以来，习近平多次要求全党必须坚定对马克思主义的信仰、对社会主义和共产主义的信念，指出：“对马克思主义的信仰，对社会主义和共产主义的信念，是共产党人的政治灵魂，是共产党人经受住任何考验的精神支柱。”[④] 没有马克思主义信仰、共产主义理想，就没有中国共产党，就没有中国特色社会主义。我们决不能把共产主义的低级阶段即社会主义与其高级阶段即共产主义相混淆，也决不能把二者割裂开来。千里之行，始于足下。我们为推进中国特色社会主义伟大事业、实现党在现阶段的奋斗目标努力工作，同时就是在为共产主义的最终实现“铺路”和“添砖加瓦”。坚持共产主义远大理想与坚定中国特色社会主义信念是完全一致的。习近平指出：“国内外各种敌对势力，总是企图让我们党改旗易帜、改名换姓，其要害就是企图让我们丢掉对马克思主义的信仰，丢掉对社会主义、共产主义的信念。”[⑤] 我们干事业不能忘本忘祖、忘记初心。我们要固的本，就是坚定这份信仰、坚定这份信念、坚定这份忠诚。

---

① 习近平．习近平谈治国理政：第2卷．北京：外文出版社，2017：326．
② 同①325．
③ 同①327．
④ 同①．
⑤ 同①327．

三、重要意义

1. 坚持意识形态工作领导权是加强党领导意识形态工作的本质体现

方向和导向事关意识形态工作的根本，落实党对意识形态工作的领导，必须牢牢掌握意识形态工作的领导权。意识形态领导权的本质在于自觉认同，所以掌握运用好意识形态领导权就要在意识形态自身内容上下功夫，坚持树立以人民为中心的导向，紧密结合中国社会实际、时代发展特征和人民最大愿望，把凝聚人民作为根本出发点，充分反映人民群众切实关心的问题，让人民群众有“获得感”，从而坚定中国特色社会主义道路自信、理论自信、制度自信、文化自信。因此，在意识形态的具体内容上，应将解决思想问题与解决人民群众的实际问题相结合，切实立足于人民群众的现实需求，关注人民群众实际利益，并以此为基础构建起反映和代表人民群众根本利益诉求的核心价值观，增强中华民族的向心力和凝聚力，汇集起实现中华民族伟大复兴中国梦的强大精神力量。

2. 掌握意识形态工作话语权是加强党领导意识形态工作的重要任务

话语权包含“权利”和“权力”两层意蕴，“权利”所表达的是说话的资格，而“权力”实质上表达的是话语的能力，即话语的影响力和控制力。意识形态话语要有控制力和影响力，就必须要“会发声”，即要有“语力”，有“语力”的话语才会被接受、认同和遵从，话语权才会实现。当前，掌握运用好意识形态话语权，就要以习近平关于意识形态重要论述为指导，积极推动传播内容和方式的创新发展，用具有鲜明中国特色的话语体系熔铸和传播核心价值，将建立富有中国风格和中国气派的体系作为关键所在。进一步结合我国社会主义建设的伟大实践、中华优秀传统文化特质、人类优秀文明成果、时代发展潮流加强正面宣传，唱响主旋律，传播正能量，不断增强马克思主义意识形态的主导力和凝聚力。切实加强网络舆论工作，把应对“互联网＋”时代带来的各种挑战作为掌握运用好意识形态话语权的重点，充分利用微博、微信等新兴媒体和现代传媒，优化话语传播方式，打造良好的网上舆论氛围，不断适应中国由网络大国迈向网络强国的新变化，切实维护好亿万人民群众共同的精神家园，使党的声音成为网络空间中的最强音。

3. 紧握意识形态工作管理权是加强党领导意识形态工作的关键抓手

思想无形，但思想的生产和传播是有形的，更需要管理。对于中国来说，党管意识形态是中国共产党在社会主义革命、建设和改革的长期实践中形成的一个重要原则和制度，必须始终坚持，任何时候都不能动摇。党管意识形态就是管导向、管队伍、管阵地。管导向即对意识形态领域内纷繁复杂的思潮的管理，在面对歪曲和否定现代中国革命历史、党的历史和中华人民共和国历史的历史虚无主义，宣扬“普世价值”“自由体制”实则“去社会主义化”的新自由主义，提倡执政党“全民党化”“指导思想多元化”的民主社会主义等各种错误思潮，以及“党大还是法大”“对人民负责还是对党负责”等话语陷阱时，要善于明辨是非，旗帜鲜明地抵制和批判，在思辨中彰显真理的力量、科学的力量。以包容开放的姿态，引导整合有益积极的社会能量，在多样化观念中寻求最大共识。管队伍关键是对意识形态工作者的管理，当前则要求我们提升意识形态工作者强烈的责任感和担当精神，在此基础上提升其意识形态工作能力，尤其是意识形态准确阐释和有效传播能力，把党的主张和人民的意愿心声结合起来，坚持党性和人民性的统一，使人民群众在共享改革开放成果中感受马克思主义，在所见所闻中接受和认同马克思主义。管阵地，就是要求我们管理好新闻舆论阵地、高校阵地、哲学社会科学阵地，尤其是互联网阵地。过不了互联网这一关，就过不了长期执政这一关，必须领导好、管理好互联网。

四、学习与思考

1. 如何理解意识形态工作领导权？
2. 为什么要进一步加强和巩固党对意识形态工作的领导？
3. 应该从哪些方面坚持和巩固党对意识形态工作的领导？

《不忘初心，继续前进》导读

2016年7月1日，庆祝中国共产党成立95周年大会在北京举行，习近平出席并发表重要讲话，《不忘初心，继续前进》节选自本次讲话。讲话阐释了党的执政理念和执政方略，对中国共产党治国理念的基本经验进行了概括总结，号召全国各族人民保持中国共产党人的奋斗精神，满怀信心朝着全面建成小康社会的奋斗目标、实现中华民族伟大复兴的中国梦前进。

原文见《习近平谈治国理政》第二卷，外文出版社2017年版，第32～46页。

一、写作背景

1. 中国共产党诞生于民族危亡的危急关头

1840年以后，由于西方列强的入侵，中国逐渐成为半殖民地半封建社会，中国人民受到帝国主义、封建主义的双重压迫。争取民族独立、人民解放和实现国家富强、人民富裕，成为中国人民必须完成的历史任务。为改变中华民族的命运，中国人民进行了艰苦卓绝的探索和不屈不挠的斗争，始终未能改变中国的半殖民地半封建社会性质。十月革命一声炮响，给中国送来了马克思列宁主义。从五四运动开始，中国工人阶级作为先进的社会力量崭露头角，同时一批先进的知识分子高举民主和科学的旗帜，为新思想新理论在中国的传播打开了道路。1921年7月23日，中国共产党第一次全国代表大会在上海开幕，宣告了中国共产党正式成立。从此，在古老落后的中国出现了完全新式的、以马克思列宁主义为行动指南的、以实现社会主义和共产主义为奋斗目标的无产阶级政党。这是中国历史上开天辟地的大事件。

2. 中国共产党纪念活动的历史回顾

李大钊曾感言：大凡一个纪念日，是吉祥的日子，也是痛苦的日子；因为可纪念的胜利，都是从奋斗中悲剧中得来的。中国共产党成立初期以及大革命和土地革命战争时期，党或处于秘密状态，或处于艰苦的战争环境和白色恐怖下。那个时候，党还顾不上组织大规模的统一活动庆祝自己的生日。1937年七七事变后，国共两党实现第二次合作，国内政治环境相对宽松，中国共产党诞生日纪念被提上日程。1938 年 5 月 26 日至 6 月 3 日，毛泽东在延安抗日战争研究会做的《论持久战》的讲演中，提出“今年七月一日，是中国共产党建立的十七周年纪念日”。《论持久战》于 7 月 1 日在《解放》第 43、44 期合刊上全文刊出，随后各根据地逐渐接受了毛泽东关于党诞辰纪念日的说法。1939 年 6 月 30 日，在中国共产党十八周年诞辰来临之际，《新中华报》发表了《中国共产党十八周年》社论，文章指出，“七一是中国共产党英勇奋斗的十八周年纪念日”。《新华日报（华北版）》在新闻报道中明确书写了“热烈庆祝七一中共成立十八周年”，并于七月一日发表了社论《英勇奋斗的十八周年》，以示对党的纪念。八路军总部也宣布，“今日（七月一日）为中国共产党成立十八周年纪念日”。第一次正式以中央文件形式确认 7 月 1 日为党的诞生纪念日并要求进行相关纪念活动，是 1941 年 6 月《中央关于中国共产党诞生二十周年、抗战四周年纪念指示》。《指示》指出：“今年‘七一’是中共产生的二十周年，‘七七’是中国抗日战争的四周年，各抗日根据地应分别召集会议，采取各种办法，举行纪念，并在各种刊物出特刊或特辑。”①

纪念“七一”成为我们党、新中国成立后同时也成为我们国家的例行活动。改革开放以来，中国共产党人每逢党的纪念日都会有丰富多样的纪念活动。其中，党的领导人所做报告是纪念活动的重中之重，也是纪念活动的最高潮，如：1981 年 7 月 1 日胡耀邦《在庆祝中国共产党成立六十周年大会上的讲话》，1991 年 7 月 1 日江泽民《在庆祝中国共产党成立七十周年大会上的讲话》，2001 年 7 月 1 日江泽民《在庆祝中国共产党成立八十周年大会上的讲话》，2011 年 7 月 1 日胡锦涛《在庆祝中国共产党成立九十周年大会上的讲话》等。党的十八大以来，世情、国情、党情都发生了翻天覆地的变化，必须准备进行具有许多新的历史特点的伟大斗争。这就告诫全党，要时刻准备应对重大挑战、抵御重大风险、克服重大阻力、解决重大矛盾，坚持巩固党的领导地位和执政地位，使我们的党、我们的国家、我们的人民永远立于不败之地。“不忘初心，继续前进”是习近平在纪念中国共产党成立 95 周年大会上的讲话的一条主线。

3. 中国共产党人不能忘记为什么出发

“不忘初心，方得始终。”初心，就是指在人生的起点所许下的诺言、追求的梦想，是一生渴望抵达的目标。中国共产党是马克思主义政党，在马克思主义理论的指导下蓬勃发展，中国共产党的初心可以说就是马克思和恩格斯的初心。马克思和恩格斯创立共产主义者同盟，撰写《共产党宣言》，其初心在于实现无产阶级和人民大众的解放与发展。中国共产党人的初心，体现在中国共产党领导革命、建设和改革的奋斗历程和理论发展中，彰显着中国共产党为中国人民谋幸福、为中华民族谋复兴的伟大初心。如今，如何“不忘初心，继续前进”，如何向人民群众交出新的更加优异的答卷，是中国共产党和每一位党员应该思考的重要课题。习近平在庆祝中国共产党成立 95 周年大会上的讲话继承了党的纪念传统，回顾历史，立足当下，展望未来，阐明了党的路线方针政策，指

① 中央档案馆．中共中央文件选集（1941—1942）：第 13 册．北京：中共中央党校出版社，1991：140.

出：“一切向前走，都不能忘记走过的路；走得再远、走到再光辉的未来，也不能忘记走过的过去，不能忘记为什么出发。”①

二、基本思想

1. 坚持马克思主义的指导地位

坚持不忘初心、继续前进，就要坚持马克思主义的指导地位，坚持把马克思主义基本原理同当代中国实际和时代特点紧密结合起来，推进理论创新、实践创新，不断把马克思主义中国化推向前进。

马克思主义是认识世界和改造世界的科学的世界观方法论，中国共产党自成立之日起，就把马克思主义作为指导思想开展革命、建设和改革的伟大事业。无论遇到什么艰难险阻，中国共产党始终坚定马克思主义信仰，始终把马克思主义作为自身的行动指南。更为重要的是，中国共产党以发展的眼光对待马克思主义，不断地推进马克思主义中国化，创造出了一系列马克思主义中国化的重大成果：毛泽东思想、邓小平理论、“三个代表”重要思想、科学发展观、习近平新时代中国特色社会主义思想。毛泽东思想创新回答了“什么是民主革命和新民主主义革命、怎样实现这样的革命”，初步回答了“什么是社会主义、怎样实现社会主义”的时代课题；邓小平理论进一步回答了“什么是社会主义、怎样建设社会主义”；随着改革开放实践的不断深入，以江泽民同志为核心的中国共产党人形成了“三个代表”重要思想，进一步回答了“建设一个什么样的党、怎样建设党”的时代课题；随着经济社会的迅速发展，以胡锦涛同志为代表的中国共产党人，形成了科学发展观，进一步回答了“如何发展、怎样发展”以及“如何实现人与自然和谐、实现可持续发展”的时代课题；习近平新时代中国特色社会主义思想的形成，解决了“什么是中国特色社会主义、怎样建设中国特色社会主义”的时代课题。这些马克思主义中国化的成果不断地开辟了马克思主义与中国具体实际相结合的科学境界，推进了马克思主义中国化的广度和深度，丰富和发展了马克思主义。历史与实践充分证明，只有社会主义才能救中国，只有中国特色社会主义才能发展中国，只有坚持和发展中国特色社会主义才能实现中华民族伟大复兴的中国梦。必须坚持不懈推进马克思主义中国化、时代化和大众化进程，不断学习理论、应用理论、发展理论，进而提高解决新问题的能力。

2. 坚定共产主义远大理想和中国特色社会主义共同理想

坚持不忘初心、继续前进，就要牢记我们党从成立起就把为共产主义、社会主义而奋斗确定为自己的纲领，坚定共产主义远大理想和中国特色社会主义共同理想，不断把为崇高理想而奋斗的伟大实践推向前进。

---

① 习近平：在庆祝中国共产党成立 95 周年大会上的讲话. 人民日报，2016-07-02.

共产主义远大理想，是我们党的最高理想和最终目标，是中国共产党人奋勇前进的精神动力。共产主义社会是物质财富极大丰富、实现按需分配、人的精神境界极大提高、每个人自由而全面发展的社会。共产主义只有在社会主义社会充分发展和高度发达的基础上才能实现。新时代坚持和发展中国特色社会主义，总任务是实现社会主义现代化和中华民族伟大复兴，在全面建成小康社会的基础上，分两步走在本世纪中叶建成富强民主文明和谐美丽的社会主义现代化强国。共同理想与远大理想是辩证统一的，要有机结合起来，不可将两者对立或者分开。一方面，共同理想是远大理想在当前或今后一个历史阶段中的具体表现。远大理想是共同理想的思想基础和最高原则，我们在为了共同理想不断努力奋斗的过程中，不能忘记共产主义的远大理想。另一方面，共同理想是实现远大理想的必经阶段，远大理想是共同理想的最终目标。当前，我们开展社会主义现代化建设，就是为将来步入共产主义社会创造条件。

理想信念是精神之“钙”。中国共产党人之所以能够历经挫折仍然不断奋勇前进，归根结底是因为具有坚定的理想信念和崇高的精神追求。坚定的理想信念，是我们战胜艰难险阻，推动事业发展的精神力量。中国共产党自建党之日起，就十分重视理想信念建设。早期的中国共产党人，是坚定的马克思主义者，坚信只有社会主义才能救中国。在新民主主义革命时期，中国共产党人将共产主义信仰融入革命实践中去，铸造了伟大的革命精神，形成了坚定的理想信念。无数的仁人志士、革命先烈用鲜血铸就了他们不凡的一生：为了共产主义牺牲、为了苏维埃流血的方志敏，高喊砍头不要紧、只要主义真的夏明翰，时刻牢记为人民服务、倒在服务第一线的张思德，等等。理想信念作为共产党人的政治灵魂，是共产党人的精神支柱。新时代坚定理想信念必须认真学习马克思主义基本理论以及马克思主义中国化的理论成果，始终用马克思主义的立场、观点、方法来指导工作，以实际行动诠释共产党员的使命和担当。

3. 坚持中国特色社会主义“四个自信”

坚持不忘初心、继续前进，就要坚持中国特色社会主义道路自信、理论自信、制度自信、文化自信，坚持党的基本路线不动摇，不断把中国特色社会主义伟大事业推向前进。

坚持中国特色社会主义道路自信是指要坚定不移地走中国特色社会主义道路，深刻理解中国特色社会主义道路是实现社会主义现代化建设的必由之路。只有坚持中国特色社会主义道路，才能实现国家富强、民族振兴和人民幸福。坚持中国特色社会主义理论自信包含三个方面的含义。一是对中国特色社会主义理论的价值的充分肯定，二是对中国特色社会主义理论发展的进程和未来有充分认识，三是对中国特色社会主义理论的生命力有坚定的、必胜的信念。历史和实践充分证明，中国特色社会主义理论具有鲜明的时代特色、实践特色和理论特色，是科学的理论，必须长期坚持这一理论作为指导思想。坚持中国特色社会主义制度自信即要坚持把根本政治制度、基本政治制度同基本经济制度及各方面体制机制的具体制度结合起来，深刻认识其制度保障作用。中国特色社会主义制度，包括人民代表大会制度这一根本政治制度，中国共产党领导的多党合作和政治协商制度、民族区域自治制度以及基层群众自治制度等构成的基本政治制度，中国特色社会主义法治体系，公有制为主体、多种所有制经济共同发展，按劳分配为主体、多种分配方式并存，社会主义市场经济体制等社会主义基本经济制度，以及建立在根本政治制度、基本政治制度、基本经济制度基础上的经济体制、政治体制、文化体制、社会体制等各项具体制度。坚持中国特色社会主义文化自信，要深刻认识源自中华民族五千多年文明历史所孕育的中华优秀传统文化，熔铸于党领导人民在革命、建设和改革中创造的革命文化和社会主义先进文化，植根于中国特色社会主义伟大实践。文化自信是更基础、更广泛、更深厚的自信。

4. 统筹推进“五位一体”总体布局和“四个全面”战略布局

坚持不忘初心、继续前进，就要统筹推进“五位一体”总体布局，协调推进“四个全面”战略布局，全力推进全面建成小康社会进程，不断把实现“两个一百年”奋斗目标推向前进。

中国特色社会主义是全面发展的社会主义。经济建设、政治建设、文化建设、社会建设、生态文明建设作为一个有机整体，缺一不可。新时代统筹推进“五位一体”总体布局，必须坚持建设现代化经济体系，发展社会主义民主政治，推动社会主义文化繁荣兴盛，坚持在发展中保障和改善民生，建设美丽中国。其中，经济建设是中心，是政治建设、文化建设、社会建设和生态文明建设的前提和基础，为社会主义现代化建设奠定了坚实的物质基础。政治建设是保障，中国特色社会主义民主政治为我国社会现代化建设提供制度保障。文化建设是灵魂，社会主义先进文化为经济、政治、社会和生态文明建设提供思想保障和智力支持。社会建设是条件，为经济、政治、文化和生态文明建设提供良好的社会环境。生态文明建设是基础，是实现经济、政治、文化和社会可持续发展的基础。2014 年 12 月，习近平在江苏省调研考察时提出了“四个全面”的思想，即全面建成小康社会、全面深化改革、全面依法治国和全面从严治党。习近平指出：“全面建成小康社会是我们的战略目标，全面深化改革、全面依法治国、全面从严治党是三大战略举措。”① “四个全面”战略布局是习近平站在时代发展前列，基于人民群众的根本利益而提出的新的治国理政战略布局。

“五位一体”总体布局和“四个全面”战略布局，不是相互割裂相互对立的，而是相互联系相互支撑的有机整体。二者统一于坚持和发展中国特色社会主义，统一于党中央治国理政的战略设计之中。

5. 坚定不移高举改革开放旗帜，全面深化改革

坚持不忘初心、继续前进，就要坚定不移高举改革开放旗帜，勇于全面深化改革，进一步解放思想、解放和发展社会生产力、解放和增强社会活力，不断把改革开放推向前进。

1978 年 12 月，中国共产党召开了具有重大历史意义的十一届三中全会，做出了把

① 习近平．习近平谈治国理政：第 2 卷．北京：外文出版社，2017：23.

党和国家工作重心转移到经济建设上来和实行改革开放的伟大决策，开启了改革开放历史新时期。中国共产党带领广大人民不断地探索、努力，开展伟大实践，改革开放取得了辉煌的成就。习近平提出："将改革开放进行到底，不断实现人民对美好生活的向往，在新时代创造中华民族新的更大奇迹！创造让世界刮目相看的新的更大奇迹！"① 实践证明，改革开放是发展中国特色社会主义、实现中华民族伟大复兴的必由之路，必须坚定不移地高举改革开放的旗帜。

全面深化改革的总目标是完善和发展中国特色社会主义制度、推进国家治理体系和治理能力现代化。全面深化改革，根本在"改革"，关键在"深化"，重点在"全面"。"改革"要求勇于面对问题，勇于解决问题，自我革命的步伐永不停息。"深化"要求敢于啃硬骨头，面对难关、面对险滩，要有能担当起来的胆识。"全面"表明改革的领域不是单一的方面、单一的领域，而是各方面一起全面系统的改革。这不仅需要加强顶层设计，更需要各方面改革协调推进。

在坚定不移高举改革开放旗帜、全面深化改革的过程中，必须坚持走中国特色社会主义法治道路。改革和法治如鸟之两翼、车之两轮，是辩证统一的有机结合体。当前的改革只能在法治之下进行，只有法治建设有序发展和稳步推进，才能最大程度地用法治凝聚共识，完善改革的各项决策，进一步巩固改革成果，保证改革在法治的道路上不断深化。当前的法治必须在改革进程中不断完善。随着改革的不断推进，新形势新问题新要求新实践呼唤法治不断地修改和完善。只有正确处理好改革和法治的辩证统一关系，才能实现全面深化改革和全面依法治国的深度融合，为全面建成小康社会、实现中华民族伟大复兴的中国梦贡献力量。

6. 坚持人民主体地位

坚持不忘初心、继续前进，就要坚信党的根基在人民、党的力量在人民，坚持一切为了人民、一切依靠人民，充分发挥广大人民群众积极性、主动性、创造性，不断把为人民造福事业推向前进。

人民立场是中国共产党的根本政治立场，是马克思主义政党区别于其他政党的显著标志。习近平从四个方面阐释了中国共产党坚持人民主体地位的具体方式。一是把人民放在心中最高位置，坚持全心全意为人民服务的根本宗旨。为人民服务的思想产生于革命和战争年代，在党的七大上，毛泽东全面论述了为人民服务的思想。一直以来中国共产党坚持全心全意为人民服务的宗旨，凝聚人心，攻坚克难，谱写了一个又一个新篇章。二是带领人民创造幸福生活，这是党始终不渝的奋斗目标。中国共产党的初心和使命，就是为中国人民谋幸福，为中华民族谋复兴。为了达到这个目标，中国共产党坚持以保障和改善民生为重点，着重解决收入分配问题，坚持打脱贫攻坚战，精准扶贫、精准脱贫工作取得了重要成果，向全体人民共同富裕稳步迈进。三是尊重人民主体地位，保证人民当家作主，这是党的一贯主张。社会主义制度的优越性和生命力离不开尊重人民群

① 习近平．在庆祝改革开放40周年大会上的讲话．人民日报，2018-12-19．

众的主体地位，而尊重人民的主体地位，则要充分发挥我国的根本政治制度和基本政治制度，保证人民群众有序的政治参与。四是要让各方面人才充分发挥自身的才能，充分为社会主义现代化建设贡献自身的力量，努力形成良好的人才局面，让人民渴望成才、努力成才、皆可成才、人尽其才。

7. 始终不渝走和平发展道路，奉行互利共赢的开放战略

坚持不忘初心、继续前进，就要始终不渝走和平发展道路，始终不渝奉行互利共赢的开放战略，加强同各国的友好往来，同各国人民一道，不断把人类和平与发展的崇高事业推向前进。

中国始终坚持独立自主的和平外交政策。中国共产党和中国人民从苦难中走走过来，深知和平的不易。自 1953 年周恩来首次提出“和平共处五项原则”至今，这项外交政策被绝大多数国家所接受。在和平共处五项原则的基础上中国同所有国家发展友好合作。在坚定不移地奉行对外开放的基本国策之下，中国坚持在开放中谋求共同发展。比如，共建“一带一路”，带动沿线国家特别是发展中国家经济的发展，有效促进了亚欧经济一体化新格局。经济全球化进程势不可挡，尽管世界仍然存在着地区冲突、单边主义和贸易保护主义等，但是中国对外开放的决心始终没有动摇，仍然积极地参与到世界经济发展进程中去。

习近平倡导的人类命运共同体思想，受到了国际社会的高度认可和热烈响应。中国积极为世界的发展提供中国智慧中国方案，体现了中国共产党人的全球视野和人类情怀，更体现了中国作为大国的使命和担当。“一花独放不是春，百花齐放春满园。”中国的对外开放，绝不是独善其身的对外开放，而是追求“美美与共，天下大同”的世界共赢。中国用自身的行动证明，中国为促进人类和平与发展做出了卓越的贡献，中国的发展离不开世界，世界的繁荣同样需要中国。中国在这个开放战略之中，绝不干涉他国内政，绝不觊觎他国利益，但也绝不放弃维护中国自身的合法权益，坚决维护自身主权和领土完整。

8. 从严治党，保持党的先进性和纯洁性

坚持不忘初心、继续前进，就要保持党的先进性和纯洁性，着力提高执政能力和领导水平，着力增强抵御风险和拒腐防变能力，不断把党的建设新的伟大工程推向前进。

中国特色社会主义最本质的特征就是中国共产党领导。先进性和纯洁性是马克思主义政党的本质属性。中国共产党之所以能够从最初几十名党员发展成为一个拥有 9 000 多万名党员、460 多万个党组织的大党，在于能够不断地同一切弱化先进性、损害纯洁性的问题做斗争。面对“四大考验”（执政考验、改革开放考验、市场经济考验、外部环境考验）以及“四种危险”（精神懈怠的危险、能力不足的危险、脱离群众的危险、消极腐败的危险），每一种考验和危险都关系到党的生死存亡。中国共产党以实际行动证明党可以经受考验、克服危险，其中，全面从严治党，确保中国共产党始终成为中国特色社会

主义事业的坚强领导核心，意义极其重大。

习近平在文中阐述了全面从严治党的具体要求。一是严肃党内政治生活。开展严肃的党内政治生活，是中国共产党的优良传统和政治优势。严肃党内政治生活要严明党的政治纪律和政治规矩，增强党员干部的纪律意识和规矩意识。二是加强党的作风建设，保持同人民群众的血肉联系。党的作风建设关系到人心向背和党的生死存亡，必须确保党始终同人民同呼吸、共命运、心连心。三是推进反腐败斗争。只有推进反腐败斗争，才能确保党和国家的长治久安。为此，必须落实党风廉政建设责任制，强化责任追究，让各级领导干部树立正确的权力观。四是培养德才兼备的高素质干部。习近平在十九大报告中指出，要坚持党管干部原则，坚持德才兼备、以德为先，坚持五湖四海、任人唯贤，坚持事业为上、公道正派，把好干部标准落到实处。

三、重要意义

1. 推进了党的理论创新

党的十八大以来，以习近平同志为核心的党中央，把握时代大趋势，回答实践新要求，顺应人民新期待，围绕改革发展稳定、内政外交国防、治党治国治军发表一系列重要讲话，形成一系列治国理政新理念新思想新战略。《不忘初心，继续前进》则是体现这一系列理论创新的重要文本。下面以“初心”与“文化自信”为例进行说明。

“初心”可以从以下两个方面来理解：一是本质，即指党的性质和宗旨。中国共产党是中国工人阶级的先锋队，同时是中国人民和中华民族的先锋队，是中国特色社会主义事业的领导核心，代表中国先进生产力的发展要求，代表中国先进文化的前进方向，代表中国最广大人民的根本利益。党的宗旨是全心全意为人民服务。人民立场是中国共产党的根本政治立场，是马克思主义政党区别于其他政党的显著标志。全党同志要把人民放在心中最高位置，坚持全心全意为人民服务的根本宗旨，实现好、维护好、发展好最广大人民根本利益，把人民拥护不拥护、赞成不赞成、高兴不高兴、答应不答应作为衡量一切工作得失的根本标准，使我们党始终拥有不竭的力量源泉。二是初衷，即党的理想信念。中国共产党是最高纲领和最低纲领的统一论者。党的最高纲领是实现共产主义，同时为了实现共产主义，党在每一个历史时期又都有最低纲领。中国共产党的成立，就是为了让老百姓过上好日子，诚如习近平讲的那样，中国人民对美好生活的向往，就是中国共产党人奋斗的目标。

当今世界，中国共产党、中华人民共和国、中华民族是最有理由自信的。党的十七大提出了中国特色社会主义道路和中国特色社会主义理论体系两个概念，在庆祝中国共产党成立 90 周年大会上的讲话中，胡锦涛又提出了中国特色社会主义制度的命题。党的十八大从道路、理论、制度三个维度阐述了中国特色社会主义的形态。同时，又强调了道路自信、理论自信、制度自信。《不忘初心，继续前进》在坚持“三个自信”的前提下，着重论述了“文化自信”。强调在“四个自信”中，文化自信是更基础、更广泛、更深厚的自信；也明确指出文化的外延，即“在5 000多年文明发展中孕育的中华优秀传统文化，在党和人民伟大斗争中孕育的革命文化和社会主义先进文化”。这些观点和论断把党对社会主义的认识、对文化的认识提高到一个新的境界。

2. 拓宽了对中国共产党历史经验和历史规律的认知

中国共产党的历史波澜壮阔，既有凯歌行进的岁月，亦有艰辛探索的时期。习近平在讲话中指出：“我们党已经走过了95年的历程，但我们要永远保持建党时中国共产党人的奋斗精神，永远保持对人民的赤子之心。一切向前走，都不能忘记走过的路；走得再远、走到再光辉的未来，也不能忘记走过的过去，不能忘记为什么出发。”习近平总结了中国共产党95年来建党的历史经验和历史规律，不是为了显示成功、寻求慰藉或是逃避困难，而是为了通过总结这些历史经验和历史规律，提醒全党人民保持自建党之初就肩负的中华民族伟大复兴的重任，保持奋斗精神和赤子之心，保持开拓前进的勇气和力量。只有对中国共产党历史经验和历史规律有了更深层次的理解，才能在“不忘初心”的基础上“继续前行”。这一论断体现了以习近平同志为代表的中国共产党人的历史视野和深邃的历史眼光。

3. 深化了对中国共产党建设规律的认识

《不忘初心，继续前进》蕴含了丰富的马克思主义党建思想，深化了对党的建设规律的认识。一是党的建设必须紧紧围绕党和人民事业的中心任务来开展。“党和人民事业发展到什么阶段，党的建设就要推进到什么阶段。这是加强党的建设必须把握的基本规律。”① 二是治国必先治党，治党务必从严。“管党治党，必须严字当头，把严的要求贯彻全过程，做到真管真严、敢管敢严、长管长严。”② 三是严肃党内政治生活是全面从严治党的基础。“党要管党，首先要从党内政治生活管起；从严治党，首先要从党内政治生活严起。”③ 四是党的作风是党的形象，是观察党群干群关系、人心向背的晴雨表。要大力加强党的作风建设，树立良好的执政党形象。

四、学习与思考

1. 如何理解中国共产党的“初心”？

2. “不忘初心，继续前进”的具体要求是什么？

3. 如何理解习近平《在庆祝中国共产党成立95周年大会上的讲话》的理论价值和时代意义？

---

① 习近平．习近平谈治国理政：第2卷．北京：外文出版社，2017：43.

② 同①43-44.

③ 同①44.

《弘扬伟大长征精神，走好今天的长征路》导读

1934年10月至1936年10月，中国工农红军进行了史无前例的二万五千里长征，战胜了国民党军队的围追堵截和自然界的艰难险阻，赢得了伟大胜利，形成了不朽的长征精神。长征精神，跨越时空、彪炳史册，成为中华民族精神的一座丰碑。2016年10月21日，习近平在纪念红军长征胜利80周年大会上发表重要讲话，对长征精神的基本内涵做了阐述，对弘扬长征精神的伟大意义给予阐发，号召全党全军全国各族人民“弘扬伟大长征精神，走好今天的长征路”，引起了社会各界的强烈反响。《弘扬伟大长征精神，走好今天的长征路》是习近平重要讲话的一部分，对弘扬伟大长征精神、走好今天的长征路具有重要指导意义。

原文见《习近平谈治国理政》第二卷，外文出版社2017年版，第47～58页。

一、写作背景

1. 传承民族精神基因，凝聚中国力量的内在需要

长征精神是红军长征胜利的精神支柱。理想信念是一个国家、一个民族和一个政党团结奋斗的精神旗帜。“理想信念动摇是最危险的动摇，理想信念滑坡是最危险的滑坡。”[①] 自1921年以来，中国共产党一直将理想信念教育作为思想政治工作的核心内容，带领中国人民走过了革命、建设和改革的辉煌历程，在这一项项伟业中所凝聚和体现的精神，犹如播下的种子，广大指战员在长征途中表现出的坚定的理想信念、不畏千难万险的革命英雄气概和自强不息的奋斗精神就是如今我们实现中华民族伟大复兴的强大动力。一个人有自己的精神世界，一个政党有自己的精神家园，一个民族也有自己的精神家园，最重要的是不忘光荣的革命传统。在新时代，我们需要更加有效地传承和弘扬长征精神，让长征精神的种子在一代又一代社会主义建设者和接班人心中生根发芽，造就一批社会主义现代化建设的生力军，为中国梦的实现注入强大的精神动力。

---

① 中共中央文献研究室．十八大以来重要文献选编：上．北京：中央文献出版社，2014：339.

2. 进一步深化马克思主义中国化的客观需要

遥想当年，在中国共产党生死存亡之际，毛泽东率领工农红军胜利完成二万五千里长征，其历时之长、规模之大、行程之远、战斗之惨烈、环境之险恶是中国红军历史上绝无仅有的。长征途中，形成了以毛泽东为核心的第一代中央领导集体，开始重新确立了马克思主义正确路线在全党全军的指导地位。长期而残酷的革命实践证明，我们党和军队在一次次克服困难中、一次次鲜血洗礼中找到的马克思主义是正确的，证明我们党我们军队应长期坚持马克思主义的指导并及时将马克思主义同中国具体实际相结合，应与时俱进地走马克思主义中国化道路。理论源于实践，实践的发展必然推动理论的创新。马克思主义中国化的历史进程就是从毛泽东思想、邓小平理论、“三个代表”重要思想、科学发展观到习近平新时代中国特色社会主义思想的发展过程，中国共产党人的持续实践、经验总结和理论创新是关键所在。面对“两个一百年”的奋斗目标，面对中华民族伟大复兴的宏大蓝图，面对复杂形势的挑战，唯有坚定理想信念、与时俱进，将马克思主义同具体实践相结合，中国特色社会主义事业方能取得伟大胜利。

3. 继续坚持强有力的党的领导的迫切需要

长征是一次战略大转移，五次反“围剿”和长征前期的失败，究其原因是“左”倾路线和军事指挥失当，途中召开的遵义会议确立了毛泽东在全党的领导地位，从而保障了长征和中国革命走向胜利。当前，我们面临的世情、国情、党情发生了深刻变化，改革进入深水期和攻坚期，世界发展趋向经济全球化、政治多极化，我们党能否正确应对复杂多变的挑战，事关社会主义事业的成败。落实全面从严治党，加强党的建设，比任何时候都急迫。长征途中，共产党人充满必胜的理想信念，坚持不怕牺牲的精神，创造了世界奇迹。新时代我们更要弘扬长征精神，坚持推进全面从严治党，在思想上坚定马克思主义信仰；组织上遵守纪律，顾全大局；作风上树立全心全意为人民服务的宗旨和发扬艰苦奋斗精神；制度上坚持民主集中制。传承和弘扬长征精神，是推进全面从严治党，开创党的建设新局面的强大精神动力和思想武器。

二、基本思想

1. 阐述伟大长征精神科学内涵

长征的胜利，是坚定理想、恪守信仰的胜利，是追求真理、坚持真理的胜利，是团结群众、依靠群众的胜利，是实事求是、理论创新的胜利。“长征这一人类历史上的伟大壮举，留给我们最可宝贵的精神财富，就是中国共产党人和红军将士用生命和热血铸就的伟大长征精神。”[①] 习近平深刻总结了长征的伟大意义和精神内涵，生动阐释了长征精神跨越时空的时代价值。习近平指出：“伟大长征精神，就是把全国人民和中华民族的根本利益看得高于一切，坚定革命的理想和信念，坚信正义事业必然胜利的精神；就是为了救国救民，不怕任何艰难险阻，不惜付出一切牺牲的精神；就是坚持独立自主、实事求是，一切从实际出发的精神；就是顾全大局、严守纪律、紧密团结的精神；就是紧紧依靠人民群众，同人民群众生死相依、患难与共、艰苦奋斗的精神。”[②] 伟大长征精神是中国共产党人及其领导的人民军队革命风范的生动反映，是中华民族自强不息的民族品格的集中展示，是以爱国主义为核心的民族精神的最高体现。

2. 强调伟大长征精神意义重大

人无精神则不立，国无精神则不强。精神是一个民族赖以长久生存的灵魂，唯有精神上达到一定的高度，这个民族才能在历史的洪流中屹立不倒、奋勇向前。“不论我们的事业发展到哪一步，不论我们取得了多大成就，我们都要大力弘扬伟大长征精神，在新的长征路上继续奋勇前进。”[③] 走好今天的长征路要把长征这一巍峨丰碑作为精神灯塔。一个民族不能没有自己的史诗，不能没有心中永恒的巍峨丰碑，不能没有熠熠闪光的灯塔照耀。习近平用四个“伟大远征”来概括长征的意义：长征是一次理想信念的伟大远征，是一次检验真理的伟大远征，是一次唤醒民众的伟大远征，是一次开创新局的伟大远征。正是这四个“伟大远征”使长征成为中国人民心目中永放光芒、指引航向的精神灯塔。习近平强调，我们这一代人的长征，就是要实现“两个一百年”奋斗目标、实现中华民族伟大复兴的中国梦。心中有信仰，脚下有力量。我们必须保持理想信念坚定，用理想之光照亮奋斗之路，用信仰之力开创美好未来。

3. 阐明如何弘扬伟大长征精神

长征永远在路上。每一代人有每一代人的长征路，每一代人都要走好自己的长征路。习近平着眼长征在我们党、国家、军队发展史上的伟大意义和对中华民族历史进程的深远影响，强调大力弘扬伟大长征精神、走好今天的长征路的“六个必须”总要求，激发起全党同志和全国各族人民团结一心、赓续奋斗的信念和决心。习近平强调，必须坚定共产主义远大理想和中国特色社会主义共同理想，为崇高理想信念而矢志奋斗；必须坚定中国特色社会主义道路自信、理论自信、制度自信、文化自信，为夺取中国特色社会主义伟大事业新胜利而矢志奋斗；必须把人民放在心中最高位置，坚持一切为了人民、一切依靠人民，为人民过上更加美好生活而矢志奋斗；必须把握方向、统揽大局、统筹全局，为实现我们的总任务、总布局、总目标而矢志奋斗；必须建设同我国国际地位相称、同国家安全和发展利益相适应的巩固国防和强大军队，为维护国家安全和世界和平

---

①② 习近平．习近平谈治国理政：第2卷．北京：外文出版社，2018：47.

③ 同①49.

而矢志奋斗；必须加强党的领导，坚持全面从严治党，为推进党的建设新的伟大工程而矢志奋斗。这些要求源自我们党对包括长征胜利在内的党的历史经验的科学总结，源自我们对新的世情国情党情的正确分析，源自我们对肩负的历史使命和责任担当的高度自觉，源自我们对党和人民事业发展规律的深刻认识。

三、重要意义

1. 深化了对长征精神的认识

“革命理想高于天。”不怕牺牲、排除万难去争取胜利，面对形形色色的敌人决一死战、克敌制胜，这些都是长征精神的内涵。我们要继承和弘扬伟大的长征精神。有了这样的精神，就没有克服不了的困难。我们完全有信心有决心有恒心实现中华民族伟大复兴的中国梦。“志不立，天下无可成之事。”我们党从成立之日起，就把共产主义确立为远大理想，激励一代又一代共产党人为之英勇奋斗，甚至献出宝贵生命。红军长征是光明与黑暗两种命运的一场大搏斗。在极为险恶的战争环境和极为恶劣的自然条件下，红军战士天当房、地作床，吃草根、啃树皮，翻雪山、过草地，纵横十余省，长驱二万五千里，经历生与死、血与火的考验，不怕牺牲、排除万难去争取胜利，创造了人类历史上无与伦比的革命壮举和人间奇迹。长征的胜利是共产主义崇高理想的胜利，是无产阶级革命理想的胜利。

坚定革命理想和信念，坚信正义事业必然胜利，是长征精神最基本的思想内核，也是我们走好新长征路的力量之源。今天，实现“两个一百年”奋斗目标是一次新长征，是一场具有许多新的历史特点的伟大斗争，必须时刻准备应对重大挑战、抵御重大风险、克服重大阻力、解决重大矛盾。这就要求我们不忘初心、继续前进，始终保持“革命理想高于天”的昂扬斗志，始终保持在理想追求上的政治定力，自觉做共产主义远大理想和中国特色社会主义共同理想的坚定信仰者、忠实实践者。要把理想信念教育作为思想政治建设的战略任务，坚持用以习近平新时代中国特色社会主义思想武装全党、教育人民，始终保持对远大理想和奋斗目标的清醒认知和执着追求，让理想信念的灯塔始终在心中闪亮。

2. 坚定四个自信，走好新的长征路

长征，这一惊天动地的革命壮举，是中国共产党和红军谱写的壮丽史诗，是中华民族伟大复兴历史进程中的巍峨丰碑，给我们留下了宝贵的精神财富。习近平强调，社会主义是干出来的。正是靠着工人阶级和广大人民群众埋头苦干、真抓实干的拼搏精神，我们才能实现一个又一个伟大目标、取得一个又一个丰硕成果。实干苦干是我们党的光荣传统，也是对党和人民事业的根本态度。“苦不苦，想想长征两万五。”长征经历的艰难困苦世所罕见，但红军战士发扬一不怕苦、二不怕死的革命精神，战胜了千难万险，

取得了最后胜利。长征胜利是一步一个脚印走出来的，是一枪一弹打出来的，是流血流汗拼出来的。在新长征路上，我们党要带领人民实现“两个一百年”奋斗目标，还有无数的“雪山”“草地”要过，任何时候都不能涣散革命意志、消减奋斗精神。我们要大力弘扬长征精神，保持红军长征那么一股革命热情、那么一种拼命精神，解放思想、大胆创新，不畏艰辛、不怕困难，求真务实、真抓实干，苦干实干加巧干，“不破楼兰终不还”，以“人一之我十之、人十之我百之”的劲头，把无数革命先烈开创的伟大事业不断推向前进。

要走好坚持和发展中国特色社会主义、实现“两个一百年”奋斗目标和中华民族伟大复兴中国梦的新的伟大长征路，既不能走封闭僵化的老路，也不能走改旗易帜的邪路。我们的事业前景光明，但前进道路上还有许多新的“雪山”“草地”需要齐心跨越，许多新的“娄山险关”“大渡铁索”需要奋勇征服。这就要求我们必须把历久弥新的长征精神与以改革创新为核心的时代精神紧密结合起来，引导广大干部群众坚定道路自信、理论自信、制度自信、文化自信，不断筑牢全党全国各族人民团结奋斗的共同思想基础，顽强拼搏、持续奋斗，不断书写新的胜利史诗。

四、学习与思考

1. 如何理解长征在我们党、国家、军队发展史上的重要意义？
2. 如何理解长征精神？
3. 如何弘扬伟大长征精神，走好今天的长征路？

《坚持依法治国和以德治国相结合》导读

2016年12月9日，中共中央政治局就我国历史上的法治和德治进行第三十七次集体学习，习近平发表重要讲话指出："改革开放以来，我们深刻总结我国社会主义法治建设的成功经验和深刻教训，把依法治国确定为党领导人民治理国家的基本方略，把依法执政确定为党治国理政的基本方式，走出了一条中国特色社会主义法治道路。这条道路的一个鲜明特点，就是坚持依法治国和以德治国相结合，强调法治和德治两手抓、两手都要硬。"① 讲话强调必须深刻把握法治与德治的辩证关系，认真汲取中华优秀传统文化的智慧养分，坚持一手抓法治、一手抓德治，把法治建设和德治建设更加紧密地结合起来，实现法律和道德相辅相成、法治和德治相得益彰，不断提高国家治理体系和治理能力现代化水平。

原文见《习近平谈治国理政》第二卷，外文出版社2017年版，第133～135页。

一、写作背景

1. 进一步推进社会主义法治建设的现实需要

我国是人民民主专政的社会主义国家，要保障人民当家作主，必须以法治作为根本保障，以德治为思想基础。社会法治水平与社会道德水平是密切相关的，如果将法治原则内化为人们心中的信念、责任心、羞耻感，成为人们自觉的道德要求，那么法治原则也就转变为人们的道德原则，实现了法治的道德化。因此，要实现社会主义法治，关键得靠一大批具有高尚道德的人，这离不开正确的道德价值观。法治是实现社会主义的制度保障。法治问题已成为社会生活各个领域中普遍存在的问题。新中国成立以来，我国法律制度、法治建设一天比一天更加完备，充分保障了人民行使当家作主的权利，但由于多方面因素的限制，社会主义法治建设的发展仍面临重重困难。如何坚持"发展为了人民、发展依靠人民、发展成果由人民共享"② 的人民主体地位，帮助人民群众认识到民主与法治的内涵及意义、注重自我的权利意识和主体意识，使其积极参与到政治建设中

① 习近平. 习近平谈治国理政：第2卷. 北京：外文出版社，2017：133-134.

② 中共中央文献研究室. 十七大以来重要文献选编：下. 北京：中央文献出版社，2013：526.

来，是当下民主政治建设的重要问题。

2. 不断提升党的执政能力建设的迫切需要

不断加强党的执政能力是建设社会主义现代化国家的重要任务，也是中国民主政治建设的重要方面。目前，在国际方面，经济全球化纵深发展，世界趋向多极化格局，要求我们党不断提高应对国际局势和处理国际事务的能力。在国内，部分地方部门的执政方式和领导体制不符合民主政治的建设的要求；党与政府部分职能交叉、权责不明；社会主义市场经济条件下，一些党员干部的公仆意识弱化，个人竞争意识和名利意识增强，一定程度上损害了党群的血肉联系；腐败问题是党的执政能力建设过程中需要持续解决的问题。“作风问题和腐败问题解决不好，就会对党造成致命伤害，甚至亡党亡国。”① 在治国理政中，以“官德”最为关键，一个国家、一个民族的治乱兴衰都与官员的思想道德素质有莫大关系。部分领导干部将自己的利益凌驾于人民利益之上；面子一套，里子一套，左右逢源；遇事能拖就拖，不作为不敢为；以自己为中心，不以大局为重，严重脱离群众。这要求我们党坚持依法治国和以德治国相结合，继续进行自我革命、自我教育、自我建设和自我提高，继续加强和完善党的领导，加强党的长期执政能力建设，不断提高党执政的科学化、民主化和法治化水平。只有这样，才能更好地应付复杂的国际国内形势，才能更好地解决新时代社会主要矛盾，才能更好地保持党的先进性和纯洁性。

二、基本思想

1. 深刻把握法治与德治的辩证关系

法安天下，德润人心。法律是成文的道德，道德是内心的法律。法律有效实施有赖于道德支撑，道德践行也离不开法律约束。法治和德治相互补充、相互促进、相得益彰，二者是辩证统一的关系。

任何法律都有一定的道德属性。习近平指出：“以法治承载道德理念，道德才有可靠制度支撑。法律法规要树立鲜明道德导向，弘扬美德义行，立法、执法、司法都要体现社会主义道德要求，都要把社会主义核心价值观贯穿其中，使社会主义法治成为良法善治。”② 法律凝结着社会的基本价值取向和道德规范，遵守法律就是遵守最低限度的道德。从这个意义上说，任何法律都有一定的道德属性。社会主义法治要成为良法善治，自然也要具有道德属性。这主要体现在如下三个层面：它是对实现自由、平等、民主等道德价值的制度设计，这种制度设计需要以相应的、符合社会进步要求的道德规范作为评价

---

① 中共中央文献研究室. 十八大以来重要文献选编：上. 北京：中央文献出版社，2014：644.

② 习近平. 习近平谈治国理政：第 2 卷. 北京：外文出版社，2017：134.

标准；它既是对公共权力的保障，也是对公共权力的限制，具有既保障权力得以有效行使又保障权力不被滥用的政治伦理品质；它是对公民基本权利的保障，内在地包含着促进人的自由全面发展的价值取向。法治必须建立在道德基础上，离开道德的法治会对社会造成严重损害。

道德为法治创造良好人文环境。习近平指出："要重视发挥道德的教化作用，提高全社会文明程度，为全面依法治国创造良好人文环境。"① 制度需要人来执行，好的制度是不会自动变成现实的。人们只有在道德认知与道德情感的共同作用下，才能建立和强化法治信念。法治信念是对法治所蕴含的价值观高度认同的心理机制，它能激发人们以法治观念指导和规范行为。法律和道德，一个是硬约束、一个是软约束，一个是他律、一个是自律。仅仅依靠强力推行的外在制约会削弱人的自觉性。道德则将外在的法律规范转化为内在的自我约束，促使人们主动认识自己的责任与义务、自愿选择有道德的行为。一个人的道德觉悟提升了，就会自觉尊法学法守法用法；全社会的道德水准提升了，法治建设才会有坚实的基础。

法律和道德可以相互转化。法律和道德都植根于一定的历史文化环境与社会环境，文化的演进、社会的发展推动法律和道德的发展。考察人类历史会发现，法律和道德之间呈现一种流动的边界：一些道德规范"流动"到法律规范之中，这是道德转化为法律；一些法律规范"流动"到道德规范之中，这是法律转化为道德。这说明法律和道德之间没有一成不变的分界线，其双向"流动"的目的是为了与当时的经济社会发展需要相适应。比如，随着社会主义市场经济的发展，诚信原则逐步从经济活动的伦理要求演变为一条重要的法律原则。

2. 坚持法治和德治"两手抓，两手都要硬"

坚持依法治国和以德治国相结合，是建设社会主义法治国家的基本原则，是中国特色社会主义法治道路的鲜明特色，要求法治和德治"两手抓，两手都要硬"，实现法律和道德相辅相成，法治和德治相得益彰。法治和德治相结合，是内在的、共生的、互济的结合，贯通于全面依法治国的各领域和全过程。习近平强调，法治和德治"两手抓，两手都要硬"，这既是对历史经验的总结，也是对治国理政规律的深刻把握。法治与德治就如车之两轮、鸟之双翼，不可偏废，国家和社会治理需要法律和道德协同发力，需要法治和德治"两手抓"。

以道德滋养法治。习近平指出："要在道德体系中体现法治要求，发挥道德对法治的滋养作用，努力使道德体系同社会主义法律规范相衔接、相协调、相促进。"② 绵延几千年的中华文化，包含着丰富的德治资源，也包含着丰富的法治思想，这些都是涵养社会主义法治精神的重要源泉。应大力弘扬中华优秀传统文化，深入挖掘其中蕴含的"缘法而治""法不阿贵"等思想精华，使其在新的时代条件下发扬光大。道德教化是教人求真、劝人向善、促人尚美的过程，也是培育法治精神的重要方式。要深入实

①② 习近平. 习近平谈治国理政：第2卷. 北京：外文出版社，2017：134.

施公民道德建设工程，加强社会公德、职业道德、家庭美德、个人品德建设，注重培育规则意识、倡导契约精神、弘扬公序良俗，引导人们自觉履行法定义务、社会责任、家庭责任。各行业的职业道德规范，各地的市民公约、乡规民约，以及学生守则等行为准则，都应把尊法守法作为重要内容突出出来，强化人们的法治观念、法治意识。

以法治保障道德。习近平指出，“要运用法治手段解决道德领域突出问题”，“对突出的诚信缺失问题，既要抓紧建立覆盖全社会的征信系统，又要完善守法诚信褒奖机制和违法失信惩戒机制，使人不敢失信、不能失信”①。在现代社会，征信系统就像一只看不见的手，约束人们的行为，保障社会的和谐运行。维护征信系统，就离不开对违法背信行为的制裁。如果不对挑战诚信底线的失信行为加以惩戒，损害的就不仅是受害人的权益，还有司法公信力和权威、社会公平和正义。2014 年，国务院出台《社会信用体系建设规划纲要（2014—2020 年）》，明确了四大领域 34 项重要任务；2015 年，38 个部门联合签署《失信企业协同监管和联合惩戒合作备忘录》，对失信当事人进行联合惩戒。这些都是要通过法治的刚性，引导人们培育和弘扬社会主义核心价值观。法律不仅要惩劣行以示警戒，还要彰善举以扬美德。比如，我国大多数地方都制定了奖励和保护见义勇为的政策法规，目的就是保障好人的合法权益、褒扬好人的道德行为，引导全社会崇德向善。

3. 以领导示范带动尊法用法

领导干部在全党全社会具有重要的示范作用，“要发挥领导干部在依法治国和以德治国中的关键作用”②，全面依法治国必须抓住领导干部这个“关键少数”。各级领导干部不仅不能超越国家法律，而且要以严格的标准、规范的行为、严厉的惩处来尊法守法。尊法守法是公民的基本道德要求，是否尊法守法，不仅是领导干部法治素养的标识，而且是道德素养的标识。领导干部做尊法的模范，带头尊崇法治、敬畏法律，做学法的模范，带头了解法律、掌握法律，做守法的模范，带头遵纪守法、捍卫法治，做用法的模范，带头厉行法治、依法办事，就能够在建设法治中国过程中以身作则、以上率下。对于各级领导干部来说，无论什么人都要服从于法，无论多大权力都要从属于法，无论何种行为都要受制于法，要在法治之下，而不是法治之外，更不是在法治之上想问题、做决策、办事情。领导干部既是全面依法治国的重要组织者、推动者，也是积极倡导者、示范者。要坚持把领导干部带头学法、模范守法作为全面依法治国的关键，推动领导干部学法经常化、制度化。领导干部要努力成为全社会的道德楷模，带头践行社会主义核心价值观，讲党性、重品行、作表率，带头注重家庭、家教、家风，保持共产党人的高尚品格和廉洁操守，以实际行动带动全社会崇德向善、尊法守法。

---

① 习近平．习近平谈治国理政：第 2 卷．北京：外文出版社，2017：134-135.

② 同①135.

三、重要意义

1. 进一步明确坚持依法治国和以德治国相结合的重大意义

法律是成文的道德，道德是内心的法律，两者都是治国理政的重要手段。法治以其权威性和强制性规范社会成员的行为，德治以其说服力和劝导力提高社会成员的思想道德觉悟。坚持依法治国和以德治国相结合，对于夯实国家治理的制度基础和思想道德基础，实现党和国家长治久安、实现中华民族伟大复兴的中国梦，具有极为重要的现实意义和深远的历史意义。

坚持依法治国和以德治国相结合，是对古今中外治国经验的深刻总结。纵观历史，法治和德治在国家治理中各自起着独特的、不可替代的作用，只有把两者紧密结合起来，国家才能治理有序，社会才能健康运行。我国从古代先贤提出的“宽猛相济”“隆礼而重法”“阳为德，阴为刑”“制礼以崇敬，立刑以明威”等，都体现了德治和法治相结合的治国之道。从世界范围看，凡是社会治理比较有效的国家，都坚持把法治作为治国的基本原则，同时注重用道德调节人们的行为。历史经验告诉我们，对于国家治理来说，法治和德治如车之两轮、鸟之两翼，不可偏废。在社会主义法治建设中，必须把法律和道德的力量、法治和德治的功能紧密结合起来，把自律和他律紧密结合起来，使依法治国和以德治国共同发力、相互促进。

坚持依法治国和以德治国相结合，是坚持走中国特色社会主义法治道路的内在要求。长期以来，特别是党的十一届三中全会以来，我们党深刻总结我国社会主义法治建设的成功经验和深刻教训，提出为了保障人民民主，必须加强法治，必须使民主制度化、法律化，把依法治国确定为党领导人民治理国家的基本方略，把依法执政确定为党治国理政的基本方式，积极推进社会主义法治建设，取得历史性成就，走出了一条中国特色社会主义法治道路。这条道路内涵十分丰富，其中一个重要方面就是坚持依法治国和以德治国相结合，强调法治和德治两手抓、两手都要硬。着眼当前、面向未来，要把依法治国基本方略、依法执政基本方式继续实行好，把法治中国继续建设好，最关键的是坚定不移走中国特色社会主义法治道路，牢牢把握这条道路的基本特征和原则要求，彰显其鲜明特点，发挥好突出优势。这就要求我们在实践中必须坚持和落实好依法治国和以德治国相结合，统筹推进以德治为基础的法治建设、以法治为保障的德治建设，使中国特色社会主义法治道路越走越宽广。

坚持依法治国和以德治国相结合，是在新的历史起点上坚持和发展中国特色社会主义的现实要求。当前，我国仍然处于社会主义初级阶段，全面建成小康社会进入决定性阶段，改革进入攻坚期和深水区，国际形势复杂多变，我们党面对的改革发展稳定任务之重前所未有，矛盾风险挑战之多前所未有。面对新形势新任务，要更好统筹社会力量、平衡社会利益、调节社会关系、规范社会行为，使我国社会在深刻变革中既生机勃勃又井然有序，实现经济发展、政治清明、文化昌盛、社会公正、生态良好，实现我国和平发展的战略目标，从根本上说必须全面推进依法治国。应当清醒看到，我国法治建设现状同党和国家发展要求相比，同人民群众期待相比，同推进国家治理体系和治理能力现代化目标相比，还有许多不适应、不符合的问题。实践证明，要切实解决法治领域存在的突出矛盾和问题，单纯就法治论法治是不够的，应当着眼全局、系统谋划，特别是要立足我国历史传统和现实国情，重视加强道德教育和思想引导，着力培植人们的法律信仰和法治观念，营造全社会都立规矩、讲规矩、守规矩的文化环境，使法律和道德在国家和社会治理中共同发挥作用。必须更加自觉地坚持依法治国和以德治国相结合，构筑依法治国的坚实道德基础，形成全民学法尊法守法用法的浓厚氛围。只有这样，才能更好推进法治中国建设，推进国家治理体系和治理能力现代化。

2. 强调以道德滋养法治精神，强化道德对法治文化的支撑作用

只有坚持以道德为滋养，法治才有坚实的社会基础和广阔的发展空间。坚持依法治国和以德治国相结合，必须重视发挥道德的教化作用，大力弘扬社会主义先进思想道德，把社会主义核心价值观贯彻到法治建设全过程，为建设社会主义法治文化提供有力支撑，为法治有效实施创造良好条件。

完善与社会主义道德规范相协调的法律体系。任何法律都内含着道德判断、体现着道德取向。只有符合广大人民道德意愿、符合社会公序良俗，法律才能为人们所信仰、所遵守。目前已经形成的中国特色社会主义法律体系，总体上反映了社会主义的道德追求，体现了社会主义核心价值观的要求。同时要看到，也有一些法律法规的某些条文，存在与社会主义道德规范和核心价值观要求不协调、“不合拍”甚至相悖的问题。完善中国特色社会主义法律体系，推进法律法规的立改废释，必须全面贯彻社会主义核心价值观的要求，充分体现社会主义先进道德的导向。要加强法律与道德的协调和衔接，将实践中得到广泛认同、较为成熟、操作性强的道德要求及时上升为法律规范。要加强对法律的道德效果评估，各方面法律法规的制定和修改都要充分考虑道德因素和道德风险，对有违道德要求的法律法规及时废止或修改，使中国特色社会主义法律体系更加彰显道德的价值和力量。

把社会主义核心价值观贯彻到法律实施过程中。推进社会主义法治，不仅需要“良法”，更需要“善治”；不仅法律的制定要体现社会主义道德规范的要求，法律的实施更应以社会主义核心价值观为指引。在法律实施过程中，既要严格以明确的法律规范为遵循、为依据，又要深入领会和准确把握法律规范所体现的价值导向和思想内涵，确保法律的实施不违背立法宗旨、不偏离正确方向。法律在许多方面只能做出原则性规定，在实践中会遇到许多新情况新问题，必须在实施过程中正确行使自由裁量权，按照社会主义核心价值观要求做出公正合理的判断和裁决。要把社会主义核心价值观作为检验法律实施效果的重要标尺，使执法司法行为既遵从法律标准又符合道德标准，既于法有据又合乎情理，获得坚实的民意基础、道义基础。

3. 强调以法治体现道德理念，强化法治对道德建设的促进作用

道德依靠法律的强制性来保障底线。只有坚持以法治体现道德理念，道德才有可靠的制度支撑和刚性约束。坚持依法治国和以德治国相结合，必须重视发挥法律的规范作用，用法律的权威增强人们培育和践行社会主义核心价值观的自觉性，以法治的力量推进道德建设、提升全社会文明程度。

通过严格公正执法司法营造扬善惩恶的社会风气。执法司法既是法律行为，也体现着鲜明的道德导向。严格公正执法司法，是对法律尊严的捍卫，也是对先进道德的彰显；而执法不严、司法不公，则是对法律尊严的无视，也是对恶行的纵容、对美德的贬损。必须通过严格执法、公正司法，发挥法治扶正祛邪、激浊扬清的社会功能，促进清风正气的弘扬，增强人们的道德自觉和道德自律。要坚持严格执法，对侵害公共利益、人民权益和社会秩序等行为及时予以规诫遏制，弘扬真善美、打击假恶丑，促使人们趋善避恶、扬善弃恶。要坚持公正司法，依法制裁和惩处各种违法犯罪行为，让人们在每一个司法案件中都感受到公平正义，感受到善有善报、恶有恶报，以法律的震慑力为道德建设提供有力法治保障。要加大执法司法公开力度，加强对执法司法活动的监督，坚决惩治执法司法活动中的腐败行为，更好地守护公平正义、弘扬美德善行。

四、学习与思考

1. 如何理解法治与德治的辩证关系？

2. 如何理解坚持依法治国和以德治国相结合是坚持走中国特色社会主义法治道路的内在要求？

3. 如何把社会主义核心价值观融入当前法治建设当中？

《决胜全面建成小康社会　夺取新时代中国特色社会主义伟大胜利：在中国共产党第十九次全国代表大会上的报告》导读

《决胜全面建成小康社会　夺取新时代中国特色社会主义伟大胜利：在中国共产党第十九次全国代表大会上的报告》（简称《报告》）是2017年10月18日习近平总书记在中国共产党第十九次全国代表大会上做的报告。《报告》总结了党的十八大以来改革开放和社会主义现代化建设取得的全方位、开创性的历史性成就，指出中国特色社会主义进入了新时代和社会主要矛盾已经转化为人民日益增长的美好生活需要和不平衡不充分的发展之间的矛盾，提出了新时代中国特色社会主义思想和基本方略、战略目标。习近平强调，全党同志要不忘初心、牢记使命，高举中国特色社会主义伟大旗帜，决胜全面建成小康社会，夺取新时代中国特色社会主义伟大胜利，为实现中华民族伟大复兴的中国梦不懈奋斗。《报告》是中国共产党人新时代的宣言书和行动纲领。

原文见《决胜全面建成小康社会　夺取新时代中国特色社会主义伟大胜利：在中国共产党第十九次全国代表大会上的报告》，人民出版社2017年版。

一、写作背景

1. 党的十八大以来中国特色社会主义建设成就卓著

党的十八大以来，以习近平同志为核心的党中央不忘初心、砥砺奋进，有效应对国际国内诸多风险和挑战，解决了许多长期想解决而没有解决的难题，办成了许多过去想办而没有办成的大事，取得全方位、开创性的历史性成就，经济建设取得重大成就、全面深化改革取得重大突破、民主法治建设迈出重大步伐、思想文化建设取得重大进展、人民生活不断改善、生态文明建设成效显著、强军兴军开创新局面、港澳台工作取得新进展、全方位外交布局深入展开、全面从严治党成效卓著，党和国家事业发生深层次、根本性的历史性变革，中国社会主要矛盾转化为人民日益增长的美好生活需要和不平衡不充分的发展之间的矛盾，中国特色社会主义进入新时代。在这个历史发展过程中，习近平从理论和实践的结合上，以巨大政治勇气和强烈历史担当，围绕回答新时代坚持和发展什么样的中国特色社会主义、怎样坚持和发展中国特色社会主义这个重大时代课题，进行艰辛理论探索，取得重大理论创新成果。

2. 决胜阶段的全面建成小康社会依然面临困难

“十三五”规划实施以来，我国全面建成小康社会进入了新阶段。面对新形势新变化新问题，我们必须深刻地认识到全面建成小康社会的时间之紧迫、形势之严峻、任务之艰巨。国内方面，长期以来城乡二元化、偏重于经济发展规模以及体制机制改革滞后等因素，导致城乡发展不平衡、东西部区域发展不平衡。随着工业化、现代化进程的加快，生态退化、环境缩容，水污染、大气污染严重等问题成为全面建成小康社会的挑战。国际方面，国际环境不确定因素增多，世界经济复苏乏力，局部冲突和动荡频发，全球性问题加剧，贸易保护主义抬头，波及我国的进出口贸易，一定程度上制约了我国经济增速。随着国际交流与合作的深入，各国主要力量参与亚太地区事务，导致亚太地区恐怖威胁上升，甚至有些国家政局动荡不稳，影响了我国边境稳定，给我国社会的和平与稳定带来了巨大挑战。百年未有之大变局，需要我们党站在新的时代高度做出回应和战略部署。

3. 中国共产党的建设永远在路上

1921年中国共产党成立，只有50多名党员。党的十九大召开时，中国共产党党员总数已近9 000万名。自成立以来，我们党为了实现中华民族伟大复兴的历史使命，初心不改、矢志不渝，团结带领人民历经千难万险，付出巨大牺牲，敢于面对曲折，勇于修正错误，攻克了一个又一个看似不可克服的难关，创造了一个又一个彪炳史册的人间奇迹。走向新时代的中国共产党，面临的执政环境是复杂的，影响党的先进性、弱化党的纯洁性的因素也是复杂的，党内存在的思想不纯、组织不纯、作风不纯等突出问题尚未得到根本解决，必须深刻认识“四大考验”的长期性和复杂性、“四大危险”的尖锐性和严峻性。全党只有更加自觉地坚定党性原则，勇于直面问题，敢于刮骨疗毒，消除一切损害党的先进性和纯洁性的因素，清除一切侵蚀党的健康肌体的病毒，不断增强党的政治领导力、思想引领力、群众组织力、社会号召力，才能确保我们党永葆旺盛生命力和强大战斗力。中华民族伟大复兴，绝不是轻轻松松、敲锣打鼓就能实现的。全党必须准备付出更为艰巨、更为艰苦的努力，要结合伟大斗争、伟大事业、伟大梦想的实践来推进伟大工程，确保党在世界形势深刻变化的历史进程中始终走在时代前列，在应对国内外各种风险和考验的历史进程中始终成为全国人民的主心骨，在坚持和发展中国特色社会主义的历史进程中始终成为坚强领导核心。

二、基本思想

1. 明确我国发展新的历史方位和社会主要矛盾

《报告》提出中国特色社会主义进入新时代的新论断。改革开放以来，我们党团结带领全国各族人民不懈奋斗，推动我国经济实力、科技实力、国防实力、综合国力进入世界前列，推动我国国际地位实现前所未有的提升，党的面貌、国家的面貌、人民的面貌、军队的面貌、中华民族的面貌发生了前所未有的变化。习近平指出，经过长期努力，中国特色社会主义进入了新时代，这是我国发展新的历史方位。他强调："这个新时代，是承前启后、继往开来、在新的历史条件下继续夺取中国特色社会主义伟大胜利的时代，是决胜全面建成小康社会、进而全面建设社会主义现代化强国的时代，是全国各族人民团结奋斗、不断创造美好生活、逐步实现全体人民共同富裕的时代，是全体中华儿女勠力同心、奋力实现中华民族伟大复兴中国梦的时代，是我国日益走近世界舞台中央、不断为人类作出更大贡献的时代"①。这一重要论断鲜明地回答了我们要"走什么样的道路、建设什么样的国家、实现什么样的发展、达到什么样的目标、为世界做出什么样的贡献"这五大时代课题。

《报告》指出我国社会主要矛盾发生变化的新特点。经过不懈努力，我国成功解决了十几亿人的温饱问题，总体上实现小康。随着时代发展，人民美好生活需要日益广泛，不仅对物质文化生活提出了更高要求，而且在民主、法治、公平、正义、安全、环境等方面的要求日益增长。同时，我国社会生产力水平总体上显著提高，社会生产能力在很多方面进入世界前列，但发展不平衡不充分的问题更加突出，已经成为满足人民日益增长的美好生活需要的主要制约因素。基于对这一变化的准确把握，习近平做出了"我国社会主要矛盾已经转化为人民日益增长的美好生活需要和不平衡不充分的发展之间的矛盾"② 这一重大判断，为新时代谋划发展、推动发展指明了正确方向。我国社会主要矛盾发生了变化，但我国仍处于并将长期处于社会主义初级阶段的基本国情没有变，我国是世界最大发展中国家的国际地位没有变。我们只有既要深刻认识主要矛盾发生了新变化，又要深刻认识"两个没有变"，才能牢牢把握和立足社会主义初级阶段这个基本国情和最大实际，牢牢坚持党的基本路线这个党和国家的生命线、人民的幸福线，更好地为全面建成小康社会、建成富强民主文明和谐美丽的社会主义现代化强国而奋斗。

2. 指出新时代中国共产党的历史使命

"不忘初心，方得始终。"中国共产党人的初心和使命，就是为中国人民谋幸福，为中华民族谋复兴。这个初心和使命是激励中国共产党人不断前进的根本动力。习近平指出："全党同志一定要永远与人民同呼吸、共命运、心连心，永远把人民对美好生活的向

① 习近平. 决胜全面建成小康社会 夺取新时代中国特色社会主义伟大胜利：在中国共产党第十九次全国代表大会上的报告. 北京：人民出版社，2017：10-11.

② 同①11.

往作为奋斗目标，以永不懈怠的精神状态和一往无前的奋斗姿态，继续朝着实现中华民族伟大复兴的宏伟目标奋勇前进。”① 实现伟大梦想，必须进行伟大斗争；实现伟大梦想，必须建设伟大工程；实现伟大梦想，必须推进伟大事业。伟大斗争、伟大工程、伟大事业、伟大梦想紧密联系、相互贯通、相互作用，是一个有机统一的整体。党的十九大把伟大斗争、伟大工程、伟大事业、伟大梦想作为一个统一整体提出来，是一个重大理论创新，明确了党在新时代治国理政的总方略、引领全局的总蓝图、谋划工作的总坐标，体现了奋斗目标、实现路径、前进动力的高度统一，体现了历史传承、现实任务、未来方向的高度统一，体现了党的前途命运、国家的前途命运、民族的前途命运的高度统一，深刻回答了“什么是新时代党的历史使命、怎样实现新时代党的历史使命”这一重大理论和实践问题，使我们党对自身肩负的历史使命的认识达到了新的高度。

3. 提出新时代中国特色社会主义思想和基本方略

习近平新时代中国特色社会主义思想是一个涵盖改革发展稳定、内政外交国防、治党治国治军各个方面、系统完整、逻辑严密的科学理论体系。《报告》从坚持和发展中国特色社会主义的总目标、总任务、总体布局、战略布局和发展方向、发展方式、发展动力、战略步骤、外部条件、政治保证等方面阐述了这一思想的丰富内涵，并从十四个方面阐述了新时代坚持和发展中国特色社会主义的基本方略，从理论和实践结合上系统和科学地回答了“新时代坚持和发展什么样的中国特色社会主义、怎样坚持和发展中国特色社会主义”这一重大时代课题。《报告》中的“八个明确”阐明了习近平新时代中国特色社会主义思想的深刻内涵，充分体现了理论创新在历史与现实、理论与实践方面的有机结合，把在新时代坚持和发展什么样的中国特色社会主义这一重大问题具体化了。“十四个坚持”则从“坚持党对一切工作的领导”开篇，对经济、法治等各方面进行谋划，以“坚持全面从严治党”压轴，形成了一个彼此依存、相互关联协调、不可分割的整体，构成了习近平新时代中国特色社会主义思想的基本方略，《报告》详细阐释了相关内容。“八个明确”和“十四个坚持”，是习近平新时代中国特色社会主义思想的主要内容。“八个明确”是指导思想层面的表述，“十四个坚持”是行动纲领层面的表述，共同构成了系统完备、逻辑严密、内在统一的科学体系。

4. 提出分两步走全面建设社会主义现代化强国的新目标

习近平在党的十九大报告中向全党全国人民描绘了决胜全面建成小康社会、开启全面建设社会主义现代化国家新征程的一幅美好愿景，就是从现在到 2020 年我们全面建成小康社会决胜期和在全面建成小康社会之后的 30 年实现中国特色社会主义现代化国家新的两步走的宏伟蓝图。习近平指出，从党的十九大到二十大，是“两个一百年”奋斗目标

---

① 习近平. 决胜全面建成小康社会　夺取新时代中国特色社会主义伟大胜利：在中国共产党第十九次全国代表大会上的报告. 北京：人民出版社，2017：1.

的历史交汇期。我们既要全面建成小康社会、实现第一个百年奋斗目标，又要乘势而上开启全面建设社会主义现代化国家新征程，向第二个百年奋斗目标进军。第一个阶段，从2020年到2035年。在全面建成小康社会的基础上，再奋斗15年，基本实现社会主义现代化。第二个阶段，从2035年到本世纪中叶，在基本实现现代化的基础上，再奋斗15年，把我国建成富强民主文明和谐美丽的社会主义现代化强国。这是我们党综合分析国际国内形势和我国发展条件制定的、我们有能力有信心实现的伟大目标，是新时代中国特色社会主义发展的战略安排。“两个时期”和新时代两步走目标符合实际、顺应民心、鼓舞士气，展示了中华民族更加美好的未来。《报告》指出：“青年兴则国家兴，青年强则国家强。青年一代有理想、有本领、有担当，国家就有前途，民族就有希望。中国梦是历史的、现实的，也是未来的；是我们这一代的，更是青年一代的。中华民族伟大复兴的中国梦终将在一代代青年的接力奋斗中变为现实。”①

5. 强调坚定不移全面从严治党

习近平一再强调，“打铁必须自身硬”，“全面从严治党永远在路上”，“进行伟大斗争、推进伟大事业、实现伟大梦想，必须毫不动摇坚持和完善党的领导，毫不动摇把党建设得更加坚强有力”②。《报告》提出了新时代党的建设的总要求：“坚持和加强党的全面领导，坚持党要管党、全面从严治党，以加强党的长期执政能力建设、先进性和纯洁性建设为主线，以党的政治建设为统领，以坚定理想信念宗旨为根基，以调动全党积极性、主动性、创造性为着力点，全面推进党的政治建设、思想建设、组织建设、作风建设、纪律建设，把制度建设贯穿其中，深入推进反腐败斗争，不断提高党的建设质量，把党建设成为始终走在时代前列、人民衷心拥护、勇于自我革命、经得起各种风浪考验、朝气蓬勃的马克思主义执政党。”③《报告》从把党的政治建设摆在首位、用新时代中国特色社会主义思想武装全党、建设高素质专业化干部队伍、加强基层组织建设、持之以恒正风肃纪、夺取反腐败斗争压倒性胜利、健全党和国家监督体系、全面增强执政本领等八个方面对新时代加强党的建设做了战略部署。《报告》强调，全党一定要保持艰苦奋斗、戒骄戒躁的作风，以时不我待、只争朝夕的精神，奋力走好新时代的长征路。

三、重要意义

1. 提出习近平新时代中国特色社会主义思想

党的生机活力首先是思想理论上的生机活力，党的创造力凝聚力战斗力首先是思想

---

① 习近平. 决胜全面建成小康社会　夺取新时代中国特色社会主义伟大胜利：在中国共产党第十九次全国代表大会上的报告. 北京：人民出版社，2017：70.

② 同①61.

③ 同①61-62.

理论上的创造力凝聚力战斗力。《报告》基于历史新变革、历史新方位、矛盾新转化、历史新使命、时代新课题，围绕坚持和发展中国特色社会主义、进而实现社会主义现代化和中华民族伟大复兴，推进理论创新，尤其是基于对时代课题的解答，形成了系统完整、逻辑严密的科学理论体系。习近平新时代中国特色社会主义思想，就是在这样的历史方位中，为实现中华民族伟大复兴的历史使命，解答重大时代课题的进程中形成的。习近平新时代中国特色社会主义思想是新时代中国共产党的思想旗帜，是国家政治生活的根本指针，是当代中国马克思主义、21世纪马克思主义，把我们党对共产党执政规律、社会主义建设规律和人类社会发展规律的认识提高到新境界、新水平，把马克思主义中国化、时代化、大众化提高到新境界、新水平，为实现中华民族伟大复兴提供了行动指南，为推动构建人类命运共同体贡献了智慧方案，是我们党在新时代充满生机活力、具有强大创造力凝聚力战斗力的生动表现和根本标志。党的十九大把习近平新时代中国特色社会主义思想确立为我们党必须长期坚持的指导思想并写入党章，十三届全国人大一次会议把这一重要思想载入宪法，实现了党和国家指导思想的与时俱进。

2. 明确新时代中国共产党治国理政的战略部署

正确把握发展的历史方位，制定正确的发展战略，一届接着一届办，一代接着一代干，是我们党治国理政的一条重要经验。习近平指出："战略问题是一个政党、一个国家的根本性问题。战略上判断得准确，战略上谋划得科学，战略上赢得主动，党和人民事业就大有希望。"① 中国特色社会主义进入新时代的重大论断，"两个一百年"奋斗目标、全面建成社会主义现代化强国和两步走新战略安排，展现了宏大的执政抱负和高远的战略谋划，展示出规划未来、决胜未来的战略雄心、强大决心和高度自信，使我们清晰明了当今中国在民族复兴坐标段中所处的位置，准确把握中国特色社会主义的发展进程和规律。《报告》提出：贯彻新发展理念，建设现代化经济体系；健全人民当家作主制度体系，发展社会主义民主政治；坚定文化自信，推动社会主义文化繁荣兴盛；提高保障和改善民生水平，加强和创新社会治理；加快生态文明体制改革，建设美丽中国；坚持走中国特色强军之路，全面推进国防和军队现代化；坚持"一国两制"，推进祖国统一；坚持和平发展道路，推动构建人类命运共同体；坚定不移全面从严治党，不断提高党的执政能力和领导水平。《报告》对推进中国特色社会主义建设、全面建成小康社会、全面建成社会主义现代化强国、实现中华民族伟大复兴的中国梦，具有极其重要的指导意义。

3. 强调永葆中国共产党人的革命精神

不忘初心、牢记使命，就不要忘记我们是共产党人，我们是革命者，不要丧失了革命精神。《报告》创新发展了中国共产党党建思想，对新时代党的建设做出了战略部署，对全体党员提出了明确要求，成为新时代中国共产党建设的根本指针。在中国特色社会

---

① 习近平．习近平谈治国理政：第2卷．北京：外文出版社，2017：10.

主义新时代，所有共产党员必须永葆共产党人的革命精神，不断进行自我革命和社会革命。勇于自我革命，从严管党治党，是中国共产党最鲜明的品格。我们党之所以伟大、光荣、正确，并不在于不犯错误，而在于从不讳疾忌医、避重就轻、回避矛盾，更在于敢于直面问题、刮骨疗毒、自我革命。这种剑锋所指细大不捐、无远弗届的革命精神，既是我们党区别于其他政党的显著标志，也是我们党长盛不衰的重要保证。中国特色社会主义进入新时代，改革发展稳定任务之重前所未有，矛盾风险挑战之多前所未有，我们决不能有松口气、歇歇脚的念头，决不能有打好一仗就一劳永逸的想法，决不能有初见成效就鸣锣收兵的心理，而要谨记打铁必须自身硬，严于律己不懈怠，继续保持革命党的鲜明品格和革命者的优秀品质，把党建设成为始终走在时代前列、人民衷心拥护、勇于自我革命、经得起各种风浪考验、朝气蓬勃的马克思主义执政党。

四、学习与思考

1. 为什么说习近平新时代中国特色社会主义思想是一个博大精深的科学理论体系?
2. 如何理解中国特色社会主义进入新时代是我国发展新的历史方位?
3. 如何理解新时代中国共产党的历史使命?

《在纪念马克思诞辰200周年大会上的讲话》导读

2018 年 5 月 4 日，纪念马克思诞辰 200 周年大会在北京隆重举行，缅怀马克思的伟大人格和历史功绩，重温马克思的崇高精神和光辉思想。中共中央总书记、国家主席、中央军委主席习近平在会上发表重要讲话。讲话高屋建瓴，视野宏大，思想深刻，内容丰富，开辟了当代中国马克思主义、21 世纪马克思主义的新境界，是中国共产党人坚持和发展马克思主义的宣言书，是新时代继续推进马克思主义中国化的行动纲领，是一篇闪耀着马克思主义真理光芒的纲领性文献。

原文见《在纪念马克思诞辰 200 周年大会上的讲话》，人民出版社 2018 年版。

一、写作背景

1. 马克思深受世界各国人民的敬仰与尊敬

马克思是全世界无产阶级和劳动人民的革命导师，是马克思主义的主要创始人，是马克思主义政党的缔造者和国际共产主义的开创者，是近代以来最伟大的思想家。两个世纪过去了，人类社会发生了巨大而深刻的变化，但马克思的名字依然在世界各地受到人们的尊敬，马克思的学说依然闪烁着耀眼的真理光芒。17 岁的马克思在《青年在选择职业时的考虑》中写道："如果我们选择了最能为人类而工作的职业，那么，重担就不能把我们压倒，因为这是为大家作出的牺牲"，"我们的幸福将属于千百万人，我们的事业将悄然无声地存在下去，但是它会永远发挥作用，而面对我们的骨灰，高尚的人们将洒下热泪。"[①] 他的初心，他不畏艰难险阻勇攀真理高峰的精神，就注定了他将被世人铭记。他的一生颠沛流离只为观照人类命运，穷尽毕生心血只为劳动者贡献一切。1848 年，马克思、恩格斯合作撰写了《共产党宣言》，一经问世就震动了世界。马克思至今依然被公认为"千年第一思想家"，马克思主义对世界影响深远。

2. 中国革命、建设和改革成就离不开马克思主义指导

马克思主义极大推进了人类文明进程，至今依然是具有重大国际影响的思想体系和

---

① 马克思，恩格斯. 马克思恩格斯全集：第 1 卷. 2 版. 北京：人民出版社，1995：459-460.

话语体系，不仅深刻改变了世界，也深刻改变了中国。自马克思主义传入中国，就同中国的工人运动紧密地结合到了一起，同中国的具体实际牢牢地融为一体。中国共产党诞生后，中国共产党人把马克思主义基本原理同中国革命和建设的具体实际结合起来，团结带领人民经过长期奋斗，完成新民主主义革命和社会主义革命，建立起中华人民共和国和社会主义基本制度；改革开放以来，中国共产党人把马克思主义基本原理同中国改革开放的具体实际结合起来，团结带领人民进行建设中国特色社会主义新的伟大实践；进入新时代，中国共产党人把马克思主义基本原理同新时代中国具体实际结合起来，团结带领人民进行伟大斗争、建设伟大工程、推进伟大事业、实现伟大梦想，推动党和国家事业取得全方位、开创性历史成就，发生深层次、根本性历史变革。实践证明，始终坚持马克思主义的指导地位，坚持中国特色社会主义道路，不断推动马克思主义中国化、时代化、大众化，才是实现中华民族伟大复兴的必由之路。

3. 新时代要求我们继续用马克思主义解决时代问题

置身发展新的历史方位，面对新的发展目标，赢得优势、赢得主动、赢得未来，就要按照习近平总书记所说的："不断提高运用马克思主义分析和解决实际问题的能力，不断提高运用科学理论指导我们应对重大挑战、抵御重大风险、克服重大阻力、化解重大矛盾、解决重大问题的能力，以更宽广的视野、更长远的眼光来思考把握未来发展面临的一系列重大问题，不断坚定马克思主义信仰和共产主义理想。"① 继续坚持问题导向，关注和回答时代和实践提出的重大课题，为解决新形势下的时代问题提供新理念、新思路、新办法，在完善和深化对三大规律的认识的同时，守正创新，超越自己。"马克思主义是我们党的指导思想，共产主义是我们党的远大理想。没有马克思主义信仰、共产主义理想，就没有中国共产党，就没有中国特色社会主义。"② 无论时代如何变迁，共产党人都要时刻铭记马克思为人类解放奋斗的决心和勇气，紧紧追随马克思主义，不忘初心和使命，为中华民族谋幸福，为中华民族谋复兴。

二、基本思想

1. 深情缅怀马克思伟大光辉的一生

马克思是全世界无产阶级和劳动人民的革命导师，是马克思主义的主要创始人，是马克思主义政党的缔造者和国际共产主义的开创者，是近代以来最伟大的思想家。1818 年 5 月 5 日，马克思诞生在德国特里尔城的一个律师家庭。1883 年 3 月 14 日，马克思在伦敦寓所辞世，后与其妻子燕妮合葬于伦敦北郊的海格特公墓内。《在纪念马克思诞辰

① 习近平．在纪念马克思诞辰 200 周年大会上的讲话．北京：人民出版社，2018：24-25.
② 习近平．在全国党校工作会议上的讲话．北京：人民出版社，2016：7.

200周年大会上的讲话》(简称《讲话》)简述了马克思在中学时代、大学时代、在《莱茵报》工作期间、移居巴黎后、晚年等关键时期的历史活动及其撰写的重要著作，从三个方面概括和阐述了马克思伟大光辉的一生。首先，马克思的一生，是胸怀崇高理想、为人类解放不懈奋斗的一生。马克思一生饱尝颠沛流离的艰辛、贫病交加的煎熬，但他初心不改、矢志不渝，为人类解放的崇高理想而不懈奋斗，成就了伟大人生。其次，马克思的一生，是不畏艰难险阻、为追求真理而勇攀思想高峰的一生。马克思为创立科学理论体系，付出了常人难以想象的艰辛，最终达到了光辉的顶点。他博览群书、广泛涉猎，不仅深入了解和研究哲学社会科学各个学科知识，而且深入了解和研究各种自然科学知识，努力从人类创造的一切文明成果中汲取养料。即使在多病的晚年，马克思仍然不断迈向新的科学领域和目标，写下了数量庞大的历史学、人类学、数学等学科笔记。最后，马克思的一生，是为推翻旧世界、建立新世界而不息战斗的一生。马克思毕生的使命就是为人民解放而奋斗。为了改变人民受剥削、受压迫的命运，马克思义无反顾投身轰轰烈烈的工人运动，始终站在革命斗争最前沿。他领导创建了世界上第一个无产阶级政党——共产主义者同盟，领导了世界上第一个国际工人组织——国际工人协会，热情支持世界上第一次工人阶级夺取政权的革命——巴黎公社革命，满腔热情、百折不挠推动各国工人运动发展。

2. 科学归纳马克思主义的理论品质和思想内涵

马克思给我们留下的最有价值、最具影响力的精神财富，就是以他名字命名的科学理论——马克思主义。马克思的思想理论源于那个时代又超越了那个时代，既是那个时代精神的精华又是整个人类精神的精华。习近平从坚持和运用的视角对马克思主义科学内涵做了概括，强调“我们要坚持和运用辩证唯物主义和历史唯物主义的世界观和方法论，坚持和运用马克思主义立场、观点、方法，坚持和运用马克思主义关于世界的物质性及其发展规律，关于人类社会发展的自然性、历史性及其相关规律，关于人的解放和自由全面发展的规律，关于认识的本质及其发展规律等原理，坚持和运用马克思主义的实践观、群众观、阶级观、发展观、矛盾观”①。《讲话》从科学性、人民性、实践性、开放性四个方面归纳了马克思主义的理论品质。第一，马克思主义是科学的理论，创造性地揭示了人类社会发展规律。马克思创建了唯物史观和剩余价值学说，揭示了人类社会发展的一般规律，揭示了资本主义运行的特殊规律，为人类指明了从必然王国向自由王国飞跃的途径，为人民指明了实现自由和解放的道路。第二，马克思主义是人民的理论，第一次创立了人民实现自身解放的思想体系。马克思主义博大精深，归根到底就是一句话：为人类求解放。第三，马克思主义是实践的理论，指引着人民改造世界的行动。实践的观点、生活的观点是马克思主义认识论的基本观点，实践性是马克思主义理论区别于其他理论的显著特征。第四，马克思主义是不断发展的开放的理论，始终站在时代前沿。一部马克思主义发展史就是马克思、恩格斯以及他们的后继者们不断根据时代、实

① 习近平. 在纪念马克思诞辰200周年大会上的讲话. 北京：人民出版社，2018：25.

践、认识发展而发展的历史，是不断吸收人类历史上一切优秀思想文化成果丰富自己的历史。

3. 深刻总结马克思主义中国化的壮阔历程和基本经验

十月革命一声炮响，为中国送来了马克思列宁主义，给苦苦探寻救亡图存出路的中国人民指明了前进方向、提供了全新选择。在这个历史大潮中，一个以马克思主义为指导、一个勇担民族复兴历史大任、一个必将带领中国人民创造人间奇迹的马克思主义政党——中国共产党应运而生。习近平指出："马克思主义不仅深刻改变了世界，也深刻改变了中国。"[①]《讲话》回顾中国共产党推进马克思主义中国化和带领中国人民进行革命、建设和改革的历程，证明马克思主义提供了强大思想武器，使中国这个古老的东方大国创造了人类历史上前所未有的发展奇迹，实现了中华民族从站起来、富起来到强起来的伟大飞跃。习近平强调指出，实践证明，马克思主义的命运早已同中国共产党的命运、中国人民的命运、中华民族的命运紧紧连在一起，它的科学性和真理性在中国得到了充分检验，它的人民性和实践性在中国得到了充分贯彻，它的开放性和时代性在中国得到了充分彰显；实践证明，历史和人民选择马克思主义是完全正确的，中国共产党把马克思主义写在自己的旗帜上是完全正确的，坚持马克思主义基本原理同中国具体实际相结合、不断推进马克思主义中国化时代化是完全正确的。

4. 明确提出中国共产党人学习和实践马克思主义的基本要求

马克思主义博大精深、常学常新。中国共产党人在新时代仍然要学习马克思，学习和实践马克思主义，不断从中汲取科学智慧和理论力量。《讲话》着眼于党和国家事业发展全局，就学习和实践马克思主义提出了九个方面的要求，为新时代坚持和发展中国特色社会主义进一步指明了前进方向。习近平指出，学习马克思，就要学习和实践马克思主义关于人类社会发展规律的思想，就要学习和实践马克思主义关于坚守人民立场的思想，就要学习和实践马克思主义关于生产力和生产关系的思想，就要学习和实践马克思主义关于人民民主的思想，就要学习和实践马克思主义关于文化建设的思想，就要学习和实践马克思主义关于社会建设的思想，就要学习和实践马克思主义关于人与自然关系的思想，就要学习和实践马克思主义关于世界历史的思想，就要学习和实践马克思主义关于马克思主义政党建设的思想。全党同志特别是各级领导干部要深入学、持久学、刻苦学，带着问题学、联系实际学，真正把马克思主义这个看家本领学精悟透用好；要把读马克思主义经典、悟马克思主义原理当作一种生活习惯、当作一种精神追求，用经典涵养正气、淬炼思想、升华境界、指导实践；要在学习马克思主义进程中推动马克思主义不断创新发展，不断开辟当代中国马克思主义、21世纪马克思主义新境界。

---

① 习近平. 在纪念马克思诞辰200周年大会上的讲话. 北京：人民出版社，2018：11.

三、重要意义

1. 深化对马克思主义的认识

马克思主义是马克思给我们留下的最有价值、最具影响力的精神财富，它创造性地揭示了人类社会发展规律，第一次创立了人民实现自身解放的思想体系，为人民认识世界、改造世界提供了强大精神力量。马克思主义的诞生是人类思想史上的一个伟大事件，没有一种思想理论像马克思主义那样对人类产生了如此广泛而深刻的影响。习近平全面概括和科学评价了马克思的生平与思想，从科学的理论、人民的理论、实践的理论、不断发展的开放的理论等四个方面，深刻总结了马克思主义的科学属性、理论品质、实践意义和时代价值，深刻揭示了马克思主义真理的力量，为我们深刻把握马克思主义在人类社会思想史上、人类社会发展进程中的宝贵贡献和重大影响提供了根本遵循，为新时代坚持和发展马克思主义提供了方法论基础。首先，要坚持马克思主义。“马克思主义始终是我们党和国家的指导思想”①，“科学社会主义基本原则不能丢，丢了就不是社会主义”②，“从《共产党宣言》发表到今天，170年过去了，人类社会发生了翻天覆地的变化，但马克思主义所阐述的一般原理整个来说仍然是完全正确的”③。其次，要发展马克思主义。“我们要坚持用马克思主义观察时代、解读时代、引领时代，用鲜活丰富的当代中国实践来推动马克思主义发展，用宽广视野吸收人类创造的一切优秀文明成果，坚持在改革中守正出新、不断超越自己，在开放中博采众长、不断完善自己，不断深化对共产党执政规律、社会主义建设规律、人类社会发展规律的认识，不断开辟当代中国马克思主义、21世纪马克思主义新境界!”④

2. 拓展对马克思主义中国化的理解

一部马克思主义发展史就是马克思、恩格斯以及他们的后继者们不断根据时代、实践、认识发展而发展的历史，是不断吸收人类历史上一切优秀思想文化成果丰富自己的历史。社会主义并没有定于一尊、一成不变的套路，把科学社会主义基本原则同本国具体实际、历史文化传统、时代要求紧密结合起来，马克思主义必将永葆青春，不断探索时代发展提出的新课题、回应人类社会面临的新挑战。中国共产党的历史，就是把马克思主义基本原理与中国具体实际和时代特征相结合，不断创新、发展马克思主义的历史。我们党对马克思主义中国化历程有两次权威和集中阐述。一是党的十三大强调，马克思主义与我国实践的结合，经历了六十多年。在这个过程中，有两次历史性飞跃。第一次飞跃，发生在新民主主义革命时期，中国共产党人经过反复探索，在总结成功和失败经验的基础上，找到了有中国特色的革命道路，把革命引向胜利。第二次飞跃，发生在党

---

① 习近平．在纪念马克思诞辰200周年大会上的讲话．北京：人民出版社，2018：15.
② 同①26.
③ 同①25.
④ 同①27.

的十一届三中全会以后，中国共产党人在总结新中国成立三十多年来正反两方面经验的基础上，在研究国际经验和世界形势的基础上，开始找到一条建设有中国特色的社会主义的道路，开辟了社会主义建设的新阶段。二是党的十五大强调，马克思列宁主义同中国实际相结合有两次历史性飞跃，产生了两大理论成果。第一次飞跃的理论成果是被实践证明了的关于中国革命和建设的正确的理论原则和经验总结，它的主要创立者是毛泽东，我们党把它称为毛泽东思想。第二次飞跃的理论成果是建设有中国特色社会主义理论，它的主要创立者是邓小平，我们党把它称为邓小平理论。这两大理论成果都是党和人民实践经验和集体智慧的结晶。党的十八大以来，以习近平同志为核心的党中央，在实践和理论创新的过程中，逐渐形成了从站起来、富起来到强起来理解马克思主义中国化历程的维度。《讲话》把站起来与新中国成立、社会主义制度确立、社会主义建设探索对应起来；把富起来与改革开放对应起来；把强起来与新时代对应起来，并分别强调“只有社会主义才能救中国”“只有中国特色社会主义才能发展中国”“只有坚持和发展中国特色社会主义才能实现中华民族伟大复兴”，把党对马克思主义中国化认识提升到一个新的阶段。

3. 指明新时代坚持和发展中国特色社会主义的方向

习近平指出：“当代中国的伟大社会变革，不是简单延续我国历史文化的母版，不是简单套用马克思主义经典作家设想的模板，不是其他国家社会主义实践的再版，也不是国外现代化发展的翻版。”① 新时期坚持和发展中国特色社会主义，必须立足中国实践、解决中国问题，紧密联系中国国情的深刻变化，准确把握我国发展的历史方位，与时代同步伐，与人民共命运，关注和回答时代和实践提出的重大课题，把马克思主义基本原理与中国实际紧密结合起来，获得新认识、形成新成果。“只有把科学社会主义基本原则同本国具体实际、历史文化传统、时代要求紧密结合起来，在实践中不断探索总结，才能把蓝图变为美好现实。”② 今天我们纪念马克思，就要学习马克思，学习和实践马克思主义，不断从中汲取科学智慧和理论力量，紧密团结在以习近平同志为核心的党中央周围，更有定力、更有自信、更有智慧地坚持和发展新时代中国特色社会主义，为坚持和发展马克思主义而努力，为实现“两个一百年”奋斗目标、实现中华民族伟大复兴的中国梦不懈奋斗。

四、学习与思考

1. 如何理解马克思主义的理论品质和基本内涵？

2. 概述中国共产党领导中国人民进行革命、建设和改革伟大实践，中华民族实现从站起来、富起来到强起来的三次历史性飞跃。

3. 试述新时代中国共产党人学习和实践马克思主义的基本要求？

---

① 习近平．在纪念马克思诞辰200周年大会上的讲话．北京：人民出版社，2018：26-27．

② 同①27．

《新时代公民道德建设实施纲要》导读

2019 年 10 月，中共中央、国务院印发了《新时代公民道德建设实施纲要》(简称《纲要》)。《纲要》坚持守正创新，体现时代特征，既继承了 2001 年中共中央颁布的《公民道德建设实施纲要》的主要内容，又立足新时代新形势新任务新要求，深入贯彻习近平新时代中国特色社会主义思想和党的十九大精神，全面、深入、系统地阐述了新时代公民道德建设的总体要求、重点任务以及重要群体和重点领域道德建设的具体要求，是新时代推进和加强公民道德建设的纲领性文件，对于推动全民道德素质和社会文明程度达到一个新高度，决胜全面建成小康社会、开启全面建设社会主义现代化国家新征程，具有十分重要的意义，为新时代公民道德建设提供了根本遵循。

原文见《新时代公民道德建设实施纲要》，人民出版社 2019 年版。

一、写作背景

1. 贯彻习近平关于思想道德建设重要论述和新时代公民道德建设实践经验的系统总结

党的十八大以来，以习近平同志为核心的党中央高度重视社会主义精神文明建设特别是思想道德建设。从国家治理和发展的战略高度出发，习近平指出："法安天下，德润人心。法律有效实施有赖于道德支持，道德践行也离不开法律约束。法治和德治不可分离、不可偏废，国家治理需要法律和道德协同发力。"① 我们党提出要始终把弘扬中华民族传统美德、加强社会主义思想道德建设作为极为重要的战略任务来抓；倡导社会主义核心价值观，通过明大德、守公德、严私德来实现德性修养，在道德实践中注重"落细、落小、落实"；把社会主义核心价值观日常化、具体化、形象化、生活化；倡导"幸福源自奋斗""成功在于奉献""平凡孕育伟大"的理念，在加强立德树人、以文化人等方面提出了一系列的新思想新观点新论断。同时，党中央高度重视公民道德建设，立根塑魂、正本清源，做出一系列重要部署，推动思想道德建设取得显著成效。全国各地在公民道

---

① 习近平在中共中央政治局第三十七次集体学习时强调 坚持依法治国和以德治国相结合 推进国家治理体系和治理能力现代化. 人民日报，2016-12-11.

德建设中的新鲜创造和典型经验，既有很强的科学性、指导性，又有很强的实践性、可操作性，需要全面总结和理论升华，更好地指导和推动新时代公民道德建设的新发展。

2. 适应新时代新要求，推进公民道德建设的内在需要

中国特色社会主义已经进入新时代，我国社会主要矛盾已经转化为人民日益增长的美好生活需要和不平衡不充分的发展之间的矛盾，进一步加强公民道德建设，提高人民思想觉悟、道德水准、文明素养，提高全社会文明程度，才能满足人们对美好生活的向往。从全面建成小康社会到基本实现社会主义现代化，再到全面建成社会主义现代化强国，是新时代中国特色社会主义发展的战略安排。处在“两个一百年”奋斗目标的历史交汇期，需要进一步加强公民道德建设，促进全体人民在理想信念、价值理念、道德观念上紧密团结在一起，为全面建设社会主义现代化强国凝聚起强大的精神力量。马克思、恩格斯所描绘的共产主义社会，是“自由人联合体”，人的全面发展问题是马克思主义学说的一个核心问题，实现每个人自由而全面的发展是马克思主义整个理论体系的出发点和归宿。社会的全面进步和人的全面发展都离不开公民道德素质的提升，只有进一步加强公民道德建设，引导人们明大德、守公德、严私德，才能不断推进社会的全面进步和人的全面发展。

3. 积极应对道德建设领域存在的不足和问题的客观要求

当今世界正处于大发展大变革大调整时期，世界多极化、经济全球化、社会信息化、文化多样化深入发展，各种影响、力量交织在一起，冲击着世界范围内的每一个国家和地区。而在国内经济社会深刻变革的大背景下，由于市场经济规则、政策法规、社会治理还不够健全，受不良思想文化侵蚀和网络有害信息影响，道德领域依然存在不少问题。“一些地方、一些领域不同程度存在道德失范现象，拜金主义、享乐主义、极端个人主义仍然比较突出；一些社会成员道德观念模糊甚至缺失，是非、善恶、美丑不分，见利忘义、唯利是图，损人利己、损公肥私；造假欺诈、不讲信用的现象久治不绝，突破公序良俗底线、妨害人民幸福生活、伤害国家尊严和民族感情的事件时有发生。”[①] 这些问题迫切需要采取有力措施切实加以解决，为全面建设社会主义现代化强国奠定坚实的思想道德基础。

二、基本思想

1. 新时代公民道德建设的总体要求

明确指导思想和总目标。《纲要》指出，“要以习近平新时代中国特色社会主义思想

---

① 新时代公民道德建设实施纲要. 北京：人民出版社，2019：2-3.

为指导”，围绕“四个伟大”，“着眼构筑中国精神、中国价值、中国力量，促进全体人民在理想信念、价值理念、道德观念上紧密团结在一起”[①]。坚持习近平新时代中国特色社会主义思想的指导，增强“四个意识”，坚定“四个自信”，做到“两个维护”，才能确保公民道德建设的正确方向。《纲要》强调，必须“不断提升公民道德素质，促进人的全面发展，培养和造就担当民族复兴大任的时代新人”[②]。从制度层面回答了“培养什么人、怎样培养人、为谁培养人”这一根本问题。担当民族复兴大任的时代新人要在思想水平、政治觉悟、道德品质、文化素养等方面同新时代要求相符合，体现了鲜明的目标导向。

提出“六个坚持”。“六个坚持”涵盖了推进新时代公民道德建设的主要方针原则。《纲要》提出，要坚持马克思主义道德观、社会主义道德观，倡导共产主义道德，以为人民服务为核心，以集体主义为原则，以爱祖国、爱人民、爱劳动、爱科学、爱社会主义为基本要求；坚持以社会主义核心价值观为引领，将国家、社会、个人层面的价值要求贯穿到道德建设各方面；坚持在继承传统中创新发展，不断增强道德建设的时代性实效性；坚持提升道德认知与推动道德实践相结合，引导人们向往和追求讲道德、尊道德、守道德的生活；坚持发挥社会主义法治的促进和保障作用，以法治的力量引导人们向上向善；坚持积极倡导与有效治理并举，树立新风正气、祛除歪风邪气[③]。

强调“四个着力点”。“四个着力点”为新时代公民道德建设提供了根本遵循。《纲要》明确指出，新时代公民道德建设要把社会公德、职业道德、家庭美德、个人品德建设作为着力点，“推动践行以文明礼貌、助人为乐、爱护公物、保护环境、遵纪守法为主要内容的社会公德，鼓励人们在社会上做一个好公民；推动践行以爱岗敬业、诚实守信、办事公道、热情服务、奉献社会为主要内容的职业道德，鼓励人们在工作中做一个好建设者；推动践行以尊老爱幼、男女平等、夫妻和睦、勤俭持家、邻里互助为主要内容的家庭美德，鼓励人们在家庭里做一个好成员；推动践行以爱国奉献、明礼遵规、勤劳善良、宽厚正直、自强自律为主要内容的个人品德，鼓励人们在日常生活中养成好品行”[④]。

2. 新时代公民道德建设的重点任务

《纲要》明确阐明了新时代公民道德建设的“四项重点任务”，包括筑牢理想信念之基、培育和践行社会主义核心价值观、传承中华传统美德、弘扬民族精神和时代精神。只有牢牢抓好“四项重点任务”，才能不断推进新时代公民道德建设的进程。

第一，筑牢理想信念之基。人民有信仰，国家有力量，民族有希望。理想信念指引人生方向，引领道德追求。2012 年 11 月 17 日，习近平在十八届中共中央政治局第一次集体学习时提出：“坚定理想信念，坚守共产党人精神追求，始终是共产党人安身立命的根本。对马克思主义的信仰，对社会主义和共产主义的信念，是共产党人的政治灵魂，

① 新时代公民道德建设实施纲要. 北京：人民出版社，2019：3-4.
② 同①4.
③ 同①4-5.
④ 同①5-6.

是共产党人经受住任何考验的精神支柱。"[①] 理想信念就是人精神上的"钙"，没有理想信念，理想信念不坚定，精神上就会"缺钙"，就会得"软骨病"。新时代公民道德建设必须要"坚持不懈用习近平新时代中国特色社会主义思想武装全党、教育人民"，"把共产主义远大理想与中国特色社会主义共同理想统一起来"[②]，培养和造就担当民族复兴大任的时代新人。

第二，培育和践行社会主义核心价值观。社会主义核心价值观反映了中国人民的共同价值追求，具有极大的引导力、感召力、凝聚力。社会主义核心价值观所倡导的富强民主文明和谐、自由平等公正法治、爱国敬业诚信友善等价值理念，是当代中国精神的集中体现，是凝聚中国力量的思想道德基础。习近平指出："核心价值观，其实就是一种德，既是个人的德，也是一种大德，就是国家的德、社会的德。"[③] 社会主义核心价值观为新时代公民道德建设提供了方向和指引。《纲要》明确提出，新时代公民道德建设要以社会主义核心价值观为价值引领，"把社会主义核心价值观作为明德修身、立德树人的根本遵循"，"把社会主义核心价值观要求融入日常生活"，"推动社会主义核心价值观融入法治建设……为弘扬主流价值提供良好社会环境和制度保障"[④]。

第三，传承中华传统美德。中华优秀传统文化是中华民族的精神命脉，是中华民族得以延续的文化基因。它极其重视道德修养和道德教化，蕴含着丰富的道德资源。中华传统美德是中华优秀文化的重要组成部分，拥有强大的道德力量，如讲仁爱、重民本、守诚信、崇正义、尚和合、求大同等思想观念，自强不息、敬业乐群、扶正扬善、扶危济困、见义勇为、孝老爱亲等传统美德，都是道德建设的不竭源泉。习近平指出，历史是最好的教科书。"历史是一面镜子，从历史中，我们能够更好看清世界、参透生活、认识自己；历史也是一位智者，同历史对话，我们能够更好认识过去、把握当下、面向未来。"[⑤] 抛弃传统、丢掉根本，就等于割断了自己的精神命脉。因此，《纲要》指出，"要以礼敬自豪的态度对待中华优秀传统文化"，"让中华文化基因更好植根于人们的思想意识和道德观念"，"使之与现代文化、现实生活相融相通，成为全体人民精神生活、道德实践的鲜明标识"[⑥]。

第四，弘扬民族精神和时代精神。中国精神是兴国强国之魂，是中华民族生生不息、发展壮大的坚实精神支撑和强大道德力量。新时代公民道德建设必须要弘扬以爱国主义为核心的民族精神和以改革创新为核心的时代精神。《纲要》指出，要深化改革开放史、新中国历史、中国共产党历史、中华民族近代史、中华文明史教育，弘扬中国人民伟大创造精神、伟大奋斗精神、伟大团结精神、伟大梦想精神，倡导一切有利于团结统一、爱好和平、勤劳勇敢、自强不息的思想和观念，构筑中华民族共有精神家园。要继承和发扬党领导人民创造的优良传统，传承红色基因，赓续精神谱系。要紧紧围绕全面深化

① 中共中央文献研究室．十八大以来重要文献选编：上．北京：中央文献出版社，2014：80.
② 新时代公民道德建设实施纲要．北京：人民出版社，2019：6，7.
③ 习近平．青年要自觉践行社会主义核心价值观：在北京大学师生座谈会上的讲话．北京：人民出版社，2004：4.
④ 同②7-8.
⑤ 习近平．在中国文联十大、中国作协九大开幕式上的讲话．人民日报，2016-12-01.
⑥ 同②8.

改革开放、深入推进社会主义现代化建设，大力倡导解放思想、实事求是、与时俱进、求真务实的理念，倡导“幸福源自奋斗”“成功在于奉献”“平凡孕育伟大”的理念，弘扬改革开放精神、劳动精神、劳模精神、工匠精神、优秀企业家精神、科学家精神，使全体人民保持昂扬向上、奋发有为的精神状态①。

3. 新时代公民道德建设的推进路径

《纲要》强调，加强公民道德建设是一项长期而紧迫、艰巨而复杂的任务，要适应新时代新要求，通过深化道德教育引导、推动道德实践养成、抓好网络空间道德建设、发挥制度保障作用、加强组织领导，全面推进新时代公民道德建设。

第一，深化道德教育引导，强化道德自律。《纲要》提出要从学校、家庭、社会入手，发挥各方面的资源优势，把立德树人贯穿学校教育全过程，用良好家教家风涵育道德品行，以先进模范引领道德风尚，以正确舆论营造良好道德环境，以优秀文艺作品陶冶道德情操，发挥各类阵地道德教育作用。抓好对党员干部、青少年、社会公众人物等重点群体的教育引导。

第二，推动道德实践养成，增强公民道德建设的时代性和实效性。道德建设需要教育引导，更需要道德实践。道德实践是加强公民道德建设的重要途径。《纲要》总结了2001年党中央颁布《公民道德建设实施纲要》以来，各地在公民道德建设中的新鲜创造和典型经验，形成了对新时代公民道德建设工作规律的深刻认识和科学把握，从弘扬时代新风行动、群众性创建活动、诚信建设、学雷锋志愿服务、移风易俗行动、礼仪礼节教化、绿色生产生活、对外交流交往中不断提升道德素养，突出了群众性、实践性、可操作性，为推动公民道德建设提供根本遵循。

第三，抓好网络空间道德建设，建强网络阵地。2019年8月，中国互联网络信息中心在京发布第44次《中国互联网络发展状况统计报告》，截至2019年6月，我国网民规模达8.54亿，互联网普及率已达61.2%②。网络道德建设成为新时代加强思想道德建设、提升公民道德素质的前沿阵地。《纲要》提出，一方面要强化网络综合治理，建立和完善网络行为规范，营造良好网络道德环境；另一方面要让科学理论、正确舆论、优秀文化充盈网络空间，让正确道德取向成为网络空间的主流。

第四，发挥制度保障作用，坚持教育倡导与有效治理相结合。法律法规、公共政策、社会规范的相互影响、相互作用，共同引导、约束、协调着人们的道德行为，不断净化社会文化环境。《纲要》提出要发挥法治对道德建设的保障和促进作用，把道德导向贯穿法治建设全过程；各项公共政策制度从设计制定到实施执行，都要充分体现道德要求，符合人们道德期待，实现政策目标和道德导向有机统一；修订完善市民公约、乡规民约、学生守则等行为准则；组织开展道德领域突出问题专项治理，不断净化社会文化环境③。

第五，加强组织领导，确保公民道德建设的正确方向。党的十九大报告指出，“中国

① 新时代公民道德建设实施纲要. 北京：人民出版社，2019：8-9.
② 第44次《中国互联网络发展状况统计报告》发布. 光明日报，2019-08-31.
③ 同①22-25.

特色社会主义最本质的特征是中国共产党领导，中国特色社会主义制度的最大优势是中国共产党领导"；"党政军民学，东西南北中，党是领导一切的"[①]。《纲要》提出要坚持党的坚强领导，各级党委和政府要担负起公民道德建设的领导责任；纪检监察机关和党政部门，要积极履行公民道德建设责任；基层党组织和党员要发挥战斗堡垒作用和先锋模范作用；群团组织要共同推动公民道德建设；各级文明委和党委宣传部要切实履行指导、协调、组织职能，推动公民道德建设深入发展[②]。

三、重要意义

1. 公民道德建设理论发展的新成果

《纲要》以习近平新时代中国特色社会主义思想和党的十九大精神为指导，立足新时代新形势新任务新要求，突出问题导向，着重体现习近平总书记对党员领导干部、青少年和社会公众人物等重要群体和重点领域道德建设的重要论述和具体要求，重点强化了法治保障、网络空间、生态文明、对外交往等方面的内容，在继承 2001 年《公民道德建设实施纲要》主要思想的基础上，进行了创新创造，更加体现时代性和针对性。《纲要》旗帜鲜明地提出必须始终保持公民道德建设的社会主义方向；要把社会公德、职业道德、家庭美德、个人品德建设作为新时代公民道德建设的着力点；将个人品德的主要内容概括为"爱国奉献、明礼遵规、勤劳善良、宽厚正直、自强自律"；坚持传承中华传统美德，并把中华传统美德的主要内容概括为"自强不息、敬业乐群、扶正扬善、扶危济困、见义勇为、孝老爱亲"；创造性地阐发了新时代弘扬中国精神的科学内涵和基本要求等，在公民道德建设理论方面取得了一系列新突破。

2. 为深化新时代公民道德建设提供了根本指针

《纲要》全面、深入、系统阐述了新时代公民道德建设的总体要求、重点任务以及公民道德建设的推进途径等一系列重要问题，是推进新时代公民道德建设的纲领性文件。《纲要》着重强调了公民道德建设要坚持马克思主义道德观、社会主义道德观，倡导共产主义道德，始终保持公民道德建设的社会主义方向；坚持以社会主义核心价值观为引领；强化道德认同、指引道德实践，引导人们明大德、守公德、严私德，为新时代公民道德建设指明了方向。《纲要》印发以来，广大媒体集中宣传，全国各地区各部门及时组织学习讨论，立足实践发展、突出问题导向，围绕宣传贯彻《纲要》的主要精神，结合自身情况扎实推进相关部署，以具体举措落实《纲要》的各项要求。开展一系列主题实践和集中治理活动，推出各行各业先进人物，充分发挥先进典型示范引领作用，在宣传、教

① 习近平. 决胜全面建成小康社会 夺取新时代中国特色社会主义伟大胜利：在中国共产党第十九次全国代表大会上的报告. 北京：人民出版社，2017：20.

② 新时代公民道德建设实施纲要. 北京：人民出版社，2019：25-26.

育、学习、推进的过程中，不断将社会主义精神文明建设、全民道德素质和社会文明程度推动到一个新高度。

四、学习与思考

1. 为什么要始终保持新时代公民道德建设的社会主义方向？
2. 试述《新时代公民道德建设实施纲要》的主要特点。
3. 如何推进网络空间道德建设？

《新时代爱国主义教育实施纲要》导读

2019年11月，中共中央、国务院印发《新时代爱国主义教育实施纲要》（简称《纲要》），对新时代爱国主义教育做出战略谋划和全面部署，明确了总体要求、基本内容、群体对象、载体手段、氛围营造和组织保障。《纲要》的出台正值新中国成立70周年的特殊历史节点，是中国特色社会主义进入新时代、中华民族伟大复兴进入关键期的重要决策，也是爱国主义教育的内外环境和形势任务发生巨大变化时的有效举措。《纲要》具有鲜明的时代特色和实践属性，既是新时代爱国主义教育的纲领性文献，也是新时代思想政治教育的重要行动指南，对于引导全体人民弘扬爱国主义精神、实现中华民族伟大复兴的中国梦，具有重要的现实意义和深远的历史影响。

原文见《新时代爱国主义教育实施纲要》，人民出版社2019年版。

一、写作背景

1. 新时代爱国主义教育面临新形势新任务

党的十九大报告指出，中国特色社会主义进入了新时代，这是我国发展新的历史方位。中国特色社会主义进入新时代，意味着近代以来久经磨难的中华民族迎来了从站起来、富起来到强起来的伟大飞跃，迎来了实现中华民族伟大复兴的光明前景；意味着科学社会主义在二十一世纪的中国焕发出强大生机活力，在世界上高高举起了中国特色社会主义伟大旗帜；意味着中国特色社会主义道路、理论、制度、文化不断发展，拓展了发展中国家走向现代化的途径，给世界上那些既希望加快发展又希望保持自身独立性的国家和民族提供了全新选择，为解决人类问题贡献了中国智慧和中国方案。

新时代肩负新使命，需要弘扬爱国主义精神，为实现中华民族伟大复兴的中国梦凝心聚力。党的十九大描绘了开启全面建设社会主义现代化国家新征程的宏伟蓝图，为实现“两个一百年”奋斗目标、实现中华民族伟大复兴的中国梦划定了时间表和路线图。党的十九大对未来做了远景规划，提出了新的两步走战略。第一个阶段，从2020年到2035年，在全面建成小康社会的基础上，再奋斗十五年，基本实现社会主义现代化；第二个阶段，从2035年到本世纪中叶，在基本实现现代化的基础上，再奋斗十五年，把我国建成富强民主文明和谐美丽的社会主义现代化强国。到21世纪中叶，我国的物质文明、政治文明、精神文明、社会文明和生态文明将全面提升，呈现出国力强盛、制度定型、人民幸福、世界强国的美丽图景。在新的时代条件下，中国需要大力加强爱国主义教育，激发广大干部群众的爱国情、强国志、报国行，形成昂扬向上的精神风貌，巩固全党全社会团结奋斗的精神纽带，为中国特色社会主义事业提供强大精神动力。

新时代面临新考验，需要加强爱国主义教育，坚持总体国家安全观，防范化解重大风险，维护国家统一、民族团结、社会稳定的大好局面。从国内方面看，社会主要矛盾已经转化为人民日益增长的美好生活需要和不平衡不充分的发展之间的矛盾，发展不平衡不充分问题成为满足人民日益增长的美好生活需要的主要制约因素。全面深化改革已经进入攻坚期、深水区，既有积存多年的顽瘴痼疾，也有触及深层次利益关系的矛盾问题，任务更加艰巨，难度前所未有。面对艰巨繁重的改革发展稳定任务，中国必须在解决人民群众切身利益问题的同时高度重视爱国主义教育，引导广大人民形成正确的世界观、人生观、价值观，增强中国特色社会主义道路、理论、制度、文化自信，增加人民群众获得感、幸福感、安全感。从国际方面看，世界大变局加速深刻演变，全球动荡源和风险点增多，我国外部环境复杂严峻。为了维护国家主权、安全、发展利益，营造改革发展稳定的良好外部环境，中国必须不断创新爱国主义教育的内容和形式，打赢意识形态斗争主动仗，筑牢意识形态安全防线。

2. 中国共产党对爱国主义提出新观点新要求

党的十八大以来，党中央高度重视爱国主义教育，习近平围绕爱国主义精神提出了一系列新观点和新要求。这些重要论述立意高远、内涵丰富，是习近平新时代中国特色社会主义思想的重要组成部分，为加强新时代爱国主义教育明确了发展方向和目标任务。

关于爱国主义的地位作用和时代主题，习近平在多个场合多次做出重要论述，突出强调爱国主义精神在中华民族历史发展进程中展现出的强大力量，明确指出实现中华民族伟大复兴的中国梦是当代中国爱国主义的鲜明主题。习近平指出，爱国主义是中华民族精神的核心，爱国主义精神深深植根于中华民族心中，是中华民族的精神基因，维系着华夏大地上各个民族的团结统一，激励着一代又一代中华儿女为祖国发展繁荣而不懈奋斗。5 000 多年来，中华民族之所以能够经受住无数难以想象的风险和考验，始终保持旺盛生命力，生生不息，薪火相传，同中华民族有深厚持久的爱国主义传统是密不可分的①。只要高举爱国主义的伟大旗帜，中国人民和中华民族就能在改造中国、改造世界的拼搏中迸发出排山倒海的历史伟力。

关于弘扬爱国主义精神的原则，习近平强调必须把爱国主义教育作为永恒主题、必须坚持爱国主义和社会主义相统一、必须维护祖国统一和民族团结、必须尊重和传承中华民族历史和文化、必须坚持立足民族又面向世界。习近平指出，要把爱国主义教育贯

① 习近平在中共中央政治局第二十九次集体学习时强调 大力弘扬伟大爱国主义精神 为实现中国梦提供精神支柱. 人民日报，2015-12-31.

穿国民教育和精神文明建设全过程；只有坚持爱国和爱党、爱社会主义相统一，爱国主义才是鲜活的、真实的，这是当代中国爱国主义精神最重要的体现；弘扬爱国主义精神，必须把维护祖国统一和民族团结作为重要着力点和落脚点；要以时代精神激活中华优秀传统文化的生命力，推进中华优秀传统文化创造性转化和创新性发展；要把弘扬爱国主义精神与扩大对外开放结合进来①。

关于爱国主义教育的对象，习近平强调要让爱国主义成为每一个中国人的坚定信念和精神依靠，把加强青少年的爱国主义教育摆在更加突出的位置。习近平指出，爱国，是人世间最深层、最持久的情感，是一个人立德之源、立功之本②。对每一个中国人来说，爱国是本分，也是职责，是心之所系、情之所归③。青少年成长成才一直是党和国家关注的重要问题，习近平多次同青少年谈心、给青少年回信、参加青少年活动，鼓励青少年培养爱国之情、砥砺强国之志、实践报国之行。习近平指出，要在广大青少年中开展深入、持久、生动的爱国主义宣传教育，让爱国主义精神在广大青少年心中牢牢扎根。爱国，不能停留在口号上，而是要把自己的理想同祖国的前途、把自己的人生同民族的命运紧密联系在一起，扎根人民，奉献国家④。新时代中国青年要听党话、跟党走，胸怀忧国忧民之心、爱国爱民之情，不断奉献祖国、奉献人民，以一生的真情投入、一辈子的顽强奋斗来体现爱国主义情怀，让爱国主义的伟大旗帜始终在心中高高飘扬⑤。

3. 爱国主义教育实践取得新成果新经验

改革开放以来，中国与世界的关系发生了历史性变化。日益走近世界舞台中央的中国，在紧紧抓住发展机遇以提升国家实力和国际地位的同时，也不断应对着经济全球化趋势带来的诸多挑战。面对复杂的意识形态斗争和激烈的思想文化交锋，党和国家积极推动爱国主义教育的创新发展，从人民群众的生动实践中积累起许多行之有效的经验，为新时代爱国主义教育打下了良好的实践基础。

党的十三届四中全会后，中共中央深化了对加强爱国主义教育重要性的认识并采取了一系列重要举措。1994 年 8 月，党中央印发《爱国主义教育实施纲要》，阐明了新时期爱国主义教育的意义、原则、内容和具体方法，为爱国主义教育提供了实践指南。这一具有里程碑意义的文献成为此后很长一段时期爱国主义教育的行动纲领，推动群众性爱国主义教育活动不断向纵深发展。党的十六大提出弘扬和培育以爱国主义为核心的伟大民族精神后，爱国主义教育再次掀起高潮。2009 年是新中国成立 60 周年，群众性爱国主义教育活动在全国全面展开。人们积极参与“双百”人物评选，各地区各行业不断创新活动方式，爱国主义教育的针对性和实效性得到大幅提升。

党的十八大以来，爱国主义教育继续深入推进，教育内容和形式不断丰富，实

---

① 习近平在中共中央政治局第二十九次集体学习时强调　大力弘扬伟大爱国主义精神　为实现中国梦提供精神支柱. 人民日报，2015-12-31.

② 习近平. 在北京大学师生座谈会上的讲话. 人民日报，2018-05-03.

③ 习近平. 在纪念五四运动100周年大会上的讲话. 人民日报，2019-05-01.

④ 同②.

⑤ 同③.

践路径和载体继续拓展，为新时代爱国主义教育的创新发展提供了有利条件。各地各部门利用我国改革发展的伟大成就、重大历史事件纪念活动、爱国主义教育基地、中华民族传统节庆、国家公祭仪式等广泛开展各式各样生动活泼的爱国主义教育，引起各族群众的强烈反响。2017 年 4 月，中央文明委印发《关于深化群众性精神文明创建活动的指导意见》，将爱国主义教育作为群众性精神文明创建活动的重要内容，要求贯穿国民教育和精神文明建设全过程，广泛弘扬爱国主义、集体主义、社会主义思想，不断增强中华民族的归属感、认同感和凝聚力、向心力。随着爱国主义教育氛围的日益浓厚，相关的制度和法治保障成为加强爱国主义教育的必然要求。2017 年 9 月，第十二届全国人民代表大会常务委员会第二十九次会议通过《中华人民共和国国歌法》，以国家立法形式明确了国歌的奏唱场合、奏唱礼仪和宣传教育，与国旗法、国徽法一道成为关于国家象征和标志的重要制度。2018 年 5 月，《中华人民共和国英雄烈士保护法》正式实施，有助于维护英雄烈士的尊严和合法权益，传承和弘扬英雄烈士精神、爱国主义精神，形成"崇尚英雄，捍卫英雄，学习英雄，关爱英雄"的社会风尚。

二、基本思想

1. 明确新时代爱国主义教育的内容要求

《纲要》从国家发展大局和爱国主义教育现状出发提出六项总体要求。第一，坚持以马克思列宁主义、毛泽东思想、邓小平理论、"三个代表"重要思想、科学发展观、习近平新时代中国特色社会主义思想为指导。习近平新时代中国特色社会主义思想是解决当代中国前途命运问题的科学理论指引，为社会各领域各方面工作提供了基本遵循，是解决新时代爱国主义教育理论和实践问题的根本指针。第二，坚持把实现中华民族伟大复兴的中国梦作为鲜明主题。爱国主义教育具有具体性和历史性，不同时期的爱国主义教育具有不同的时代背景和主题。新时代爱国主义教育要把国家富强、民族振兴、人民幸福作为不懈追求，引导人们坚持中国道路、弘扬中国精神、凝聚中国力量，为实现中华民族伟大复兴的中国梦提供强大精神动力。第三，坚持爱党爱国爱社会主义相统一。2019 年 4 月 30 日，习近平在纪念五四运动 100 周年大会上指出，当代中国，爱国主义的本质就是坚持爱国和爱党、爱社会主义高度统一。新时代爱国主义教育要引导人们深刻认识祖国的命运与党的命运、社会主义的命运密不可分，深刻认识党的领导是中国特色社会主义最本质特征和最大制度优势。第四，坚持以维护祖国统一和民族团结为着力点。国家统一和民族团结是中华民族根本利益所在，要始终不渝坚持民族团结是各族人民的生命线，巩固和发展平等团结互助和谐的社会主义民族关系，巩固和发展最广泛的爱国统一战线，不断增强"五个认同"，坚决维护国家主权、安全、发展利益。第五，坚持以立为本、重在建设。要突出思想内涵，强化思想引领，做到润物无声，把基本要求和具体实际结合起来，把全面覆盖和突出重点结合起来。第六，坚持立足中国又面向世界。

习近平在谈及关于中国同世界的关系时多次强调，中国人是讲爱国主义的，同时也是具有国际视野和国际胸怀的。新时代爱国主义教育要把弘扬爱国主义精神与扩大对外开放结合起来，尊重各国历史特点、文化传统和发展道路，善于从不同文明中寻求智慧、汲取营养。

《纲要》紧紧围绕时代主题，提出八个方面的爱国主义教育基本内容。第一，习近平新时代中国特色社会主义思想。“要深刻理解习近平新时代中国特色社会主义思想的核心要义、精神实质、丰富内涵、实践要求”，“推动习近平新时代中国特色社会主义思想进企业、进农村、进机关、进校园、进社区、进军营、进网络，真正使党的创新理论落地生根、开花结果”①，把学习教育成果转化为爱国报国的实际行动。第二，中国特色社会主义和中国梦教育。中国特色社会主义集中体现着国家、民族、人民的根本利益。要广泛开展理想信念教育，引导人们深刻认识中国共产党为什么“能”、马克思主义为什么“行”、中国特色社会主义为什么“好”，不断增强道路自信、理论自信、制度自信、文化自信。要深入开展中国梦教育，引导人们争做新时代的奋斗者和追梦人。第三，国情教育和形势政策教育。要深入开展国情教育，帮助人们了解我国发展新的历史方位、社会主要矛盾的变化。要深入开展形势政策教育，帮助人们树立正确的历史观、大局观、角色观，在进行伟大斗争中更好弘扬爱国主义精神。第四，民族精神和时代精神教育。要广泛开展爱国主义、集体主义、社会主义教育，弘扬中国人民在长期奋斗中形成的伟大创造精神、伟大奋斗精神、伟大团结精神、伟大梦想精神。第五，党史、国史、改革开放史教育。要引导人们深刻认识历史和人民选择中国共产党、选择马克思主义、选择社会主义道路、选择改革开放的历史必然性，坚决反对历史虚无主义。要加强改革开放教育，凝聚起将改革开放进行到底的强大力量。第六，中华优秀传统文化教育。要引导人们了解中华民族的悠久历史和灿烂文化，树立和坚持正确的历史观、民族观、国家观、文化观。第七，祖国统一和民族团结进步教育。要加强祖国统一教育，增进广大同胞心灵契合、互信认同。深化民族团结进步教育，筑牢中华民族共同体意识。第八，国家安全教育和国防教育。要深入学习宣传总体国家安全观，增强全党全国人民国家安全意识，增强全民国防观念，使关心国防、热爱国防、建设国防、保卫国防成为全社会的思想共识和自觉行动。

2. 规定新时代爱国主义教育的具体举措

《纲要》对新时代爱国主义教育的群体对象做出明确规定，提出教育应当面向全体人民、聚焦青少年。青少年是国家的未来、民族的希望，青少年的价值取向决定了未来整个社会的价值取向。《纲要》要求“把青少年作为爱国主义教育的重中之重”②，充分发挥课堂教学的主渠道作用，将爱国主义精神贯穿于学校教育全过程，推动爱国主义教育进课堂、进教材、进头脑。创新爱国主义教育的形式，丰富和优化课程资源，进一

---

① 新时代爱国主义教育实施纲要．北京：人民出版社，2019：4-5.

② 同①9.

步增强爱国主义教育课程的吸引力和感染力；思想政治理论课是爱国主义教育的主阵地，要紧紧抓住青少年阶段的“拔节孕穗期”，理直气壮开好学校思想政治理论课，加强思想政治理论课教师队伍建设，推动思想政治理论课改革创新；组织推出爱国主义精品出版物，针对不同年龄、不同成长阶段推出反映爱国主义内容的高质量儿童读物和教辅读物，推荐爱国主义主题出版物，开发并积极推介体现中华文化精髓、富有爱国主义气息的网络文学、动漫、有声读物、网络游戏、手机游戏、短视频等；广泛组织开展实践活动，把爱国主义内容融入党日团日、主题班会、班队会以及各类主题教育活动之中，组织开展丰富多彩的校园文化活动，丰富拓展爱国主义教育校外实践领域。《纲要》对在广大知识分子中弘扬爱国奋斗精神提出了相关要求，动员和组织新时代知识分子立足本职、拼搏奋斗、创新创造，深入了解国情，坚定爱国追求，在新时代做出应有的贡献。《纲要》指出，社会各界的代表性人士具有较强示范效应，要充分调动社会各界人士的爱国热情和社会担当。

《纲要》根据当代中国教育特点提出五种实践载体，要求运用多种形式开展新时代爱国主义教育。第一，建好用好爱国主义教育基地和国防教育基地。“要加强内容建设，改进展陈方式，着力打造主题突出、导向鲜明、内涵丰富的精品陈列，强化爱国主义教育和红色教育功能，为社会各界群众参观学习提供更好服务。”① 健全全国爱国主义教育示范基地动态管理机制，建设一批国防特色鲜明、功能设施配套、作用发挥明显的国防教育基地。第二，注重运用仪式礼仪。要认真贯彻执行国旗法、国徽法、国歌法，学习宣传基本知识和国旗升挂、国徽使用、国歌奏唱礼仪；认真组织宪法宣誓仪式、入党入团入队仪式等，通过公开宣誓、重温誓词等形式，强化国家意识和集体观念。第三，组织重大纪念活动。要充分挖掘重大纪念日、重大历史事件蕴含的爱国主义教育资源，组织开展系列庆祝或纪念活动和群众性主题教育。第四，发挥传统和现代节日的涵育功能。要大力实施中国传统节日振兴工程，引导人们感悟中华文化、增进家国情怀；开展各具特色的元旦、“三八”国际妇女节等，激发人们的爱国主义和集体主义精神。第五，依托自然人文景观和重大工程开展教育。深入挖掘旅游资源中蕴含的爱国主义内容，推动红色旅游内涵式发展，完善全国红色旅游经典景区体系。依托国家重大建设工程、科学工程等，建设一批展现新时代风采的主题教育基地。

《纲要》提出六个方面的举措来共同营造爱国主义教育的浓厚氛围，发挥社会各方面在新时代爱国主义教育中的积极作用。第一，用好报刊广播影视等大众传媒。各级各类媒体要聚焦爱国主义主题，把爱国主义主题融入贯穿媒体融合发展，制作刊播爱国主义优秀公益广告作品。坚持正确舆论导向，对虚无历史、消解主流价值的错误思想言论，及时进行批驳和辨析引导。第二，发挥先进典型的引领作用。大力宣传为中华民族和中国人民做出贡献的英雄，宣传革命、建设和改革时期涌现出的英雄烈士和模范人物，宣传时代楷模、道德模范、最美人物和身边好人，宣传具有爱国情怀的地方先贤、知名人物，在全社会大力营造崇尚英雄、学习英雄、捍卫英雄、关爱英雄的浓厚氛围。第三，创作生产优秀文艺作品。把爱国主义作为常写常新的主题，加大对爱国主义题材文学创

---

① 新时代爱国主义教育实施纲要. 北京：人民出版社，2019：13.

作、影视创作、词曲创作等的支持力度，加强对经典爱国歌曲、爱国影片的深入挖掘和创新传播，唱响爱国主义正气歌。文艺创作和评论评奖要具有鲜明爱国主义导向，始终保持社会主义文艺的爱国底色。第四，唱响互联网爱国主义主旋律。加强爱国主义网络内容建设，制作推介体现爱国主义内容、适合网络传播的音频、短视频、网络文章、纪录片、微电影等，实施爱国主义数字建设工程，推动爱国主义教育基地、红色旅游与网络传播有机结合。第五，涵养积极进取、开放包容、理性平和的国民心态。引导人们正确把握中国与世界的发展大势，正确认识中国与世界的关系，培养海纳百川、开放包容的胸襟，推动爱国之情转化为实际行动，使人们理性表达爱国情感。第六，强化制度和法治保障。把爱国主义精神融入相关法律法规和政策制度，在全社会深入学习宣传宪法、英雄烈士保护法、文物保护法等，使普法过程成为爱国主义教育过程。对不尊重国歌、国旗、国徽等国家象征与标志，对侵害英雄烈士姓名、肖像、名誉、荣誉等行为，对破坏污损爱国主义教育场所设施，对宣扬、美化侵略战争和侵略行为等，依法依规进行严肃处理。

3. 强化新时代爱国主义教育的组织保障

《纲要》要求各级党委和政府承担起主体责任，加强对爱国主义教育的领导。各级党委和政府要把爱国主义教育摆上重要日程，纳入意识形态工作责任制，加强阵地建设和管理，抓好各项任务落实。“进一步健全党委统一领导、党政齐抓共管、宣传部门统筹协调、有关部门各负其责的工作格局，建立爱国主义教育联席会议制度，加强工作指导和沟通协调，及时研究解决工作中的重要事项和存在问题。”① 广大党员干部要以身作则，牢记初心使命，勇于担当作为，发挥模范带头作用，做爱国主义的坚定弘扬者和实践者，同违背爱国主义的言行做坚决斗争。

《纲要》要求突出爱国主义教育的群众性特征，充分调动广大人民群众的积极性主动性。各级工会、共青团、妇联和文联、作协、科协、侨联、残联以及关工委等人民团体和群众组织，要发挥各自优势，面向所联系的领域和群体广泛开展爱国主义教育。组织动员老干部、老战士、老专家、老教师、老模范等到广大群众特别是青少年中讲述亲身经历，弘扬爱国传统。坚持热在基层、热在群众，结合人们生产生活，把爱国主义教育融入新时代文明实践中建设、学雷锋志愿服务、精神文明创建之中，体现到百姓宣讲、广场舞、文艺演出、邻居节等群众性活动之中，引导人们自我宣传、自我教育、自我提高。《纲要》要求爱国主义教育求真务实注重实效。要坚持目标导向、问题导向、效果导向，坚持虚功实做、久久为功，在深化、转化上下功夫，在具象化、细微处下功夫，更好地体现时代性、把握规律性、富于创造性。坚持从实际出发，务实节俭开展教育、组织活动，杜绝铺张浪费，不给基层和群众增加负担，坚决反对形式主义、官僚主义。

---

① 新时代爱国主义教育实施纲要. 北京：人民出版社，2019：19.

三、重要意义

1. 为爱国主义教育相关理论研究指明发展方向

爱国主义和爱国主义教育一直是理论界关注的热点话题，具有扎实的理论基础和丰富的学术成果。《纲要》全面贯彻习近平总书记关于爱国主义精神的系列讲话、指示和批示精神，将习近平总书记系列重要论述贯穿始终，集中展现了党和国家对新时代爱国主义教育的新认识。它既为科研工作者提供了深化爱国主义教育研究和爱国主义精神阐释的研究指南，也提出了探索爱国主义教育规律、增强爱国主义教育实效的研究任务。在新的历史方位中，如何认识爱国主义教育的新形势，如何理解新时代对爱国主义教育提出的新任务，从而抓住机遇、应对挑战，以新思路谋划新时代爱国主义教育，增强人民的爱国主义情怀和意识，是当代中国需要回答的重大课题。同时，如何看待全球化对人们国家观、民族观和主权意识的改变，如何分析多元思潮对人们爱国主义精神和集体主义观念的影响，如何透过国家边界被模糊、国家认同被淡化、爱国情怀被消解等现象发现意识形态斗争的本质，都是亟待解决的重要问题。科研工作者应当以《纲要》的出台为契机开展更加深入而系统的理论研究，阐明新时代爱国主义教育的内涵、特征、原则、途径等，发现新问题、提出新观点、取得新成果，不断推动爱国主义教育理论创新发展。

2. 为新时代爱国主义教育实践提供行动指南

爱国主义教育是全民教育，但不同地区不同对象的爱国主义教育具有不同特点。只有做好整体规划和分类指导，满足广大群众对爱国主义教育的良好愿望，适应不同对象的思想道德水平、信息接受习惯和行为方式，才能增强爱国主义教育的有效性，涵养爱国情怀，弘扬爱国主义精神。《纲要》围绕“聚民心、育新人”的使命任务，着眼实现中华民族伟大复兴的中国梦这一“最大公约数”，从人民群众对新时代爱国主义教育的需求出发做出顶层设计和规划部署，具有较强的指导性、针对性和可操作性，是新的历史条件下加强和推进爱国主义教育的行动指南。《纲要》在制定过程中坚持群众路线，多次深入农村、企业、社区和高校进行调研座谈，广泛听取和吸收各方面特别是基层干部群众的意见建议，深入了解基层干部群众的愿望和期待，实事求是地反映群众意愿。同时，《纲要》充分吸收 1994 年党中央印发《爱国主义教育实施纲要》以来各地各有关方面在实践中形成的好经验好做法，尊重群众的首创精神和创新智慧，并结合新时代的客观需要加以丰富和发展。起草组在《纲要》形成后多次征求中央有关部门、各省区市党委宣传部门、相关领域专家学者特别是基层工作者的意见建议，并在修改完善中尽量予以体现，保证内容贴近实际、贴近生活、贴近群众。《纲要》制定、修改和颁布的过程就是宣传群众、动员群众、教育群众的过程，为群众性爱国主义教育活动的实践发展做了相应准备。

3. 为实现中华民族伟大复兴的中国梦汇聚精神力量

爱国主义是中华民族的民族心、民族魂，是中华民族最重要的精神财富，是中国人民和中华民族维护民族独立和民族尊严的强大精神动力。近百年来，中国共产党团结带领全国各族人民进行的革命、建设和改革实践是爱国主义的伟大实践，写下了中华民族爱国主义精神的辉煌篇章。党的十九大报告指出，新时代是承前启后、继往开来、在新的历史条件下继续夺取中国特色社会主义伟大胜利的时代，是决胜全面建成小康社会、进而全面建设社会主义现代化强国的时代，是全国各族人民团结奋斗、不断创造美好生活、逐步实现全体人民共同富裕的时代，是全体中华儿女勠力同心、奋力实现中华民族伟大复兴中国梦的时代，是我国日益走近世界舞台中央、不断为人类作出更大贡献的时代。伟大的事业需要伟大的精神。习近平强调，实现中国梦必须弘扬中国精神，这就是以爱国主义为核心的民族精神，以改革创新为核心的时代精神，这种精神是凝心聚力的兴国之魂、强国之魂。新时代加强爱国主义教育，激励全党全国各族人民坚守爱国情怀、坚定奋斗意志，能够为实现中华民族伟大复兴的中国梦提供共同精神支柱和强大精神动力，对于振奋民族精神、凝聚全民族力量，决胜全面建成小康社会，夺取新时代中国特色社会主义伟大胜利，具有重大而深远的意义。

四、学习与思考

1. 如何理解新时代爱国主义教育的重要意义？
2. 如何创新新时代爱国主义教育的内容和方法？
3. 如何贯彻落实《新时代爱国主义教育实施纲要》？

后　记

《中国共产党思想政治教育重要文献导读》系国家社会科学基金重大项目“中国共产党思想政治教育百年历程与经验研究”的阶段性成果，是一部供马克思主义理论、思想政治教育专业本科生和研究生学习使用的教材，也可供思想政治教育工作者学习参考。

本书由北京师范大学、东北师范大学、首都师范大学、福建师范大学、河南师范大学、首都经济贸易大学、太原理工大学、中国矿业大学（北京）、阜阳师范大学同人合作完成。分工如下：李颖撰写第1～5篇；王占仁撰写第6～9篇；连欢撰写第10、11、14、17、19、22、64篇；吕艳华撰写第12、13、16、21、23、24篇；马二杰撰写第15、18、20、25、26、28、40、57篇；王炎撰写第27、29、31篇；韩华撰写第30、32篇；石亚玲撰写第33、34、36、38、39、42篇；卢少求撰写第35、37、41篇；吴林龙撰写第43～48篇；温静撰写第49～53、65篇；张润枝撰写第54～56、59篇；邢国忠撰写第58、60～63篇。王树荫负责选定篇目，撰写绪论，统稿并修改、审定全书。

感谢学术界同人的研究成果，为我们“导读”提供了丰富养料；感谢中国人民大学出版社编辑同志的无私劳动。

教材编写是好事，也是大事，必须严肃认真对待。虽然我们尽力而为，力求做到科学性、前沿性和准确性的统一，但由于我们的水平和能力所限，本书肯定还会存在种种不足甚至差错。敬请各位专家、同人和同学们批评指正。

王树荫

2021年7月18日

图书在版编目（CIP）数据

中国共产党思想政治教育重要文献导读/王树荫主编. --北京：中国人民大学出版社，2022.3

新编21世纪思想政治教育专业系列教材/张耀灿总主编

ISBN 978-7-300-30350-5

Ⅰ. ①中… Ⅱ. ①王… Ⅲ. ①中国共产党-思想政治教育-研究 Ⅳ. ①D261.1

中国版本图书馆CIP数据核字（2022）第026081号

新编21世纪思想政治教育专业系列教材
总主编 张耀灿

中国共产党思想政治教育重要文献导读

王树荫 主编

Zhongguo Gongchandang Sixiang Zhengzhi Jiaoyu Zhongyao Wenxian Daodu

出版发行 中国人民大学出版社
社 址 北京中关村大街31号 **邮政编码** 100080
电 话 010－62511242（总编室） 010－62511770（质管部）
010－82501766（邮购部） 010－62514148（门市部）
010－62515195（发行公司） 010－62515275（盗版举报）
网 址 http://www.crup.com.cn
经 销 新华书店
印 刷 北京昌联印刷有限公司
规 格 185 mm×260 mm 16开本 **版 次** 2022年3月第1版
印 张 29 插页1 **印 次** 2022年3月第1次印刷
字 数 661 000 **定 价** 78.00元

教学支持说明

（教学课件）

中国人民大学出版社政治与公共管理出版分社秉承“出教材学术精品，育人文社科英才”的出版宗旨，多年来，出版了大批高质量的马克思主义理论、公共管理、教育学、政治学公共课教材和学术著作。

我们为本教材制作了相应的 PPT 教学课件，任何一位采用本书作为授课教材的教师均可免费获得该课件。为了确保该课件仅为授课教师获得，烦请您填写如下材料，并将相关信息通过 E-mail 发送给我们，我们将在收到相关信息后通过 E-mail 给您发送该课件。欢迎您加入我们的 QQ 群（全国政管教师交流二群，群号为 648117133），或登录我社官方网站（www. crup. com. cn），注册并认证成为教师会员，以获得更好的服务。

我们的联系方式：
地址：（100872）北京市中关村大街甲 59 号文化大厦 1202 室
中国人民大学出版社政治与公共管理出版分社
电话：（010） 82502724　62514775（传真）
E-mail：ggglcbfs@vip. 163. com
QQ 群：648117133

兹证明__________大学/学院________院/系________专业________学年第________学期开设的____________课程，采用中国人民大学出版社出版的____________________（书名、作者）作为本课程教材。授课教师为__________，授课班级共______个、学生______人。授课教师需要与本书配套的教学课件。

联 系 人：____________________
通信地址：____________________
邮　　编：____________________
电　　话：____________________
E-mail：____________________

系/院主任：__________（签字）
（系/院办公室章）
______年_____月_____日